2026

물류
관리사

물류관리론

물류관리사 분야의 바이블!

- '기초개념 → 전문 내용 → 신유형'의 3단계 구성
- 기출&실력 다잡기로 최종 마무리

시험안내

물류관리사 개요

1 물류관리사란?

물류 관련 업무의 전문가로서, 물류의 전반적인 과정을 기획하고 관리하는 역할을 수행합니다. 물류관리사의 주된 업무는 물품의 수송, 보관, 하역, 포장, 유통, 국제물류 등을 체계적으로 관리하여 비용을 절감하고 효율성을 극대화하는 것입니다.

물류관리사 자격증은 국가공인 자격증으로, 한국산업인력공단이 주관하는 시험에 합격해야 취득할 수 있습니다. 물류 전문가로서의 전문성을 인정받기 위한 필수 자격증이라고 할 수 있습니다.

2 물류관리사 자격증이 필요한 사람들

① 물류 분야 취업을 원하는 취업 준비생
② 물류 실무자로서 자격증과 이론에 대한 지식이 필요한 직장인
③ 인사고과 및 승진을 위한 직장인 등

3 물류관리사의 수행업무

물류관리사는 물류관리에 대한 전문적인 지식을 가지고 원자재의 조달에서부터 물품의 생산, 보관, 포장, 가공, 유통에 이르기까지 물류가 이동되는 전체영역의 업무를 수행합니다.

4 물류관리사의 진로 및 전망

물류관리사는 물류관련 정부투자기관이나 공사, 운송·유통·보관 전문회사, 대기업 또는 중소기업의 물류 관련 부서(물류, 구매, 자재, 수송 등), 물류연구기관에 취업이 가능합니다. 물류는 대부분의 주요 기업 활동을 포함하고 있으므로 대기업, 중소기업 및 공기업 모두 물류관리사를 요구하고 있습니다.

또한, 각계 전문기관에서 물류부문을 전자상거래와 함께 유망직종 중의 하나로 분류하고 있으며, 정부 차원에서는 국가물류기본계획을 수립하여 우리나라가 지향하는 물류미래상을 제시하고 세계 속에서 경쟁할 수 있는 물류전문인력을 양성·보급한다는 장기 비전을 제시하고 있습니다. 이러한 현 상황과 기업에서의 물류비용의 증가가 국제경쟁력 약화의 중요 원인임을 인식하고 물류 전담부서를 마련하고 있는 추세에서 물류전문가는 부족한 실정이어서 고용 전망이 매우 밝습니다.

시험정보

1 시험과목 및 배정

교시	시험과목	세부사항	문항수	시험시간	시험방법
1	물류관리론	물류관리론 내의 「화물운송론」, 「보관하역론」 및 「국제물류론」은 제외	과목당 40문항 (총 120문항)	120분 (09:30~11:30)	객관식 5지선택형
	화물운송론	–			
	국제물류론	–			
2	보관하역론	–	과목당 40문항 (총 80문항)	80분 (12:00~13:20)	
	물류관련법규	「물류정책기본법」, 「물류시설의 개발 및 운영에 관한 법률」, 「화물자동차운수사업법」, 「항만운송사업법」, 「농수산물유통 및 가격안정에 관한 법률」 중 물류 관련 규정			

※ 물류관련법규는 시험 시행일 현재 시행 중인 법령을 기준으로 출제함
　(단, 공포만 되고 시행되지 않은 법령은 제외)

2 합격기준

매 과목 100점을 만점으로 하여 매 과목 40점 이상, 전 과목 평균 60점 이상 득점한 자

3 응시정보

① 응시자격 : 제한없음
② 주무부서 : 국토교통부
③ 시행처 : 한국산업인력공단
④ 응시수수료 : 20,000원
⑤ 과목면제 : 물류관리론(화물운송론·보관하역론 및 국제물류론은 제외)·화물운송론·보관하역론 및 국제물류론에 관한 과목이 개설되어 있는 대학원에서 해당 과목을 모두 이수(학점을 취득한 경우로 한정한다)하고 석사학위 이상의 학위를 받은 자는 시험과목 중 물류관련법규를 제외한 과목의 시험을 면제

※ 정확한 내용은 국가자격시험 물류관리사(www.q-net.or.kr)에서 확인하시기 바랍니다.

시험안내

물류관리사 시험 통계

1 최근 5개년 응시율 및 합격률

(단위 : 명, %)

구분	접수자	응시자	응시율	합격자	합격률
제25회(2021년)	9,122명	6,401명	70.17%	3,284명	51.30%
제26회(2022년)	9,792명	6,053명	61.82%	2,474명	40.87%
제27회(2023년)	11,164명	6,816명	61.05%	3,304명	48.47%
제28회(2024년)	12,435명	7,186명	57.78%	3,448명	47.98%
제29회(2025년)	12,704명	7,948명	62.56%	2,653명	33.38%
총 계	55,217명	34,404명	62.31%	15,163명	44.07%

2 과목별 채점결과(2025년 제29회)

(단위 : 명, 점, %)

구분	응시자수	평균점수	과락자수	과락률
물류관리론	7,911명	68.50점	263명	3.32%
화물운송론	7,911명	68.94점	364명	4.60%
국제물류론	7,911명	51.55점	1,614명	20.40%
보관하역론	7,862명	66.91점	480명	6.10%
물류관련법규	7,899명	35.42점	5,012명	63.45%

※ '과락자'는 40점 미만 득점자를 뜻함

3 2026년 물류관리사 시험일정(사전공고)

회차	자격명	원서접수	추가접수	시험 시행일	합격자 발표일
30회	물류관리사	6.22~6.26	7.16~7.17	7.25(토)	8.26(수)

※ 정확한 시험 일정은 국가자격시험 물류관리사(www.q-net.or.kr)에서 확인하시기 바랍니다.

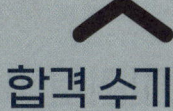

합격 수기

물알못도 마음 졸일 일 없는 신지원에듀!

합격생 김○은

비전공자에 물류 지식이 전혀 없어 응시 자체를 고민했지만, 신지원 단기완성 교재와 전표훈 · 변달수 교수님 강의 덕분에 넉넉하게 합격할 수 있었습니다. 교재는 기출 개념과 선지까지 꼼꼼히 반영돼 있고 전체적인 완성도가 매우 높았습니다. 전표훈 교수님은 법규의 구조를 명확히 짚어주셔서 방대한 범위를 체계적으로 정리할 수 있었고, 변달수 교수님은 어려운 개념도 예시를 통해 쉽게 풀어주셔서 이해가 훨씬 빨랐습니다. 덕분에 처음엔 막막했던 과목들도 점점 재미있어졌고 결국 전 과목을 고득점으로 합격했습니다. 마음 졸일 일 없이 합격할 수 있었던 비결, 신지원에듀에 진심으로 감사합니다.

"물류관리사는 신지원에듀"라는 말이 괜히 나온 게 아니었어요.

합격생 권○주

저는 혼자 독학으로는 절대 공부가 안 되는 성격이라 인강을 찾던 중 여러 회사를 비교하다가 신지원에듀를 선택했습니다. 단기완성이라는 이름이 제 상황과 딱 맞았고, 교재가 핵심 내용만 간추려 꽉 차 있어 바로 끌렸어요. 물론 가장 유명하다는 점도 믿음이 갔습니다. 강의를 들으며 느낀 것은 강사님들이 친절하고 외우기 쉽게 설명해 주신다는 것이었습니다. 공부하면서 '물류관리사는 신지원에듀라는 말이 괜히 나온 게 아니구나'라는 말을 정말 실감했습니다. 짧은 기간이었지만 효율적으로 공부할 수 있었고, 신지원에듀를 선택한 건 최고의 결정이었습니다.

비전공자 직장인, 합격은 누구에게나 열려있습니다.

합격생 정○운

부서 내 물류관리사 시험에 준비하는 분을 통해 EBS물류관리사를 추천받았고 구매 전 오랜시간 고민하고 검색해본 결과 신지원에듀를 믿고 가도 되겠다는 확신이 생겼습니다(확신의 근거 : 개정법령 강의, 합격생 요점노트 공유, 5개년 기출문제 해설, 체계적으로 구성된 단기완성 교재, 세세한 설명과 문제풀이). 신지원에듀를 선택한 저의 확신은 스스로에게 동기부여가 되었고, 그 결과를 합격으로 증명했습니다.

더 많은
합격수기 보기

미리보기

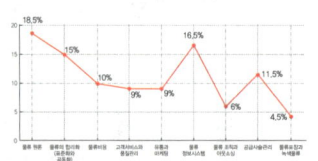

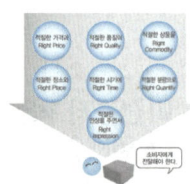

주요 내용은 다시 한번_ 핵심포인트 및 TIP

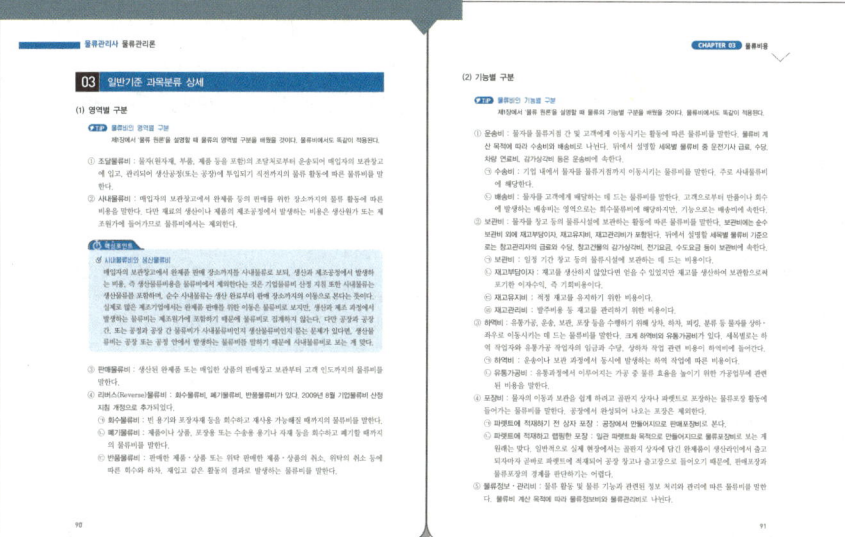

[기출&실력 다잡기]로 마무리

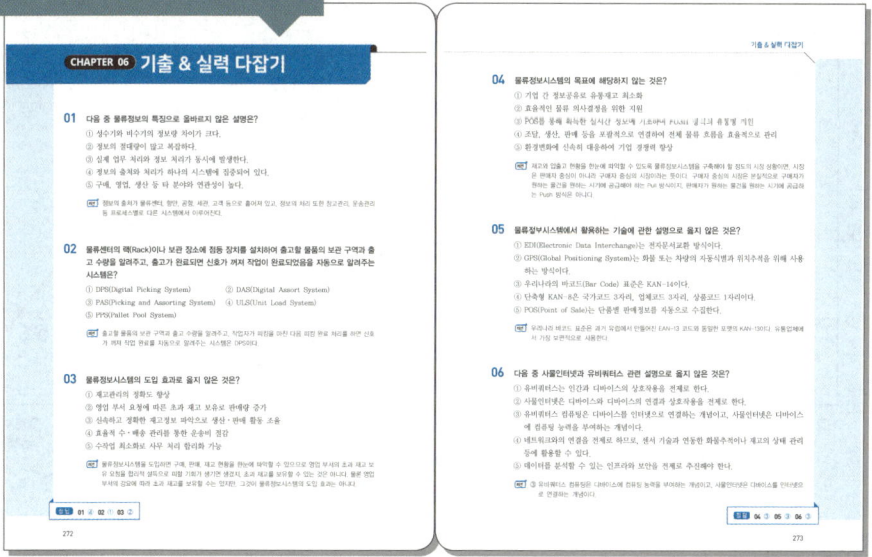

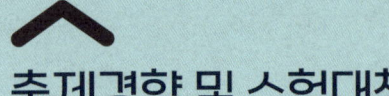

기출 분석

물류관리론 주요 영역별 출제문항 수

(단위 : 문항수)

주요 영역 \ 연도	2021	2022	2023	2024	2025	합계	비율(%)
물류 원론	9	8	8	6	6	37	18.5
물류의 합리화	7	6	5	6	6	30	15
물류비용	3	4	5	4	4	20	10
고객서비스와 품질관리	3	3	3	5	4	18	9
유통과 마케팅	2	4	5	3	4	18	9
물류정보시스템	7	6	6	7	7	33	16.5
물류 조직과 아웃소싱	2	2	2	3	3	12	6
공급사슬관리	5	6	4	4	4	23	11.5
물류포장과 녹색물류	2	1	2	2	2	9	4.5
총계(문항수)	40	40	40	40	40	200(문항)	100(%)

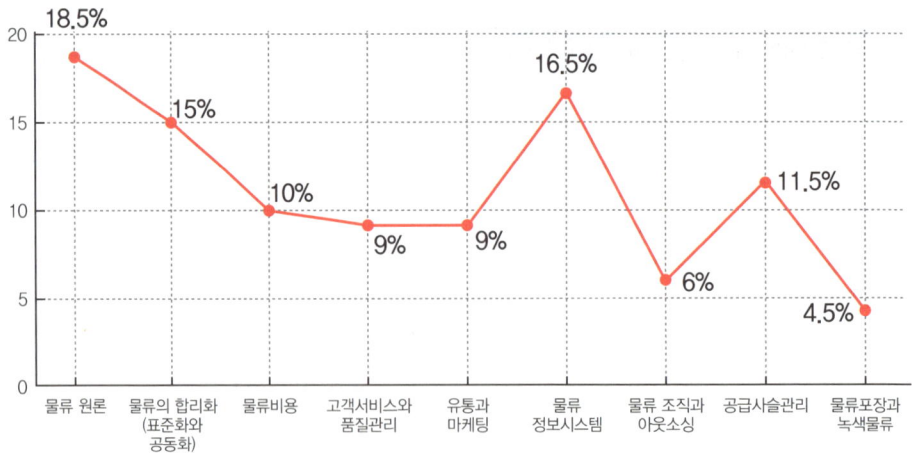

학습 방법

1 SCM은 다양한 정보 공유와 협업 기법의 특징을 항목별로 숙지해야 한다.

2 물류회계에서는 물류비, 감가상각비, 재고 원가, 물류비 배부를 계산할 수 있어야 한다.

3 물류정보시스템에서는 주요 물류시스템의 기능과 역할에 집중해야 한다. 바코드와 RFID에서는 바코드의 장단점, RFID의 주파수별 장단점, 바코드의 자릿수 포맷이 자주 출제된다.

4 물류 서비스에서는 물류 자체를 서비스로 간주하는 문제와 서비스 품질 측정 문제를, 품질경영에서는 제약이론과 6시그마, TQM 등 현대 품질경영 기법을 이해해야 한다.

5 물류의 영역, 범위, 기능은 반드시 숙지한다. 물류관리의 원칙은 학문적 이론, 즉 3S1L, 7R, 물류 전략이나 물류 계획 추진 순서 등을 숙지한다.

6 공동물류에서는 각 개념과 장단점을, 물류표준화와 합리화, 단위화물에서는 개념 간의 관계와 주요 수치를 이해해야 한다.

7 유통과 마케팅에서는 수요예측, 물류와 상류, 전자상거래, 제품수명주기 단계별 물류의 대응 전략, 유통경로, 유통 업종이 중요하다.

8 물류시스템에서는 물류 프로세스를 구축하는 영역과 아웃소싱 관련 문제가 자주 출제된다.

9 물류포장과 친환경 경영에서는 주요 용어와 이산화탄소 배출량 계산에 익숙해져야 한다.

10 물류트렌드는 이 책에 정리한 자본주의의 변화와 물류 관련 최근 뉴스로 이해할 수 있다.

차례

 물류관리사

PART 01

물류관리 일반

CHAPTER 01

물류 원론

01 배경 이해

	1960~1970년대	1980~1990년대	1990년대 말~
제조기술	• 제조기술 부족, 공급 부족 • 제품 차별화의 시대	• 제조기술 발전, 경쟁 심화 • 제품 다양화의 시대	• 제조기술 평준화, 무한 경쟁 • 시장이 원하는 제품의 시대
생산전략	• 소품종 대량생산의 시대 • 국내생산의 시대	• 다품종 소량생산의 시대 • 생산지와 소비지의 분리	• 고객 맞춤형 대량생산의 시대 • 글로벌 소싱의 시대
시장	• 소비자가 기다리는 시대 • 판매자 시장(Seller's Market) • 긴 제품수명주기	• 소비자의 기호 다양화 • 구매자 시장으로 전환 진행 • 짧아지는 제품수명주기	• 소비자의 기호 극단적 다양화 • 구매자 시장으로 전환 • 짧아진 제품수명주기
	▼	▼	▼
물류의 역할과 지향	• 생산과 영업의 하위기능 • 개별 기능으로서 비용 절감	• 개별 기능을 합친 포괄적 기능 • 전체 최적화와 고객만족	• 기업 간 전체 공급망 • 전체 공급망 최적화
	▼	▼	▼
	물적 유통의 시대	로지스틱스의 시대	공급망 관리의 시대

◀ [그림 1-1] 물류의 변화를 이끈 자본주의의 변화 ▶

(1) 1960~1970년대

① **제조기술이 경쟁력** : 제조기술이 부족하고 품질관리에 한계가 있었기 때문에, 공급이 시장의 수요를 따라가지 못했던 시대이다. 따라서 기업은 경쟁사와 차별화된 제품을 시장에 출시하여 시장점유율을 높일 수 있었다. 이 시대 모두가 집에 두고 쓰는 커다란 오디오에 만족할 때 일본 전자업계는 휴대할 수 있는 가벼운 오디오와 같은 혁신적인 제품을 출시하여 세계시장을 제패했다.

② **소품종 대량생산** : 제조기술이 부족하고 불량이 많이 발생하는 상황에서 생산원가를 절감하기 위해서는 소품종 대량생산을 할 수밖에 없었다. 또한 미국과 구소련이 대립한 냉전 시대였고 물류가 표준화되지 않아서 해외시장 진출에도 제약이 있었으므로, 자국에서 생산하여 자국에서 판매하는 형태가 많았다.

③ 판매자 시장 : 소비자는 제한된 재화를 구매하기 위해 기다려야 했다. 선택지가 많지 않다 보니 소비자의 요구는 다양해질 수 없었고, 기업들은 한번 제품을 출시하면 오래 팔 수 있었다. 이 시기에 출시된 과자와 스낵제품 중 지금도 팔리는 장수 제품이 많다는 것은, 그만큼 이 시기 출시된 제품의 제품수명주기가 길었다는 방증이다. 이른바 만들면 팔리는 시대, 판매자 시장이 형성되었다.

④ 물적 유통 : 경쟁자보다 조금이라도 우수한 제조기술과 혁신적인 아이디어로 만든 제품이 시장을 독차지할 수 있는 시대였으며, 소비자는 선택지가 많지 않았다. 따라서 소비자는 혁신적인 제품을 소비하기 위해 시장에 제품이 출시될 때까지 참고 기다려야 했다. 기업의 관심사가 생산과 영업이었기 때문에, 물류는 생산된 제품을 소비지로 배송하는 개별 업무에 지나지 않았다.

(2) 1980~1990년대

① 제조기술의 발전과 경쟁 심화 : 제조기술이 점점 발전하고 품질경영 기법이 발전하면서, 공급이 점점 시장의 수요를 따라잡기 시작하였다. 경쟁사도 비슷한 제품을 출시할 수 있게 되면서 시장에서는 다양한 제품이 경쟁하게 되었고, 그만큼 경쟁이 치열해졌다.

② 다품종 소량생산 : 시장에서 다양한 제품이 경쟁하면서 소품종 대량생산의 시대는 저물고, 다품종 소량생산의 시대가 되었다. 소량생산으로 생산원가 절감이 어려워졌고, 때마침 파렛트와 컨테이너를 이용한 물류표준화가 진행되면서, 선진국 기업들은 우리나라를 비롯한 아시아 개발도상국, 더 나아가 동남아시아 각국에 공장을 세우고 생산 기지를 확장하였다. 생산지와 소비지 사이의 거리가 점점 멀어지기 시작하였다.

③ 구매자 시장으로 전환 : 소비자의 선택지가 늘어났다. 많은 제품이 시장에 출시되었다가 소비자의 선택을 받지 못하고 사라지는 사례가 증가하면서 제품수명주기는 짧아지기 시작하였다. 제품이 좋아도 고객의 선택을 받지 못하고 시장에서 사라지는 사례가 나타나자, 기업들은 고객만족의 중요성을 깨닫기 시작하였다. 소비자가 제품을 골라서 사는 시대, 이른바 구매자 시장이 형성되기 시작하였다.

④ 로지스틱스 : 제조기술의 격차가 줄어들고, 제품이 다양해지면서, 기업들은 고객만족에 더 많은 관심을 가지기 시작했고, 해외 생산이 증가하면서 국제물류의 중요성이 높아졌다. 물류는 완제품을 소비자에게 인도하는 일개 기능이 아닌, 원재료 조달부터 해외 생산과 국내 도입까지를 관리하고 제품을 시장에 적시 공급하여 고객만족도를 높이는 포괄적 기능으로 주목받기 시작하였다.

(3) 1990년대 말 이후

① 제조기술 평준화 : 제조기술이 더 빨리 발전하면서 기업 간 제조기술의 격차는 좁혀졌고, 제조기술은 순식간에 따라잡힐 수 있는 시대가 되었다. 경쟁은 더욱 치열해졌다.

② 다품종 대량생산 : 시장에서 세계 각국의 다양한 제품이 경쟁하면서, 소비자의 요구는 더욱 다양해졌다. 다양한 소비자의 요구에 맞추기 위해 기업들이 고객 맞춤형 제품을 대량으로 생산해

야 하는, 이른바 다품종 대량생산(Mass Customization)의 시대가 되었다. 공산 국가의 개방과 자본주의 유입으로 제조 능력이 있는 개발도상국이 훨씬 더 많아지고 시장이 확장되면서, 하나의 제품을 만들기 위해 여러 국가에서 분업이 이루어지는 글로벌 소싱의 시대가 되었다. 생산지와 소비지 사이의 전체 이동 거리는 훨씬 더 길어졌다.

③ **구매자 시장** : 소비자의 선택지는 극단적으로 많아졌다. 제품수명주기는 더욱 짧아졌다. 제품이 좋아도 소비자가 원하는 시기에 시장에서 팔리지 않으면 소비자의 선택을 받지 못하는 시대가 되면서, 고객만족의 중요성은 더욱 높아졌다. 시장이 완전히 구매자 시장으로 바뀌면서, 고객만족을 위해서는 원재료 공급부터 소비자 판매까지 모든 흐름을 반드시 관리해야 하는 시대가 되었다.

④ **공급망 관리** : 시장이 구매자 시장으로 완전히 재편되고, 제조기술의 격차가 거의 없어졌으며, 제품의 생산부터 판매까지 물류의 이동 거리가 더욱 길어지면서, 이제는 누가 더 먼저 고객의 요구를 이해하고 고객 맞춤형 제품을 적시에 출시하는지가 경쟁력의 핵심이 되었다. 로지스틱스의 시대처럼 개별 기업만 통합 관리해서는 이러한 경쟁력을 갖출 수 없어서, 원재료와 부품, 반제품을 조달하는 기업과 완제품을 판매하는 유통이 힘을 합쳐 제품의 원재료 공급부터 소비자 판매까지 모든 흐름을 통합 관리해야 하는 시대가 되었다.

💡**TIP** 물적 유통, 로지스틱스와 공급망 관리

- 뒤에서 나오는 Edward Walter Smykay 전 미시간 주립대 교수가 1961년에 지은 저서의 제목이 'Physical Distribution Management : Logistics Problems of the Firm'이다. 1960~1970년대 물류가 Physical Distribution의 개념이었음을 보여준다.

  ※ 기출문제에는 E. W. Smikey로 표기되어 있으나, 본 교재에서는 E. W. Smykay로 바로잡는다. 단, 기출문제에서는 Smikey로 표기하고 있으므로 서로 다른 인물로 혼동하지 않도록 유의한다.

- 1991년 사막의 폭풍 작전(걸프전쟁)은 첨단 신무기의 승리라고 하기에 앞서 물류, 즉 로지스틱스의 승리였다. 사막의 폭풍 작전에 앞서 1990년 8월부터 1991년 1월까지 이어진 사막의 방패 작전에 투입된 제22전구지원사령부는 작전 개시 첫날에만 병력 17만 명, 화물 16만 톤을 사우디아라비아에 배치했고, 사막의 폭풍 작전 개전까지 5개월 동안 병력 54만 명, 단약 46만 톤, 전투복 30만 벌, 디이이 20만 개, 전투식량 1억 5천만 개를 배치하고, 장비를 수리할 부품의 생산을 관리함과 동시에 급한 부품은 사우디아라비아로부터 구매하는 등의 노력으로 전쟁 승리에 크게 공헌하였다. 1980~1990년대는 로지스틱스의 시대이자, 로지스틱스의 힘을 전 세계가 알게 된 시대였다.

- 1997년 스탠퍼드 대학교 하우 리(Hau Lee) 교수가 공급망 관리를 설명하는 대표적인 이론인 채찍효과(Bullwhip Effect)를 처음으로 제창하면서, 1990년대 말 공급망 관리의 시대가 열렸다.

02 물류의 정의

(1) 물적 유통

① **상품의 흐름** : 한자어 물류(物流)는 물적 유통(Physical Distribution)의 약어이며, 상품의 흐름을 의미한다. 물류와 대비되는 한자어 상류(商流)는 상적 유통(Commercial Distribution)의 약어이며, 상품 소유권의 흐름을 의미한다.

② **판매의 일부** : 물적 유통은 물류를 판매의 일부로 간주하는 개념이다.

③ **개별 기능으로서의 물류** : 물적 유통은 물류를 판매 중에서도 제품을 소비자에게 운송하는 개별 기능 정도로 간주한다. 물류의 영역 구분으로는 판매물류에 해당한다.

④ **부분 최적화** : 물적 유통은 물류를 개별 기능으로 보기 때문에, 개별 기능 단위의 부분 최적화를 중요하게 보았다. 즉 운송기능이라면 운송비 절감만을 중요하게 보았다.

(2) 로지스틱스

① **재화의 전체적 흐름** : 1980년대 이후 물적 유통은 로지스틱스(Logistics)로 발전했다. 로지스틱스는 군사용어인 '병참'에서 유래했으며, 보급, 정비, 회수, 수송, 건설 등 전투를 제외하고 전투를 지원하는 모든 기능을 뜻하는 말이다. 기업에서도 이와 비슷하게 물류를 운송과 보관뿐만 아니라, 조달물류, 생산물류, 회수물류를 포함한 재화의 전체적 흐름으로 받아들이고 있다.

② **통합된 기능** : 군사용어 '병참'이 전투를 제외한 모든 기능이듯이, 로지스틱스는 물류를 단순한 개별 기능이 아닌 재화를 다루는 모든 활동과 관련 활동 모두, 즉 통합된 기능으로 본다. 고객의 욕구를 충족하기 위해 원산지에서 소비지에 이르는 조달, 생산, 판매, 유통, 소비, 폐기, 회수 등 재화를 다루는 모든 활동을 포함한다.

③ **전체 최적화** : 로지스틱스는 물류를 통합된 기능으로 보기 때문에, 기업 내 전체 최적화를 중요하게 본다. 물류를 전체 최적화 관점에서 통합 기능으로 관리할 수 있게 된 데는 1990년대 정보기술 발전이 많은 영향을 주었다.

④ **로지스틱스의 공식적인 정의** : 미국 물류관리협의회[Council of Logistics Management. 2005년 CSCMP(Council of Supply Chain Management Professionals)로 변경]는 1991년, 로지스틱스를 '원자재, 완제품 및 정보를 원산지에서 소비지까지 효과적이고 효율적으로 흐르도록 계획, 실행, 통제하는 과정'으로 정의했다.

(3) 공급망 관리

① **기업 내부와 외부를 포괄** : 기업 내부로 한정되어 있던 물적 유통과 로지스틱스의 개념은 1990년대 이후 기업 내부와 외부를 포괄하는 공급망 관리의 개념으로 확대되었다.

② **기업 간 연결** : 글로벌 경영 확대, 제품별 분업이 아닌 공정별 분업의 확대, 소비자의 요구 다양화로 기업 내부 역량만으로는 경쟁할 수 없게 되자, 기업 외부 공급자로부터 최종 고객에 이르는

전체 유통채널을 통합 관리해야 할 필요성이 높아졌다.

③ **기업 간 정보공유** : 전체 유통채널을 통합 관리하기 위해서는 공급업체, 제조업체, 유통업체 등 공급망에 존재하는 모든 기업 간 구매, 생산, 판매, 재고 정보를 공유해야 할 필요성이 높아졌다.

④ **정보기술 고도화** : EDI, 구매 포털 등 기업 간 정보시스템을 연결하는 기술이 더 고도화되면서, 과거에 비해 기업 간 정보를 더 쉽게 공유할 수 있게 되었고 공급망 관리를 촉진하였다.

(4) 물류정책기본법상의 정의

① 물류란 재화가 공급자로부터 조달·생산되어 수요자에게 전달되거나 소비자로부터 회수되어 폐기될 때까지 이루어지는 운송·보관·하역 등과 이에 부가되어 가치를 창출하는 가공·조립·분류·수리·포장·상표부착·판매·정보통신 등을 말한다(물류정책기본법 제2조 제1항 제1호).

② **공급자부터 수요자까지** : 물류는 하나의 제품이 수요자에게 전달되는 전체 흐름이다.

③ **통합된 기능** : 물류는 역물류와 부가 기능 등 개별 기능을 합친 기능이다.

> **TIP** 자본주의의 발전과 물류의 변화
>
> 물적 유통이 로지스틱스로, 로지스틱스가 공급망 관리로 변한 이유는 자본주의의 발전 때문이라는 사실을 이해해 둔다. 자본주의의 발전에 따른 물류의 변화를 이해하면 물류관리의 주요 개념을 묻는 문제에 대응하기 쉽다.

03 물류의 기능과 영역

(1) 물류의 기본 기능

① **장소 격차 조정** : 물류는 운송기능을 통해 생산지와 소비지의 거리 차이를 좁혀준다.

② **시간 격차 조정** : 물류는 보관기능을 통해 생산 시기와 소비 시기가 달라도 소비할 수 있게 해준다.

③ **수량 불일치 조정** : 생산 단위는 대량인데 소비 단위는 소량일 때 또는 그 반대일 때 물류는 포장과 집화, 운송 기능을 통해 그 차이를 조정한다.

④ **가격 격차 조정** : 물류는 운송과 보관 기능을 통해 수요와 공급의 격차가 발생할 때 가격 조정 역할을 할 뿐 아니라, 운송비용 절감으로 원가절감에도 공헌한다.

⑤ **품질 격차 조정** : 물류는 보관과 포장, 유통가공 기능을 통해 생산자가 제공하는 제품의 품질이 소비자에게 인도될 때까지 유지되도록 관리한다.

⑥ **인적 격차 조정** : 생산자와 소비자가 동일인이 아닌 시장에서 물류는 운송과 포장을 통해 생산자와 소비자가 유대 관계를 구축할 수 있도록 연결해 주는 역할을 한다. 물류 종사자는 생산자와 소비자를 모두 대면할 수 있는 주체임을 기억하자.

(2) 물류 활동별 기능

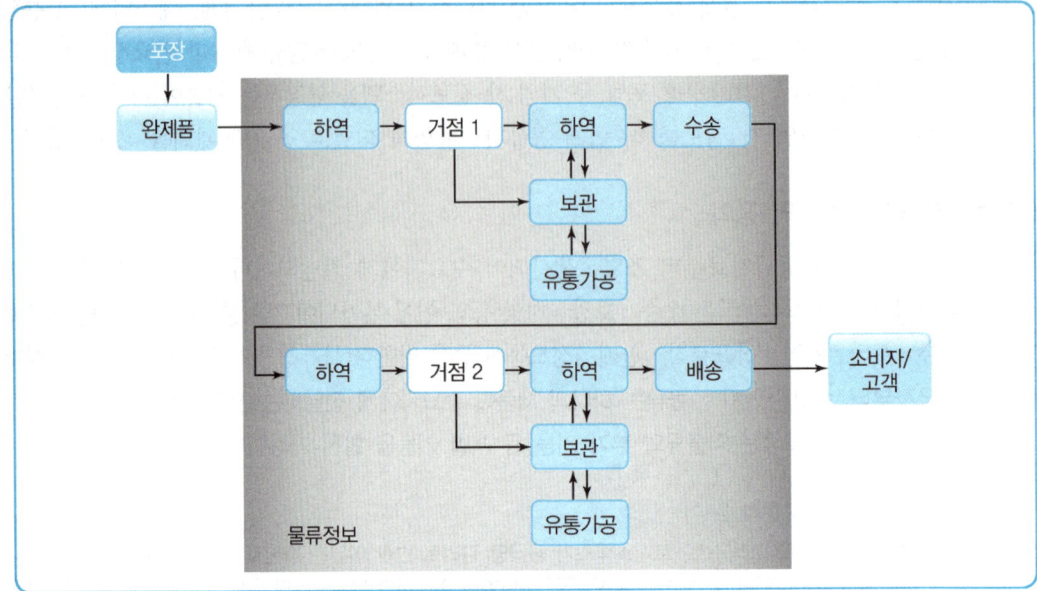

◀ [그림 1-2] 물류의 기능별 구분 ▶

① 운송 : 제품이나 상품을 효용가치가 낮은 장소에서 높은 장소로 이동시켜 효용가치를 높이는 활동이다.

  ㉠ 물류비 중 가장 큰 비중 : 일반적으로 전체 물류비에서 가장 큰 비중을 차지한다. 2020년 기준 우리나라 기업물류비에서 운송비는 59.4%를 차지한다.

  ㉡ 수송과 배송 : 물류거점 간의 이동을 의미하는 수송과 일정 지역 내의 소비자에게 전달하는 배송으로 분류할 수 있다.

  ㉢ 장소와 가격 차이 조정 : 생산과 소비의 장소와 가격 차이 조정은 물론, 운송비용 절감을 통한 원가절감에도 공헌한다.

② 보관 : 제품이나 상품을 물리적으로 저장하는 활동이다.

  ㉠ 시간과 품질 차이 조정 : 제품이나 상품의 품질을 유지하며, 생산과 소비의 시간 및 품질 차이를 조정한다.

  ㉡ 고객서비스 기능 : 물류에서 고객서비스는 고객이 원하는 시기에 원하는 양만큼 원하는 재고를 보유하고 있는지를 의미한다. 고객서비스를 위해서는 보관기능이 필요하다.

③ 하역 : 운반수단에 화물을 싣고 내리는 작업, 보관시설에서 화물을 운반·입고·분류·출고하는 작업, 그리고 여기에 따르는 부수적인 작업을 총칭하는 물류 활동이다.

  ㉠ 운송과 보관의 연결 고리 : 운송에서 보관으로, 보관에서 운송으로 제품이나 상품을 연결해 주는 역할이다.

  ㉡ 제품이나 상품 취급 행위 전체 : 상차, 하차, 운반, 적재, 분류 등을 말한다.

  © 기계화와 자동화의 대상 : 물류 전체 생산성에 영향을 주는 요인으로, 기계화와 자동화가 요구되는 영역이다. 택배업에서는 택배영업소에 도착한 화물을 얼마나 빨리 분류하여 차량에 적재하고 출발할 수 있는지가 택배 생산성을 결정한다.

 ④ 포장 : 한국산업표준 KST1001에 따르면 물품의 수송, 보관, 취급, 사용 등에 있어서 그것의 가치 및 상태를 보호하기 위하여 적합한 재료 또는 용기 등으로 물품을 포장하는 방법 및 포장한 상태를 말한다.

  ③ 생산의 마지막이자 판매물류의 시작 : 일반적으로 완제품을 생산할 때 마지막으로 하는 작업이자, 공장에서 완제품을 출고하여 고객에게 배송하기 직전의 과정이다. 포장은 판매물류의 시작이다.

  © 포장의 종류 : 한국산업표준 KST1001에 따르면 포장에는 내부 포장을 의미하는 속포장과 외부 포장을 의미하는 겉포장, 그리고 낱개 포장인 낱포장 세 가지 종류가 있다.

  © 품질 격차 조정 : 생산자가 소비자에게 전달하는 제품이나 상품의 품질을 유지해 준다.

  ② 상품 가치 제고 : 제품을 보호하고 다루기 쉽게 해주며, 상품 가치를 높여준다.

  © 표준화와 모듈화의 대상 : 표준화와 모듈화를 통해 물류비를 절감하고 적재효율을 높이는 데 공헌한다.

 ⑤ 유통가공 : 제품이나 상품의 유통과정에서 이루어지는 단순 가공, 재포장, 조립, 절단 등의 물류 활동을 말한다.

  ③ 완제품 포장공정과 구분 : 완제품 포장은 제조 이전의 가공이고, 유통가공은 제조 이후, 판매 이전의 가공이다. 제조를 위해 공장에서 부품을 가공하는 행위가 아니라, 판매 촉진을 위해 제품을 묶거나 다시 포장하는 행위를 말한다.

  © 재포장 행위 : 재포장, 라벨 부착, 묶음, 해체 등의 행위를 말한다. 예를 들어 기념일 마케팅을 위해 원래의 제품을 기념일 포장으로 다시 포장했다가, 기념일이 끝나고 해체하는 행위가 유통가공이다.

 ⑥ 물류정보 : 운송, 보관, 포장, 하역 기능을 물류 활동 관련 정보로 연결함으로써 전체 물류관리를 효율적으로 수행하게 해준다. 주요 물류정보로는 입고 예정 정보, 입고정보, 수주 및 발주 정보, 재고정보, 출고정보, 고객별 물류 요구사항 정보 등이 있다.

(3) 경제 사회적 관점에서의 물류의 기능

 ① 물가 상승 억제 : 물류 생산성 향상과 물류비용 절감을 통해 물가 상승을 억제한다.

  ③ 코로나19 팬데믹 당시 물류비용 증가가 물가 상승을 견인한 바 있다.

  © 항공운송을 이용하는 신선식품은 항공운임에 따라 가격이 변동할 때가 있다.

 ② 자원의 효율적 이용 : 물류합리화를 통해 포장을 줄이고 적재효율을 높여 자원 낭비를 억제한다.

  ③ BP Energy Outlook 2023에 따르면 운송 분야는 전 세계에서 산업과 건축물 다음으로 에너지 소비가 가장 많은 분야이다.

ⓛ 유럽 플라스틱 생산자 단체 Plastics Europe은 2022년 기준 포장 분야가 EU 국가 전체 플라스틱 소비의 39%를 차지함으로써 가장 높은 비중을 보였다고 발표했다.

③ 지역경제 발전 : 물류 네트워크 구축을 통해 배송지역을 확대함으로써, 지역경제 발전에 기여하고 인구 편중을 억제한다.
  ⓐ 물류 네트워크의 확대로 편의점 점포 수가 많아졌다.
  ⓛ 새벽배송 서비스의 등장으로 새벽배송이 가능한 지역에 대한 거주 선호도가 높아졌다.

④ 유통구조 선진화 : 상물분리와 물류합리화를 통해 유통구조를 선진화하고 기업 체질을 개선한다.

⑤ 경제성장 촉진 : 인프라 투자 및 물류시설 투자를 통해 경제성장을 촉진한다.
  ⓐ 저금리 시기에 물류센터 투자가 늘어났다.
  ⓛ 정부는 경제성장이 부진할 때 지역경제 활성화를 위해 도로, 항만, 공항 등 인프라 투자를 늘리는 경향이 있다.

(4) 개별 기업 관점에서의 물류의 기능

① 수요 창출 : 새로운 유통채널을 개척하고 고객을 확대함으로써 수요를 창출한다.
  ⓐ 기업이 물류 요구사항이 까다로운 대형마트나 플랫폼에 신규 입점하면 매출을 늘릴 수 있다.
  ⓛ 전자상거래의 발달로 발 빠르게 온라인 판매를 개척한 기업들이 매출을 늘리고 있다.

② 고객서비스 개선 : 생산자와 소비자 간 인격적 유대를 강화함으로써 고객서비스를 개선한다.
  ⓐ 공급업체 배송기사가 고객사 물류센터의 애로사항을 공급업체에 전달한다.
  ⓛ 일정 수준의 재고를 확보하고 관리함으로써, 판매 기회 상실을 방지하고 고객만족도를 높인다.

③ 경영 효율화 : 공급사슬관리를 통해 고객욕구에 유연하게 대응함과 동시에 경영을 효율화한다. 플랫폼 기업이 물류 인프라와 공급망 관리에 투자하여 규모의 경제를 달성함으로써 고객에게 다양한 서비스를 제공하면서도 경영을 효율화할 수 있게 되었다.

(5) 물류의 영역

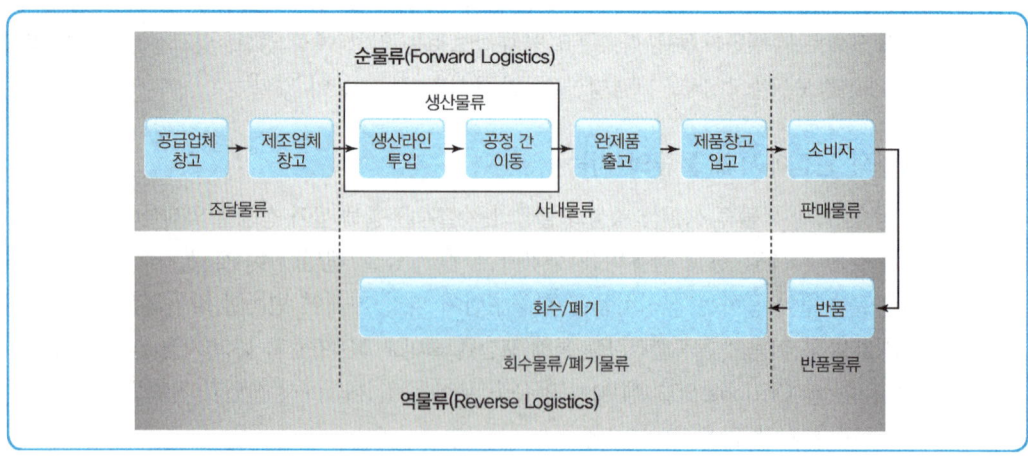

◀ [그림 1-3] 물류의 영역별 구분 ▶

TIP 물류의 영역

물류의 영역은 물류정책기본법에도 명시되어 있으며, 기업물류비 처리기준 또한 이 물류의 영역을 바탕으로 만들어져 있다. 물류관리론 과목에서 거의 매년 빠지지 않고 출제되며, 출제 비중도 높은 편이다. 원재료부터 소비자까지를 연결하는 물류의 영역은 조달물류, 사내물류, 판매물류, 반품물류, 회수물류로 이어진다는 사실을 명확히 이해하자.

① **조달물류** : 제조업의 경우 원재료를 조달처로부터 운송하고, 보관창고에 입고하여 생산공정에 투입하기 직전까지의 물류 활동을 말한다. 도소매업의 경우 매입한 상품을 판매창고에 보관하고 소비자에게 전달하기 전까지의 물류 활동을 말한다.

ㄱ) **물류의 시작점** : 판매물류의 시작점은 완제품 입고부터이지만, 조달물류의 시작점은 원재료 입고부터이다.

ㄴ) **과거의 역할** : 조달물류는 기업의 생산을 보조하는 기능이었다.

ㄷ) **현재의 역할** : 공급망 관리의 등장으로 글로벌 조달, 공급자와의 장기적 파트너십 구축, 공급자의 신제품 개발 참여 경향이 나타나면서, 조달물류는 전략적으로 중요한 분야가 되었다.

ㄹ) **조달물류의 진화**

ⓐ 구매(Purchasing) : 발주, 입고, 보관, 대금 지급 중심

ⓑ 조달(Procurement) : 공급처 발굴, 업체 선정, 구매조건 협상, 계약 등 구매 전후 프로세스

ⓒ 공급망(Supply Chain) : 조달처부터 소비자에 이르는 기업 간의 정보공유와 물자의 흐름 관리

② **생산물류** : 원재료가 보관창고에서 출고되어 생산공정에 투입되는 시점부터, 제품이 생산되고 포장되어 나올 때까지의 물류 활동을 말한다.

ㄱ) **넓은 의미의 사내물류** : 사내물류 안에서도 생산공정 안에서 일어나는 물류 활동을 생산물류로, 생산공정을 마친 완제품을 출고하여 판매창고에 입고하는 물류 활동을 사내물류로 구분한다.

ㄴ) **생산과정의 물류 활동** : 원재료나 중간재를 사용하여 제품을 생산하는 과정에서 수행되는 물류 활동이다.

ㄷ) **소요시간 단축이 핵심** : 제품 생산과정에서 실제 제조에 투입되는 시간보다 부품과 재공품 이동에 드는 시간이 더 길어지면, 생산소요시간 증가와 생산성 하락으로 이어진다. 생산물류에서는 소요시간 단축을 위해 공장 내 운반, 하역 및 창고의 자동화가 중요하다.

ㄹ) **사전 계획이 중요** : 소요시간 증가와 생산성 하락을 막기 위해서는 제품 생산과정의 물류 활동을 철저한 사전 계획에 따라 실행해야 한다. 특히 적시생산(JIT, Just-In-Time) 방식에서는 재고를 보관하지 않으므로, 공정 시작에 맞춰서 철저한 사전 계획에 따라 부품이나 재공품을 투입한다. 생산물류는 철저한 계획 없이는 실행할 수 없다.

③ **사내물류** : 생산업체에서 생산된 제품이 출하되어 판매창고에 입고될 때까지의 물류 활동이다.

♥TIP 생산물류와 사내물류의 구분

문제의 출제 의도에 따라 생산물류와 사내물류를 같은 개념으로 취급하기도 하고, 각각 자재 투입부터 생산 완료까지와 생산 완료부터 판매창고 입고까지로 구분하기도 한다. 확실한 답이 없을 때만 생산물류와 사내물류를 명확하게 구분했는지 확인해야 한다.

기출 1 **물류의 영역 중 생산물류에 관한 설명으로 옳지 않은 것은?**

① 원자재나 중간재를 사용하여 제품을 생산하는 과정에서 수행되는 물류 활동을 말한다.
② 생산된 최종제품을 소비자에게 전달하는 수송과 배송 활동뿐만 아니라 이에 수반되는 제반 물류 활동을 말한다.
③ 창고에 보관 중인 자재의 출고작업을 시작으로 자재를 생산공정에 투입하고 <u>생산된 완제품을 보관창고에 입고하기까지 수반되는</u> 운반, 보관, 하역, 재고관리 등 사내에서 이루어지는 물류 활동을 말한다.
④ 제품의 생산과정에서는 소요시간 단축이 핵심과제이기 때문에 공장 내 운반, 하역 및 창고의 자동화 등이 중요하다.
⑤ 일반적으로 제품 생산단계에서도 다양한 물류 활동이 수반되므로 철저한 사전 계획하에 물류 활동이 수행되어야 한다.

해설 ③의 내용은 생산물류와 사내물류를 섞어 놓아서 답이라고 생각할 수 있지만, ②가 판매물류를 설명하고 있으므로 ②라는 확실한 답이 있는 한 ③이 답이 될 수 없다. 　정답 ②

기출 2 **물류의 범위와 영역에 관한 설명으로 옳지 않은 것은?**

① 판매물류는 공장 또는 물류센터에서 출고되어 고객에게 인도될 때까지의 물류 활동을 말한다.
② 조달물류는 제조업자가 원재료와 기계, 자재를 조달하기 위한 물류 활동이고, 여기에는 도소매업자가 재판매를 위하여 상품을 구입하는 것도 포함된다.
③ <u>생산물류란 자재가 생산공정에 투입되는 시점부터 제품이 생산 및 포장되어 나올 때까지의 물류 활동을 말한다.</u>
④ 역물류는 폐기물류를 제외한 반품물류와 회수물류를 말한다.
⑤ <u>사내물류는 생산공장 내에서 이루어지는 물류 활동을 말한다.</u>

해설 ③은 생산물류와 사내물류를 명확하게 구분해서 그중 생산물류만 설명했다. ⑤는 사내물류가 아닌 생산물류에 관한 설명이다. 답은 ⑤일 것 같지만, 역물류는 반품물류, 회수물류, 폐기물류를 모두 포함하기 때문에 ④라는 확실한 답이 있는 한 ⑤가 답이 될 수 없다. 　정답 ④

④ **판매물류** : 생산된 완제품 또는 매입한 상품을 판매창고에 입고한 후, 소비자에게 전달하는 물류 활동을 말한다.
⑤ **역물류(Reverse Logistics)** : 반품물류, 회수물류, 폐기물류를 말한다. 순방향 배송과 반대 방향으로 발생하기 때문에 역물류라고 부른다.

　　　㉠ 반품물류 : 소비자나 고객에게 팔았던 제품과 상품을 교환이나 반품을 위해 도로 판매자에게 돌려보내는 물류를 말한다. 전자상거래의 발전으로 물건을 직접 보고 살 수 없어 소비자의 변심이 자주 일어나고 있고, 유통채널 간 고객만족을 위한 경쟁이 치열해지면서 과거보다 더 중요해졌다.

　　　㉡ 회수물류 : 제품이나 상품의 판매물류 이후에 발생하는 컨테이너, 파렛트, 빈 용기 등의 재사용과 재활용을 위한 물류 활동이다. 녹색물류의 등장으로 과거보다 더 중요해졌다.

　　　㉢ 폐기물류 : 원재료와 제품의 포장재 및 수·배송 용기 등의 폐기물을 처분하기 위한 물류 활동이다.

　⑥ 순물류와 역물류의 차이

◀ [표 1-1] 순물류와 역물류의 차이 ▶

구분	순물류 (Forward Logistics)	역물류 (Reverse Logistics)
수요예측	상대적으로 쉽다.	어렵다.
운송경로	소수의 거점에서 다수의 배송지로	다수의 회수지에서 소수의 거점으로
목적지	명확하다.	명확하지 않다.
제품의 품질	균일하다.	균일하지 않다.
제품의 포장	균일하다.	• 균일하지 않다. • 파손된 경우가 많다.
제품의 가격	균일하다.	균일하지 않다.
제품의 수명주기	균일하다.	균일하지 않다.
처분 방법	명확하다.	명확하지 않다.
처리 속도의 중요성	중요하다.	• 상대적으로 중요하지 않다. • 무한정 늦어도 된다는 뜻은 아니다.
물류비용 산정 용이성	용이하다.	용이하지 않다.
추적 용이성	용이하다.	용이하지 않다.
재고관리 일관성	일관적이다.	일관적이지 않다.
거래조건	단순하다.	복잡하다.

　⑦ 역물류 대상 및 사유
　　　㉠ 고객의 변심
　　　㉡ 미판매
　　　㉢ 자발적 리콜이나 정부 당국의 리콜 명령
　　　㉣ 외관 불량이나 기능 이상
　　　㉤ 제품의 수명 종료
　　　㉥ 리스계약 종료
　　　㉦ 폐기 대상

04 물류관리의 목표와 원칙

(1) 물류관리의 목표

① 효율성 제고 : 한정된 물류 자원을 효율적으로 활용하여 원활한 제조와 배송을 지원함으로써, 고객 만족을 극대화하고 시장점유율과 수익률을 높일 수 있다.

② 원활한 의사소통 : 원재료 조달과 완제품 배송을 위한 의사소통을 통해 시간과 비용의 낭비를 사전에 방지한다.

③ 물류비용 절감 : 물류비용 절감을 통하여 영업이익 극대화에 공헌한다.

④ 고객서비스 수준 향상과 경쟁우위 달성 : 원재료 적시 조달을 통한 적시 생산과 완제품 적시 배송을 통한 판매 확대를 통하여 고객서비스 수준을 높임으로써 경쟁우위를 확보하는 데 공헌 한다. 특히 비용을 절감하면서도 고객서비스 수준을 유지·개선하는 데 노력을 집중함으로써 경쟁 우위를 확보한다.

(2) 물류관리의 원칙 – 일반

① 적시성 : 필요한 수량을 필요한 시기에 공급함으로써, 고객만족도를 높이고 재고비용을 최소화 한다.

② 경제성 : 최소의 자원으로 최대의 공급 효과를 추구하여 물류관리 비용을 최소화한다.

③ 집중지원 : 생산, 유통, 소비에 필요한 물자를 물량, 장소, 시기 등의 우선순위에 따라 집중적으 로 공급한다.

④ 균형성 : 생산, 유통, 소비에 필요한 물자를 수요와 공급의 균형, 조달과 분배의 균형을 유지하 며 공급한다.

⑤ 신뢰성 : 생산, 유통, 소비에 필요한 물자를 원하는 시기와 장소에 공급하여 사용할 수 있도록 보장한다.

⑥ 간편성 : 물류 프로세스나 물류 조직은 간단하고 단순해야 능률이 오른다.

(3) 물류관리의 원칙 – 3S1L

신속성, 경제성, 안전성, 정확성 : 3S1L 원칙은 필요한 물자를 신속하고(Speedy), 저렴하고(Low), 안 전하고(Safely), 확실하게(Surely) 거래 상대방에게 전달해야 한다는 원칙을 강조한다.

(4) 물류관리의 원칙 – 7R

① 고객서비스 측면을 강조 : 7R 원칙은 에드워드 스마이키(Edward W. Smykay) 전 미시간 주립 대 교수가 제창하였으며, 물류관리에서 고객서비스 측면을 강조한 원칙이다.

② 적절해야(Right) 할 7가지 항목 : 상품, 수량, 품질, 가격, 시기, 장소, 인상

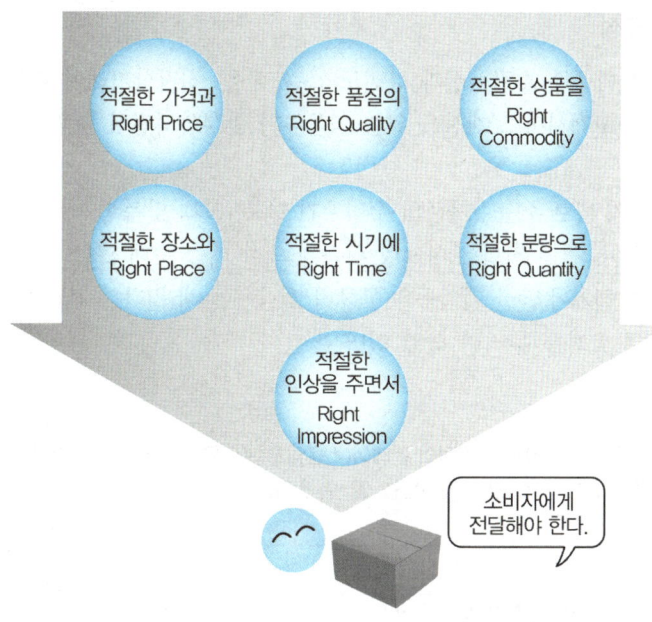

◀ [그림 1-4] E. W. Smykay의 7R 원칙 ▶

05 물류관리의 중요성

(1) 물류와 기업경영의 관계

① **경영전략의 일부** : 물류는 기업의 하위시스템이기 때문에, 물류계획은 기업경영전략의 테두리 안에서 수립되어야 한다.

② **타 부문과 협력** : 물류는 영업, 생산, 구매, 재무 등 기업 내 타 부문과 긴밀하게 협력해야 한다.

③ **기업 내 지위 상승** : 물류관리와 공급망 관리의 중요성이 강조됨에 따라 물류, 수요와 공급, 판매와 생산을 총괄하는 물류 담당 임원(CLO, Chief Logistics Officer) 또는 공급망 담당 임원(CSCO, Chief Supply Chain Officer)을 두는 기업이 생겼으며, 물류와 공급망 관리 개선을 지향한 정보시스템 투자도 늘어났다.

④ **시장의 변화에 대응** : 시장이 판매자 중심에서 소비자 중심으로 전환됨에 따라, 물류서비스 또한 판매자 중심에서 소비자 중심으로 전환되고 있다. 물적 유통 관리가 로지스틱스 관리와 공급망 관리로 전환된 이유는 시장을 주도하는 주체가 바뀌었기 때문이다.

⑤ **전략적 제휴의 대상** : 화주기업과 플랫폼 기업들이 소비자 중심의 시장에서 고객만족도를 높이고 경쟁우위를 확보하기 위해 물류기업과 전략적 제휴를 맺는 사례가 늘고 있다.

(2) 물류관리의 중요성

① **물류비 증가** : 다품종 소량생산과 다빈도 소량 배송, 전자상거래에 따른 소비자 개별 배송이 일상화되었고, 고객서비스 개선을 위한 역물류가 활성화되면서 **물류비용 관리의 필요성**이 점점 높아지고 있다.

② **원가절감과 이익 확보 수단** : 제품의 수명주기 단축, 고객 맞춤형 제품 출시로 생산원가 절감은 한계에 달했으며, 경쟁 격화로 마케팅 활동에 의한 매출 증대 또한 한계에 다다랐다. 원가절감도, 매출 증대도 한계에 달한 기업들은 물류비 절감을 통해 원가를 절감하고, 물류비 절감분만큼 영업이익 증대 효과를 누리려 하고 있다.

> 🔵**TIP** 물류비와 영업이익
>
> 컨테이너선 운임을 대표하는 상하이 컨테이너 운임지수와 우리나라 상장사 영업이익률 추이를 보면 운임지수와 영업이익률은 서로 반대 방향임을 알 수 있다.

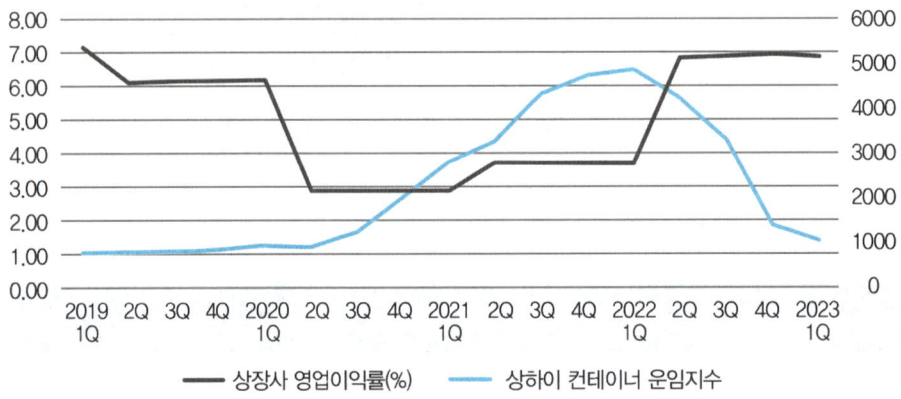

◀ [그림 1-5] 우리나라 상장사 영업이익률과 상하이 컨테이너 운임지수 분기별 추이 ▶

③ **고객만족 수단** : 고객의 요구가 다양화, 전문화, 고도화됨에 따라 고객의 요구에 적절하게 대응하는 데 물류관리의 역할이 커진다. 물류관리는 비용 절감을 통한 영업이익률 개선에 도움을 줄 뿐만 아니라, 배송서비스 품질이 그 기업의 인상을 결정하듯 고객만족도 개선에도 영향을 준다.

④ **글로벌 경영 대응** : 글로벌 구매, 국가 간 분업의 확산으로 운송거리가 길어지고 수요와 공급, 물류비용의 불확실성이 높아지면서, 글로벌 경영에 대응하기 위한 물류의 중요성이 높아졌다.

⑤ **시간과 공간 효용** : 생산은 형태 효용을, 상류는 소유 효용을 준다면, 물류는 시간과 공간 효용을 준다.

⑥ **사회간접자본** : 도로, 항만 등 사회간접자본과 물류 기반 시설 투자가 부족하면 물류비 절감에 한계가 있으므로, 물류 활동 증가는 사회간접자본 투자를 촉진한다. 우리나라도 인천국제공항이나 KTX 등 대규모 사회간접자본 투자는 고도성장기였던 1980년대 후반에서 1990년대 초반 사이부터 검토되었다. 또한 코로나19를 계기로 물류는 그 자체가 사회간접자본이 되었다.

⑦ **전체 최적화** : 물류는 고객서비스 향상과 물류비용 절감이라는 상반된 목표를 달성하기 위하여 물류 전체 통합 관점의 전체 최적화를 추구한다.

⑧ **공급망 관리로의 발전** : 원재료부터 소비자에 이르기까지 기업의 공급망 참여기업 간 조정과 협업을 강조하는 공급망 관리의 중요성이 증가하면서, 물류관리의 대상이 원재료 조달, 구매상품 보관, 완제품 유통 등으로 넓어졌고, 공급망의 하부구조인 물류의 중요성이 커졌다. 코로나19로 물류작업자가 부족해지자 정시도착 실패 사례가 증가했고, 공급망 신뢰도 하락으로 이어진 사례를 생각해 보자.

⑨ **지역 발전** : 물류가 발전하면 지역 간 균형발전을 도모할 수 있으며, 교통체증 감소에도 도움을 준다. 섬이 교량으로 연결되면 섬의 지역경제가 발전하는 사례를 생각해 보자.

06 물류전략 수립

(1) 전략, 전술, 운영

① **전략** : 최고경영진 주도로 기업 전체의 목표와 방향을 정하는 의사결정이다.

  ㉠ **전술보다 상위** : 기업의 목표이므로 전술보다 상위 개념이다.

  ㉡ **중장기 목표** : 기업의 목표이므로 현재의 역량으로 달성할 수 없어도 중장기적으로 미래를 보고 목표를 정한다. 고객서비스 목표는 전략에 속한다.

  ㉢ **전략의 범위**

    ⓐ 전사 전략 : 기업 전체의 전략이며, 경쟁할 시장과 자원 배분 중심이다.

    ⓑ 사업부 전략 : 각 사업 단위의 전략이며, 경쟁우위나 사업 간 시너지효과 중심이다.

    ⓒ 기능 전략 : 영업, 생산 등 기능 단위의 전략이다. 물류가 통합 기능의 개념이 되었다고 하지만, 물류전략은 기능 전략에 속한다.

② **전술** : 전략에서 정한 목표를 달성하기 위한 사업부 단위의 구체적인 계획이다.

  ㉠ **운영보다 상위** : 목표 달성 계획이므로 전략보다는 하위, 실무 운영보다는 상위 개념이다.

  ㉡ **단기 목표** : 전략 목표와 사업 특성에 맞춰 단기 목표를 정한다.

③ **운영** : 사업부 단위 전술 목표를 달성하기 위한 기능조직별 구체적인 행동방침이다.

  ㉠ **전술의 테두리** : 전술은 전략의 테두리 안에서, 운영방침은 전술의 테두리 안에서 정해져야 한다.

  ㉡ **일 단위 목표** : 매일 업무 프로세스에 맞춰 정해진 목표에 따라 업무를 수행한다. 생산에는 생산량 목표가 있고, 영업에는 매출 목표가 있으며, 물류는 입고량과 출하량 목표가 있는데, 모두 일 단위이다.

[표 1-2] 전략과 전술, 운영의 차이

구분	전략	전술	운영
의사결정의 성격	혁신적	일상적	일 단위
의사결정의 환경	불확실성	확실성	실행 영역
의사결정의 주체	최고경영층	중간관리층	부서, 현장관리자
고려 기간	중장기	단기	일 단위
관점	전사	사업	부서
예시	• 물류 아웃소싱 • 고객서비스 요구사항 • 신사업	• 운송계획 • 수급계획 • 물류 생산성 제고	• 일일 생산계획 • 일일 배차 • 운송사 관리 • 주문 처리

④ Top-Down : 전략에 따라 전술이 정해지고, 전술에 따라 운영방침이 정해지므로, 전략과 전술, 운영 간의 관계는 Top-Down이다. 상위 개념에 따라 하위 개념이 정해진다.

(2) 물류관리전략 수립

① 4단계 과제 설정 가이드 : 고객서비스 수준 → 시설 입지 → 재고 정책 → 운송수단

　㉠ 고객서비스

　　ⓐ 주요 척도 : 주문 후 인도까지 걸리는 시간, 고객 주문에 대한 제품의 가용성, 주문 처리 정확성 등이 있다.

　　ⓑ 물류비와 상충관계 : 고객서비스 수준을 높이면 운송, 보관, 하역, 포장 증가로 물류비가 증가한다. 고객서비스와 물류비용 사이에는 상충관계가 있다.

　㉡ 시설 입지

　　ⓐ 인프라 접근성 : 도로, 철도, 항만, 공항 등 교통시설과의 접근성을 고려해야 한다.

　　ⓑ 시장 접근성 : 고객서비스를 위해서는 시장 접근성을 고려해야 한다.

　㉢ 재고 정책

　　ⓐ Push vs Pull : 고객과 가까운 방향으로 재고를 밀어내는 Push 정책과 고객과 가까운 방향에서 재고를 가져가는 Pull 정책 간 검토가 필요하다.

　　ⓑ 제품 다양화와 상충관계 : 물류시스템에서 취급하는 제품이 다양할수록 재고는 증가하고 비용 상승 요인이 될 수 있다.

　㉣ 운송수단

　　ⓐ 운송수단 선택 : 고객서비스를 극대화할 수 있는 운송수단을 선택한다.

　　ⓑ 혼적과 경로 선택 : 혼적을 통해 배송 빈도를 줄이고 운송비용을 절감하기 위한 정책을 수립함과 동시에, 이동 거리나 연료 소모를 줄일 수 있는 최적의 운송경로를 선택한다.

② 물류전략 수립 시 고려사항

   ⊙ **공급사슬 전체** : 물류관리전략은 부품 공급에서 소비자에 이르는 공급사슬에서 공급사슬 전체의 이익 극대화를 추구해야 한다.

   ⓛ **유연성** : 효과적인 물류관리전략은 유연하면서도 고객의 다양한 요구를 저렴한 비용으로 충족해야 한다.

   ⓒ **총비용 최소화** : 물류관리전략의 목표는 비용 절감, 서비스 개선 등이 있으며, 기회비용을 고려하여 총비용을 최소화할 수 있도록 전략을 수립한다.

   ⓔ **부가가치 창출** : 최근 물류관리의 목표는 단순 비용 절감에서 부가가치 창출로 전환하고 있다. 판매와 생산을 보조하는 기능이 아닌 고객서비스 수준 향상을 통해 재구매와 매출을 유도하는 기능으로 변화하고 있다.

   ⓜ **제품과 제품수명주기별 차등** : 고객서비스는 모든 제품에 대해서 같은 수준으로 제공될 필요는 없으며, 물류관리전략 또한 제품수명주기에 따라 차별화할 수 있다.

   ⓗ **지연전략** : 고객 맞춤형 제품은 대량생산이 가능한 부분까지 대량생산하고, 마지막 고객별 세부 옵션은 최종소비자에게 판매하기 전에 완성해야 한다. 그렇지 않으면 고객별 세부 옵션까지 반영된 완제품 재고를 대량으로 보유해야 하므로 재고가 증가한다.

   ⓢ **표준화** : 고객서비스 수준을 높이고 물류비용을 절감하기 위해서는 프로세스와 각 활동의 표준화가 선행되어야 한다.

③ **물류관리전략 수립 순서** : 환경 분석 → 요구 분석 → 물류시스템 계획 → 물류시스템 운영 및 전략 반영 순서로 진행한다.

   ⊙ **환경 분석** : 관련 산업, 경쟁사, 자사의 물류환경, 하드웨어, 소프트웨어, 기술, 규제 등을 분석한다. 전략컨설팅 회사도 전략을 제안할 때 시장환경부터 분석한다.

   ⓛ **요구 분석** : 소비자의 요구를 분석한다.

   ⓒ **물류시스템 계획** : 제품개발, 원재료 조달, 생산, 운송 등 원재료에서 소비자 배송까지의 활동을 계획하고 어떤 자원이 필요한지 검토한다.

   ⓔ **물류시스템 운영 및 전략 반영** : 물류시스템을 운영해 보고 성과를 측정하여 경영전략에 피드백한다. 이렇게 운영 결과를 경영전략에 피드백할 수는 있지만, 전략이 전술을 만들고 전술이 운영을 통제하는 단계는 변하지 않는다.

④ **물류관리전략 추진 가이드** : 전략적 단계 → 구조적 단계 → 기능적 단계 → 실행 단계

   ⊙ **전략적 단계** : 고객의 요구를 파악하고 기업의 영업이익 목표를 달성할 수 있는 최적의 고객서비스 수준을 정한다.

   ⓛ **구조적 단계** : 원재료 공급에서 완제품 유통까지의 흐름을 최적화하기 위해 유통경로 및 물류 네트워크, 즉 물류를 수행할 수 있는 구조를 설계한다.

   ⓒ **기능적 단계** : 물류거점 설계 및 운영, 운송관리, 재고관리를 수행한다.

   ⓔ **실행 단계** : 정보화 구축과 변화관리를 수행한다.

(3) 물류계획 수립

① **무엇을, 언제, 어떻게** : 과제 설정과 전략 수립 결과에 따라 전략을 언제, 어떻게 실행할 것인지 실행계획을 수립한다.

② **고객서비스, 입지, 재고, 운송** : 4단계로 과제를 설정하였으므로, 물류계획 또한 4단계로 구분된다.

③ **전략, 전술, 운영** : 물류관리전략이 수립되었으므로, 물류계획 또한 전략계획, 전술계획, 운영계획으로 나누어진다.

◀ [표 1-3] 전략·전술·운영 단계별 물류계획 ▶

구분	전략	전술	운영
창고관리	레이아웃 설계	공간 활용	피킹
재고관리	입지	안전재고 수준	주문충족 수준
운송관리	운송수단	임대계약	발송

07 물류시스템 구축

(1) 정의

생산과 소비를 연결하며 공간과 시간의 효용을 창출하는 시스템이다.

(2) 개념

① **물류시스템 구성요소** : 물류시스템의 하부시스템으로는 운송시스템, 보관시스템, 하역시스템, 포장시스템, 정보시스템 등이 있다.

② **목적** : 물류 고객서비스 향상과 물류비용 최소화가 목적이다. 더 적은 물류비로 효용 창출을 극대화하는 최적 물류시스템을 구성해야 한다.

③ **물류시스템의 자원** : 인적자원, 물적자원, 재무적 자원, 정보적 자원이 있다.

> **TIP** 물류시스템 구성요소와 물류관리 영역
>
> 인적자원이나 재무적 자원은 물류시스템의 자원에 포함되지만, 물류관리 영역이나 범위에는 들어가지 않는다.

(3) 목적

① **신속한 서비스** : 고객 주문 시 신속하게 물류서비스를 제공한다.

② **서비스 신뢰성 제고**

　㉠ 운송 : 화물 분실, 오배송 등을 줄여 신뢰성 높은 운송서비스를 제공한다.

ⓛ 보관 : 화물 변질, 도난, 파손 등을 줄여 신뢰성 높은 보관서비스를 제공한다.

ⓒ 하역 : 하역 중 파손을 줄이고 하역 생산성을 개선하여 운송과 보관 서비스 개선 효과를 달성한다.

ⓡ 포장·유통가공 : 포장합리화와 고객요구에 맞춘 유통가공으로 운송과 보관 서비스 개선 효과를 달성한다.

ⓜ 정보 : 물류정보시스템 구축을 통해 물류비 감소와 서비스 수준 개선을 달성한다.

③ 물류비 최소화 : 물류 고객서비스 수준을 유지하거나 개선하고, 물류비는 최소화한다.

(4) 구축 방향성

① 고려사항

ⓐ 고객서비스 수준 : 전사 전략으로 결정된 고객서비스 수준을 충족할 수 있도록 구축해야 한다.

ⓛ 설비와 시설 입지 : 고객서비스 수준을 충족하면서 물류비를 절감할 수 있는 시설 입지를 고려한다.

ⓒ 재고 정책 : 고객서비스 수준을 충족할 수 있는 재고수준을 결정한다.

ⓡ 운송수단과 경로 : 고객서비스 수준을 충족하면서 물류비를 절감할 수 있는 운송수단과 경로를 선택한다.

ⓜ 주문 처리 : 주문 처리의 신뢰성을 높이고, 고객서비스 관점에서 재고가 없어 출하되지 않은 주문을 상시 점검하여 주문을 완전히 충족해야 한다.

② End-to-End : 생산지에서 소비지까지 연계되도록 물류시스템을 구축한다.

③ 구성요소별 연계 : 운송, 보관, 하역, 포장 등 주요 구성요소를 유기적으로 연계하여 구축하여야 한다.

④ 프로세스 개선 : 물류 제도나 절차 등 프로세스를 개선하는 방향으로 추진해야 구축 효과가 가시적으로 나타난다. 현재의 프로세스를 개선하지 않고 물류시스템을 구축하면 생산성 개선과 비용 절감, 고객서비스 개선 효과를 달성할 수 없다.

⑤ 이익 극대화 : 기업의 영업이익을 최대화할 수 있는 방향으로 구축해야 한다.

⑥ 장기적, 전략적 사고 : 단기 개선이 아닌 장기적, 전략적 개선을 고려하여 물류시스템을 도입해야 한다. 플랫폼 기업이 투자금 회수를 고려하여 단기 개선만 생각했다면, 당일배송이나 새벽배송 등 파격적인 배송서비스를 도입할 수 없었을 것이다.

⑦ 상충관계 조정 : 물류 전체를 통합적인 시스템으로 구축하고, 상충관계에서 발생하는 문제점을 조정하고 해결해야 한다.

⑧ 전체 시스템의 비용 절감 : 물류시스템과 관련된 개별비용은 상충하기 때문에 전체 시스템의 통합적 비용 절감이 물류시스템의 개별 요소별 비용 절감보다 중요하다. 예를 들어 배송차량을 대형화하고 화물의 혼적을 확대하면, 운송비용은 감소하겠지만, 다빈도 서비스를 할 수 없으므로 서비스 수준은 낮아진다. 물류비를 절감하면서 고객서비스 수준이 낮아지지 않도록 주의해야 한다.

(5) 물류시스템 구축 순서

① 목표설정 : 전사 전략과 고객서비스 수준에 맞춰 목표를 정한다.

② 전담 조직 구성 : 물류시스템을 구축할 전담 조직을 구성한다.

③ 데이터 수집 및 분석 : 물류시스템을 구축하기 위해 데이터를 수집하고 분석한다.

④ 시스템 구축 : 데이터 분석 결과를 바탕으로 물류시스템을 구축한다.

⑤ 시스템 평가, 유지와 관리 : 구축한 시스템을 운영해 보고, 운영 결과를 평가하고, 관리한다.

> **TIP** 순서를 묻는 문제
>
> 물류전략 수립 순서, 물류전략 추진 순서, 물류시스템 구축 순서와 같은 순서를 묻는 문제는 자주 출제된다. 암기하기보다는 왜 그런 순서로 해야 하는지를 이해해야 한다. 보통 전략 수립은 PDCA, 즉 계획하고(Plan), 실행하고(Do), 점검하고(Check), 보완하는(Action) 단계로 진행된다. 따라서 모든 전략 수립과 추진은 앞 단에 계획하는 단계가 들어간다. 물류전략을 수립할 때는 상황을 분석하고 요구를 파악하는 순서가 들어간다. 물류전략을 추진할 때는 목표를 세워야 물류를 수행할 수 있는 프로세스를 구성하고, 세부 기능을 설정하고 실행할 수 있다. 물류시스템을 구성할 때는 목표를 설정해야 전담 조직을 구성하여 실행할 수 있다.

01 물적 유통과 로지스틱스에 관한 설명으로 옳은 것은?

① 물적 유통은 상적 유통과 대비되는 개념이다.

② 로지스틱스는 물류를 판매의 일부로 간주하며, 제품을 소비자에게 운송하는 개별 기능으로 간주한다.

③ 물적 유통은 기업 내 물류의 전체 최적화를 지향한다.

④ 로지스틱스는 정보기술의 발전에 따라 기업 간 물류정보 공유를 지향한다.

⑤ 물적 유통은 물류를 운송과 보관뿐만 아니라, 조달물류, 생산물류, 회수물류를 포함한 재화의 전체적 흐름으로 본다.

> **해설** ② 물적 유통에 관한 설명이다.
> ③ 로지스틱스에 관한 설명이다.
> ④ 공급망 관리에 관한 설명이다.
> ⑤ 로지스틱스에 관한 설명이다.

02 물류의 정의에 관한 설명으로 옳은 것을 모두 고른 것은?

> ㄱ. 물적 유통의 줄임말로 물자의 흐름을 의미한다.
> ㄴ. 군사용어인 '병참' 즉 로지스틱스(logistics)라는 개념이 도입되어, 판매물류뿐만 아니라 조달물류, 생산물류, 회수물류를 포함한 총체적인 물자의 흐름으로 확대되었다.
> ㄷ. 기업이윤 극대화를 위해 물자의 흐름을 시·공간적으로 효율화하여 계획, 집행, 통제하는 일련의 프로세스를 의미한다.
> ㄹ. 재화가 공급자로부터 조달·생산되어 수요자에 전달되거나 소비자로부터 회수되어 폐기될 때까지 이루어지는 운송, 보관, 하역 등과 이에 부가되어 가치를 창출하는 가공, 조립, 분류, 수리, 포장, 상표부착, 판매, 정보통신 등을 말한다.

① ㄱ, ㄴ, ㄷ   ② ㄱ, ㄴ, ㄹ

③ ㄱ, ㄷ, ㄹ   ④ ㄴ, ㄷ, ㄹ

⑤ ㄱ, ㄴ, ㄷ, ㄹ

> **해설** 물류는 물적 유통과 병참의 개념, 조달부터 폐기까지의 모든 활동을 포괄한다는 사실을 이해해야 한다.

정답 01 ①   02 ⑤

03 물적 유통(Physical Distribution)과 로지스틱스(Logistics)에 관한 설명으로 옳은 것을 모두 고른 것은?

> ㄱ. 물적 유통은 물류부문별 효율화를 추구한다.
> ㄴ. 물적 유통은 로지스틱스보다 관리범위가 넓다.
> ㄷ. 로지스틱스는 기업 내 물류 효율화를 추구한다.
> ㄹ. 로지스틱스는 기업 간 정보시스템 통합을 추구한다.

① ㄱ, ㄴ   ② ㄱ, ㄷ
③ ㄴ, ㄷ   ④ ㄷ, ㄹ
⑤ ㄱ, ㄴ, ㄹ

> [해설] ㄱ. 물적 유통은 개별 기능의 부분 최적화를 추구한다.
> ㄴ. 물적 유통은 활동 중심, 로지스틱스는 통합 중심의 개념이다. 로지스틱스가 나중에 나온 개념이며 '병참'에서 나온 말이며, 병참이 군에서 전투를 제외한 모든 활동임을 고려하면 로지스틱스가 물적 유통보다 관리범위가 넓다.
> ㄷ. 로지스틱스는 기업 내 물류 효율화를 추구한다.
> ㄹ. 기업 간 정보시스템 통합은 공급망 관리에 관한 설명이다.

04 물류에 대한 설명으로 옳지 않은 것은?

① Physical Distribution은 판매영역 중심의 물자 흐름을 의미한다.
② Logistics는 재화가 공급자로부터 조달되고 생산되어 소비자에게 전달되고 폐기되는 과정을 포함한다.
③ 공급사슬관리가 등장하면서 기업 내·외부에 걸쳐 수요와 공급을 통합하여 물류를 최적화하는 개념으로 확장되었다.
④ 한국 물류정책기본법상 물류는 운송, 보관, 하역 등이 포함되며 가공, 조립, 포장 등은 포함되지 않는다.
⑤ 쇼(A. W. Shaw)는 경영활동 내 유통의 한 영역으로 Physical Distribution 개념을 정의하였다.

> [해설] ④ 물류정책기본법상 물류의 정의를 이해했는지 묻는 문제이다. 물류에는 운송, 보관, 하역뿐만 아니라, 유통가공, 조립, 포장 등의 활동을 포함한다.

[정답] **03** ②   **04** ④

05 물류의 기본적 기능으로 볼 수 없는 것은?

① 생산과 소비 간의 장소 격차 조정
② 생산자와 소비자 간의 소득 격차 조정
③ 생산 단위와 소비 단위의 수량 불일치 조정
④ 생산과 소비 시기의 시간 격차 조정
⑤ 생산자와 소비자 간의 품질 격차 조정

[해설] ② 물류가 보관과 방출을 통해 가격을 조정하는 역할을 할 수 있지만, 소득 격차를 조정할 수는 없다.

06 물류의 기본 기능과 물류 활동의 연결이 잘못된 것은?

① 시간 격차 조정 – 보관기능
② 장소 격차 조정 – 운송기능
③ 수량 불일치 조정 – 포장기능
④ 가격 격차 조정 – 하역기능
⑤ 품질 격차 조정 – 유통가공기능

[해설] ④ 운송과 보관이 수요와 공급의 격차로 인한 가격 격차를 조정한다.

07 기능적 물류 활동에 관한 설명으로 옳지 않은 것은?

① 운송은 물품의 이동을 통하여 효용가치를 증대시키는 활동을 말하며, 물류거점 간의 간선 수송과 일정 지역 내의 배송으로 분류할 수 있다.
② 포장은 한국산업표준에 따라 내부 포장을 의미하는 속포장과 외부 포장을 의미하는 겉포장 의 두 가지로 나누어진다.
③ 하역은 운송과 보관에 수반하여 발생하는 부수 작업으로 물품을 취급하거나 상하차하는 행 위 등을 총칭한다.
④ 보관은 물품의 저장을 통하여 생산과 소비의 시간적인 간격을 해소시키는 활동을 말한다.
⑤ 물류정보는 운송, 보관, 포장, 하역 등의 기능을 연계시켜 물류관리 전반을 효율적으로 수 행하게 한다.

[해설] ② 한국산업표준에 명시된 포장의 정의를 알고 있다면 쉽게 풀 수 있는 문제이다. 한국산업표준은 포장을 겉포장, 속포장, 그리고 낱포장으로 분류하고 있다.

정답 **05** ② **06** ④ **07** ②

08 **물류 활동의 기능에 관한 설명으로 옳지 않은 것은?**

① 수·배송 : 물자를 효용가치가 낮은 장소에서 높은 장소로 이동시켜 물자의 효용가치를 증대시키기 위한 물류 활동

② 하역 : 각종 운반수단에 화물을 싣고 내리는 것과 보관장소나 시설에서 화물을 운반, 입고, 분류, 출고하는 등의 작업과 이에 부수적인 작업을 총칭하는 물류 활동

③ 보관 : 물류 활동에 관련된 정보를 제공하여 물류관리의 모든 기능을 연결시켜 줌으로써 종합적인 물류관리의 효율을 향상시키는 물류 활동

④ 포장 : 물자의 수·배송, 보관, 거래, 사용 등에 있어서 그 가치 및 상태를 유지하기 위해 적절한 재료, 용기 등을 사용하여 보호하는 물류 활동

⑤ 유통가공 : 물자의 유통과정에서 이루어지는 제품의 단순한 가공, 재포장, 조립, 절단 등의 물류 활동

[해설] ③ 물류정보에 관련된 설명이다.

09 **물류의 기본적 기능과 가장 관계가 적은 것은?**

① 형태적 조정 　　　　　　② 수량적 조정

③ 가격적 조정 　　　　　　④ 장소적 조정

⑤ 시간적 조정

[해설] ① 일단 물자가 배송되기 시작하면 물자의 형태를 바꿀 수는 없다.
③ 물류가 물류비용 절감을 통해 원가절감을 할 수 있는 것은 맞다.

10 **공공적, 사회경제적, 개별 기업 관점에서 물류의 역할 또는 기능으로 옳지 않은 것은?**

① 물류 생산성 향상 및 비용 절감을 통해서 물가 상승을 억제한다.

② 물류합리화를 통해 유통구조 선진화 및 사회간접자본 투자에 기여한다.

③ 고객요구에 따라서 생산된 제품을 고객에게 전달하고 수요를 창출한다.

④ 생산자와 소비자 사이의 인격적 유대를 강화하고 고객서비스를 높인다.

⑤ 공급사슬관리를 통해 개별 기업의 독자적 경영 최적화를 달성한다.

[해설] ⑤ 공급사슬관리는 기업 내부가 아니라 기업 외부의 통합을 지향한다.

11 다음 중 순물류와 역물류에 관한 설명으로 옳은 것은?

① 순물류는 목적지가 명확하지 않지만, 역물류는 목적지가 명확하다.

② 역물류가 다루는 제품은 가격과 수명주기가 균일하지만, 순물류는 균일하지 않다.

③ 순물류는 처리 속도가 크게 중요하지 않지만, 역물류는 매우 중요하다.

④ 역물류 사유는 고객의 변심, 미판매, 리콜, 리스계약 종료 등이 있다.

⑤ 순물류는 다수의 거점에서 소수의 배송지로 향한다.

> [해설] ① 순물류는 목적지가 명확하다.
> ② 역물류가 다루는 제품은 가격과 수명주기가 균일하지 않다.
> ③ 순물류는 처리 속도가 매우 중요하다.
> ⑤ 순물류는 소수의 거점에서 다수의 배송지로 향하는 형태가 일반적이다.

12 물류의 영역적 분류에 관한 설명으로 옳은 것은?

① 조달물류 : 생산된 완제품 또는 매입한 상품을 판매창고에 보관하고 소비자에게 전달하는 물류 활동

② 반품물류 : 원자재와 제품의 포장재 및 수·배송 용기 등의 폐기물을 처분하기 위한 물류 활동

③ 사내물류 : 물자가 조달처로부터 운송되어 보관창고에 입고되어 생산공정에 투입되기 직전까지의 물류 활동

④ 회수물류 : 제품이나 상품의 판매물류 이후에 발생하는 물류용기의 재사용, 재활용 등을 위한 물류 활동

⑤ 판매물류 : 매입물자의 보관창고에서 완제품 등의 생산을 위한 장소까지의 물류 활동

> [해설] 원재료부터 소비자를 연결하는 물류의 영역은 조달물류, 사내물류, 판매물류, 반품물류, 회수물류로 이어진다. ①은 판매물류, ②는 폐기물류, ③은 조달물류, ⑤는 사내물류에 대한 설명이다.

13 역물류(Reverse Logistics)에 관한 설명으로 옳은 것은?

① 역물류 활동이 환경오염을 유발하기도 한다.

② 반품의 발생 시기와 상태가 예측 가능하다.

③ 발생 장소, 수량 측면에서 가시성 확보가 가능하다.

④ 컨테이너, 파렛트, 빈 용기 등의 재사용을 위한 물류 활동을 반품물류라 한다.

⑤ 고객에게 상품을 인도하는 과정에서 발생하는 물류 활동을 회수물류라 한다.

정답 11 ④ 12 ④ 13 ①

해설 ① 역물류 활동은 회수물류 같은 환경오염을 줄이기 위한 활동을 포함하지만, 예측할 수 없는 회수와 반품을 수거하기 위해 차량을 운행해야 하고, 운행경로를 정형화, 최적화하기 어렵기 때문에 역물류가 환경오염을 오히려 유발할 수 있다.
② 반품 발생 시기와 상태는 예측하기 어렵다.
③ 발생 장소가 다양하고, 수량도 단위가 정해지지 않아 가시성을 확보하기 어렵다.
④ 용기 재사용이면 반품물류가 아닌 회수물류에 해당한다.
⑤ 고객에게 상품을 인도하는 과정이면 순방향 배송이다. 판매물류에 해당한다.

14 물류의 영역적 분류에 관한 설명으로 옳은 것은?

① 조달물류는 생산업체에서 생산된 제품이 출하되어 판매창고에 보관될 때까지의 물류 활동이다.
② 생산물류는 반환된 제품의 운반, 분류, 정리, 보관과 관련된 물류 활동이다.
③ 사내물류는 완제품이 출하되어 고객에게 인도될 때까지의 물류 활동이다.
④ 판매물류는 생산에 필요한 원자재나 부품이 협력회사나 도매업자로부터 제조업자의 자재창고에 운송되어 생산공정에 투입되기 전까지의 물류 활동이다.
⑤ 회수물류는 제품이나 상품의 판매활동에 부수적으로 발생하는 물류용기의 재사용에 관련된 물류 활동이다.

해설 ① 생산업체에서 생산이 된 후 판매창고에 보관할 때까지면 생산물류 영역은 지났다. 사내물류에 해당하는 설명이다.
② 반환된 제품과 관련된 활동이면 역물류와 관련된 설명이다.
③ 완제품 출하 후 고객 인도까지는 판매물류에 대한 설명이다.
④ 원자재나 부품이 생산공정에 투입되기 전이면 조달물류와 관련된 설명이다.

15 다음 설명에 해당하는 물류의 영역은?

• 물자가 생산공정에 투입될 때부터 제품의 생산과정까지의 물류 활동이다.
• 생산 리드타임의 단축 및 재고량 감축이 핵심과제이다.

① 조달물류   ② 생산물류
③ 판매물류   ④ 회수물류
⑤ 폐기물류

해설 생산공정 투입부터 생산과정까지면 생산공정에서 발생하는 물류, 즉 생산물류이다. 만약 보기에 생산물류가 없고, 사내물류가 있다면 사내물류를 정답으로 선택하고, 생산물류와 사내물류가 같이 있다면 생산물류를 정답으로 선택해야 한다.

정답 14 ⑤ 15 ②

16 물류 활동에 관한 설명으로 옳은 것은?

① 보관물류는 재화와 용역의 시간적인 간격을 해소하여 생산과 소비를 결합한다.

② 하역물류는 재화와 용역을 효용가치가 낮은 장소로부터 높은 장소로 이동시켜 효용가치를 증대한다.

③ 정보물류는 물자의 수·배송, 보관, 거래, 사용 등에 있어 적절한 재료, 용기 등을 이용하여 보호하는 기술이다.

④ 유통가공물류는 물류 활동과 관련된 정보 내용을 제공하여 물류관리 기능을 연결시켜 물류관리의 효율화를 추구한다.

⑤ 수·배송물류는 물자를 취급하고 이동하며, 상·하차하는 행위 등 주로 물자의 선적·하역 행위이다.

[해설] ② 운송, ③ 포장, ④ 정보, ⑤ 하역에 해당하는 설명이다.

17 회수물류의 대상 품목에 해당하지 않는 것은?

① 음료용 알루미늄 캔   ② 화물용 T11 파렛트

③ 주류용 빈 병   ④ 운송용 컨테이너

⑤ 일회용 소모성 자재

[해설] ⑤ 회수물류는 회수해서 재사용하거나 재활용하기 위한 활동이다. 일회용 소모성 자재는 굳이 회수할 필요가 없다.

18 순물류(Forward Logistics)와 역물류(Reverse Logistics)의 차이점을 비교한 것으로 옳지 않은 것은?

구분	순물류	역물류
ㄱ. 품질 측면	제품 품질이 일정함	제품 품질이 상이함
ㄴ. 가격 측면	제품 가격이 일정함	제품 가격이 상이함
ㄷ. 제품수명주기	제품수명주기의 관리가 용이함	제품수명주기의 관리가 어려움
ㄹ. 회계 측면	물류비용 파악이 용이함	물류비용 파악이 어려움
ㅁ. 구성원 측면	공급망 구성원 간의 거래조건이 복잡함	공급망 구성원 간의 거래조건이 단순함

① ㄱ   ② ㄴ   ③ ㄷ

④ ㄹ   ⑤ ㅁ

정답   **16** ①   **17** ⑤   **18** ⑤

[해설] ⑤ 순물류에 비해 역물류는 물건의 상태에 따라 거래조건이 달라질 수 있어 복잡하다.

19 기업의 통합 물류 운영관점에서 재고거점 수가 증가할 경우 옳지 않은 것은?

① 배송비 감소
② 재고유지비용 증가
③ 총 물류비용 감소
④ 시설투자비 증가
⑤ 고객서비스 수준 향상

[해설] ③ 재고거점 수가 늘어나면 거점과 소비지 사이의 거리가 줄어서 배송비는 감소하지만, 거점 간 수송비와 보관비가 증가하여 총 물류비용은 증가한다. 실제로 공장 직배송과 판매거점을 경유한 배송의 물류비를 비교해 보면 일반적으로 공장 직배송이 원거리 배송에 따라 배송비는 더 나오지만, 보관비용이 들지 않아 전체 물류비용은 판매거점 경유보다 적게 든다.

20 기업경영상 물류에 대한 관심이 높아지는 요인에 대한 설명으로 옳지 않은 것은?

① 생산과 판매의 국제화로 물류관리의 복잡성 증대
② 수발주 단위의 소량·다빈도화에 대한 대응 필요성 증가
③ 저렴하고 양질의 서비스 제공을 위한 운송규제 강화 추세
④ 운송 보안에 대한 서류 및 절차 강화로 추가 비용 발생
⑤ 시장 환경변화에 유연하게 대응할 수 있는 재고관리의 필요성 증대

[해설] ③ 보통 운송규제는 저렴한 서비스를 위해서가 아니라 안전을 위해 발효된다.
물류는 ①, ②, ④, ⑤와 같은 사유로 전부터 관심이 높아져 가고 있었다.

21 물류의 중요성에 관한 설명으로 옳은 것은?

① 물류는 소비자에게 물자를 인도하기 위해 영업하고만 긴밀하게 협력해야 한다.
② 시장이 판매자 중심에서 소비자 중심으로 전환되면서 물류서비스 또한 판매자 중심에서 소비자 중심으로 전환되어야 한다는 사실 자체가 물류의 중요성을 대변한다.
③ 고객만족도를 높이고 경쟁우위를 확보하기 위해 기업은 물류를 아웃소싱에서 자가물류로 전환하고 있다.
④ 기업 간 경쟁이 치열해지면서 개별 기능으로서의 물류가 더 중요해지고 있다.
⑤ 공급망 관리의 중요성이 높아지면서, 물류의 중요성이 조달물류에서 판매물류로 옮겨가고 있다.

[정답] **19** ③ **20** ③ **21** ②

[해설] ① 영업, 생산뿐만 아니라, 회계와 재무 등 기업의 모든 분야와 협력해야 한다.
③ 물류는 자가물류에서 아웃소싱으로 전환되고 있다.
④ 기업 간 경쟁이 치열해지면서 기업 내 또는 기업 간 최적화된 통합 물류의 중요성이 커지고 있다.
⑤ 공급망 관리의 중요성이 높아지면서 판매물류뿐만 아니라 조달물류의 중요성이 높아졌다.

22 물류관리전략에 관한 일반적인 설명으로 옳은 것은?

① 일, 주 단위의 업무 운영에 관한 구체적인 사항을 수립하는 것이 전술적 계획이다.
② 배송 빈도가 높을수록 물류센터의 재고회전율은 감소한다.
③ 고객 맞춤형 제품의 경우, 유통과정에서 완성하기보다는 공장에서부터 완성된 형태로 출하하는 것이 재고 부담을 줄이는 좋은 방법이다.
④ 상물(商物)을 분리함으로써 배송차량의 효율적 운행이 가능하고, 트럭 적재율도 향상된다.
⑤ 운영적 계획과 전술적 계획을 미리 수립한 후 전략적 계획을 수립하는 것은 탑다운(Top-Down) 방식이다.

[해설] ① 전략은 큰 목표이고, 전술은 그 큰 목표를 달성하기 위한 구체적인 계획이며, 운영은 구체적인 행동이다. 전략이 전술보다 상위 개념이며 기업 전체의 의사결정이라면, 전술은 사업별 구체적인 계획이고, 운영은 각 사업부의 기능조직별 행동 방안이다.
② 배송 빈도가 높을수록 물류센터에서 재고가 빨리 빠져나가고 그만큼 빨리 들어오기 때문에 물류센터의 재고회전율은 높아진다.
③ 고객 맞춤형 제품은 대량생산이 가능한 부분까지 대량생산하고, 마지막 고객별 세부 옵션은 최종소비자에게 판매하기 전에 완성해야 한다. 그렇지 않으면 고객별 세부 옵션까지 반영된 완제품 재고를 대량으로 보유해야 하므로 재고가 늘어날 수 있다.
④ 상물분리는 상품의 소유권을 넘기는 상류와 상품의 이동을 관리하는 물류를 분리하는 개념으로, 영업 부서는 주문 수주와 대금 수수에 집중하고 물류 부서는 배송에 집중하자는 취지이다.
⑤ 전략이 전술보다 상위 개념이고, 전술이 운영보다 상위 개념이다. Bottom-Up에 대한 설명이다.

23 경쟁우위 창출을 위한 기업의 물류관리전략으로 적절하지 않은 것은?

① 효율적인 물류 활동을 통하여 기업은 원가를 절감할 수 있고, 이를 바탕으로 저가격 전략에 의한 시장점유율 제고 및 수익률 증대를 추구할 수 있다.
② 통합 물류관리 관점에서 기업은 운송비 절감에 집중하여 차별화된 경쟁우위를 확보해야 한다.
③ B2B 거래에서 고객이 원하는 장소로 직접 배달, 고객에 대한 교육 훈련 등의 서비스 활동은 경쟁우위를 창출할 수 있는 방안이다.
④ 고객의 다양한 요구를 저렴한 비용으로 충족시킬 수 있는 물류시스템을 보유한 경우, 보다 넓은 고객층을 확보할 수 있다.
⑤ 고객 주문에 대한 제품 가용성, 주문 처리의 정확성 등의 물류서비스를 제공함으로써 경쟁우위를 확보할 수 있다.

[정답] **22** ④ **23** ②

해설 ② 물류관리가 통합 물류관리로 발전할수록 운송비 절감만이 경쟁우위를 창출한다고 보기는 어렵다. 차별화된 경쟁우위는 차별화된 서비스에서 나올 수 있으며, 서비스 수준 유지 또는 고객서비스 향상 없는 운송비 절감은 기능별 비용 절감에 집중하던 물적 유통 시대의 목표이다.

24 물류관리전략 수립과 추진 순서로 올바른 것은?

① 과제 설정 : 재고 정책 → 고객서비스 수준 → 시설 입지 → 운송수단
② 물류관리전략 수립 : 요구 분석 → 환경 분석 → 물류시스템 계획 → 물류시스템 운영 및 전략 반영
③ 물류관리전략 추진 : 전략적 단계 → 기능적 단계 → 구조적 단계 → 실행 단계
④ 물류시스템 구축 : 목표설정 → 전담 조직 구성 → 데이터 수집 및 분석 → 시스템 구축
⑤ 과제 설정 : 고객서비스 수준 → 시설 입지 → 운송수단 → 재고 정책

해설 ①, ⑤ 과제 설정 : 고객서비스 수준 → 시설 입지 → 재고 정책 → 운송수단
② 물류관리전략 수립 : 환경 분석 → 요구 분석 → 물류시스템 계획 → 물류시스템 운영 및 전략 반영
③ 물류관리전략 추진 : 전략적 단계 → 구조적 단계 → 기능적 단계 → 실행 단계
④ 물류시스템 구축 : 목표설정 → 전담 조직 구성 → 데이터 수집 및 분석 → 시스템 구축

25 물류관리의 필요성과 원칙에 관한 설명으로 옳지 않은 것은?

① 신속, 저렴, 안전, 확실하게 물품을 거래 상대방에게 전달해야 한다.
② TV 홈쇼핑과 온라인상에서 다양한 형태의 재고정보를 제공함으로써 매출액 증가를 가져올 수 있다.
③ 효율적인 물류관리를 통하여 해당 기업은 비용을 절감하고 서비스 수준을 향상시킬 수 있다.
④ 고객서비스 향상과 물류비용 절감이라는 상반된 목표를 달성하기 위하여 물류 단위 기능별 부분 최적화를 추구한다.
⑤ 물류관리 목적 달성을 위하여 고객서비스 제공과정에서 7R 원칙이 강조되고 있다.

해설 물류관리의 원칙인 3S1L(신속, 안전, 확실, 저렴)과 에드워드 스마이키 교수가 제창한 서비스 중심의 7R 원칙을 알면 ①과 ⑤는 맞는 설명임을 알 수 있다. 부분 최적화를 하면, 고객서비스 수준을 높였을 때 물류비용이 증가하고 물류비용을 절감하면 고객서비스 수준이 떨어지는 상충관계(Trade-off)에 빠지게 된다. 부분 최적화 자체가 로지스틱스와 공급망 관리 시대에 맞지 않는다.

정답 **24** ④ **25** ④

26 다음 표는 물류계획을 전략, 전술, 운영의 순으로 나타낸 것이다. (   ) 안에 들어갈 내용으로 옳은 것은?

Decision Area	Strategy	Tactics	Operations
Transportation	(ㄱ)	Seasonal Leasing	Dispatching
Inventory	Location	(ㄴ)	Order Filling
Warehousing	Layout Design	Space Utilization	(ㄷ)

① ㄱ : Mode Selection, ㄴ : Safety Stock Level, ㄷ : Order Picking
② ㄱ : Routing,   ㄴ : Vendor Selection,   ㄷ : Stock Location
③ ㄱ : Mode Selection, ㄴ : Vendor Selection,   ㄷ : Back Order
④ ㄱ : Stock Location, ㄴ : Space Allocation,   ㄷ : Back Order
⑤ ㄱ : Stock Location, ㄴ : Space Allocation,   ㄷ : Order Picking

해설 ㄱ. 전략은 큰 목표이고, 전술은 구체적인 계획이며, 운영은 구체적인 행동이다. 운송수단 선정과 재고 위치 선정, 경로 선정 중 가장 큰 목표는 운송수단 설정이다.
ㄴ. 안전재고 수준, 납품업자 선정, 공간 배치 중 안전재고 수준이 전술에 해당한다.
ㄷ. 재고 위치 선정, 재고 없는 주문관리, 주문 피킹 중 운영에 해당하는 부분은 피킹이다.

27 물류관리를 통하여 국민경제에 기여할 수 있는 항목 중 옳지 않은 것은?

① 유통 효율의 향상을 통하여 기업의 체질을 강화하고 물가 상승을 억제시킬 수 있다.
② 식품의 선도 유지 등 각종 상품의 물류서비스 수준을 높여 소비자에게 질적으로 향상된 서비스를 제공할 수 있다.
③ 물류 효율화를 통하여 소비 편중을 높이고 과잉생산을 해소시킬 수 있다.
④ 도시교통의 체증 완화를 통하여 생활환경을 개선할 수 있다.
⑤ 물품의 원활한 유통을 통하여 지역 간의 균형발전을 도모할 수 있다.

해설 ③ 물류가 효율화되면 생산과 소비의 격차가 줄어서 소비 편중이 낮아지지 높아지지는 않는다.

28 물류관리의 중요성이 증가하는 이유로 옳지 않은 것은?

① 생산혁신 및 마케팅을 통한 이익 실현이 한계에 달했다.
② 고객요구가 다양화, 전문화, 고도화되어 적절한 대응이 필요해졌다.
③ 소품종, 대량, 다빈도 거래 확대로 물류관리의 중요성이 증대하였다.
④ 글로벌화로 인해 국제물류의 범위가 확대되었다.
⑤ 물류비용 절감과 서비스 향상이 기업경쟁력의 핵심요소로 대두되었다.

정답 26 ① 27 ③ 28 ③

[해설] ③ 다품종, 소량, 다빈도 거래가 확대되고 있다. 제조원가를 절감하기 힘들고 시장에서 경쟁이 치열해졌기 때문에 물류관리의 중요성이 높아졌다.

29 물류관리전략의 수립 단계를 순서대로 옳게 나열한 것은?

> ㄱ. 소비자의 니즈(Needs), 필요수량·시기, 요구하는 제품디자인·품질·가격 등을 분석하고 예측한다.
> ㄴ. 관련 산업·업계·경쟁사·자사 물류환경, 하드웨어, 소프트웨어, 기술 및 법규 등을 분석한다.
> ㄷ. 물류관리전략에 따른 물류시스템의 운영과 성과 측정을 통하여 이를 기업의 경영전략에 다시 반영하도록 한다.
> ㄹ. 제품설계 및 개발, 원자재 및 부품조달, 생산 및 조립, 일정계획, 재고관리, 운송 등 소비자에게 제품이 인도될 때까지의 활동을 계획하고 필요한 여러 자원을 검토한다.

① ㄱ → ㄴ → ㄹ → ㄷ   ② ㄱ → ㄹ → ㄴ → ㄷ
③ ㄴ → ㄱ → ㄹ → ㄷ   ④ ㄴ → ㄷ → ㄹ → ㄱ
⑤ ㄴ → ㄹ → ㄱ → ㄷ

[해설] 전략을 수립하려면 대외환경 분석부터 시작한다. 이어서 소비자의 요구를 분석한다. 그리고 계획을 수립한다. 마지막으로 검증한다.

30 물류관리에 관한 설명으로 옳지 않은 것은?

① 상적 유통과 구분되는 물류는 마케팅의 물적 유통(Physical Distribution)을 의미한다.
② 물류합리화를 통한 물류비 절감은 소매 물가와 도매 물가 상승을 억제하는 데 기여한다.
③ 물류합리화는 상류 합리화에 기여하며, 상거래 규모의 증가를 유도한다.
④ 물리적 흐름의 관점에서 물류관리의 목표는 노동 투입을 증가시키는 것이다.
⑤ 물류관리의 진화된 기법으로서 참여기업 간 조정과 협업을 강조하는 공급사슬관리의 중요성이 증가하고 있다.

[해설] ④ 물류관리의 목표가 노동 투입 증가로 이어진다면 물류가 합리화될 수 없다.

[정답] 29 ③   30 ④

31 물류관리의 역할과 의의에 관한 설명으로 옳은 것은?

① 상거래의 결과로 발생하는 물류관리는 제품의 이동이나 보관에 대한 수요를 유발시켜 유통 기능을 완결시키는 역할을 한다.

② 형태 효용은 생산, 시간과 장소 효용은 마케팅, 그리고 소유 효용은 물류관리와 밀접한 연관성이 있다.

③ 물류비용은 기업이 생산하는 제품의 가격경쟁력에 영향을 미치기 때문에 물류 활동을 효율화하고 물류비용을 절감하는 것이 중요하다.

④ 물류 발전을 통하여 지역 간 균형발전을 도모할 수 있으나 모든 지역에서 교통체증 증가로 이어져 생활환경이 악화된다.

⑤ 물류 활동은 판매 촉진을 위한 고객서비스의 향상과 물류비용의 절감이라는 상반된 목표를 추구함으로 수송, 보관, 하역 등 기능별 시스템화가 요구된다.

> **해설** ① 유통의 완결은 소유권 이전이다. 즉 상류가 담당한다.
> ② 상류는 소유권 이전, 물류는 시간과 장소의 이전을 수행한다.
> ④ 물류가 발전하면 한정된 자원으로 더 많은 수·배송과 보관을 할 수 있게 되므로 교통체증 감소에 기여한다.
> ⑤ 상반된 목표를 추구하기 때문에 기능마다 개별 시스템화가 아닌 통합 최적화 관점의 시스템화를 하게 된다.

32 물류관리 원칙에 관한 설명으로 옳지 않은 것은?

① 신뢰성 : 생산, 유통, 소비에 필요한 물량을 원하는 시기와 장소에 공급하여 사용할 수 있도록 보장하는 원칙

② 단순성 : 생산, 유통, 소비 분야에서 물자가 요구되는 상황에 따라 물량, 장소, 시기의 우선순위별로 집중하여 제공하는 원칙

③ 적시성 : 필요한 수량만큼 필요한 시기에 공급하여 고객의 만족도를 향상시키고 재고비용을 최소화하는 원칙

④ 경제성 : 최소한의 자원으로 최대한의 물자공급 효과를 추구하여 물류관리 비용을 최소화하는 원칙

⑤ 균형성 : 생산, 유통, 소비에 필요한 물자의 수요와 공급 및 조달과 분배의 균형을 유지하는 원칙

> **해설** ② 우선순위별로 집중하여 제공하는 것은 집중지원의 원칙이다.

정답 **31** ③ **32** ②

33 물류의 중요성이 부각되는 이유로 옳지 않은 것은?

① 주문 횟수 감소 경향
② 고객욕구의 다양화와 고도화
③ 운송시간과 비용의 상승
④ 제조부문 원가절감의 한계
⑤ 경쟁력 강화를 위하여 물류부문의 우위 확보 필요

해설 ① 다빈도 소량 배송의 시대이다. 주문 횟수는 증가하고 있고 주문 횟수가 증가하면 개별 배송이 증가하기 때문에 운송경로와 배송 일정을 관리하는 물류의 역할이 중요해진다.

34 기업의 물류관리를 위한 전략적 계획과 전술적 계획을 비교한 것으로 옳지 않은 것은?

구분	전술적 계획	전략적 계획
① 의사결정의 종류	혁신성	일상성
② 의사결정의 환경	확실성	불확실성
③ 계획주체	중간관리층	최고경영층
④ 기간	중·단기적	장기적
⑤ 관점	부서별 관점	전사적 관점

해설 ① 전략적 계획은 지금 당장 불가능하더라도 혁신적인 아이디어를 담는다. 반면, 구체적 행동을 담는 전술적 계획은 일상성을 가져야 한다.

35 물류관리의 의사결정에 관한 설명으로 옳은 것은?

① 물류 의사결정은 전략·전술·운영의 3단계 계층으로 구성된다.
② 수요예측, 주문 처리 등은 전략적 의사결정에 해당한다.
③ 운영 절차, 일정계획 등은 전술적 의사결정에 해당한다.
④ 마케팅 전략, 고객서비스 요구사항 등은 운영적 의사결정에 해당한다.
⑤ 전략, 전술, 운영의 세 가지 의사결정은 상호 간에 독립적으로 이루어져야 한다.

해설 ② 주문 처리는 운영적 의사결정이다.
③ 운영 절차는 운영적 의사결정이다.
④ 마케팅 전략이나 고객서비스 요구사항은 전략적 의사결정이다.
⑤ 전술은 전략의 테두리 안에서, 운영은 전술의 테두리 안에서 결정되어야 한다.

정답 **33** ① **34** ① **35** ①

36 물류에 관한 설명으로 옳지 않은 것은?

① 생산에서 소비에 이르는 물적인 흐름이다.

② 7R 원칙이란 적절한 상품(Commodity), 품질(Quality), 수량(Quantity), 경향(Trend), 장소(Place), 인상(Impression), 가격(Price)이 고려된 원칙이다.

③ 3S1L 원칙이란 신속성(Speedy), 안전성(Safely), 확실성(Surely), 경제성(Low)이 고려된 원칙이다.

④ 기업이 상품을 생산하여 고객에게 배달하기까지, 전 과정에서 장소와 시간의 효용을 창출하는 제반 활동이다.

⑤ 원료, 반제품, 완제품을 출발지에서 소비지까지 효율적으로 이동시키는 것을 계획 · 실현 · 통제하기 위한 두 가지 이상의 활동이다.

> **해설** ② 7R 원칙에서 적절한 시간, Right Time이 빠져 있다. Right Trend를 정의한 적은 없다.

37 다음 (   )에 들어갈 물류관리전략 추진 단계로 옳은 것은?

> • (ㄱ) 단계 : 원 · 부자재의 공급에서 생산과정을 거쳐 완제품의 유통과정까지의 흐름을 최적화하기 위해 유통경로 및 물류 네트워크를 설계하는 단계
> • (ㄴ) 단계 : 고객이 원하는 것이 무엇인지를 파악하는 동시에 회사이익 목표를 달성할 수 있는 최적의 서비스 수준을 정하는 단계
> • (ㄷ) 단계 : 물류거점 설계 및 운영, 운송관리, 자재 및 재고관리를 하는 단계
> • (ㄹ) 단계 : 정보화 구축에 관련된 정책 및 절차 수립, 정보화 설비와 장비를 도입 · 조작 · 변화관리를 하는 단계

① ㄱ : 전략적, ㄴ : 구조적, ㄷ : 기능적, ㄹ : 실행

② ㄱ : 전략적, ㄴ : 기능적, ㄷ : 실행,   ㄹ : 구조적

③ ㄱ : 구조적, ㄴ : 실행,   ㄷ : 전략적, ㄹ : 기능적

④ ㄱ : 구조적, ㄴ : 전략적, ㄷ : 기능적, ㄹ : 실행

⑤ ㄱ : 기능적, ㄴ : 구조적, ㄷ : 전략적, ㄹ : 실행

> **해설** 설계단계면 ㄱ은 구조적 단계이다. 서비스 수준은 전략의 영역이므로 전략적 단계이다. 영역별 관리를 하는 단계면 기능적 단계이다. 도입, 조작, 변화관리는 실행 단계이다.

정답 36 ② 37 ④

38 물류의 전략적 의사결정 활동으로 옳은 것은?

① 시설 입지 계획
② 제품 포장
③ 재고통제
④ 창고관리
⑤ 주문품 발송

> **해설** ① 시설 안에서 일어나는 재고관리, 포장, 발송, 창고관리보다 더 상위의 전략적 의사결정은 시설 입지이다.

39 물류관리전략 수립에 관한 설명으로 옳지 않은 것은?

① 고객서비스 달성 목표를 높이기 위해서는 물류비용이 증가할 수 있다.
② 물류관리전략의 목표는 비용 절감, 서비스 개선 등이 있다.
③ 물류관리의 중요성이 높아짐에 따라 물류전략은 기업전략과 독립적으로 수립되어야 한다.
④ 물류관리 계획은 전략계획, 전술계획, 운영계획으로 나누어 단계적으로 수립한다.
⑤ 제품수명주기에 따라 물류관리전략을 차별화할 수 있다.

> **해설** ③ 기업전략에 따라 사업부 전략이 나오고, 기능별 전략이 나온다. 독립적으로 수행되어서는 안 된다.

40 전략, 전술, 운영 단계와 물류 의사결정이 올바르지 않은 것은?

① 전략 : 물류 생산성
② 전략 : 고객서비스 수준
③ 전술 : 운송계획
④ 운영 : 일일 배차
⑤ 운영 : 주문 처리

> **해설** ① 물류 생산성은 전술 단계의 의사결정 사항이다.

41 물류시스템 설계 시 일반적으로 고려해야 할 사항으로 옳지 않은 것은?

① 배송차량의 대형화와 화물의 혼적을 통해 서비스 수준은 개선되지만, 물류비용은 증가한다.
② 대고객서비스 수준을 중요하게 고려한다.
③ 고객의 수요에 따라 재고수준이 결정되고, 이는 운송수단과 경로 결정에 영향을 미친다.
④ 물류정보시스템 구축을 통해 물류비용의 감소와 서비스 수준 개선을 달성할 수 있다.
⑤ 고객서비스 관점에서 미배송 잔량을 체크하여 주문충족의 완전성을 확보해야 한다.

물류시스템을 설계할 때는 고객에 대한 서비스 수준을 중요하게 고려해야 한다. 효율적인 물류시스템을 기반으로 물류정보시스템을 구축하면 서비스 수준은 개선되면서 물류비용 감소를 달성할 수 있다. 그러나, 배송차량을 대형화하고 화물의 혼적을 늘려버리면, 물류비용은 감소할 수 있어도 서비스 수준은 개선되기 어렵다. 화물의 혼적 때문에 기다리는 고객이 발생하기 때문이다.

42 물류시스템의 구축 순서를 올바르게 나열한 것은?

> ㄱ. 시스템 평가 유지 관리　　　　ㄴ. 목표설정
> ㄷ. 데이터 수집 및 분석　　　　　ㄹ. 시스템 구축
> ㅁ. 전담 조직 구성

① ㄱ - ㄷ - ㄹ - ㄴ - ㅁ
② ㄴ - ㅁ - ㄷ - ㄹ - ㄱ
③ ㄴ - ㄷ - ㅁ - ㄱ - ㄹ
④ ㅁ - ㄴ - ㄹ - ㄷ - ㄱ
⑤ ㅁ - ㄱ - ㄴ - ㄷ - ㄹ

목표설정이 먼저다. 그리고 시스템을 구축해야 시스템을 평가하고 유지하고 관리할 수 있다. 시스템을 구축하려면 데이터가 있어야 한다. 시스템을 구축하려면 전담 조직이 있어야 한다.

43 물류시스템의 구축 방향에 관한 설명으로 옳지 않은 것은?

① 수·배송, 포장, 보관, 하역 등 주요 부문을 유기적으로 연계하여 구축하여야 한다.
② 물류 제도나 절차를 개선하는 것보다는 기술혁신을 중심으로 하여 추진하는 것이 바람직하다.
③ 기업 이익을 최대화할 수 있는 방향으로 설계되어야 한다.
④ 장기적이고 전략적인 사고를 물류시스템에 도입하여야 한다.
⑤ 물류 전체를 통합적인 시스템으로 구축하여 상충관계에서 발생하는 문제점을 해결하는 방안을 모색하여야 한다.

② 기술혁신은 물류시스템 개선을 위해 필요한 수단일 뿐이지 기술혁신 자체가 중심이 되어서는 안 된다.

44 **물류시스템의 구축 목적에 관한 설명으로 옳지 않은 것은?**

① 고객 주문 시 신속하게 물류서비스를 제공한다.

② 화물 분실, 오배송 등을 감소시켜 신뢰성 높은 운송기능을 수행할 수 있게 한다.

③ 화물 변질, 도난, 파손 등을 감소시켜 신뢰성 높은 보관기능을 수행할 수 있게 한다.

④ 물류서비스의 향상과 관계없이 물류비를 최소화하는 것이다.

⑤ 하역의 합리화로 운송과 보관 등의 기능이 향상되도록 한다.

[해설] ④ 물류비와 물류서비스의 관계를 묻는 문제는 미묘하게 변형하여 출제된다. 물류비를 최소화해야 한다는 명제가 성립하려면 물류서비스 수준이 떨어지지 않는다고 전제해야 한다는 사실을 기억하자.

45 **물류시스템에 관한 설명으로 옳지 않은 것은?**

① 생산지에서 소비지까지 연계되도록 물류시스템을 구축한다.

② 물류시스템의 목적은 보다 적은 물류비로 효용 창출을 극대화하는 최적 물류시스템을 구성하는 것이다.

③ 물류시스템의 하부시스템으로는 운송시스템, 보관시스템, 하역시스템, 포장시스템, 정보시스템 등이 있다.

④ 물류시스템과 관련된 개별비용은 상충되지 않는다.

⑤ 물류시스템에서의 자원은 인적자원, 물적자원, 재무적 자원, 정보적 자원 등이다.

[해설] ② 물류비는 적게 들이되 효용 창출을 극대화하는 물류시스템이라면 바람직한 접근이다. 물류비가 적게 든다고 물류시스템의 질이 낮아져서는 안 된다.
④ 물류시스템과 관련된 개별비용은 당연히 상충한다. 운송비용을 낮추려면 다빈도 배송을 지양해야 하므로 보관비용과 재고 부담이 증가한다.

46 **물류시스템 합리화 방안에 해당하지 않는 것은?**

① 포장 규격화를 고려한 제품설계

② 재고관리 방법의 개선

③ 하역의 기계화 및 자동화

④ 인터넷을 통한 물류정보의 수집 및 활용

⑤ 비용과 무관한 물류서비스 수준 최대화 추구

[해설] 물류비와 물류서비스의 관계에서 서비스 수준을 떨어트리면서 물류비를 최소화하면 안 되듯이, 물류서비스 수준이 올라간다고 해서 물류비가 올라가면 안 된다.

정답 **44** ④ **45** ④ **46** ⑤

47 물류시스템의 기능별 분류에 해당하는 것은?

① 도시물류시스템, 지역 및 국가 물류시스템, 국제물류시스템

② 구매물류시스템, 제조물류시스템, 판매물류시스템, 역물류시스템

③ 운송물류시스템, 보관물류시스템, 하역물류시스템, 포장물류시스템, 유통가공물류시스템, 물류정보시스템

④ 농산물물류시스템, 도서물류시스템, 의약품물류시스템

⑤ 냉장(냉동)물류시스템, 화학제품물류시스템, 벌크화물물류시스템

> **해설** 물류의 영역별 분류는 조달물류, 사내물류, 판매물류, 역물류이며, 물류의 기능별 분류는 운송, 보관, 하역, 포장, 유통가공, 물류정보 분야이다.

48 물류시스템 설계 시 운영적 계획의 고려사항에 해당하는 것은?

① 대고객서비스 수준　　　　　② 설비 입지

③ 주문 처리　　　　　　　　　④ 운송수단과 경로

⑤ 재고 정책

> **해설** 보기는 모두 물류시스템 설계 시 고려사항이며, 그중 주문 처리는 운영상의 고려사항이다.

49 물류시스템이 수행하는 물류 활동의 기본 기능에 관한 설명으로 옳지 않은 것은?

① 포장기능은 생산의 종착점이자 물류의 출발섬으로써 표준화와 모듈화가 중요하다.

② 수송기능은 물류거점과 소비 공간을 연결하는 소량화물의 단거리 이동을 말한다.

③ 보관기능은 재화를 생산하고 소비하는 시기와 수량의 차이를 조정하는 활동이다.

④ 하역기능은 운송, 보관, 포장 활동 사이에 발생하는 물자의 취급과 관련된 보조 활동이다.

⑤ 정보관리기능은 물류계획 수립과 통제에 필요한 자료를 수집하고 물류관리에 활용하는 것이다.

> **해설** 수송과 배송의 차이를 알면 풀 수 있는 문제이다. 수송은 사내 거점 간 이동이다. 배송은 고객에게 전달하는 것이다. 그래서 택배를 배송이라고 부른다.

정답　47 ③　48 ③　49 ②

50 물류시스템에 관한 설명으로 옳지 않은 것은?

① 생산과 소비를 연결하며 공간과 시간의 효용을 창출하는 시스템이다.

② 물류 하부시스템은 수송, 보관, 포장, 하역, 물류정보, 유통가공 등으로 구성된다.

③ 물류서비스의 증대와 물류비용의 최소화가 목적이다.

④ 물류합리화를 위해서 물류 하부시스템의 개별적 비용 절감이 전체 시스템의 통합적 비용 절감보다 중요하다.

⑤ 물류시스템의 자원은 인적, 물적, 재무적, 정보적 자원 등이 있다.

[해설] ③ 물류서비스 수준과 물류비용의 관계를 가장 이상적으로 설명했다.
④ 물류 하부시스템의 개별적 비용 절감이 전체 시스템의 통합적 비용 절감으로 이어지지 않을 수도 있다. 개별적 비용 절감은 과거 물적 유통 시대에 해당한다.

51 James & William이 제시한 물류시스템 설계단계는 전략수준, 구조수준, 기능수준, 이행수준으로 구분한다. 기능수준에 해당하는 것을 모두 고른 것은?

ㄱ. 경로설계	ㄴ. 고객서비스
ㄷ. 물류 네트워크 전략	ㄹ. 창고설계 및 운영
ㅁ. 자재관리	ㅂ. 수송관리

① ㄱ, ㄴ

② ㄴ, ㄹ

③ ㄷ, ㄹ, ㅁ

④ ㄷ, ㅁ, ㅂ

⑤ ㄹ, ㅁ, ㅂ

[해설] 고객서비스는 전략에 속한다. 물류경로와 물류 네트워크 전략은 고객서비스를 충족하기 위한 구조에 해당한다. 물류의 기능인 운송, 보관, 하역, 유통가공 등을 생각해 보자. 특정 기능수준의 설계라면 창고설계, 자재관리, 수송관리를 들 수 있다.

CHAPTER 02

물류표준화와 합리화

01 배경 이해

	1960~1970년대	1980~1990년대	1990년대 말~
제조기술	• 제조기술 부족, 공급 부족 • 제품 차별화의 시대	• 제조기술 발전, 경쟁 심화 • 제품 다양화의 시대	• 제조기술 평준화, 무한 경쟁 • 시장이 원하는 제품의 시대
생산전략	• 소품종 대량생산의 시대 • 국내생산의 시대	• 다품종 소량생산의 시대 • 생산지와 소비지의 분리	• 고객 맞춤형 대량생산의 시대 • 글로벌 소싱의 시대
시장	• 소비자가 기다리는 시대 • 판매자 시장(Seller's Market) • 긴 제품수명주기	• 소비자의 기호 다양화 • 구매자 시장으로 전환 진행 • 짧아지는 제품수명주기	• 소비자의 기호 극단적 다양화 • 구매자 시장으로 전환 • 짧아진 제품수명주기
	▼	▼	▼
물류의 역할과 지향	• 개별 기능으로서 비용 절감을 위한 대량 처리 필요성 증대	• 포괄적 최적화를 위한 기업 내 대량 처리 필요성 증대	• 기업 간 공급망 최적화를 위한 기업 간 대량 처리 필요성 증대
	▼	▼	▼
	파렛트와 컨테이너 태동기	파렛트와 컨테이너 표준화 단위화물 체계의 발전	기업 간 단위화물 체계 통합 공동물류, 공동수·배송 고도화

◀ [그림 2-I] 자본주의 발전과 물류합리회 ▶

(1) 물적 유통의 시대

① **배송비용 절감 노력** : 물류를 마케팅의 하위기능, 판매물류 영역 정도로 보던 시기에는 제품이나 상품을 대량으로 보관하고, 적재하고, 시장에 배송하여 물류비를 절감하려고 노력했다. 이 과정에서 인력 의존도를 줄이고 대량으로 화물을 취급할 수 있는 기술이 새로 탄생했고, 2차 세계 대전 당시 군에서 사용한 기술이 민간부문으로 확산하였다.

② **파렛트와 컨테이너 기술 도입**

  ㉠ **지게차 발명** : 1923년 엔지니어 라이너스 예일(Linus Yale)이 포크와 마스트가 달린 전동지게차를 발명했다. 1924년 사업가 유진 클라크(Eugene Clark)가 포크와 체인 구동 마스트가 달린 내연기관 지게차를 발명했다.

ⓛ 파렛트 발명 : 1920년대 지게차 탄생 초기에는 파렛트 크기가 통일되어 있지 않아 지게차 활용에 제약이 있었다. 그러던 1924년, 하워드 핼러웰(Howard Hallowell)이 'Lift Truck Platform'이라는 이름으로 파렛트에 관한 특허를 취득하였다.

ⓒ 표준 파렛트 : 1961년 유럽 철도기업을 중심으로 세계 최초의 표준 파렛트 1,200mm × 800mm가 채택되었다.

ⓔ 컨테이너 탄생 : 1956년 미국 사업가 맬컴 매클레인(Malcom McLean)이 뉴저지 뉴어크에서 텍사스 휴스턴까지 최초의 컨테이너 선박 운항에 성공하였다. 이후 1960년대 미국이 베트남전 보급을 위해 컨테이너 해운을 채택하였으며, 국제표준 컨테이너 규격 ISO 668이 탄생하였다.

(2) 로지스틱스의 시대

① 기업 전체 최적화 노력 : 기업의 물류 전체를 최적화하려는 노력에 맞춰 파렛트와 컨테이너에 의한 재적재 없는 일관운송이 일반화되었다. 우리나라는 이 시기 선도 제조업체 또는 대형마트를 중심으로 물류센터에서 집화하여 고객이나 매장에 배송하는 체계가 만들어지면서 일관운송이 도입되었다.

② 파렛트와 컨테이너 표준화 : 일관운송을 뒷받침하기 위해 파렛트와 컨테이너 표준화 노력이 이어졌다. 유럽파렛트협회 EPAL(European Pallet Association)이 1991년 창립되었고, 컨테이너 해운이 성장을 거듭하면서 컨테이너선 대형화 경향이 두드러지는 등 단위화물 체계가 발전하였다.

(3) 공급망 관리의 시대

① 기업 간 공급망 전체 최적화 노력 : 원가절감과 경쟁우위 확보를 위해 기업 내 최적화를 넘어 기업 간 공급망을 관리하는 시대가 되면서, 기업 단위의 물류표준화와 최적화가 기업 간의 물류 표준화와 최적화로 확대되었다.

② 공동물류의 시대 : 다수의 기업이 표준 파렛트와 컨테이너 운송에 참여하면서, 여러 기업의 물류를 공동으로 수행하는 공동물류의 기회가 많아졌다.

ⓐ 플랫폼 기업의 등장 : 특히 전자상거래의 발전으로 물류 인프라를 갖춘 플랫폼 기업이 등장하면서 플랫폼 기업 주도로 공동물류와 유사한 형태의 서비스가 나타나고 있다.

ⓑ 새로운 공동물류의 기회 : 물류 인프라의 가동률을 높이려는 플랫폼 기업과 물류정보시스템을 구독하는 서비스의 등장, 표준 파렛트와 컨테이너 운송이 만나 공동물류의 기회가 더 많이 만들어지고 있다.

02 물류합리화

(1) 정의

① 전체 최적화 : 원재료 조달부터 소비자 배송에 이르는 물류시스템의 전체 활동을 체계화하여 전체 최적화를 달성해 나가는 과정을 말한다.

② 서비스 수준은 높이고 비용은 절감 : 물류표준화, 물류자동화, 물류공동화를 통해 물류비를 절감함과 동시에, 최대한 높은 고객서비스 수준을 달성하기 위해 노력해야 한다.

> ⌚ **핵심포인트**
>
> ✓ 물류합리화의 정의
>
> 물류합리화의 정의는 서적이나 자료마다 제각각이지만, 물류 활동 전체를 표준화, 자동화, 공동화하여 낮은 비용과 높은 고객서비스 수준을 달성하기 위한 노력이라는 핵심은 비슷하다.
> 이 장에서는 물류합리화에 이어 물류표준화, 물류모듈화와 단위화물 체계 순서로 설명할 예정인데, 모든 항목마다 물류비용 절감, 적재효율 향상, 일관수송 등 비슷한 기대 효과가 나올 것이다.
> 물류모듈화부터 물류합리화까지는 모두 물류비용 절감과 적재효율 향상 등 비슷한 목표를 달성하기 위해 서로 연결된 개념이기 때문에 기대 효과 또한 비슷할 수밖에 없다.

③ 대규모 투자 없이도 가능 : 물류자동화에는 대규모 투자가 필요할 수 있지만, 물류합리화는 관리 개선을 통해 대규모 투자 없이도 달성할 수 있다. 2004년 미국의 물류기업 UPS는 사고 방지와 공회전 시간 절감을 위해 차량의 좌회전 운행을 줄이는 정책을 시행했는데, 시행 결과 연료비 절감, 사고 감소, 차량 운행 감소 등 긍정적인 효과가 나타났다.

(2) 원칙 및 방안

① 물류경로 최적화

ㄱ 운송수단 최적 조합 : 불필요하게 운송수단을 교체하거나, 입출고와 하역을 반복하지 않도록 운송수단을 선택한다.

ㄴ 운송계획 : 배송지별 배송 빈도와 배송경로, 차량 크기 등을 정하고 이동 거리, 운송비용을 최소화할 수 있도록 계획에 따라 운송한다. 필요하다면 공동배송으로 대응한다.

ㄷ 공차운행 최소화 : 복잡한 물류경로를 최대한 단순화하고 공차운행이나 휴차가 발생하지 않도록 한다.

② 처리 속도 개선 : 운송, 하역, 포장, 유통가공 속도는 물론, 수·발주 등 정보 처리 속도를 전반적으로 높인다.

③ 보관기간 단축 : 창고에 물자를 보관하는 기간을 최대한 단축하여 공간 활용을 극대화한다.

④ 물류거점 집약

ㄱ 대형차량 이용 : 공장과 물류거점 간의 운송경로가 통합되어 대형차량의 이용이 가능해진다.

ⓛ 재고 pooling 효과 : 물류거점에서 고객에게 배송할 때 거점을 대형화하고 지점과 영업소의 수주를 거점에서 처리하면, 단독 지점이나 영업소의 수주량보다 수주량 자체가 늘어날 뿐만 아니라 수주량의 증감이 줄어들어 안전재고를 줄이고 과부족 발생 가능성을 낮춘다.

ⓒ 적재율 향상 : 운송경로 최적화와 수주 통합으로 차량 적재율을 높일 수 있다.

ⓔ 기계화와 자동화 : 물류거점의 대형화로 보관과 하역 분야의 기계화와 자동화 추진이 가능해진다.

ⓜ 거점의 수와 창고비용은 비례 : 거점의 수가 많아지면 각 거점의 크기는 작아진다. 동일 면적이라도 거점의 수가 많아지면 거점 운영비용은 거대한 단일 거점에 비해 높아진다.

ⓗ 거점의 수가 증가하면 배송비용은 감소 : 거점의 수가 많아지면 거점과 시장의 거리가 짧아져 배송비용은 반비례하는 반면, 거점 간 재고 이동을 위한 수송비용이 증가한다.

ⓢ 거점의 수와 재고비용은 증가세 둔화 : 거점의 수가 많아질수록 재고 pooling 효과가 발생하여 재고비용 증가세가 둔화한다.

⑤ 전체 합리화 : 운송, 보관, 하역, 포장, 유통가공, 물류정보 등 기능별 물류 활동 전체는 물론 물류 조직도 합리화해야 한다.

㉠ 정보시스템 구축 : 기업의 상황에 맞는 물류정보시스템을 구축한다.

ⓛ EDI 구축 및 시스템 간 연결 : 각종 신고 업무시간을 단축하고, 기업 간 정보를 원활하게 공유한다.

ⓒ 물류 조직 정비 : 고객서비스 개선과 물류비용 절감에 대한 목표 의식을 유지하고 개선 활동을 추진할 수 있도록 상위 조직, 보고체계, 조직 형태 등을 정비한다.

⑥ 상물분리 : 물류합리화를 위한 첫걸음으로 상품의 소유권을 넘기는 상류와 물자의 이동을 관리하는 물류는 분리되어야 한다. 즉, 상물분리가 전제되어야 한다.

⑦ 포장모듈화 : 포장이 모듈화되어야 기계화와 자동화를 할 수 있을 뿐만 아니라, 단위화물 체계를 구성할 수 있고, 물류를 합리화할 수 있다.

(3) 필요성

① 경제 규모의 증대 : 경제 규모가 커지면 지가와 임대료, 인건비가 상승하여 시설 투자와 인력 확보에 제약이 많아지며 물류비가 증가한다.

② 물류비용 상승과 서비스 품질 유지 : 당일배송, 새벽배송, 도착시간 보장 등 고객의 물류서비스 요구가 복잡해지고 글로벌 조달과 분업이 늘어날수록, 물류비용 증가를 억제함과 동시에 고객이 만족할 만한 서비스 품질수준을 확보해야 한다.

③ 제품수명주기 단축 : 소비자의 욕구 다양화로 제품수명주기가 짧아지면서, 짧은 시간 안에 효율적으로 제품을 시장에 투입해야 한다.

④ 산업계의 변화 : 물류거점 집약화, 전자상거래 증가, 콜드체인 물류의 중요성 증대 등 산업계의 변화 요구에 대응해야 한다.

(4) 유형

① **생력(省力)형** : 단순노동을 기계로 대체하여 합리화를 추진하는 형태이다.
② **지능(知能)형** : 사람처럼 상황을 파악하고 조치할 수 있는 기계화와 자동화의 추진으로 업무 생산성을 높이는 형태이다.
③ **비용 절감형** : 단일 작업을 시스템화하여 비용을 절감하는 형태이다.
④ **경영구조 혁신형** : 기존 경영구조를 과감하게 혁신하는 형태이다.

> **TIP** 물류합리화의 유형
> • 물류합리화 유형은 2018년 출제되었는데, 특이하게 일본식 표현 '생력(省力)'이라는 언급이 들어가 있었다. '생(省)'은 '덜다'라는 뜻이므로 '생력(省力)'은 '사람의 힘을 던다'라는 뜻이다.
> • 물류센터에서 작업자가 파렛트에 랩을 감아 화물을 고정하는 행위를 랩핑기로 대체하여 랩핑 작업자를 줄일 수 있다. 이것이 생력이다. 출고장에 온 화물을 사람이 분류하지 않고 주소 라벨로 기계가 자동으로 분류하고 이상이 있으면 제외하는 것은 지능형 합리화이다. 주문 작업자가 여러 전자상거래 플랫폼에 들어온 수주 주문을 다운로드하여 자사 물류시스템에 다시 입력하던 행위를 자동화했다면 시스템화에 의한 비용 절감이다. 이러한 자동 물류센터 운영을 위해 IT 역량과 물류 자산관리 역량을 강화하고, 비상 대응과 안전을 관리하는 조직을 두는 것은 경영구조 혁신이다.

03 물류표준화

(1) 정의 및 개념

① **물류정책기본법**(제2조 제1항 제7호) : 물류표준화란 원활한 물류를 위하여 다음의 사항을 물류표준으로 통일하고 단순화하는 것을 말한다.
  ㉠ 시설과 장비의 종류・형상・치수 및 구조
  ㉡ 포장의 종류・형상・치수・구조 및 방법
  ㉢ 물류용어, 물류회계 및 물류 관련 전자문서 등 물류체계의 효율화에 필요한 사항
② **정합성, 호환성, 연계성** : 물류표준화는 물류 활동의 각 단계에서 사용되는 기기, 용기, 설비의 치수, 규격, 강도, 재질을 규격화하여 정합성과 호환성, 연계성을 확보하는 활동이다.
③ **단순화, 표준화, 전문화** : 물류표준화는 단순화, 표준화, 전문화를 통해 물류 활동의 공통 기준을 만드는 활동이다.
④ **표준화 대상** : 길이, 크기, 수량, 품질, 서비스, 중량, 가격
⑤ **표준화 목표** : 표준화의 목표는 단위화물 체계, 즉 유닛로드 시스템 구축이다.
⑥ **일관성과 경제성** : 물류량이 증가하면 한번 포장한 화물을 보관이나 하역, 적재, 운송을 위해 다시 풀고 포장할수록 일관성이 떨어지고 물류비가 증가한다. 물류표준화는 일관성과 경제성의 전제조건이다.

☑ 물류표준화의 정의

물류표준화의 정의는 서적마다 제각각이지만, 규격화를 통해 정합성과 호환성, 연계성을 확보하고 결과적으로 물류비용 절감과 효율 개선을 추구한다는 핵심은 비슷하다. 파렛트와 컨테이너 등 표준화된 단위화물 체계가 없었다면 물류산업의 발전 속도는 지금보다 훨씬 느렸을 것이다.

(2) 목적

① 물류 품질 개선 : 다양한 업종의 물자를 표준화된 방법으로 처리하고 데이터를 처리하며, 추적할 수 있게 되어 물류 품질이 개선된다.

② 물류비용 절감 : 운송수단, 창고시설, 정보시스템, 포장재 등을 업종별로 또는 화주별로 확보할 필요가 없어지고, 통일된 수단과 시설, 인프라로 대응할 수 있게 되어 노동력 투입을 줄이고 물류비용을 절감할 수 있다.

③ 물류 효율 개선 : 화물이 규격화되면 효율적 일관운송이 쉬워진다. 단순화되고 규격화된 방법으로 물자를 대량으로 한꺼번에 취급할 수 있게 되어 차량 적재율이 높아지고, 창고 보관효율이 높아지며, 이동, 하역, 포장, 유통가공의 중복이 줄어들어 효율이 개선된다.

④ 호환성과 연계성 강화 : 물류 활동의 호환성과 연계성을 높여 기계화와 자동화의 기반을 마련하고 국가 차원, 더 나아가 국제사회 차원의 효율성을 높인다.

(3) 필요성

① 기업 간 물류표준화의 중요성 증대 : 물류가 기업 내부의 전체 최적화를 지향하는 로지스틱스 관리에서 기업 간 연결을 지향하는 공급망 관리로 확대되면서, 공급망 참여기업들이 유연하고 빠르게 반응하기 위해서는 참여기업들의 물류가 표준화되어 있어야 한다.

② 물류비 절감 : 일관운송과 보관으로 물류비를 절감하려면 물류가 표준화되어 있어야 한다.

③ 녹색물류 : 재포장, 운송수단 교체가 줄어서 탄소배출을 억제할 수 있으며, 파렛트 등 물류용기의 재활용 기준을 마련하여 녹색물류에 공헌한다.

④ 국가와 국제사회의 표준화에 빠른 동참

　㉠ 국가 주도의 표준화 : 표준화는 개별 기업이 주도하기보다는 국가가 정한 표준을 여러 기업이 따라야 더 빠르게 확산한다. 이때 표준화에 먼저 동참한 기업이 표준화의 혜택을 먼저 본다. 국가가 개입하면 비효율적이라 생각할 수 있지만, 국가 차원의 물류표준화는 표준화를 빠르게 확산할 수 있어서 효율적이다.

　㉡ 국제사회 주도의 표준화 : 마찬가지로 국제사회가 정한 표준을 여러 국가가 따라야 표준화가 더 빠르게 확산한다. 그리고 먼저 동참한 기업이 국제물류의 효율성을 높일 수 있다. 물류표준화는 국제화에 동참하여 국제무역을 활성화하기 위해서라도 필요하다.

⑤ 자동화와 기계화, 공동화 촉진

　㉠ 인력난 대응 : 경제 규모가 대형화될수록 중량물을 취급할 수 있는 숙련된 하역 인력을 구하기 어려워진다.

　㉡ 기업 간 물류 호환 필요 : 기업마다 고유한 물류기기와 설비를 이용하면 기업 간 거래할 때 물류기기 호환이 되지 않아 재적재가 발생할 수 있다. 치수와 강도가 표준화되어야 물류기기와 설비가 표준화되어 호환이 가능해진다.

　㉢ 공동물류 대응 : 화물의 성격과 배송지가 비슷한 기업이 모여 공동물류를 추진할 때 참여하는 기업 간 물류가 표준화되어 있지 않으면 공동물류를 시작할 수도 없다. 공동물류 기회를 놓치지 않으려면 물류표준화가 필요하다.

(4) 대상

① 운송

　㉠ 트럭 적재함 치수(길이·폭·높이), 적재중량, 차량의 최소회전반경

　㉡ 철도 화차, 컨테이너 화차 치수

　㉢ 컨테이너 야드, 화물터미널 치수

② 보관

　㉠ 물류센터 층고, 기둥 간격, 통로 폭, 바닥 적재하중

　㉡ 파렛트 랙, 메자닌 랙 치수

③ 하역

　㉠ 지게차와 파렛트 트럭의 제원 및 처리 능력

　㉡ 컨베이어 벨트와 파렛타이저의 치수, 제원, 처리 능력

④ 포장

　㉠ 포장재료의 치수, 소재, 강도, 재사용 및 재활용 여부

　㉡ 포장용기의 치수, 소재, 강도, 재사용 및 재활용 여부

　㉢ 치수의 표준화 우선 : 포장표준화의 주요 요소인 소재, 치수, 강도 중에서 치수의 표준화가 가장 선행되어야 한다.

⑤ 파렛트 : 치수, 강도, 적재하중, 적재할 수 있는 포장 규격

⑥ 컨테이너 : 치수, 하중, 적재하중, 적재할 수 있는 파렛트 개수

⑦ 정보 : 전자문서표준, 물류보안, RFID 규격

⑧ 각종 기준 : 물류용어, 전표와 거래명세서 양식, 안전기준

(5) 하드웨어 표준화

① 파렛트 표준화 : 우리나라 표준 파렛트 T11은 가로세로 1,100mm×1,100mm이다.

② 컨테이너 표준화 : 국제표준 ISO 668로 지정되어 있다.

③ 하역장비 표준화 : 지게차, 컨테이너 크레인

④ 적재함 표준화 : 트럭, 철도 화차

⑤ 보관시설 표준화 : 파렛트 랙 치수(폭·깊이·높이)

⑥ 물류기기 표준화 : 물류용기의 소재와 크기 등

(6) 소프트웨어 표준화

① 물류용어 표준화 : 용어 통일 또는 표준용어 확립

② 거래단위 표준화 : 물품의 크기, 중량, 수량 표준화, 설비의 규격, 강도, 재질을 표준화·모듈화
하려면 화물 취급 단위를 규격화해야 한다.

③ 포장 치수 표준화 : 상자 치수, 보랭 가방이나 포대 치수 등

④ 거래 전표 표준화 : 전표 및 거래명세서 양식

⑤ 코드 표준화 : 수출입신고를 위한 HS Code 등

(7) 기대 효과

① 자원 투입 감소 및 에너지 절감
  ㉠ 재료의 경량화
  ㉡ 적재효율 개선
  ㉢ 작업성 향상

② 물류공동화의 기초 마련
  ㉠ 화주와 기업 간 시설과 장비의 연계성과 호환성 증대
  ㉡ 물류 전문기업의 시설과 장비를 여러 화주가 활용 가능
  ㉢ 배송차량과 배송센터 공동 사용 가능
  ㉣ 정보시스템 연계 용이

③ 물류기기 표준화 가능
  ㉠ 기업 간 호환성과 연계성 개선
  ㉡ 기기 공용화로 유지보수성 향상

④ 포장표준화 가능
  ㉠ 포장 인건비 절감
  ㉡ 포장 생산성 개선
  ㉢ 제품 보관효율 개선
  ㉣ 제품 파손 개선

04 물류모듈화와 단위화물 체계(유닛로드 시스템)

(1) 정의

① 모듈화 : 전체를 작은 조각으로 나누어 분리와 합체가 쉽게 되도록 만드는 활동을 말한다.

② 물류모듈 : 한국산업표준 KST0001 : 2018은 물류모듈을 '물류표준화와 합리화를 위해 물류시스템의 각종 요소의 치수를 수치상으로 관련시키기 위한 기준 척도'라고 정의하고 있다.

③ 물류모듈화 : 물류기기와 시설, 장비의 규격이나 치수를 배수 또는 분할 관계로 만들어 물류표준화를 지원하는 활동을 말한다.

④ 단위화물(유닛로드) : 수송, 하역, 보관 등 물류 활동을 합리적으로 수행하기 위해, 여러 개의 물품을 지게차나 핸드 파렛트 트럭 등 물류장비로 취급할 수 있도록 하나로 합친 화물을 말한다.

⑤ 단위화물 체계(유닛로드 시스템) : 단위화물로 전환함으로써 운송, 보관, 하역, 포장을 재작업이나 재취급 없이 한 번에 처리하여 효율성을 제고하는 기법이다.

핵심포인트

☑ 물류모듈화의 예시

예를 들어 설명하면 아래와 같다.

한국산업표준 KST0005 : 2020은 트럭 적재함 최대폭 2,500mm를 기준으로 1,100mm×1,100mm T11 파렛트와 1,200mm×1,000mm T12 파렛트를 물류모듈로 지정하고 있다.

폭 2,500mm인 컨테이너에 1,100mm×1,100mm T11 파렛트 두 줄을 적재하도록 정의하고, T11 파렛트에 돌출되지 않도록 적재하기 위해 절반 크기인 550mm×550mm 골판지 상자 크기를 정의했다면 이 550mm×550mm 상자 크기가 물류모듈화에 해당한다.

550mm×550mm 골판지 상자를 한 단에 4상자씩 6단을 쌓아 총 24상자를 하나의 파렛트로 만든 화물이 단위화물이다.

24상자가 적재된 하나의 파렛트를 분해하거나 다시 쌓지 않고 파렛트 단위로 지게차로 트럭에 적재하고, 목적지 도착 후에도 지게차로 트럭에서 내려서 파렛트 랙에 그대로 보관하는 프로세스가 단위화물 체계이다.

교재는 큰 개념인 물류합리화부터 시작하여 물류합리화를 위한 물류표준화, 물류표준화를 위한 단위화물 체계, 단위화물 체계를 위한 물류모듈화를 설명했지만, 실제로는 물류모듈화가 추진되어야 단위화물 체계가 가능해지고, 단위화물 체계가 수립되어야 물류표준화가 가능해지며, 물류표준화를 넘어 물류합리화가 가능해진다.

물류모듈화 → 단위화물 체계 → 물류표준화 → 물류합리화

[그림 2-2] 물류표준화, 물류모듈화와 단위화물 체계의 관계

(2) 한국산업표준 KST0005 : 2020 기준 물류모듈

① 적재함 바깥쪽 최대폭 : 도로교통법상 차량 최대폭 2,500mm

② 적재함 안쪽 최대폭 : 2,350mm

③ 화물 적재 가능 폭 : 2,290mm. 2,350mm에서 화물을 적재함 안쪽에서 움직이는 데 필요한 최소 여유 60mm를 제외한다.

④ 평면 치수(PVS, Plan View Size) : 단위화물 적재 시 적재물이 돌출한 부분을 고려한 평면의 길이와 너비. 정사각형 물류모듈은 1,140mm×1,140mm, 직사각형 물류모듈은 1,240mm×1,040mm이다.

    ㉠ 40mm 여유의 의미 : 파렛트에 적재했을 때 파렛트 치수를 넘기지 않도록 포장 치수를 정의하고 적재해도 실물 적재 시 적재물의 포장 두께, 포장의 눌림 등의 이유로 실물이 파렛트 치수를 넘어 돌출할 수 있다. 한국산업표준은 파렛트마다 돌출할 수 있는 최대폭을 40mm로 본다는 뜻이다.

    ㉡ 1,140mm의 의미 : 2,290mm 안에 적재할 수 있는 정사각형 물류모듈 치수는 1,140mm×1,140mm이다.

    ㉢ 1,240mm, 1,040mm의 의미 : 2,290mm 안에 적재할 수 있는 직사각형 물류모듈 치수는 1,240mm×1,040mm이다. 단, 한 줄은 횡 방향으로, 다른 한 줄은 종 방향으로 적재해야 한다.

⑤ 순 단위화물 치수(NULS, Net Unit Load Size) : 실물이 돌출할 수 있음을 고려하지 않은 설계상 평면의 길이와 너비를 말한다. 돌출할 수 있는 최대폭 40mm를 제외하면 정사각형 물류모듈은 1,100mm×1,100mm, 직사각형 물류모듈은 1,200mm×1,000mm이다.

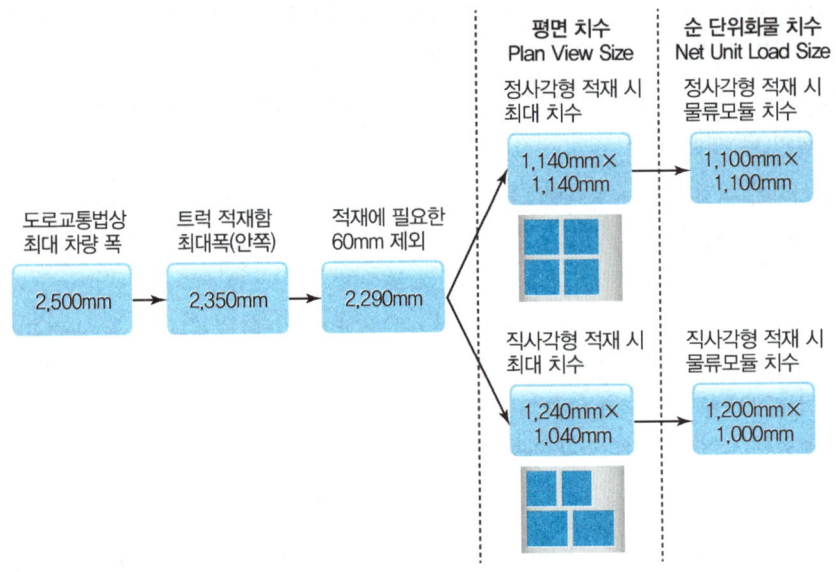

◀ [그림 2-3] 물류모듈 체계 ▶

(3) 분할 모듈화와 배수 모듈화(한국산업표준 KST0005 : 2020 물류모듈 치수의 체계 참조)

① 적재함 치수 표준화 선행 : 물류표준화 대상 중 가장 먼저 표준화되어야 하는 것은 치수이다. 치수 중에서도 적재함 표준화가 가장 먼저 되어야 분할 모듈화 또는 배수 모듈화가 가능해진다.

② 표준화 순서 : 적재함 → 파렛트 → 겉포장 → 낱포장

③ 배수 모듈화(수송 모듈화) : 운송을 위해 물류모듈 기본 치수를 합쳐서 모듈화 치수를 정하는 영역으로, 수송 모듈화라고도 부른다.

  ㉠ 단위화물 체계는 배수 모듈화의 영역에 속한다.

  ㉡ 파렛트화된 단위화물은 물류모듈 치수가 곧 단위화물 치수이다.

  ㉢ 운송수단 적재 및 터미널 설계를 고려하므로 평면 치수 기준으로 정의한다.

④ 분할 모듈화(포장모듈화) : 포장을 위해 물류모듈 기본 치수를 분할해서 모듈화 치수를 정하는 영역으로, 포장모듈화라고도 부른다.

  ㉠ 보관과 매장 진열 영역에서 고려하는 치수이다.

  ㉡ 보관시설과 보관용기를 고려하므로 순 단위화물 치수 기준으로 정의한다.

  ㉢ 컨테이너 내부 치수, 트럭 적재함 치수, 랙 규격, 창고 천장높이, 기둥 간격, 진열대 간격, 운반·하역장비 규격 등에 적용된다.

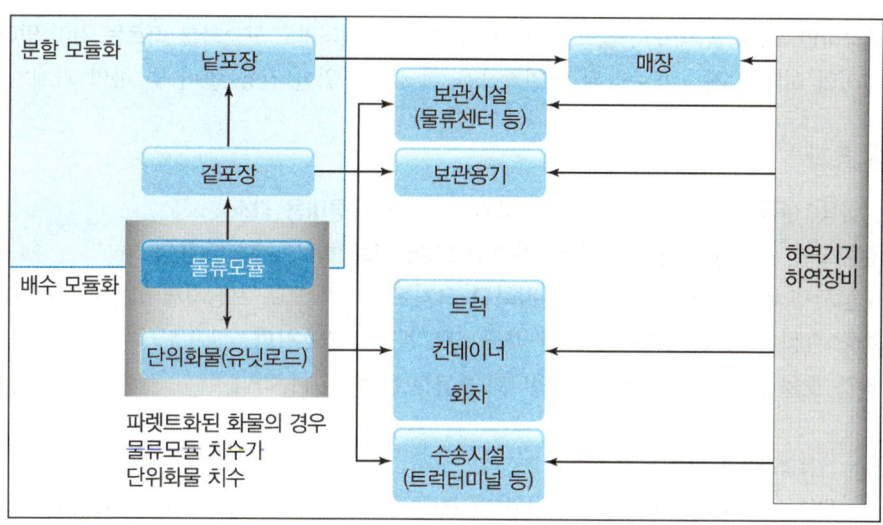

◀ [그림 2-4] 물류모듈화 체계 ▶

(4) 단위화물 체계와 분할 모듈화(포장모듈화)

① 포장 대형화 : 단위화물 체계는 포장을 대형화하여 파렛트화 또는 컨테이너화할 수 있는지를 고려해야 한다.

② 포장 규격화 : 포장의 크기는 가능하면 비슷한 길이와 넓이를 가진 화물을 모아 규격화시켜야 한다.

③ 포장비용 절감 : 내용물의 보호기능을 유지하는 선에서 포장비용 절감이 이루어질 수 있도록 해야 한다. 포장재료의 양도 절감할 수 있어야 한다.

④ 기기나 장비와의 연결 : 물류기기나 장비와 운송, 보관, 하역 기능을 유기적으로 연결해야 한다.

⑤ 포장모듈화 요약 : 제품의 치수에 맞추어 포장 치수와 파렛트 치수를 선택함으로써 단위화물의 파렛트화와 컨테이너화를 가능하게 하고, 하역 작업의 기계화 및 자동화, 화물 파손 방지, 신속한 적재 등 물류합리화에 공헌할 수 있다.

(5) 단위화물 체계의 전제

① 국가마다 다른 파렛트 규격 : 모든 국가에서 사용하는 표준 파렛트의 종류와 규격이 동일하지는 않다. 국제표준기구(ISO)에서 표준화하기 위해 노력한 결과 현재 6가지 표준 파렛트가 정의되어 있으나, 모든 국가가 똑같은 치수의 파렛트를 사용하지는 않는다.

② 보관, 하역, 포장 표준화 : 단위화물 체계에 앞서 포장단위 치수, 파렛트, 하역장비, 보관설비 등의 표준화가 전제되어야 한다. 특히 물류 활동의 접점에서 표준화가 되어야 한다.

③ 적재효율 감소 가능성 : 파렛트화 또는 컨테이너화에 의해 적재효율이 감소하고 추가 비용이 발생할 수도 있다. 단위화물은 말 그대로 표준화되어 있으므로 표준대로 적재하지 않으면 오히려 적재효율이 높아질 수도 있다. 그러나 운송수단 확보, 설비나 장비와의 호환 등 전체적인 효율을 고려하면 표준화를 따르지 않고 적재효율을 높일 수 있더라도 표준화를 따르는 것이 맞다.

④ 설비와 하역 기계 : 표준화된 단위화물을 취급하기 위한 전용 설비 및 하역 기계가 필요하다.

(6) 기대 효과

① 물류비 절감 : 작업 효율의 향상, 하역 활성화, 물류비용 감소

② 일관화와 합리화 : 하역 기계화. 운송과 보관을 일관화하고 합리화한다.

③ 포장자재 비용 절감 : 대량의 단위화된 크기로 작업하므로 포장자재 비용이 감소한다.

④ 화물 손상 감소 : 하역과 운송에 따른 화물 손상이 감소한다.

⑤ 작업 효율 향상 : 운송 및 보관 업무의 효율적 운용이 가능하다.

> **TIP** 물류합리화를 위한 도구
> 앞에서 설명했듯이 물류표준화와 단위화물 체계, 물류모듈화는 모두 물류합리화를 위한 도구이므로 지향점이 비슷하다. 게다가 모두 대량의 화물을 재작업 없이 신속하게 처리하기 위한 개념이다 보니 대부분의 기대 효과가 효율 향상과 비용 절감에 맞춰져 있으며, 교재와 기출문제 모두 항목 간 중복을 감수하고 항목을 늘린 부분도 적지 않다. 예를 들어 물류비 절감과 포장자재 비용 절감은 비용 절감이라는 면에서 중첩된다.

05 파렛트와 컨테이너

1 파렛트

(1) 정의

① 한국산업표준 정의 : 한국산업표준 KST2001(파렛트 용어)에서는 파렛트를 '파렛트 트럭, 지게차 및 관련 장비에 적합하도록 최소 높이를 갖는 견고한 수평대'라고 정의하고 있다.

② 단위화물 체계의 핵심 : 파렛트는 단위화물 체계를 구성하는 핵심 장비이며, 파렛트에 적재된 화물은 출발지에서 도착지까지 운송 도중 인력에 의한 재적재 없이 다른 운송수단으로 환적해서 복합운송할 수 있다. 이렇게 재적재 없이 출발지에서 도착지까지 운송하는 개념을 일관 파렛트화라고 한다.

(2) 장점

① 하역 능률 향상 : 중간 재작업이 필요 없다.

② 물품보호와 파손 방지 효과 : 적재물을 직접 나를 필요가 없으므로 물품을 보호하는 효과가 있다.

③ 재고조사 편의 : 일반적으로 파렛트 적재 화물은 재고조사 시 파렛트 적재 수량을 실사수량으로 기재할 수 있다. 재고조사가 단순해진다.

④ 트럭의 운행효율 향상 : 상하차 작업시간이 단축되므로 트럭 운행효율도 높아진다.

⑤ 물류비 절감 : 일관 파렛트화와 재작업 해소로 운송비와 인건비가 절감된다.

(3) 파렛트 표준화의 필요성

① 운송효율 향상 : 화물이 파렛트로 모듈화되어야 운송장비의 적재효율이 높아진다.

② 자동화와 기계화 : 화물이 파렛트로 모듈화되어야 서로 다른 시설과 설비에서도 호환되므로 자동화와 기계화를 앞당길 수 있다.

③ 일관 파렛트화 : 공급자 또는 고객사와 일관 파렛트화가 가능해진다.

④ 모듈화 : 파렛트의 소재, 크기, 적재하중 등이 표준화되어야 물류표준화와 모듈화가 가능해진다.

(4) 파렛트 국제규격

① 국제표준 파렛트 : 세계표준화기구(ISO)의 TC51(Technical Committee, 파렛트기술위원회)에서 채택한 ISO 6780에 따르면, 국제무역에 사용되는 표준 파렛트는 6종이다.

◀ [표 2-1] 국제표준 파렛트 규격(ISO 6780 기준) ▶

유럽	북미	아시아 · 태평양
1,200×800 (EPAL Pallet, EU 표준)	1,219×1,016 (48"×40", 미국 표준)	1,100×1,100 (한국 포함 아시아 · 태평양)
1,200×1,000 (한국 포함 아시아 · 유럽)	1,067×1,067 (42"×42")	
1,140×1,140 (EPAL CP9 Pallet)		

② 2003년 T11형 국제표준 확정 : 2003년 이전 국제표준 파렛트는 4종이었으나, 우리나라에서 사용하는 T11형(1,100mm×1,100mm) 파렛트와 북미에서 주로 사용하는 1,067mm×1,067mm 파렛트가 2003년 ISO 국제표준규격으로 확정되면서 총 6종이 되었다.

③ 2013년 T12형 한국산업표준 확정 : T12형(1,200mm×1,000mm) 파렛트는 2003년 이전에도 이미 국제표준이었으며, 2013년 우리나라에서도 단위화물 표준 파렛트로 한국산업표준 KST0006(유닛로드 시스템 통칙)에 추가되었다.

2 파렛트 적재 방법

(1) 적재할 수 있는 치수 산정

① 파렛트 치수 등분 : 예를 들어 1,100mm를 절반으로 나누면 550mm가 나온다. 길이 또는 폭이 550mm인 포장은 파렛트에 적재할 수 있다는 뜻이다. 이렇게 파렛트 치수를 계속 등분하여 적재할 수 있는 치수를 산정한다. 단, 200mm보다 작은 치수는 산정하지 않는다.
  - 예시 : 1,100mm×1,100mm 파렛트는 2등분 550mm, 3등분 366mm, 4등분 275mm, 5등분 220mm까지 나온다.

② 파렛트 치수 비대칭 분할 : 예를 들어 1,100mm를 2 : 1로 나누면 733mm와 366mm가 나온다. 길이와 폭이 733mm인 포장은 파렛트에 적재할 수 있다는 뜻이다. 이렇게 파렛트 치수를 다양한 비율로 분할하여, 적재할 수 있는 치수를 산정한다. 단, 200mm보다 작은 치수는 산정하지 않는다.
  - 예시 : 1,100mm×1,100mm 파렛트는 2 : 1 기준 733mm와 366mm, 3 : 2 기준 660mm와 440mm 등 다양한 조합이 나올 수 있다.

③ 적재할 수 있는 치수 조합
  ㉠ 1,100mm×1,100mm T11 파렛트 : 69종
  ㉡ 1,200mm×1,000mm T12 파렛트 : 40종

(2) 적재할 수 있는 치수 조합 예시

440mm×330mm : 1,100mm×1,100mm 기준

① 440mm + 330mm + 330mm = 1,100mm

② 440mm 한 줄 + 330mm 두 줄의 조합

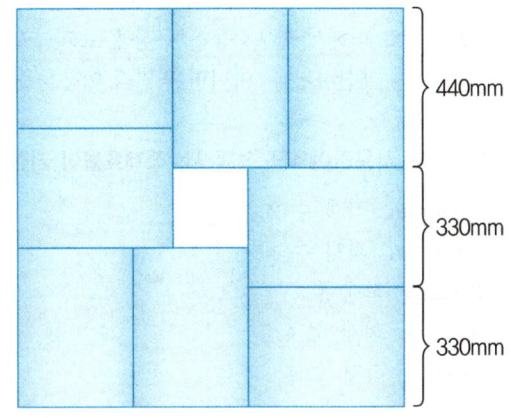

440mm

330mm

330mm

◀ [그림 2-5] 파렛트 적재 조합 예시 440mm×330mm ▶

③ 평면적 이용률 산출식 : {(길이×너비×1단 적재 개수) ÷ (단위화물의 평면적)}×100

　㉠ 평면적 이용률 계산 : {(440×330×8) ÷ (1,100×1,100)} ×100 = 96%

　㉡ 가운데 공간의 손실률 4% : 가운데 공간의 크기는 220mm×220mm이므로, 1,100mm× 1,100mm 대비 25분의 1, 즉 4%의 공간 손실이 발생한다.

⊘ 적재 치수의 조합 찾기

물류관리사 시험에는 특정 단위화물 적재를 할 수 있는 치수의 조합을 찾으라고 하거나, 위에서 봤을 때 빈 곳이 가장 적은 조합을 찾으라는 문제가 출제된 이력이 있으나, 그렇다고 69종과 40종의 조합을 모두 암기할 필요는 없다. 치수의 조합을 묻는 문제가 출제되면 당황하지 말고 3배수, 4배수 또는 다양한 비율로 더해서 단위화물을 구성해 보고, 그렇게 했을 때 파렛트 가운데 공간이 얼마나 많이 남는지를 계산하거나, 아니면 평면적 이용률을 숙지했다가 이용하면 된다.

[기출] T11형 표준 파렛트를 사용하여 1단 적재 시, 적재효율이 가장 낮은 것은?

① 1,100mm×550mm, 적재 수 2

② 1,100mm×366mm, 적재 수 3

③ 733mm×366mm, 적재 수 4

④ 660mm×440mm, 적재 수 4

⑤ 576mm×523mm, 적재 수 4

[해설] 각 보기를 위에서 내려다보았다고 가정하면

① (1,100×550×2) ÷ (1,100×1,100)×100 = 적재효율 100%

② (1,100×366×3) ÷ (1,100×1,100)×100 = 적재효율 99.8%

③ (733×366×4) ÷ (1,100×1,100)×100 = 적재효율 88.7%. 정답이다.

④ (660×440×4) ÷ (1,100×1,100)×100 = 적재효율 96%

⑤ (576×523×4) ÷ (1,100×1,100)×100 = 적재효율 99.6%

계산식을 잊어버렸다면 각 조합을 그려보면서 빈 곳을 계산해야 한다.

① 550mm×2 = 1,100mm이므로 빈 곳이 없다.

② 366mm×3 = 1,098mm이므로 빈 곳이 거의 없다.

③ 733mm 부분과 366mm 부분이 풍차형으로 적재되므로 1,100mm − 366mm − 366mm = 368mm. 1,100mm×1,100mm 파렛트에서 368mm×368mm 공간이 나오므로 9분의 1만큼 빈다.

④ 1,100mm − 440mm − 440mm = 220mm. 1,100mm×1,100mm 파렛트에서 220mm×220mm 공간이 나오므로 25분의 1만큼 빈다.

⑤ 1,100mm − 576mm − 523mm = 1mm이므로 빈 곳이 거의 없다.

다만, 표준 파렛트 T11과 표준 파렛트 T12에 모두 적용되는 포장모듈 치수, 즉 파렛트와 정합성을 유지하는 포장 규격은 몇 개 되지 않아 출제하기 좋으므로 숙지해 둔다.

❶ 600mm×500mm

❷ 600mm×250mm

❸ 500mm×300mm

❹ 500mm×200mm

❺ 300mm×250mm

❻ 300mm×200mm

❼ 250mm×200mm

정답 ③

(3) 적재 방법 상세

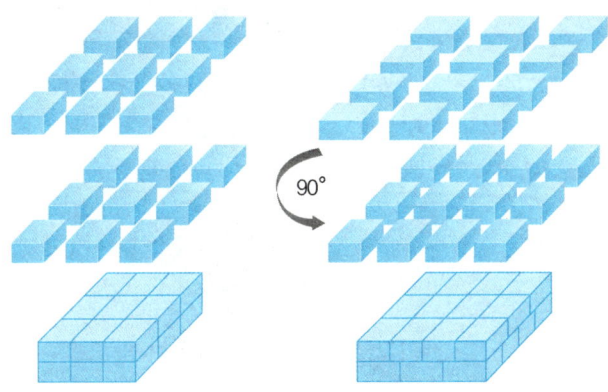

◀ [그림 2-6] 일렬 적재와 교대열 적재 ▶

① 일렬 적재 : Block 적재라고도 한다. 홀수단과 짝수단 모두 같은 방향으로 적재하는 방법이다. 무너지기 쉽다는 단점이 있다.
② 교대열 적재 : 홀수단과 짝수단을 각각 90도 돌려서 적재한다. 무너질 우려는 적지만 90도 돌려서 적재하므로 정사각형 파렛트에만 적용할 수 있다.

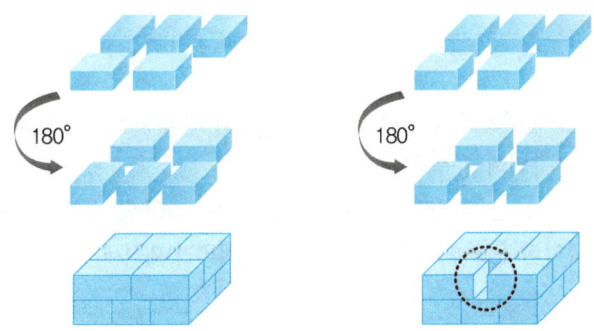

◀ [그림 2-7] 벽돌형 적재와 스플릿 적재 ▶

③ 벽돌형 적재 : 홀수단과 짝수단을 각각 180도 돌려서 적재하는 방식이다.
④ 스플릿 적재 : 벽돌형 적재와 같은 방법으로 적재하지만, 부분적으로 빈틈이 생기는 형태이다.

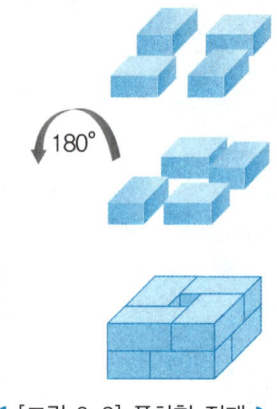

◀ [그림 2-8] 풍차형 적재 ▶

⑤ 풍차형 적재 : 가운데 공간을 두고 홀수단과 짝수단을 서로 반대 방향으로 쌓는 방식이다.

3 일관 파렛트화

(1) 정의

출발지에서 도착지까지 전체 운송 과정에서 화물을 파렛트에 적재된 상태 그대로 일관되게 운송하는 형태를 말한다.

(2) 효과

① 운송효율 향상 : 출발지와 도착지 사이에 화물 하차나 재적재가 없으며, 하역시간이 단축되므로 트럭의 대기시간도 단축되어 운송효율이 높아진다.

② 보관효율 향상 : 화물을 파렛트에 적재된 상태 그대로 보관할 수 있으므로, 보관효율이 높아진다.

③ 물류비용 절감 : 여러 운송수단을 이용하더라도 하역과 재적재가 빠르고 간단하므로 물류비용을 절감할 수 있다.

④ 하역의 기계화 : 파렛트에 적재된 상태 그대로 운송과 보관을 할 수 있으므로, 하역을 기계화할 수 있게 된다.

⑤ 파렛트 풀 시스템의 기반 : 여러 화주와 물류업체 대상으로 파렛트 풀 시스템을 실행하려면 이용기업 모두가 운송과 보관에 파렛트를 이용해야 하고 필요에 따라서는 파렛트를 적시에 반납해야 하므로, 일관 파렛트화는 파렛트 풀 시스템의 전제조건이다.

⑥ 공동물류 대응 : 일관 파렛트화 운송과 보관으로 하역 리드타임이 짧아지므로 같은 파렛트를 사용하는 다른 기업에 불이익을 주지 않고 공동물류를 할 수 있는 기초가 된다.

(3) 전제조건

① 파렛트 규격화와 표준화 : 파렛트 풀 시스템을 이용하려면 참여기업의 파렛트와 컨테이너를 반드시 규격화, 표준화해야 한다.

② 운송수단 규격 표준화 : 파렛트와 컨테이너가 규격화, 표준화되면 운송수단의 규격도 표준화된다.

> **핵심포인트**
>
> ☑ **일관 파렛트화의 기대 효과**
>
> 일관 파렛트화의 기대 효과 또한 물류표준화나 물류모듈화와 마찬가지로 물류비용 절감과 물류 효율 향상이다. 납품업체와 유통업체가 모두 T11 파렛트를 사용하고, 파렛트 풀 서비스 업체는 개입하지 않는다고 생각해 보자. 납품업체가 T11 파렛트에 적재하여 유통업체에 납품하면 유통 업체는 물류센터에 파렛트 상태 그대로 보관하다가 타 매장으로 배송한다. 매장 진열 후 발생한 빈 파렛트는 다시 유통업체 물류센터로 돌아온다. 납품업체는 다음 납품 때 빈 파렛트를 회수해서 그다음 배송에 사용한다. 일관 파렛트화가 되면 납품업체가 한번 파렛트에 적재한 화물은 최종 매장 진열까지 한 번도 파렛트에서 내려올 일이 없다. 여기서 효율과 비용 절감이 발생한다.

4 파렛트 풀 시스템(Pallet Pool System)

(1) 정의

파렛트의 규격을 표준화하여 파렛트 풀 서비스 회사가 보유한 파렛트를 공동으로 사용함으로써 물류효율성을 높이는 파렛트 운영 기법이다.

(2) 기대 효과

① 성수기와 비수기 대응 : 업종 간에 파렛트를 공동으로 이용함으로써, 성수기와 비수기의 파렛트 수요 변동에 대응할 수 있다.

② 일관운송 : 일관 파렛트화의 실현으로 출발지에서 최종 도착지까지 일관운송이 가능하다.

③ 파렛트 관리 용이 : 빈 파렛트 회수 문제가 해소되어 파렛트 관리가 용이하다.

④ 물류비용 감소 : 화주 및 물류업체가 단독 사용을 목적으로 빈 파렛트를 구매 또는 렌탈, 회수할 필요가 없으므로, 물류기기에 드는 물류비용 부담이 줄어든다.

⑤ 유지보수 불필요 : 파렛트 유지보수 관리를 파렛트 풀 서비스 회사가 하므로, 이용자는 유지보수할 필요가 없다.

(3) 즉시 교환 방식

① 개요 : 화주가 파렛트에 적재된 화물을 받으면, 운송업자를 통해 같은 수의 파렛트를 돌려보내는 방식이다. 운송사는 파렛트에 적재된 화물과 같은 수의 파렛트를 인수하고 나서 화물을 인도한다.

② 유럽에서 주로 사용하는 방식이다.

③ 단점

ㄱ) 파렛트 가동률 저하 : 빈 파렛트를 보내야 화물을 받을 수 있으므로, 이용기업이 파렛트를 일정 수량 보유하게 되어 파렛트 가동률이 떨어진다.

ㄴ) 예비 파렛트 필요 : 화물을 받을 때 언제나 예비 파렛트를 보유하고 있어야 한다.

ㄷ) 파렛트 품질 저하 : 질 좋은 파렛트는 운송에 계속 사용하고 질 낮은 파렛트를 교환에 사용하려는 유인이 발생하여, 파렛트 풀에서 유통되는 파렛트의 질이 떨어질 수 있다.

ㄹ) 운송 리드타임 저하 : 화물 양수도가 일어날 때마다 파렛트를 하역하고 적재해야 하므로 운송 리드타임이 떨어진다.

(4) 렌탈 방식

① 개요 : 파렛트가 필요한 업체가 파렛트 렌탈 회사로부터 필요한 만큼 렌탈해서 사용하고 반납하는 방식이다.

② 장점

ㄱ) 예비 파렛트 불필요 : 파렛트 사용이 완료된 지점에서 지정된 파렛트 물류센터로 반납하므로, 화주가 파렛트를 구매하거나 따로 보관할 필요가 없다.

ㄴ) 파렛트 이용 방법 간소화 : 간편하게 파렛트를 사용할 수 있게 되어 화주의 일관 파렛트화를 촉진함으로써, 하역 인력 부족 등 물류비용 증가와 처리량 증가 상황에 대응할 수 있다.

ㄷ) 파렛트 품질 유지 : 유지보수도 파렛트 렌탈 회사 담당이므로, 대여 중인 파렛트의 질을 유지할 수 있다.

③ 단점

ㄱ) 사무 처리 복잡 : 파렛트 인도, 반납, 렌탈료 지급 등 사무 처리가 많아진다.

ㄴ) 파렛트 과부족 발생 : 화주의 위치가 일정하지 않으면, 파렛트 이동 거리 때문에 파렛트 과부족이 발생할 수 있다.

ㄷ) 렌탈 회사에 업무 종속 : 파렛트를 확보하려면 렌탈 회사에서 파렛트를 공급해 줘야 하므로 렌탈 회사에 업무가 종속된다.

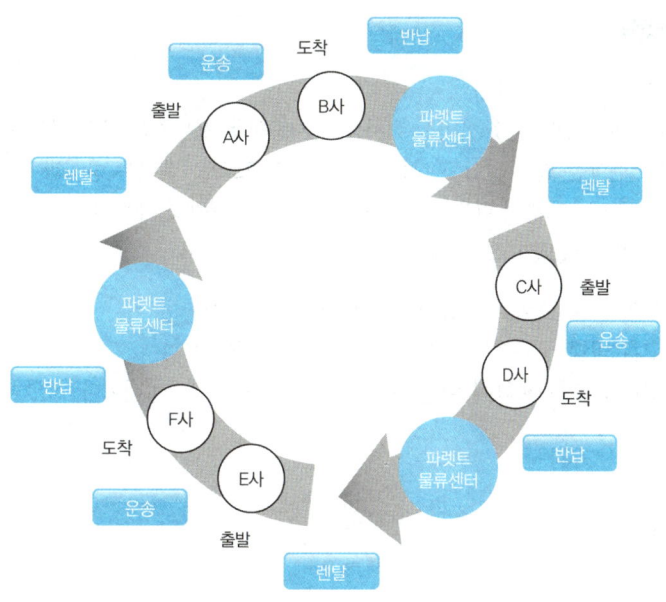

◀ [그림 2-9] 파렛트 렌탈 방식 개념도 ▶

(5) 렌탈 교환 병행 방식

① 개요 : 운송업자는 파렛트 렌탈 회사로부터 파렛트를 임대하고, 화주는 화물 인수 시 빈 파렛트를 운송 업자에게 인도하는 방식이다.

② 예비 파렛트 필요 : 화주는 화물 인수 시 교환할 파렛트를 계속 확보하고 있어야 한다.

③ 파렛트 보유 필요 : 화주의 파렛트 보유 수량이 줄어들지 않는다.

(6) 대차 결제 방식

① 개요 : 파렛트의 흐름은 즉시 교환 방식과 동일하지만, 현장에서 파렛트를 교환하지 않고 정해진 장소, 정해진 날짜 안에 사용한 만큼의 빈 파렛트를 반납하는 방식이다.

② 배상 : 정해진 날짜 안에 반납하지 않거나 분실하면 배상해야 한다.

③ 예비 파렛트 필요 : 즉시 교환 방식과 마찬가지로 파렛트를 보유하고 있어야 한다.

④ 예비 파렛트 없어도 당장 업무는 가능 : 다만, 즉시 교환과 다르게 당장 교환할 파렛트가 없어도 화물 양수도가 가능하다.

☑ 파렛트 풀 시스템의 비교

현재 우리나라 파렛트 풀 서비스 회사들이 제공하는 서비스는 주로 렌탈 방식이다. 그러나 파렛트 풀 시스템에는 렌탈 말고도 다른 방식들이 있으므로, 렌탈은 방식과 장단점 모두를 숙지하고, 다른 방식은 이용기업이 예비 파렛트를 반드시 확보해야 한다는 공통점과 함께 명칭 자체가 주는 시사점을 알고 있으면 될 것이다.

• 즉시 교환 : 말 그대로 현장에서 즉시 교환해야 한다.
• 렌탈 교환 병행 : 운송사는 렌탈, 화주는 교환해야 한다.
• 대차 결제 : 즉시 교환이 아닌 교환 마감 기간을 주는 형태이다.

5　컨테이너

(1) 정의

① 운송용 용기 : 운송 도중 다시 적재하지 않고 하나의 운송 방식에서 다른 운송 방식으로 전환할 수 있도록 설계된 운송용 용기를 말한다.
② 반복 사용 : 반복 사용할 수 있을 정도의 강도를 가져야 한다.
③ 하역 용이성 : 운송수단 변경과 하역이 쉬워야 한다.
④ 최소 내부용적 : $1m^3$ 이상의 내부용적을 가져야 한다.

(2) 컨테이너화(Containerization)

① 정의 : 출발지에서 도착지까지 화물이 컨테이너에 적재된 상태 그대로 운송과 보관이 이루어지는 일관수송 체계를 말한다.
② 물류 효율 향상 : 대량의 화물을 쉽게 취급할 수 있게 되어 물류 효율이 높아진다.
③ 신속한 화물 처리 : 취급이 쉬워져 하역과 적재가 신속하게 이루어진다.
④ 복합운송 활성화 : 운송수단을 변경하는 복합운송과 연계운송이 활성화된다.
⑤ 물류표준화 및 효율화 : 컨테이너 치수를 기준으로 물류를 표준화할 수 있다.
⑥ 보관장소 필요 : 대형 운송 용기이기 때문에 컨테이너 회수와 보관장소가 별도로 필요하다.

TIP 컨테이너 하역비용

1956년 최초로 현대적인 컨테이너를 이용한 해상운송이 성공할 당시, 하역 인부가 직접 하역하는 방식은 톤당 5.86달러의 비용이 들었으나, 컨테이너 하역은 톤당 16센트밖에 들지 않았다. 인력 하역에 비해 하역비용이 36분의 1밖에 들지 않았다. 다만 벌크화물은 살물(撒物), 즉 전혀 포장되지 않은 상태로 대량 하역할 때가 있으므로, 화물의 포장 조건에 따라 차이가 있을 수는 있다.

(3) 컨테이너 치수(ISO 668 기준)

◀ [표 2-2] ISO 표준컨테이너 치수 ▶

ISO 구분	명칭	외부치수(mm)			내부치수(mm)		
		길이	높이	폭	길이	높이	폭
1AAA	40피트 HC(High Cube)	12,192	2,896	2,438	11,998	2,655	2,330
1AA	40피트 스탠다드	12,192	2,591	2,438	11,998	2,350	2,330
1A	40피트	12,192	2,438	2,438	11,998	2,197	2,330
1CC	20피트 스탠다드	6,058	2,591	2,438	5,867	2,350	2,330
1C	20피트	6,058	2,438	2,438	5,867	2,197	2,330

(4) 표준 파렛트 T11(1,100mm×1,100mm)의 ISO 표준컨테이너 적재 수량

① 20피트 컨테이너에 1단 적재하면 10개를 적재할 수 있다.

② 20피트 컨테이너에 2단 적재하면 20개를 적재할 수 있다.

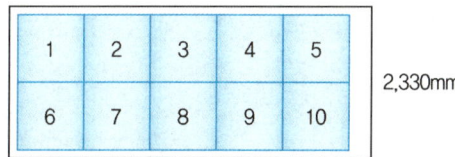

◀ [그림 2-10] 1,100mm×1,100mm 파렛트 적재 수량 – 20피트 컨테이너 기준 ▶

③ 40피트 컨테이너에 1단 적재하면 20개를 적재할 수 있다.

④ 40피트 컨테이너에 2단 적재하면 40개를 적재할 수 있다.

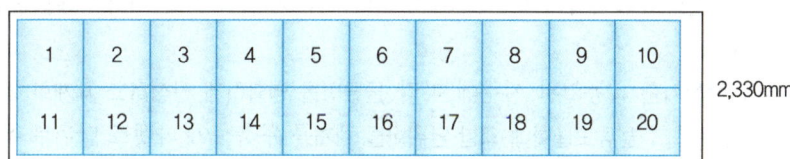

◀ [그림 2-11] 1,100mm×1,100mm 파렛트 적재 수량 – 40피트 컨테이너 기준 ▶

⑤ 45피트 컨테이너에 1단 적재하면 22개까지 적재할 수 있다.

⑥ 45피트 컨테이너에 2단 적재하면 44개까지 적재할 수 있다.

TIP 표준 파렛트 적재 수량

- 1,200mm×1,000mm T12 파렛트도 컨테이너 적재 수량이 있지만, 40피트 기준 컨테이너의 안쪽 치수가 12미터를 넘느냐 넘지 않느냐에 따라 적재 수량이 조금씩 달라진다.
- 40피트 컨테이너의 안쪽 치수는 국제표준 ISO 668에 따라 최소 11.998미터로 정해져 있는데, 1,200mm× 1,000mm 파렛트는 한 줄은 가로, 다른 한 줄은 세로로 적재해야 하므로, 12미터를 넘으면 22개를 적재할 수 있지만, 12미터보다 작으면 22개를 적재할 수 없다. 그것도 단위화물의 배수 모듈화를 고려하여 평면 치수 1,240mm×1,040mm을 적용하면 적재할 수 있는 단위화물 개수는 더 줄어든다. 반면에 T11 파렛트는 컨테이너 안쪽 치수와 평면 치수에 상관없이 20개 이상 적재할 수 없으므로, T11 파렛트 기준이 교재에 싣거나 출제하기에 적합하다.
- 실제 기출문제를 분석해 보면 지금까지 1,200mm×1,000mm 파렛트 적재 수량은 출제된 적이 없다. 만약 출제된다면 컨테이너의 안쪽 치수와 순 단위화물 치수를 전제하고 출제될 가능성은 있다.

06 물류공동화

1 정의 및 개념

(1) 정의

물류 활동에 필요한 인프라를 복수의 파트너와 함께 연계하여 운영하는 물류합리화 방식을 말한다.

(2) 전제조건

① 물류시스템 연계 : 자사의 물류시스템과 외부의 물류시스템과의 연계가 필요하다.

② 참여업체끼리 통일 : 로고, 배송 서류 양식, 파렛트 등의 통일이 필요하다.

③ 서비스 표준화 : 참여업체 모두를 위한 서비스를 해야 하므로, 서비스 내용을 명시하고 표준화해야 한다.

④ 물류비 산정기준 : 통일된 기준에 따라 물류비를 명확하게 산정하고 체계화해야 한다.

⑤ 일관 파렛트화 : 물류모듈화에 의한 단위화물 체계를 구축하여 파렛트 단위로 운송, 하역, 보관을 수행하는 일관 파렛트화가 되어야만 공동물류의 속도를 유지할 수 있다.

⑥ 주도기업 존재 : 주관업체가 있어야 지속 가능한 관리가 가능하다.

⑦ 유사성 : 참여업체 간 제품, 보관, 하역 조건 등이 유사해야 한다. 또한 배송지역이 너무 다르면 공동의 이익을 지향하기 어려우므로, 배송지가 유사해야 한다.

⑧ 파렛트 호환 : 참여기업이 사용하는 파렛트가 서로 호환되고 교환될 수 있어야 한다.

(3) 대상

① 수 · 배송 공동화
② 보관 공동화
③ 하역 공동화
④ 유통가공 공동화
⑤ 정보 공동화

(4) 운영방식

① 수평적 공동화 : 동종의 제조업체 또는 도매업체 간 '수평적으로' 정보네트워크를 공유하고 공동으로 물류를 처리하는 형태이다.
② 수직적 공동화 : 제조업체 – 판매회사 – 도매업체라는 '수직적 관계'에서 추진하는 물류공동화로, 제조업체가 물류거점을 세우고 집화하면, 도매업체가 배송하는 형태이다.
③ 물류기업 동업자 공동화 : 노선화물이나 택배 등 복수의 물류기업이 제휴하여('동업하여'), 혼적 운송 또는 멀티모달 운송(여러 가지 운송수단이 개입되는 운송)하는 형태이다.
④ 경쟁제조업체 간 공동화 : '경쟁 관계에 있는' 제조업체들이 공장과 물류센터 간을 공동으로 운송하는 형태이다.
⑤ 유통업체 주도의 계열화 : '유통업체가' 물류거점을 세우고 제조업체와 도매업체의 납품물류를 통합하는 형태이다.
⑥ 화주와 물류업체 간 파트너십 : '물류업체가' 화주의 협력업체가 되거나 파트너가 되는 형태이다.

(5) 장점

① 물류비용 절감 : 여러 참여기업의 물류를 공동으로 수행하므로 대형차량 배송, 보관공간 pooling 등을 통해 물류비용을 절감할 수 있다.
② 수 · 배송 효율 향상 : 대형차량 배송, 공차운행 감소 등을 통해 수 · 배송 효율을 높일 수 있다.
③ 물류 생산성 향상 : 여러 참여기업의 물류를 공동의 인력과 보관시설, 차량으로 수행하므로 물류자원 투입 대비 생산성을 높일 수 있다.
④ 물류서비스 안정화 : 소량 배송 등 개별 화주가 단독으로 수행하기 어렵거나 비용이 많이 드는 서비스를 공동으로 수행함으로써 물류서비스를 안정적으로 제공할 수 있게 된다.

> **TIP** 대형차량 배송과 소량 배송
> 물류공동화는 대형차량 배송으로 효율성을 추구하는데 참여기업의 소량 배송이 가능해진다는 것이 앞뒤가 안 맞아 보이지만, 물류공동화를 하면 대형차량으로 여러 참여기업의 소량화물을 수취하여 정해진 경로를 순회할 수 있으므로, 대형차량 배송도 가능하고, 소량 배송도 가능하다고 봐야 한다.

⑤ 새로운 판매 기회 창출 : 배송경로에 새로운 배송지가 추가되면서 더 많은 판매자에게 상품을 공급할 기회가 발생한다.

⑥ 녹색물류에 공헌 : 제한된 물류 자원으로 복수 참여기업의 물류를 수행하므로 기업별로 물류를 수행할 때보다 교통체증 감소, 배출가스 감소에 공헌한다.

⑦ 핵심역량 집중 : 참여하는 화주기업은 공동물류 수행에 따라 사실상 물류 아웃소싱 효과를 누리게 됨으로써 핵심역량에 집중할 수 있다.

⑧ 중복투자 억제 : 물류시설과 차량을 공동 이용함으로써 중복투자를 억제할 수 있다.

⑨ 안정적 화물 확보 : 복수 화주의 화물을 취급하므로 화물을 안정적으로 확보할 수 있다.

(6) 단점

① 물류서비스 차별화 한계 : 공동물류는 참여기업 모두를 위한 서비스를 제공해야 하므로, 특정 배송지 경유 등 참여기업 각자의 차별화된 서비스에 대응하는 데는 한계가 있다.

② 배송 순서 조절 어려움 : 참여기업 모두를 고려하여 배송경로를 설정하다 보면, 특정 참여기업을 위해 배송 순서를 특별히 고려해 주기 어렵다.

③ 기업 비밀 유출 우려 : 공동물류는 공동 정보 처리를 위해 참여기업 각자의 시스템을 개방해야 한다. 이 과정에서 매출, 고객정보 등이 노출되기 쉽다.

④ 비용 배분에 대한 분쟁 : 물류공동화를 위해 물류비 산정기준을 아무리 세밀하게 잡아도, 비용을 명확하게 배분하기 불분명한 상황에서는 분쟁이 발생할 수 있다.

> **핵심포인트**
>
> ☑ **공동물류의 장단점**
> 공동물류로 소량화물을 배송할 수 있는 것과 각 참여기업이 원하는 배송지로 배송할 수 있는 것은 별개의 문제이다. 공동물류를 하면 배송할 수 없던 소량화물을 배송할 수 있는 장점도 있지만, 배송할 수 있던 배송지에 배송할 수 없는 단점도 발생할 수 있다.

2 수 · 배송 공동화

(1) 정의 : 공동수 · 배송이란 복수의 운송업체 또는 화주가 공동으로 수 · 배송하는 물류공동화의 한 형태를 말한다.

(2) 전제조건

① 제품의 동질성 : 공동수 · 배송에 참여한 기업들이 취급하는 제품이 동질적일수록 공동수 · 배송 추진이 쉽다. 예를 들어 모두 상온 화물이거나, 보관기간이 길거나, 납품처가 유사해야 해당 보관조건과 배송조건에 맞춰 공동수 · 배송을 하기 쉽다.

② 배송조건 유사성 : 냉동 · 냉장, 납품처, 사용 차량 등 배송조건이 유사하고, 표준화할 수 있어야 공동수 · 배송을 추진하기 쉽다.

③ 주관기업 선정 : 주도하는 기업이 있으면 추진하기 쉽다.

④ 복수 기업 참여 : 일정 지역 내에 공동수·배송에 참여할 수 있는 복수 기업이 존재하면 추진하기 쉽다.

⑤ 이해관계 일치 : 공동수·배송에 참여하는 기업 간의 이해관계가 일치할수록 추진하기 쉽다.

(3) 도입 배경

① 다빈도 소량 배송 : 주문 단위가 다빈도 소량화되면서, 개별 기업이 모든 배송에 대응하기 위해서는 더 많은 물류비용을 지출해야 한다.

② 상권 확대와 교차수송 : 배송지가 늘어나면 개별 기업이 모든 배송에 대응하기 위해 배차를 늘리게 되고, 배차마다 공차운행 가능성이 커진다.

③ 배송차량의 적재효율 저하 : 개별 기업이 저마다 배송차량을 투입함으로써 적재효율이 떨어지고, 대형차량 배송이 어려워지며, 교통이 정체된다.

④ 물류시설 설치 제약 : 도시의 배송지는 증가하는데 물류시설을 추가로 설치하려면 임대료, 공간 확보, 인력 확보 등의 제약이 많다.

⑤ 물류 인력 확보 곤란 : 경제 발전으로 숙련된 물류 인력 확보가 어려워졌고, 확보하더라도 높은 인건비를 감당해야 한다.

⑥ 물류비용 증가 : 배송효율 저하, 물류 인건비와 보관비용 증가는 물류비용 증가로 이어진다.

(4) 목적

① 다빈도 소량 배송 : 다수의 기업이 공동수·배송에 참여함으로써 대형차량으로 다수의 화물을 수취하여 소량 배송에 대응할 수 있고, 출고 빈도를 줄이면서도 다빈도 배송을 지원할 수 있다.

② 수·배송 효율 향상 : 혼적과 대형차량 이용을 통해 수·배송 효율을 높인다.

③ 물류시설과 차량 중복투자 감소 : 모든 화주기업이 저마다 보관시설과 배송차량에 투자하지 않아도 된다.

④ 인력 부속 대응 : 부족한 인력을 공동으로 사용함으로써 인력 부족 문제를 극복한다.

⑤ 물류비용 절감 : 혼적과 대형차량 이용을 통해 물류비용을 절감한다.

⑥ 녹색물류 : 전체적으로 배송차량 운행 횟수가 줄어들어 이산화탄소 배출 감소에 공헌하며, 교통체증을 줄인다.

(5) 운영방식

① 집배송공동형 : 집화와 배송을 공동으로 수행하는 형태로, 공동수·배송의 주체가 화주냐 운송사냐에 따라 특정화주공동형과 운송사업자공동형이 있다.

  ㉠ 특정화주공동형 : 복수의 화주가 주도하여 조합이나 연합회 등의 형태로 집화와 배송을 공동화하는 형태이다.

  ㉡ 운송사업자공동형 : 복수의 운송업자가 주도하여 복수 화주의 집화와 배송을 공동화하는 형태이다.

② 배송공동형 : 복수의 운송업자가 복수 화주의 화물을 공동으로 배송하는 형태이다. 운송사업자공동형과 유사해 보이지만, 운송사업자공동형은 집화와 배송을 공동화하는 데 반해, 배송공동형은 물류 거점까지 집화를 공동으로 하지는 않는다.

③ 납품대행형 : 운송업자가 납품업체를 대신하여 여러 업체에 납품하는 형태이다.

④ 공동수주·공동배송형 : 운송업자가 조합을 구성하고 수주와 배송을 공동으로 하는 형태이다.

⑤ 노선집하공동형 : 특정 노선의 집화를 공동화하여 화주가 지정된 노선의 운송업자에게 화물을 맡기면 노선 운송업자가 배송하는 방식이다.

(6) 화주의 기대 효과

① 소량화물 대응 : 화물 혼적으로 소량화물 배송에도 대응할 수 있다.

② 출하 횟수 감소 : 수·배송센터 보관과 대형차량 배송을 이용함으로써 출하 횟수를 줄이고도 다빈도 배송을 지원할 수 있다.

③ 중복투자 회피 : 물류시설과 물류 인력 투자를 줄이고 유효하게 활용할 수 있다.

④ 핵심역량 집중 : 공동수·배송에 참여함으로써 사실상의 물류 아웃소싱 효과를 내므로 참여기업은 핵심역량에 집중할 수 있다.

⑤ 물류비용 절감 : 중복·교차 수송이 줄어들고 혼적과 대형차량 배송이 가능해지므로, 물류비용을 절감할 수 있다.

(7) 운송업체의 기대 효과

① 차량의 효율 향상 : 기본적으로 많은 화물을 혼적할 수 있어 차량의 가동률과 적재율이 높아지므로 적재효율과 운행효율이 높아진다.

② 화물의 안정적인 확보 : 여러 화주의 화물을 취급할 수 있는 구조이므로, 화물을 안정적으로 확보할 수 있다.

③ 교통혼잡 완화 : 혼적과 대형차량 배송으로 운행 횟수를 줄일 수 있어 교통혼잡 완화와 이산화탄소 배출 감소에 공헌할 수 있다. 이러한 이유로 일본에서는 정부 차원에서 공동수·배송을 장려하고 있다.

④ 보관과 하역 기계화 : 물류시설 집약도가 높아지고 화물량이 늘어나 보관과 하역 분야의 기계화 추진이 가능해진다.

⑤ 물류 인력 감소 : 여러 기업이 공동으로 수·배송을 하고 물류 인력을 공유하므로 물류 인력 투입을 줄일 수 있다. 이러한 이유로 일본에서는 인구 감소에 대응하여 적극적으로 공동수·배송을 장려하고 있다.

⑥ 물류비용 절감 : 중복·교차수송이 줄어들고 혼적과 대형차량 배송이 가능해지므로, 물류비용을 절감할 수 있다.

3 **플랫폼 기반 공동물류(풀필먼트)**

(1) 정의

① 물류업체가 복수의 화주기업을 대신하여 주문 피킹, 포장, 배송을 대행하는 공동물류와 유사한 물류 합리화 형태를 말한다.

② 업무 범위 : 상품 입고, 보관, 피킹, 포장, 배송뿐만 아니라 반품, 교환, 환불 등 역물류까지 일괄 담당한다.

③ Amazon이 최초 도입 : 미국 Amazon이 2006년 도입한 FBA(Fulfillment By Amazon) 서비스가 최초의 풀필먼트 서비스라고 알려져 있다.

> **TIP** **풀필먼트와 공동물류**
>
> 풀필먼트는 복수 화주의 물류를 물류서비스 업체가 담당한다는 측면에서 공동물류와 유사한 부분이 있다. 화주가 집화까지 하고 운송업체가 배송을 담당하는 배송공동형과 유사해 보이지만, 일반적인 배송공동형은 화주가 고객의 주문을 직접 접수하고 물류서비스 업체가 배송만 수행하는 형태인 데 반해, 풀필먼트는 물류 서비스 업체가 고객의 주문을 접수하고 배송도 하는 형태이다. 풀필먼트는 아마존과 같은 전자상거래 플랫폼 기업이 입점 판매자들을 대상으로 선도적으로 시작했으나, 이제는 종합물류서비스 기업이 다수의 전자상 거래 사업자의 물류 플랫폼 역할을 맡아 주문부터 배송, 역물류까지 처리함으로써 공동물류와 유사한 물류 서비스로 발전하고 있다. 다만 풀필먼트를 공동물류로 볼 수 있는지에 대한 이론적 근거가 확립되지는 않았 으며, 공동물류가 발달한 일본에서도 풀필먼트를 공동물류로 보는 시각이 일반적이지는 않으므로, 이 책에 서도 '보는 각도에 따라 공동물류로 볼 수도 있는 새로운 형태의 물류서비스' 정도로만 언급해 두기로 한다.

(2) 개념

① 토탈 물류서비스 : 초기에는 입고, 보관, 피킹, 출고, 배송 등을 모두 물류서비스 업체가 수행했 으나, 배송을 위한 운송관리시스템을 직접 관리함으로써 서비스 품질은 관리하되 실제 배송은 외주업체에 위탁하는 형태도 나타나고 있다. 기본적으로 입고부터 배송까지를 모두 물류서비스 업 체가 담당하는 개념이다.

② 화주의 입고부터 시작 : 화주가 상품을 직접 물류센터에 입고하거나 물류서비스 업체가 직접 순회하며 화물을 수취하여 물류센터에 입고한다. 물류센터 입고가 풀필먼트의 시삭이다.

③ 물류서비스 업체가 고객의 주문 접수 : 화주는 고객이 주문한 상품뿐만 아니라 고객의 주문이 예상되 는 상품을 미리 입고한다. 고객의 주문을 접수하여 배송하는 업무는 물류서비스 업체가 수행한다. 풀필먼트 서비스를 처음 시작한 아마존의 경우 기본적으로 전자상거래 플랫폼이었고, 전자상거 래 플랫폼은 고객의 주문을 최초로 접수하는 주체이기 때문에 이러한 서비스가 가능했다.

④ 일반적인 물류서비스

　㉠ 운송과 보관 : 당장 배송할 상품이 아니라도 보관료를 부담하고 입고할 수 있으므로, 화주는 보관 대행의 효과를 누릴 수 있다. 보관한 상품은 피킹과 포장을 거쳐 배송한다.

　㉡ 포장 : 상품 포장, 라벨 부착, 혼적을 위한 묶음 포장 등을 지원한다.

　㉢ 납품대행 : 납품대행형 공동수·배송과 유사하게 대형마트나 백화점 등에 B2B 납품을 대행한다.

　㉣ 역물류 : 화주가 공동으로 이용할 수 있는 고객센터 인프라를 통해 반품, 교환, 환불 등을 응대하고 지원한다.

(3) 기대 효과

① 물류비용 절감 : 화주가 물류 규모가 크지 않은데도 직접 물류를 운영하면 단가가 높아지고 유지비가 많이 들 수 있으나, 비슷한 상황의 여러 화주가 공동으로 풀필먼트 서비스를 이용하면, 규모의 경제를 통해 물류비용을 절감할 수 있다.

② 주문 리드타임 개선 : 화주가 고객이 주문할 상품을 미리 입고한 상태에서 물류서비스 업체가 물류활동을 수행하므로, 주문 리드타임이 빨라진다.

③ 부가 서비스 : 포장, 역물류 등 개별 화주가 대응하기 어려운 업무를 물류서비스 업체를 통해 해결한다.

④ 핵심역량 집중 : 주문과 배송, 재고관리를 물류서비스 업체가 수행하므로, 화주는 일반적인 공동 수·배송과 마찬가지로 핵심역량에 집중할 수 있다.

01 다음 중 물류합리화에 관한 설명으로 옳은 것은?

① 물류표준화, 물류자동화, 물류공동화를 통해 물류비용과 관계없이 최대한 높은 고객서비스 수준을 달성하기 위해 노력해야 한다.

② 물류경로 최적화, 처리 속도 개선, 보관기간 단축, 전체 합리화 등을 실행해야 한다.

③ 대규모 투자를 통한 물류자동화와 물류표준화가 필수적으로 요구된다.

④ 경제 규모가 커지면 지가와 임대료, 인건비 상승을 물류 처리량 증가를 통한 규모의 경제로 억제할 수 있으므로 물류비 증가는 제한적이다.

⑤ 상품의 소유권과 물리적 상품 전달을 동시에 수행하는 상물일치를 통해 주문 리드타임을 단축해야 한다.

> 해설 ① 물류비용은 낮추면서 최대한 높은 고객서비스 수준을 달성해야 한다. 물류비용을 낮춘다는 전제가 없으면 고객서비스 수준이 높아져도 물류합리화를 달성했다고 말할 수 없다.
> ③ 물류합리화를 위해 대규모 투자가 필요할 수는 있지만, 항상 그렇지는 않다.
> ④ 치열한 경쟁 속에서 물류 처리량이 증가한다고 장담할 수는 없으며, 오히려 고객의 요구 다양화로 다빈도 소량 배송을 하게 된다. 경제 규모가 커지면 일반적으로 물류비는 증가한다.
> ⑤ 상물일치는 고객별 소량 배송이 전제되므로, 물류 효율을 높일 수 없고, 물류합리화를 저해한다.

02 물류표준화에 관한 설명으로 옳지 않은 것은?

① 물류 활동의 각 단계에서 사용되는 기기, 용기, 설비 등을 규격화하여 상호 간 호환성과 연계성을 확보하는 것이다.

② 단순화, 규격화 등을 통하여 물류 활동의 기준을 부여함으로써 물류 효율성을 높이는 데 목적이 있다.

③ 물류표준화를 통하여 기업 차원의 미시적 물류뿐만 아니라 국가 차원의 거시적 물류의 효율성도 높일 수 있다.

④ 물류용어의 통일 및 거래 전표 등은 물류표준화 대상이 아니다.

⑤ 현재 한국산업표준에는 우리나라 유닛로드용 평파렛트를 $1,100 \times 1,100$mm, $1,200 \times 1,000$mm 두 가지로 규정하고 있다.

> 해설 ④ 물류용어와 거래 전표의 통일 역시 물류표준화의 대상이다.

정답 **01** ② **02** ④

03 물류표준화의 목적에 해당하지 않는 것은?

① 물류 활동의 효율화
② 화물 유통의 원활화
③ 물류의 다품종·소량화
④ 물류의 호환성과 연계성 확보
⑤ 물류비의 절감

해설 ③ 다품종·소량화는 물류표준화의 목적이 아니라 배경이다.

04 물류표준화 내용 중 소프트웨어 표준화에 해당하는 것을 모두 고른 것은?

> ㄱ. 물류용어 표준화　　　　　　ㄴ. 보관시설 표준화
> ㄷ. 거래단위 표준화　　　　　　ㄹ. 포장 치수 표준화
> ㅁ. 기타 물류기기 표준화

① ㄱ, ㄴ, ㄷ　　　　　　　② ㄱ, ㄷ, ㄹ
③ ㄴ, ㄷ, ㅁ　　　　　　　④ ㄴ, ㄹ, ㅁ
⑤ ㄷ, ㄹ, ㅁ

해설 보관시설과 물류기기 표준화는 하드웨어 표준화에 해당한다.

05 물류표준화의 대상이 아닌 것은?

① 물류 조직　　　　　　　② 수송
③ 보관　　　　　　　　　④ 포장
⑤ 물류정보

해설 수송, 보관, 포장, 물류정보는 물류의 기능별 분류에 해당하며, 물류의 기능별로 표준화가 필요하다. 물류 조직은 해당하지 않는다. 물류 조직이 중요하지 않다고는 말할 수 없지만, 물류의 기능별로 표준화가 필요하다는 사실을 알고 있는지를 묻는 문제이다.

정답　**03** ③　**04** ②　**05** ①

06 물류표준화의 기대 효과로 옳지 않은 것은?

① 포장재료의 경량화와 적재효율 개선
② 기업 단위 물류 최적화의 기초 마련
③ 물류 전문기업의 시설과 장비를 여러 화주가 활용 가능
④ 제품 보관효율 개선
⑤ 제품 파손 개선

해설 ② 물류표준화가 되면 기업 간 물류의 호환성이 높아져서 물류를 공동으로 수행할 수 있다. 기업 단위 최적
　　　화가 아닌 기업 간 최적화의 기초가 만들어진다.

07 물류표준화에 관한 설명으로 옳지 않은 것은?

① 단위화물 체계의 보급, 물류기기 체계 인터페이스, 자동화를 위한 규격 등을 고려한다.
② 운송, 보관, 하역, 포장 정보의 일관처리로 효율성을 제고하는 것이다.
③ 물류모듈은 물류시설 및 장비들의 규격이나 치수가 일정한 배수나 분할 관계로 조합되어
　있는 집합체로 물류표준화를 위한 기준치수를 의미한다.
④ 대표적인 Unit Load 치수에는 NULS(Net Unit Load Size)와 PVS(Plan View Size)가 있다.
⑤ 배수 치수 모듈은 1,140mm×1,140mm Unit Load Size를 기준으로 하고, 최대 허용 공차
　−80mm를 인정하고 있는 Plan View Unit Load Size를 기본단위로 하고 있다.

해설 ⑤ 배수 치수 모듈은 1,140mm×1,140mm Plan View Size를 기준으로 하며, 최대 허용 공차는 −40mm이다.

08 물류합리화에 관한 설명으로 옳지 않은 것은?

① 물류합리화를 위해서는 시스템적 접근에 의한 물류 활동 전체의 합리화를 추진하여야 한다.
② 물류 수·발주 처리의 전산화 등 물류정보의 전달체계 개선은 물류합리화 대상이 되지 않는다.
③ 경제 규모의 증대, 물류비의 증대 및 노동력 수급상의 문제점 등은 물류합리화의 필요성을
　증대시킨다.
④ 차량이나 창고공간의 활용을 극대화해서 유휴부문을 최소화하는 것도 물류합리화 대책이
　될 수 있다.
⑤ 물류합리화는 운송, 보관, 포장, 하역뿐만 아니라 물류 조직도 그 대상이 된다.

해설 ② 정보기술이 발전하고 기업 간 정보공유가 물류합리화를 위해 필요한 상황에서는 물류정보시스템 개선이
　　　꼭 필요하다.
　　　⑤ 물류 조직은 표준화 대상은 아니지만, 합리화 대상에는 해당한다. 조직 구조는 기업마다 달라질 수 있지
　　　만, 물류 개선을 위해서는 합리적인 조직을 갖춰야 한다.

정답 06 ② 07 ⑤ 08 ②

09 다음에 해당하는 물류합리화의 유형으로 옳게 짝지어진 것은?

> ㄱ. 물류 전반에 걸쳐 지식기능을 갖춘 자동화
> ㄴ. 인력의 절감 및 노동의 대체를 목적으로 한 기계화

① ㄱ : 생력(省力)형,   ㄴ : 생지능(省知能)형
② ㄱ : 비용(費用) 절감형, ㄴ : 생지능(省知能)형
③ ㄱ : 생지능(省知能)형, ㄴ : 생력(省力)형
④ ㄱ : 생지능(省知能)형, ㄴ : 비용(費用) 절감형
⑤ ㄱ : 비용(費用) 절감형, ㄴ : 생력(省力)형

[해설] ㄱ. 지식기능을 갖춘다는 것은 지능화를 말한다.
ㄴ. 인력'을 대체하는 것이므로 생력화를 말한다.

10 물류거점 집약화의 효과에 관한 설명으로 옳지 않은 것은?

① 공장과 물류거점 간의 운송경로가 통합되어 대형차량의 이용이 가능하다.
② 물류거점과 고객의 배송단계에서 지점과 영업소의 수주를 통합하여 안전재고가 줄어든다.
③ 운송차량의 적재율 향상이 가능하다.
④ 물류거점의 기계화와 창고의 자동화 추진이 가능하다.
⑤ 물류거점에서 재고 집약과 재고관리를 함으로써 재고의 편재는 해소되나 과부족 발생 가능성이 커진다.

[해설] ⑤ 재고가 집약되면 수요가 많은 곳과 적은 곳에 대한 배송을 모두 한 거점에서 담당하므로 재고 pooling이 발생한다. 따라서 과부족 발생 가능성이 작아진다.

11 콜드체인(Cold Chain) 시장이 성장하고 있다. 콜드체인에 관한 설명으로 옳지 않은 것은?

① 콜드체인이란 대상 화물의 온도를 관리하는 공급사슬을 의미한다.
② 콜드체인 시장은 크게 기능에 따라 냉장 운송시장과 냉장 보관시장으로, 품목에 따라 식품 콜드체인과 바이오ㆍ의약품 콜드체인으로 구분할 수 있다.
③ 식품 콜드체인 관리 목적은 크게 식품 안전, 식품의 맛 유지, 식자재 폐기물 발생 억제 등이다.
④ 농산품 콜드체인은 식품 특성에 따라 농장에서부터 소비자 식탁에 이르기까지 전 과정의 온도 등을 관리하는 것을 의미한다.
⑤ 우리나라 재래시장에서도 모든 농산물을 대상으로 콜드체인시스템을 적용하고 있다.

정답 09 ③ 10 ⑤ 11 ⑤

해설 ⑤ 재래시장은 아직 콜드체인시스템 운영이 미흡하다.

12 **물류모듈화에 관한 설명으로 맞는 것은?**

① 단위화물로 전환함으로써 운송, 보관, 하역, 포장을 재작업이나 재취급 없이 한 번에 처리하여 효율성을 제고하는 기법을 단위화물 체계, 즉 유닛로드 시스템이라고 한다.

② 수송, 하역, 보관 등 물류 활동을 합리적으로 수행하기 위해, 여러 개의 물품을 지게차나 핸드 파렛트 트럭 등 물류장비로 취급할 수 있도록 하나로 합친 화물을 '묶음 화물'이라고 부른다.

③ 한국산업표준 KST0005 : 2020은 트럭 적재함 최대폭 2,500mm를 기준으로 1,100mm×1,100mm T11 파렛트만 물류모듈로 지정하고 있다.

④ 물류모듈화가 추진되어야 물류표준화가 가능해지고, 물류표준화가 되어야 단위화물 체계가 가능해지고, 단위화물 체계가 수립되어야 물류합리화가 가능해진다.

⑤ 화물 적재 시 화물의 돌출을 고려하지 않은 물류모듈 치수를 평면 치수라고 부른다.

해설 ② 단위화물에 관한 설명이다.
③ 1,100mm×1,100mm T11 파렛트뿐만 아니라, 2013년 이후 1,200mm×1,000mm T12 파렛트도 물류모듈로 지정되어 있다.
④ 물류모듈화 – 단위화물 체계 – 물류표준화 – 물류합리화의 순서로 진행된다.
⑤ 화물의 돌출을 고려하지 않은 물류모듈 치수를 순 단위화물 치수라고 부른다.

13 **파렛트 사용의 징짐에 해당되지 않는 것은?**

① 하역 및 작업 능률 향상
② 물품보호 효과
③ 재고조사 편의성 제공
④ 좁은 통로에서도 사용 용이
⑤ 상하차 작업시간 단축으로 트럭의 운행효율 향상

해설 ③ 파렛트별 적재 수량이 명확하게 표시된 파렛트는 재고조사 시 수량을 파악하기 쉽다.
④ 표준 파렛트 크기는 1,100mm×1,100mm로 지게차가 떠서 물류센터 복도에서 회전하려면 지게차 포크 길이 + 지게차 본체 길이만큼의 통로 너비가 필요하다.

정답 **12** ① **13** ④

14 컨테이너화(Containerization)의 장점이 아닌 것은?

① 대량 취급 용이로 물류 효율 향상

② 화물 흐름의 신속화

③ 컨테이너 회수 및 보관장소 관리 용이

④ 복합 및 연계 운송의 활성화

⑤ 물류표준화 및 효율화에 기여

[해설] ③ 컨테이너를 회수하거나 보관하려면 넓은 야드가 필요하다.

15 포장합리화에 관한 설명으로 옳지 않은 것은?

① 포장의 크기를 대형화할 수 있는지 여부를 결정해야 한다.

② 포장을 할 경우, 가능하면 비슷한 길이와 넓이를 가진 화물을 모아 포장 크기를 규격화시켜야 한다.

③ 내용물의 보호기능을 유지하는 범위에서 사양의 변경을 통한 비용 절감이 이루어질 수 있도록 검토해야 한다.

④ 적정(適正) 포장 기준이 포장합리화의 절대적인 기준이 되어야 한다.

⑤ 물류 활동에 필요한 장비나 기기 등을 운송, 보관, 하역 기능과 유기적 연결이 가능하도록 해야 한다.

[해설] ① 다품종, 소량생산, 다빈도 배송을 한다 해도 배송효율을 위해서는 대형화해서 배송해야 한다.
④ 절대적인 기준은 아니다.

16 유닛로드 시스템에 관한 설명으로 옳지 않은 것은?

① 대량의 단위화된 크기로 작업하므로 포장자재 비용이 증가한다.

② 시스템의 구축을 위해서 물류 활동 간 접점에서의 표준화가 중요하다.

③ 추가적인 전용 설비 및 하역 기계가 필요하다.

④ 하역과 운송에 따른 화물 손상이 감소한다.

⑤ 운송 및 보관 업무의 효율적 운용이 가능하다.

[해설] ① 대량의 단위화된 크기로 작업을 해도 포장자재를 과하게 들이지 않고 내용물을 보호하고 품질을 유지할 수 있을 정도로 합리적인 포장을 적용하기 위해 유닛로드 시스템을 도입하는 것이다.
③ 유닛로드 시스템이 도입되면 파렛트나 컨테이너 등 포장용기와 해당 용기를 취급하기 위한 소터, Material Handling Equipment가 필요해진다.

정답 **14** ③ **15** ④ **16** ①

17 포장의 모듈화에 관한 다음 설명 중 (   )에 들어갈 내용이 옳게 짝지어진 것은?

> 포장의 모듈화는 제품의 치수에 맞추어 (ㄱ), 파렛트 치수를 선택함으로써 ULS(Unit Load System)의 (ㄴ)나 컨테이너화를 가능하게 하고, 하역 작업의 기계화 및 자동화, 화물 파손 방지, 적재의 신속화 등의 (ㄷ)에 기여할 수 있다.

① ㄱ : 포장 치수　　ㄴ : 파렛트화　ㄷ : 물류합리화
② ㄱ : 컨테이너화　　ㄴ : 파렛트화　ㄷ : 물류합리화
③ ㄱ : 포장 치수　　ㄴ : 물류합리화　ㄷ : 물류표준화
④ ㄱ : 컨테이너화　　ㄴ : 포장 치수　ㄷ : 물류표준화
⑤ ㄱ : 컨테이너 치수　ㄴ : 파렛트화　ㄷ : 물류표준화

해설 ①과 ⑤에서 고민할 수 있는데, 제품 치수로 포장 치수를 선택하고, 포장 치수로 파렛트 치수를 선택하고, 파렛트 치수로 파렛트화와 컨테이너화를 달성하므로 (ㄱ)에 컨테이너 치수가 들어가면 앞뒤가 맞지 않는다.

18 표준 파렛트 T11(1,100mm×1,100mm)의 ISO 표준컨테이너 적재 수량으로 옳지 않은 것은?

① 20피트 컨테이너에 1단적 적입하는 경우 8개를 적재할 수 있다.
② 20피트 컨테이너에 2단적 적입하는 경우 20개까지 적재할 수 있다.
③ 40피트 컨테이너에 1단적 적입하는 경우 16개를 적재할 수 있다.
④ 40피트 컨테이너에 2단적 적입하는 경우 40개를 적재할 수 있다.
⑤ 45피트 컨테이너에 2단적 적입하는 경우 45개까지 적재할 수 있다.

해설 20피트 컨테이너는 길이 6미터, 40피트 컨테이너는 길이 12미터, 표준 파렛트는 1.1미터이지만 가로세로 각각 40mm씩 적재 폭이 늘어날 수 있으므로 파렛트 하나를 적재할 때마다 가로세로 1.2미터의 공간이 필요하다고 생각해 보자.

19 표준 파렛트 T11과 표준 파렛트 T12에 모두 적용되는 포장모듈 치수(파렛트와 정합성을 유지하는 포장 규격)로 짝지어진 것은?

① 1,100mm×1,100mm,　1,200mm×1,000mm
② 1,100mm×550mm,　1,200mm×500mm
③ 600mm×500mm,　500mm×300mm
④ 550mm×220mm,　440mm×220mm
⑤ 366mm×366mm,　220mm×220mm

정답　17 ①　18 ⑤　19 ③

> **해설** 보기의 규격의 물품을 T11, T12 파렛트에 튀어나오지 않도록 적재 가능한지 확인해 보면 된다.
> ① 1,100mm×1,100mm는 T12에 적재할 수 없고, 1,200mm×1,000mm는 T11에 적재할 수 없다.
> ② 1,100mm×550mm는 T12에 적재할 수 없고, 1,200mm×500mm는 T11에 적재할 수 없다.
> ③ 600mm×500mm, 500mm×300mm는 가로 또는 세로로 적재하면 두 파렛트 모두에 적재 가능하다.
> ④ T12에 적재할 수 없다.
> ⑤ T12에 적재할 수 없다.

20 다음 설명에 해당하는 포장화물의 파렛트 적재 형태는?

> 홀수단에서는 물품을 모두 같은 방향으로 나란히 정돈하여 쌓고, 짝수단에서는 방향을 90° 바꾸어 교대로 겹쳐 쌓은 방식이다.

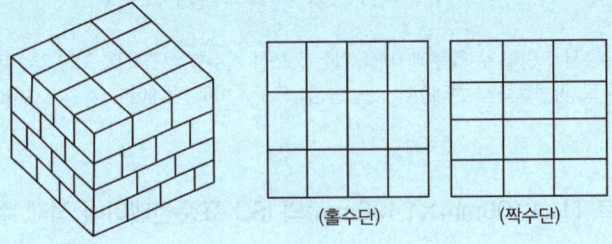

(홀수단)　　(짝수단)

① 스플릿(Split) 적재　　　② 풍차형(Pinwheel) 적재
③ 벽돌(Brick) 적재　　　　④ 교대배열(Row) 적재
⑤ 블록(Block) 적재

> **해설** 교대배열(Row) 적재에 대한 내용이다.

21 파렛트 풀 시스템 중 렌탈 방식에 관한 설명으로 옳지 않은 것은?

① 파렛트 렌탈 회사가 유지보수를 담당하므로, 대여 중인 파렛트의 질을 유지할 수 있다.
② 파렛트가 필요한 업체가 파렛트 렌탈 회사로부터 필요한 만큼 렌탈해서 사용하고 정해진 장소에 반납하는 방식이므로 사무 처리가 복잡하다.
③ 간편하게 파렛트를 사용할 수 있게 되어 화주의 일관 파렛트화를 촉진함으로써, 하역 인력 부족 등 물류비용 증가와 처리량 증가 상황에 대응할 수 있다.
④ 파렛트를 확보하려면 렌탈 회사에서 파렛트를 공급해 줘야 하므로 렌탈 회사에 업무가 종속된다.
⑤ 화물 인도 시점에 화물을 적재한 파렛트 개수만큼 빈 파렛트를 인도해야 하므로 화주가 항상 여유 파렛트를 보관하고 있어야 한다.

정답 **20** ④ **21** ⑤

해설 ⑤ 즉시 교환 방식에 관한 설명이다.

22 파렛트 풀 시스템(Pallet Pool System)의 운영방식에 관한 설명으로 옳은 것을 모두 고른 것은?

> ㄱ. 즉시 교환 방식 : 송화주는 파렛트화된 화물을 운송사에 위탁하는 시점에서 동일한 수의 파렛트를 운송사에서 인수하고, 수화주는 파렛트화된 화물을 인수할 때 동일한 수의 파렛트를 운송사에 인도해 주는 방식이다.
> ㄴ. 리스 방식 : 개별 기업에서 각각 파렛트를 보유하지 않고 파렛트 풀을 운영하는 기관이 사용자의 요청에 따라 규격화된 파렛트를 사용자가 소재하는 가까운 거점(depot)에 공급해 주는 방식이다.
> ㄷ. 대차 결제 방식 : 현장에서 즉시 파렛트를 교환하지 않고 일정 시간 이내에 파렛트를 운송사에 반환하는 방식이다.

① ㄱ   ② ㄴ
③ ㄱ, ㄴ   ④ ㄴ, ㄷ
⑤ ㄱ, ㄴ, ㄷ

해설 모두 옳은 설명이다.

23 물류공동화를 위한 전제조건에 해당되지 않는 것은?
① 자사의 물류시스템과 외부의 물류시스템과의 연계가 필요하다.
② 표준 물류 심벌 및 업체 통일전표, 외부와의 교환이 가능한 파렛트 등 물류용기를 사용하여야 한다.
③ 서비스 내용을 명확하게 하고, 표준화시켜야 한다.
④ 통일된 기준에 근거하여 물류비를 명확하게 산정하고 체계화해야 한다.
⑤ 단일 화주와 복수의 물류업체가 참여하여야 한다.

해설 ⑤ 반드시 단일 화주와 복수의 물류업체 조합만 있는 것은 아니다.

24 물류공동화 추진상의 문제점이 아닌 것은?
① 물류비 절감에 따른 소비자가의 하락   ② 배송 순서 조절의 어려움 발생
③ 물류서비스 차별화의 한계   ④ 매출, 고객명단 등 기업 비밀 노출 우려
⑤ 비용 배분에 대한 분쟁 발생

정답 **22** ⑤ **23** ⑤ **24** ①

> **해설** ① 물류비 절감에 따른 원가절감은 물류가 국민경제에 공헌하는 영역이지 문제점이 아니다.
> ⑤ 비용뿐만 아니라 물류비 절감에 의한 수익 배분에 대한 분쟁도 발생한다.

25 공동집배송센터에 관한 설명으로 옳지 않은 것은?

① 공동배송 기능이 있다.

② 공동가공처리 기능이 있다.

③ 물류정보를 종합관리 및 활용하는 물류정보센터의 역할을 한다.

④ 상품의 가격안정에 기여한다.

⑤ ICD(Inland Container Depot)와 통관기능을 갖춘 간선 물류거점의 역할을 한다.

> **해설** ⑤ ICD가 반드시 함께하지는 않는다.

26 물류공동화에 관한 설명으로 옳지 않은 것은?

① 공동수·배송이란 자사 및 타사의 원자재나 완제품을 공동으로 수·배송하는 것을 말한다.

② 화주기업은 공동수·배송을 통하여 물류비를 절감할 수 있다.

③ 물류공동화 실행 시 기업비밀에 대한 유출 우려는 공동화 확산의 저해 요인이 되고 있다.

④ 소량, 다빈도 배송의 증가는 수·배송 공동화의 필요성을 증대시킨다.

⑤ 수·배송 공동화를 통하여 고객 맞춤형 물류관리가 더욱 용이해지고 수·배송의 유연성이 증가한다.

> **해설** ⑤ 공동수·배송을 하면 배송 우선순위, 배송지역 등을 단독으로 결정할 수 없기 때문에 고객 맞춤형 물류관리가 어렵고 수·배송의 유연성이 떨어진다.

27 공동수·배송의 추진 여건에 관한 설명으로 옳지 않은 것은?

① 공동수·배송에 참가한 기업들이 취급하는 제품의 이질성이 높을수록 공동수·배송 추진이 용이하다.

② 배송조건이 유사하고 표준화가 가능할 경우 공동수·배송의 추진이 용이하다.

③ 공동수·배송을 위한 주관기업이 있을 경우 공동수·배송의 추진이 용이하다.

④ 일정 지역 내에 공동수·배송에 참여할 수 있는 복수 기업이 존재할 경우 공동수·배송의 추진이 용이하다.

⑤ 공동수·배송에 참가할 기업들 간의 이해관계가 일치할수록 공동수·배송 추진이 용이하다.

해설 ① 배송조건이 유사하고 배송 상품의 특징이 유사해야 공동수·배송을 추진하기 쉽다. 콜드체인과 상온을 같이 운영해야 하면 공동의 이익을 찾기 더 어렵다.

28 수·배송 공동화의 도입 배경이 아닌 것은?

① 주문 단위의 소빈도 및 대량화
② 상권 확대 및 빈번한 교차수송
③ 화물자동차 이용의 비효율성
④ 도시지역 물류시설 설치 제약
⑤ 보관·운송 물류 인력 확보 곤란

해설 ① 다빈도 소량 배송에 따라 화물차량의 Full Truck 배송이 어려워지면서 Full Truck 배송에 의한 물류비 절감의 장점을 살리기 위해 물류공동화 요구가 생겼다.

29 많은 기업들이 물류공동화를 추진하고 있는 상황 속에서 물류공동화의 일반적인 장점에 관한 설명으로 옳지 않은 것은?

① 물류비용을 절감할 수 있다.
② 화물의 품질을 높일 수 있다.
③ 수·배송 효율을 향상시킬 수 있다.
④ 물류 생산성을 향상시킬 수 있다.
⑤ 안정적인 물류서비스를 제공할 수 있다.

해설 ② 물류는 보관과 운송 기능을 통해 화물의 품질을 유지할 수는 있지만, 품질을 높일 수는 없다.
⑤ 물류공동화의 결과 유연한 고객 맞춤형 서비스를 제공하기는 어려워도 참여기업의 요구를 반영한 배송 네트워크를 안정적으로 운영할 수 있으므로 안정적인 물류서비스를 제공할 수는 있다.

30 물류공동화를 위한 전제조건으로 옳지 않은 것은?

① 일관 파렛트화 추진 및 업계의 통일전표 사용
② 자사 물류시스템과 외부 물류시스템의 연계
③ 물류서비스 내용의 명확화 및 표준화
④ 자사만의 독자적인 물류비 적용 기준의 확립
⑤ 통일된 외장표시 및 표준 물류 심벌(symbol) 사용

해설 ④ 공동물류는 개별 참여사만을 위한 단독 물류서비스가 아니기 때문에 참여기업들에 공통으로 적용되는 물류비 배부기준에 근거하여 운영되어야 한다.

정답 **28** ① **29** ② **30** ④

31 운송사업자 관점의 수·배송 공동화의 장점에 해당하는 것을 모두 고른 것은?

> ㄱ. 운송차량의 적재·운행 효율 향상
> ㄴ. 소량화물의 수·배송 용이
> ㄷ. 운송화물의 대단위화로 인한 규모의 경제성
> ㄹ. 물류시설의 효율적 이용과 작업의 기계화 및 자동화 가능

① ㄱ, ㄷ   ② ㄴ, ㄷ

③ ㄴ, ㄹ   ④ ㄱ, ㄷ, ㄹ

⑤ ㄱ, ㄴ, ㄷ, ㄹ

> **해설** ㄴ. 화주는 소량화물 배송을 위해 배차할 필요가 없으므로 화주에게 장점이다.

32 다음 설명에 해당하는 공동수·배송 운영방식은?

> • 운송업자가 협동조합을 설립하고 화주로부터 수주를 받아 조합원에게 배차를 지시하는 방식
> • 고객의 주문 처리에서 화물의 보관, 수송, 배송까지의 모든 업무를 공동화하는 방식

① 배송공동형   ② 특정화주공동형

③ 특정지역공동형   ④ 공동수주·공동배송형

⑤ 납품대행형

> **해설** ④ 운송업자들의 협동조합이 수주받아 배송한다는 부분에 주목하자.

33 물류공동화에 관한 설명으로 옳지 않은 것은?

① 물류 활동에 필요한 인프라를 복수의 파트너와 함께 연계하여 운영하는 것이다.

② 물류 자원을 최대한 활용함으로써 물류비용 절감이 가능하다.

③ 자사의 물류시스템과 타사의 물류시스템을 연계시켜 하나의 시스템으로 운영해야 하지만 회사 보안을 위해 시스템 개방은 포함하지 않는다.

④ 물류환경의 문제점으로 대두되는 교통혼잡, 차량 적재효율 저하, 공해 문제 등의 해결책이 된다.

⑤ 표준 물류 심벌 및 통일된 전표와 교환 가능한 파렛트의 사용 등이 전제되어야 가능하다.

> **해설** ③ 참여기업의 시스템을 하나로 운영하기 위해 시스템 개방이 필요하며, 시스템 개방 때문에 고객정보 유출이나 매출 등 비밀 유출 우려로 물류공동화를 저해하는 요인이 되기도 한다.

34 공동수·배송의 효과에 관한 설명으로 옳지 않은 것은?

① 차량 적재율과 공차율이 증가한다.
② 물류업무 인원을 감소시킬 수 있다.
③ 교통체증 및 환경오염을 줄일 수 있다.
④ 물류작업의 생산성이 향상될 수 있다.
⑤ 참여기업의 물류비를 절감할 수 있다.

해설 ① 차량 적재율은 증가하지만, 공차율은 감소한다.

35 다음 설명에 해당하는 공동수·배송 운영방식은?

> 물류센터에서의 배송뿐만 아니라 화물의 보관 및 집하 업무까지 공동화하는 것으로 주문 처리
> 를 제외한 물류업무에 관해 협력하는 방식이다.

① 노선집하공동형 ② 납품대행형
③ 공동수주·공동배송형 ④ 배송공동형
⑤ 집배송공동형

해설 보관과 집하(집화), 배송까지 공동화하는 형태라면 집배송공동형에 관한 설명이다.

36 공동수·배송에 따른 화주의 기대 효과가 아닌 것은?

① 물류시설과 물류 인력 투자를 줄이고 유효하게 활용할 수 있다.
② 수·배송센터 보관과 대형차량 배송을 이용함으로써 출하 횟수를 줄이고도 다빈도 배송을 지원할 수 있다.
③ 공동수·배송에 참여함으로써 사실상의 물류 아웃소싱 효과를 내므로 참여기업은 핵심역량에 집중할 수 있다.
④ 물류시설 집약도가 높아지고 화물량이 늘어나 보관과 하역 분야의 기계화 추진이 가능해진다.
⑤ 화물 혼적으로 대형차량으로 중복수송과 교차수송을 줄임은 물론, 소량화물 배송에도 대응할 수 있다.

해설 ④ 공동물류를 하는 화주는 중복투자 회피와 혼적에 의한 소량 배송 대응, 핵심역량 집중 등을 기대할 수 있으며, 운송사는 여러 화주의 물류를 공동 시설과 장비로 처리하므로 시설과 장비의 가동률 향상을 기대할 수 있다.

CHAPTER 03
물류비용

01 물류회계

1 물류비의 개념

(1) 정의

① 「기업물류비 산정 지침」 제2조 : 물류란 재화가 공급자로부터 조달·생산되어 수요자에게 전달되거나 소비자로부터 회수되어 폐기될 때까지 이루어지는 운송·보관·하역 등과 이에 부가되어 가치를 창출하는 가공·조립·분류·수리·포장·상표부착·판매·정보통신 등 제 활동을 말한다. 물류비란 이에 따른 물류 활동을 수행하기 위하여 발생하거나 소비한 경제가치를 말한다.

② 「기업물류비 산정 지침」 적용 대상 : 제조업, 유통업, 물류업

(2) 관리 목적

① 계획, 관리, 평가 : 물류 활동을 계획하고, 관리하며, 평가한다는 것은 모두 물류비용과 관련되어 있다. 물류 활동 계획은 물류비 목표로 나타나고, 관리는 물류비 관리이며, 평가는 물류비 증감으로 이루어진다.

② 물류의 중요성 인식 : 물류비 산정을 통해 물류의 중요성을 인식할 수 있다.

③ 문제점 도출과 개선의 기회 : 물류 활동의 문제점을 도출하고 개선함으로써, 기업의 물류비 절감 및 생산성 향상을 유도한다.

④ 의사결정 정보 제공 : 물류 활동에 들어간 비용정보를 파악하여, 기업의 합리적인 의사결정을 위한 정보를 제공한다.

⑤ 직접비용과 간접비용 파악 : 물류비를 파악할 때는 물류 활동에 들어가는 직접비용뿐만 아니라 간접비용도 포함한다.

⑥ 발생기준 관리 : 물류비는 지급했을 때가 아니라, 물류 활동이 발생했을 때를 기준으로 관리해야 한다.

2 일반기준과 간이기준(「2016 기업물류비 산정 지침」 참조)

(1) 일반기준과 간이기준의 차이

◀ [표 3-1] 일반기준과 간이기준 물류비 산정 차이 ▶

항목		일반기준	간이기준
근거자료		원가회계	재무회계
실태 파악 단위	영역별 구분	조달물류비, 사내물류비, 판매물류비, 리버스물류비	선택사항
	기능별 구분	운송비, 보관비, 하역비, 포장비, 물류정보·관리비	운송비, 보관비, 하역비, 포장비, 물류정보·관리비
	지급 형태별 구분	자가물류비, 위탁물류비	자가물류비, 위탁물류비
	세목별 구분	재료비, 노무비, 경비, 이자	선택사항(이자)
관리 단위	관리항목별	조직별, 지역별, 고객별, 활동별	선택사항
	조업도별	고정비, 변동비	선택사항
물류비 인식		발생기준, 이자는 기회원가	기준 없음

(2) 일반기준과 간이기준의 사례

① 일반기준 : 일반적으로 대형 상장사들은 물류비를 품목 단위까지 세부적으로 관리하기 위해 상세 물류비를 조회할 수 있는 별도의 시스템을 구비하고 있다. 일반기준으로 물류비를 집계하고 있음을 의미한다.

② 간이기준 : 금융감독원 전자공시시스템에서 재무제표 주석을 보면, 아래와 같이 판매비와 관리비에 물류비를 운반비, 포장비 등으로 구분해 놓은 기업을 볼 수 있다. 간이기준으로 물류비를 집계하고 있을 가능성이 있다.

보고기간 중 판매비와 관리비 내역은 다음과 같습니다.

(단위 : 천 원)

구분	당기	전기
급여	3,093,320	2,634,344
퇴직급여	359,454	310,570
복리후생비	336,623	326,238
여비교통비	80,754	59,714
세금과 공과	164,372	157,373
감가상각비	283,340	265,497
무형자산상각비	33,000	–
경상연구개발비	627,748	346,563

품질보증비용	170,723	64,572
보험료	87,095	61,714
운반비	1,164,723	1,185,113
포장비	50,625	68,835
지급수수료	827,376	423,133

◀ [그림 3-1] 간이기준의 사례 ▶

(3) 일반기준과 간이기준의 특징

◀ [표 3-2] 일반기준과 간이기준의 특징 ▶

항목	일반기준	간이기준
관점	• 제품별, 고객사별 등 상세하게 물류비를 집계 • 물류 활동에 관련된 인력, 자금, 시설 등을 계획하고 통제하기 위한 회계정보 작성	• 개략적인 물류비를 파악 • 재무상태표와 손익계산서에서 물류 활동에 소비된 비용항목을 대상으로 하여 특정 회계기간의 총 물류비 추정
계산 방식	영역별, 기능별, 관리항목별 발생비용 집계	재무회계 비용항목 중 물류 활동에 들어간 비용을 항목별 배부기준에 따라 추정
장점	영역별, 기능별, 관리항목별 계산을 통해 개선 포인트를 보다 쉽게 발굴	전문조직이나 전문지식 없이도 빠르게 계산 가능
단점	• 상세하게 파악하려면 업무량이 많아지므로 별도의 정보시스템 구축 필요 • 일반기준으로 물류비를 집계하는 기업 중에는 물류비를 집계하는 별도의 시스템을 갖춘 기업이 다수	상세하게 파악할 수 없으므로 개선 포인트 발굴이나 물류비 절감 효과 측정 어려움

🕐 **핵심포인트**

✓ **일반기준과 간이기준의 차이**

원가회계는 구매, 생산, 물류 등의 세부 실적을 바탕으로 기업 내부자를 위한 제품이나 상품의 정확한 원가를 산정하는 과정이고, 재무회계는 원가회계의 결과를 바탕으로 재무상태표와 손익계산서 등 외부 관계자를 위한 재무제표를 만드는 과정이다. 일반기준은 원가회계, 간이기준은 재무회계를 바탕으로 한다.

예를 들어 운송사에 100만 원의 운송비를 현금으로 지급했을 때, 그 운송비를 '운송비 100만 원 지급, 현금 100만 원 지출'로 정리하고 끝내면 재무회계이고, 먼저 그 운송비가 거점 간 수송비인지, 거래처에 배송한 배송비인지 구분한 다음, 운송한 품목과 수량을 보고 품목 1개당 운송비를 도출하고 해당 품목에 직접 배부하여 해당 품목의 비용을 계산한다면 원가회계이다. 그래서 간이기준은 물류비를 세부 관리할 수 있는 구분을 '다만, 필요하면 할 수도 있는' 사항으로 규정하고 있다. 일반기준과 간이기준의 차이는 자주 출제되므로 차이의 근원을 숙지해야 한다.

02 일반기준에 의한 물류비 계산(「2016 기업물류비 산정 지침」 참조)

(1) 정의

일반기준은 원가회계에 따라 원가 자료를 바탕으로 물류비를 계산하는 기준이다.

(2) 목적

① 실태 파악과 효율적 관리 모두 지원 : 일반기준은 기업이 물류비 실태를 상세히 파악함과 동시에, 효율적으로 물류비를 관리하도록 지원한다.

② 발생기준 실적물류비 : 지급기준이 아닌 발생기준으로, 예상 물류비가 아닌 실적물류비를 집계한다.

(3) 물류비의 과목분류

① 실태 파악 목적 : 영역별, 기능별, 지급 형태별, 세목별

② 관리 목적 : 관리항목별, 조업도별

(4) 과목, 비목, 세목의 차이

① 과목(科目) : 분류체계를 의미한다. 일반기준 물류비를 계산할 때 최상단 분류에 해당하는 영역별, 기능별, 지급 형태별, 관리항목별, 조업도별 물류비가 과목별 분류에 해당한다.

② 비목(費目) : 과목별 분류에 따른 비용항목을 말한다. 영역별 구분에서는 조달물류비, 사내물류비, 판매물류비, 리버스물류비가 비목에 해당하며, 기능별 구분에서는 운송비, 보관비, 하역비, 포장비, 물류정보・관리비가 비목에 해당한다.

③ 세목(細目) : 재료비, 노무비, 경비, 이자 등이 세목에 해당한다.

◀ [표 3-3] 과목, 비목, 세목 분류 요약 ▶

과목	영역별	기능별	지급 형태별	세목별	관리항목별	조업도별
비목	• 조달물류비 • 사내물류비 • 판매물류비 • 리버스물류비	• 운송비 • 보관비 • 하역비 • 포장비 • 물류정보・ 관리비	• 자가물류비 • 위탁물류비	• 재료비 • 노무비 • 경비 • 이자	• 조직별 • 지역별 • 고객별 • 활동별 등	• 고정비 • 변동비

03 일반기준 과목분류 상세

(1) 영역별 구분

> **TIP** 물류비의 영역별 구분
>
> 제1장에서 '물류 원론'을 설명할 때 물류의 영역별 구분을 배웠을 것이다. 물류비에서도 똑같이 적용된다.

① 조달물류비 : 물자(원자재, 부품, 제품 등을 포함)의 조달처로부터 운송되어 매입자의 보관창고에 입고, 관리되어 생산공정(또는 공장)에 투입되기 직전까지의 물류 활동에 따른 물류비를 말한다.

② 사내물류비 : 매입자의 보관창고에서 완제품 등의 판매를 위한 장소까지의 물류 활동에 따른 비용을 말한다. 다만 재료의 생산이나 제품의 제조공정에서 발생하는 비용은 생산원가 또는 제조원가에 들어가므로 물류비에서는 제외한다.

> **핵심포인트**
>
> ✔ 사내물류비와 생산물류비
>
> 매입자의 보관창고에서 완제품 판매 장소까지를 사내물류로 보되, 생산과 제조공정에서 발생하는 비용, 즉 생산물류비용을 물류비에서 제외한다는 것은 기업물류비 산정 지침 또한 사내물류는 생산물류를 포함하며, 순수 사내물류는 생산 완료부터 판매 장소까지의 이동으로 본다는 뜻이다. 실제로 많은 제조기업에서는 완제품 판매를 위한 이동은 물류비로 보지만, 생산과 제조 과정에서 발생하는 물류비는 제조원가에 포함하기 때문에 물류비로 집계하지 않는다. 다만 공장과 공장 간, 또는 공정과 공장 간 물류비가 사내물류비인지 생산물류비인지 묻는 문제가 있다면, 생산물류비는 공장 또는 공정 안에서 발생하는 물류비를 말하기 때문에 사내물류비로 보는 게 맞다.

③ 판매물류비 : 생산된 완제품 또는 매입한 상품의 판매창고 보관부터 고객 인도까지의 물류비를 말한다.

④ 리버스(Reverse)물류비 : 회수물류비, 폐기물류비, 반품물류비가 있다. 2009년 8월 기업물류비 산정 지침 개정으로 추가되었다.

 ㉠ 회수물류비 : 빈 용기와 포장자재 등을 회수하고 재사용 가능해질 때까지의 물류비를 말한다.

 ㉡ 폐기물류비 : 제품이나 상품, 포장용 또는 수송용 용기나 자재 등을 회수하고 폐기할 때까지의 물류비를 말한다.

 ㉢ 반품물류비 : 판매한 제품·상품 또는 위탁 판매한 제품·상품의 취소, 위탁의 취소 등에 따른 회수와 하차, 재입고 같은 활동의 결과로 발생하는 물류비를 말한다.

(2) 기능별 구분

제1장에서 '물류 원론'을 설명할 때 물류의 기능별 구분을 배웠을 것이다. 물류비에서도 똑같이 적용된다.

① 운송비 : 물자를 물류거점 간 및 고객에게 이동시키는 활동에 따른 물류비를 말한다. 물류비 계산 목적에 따라 수송비와 배송비로 나뉜다. 뒤에서 설명할 세목별 물류비 중 운전기사 급료, 수당, 차량 연료비, 감가상각비 등은 운송비에 속한다.
　㉠ 수송비 : 기업 내에서 물자를 물류거점까지 이동시키는 물류비를 말한다. 주로 사내물류비에 해당한다.
　㉡ 배송비 : 물자를 고객에게 배달하는 데 드는 물류비를 말한다. 고객으로부터 반품이나 회수에 발생하는 배송비는 영역으로는 회수물류비에 해당하지만, 기능으로는 배송비에 속한다.
② 보관비 : 물자를 창고 등의 물류시설에 보관하는 활동에 따른 물류비를 말한다. 보관비에는 순수 보관비 외에 재고부담이자, 재고유지비, 재고관리비가 포함된다. 뒤에서 설명할 세목별 물류비 기준으로는 창고관리자의 급료와 수당, 창고건물의 감가상각비, 전기요금, 수도요금 등이 보관비에 속한다.
　㉠ 보관비 : 일정 기간 창고 등의 물류시설에 보관하는 데 드는 비용이다.
　㉡ 재고부담이자 : 재고를 생산하지 않았다면 얻을 수 있었지만 재고를 생산하여 보관함으로써 포기한 이자수익, 즉 기회비용이다.
　㉢ 재고유지비 : 적정 재고를 유지하기 위한 비용이다.
　㉣ 재고관리비 : 발주비용 등 재고를 관리하기 위한 비용이다.
③ 하역비 : 유통가공, 운송, 보관, 포장 등을 수행하기 위해 상차, 하차, 피킹, 분류 등 물자를 상하·좌우로 이동시키는 데 드는 물류비를 말한다. 크게 하역비와 유통가공비가 있다. 세목별로는 하역 작업자와 유통가공 작업자의 임금과 수당, 상하차 작업 관련 비용이 하역비에 들어간다.
　㉠ 하역비 : 운송이나 보관 과정에서 동시에 발생하는 하역 작업에 따른 비용이다.
　㉡ 유통가공비 : 유통과정에서 이루어지는 가공 중 물류 효율을 높이기 위한 가공업무에 관련된 비용을 말한다.
④ 포장비 : 물사의 이동과 보관을 쉽게 하려고 골판지 상자나 파렛트로 포장하는 물류포장 활동에 들어가는 물류비를 말한다. 공장에서 완성되어 나오는 포장은 제외한다.
　㉠ 파렛트에 적재하기 전 상자 포장 : 공장에서 만들어지므로 판매포장비로 본다.
　㉡ 파렛트에 적재하고 랩핑한 포장 : 일관 파렛트화 목적으로 만들어지므로 물류포장비로 보는 게 원래는 맞다. 일반적으로 실제 현장에서는 골판지 상자에 담긴 완제품이 생산라인에서 출고되자마자 곧바로 파렛트에 적재되어 공장 창고나 출고장으로 들어오기 때문에, 판매포장과 물류포장의 경계를 판단하기는 어렵다.
⑤ 물류정보·관리비 : 물류 활동 및 물류 기능과 관련된 정보 처리와 관리에 따른 물류비를 말한다. 물류비 계산 목적에 따라 물류정보비와 물류관리비로 나뉜다.

　　㉠ 물류정보비 : 구매, 수송, 생산, 창고 운영, 재고관리, 유통 등 물류 프로세스를 전략적으로 관리하고 효율화하기 위하여 **정보기술을 이용하여 지원하는 활동에 따른 물류비를 말한다.**

　　㉡ 물류관리비 : 물류 활동 및 물류 기능의 합리화와 공동화를 위한 계획, 조정, 통제 등의 물류관리 활동에 따른 물류비를 말한다.

(3) 지급 형태별 구분

① 자가물류비 : 자사의 설비나 인력을 사용하여 물류 활동을 수행함으로써 사용된 비용이다. 다시 세목별로 재료비, 노무비, 경비, 이자로 나뉜다.

　　㉠ 영역으로 구분 : 조달, 사내, 판매, 리버스 등 영역으로 구분할 수 있다.

　　㉡ 세목으로 세분화 : 비용을 조달, 사내, 판매, 리버스 영역으로 구분한 다음, 재료비, 노무비, 경비, 이자 등 세목으로 세분화하여 관리한다.

② 위탁물류비 : 물류 활동의 일부 또는 전부를 타사에 위탁하여 수행함으로써 사용된 비용이다. 물류자회사 지급분과 물류 전문업체 지급분으로 나뉜다.

(4) 세목별 분류

① 기본 구분 : 재료비, 노무비, 경비, 이자로 구분된다.

　　㉠ 재료비

　　　ⓐ 직접재료비와 간접재료비 : 직접재료비는 제품이나 상품 자체를 형성하는 물품의 가치를 말한다. 간접재료비는 제품이나 상품 그 자체를 형성하지는 않지만, 보조적으로 사용되는 물품의 가치를 말한다.

　　　ⓑ 주요 항목 : 주로 운송과 포장 기능에서 발생한다. 포장재료비, 연료비, 소모용 공구비, 비품비 등이 해당한다.

　　㉡ 노무비

　　　ⓐ 직접노무비와 간접노무비 : 직접노무비는 제품이나 상품 자체를 형성하는 데 투입된 노무비를 말한다. 간접노무비는 제품이나 상품 그 자체를 형성하지는 않지만, 보조적으로 투입되는 노무비를 말한다. 생산라인 투입 인력은 전형적인 직접노무비이며, 작업 감독자나 안전관리자는 간접노무비에 해당한다.

　　　ⓑ 주요 항목 : 전 영역, 전 기능에서 발생하는 노동력 관련 비용이다. 임금, 급료, 수당, 퇴직금, 복리후생비 등을 말한다.

> **💬 TIP** 임금과 급료의 차이
>
> 임금은 근로자가 노동의 대가로 받는 보수를 말하며, 급료는 고용주가 노동의 대가로 지급하는 돈을 말한다.

　　㉢ 경비 : 재료비와 노무비 외에 물류 활동에 따라 발생하는 각종 비용을 말한다.

　　　ⓐ 공공서비스비 : 전기요금, 가스요금, 수도요금, 통신비 등이다.

ⓑ 관리유지비 : 수선비, 운반비, 세금과 공과금, 지급임차료, 보험료 등이 있다.

ⓒ 감가상각비 : 건물, 구축물, 기계장치, 차량, 운반기기의 감가상각비를 말한다.

ⓓ 일반경비 : 여비, 교통비, 접대비, 교육 훈련비, 소모품비 등이 있다. 물류 활동에서 발생하는 변질, 도난, 사고 등에 의한 손실도 포함한다.

② 비용계정 과목 정의 : 기업마다 물류비 관리 실무에 적절한 비용계정 과목으로 구분하여 상세화한다. 계정과목의 분류 및 정의는 기업회계기준 및 원가계산 준칙의 비용계정 과목을 따른다. 즉, 계정과목 분류와 정의는 일반적인 회계 원칙을 따른다.

③ 시설부담이자 : 물류시설에 투자한 자금에 대한 이자 부담금에 해당하는 기회손실을 말한다. 즉, 물류시설에 투자하지 않았다면 아낄 수 있었던 이자 부담금을 기회손실로 본다는 뜻이다. 자산 명세서를 근거로 물류 자산을 추출하여 계산한다.

㉠ 시설부담이자의 의의 : 이자 비용 수준으로 물류시설의 경제성을 판단할 수 있으며, 아웃소싱 여부를 판단하는 데 도움을 준다.

㉡ 계산 방법 : 투자 금액의 미상각 잔액×이자율

㉢ 투자 금액의 미상각 잔액 : 자산 취득원가 − 누적 감가상각액

④ 재고부담이자 : 보유한 재고자산의 가치에 대한 이자 부담금에 해당하는 기회손실을 말한다. 즉 재고를 보유하지 않았다면 아낄 수 있었던 보관비용 등에 의한 이자 부담금을 기회손실로 본다는 뜻이다. 재고는 자가창고 또는 영업창고에 보관 중인 원자재, 부품, 제품 일체를 말하며, 재고부담이자는 보관비에만 포함되며, 재고명세서를 근거로 평균재고 금액을 계산한다.

㉠ 재고부담이자의 의의 : 이자 비용 수준으로 재고자산 최소화를 유도할 수 있으며, 재고관리 수준을 판단하는 데 도움을 준다.

㉡ 계산 방법 : 평균재고 금액×이자율

㉢ 평균재고 금액 : (기초재고 + 기말재고) ÷ 2

(5) 관리항목별 분류

① 목적 : 물류비를 더 상세하게 파악함으로써 물류 활동의 성과를 평가하고, 각 관리 단위별로 채산성 분석을 하여 원가절감을 유도한다. 물류전략 수립이나 물류 운영 지침에도 도움을 준다.

② 구분 기준 : 기업별 특징에 맞춰 제품별, 조직별, 지역별, 고객별, 활동별, 운송수단별 등으로 구분한다. 각 기업이 운영하는 사업에 따라 달라질 수 있다.

TIP 관리항목의 의의

관리항목이 없다면 기업에는 영역별 운송비 데이터만 존재할 것이다. 그러면 어느 영역에서 운송비가 증가했는지는 알 수 있겠지만, 그 영역 중 어떤 사업, 어떤 제품, 어떤 지역에서, 어떤 고객에서 운송비가 증가했는지 알 수 없으므로 해당 영역을 개선하는 데 어려움이 많아진다. 그래서 일반기준으로 집계하는 많은 기업에서는 사업, 제품, 지역, 고객 등 여러 잣대로 물류비 증감 원인을 파악한다. 이를 통해 선제적으로 개선 활동을 추진할 수 있다.

(6) 조업도별 분류

① **물류 고정비** : 물류 활동의 증감과 관계없이 발생하거나, 발생하더라도 일정 비율로 발생하는 물류비를 말한다.
② **물류 변동비** : 물류 활동의 증감에 따라 발생량이 달라지거나, 발생 비율이 달라지는 물류비를 말한다.
③ **의의** : 물류비를 고정비와 변동비로 구분함으로써 손익분기점을 파악하고 물류 성과를 평가하는 데 이용된다.

> **TIP** 고정비의 변동비화
> • 화주기업이 물류 아웃소싱을 추진하는 이유 중 하나는 고정비의 변동비화이다. 예를 들어 자가물류센터를 설립하기로 하고 건물을 신축하면 물류센터에 재고를 보관하는지, 물류센터에서 출하가 일어나는지와 상관없이 건축비용은 고정비로 매몰된다. 그만큼 기업의 현금흐름에 영향을 미친다. 아웃소싱으로 전환하면 모든 물류비용을 처리량×일정 금액으로 지급할 수 있으므로 처리량 증감에 따라 물류비를 직관적으로 관리할 수 있으며, 현금흐름에도 도움을 준다.
> • 해운회사가 선박을 건조하고 나서 선주에게 팔았다가 다시 용선(배를 빌리는 행위)한다거나, 플랫폼 기업이 물류센터를 신축하고 나서 부동산 개발업자에게 팔았다가 다시 임대(매각 후 재임대, Sale & Leaseback)하는 이유가 모두 변동비화를 위해서이다.

(7) 과목, 비목, 세목별 물류비 분류 예시

[표 3-4] 과목, 비목, 세목별 물류비 분류 예시

영역별	기능별	지급형태별	세목별 세목	세목별 예시	제품별	지역별	고객별	조직별	운송수단별
판매물류비	운송비	자가물류비	재료비	연료비					
			노무비	임금					
				수당					
				퇴직급여충당금					
				복리후생비					
			경비	수선비					
				보험료					
				세금과 공과금					
				차량감가상각비					
			이자	시설부담이자					
		위탁물류비	경비	운반비					
				지급수수료					

		재료비	비품비				
보관비	자가 물류비	노무비	임금				
			수당				
			퇴직급여충당금				
			복리후생비				
		경비	공공서비스비				
			수선비				
			보험료				
			세금과 공과금				
			건물감가상각비				
			구축물감가상각비				
			여비				
			교통비				
			소모품비				
		이자	시설부담이자				
			재고부담이자				
	위탁 물류비	경비	지급임차료				
			지급수수료				

04 일반기준 물류비 계산

1 개요

(1) 물류비 인식기준

① 발생기준 : 물류비를 인식할 때는 기업회계기준 또는 원가계산 준칙에서 일반적으로 채택하고 있는 발생기준을 적용한다. 비용이 빠져나가는 시점이 아닌 거래가 발생한 시점을 기준으로 집계한다.
  - 예시 : 이번 달 발생한 운송비를 다음 달 말에 지급하는 조건일 때, 발생기준으로는 운송비를 이번 달 마감에 집계한다. 그러나 아직 대금 지급은 하지 않았으므로, 이번 달 마감 시 운송비 증가와 미지급금 증가가 일어난다. 다음 달 마감 시 운송비를 현금 지급하면 미지급금 감소와 현금 감소가 발생한다.

② 기회원가 : 시설부담이자와 재고부담이자에 대해서는 기회원가의 개념을 적용한다. 시설투자를 안 하고 재고를 생산하지 않았다면 부담하지 않았을 이자이므로, 기회비용으로 본다는 뜻이다.
　　－ 예시 : 100억 원을 들여 물류센터를 신축했을 때, 만약 100억 원으로 물류센터를 신축하지 않고 은행에 예금을 하고 금리 5%를 적용받아 연 5억 원의 이자를 벌 수 있었다면, 이자 5억 원이 기회원가에 해당한다.

(2) 물류비 계산

① 목적에 따른 구분 : 일반기준은 물류비를 실태 파악 목적과 관리 목적에 따라 구분한다. 물류비 계산 또한 실태 파악 목적과 관리 목적에 따라 구분한다.

② 실태 파악 목적 : 영역별, 기능별, 지급 형태별
　　㉠ 정상적인 물류비만 집계 : 물류 활동과 관련하여 정상적으로 발생한 비용을 계산하며, 비정상적인 물류비는 계산에서 제외한다.
　　㉡ 발생기준 집계 : 발생기준에 따라 측정한다. 다만, 별도 규정이 있으면 발생기준을 따르지 않는다.
　　㉢ 영역별, 기능별, 지급 형태별 집계 : 원가회계 방식에 의하여 파악된 원가 자료에 근거하여 영역별, 기능별, 지급 형태별로 집계한다.
　　㉣ 물류비 배부 : 물류 활동에 따라 부수적이고 간접적으로 발생하는 물류비는 주된 물류 활동과 관련하여 합리적인 배부기준에 따라 배부한다. 예를 들어 보험료 같은 경우 사업별로 따로 가입하고 보험료를 낼 수는 없으므로 기업 전체를 대표하여 하나만 가입하고 사업의 매출, 출하 건수, 보험료 수령 금액 등을 기준으로 배부할 수 있다.
　　㉤ 물류비 배부기준 : 물류 관련 금액, 인원, 면적, 시간, 물량 등을 고려하여 원천별, 항목별, 대상별 등으로 구분하여 설정할 수 있다.

③ 관리 목적 : 조업도별, 관리항목별
　　㉠ 조업도별 구분 : 물류 조업도의 변화에 따른 물류비의 변화를 분석하기 위하여 기능별 물류비를 물류 변동비와 물류 고정비로 구분하여 집계한다.
　　㉡ 관리항목별 구분 : 조직별, 지역별, 고객별, 활동별 등과 같은 관리항목별로 물류비를 집계한다. 직접 귀속이 가능한 직접비는 직접 부과하고 직접 귀속이 불가능한 간접비는 관리항목별 적절한 물류비 배부기준을 이용하여 배부한다.
　　㉢ 이자율 계산 : 시설부담이자와 재고부담이자는 별도의 자산명세서와 재고명세서 등의 객관화된 자료와 권위 있는 기관에서 발표되는 이자율 등을 고려하여 계산한다.

④ 비목별 계산 : 물류비 인식기준에 따라 영역별, 기능별, 지급 형태별, 세목별, 조업도별, 관리항목별 등 과목별로 비목별 계산도 진행한다.

(3) 물류비 계산 순서

◀ [표 3-5] 물류비 계산 순서 ▶

단계	항목	내용
1	물류비 계산 욕구 정의	1. 물류비 계산 목적 명확화 2. 물류비 계산 대상 선정 : 영역별, 기능별, 지급 형태별, 관리항목별 3. 물류비 계산 범위 선정 : 계산 영역, 영역별 범위, 지급 형태별 범위

2	물류비 자료 식별 및 입수	1. 물류비 계산 대상별 자료 입수
		  – 회계자료 : 기업별 회계계정 기준 자료, 세목별 자료
		  – 물류 현황자료 : 운송량, 운송거리, 보관수량, 입출고 건수, 작업시간, 상하차수량 등
		2. 시설부담이자, 재고부담이자 계산 자료 입수 : 기회원가 자료

3	물류비 배부기준 선정	1. 배부기준과 배부 방법 선정
		2. 직접물류비와 간접물류비 구분
		  – 직접물류비 : 계산 대상에 직접 부과
		  – 간접물류비 : 배부기준과 배부 방법에 따라 계산 대상에 일정 금액이나 비율로 배부
		3. 배부기준은 하나 또는 여러 개를 사용할 수 있으며 물류 활동의 특성에 따라 개별 배부 또는 일괄 배부

4	물류비 배부와 집계	1. 관련자료와 물류비 배부기준 및 배부 방법으로 물류비를 배부하고 집계 2. 영역별, 기능별, 지급 형태별, 관리항목별 집계
5	물류비 보고서 제출	1. 전사 물류비 보고서 작성 및 제출 2. 영역별, 기능별, 지급 형태별, 관리항목별, 조업도별 보고서 작성 3. 월별 또는 분기별 등 기간별 보고서 작성 4. 이슈 및 개선방안 제시

① 물류비 계산 욕구 정의

　㉠ 주요 고려 대상 : 왜 계산하는가, 무엇을 위해 계산하는가, 어떻게 활용할 것인가.

　㉡ 물류비 계산 대상과 범위 선정 : 초기 단계에 계산 대상과 범위를 선정하지 않으면 나중에 상세하게 계산하고 싶어도 계산할 수 없다. 상세하게 계산할 수 없으면 개선할 수 없다. 예를 들어 물류비를 자가물류비와 위탁물류비로 나누지 않고 계산하면, 물류비가 증가했을 때 자가물류비 증가가 문제인지, 위탁물류비 증가가 문제인지 모른다. 조달물류비나 사내물류비 중 어디까지를 물류비로 보고 어디부터를 원가로 인식할 것인지도 중요한 검토사항이다.

② 물류비 자료 식별 및 입수

　㉠ 회계자료 : 계정과목으로 분류되어 있으며, 세목별 물류비의 기초자료이다.

　㉡ 물류 현황자료 : 운송거리, 운송량, 보관수량, 보관 Volume, 입출고 건수, 하역 작업시간, 하역 작업자 수, 하역 Volume, 파렛트화된 화물 개수

ⓒ 기회원가 자료 : 시설부담이자와 재고부담이자 계산을 위해 이자율, 투자 금액의 미상각 잔액 등이 필요하다.

③ 물류비 배부기준 선정

　ㄱ 배부기준과 배부 방법 선정

　　ⓐ 기준 : Volume, 보관면적, 보관기간, 운송시간, 하역 작업자 수, 하역 작업시간 등이 있다.

　　ⓑ 배부기준 개수 : 상기 배부기준 중 한 개만 사용할 수도 있고, 여러 개를 사용할 수도 있다.

　　ⓒ 배부 방법 : 개별 배부할 수도 있고 일괄 배부할 수도 있다.

　ㄴ 직접물류비와 간접물류비 구분 : 직접물류비는 대상에 직접 부과하면 되지만, 간접물류비는 배부기준과 배부 방법에 따라 배부한다.

④ 물류비 배부와 집계

　ㄱ 실제 배부와 집계 단계 : 2단계에서 수집한 자료와 3단계에서 선정한 배부기준 및 배부 방법에 따라 실제 집계와 배부를 진행한다.

　ㄴ 물류비 계산서 작성

⑤ 물류비 보고서 제출

　ㄱ 물류비 계산서를 합산하여 물류비 보고서 작성

　ㄴ 관리항목별, 조업도별 작성 권장 : 주요 의사결정과 개선 활동에 활용할 수 있다.

　ㄷ 월별·분기별 작성 권장 : 짧은 기간별로 작성하여 물류비 추이를 빠르게 파악하고 주요 의사결정과 개선 활동에 활용할 수 있다.

2 　과목별 상세

(1) 영역별 물류비 계산

① 집계 분류 : 영역별 – 기능별 – 지급 형태별 – 세목별. 이미 회계자료 자체가 세목별 자료이기 때문에 세목 단위까지 집계할 수 있다.

② 조달물류비와 사내물류비의 경계 규정 : 영역별 물류비 중 범위를 정하기 어려운 영역이 조달물류비와 사내물류비이다. 조달물류비는 물류비로 볼지, 제조원가로 볼지 결정해야 하고, 사내물류비는 생산물류비의 영역을 어디까지로 볼지 결정해야 한다.

③ 리버스물류비는 관리항목 분류 권장 : 리버스물류비는 정형화된 관리가 어렵기 때문에 물류센터별, 고객별, 제품별 등 다양한 관리항목으로 구분 집계해야 나중에 의사결정과 개선 활동에 반영할 수 있다.

(2) 기능별 물류비 계산

① 집계 분류 : 운송비, 보관비, 포장비, 하역비, 물류정보·관리비 – 지급 형태별 – 세목별. 회계자료 자체가 세목별이므로 세목 단위까지 집계할 수 있다.

② 비목별 상세 작성 : 운송비, 보관비, 포장비, 하역비는 비교적 구분이 쉬워서, 비목별로 상세하게 구분하되, 직접물류비는 직접 부과하고, 간접물류비는 적절하게 배부한다.

(3) 지급 형태별 물류비 계산

자가물류비와 위탁물류비로 나누어진다.

① 자가물류비 : 사내에서 물류 활동을 했을 때 발생하는 재료비, 노무비, 경비, 이자를 말한다.

② 위탁물류비 : 물류 활동의 일부 또는 전부를 외부 물류기업이나 물류자회사에 위탁했을 때 지급하는 비용이다. 지불운임, 지불창고료, 지불포장비, 입·출고료, 수수료 등이 해당한다.

    ㉠ 기능별 직접 부과 : 포장 관련 비용은 포장비, 지불운임은 수송비, 보관료 입·출고료는 보관비, 하역료는 하역비에 직접 부과한다.

    ㉡ 물류자회사 및 물류 전문회사 지급분 : 판매 수량 또는 건수×견적 단가

(4) 세목별 물류비 계산

회계 계정과목 체계를 기반으로 재료비, 노무비, 경비, 이자로 구분하여 계산한다.

① 재료비 : 직접재료비와 간접재료비로 구분한다. 직접재료비는 실제 소비량×단가를 따르고, 간접재료비 등 소비량을 정확하게 산출하기 어려울 때는 매입 금액과 기초재고, 기말재고를 근거로 추정한다.

② 노무비 : 직접노무비와 간접노무비로 구분한다. 직접노무비는 실제 작업시간 또는 실제 작업량을 따르고, 간접노무비 등 작업량을 정확하게 산출하기 어려울 때는 일정 기간 지급액을 근거로 배부한다.

③ 경비 : 실제 발생 금액을 전액 배부한다. 필요하다면 공공서비스비, 관리유지비, 감가상각비, 일반경비 등으로 구분한다. 이 중 감가상각비는 물류 외의 건물, 설비 등에도 적용하므로, 일관성과 계산 편의를 위해 재무회계에서 계산한 감가상각비를 따른다.

(5) 조업도별 물류비 계산

변동비와 고정비로 나누어 계산하되, 명확하게 나눌 수 없을 때는 다음과 같은 방법을 따른다.

① 공학적 방법 : 물리적 투입과 산출을 분석한다.

② 계정분류법 : 전문가의 도움을 받아 고정비와 변동비로 구분하고 분석한다.

③ 고저점법 : 최고 조업도와 최저 조업도의 원가 자료를 이용하여 분석한다.

④ 산포도법 : 과거 자료의 분포를 보고 추정한다.

⑤ 회귀분석법 : 원인이 되는 변수, 즉 종속변수가 결과가 되는 변수, 즉 독립변수에 미친 영향을 분석한다.

(6) 관리항목별 계산

① Cost Center에 따른 계산 : 물류비를 발생시키는 Cost Center, 즉 조직, 제품, 사업부, 지역, 고객, 운송수단 등에 따라 계산한다. 정해진 원칙은 없고 기업의 비즈니스에 따라 달라진다.

② 물류비 계산 1단계 고려사항 : 처음부터 관리항목별 물류비 계산을 고려해야 물류 의사결정과 개선 활동에 활용할 수 있다.

(7) 물류비 계산서 작성

① 매 회계연도 작성 : 당기 실적과 전기 실적을 비교하는 형식으로 국토교통부 기업물류비 산정 지침 별지 제1호 서식에 따라 계산서를 작성한다.

② 필요에 따라 상세 작성 : 기업의 필요에 따라 월별, 분기별, 반기별, 관리항목별 등으로 세부적으로 작성할 수 있다.

③ 비목 순서에 따라 작성 : 영역별 – 기능별 – 지급 형태별 – 세목별로 작성한다.

④ 필요시 운송비 및 위탁물류비 구분 제외 : 기업은 필요에 따라 운송비를 수송비와 배송비로 구분하지 않을 수 있으며, 위탁물류비는 기능별·영역별로 구분하지 않을 수 있다.

---

05 간이기준에 의한 물류비 계산(「2016 기업물류비 산정 지침」 참조)

(1) 목적

① 재무회계 방식 + 기능별, 지급 형태별 : 기업의 물류비 실태를 추정할 목적으로 재무회계 방식으로 기존의 회계장부와 재무제표를 근거로 기능별, 지급 형태별로 계산하는 것이다.

② 필요시 상세 계산 : 다만, 기업의 실정에 따라 영역별, 조업도별, 관리항목별 등으로 계산할 수 있다.

③ 적용 대상 기업 : 특정 기업은 일반기준, 특정 기업은 간이기준을 적용하라고 강제하지는 않지만, 간이기준은 아래와 같은 기업이 활용할 수 있다.
　㉠ 물류관리 초기 단계의 기업
　㉡ 물류비 계산 체계를 확립하지 않은 기업
　㉢ 물류비를 산출하는 데 노력과 비용이 많이 드는 기업
　㉣ 상세 물류비보다 개략적인 물류비 총액만으로도 충분한 기업
　㉤ 물류관리 상황상 물류비 계산이 어려운 중소기업 등

❓TIP 간이기준의 목적

일반기준은 원가회계 기반에 물류비 실태 추정과 관리 목적, 간이기준은 재무회계 기반에 물류비 실태 추정 목적임에 주목한다. 간이기준은 재무회계 기반이므로 간단하며, 간단하므로 상세한 관리항목별 집계나 계산을 할 수 없어서, 관리 목적이 아닌 실태 파악 목적에 무게를 둔다. 상세한 계산을 할 수 없으므로 기능별, 지급 형태별 계산만 필수로 한다.

(2) 물류비의 분류

① 현황 파악을 위한 구분 : 기능별, 지급 형태별
② 관리를 위한 구분 : 조업도별, 관리항목별

(3) 물류비의 출처

재무회계 자료 : 제조원가, 판매비, 관리비 계정과목 자료를 통해 물류비 자료를 입수한다.

(4) 기능별 구분

① 운송비 : 물자를 물류거점 간 및 고객에게 이동시키는 활동에 따른 물류비이다. 수송비와 배송비로 세부 구분하지 않는다.
② 보관비 : 물자를 창고 등의 물류시설에 보관하는 활동에 따른 물류비를 말한다.
③ 하역비 : 유통가공, 운송, 보관, 포장 등을 수행하기 위해 상차, 하차, 피킹, 분류 등 물자를 상하·좌우로 이동시키는 데 드는 물류비를 말한다. 유통가공비는 물류 효율을 높이기 위해 물자를 가공하는 데 드는 물류비를 말한다.
④ 포장비 : 물자 이동과 보관을 쉽게 하기 위한 상자, 골판지, 파렛트 등의 물류포장 활동에 따른 물류비를 말한다. 최종소비자를 위한 판매포장은 보통 공장에서 완성되어 나오므로 제외한다.
⑤ 물류정보·관리비 : 물류 활동 및 물류 기능과 관련된 정보 처리와 관리에 따른 물류비를 말한다. 물류비 계산 목적에 따라 물류정보비와 물류관리비로 나뉜다.
　㉠ 물류정보비 : 구매, 수송, 생산, 창고 운영, 재고관리, 유통 등 물류 프로세스를 전략적으로 관리하고 효율화하기 위하여 정보기술을 이용하여 지원하는 활동에 따른 물류비를 말한다.
　㉡ 물류관리비 : 물류 활동 및 물류 기능의 합리화와 공동화를 위한 계획, 조정, 통제 등의 물류관리 활동에 따른 물류비를 말한다.

(5) 지급 형태별 구분

① 자가물류비 : 자사의 설비나 인력을 사용하여 물류 활동을 수행함으로써 소비된 비용이다. 다시 세목별로 재료비, 노무비, 경비, 이자로 나뉜다. 이자는 필요에 따라 시설부담이자와 재고부담이자로 분류할 수 있으며, 재고부담이자는 보관비로 한정한다.
② 위탁물류비 : 물류 활동의 일부 또는 전부를 타사에 위탁하여 수행함으로써 소비된 비용이다. 물류자회사 지급분과 물류 전문업체 지급분으로 나뉜다.

(6) 조업도별 구분(선택사항)

변동비와 고정비로 나누어 계산하되, 명확하게 나눌 수 없을 때는 다음과 같은 방법을 따른다.

① 공학적 방법 : 물리적 투입과 산출을 분석한다.

② 계정분류법 : 전문가의 도움을 받아 고정비와 변동비로 구분하고 분석한다.

③ 고저점법 : 최고 조업도와 최저 조업도의 원가 자료를 이용하여 분석한다.

④ 산포도법 : 과거 자료의 분포를 보고 추정한다.

⑤ 회귀분석법 : 원인이 되는 변수, 즉 종속변수가 결과가 되는 변수, 즉 독립변수에 미친 영향을 분석한다.

(7) 관리항목별 구분(선택사항)

① 목적 : 물류비를 더 상세하게 파악하기 위해 구분한다.

② 구분 기준 : 기업별 특징에 맞춰 조직별, 지역별, 고객별, 활동별 등으로 상세 분류할 수 있다.

(8) 물류비 계산

① 물류비에 해당하는 금액을 취합 : 제조원가명세서의 제조원가와 손익계산서의 판매비와 일반관리비 계정과목별로 물류비에 해당하는 금액을 추계하여 계산한다.

② 시설부담이자와 재고부담이자 : 기본적으로 일반기준 계산법과 같은 방법으로 계산한다. 제조원가명세서 및 손익계산서와는 별도로 자산명세서와 재고명세서를 근거로 계산한다.

③ 시설부담이자

    ㉠ 계산 방법 : 투자 금액의 미상각 잔액×이자율

    ㉡ 투자 금액의 미상각 잔액 : 자산 취득원가 − 누적 감가상각액

④ 재고부담이자

    ㉠ 계산 방법 : 평균재고 금액×이자율

    ㉡ 평균재고 금액 : (기초재고 + 기말재고) ÷ 2

(9) 계산서 작성

① 매 회계연도 작성 : 국토교통부 기업물류비 산정 지침 별지 제2호 서식에 따른 계산서를 작성하며, 당기의 실적과 전기의 실적을 비교하는 형식으로 계산서를 작성할 수 있다.

② 이자 계산 : 개별 기업의 내부 관리 목적으로 사용되는 시설부담이자와 재고부담이자는 물류비 계산서에서 생략할 수 있다.

06 주요 계산 방법

1 감가상각

(1) 정의와 대상

① **정의** : 표준국어대사전에서는 '토지를 제외한 고정자산에 생기는 가치의 소모를 셈하는 회계상의 절차. 고정자산 가치의 소모를 각 회계연도에 할당하여 그 자산의 가격을 줄여 간다.'라고 정의하고 있다.

② **대상** : 건물, 설비, 차량 등 유형자산이 감가상각 대상이다.

(2) 구성요소

① **취득가격** : 자산 매입에 든 금액. 차량을 1억 원에 매입했다면 취득가격은 1억 원이다.

② **내용연수** : 자산을 이용할 수 있는 기간. 차량을 최소 10년 동안 이용할 수 있다면, 해당 차량의 내용연수는 10년이다.

③ **잔존가치** : 내용연수가 종료된 후 남아 있는 자산가치. 1억 원을 들여 구매한 차량을 10년 후 매각할 때 1,000만 원을 받을 수 있다면 잔존가치는 1,000만 원이다.

> **TIP** 내용연수의 의미
>
> 내용연수가 10년이라고 해서 해당 자산을 10년이 지나면 폐기하거나 매각해야 한다는 뜻은 아니다. 10년이 지났는데도 해당 자산의 상태가 양호하여 계속 이용한다면 감가상각비가 더 발생하지 않으므로 기업의 수익성 개선에 도움이 된다. 반대로 10년이 지나기 전에 화재, 자연재해 등으로 기능을 상실한 경우는 새로 구매해야 하므로 기업의 수익성을 악화시킨다.

(3) 계산 방법

① **정액법** : 매 회계연도 동일 금액의 감가상각비를 반영한다.
　　㉠ **계산법** : (취득가격 − 자산가치) ÷ 내용연수

② **정률법** : 취득 초기에 더 많이 감가상각하고 회계연도가 지날 때마다 감가상각을 줄이는 방법이다.
　　㉠ **계산법** : (취득가격 − 감가상각 누계액)×상각비율
　　㉡ 최초 취득 시점의 회계연도에는 감가상각이 아직 없었으므로 취득가격×상각비율로 감가상각비를 계산한다.
　　㉢ 다음 회계연도는 감가상각이 1회 되었으므로 (취득가격 − 1회 감가상각비)×상각비율로 감가상각비를 계산한다.
　　㉣ 그다음 회계연도는 감가상각이 2회 되었으므로 (취득가격 − 1회 감가상각비와 2회 감가상각비의 합계)×상각비율로 감가상각비를 계산한다.
　　㉤ 상각비율은 기획재정부의 법인세법 시행규칙의 상각률 표를 참조한다.

유형자산은 역사적 원가에서 감가상각누계액과 손상차손누계액을 차감하여 표시하고 있습니다. 역사적 원가는 자산의 취득에 직접적으로 관련된 지출을 포함합니다. 후속원가는 자산으로부터 발생하는 미래의 경제적 효익이 회사에 유입될 가능성이 높으며 그 원가를 신뢰성 있게 측정할 수 있는 경우에 한하여 자산의 장부금액에 포함하거나 별도의 자산으로 인식하고 있습니다. 대체된 부분의 장부금액은 제거하고 있으며 그 외의 모든 수선 및 유지비는 발생한 기간의 비용으로 인식하고 있습니다.

회사의 유형자산은 취득원가에서 회사가 추정한 추정내용연수에 따라 정액법에 의하여 상각됩니다. 토지는 상각되지 않으며, 자본화차입금이자를 포함한 장기건설자산의 취득에 사용된 원가는 관련 자산의 추정내용연수 동안 상각됩니다.

자산별로 회사가 사용하고 있는 대표추정내용연수는 다음과 같습니다.

구분	대표추정내용연수
건물 및 구축물	15, 30년
기계장치	5년
기타	5년

◀ [그림 3-2] 모 대기업의 감사보고서에 언급된 감가상각 기준. 정액법을 채택하고 있다.
(출처 : 금융감독원 전자공시시스템) ▶

Property, Plant and Equipment

Depreciation on property, plant and equipment is recognized on a straight-line basis over the estimated useful lives of the assets, which for buildings is the shorter of 40 years or the remaining life of the building; between one and five years for machinery and equipment, including manufacturing equipment; and the shorter of the lease term or useful life for leasehold improvements. Capitalized costs related to internal-use software are amortized on a straight-line basis over the estimated useful lives of the assets, which range from five to seven years. Depreciation and amortization expense on property, plant and equipment was $8.7 billion, $9.5 billion and $9.7 billion during 2022, 2021 and 2020, respectively.

◀ [그림 3-3] 모 해외 유명 기업의 연례 보고서에 언급된 감가상각 관련 내용 발췌.
정액법 기준(straight-line basis)임을 명시하고 있다. ▶

🕐 **핵심포인트**

✓ **정액법 계산 방법**

감가상각은 본 교재에서 다룬 정액법과 정률법 외에도 몇 가지 방법이 더 있으나, 상장사 대부분 정액법을 채택하고 있고, 미국 유명 기업들 또한 정액법을 채택하고 있다. 물류를 공부하는 독자에게 회계를 더 심도 있게 소개할 필요는 없지만 정액법만큼은 반드시 숙지를 권한다. 실제로 물류관리사 시험에서도 정액법 계산 방법을 묻는 문제는 거의 매년 출제된다.

2 재고 원가 흐름

(1) 의의

상품 구매 시점마다 매입가격이 다르면 상품을 판매할 때마다 언제 매입한 상품을 판매하는지 추적이 어렵기 때문에 상품이 판매될 때 언제 매입한 재고가 판매되는지 가정한다.

(2) 재고 수량 결정 방법

① 계속기록법 : 상품이 판매될 때마다 재고자산의 매출원가를 '계속' 기록하는 방법이다. 매출원가를 앞에서 언급한 가정에 따라 기록함으로써 매기마다 장부에 남은 재고가 기말재고가 된다.

② 실지재고조사법 : 정기 재고조사를 통해 재고 수량을 파악하는 방법이다. 상품의 판매만 기록하고 매출원가는 기록하지 않는다. 기초재고에 당기 매입을 더한 다음 기말실지재고를 빼면 매출원가가 나온다.

(3) 재고 원가 흐름 계산 방법

① 선입선출법 : 먼저 구매한 상품을 먼저 판매한다는 가정이다. 물류 현장에서는 실물을 어떻게 보관하고 관리하느냐에 따라 먼저 구매한 상품이 먼저 판매되지 않을 수도 있지만, 회계적으로는 먼저 구매한 상품이 먼저 판매된다고 가정하고 재고 원가를 계산한다.

② 후입선출법 : 나중에 구매한 상품을 먼저 판매한다는 가정이다. 자본주의 경제는 경제 성장과 함께 어느 정도 인플레이션을 동반하므로 나중에 구매한 상품은 일반적으로 구매단가가 더 높다. 따라서 후입선출법은 매출원가를 높여서 이익이 실제보다 적게 보이도록 할 수 있으므로 한국채택국제회계기준, K-IFRS에서는 인정하지 않으며, 일반기업회계기준에서는 허용한다.

③ 총평균법 : 기말재고 금액을 기말재고 수량으로 나누는 방법이다.

④ 이동평균법 : 상품을 구매할 때마다 보유재고의 원가를 다시 계산하는 방법이다.

(4) 재고 원가 흐름 계산 예시(계속기록법 기준)

날짜	구분	입고			출고			잔액		
		수량	단가	금액	수량	단가	금액	수량	단가	금액
1일	기초재고	100	110	11,000						
5일	매입	300	150	45,000						
10일	매출				200	300	60,000			
15일	매입	200	200	40,000						
20일	매출				200	300	60,000			
합계		600			400			200		

◀ [그림 3-4] 재고 입출고 예시 ▶

① 선입선출법

    ㉠ **매출원가** : 10일 매출은 1일 기초재고 100개와 5일 매입 재고 300개 중 100개를 차감했으므로

        $100 \times 110 = 11,000$

        $100 \times 150 = 15,000$

        10일 매출의 매출원가는 $11,000 + 15,000 = 26,000$

        20일 매출은 5일 매입 재고 잔량 200개를 모두 차감했으므로

        20일 매출의 매출원가는 $200 \times 150 = 30,000$

        따라서 전체 매출원가는 $26,000 + 30,000 = 56,000$

    ㉡ **기말재고** : 15일 매입 재고 모두가 기말재고이므로

        기말재고는 $200 \times 200 = 40,000$

② 후입선출법

    ㉠ **매출원가** : 10일 매출은 5일 매입 재고 300개 중 200개를 차감했으므로

        10일 매출의 매출원가는 $200 \times 150 = 30,000$

        20일 매출은 15일 매입 재고 200개를 모두 차감했으므로

        20일 매출의 매출원가는 $200 \times 200 = 40,000$

        따라서 전체 매출원가는 $30,000 + 40,000 = 70,000$

    ㉡ **기말재고** : 1일 기초재고 100개와 5일 매입 재고 100개가 기말재고이므로

        $100 \times 110 = 11,000$

        $100 \times 150 = 15,000$

        기말재고는 $11,000 + 15,000 = 26,000$

③ 이동평균법

    ㉠ **매출원가** : 1일 시점 재고는 100개, 11,000이고, 5일 시점 매입이 300개, 45,000이므로

        원가는 $56,000 \div 400개 = 140$.

        이 상태에서 10일 매출은 200개이므로

        10일 매출원가는 $140 \times 200 = 28,000$

        15일 이전 재고는 잔량 200개, 28,000이고,

        15일 시점 매입이 200개, 40,000이므로, 원가는 $68,000 \div 400 = 170$.

        이 상태에서 20일 매출은 200개이므로

        20일 매출원가는 $170 \times 200 = 34,000$

        따라서 전체 매출원가는 $28,000 + 34,000 = 62,000$

    ㉡ **기말재고** : 마지막 원가 $170 \times$ 남은 재고 $200 = 34,000$

④ 총평균법

    ㉠ **매출원가** : 기초재고와 매입 합계는 600, 금액은 96,000이므로 160.

        매출원가는 $160 \times$ 매출 400개 $= 64,000$

    ㉡ **기말재고** : $160 \times 200 = 32,000$

재고 원가 흐름 계산 방법의 차이

위의 예시에서 볼 수 있듯이 시간이 갈수록 구매단가가 증가하는 인플레이션 상황에서는
매출원가는 후입선출 > 총평균 > 이동평균 > 선입선출 순서,
기말재고는 선입선출 > 이동평균 > 총평균 > 후입선출 순서로 크다.

재고자산은 원가와 순실현가능가치 중 작은 금액으로 표시하고 있습니다. 원가는 미착품을 제외하고는 평균법에 따라 결정하고 있습니다. 제품과 재공품의 원가는 원재료비, 직접노무비 및 기타 직접원가와 정상조업도에 근거한 관련 제조간접비로 이루어지며, 유휴생산설비원가나 폐기비용은 제외하고 있습니다. 순실현가능가치는 정상적인 영업과정에서의 추정 판매가격에서 적용 가능한 변동 판매비용을 차감한 금액입니다.

◀ [그림 3-5] 모 대기업의 감사보고서에 언급된 재고자산 결정 방법. 평균법으로 집계하고 있다.
(출처 : 금융감독원 전자공시시스템) ▶

Inventories

Inventories are measured using the first-in, first-out method.

◀ [그림 3-6] 모 해외 유명 기업의 연례 보고서에 언급된 재고자산 관련 내용 발췌.
선입선출법 기준(first-in, first-out method)임을 명시하고 있다. ▶

3 손익분기점

(1) 정의

① 매출액 = 총비용 : 일정 기간의 매출액과 일정 기간의 총비용이 일치하는 지점을 말한다.
② 의의 : 이익이 나지 않는 매출액이다. 손익분기점보다 더 많이 매출하면 이익을 낼 수 있다.

(2) 공식

① 매출액 = 변동비 + 고정비
② 단위당 판매가격×판매 수량 = 단위당 변동비×판매 수량 + 고정비
③ 단위당 판매가격×판매 수량 − 단위당 변동비×판매 수량 = 고정비
④ (단위당 판매가격 − 단위당 변동비)×판매 수량 = 고정비
⑤ 판매 수량 = 고정비 ÷ (단위당 판매가격 − 단위당 변동비)

> **♥TIP** 공헌이익 = 판매가격 − 변동비
>
> 공헌이익 − 고정비 = 영업이익이므로
> 판매가격 − 변동비 − 고정비 = 영업이익
> 손익분기점은 영업이익이 0이므로
> 판매가격 − 변동비 = 고정비, 즉 공헌이익 = 고정비인 판매량이 손익분기점이다.

기출 1 물류회사 A를 창업한 김 사장은 사업계획을 검토하여 보니 연간 1천만 원의 고정비가 발생하고, 유통가공 개당 매출(수입)은 1만 원, 유통가공 개당 변동비는 매출의 50%로 조사되었다. A사 유통가공사업의 손익분기점 판매량은?

① 1,000개   ② 1,500개
③ 2,000개   ④ 2,500개
⑤ 3,000개

해설 판매량 = 고정비 ÷ (단위당 판매가격 − 단위당 변동비)이므로
고정비 1천만 원 ÷ (단위당 판매가격 1만 원 − 단위당 변동비 5천 원)
1천만 원 ÷ 5천 원 = 2,000개

상기 계산은 공헌이익 = 고정비로도 가능하다.
단위당 공헌이익이 5천 원이므로
5천 원×판매량 = 고정비 1천만 원
판매량 = 1천만 원 ÷ 5천 원 = 2,000개   **정답** ③

4 물류비 절감 효과

(1) 매출액 증대 효과

절감된 물류비 ÷ 매출액 대비 영업이익률 = 절감된 물류비만큼 영업이익을 내는 매출 : 기업이 마케팅 자원을 동원해서 매출액을 증대할 수도 있지만, 경쟁이 치열한 시장에서 매출액을 증대하는 노력만큼 물류비를 절감하면, 절감된 물류비만큼의 영업이익을 확보할 수 있다. 물류비를 절감함으로써 사실상 매출액 증대 효과가 있다.

기출 2 다음과 같은 실적을 가진 A기업의 영업이익을 현재 수준에서 10% 증가시키기 위해 매출액을 유지하면서 물류비를 줄이는 방법 또는 매출액을 증가시켜 달성하는 방법 중에서 한 가지를 선택하여 경영전략을 수립하고자 한다. 이를 위해 필요한 물류비 감소 비율과 매출액 증가 비율은 각각 얼마인가? (단, 두 가지 방법 모두에서 영업이익은 6%로 한다.)

A기업 매출액	200억 원
A기업 물류비	매출액의 10%
A기업 영업이익	매출액의 6%

① 6%, 20% ② 5%, 15%

③ 6%, 6% ④ 5%, 20%

⑤ 6%, 10%

> **해설** 매출액이 200억 원이면 물류비는 그중 10%인 20억 원, 영업이익은 그중 6%인 12억 원이다. 영업이익의 10%는 1억 2천만 원이다.
>
> 1억 2천만 원의 영업이익을 내기 위해 물류비 1억 2천만 원을 줄인다면
> 1억 2천만 원 ÷ 20억 원 = 0.06, 즉 물류비 6%를 줄여야 한다.
>
> 1억 2천만 원의 영업이익을 내기 위해 매출액을 늘려야 한다면
> 1억 2천만 원 ÷ 매출액 대비 영업이익률
> 1억 2천만 원 ÷ 0.06 = 20억 원의 매출액을 늘려야 한다.
> 매출액 20억 원 ÷ 현재 매출액 200억 원 = 0.1, 즉 현재 매출액의 10%를 늘려야 한다.
>
> **정답** ⑤

(2) 영업이익 증대 효과

절감된 물류비는 영업이익으로 연결 : 기업이 영업이익을 늘리기 위해 제조원가를 절감하는 노력만큼 물류비를 절감하면, 절감된 물류비만큼 영업이익을 확보할 수 있다.

> **기출 3** A기업의 작년 매출액은 500억 원, 물류비는 매출액의 10%, 영업이익률은 매출액의 15%이었다. 올해는 물류비 절감을 통해 영업이익률을 20%로 올리려고 한다면, 작년에 비해 추가로 절감해야 할 물류비는? (단, 매출액과 다른 비용 및 조건은 작년과 동일한 것으로 가정한다.)
>
> ① 10억 원 ② 15억 원
>
> ③ 20억 원 ④ 25억 원
>
> ⑤ 30억 원
>
> **해설** 작년 매출액은 500억 워, 물류비는 50억 원, 영업이익은 75억 원이었다.
> 올해는 매출액 500억 원, 영업이익은 100억 원이 되어야 한다. 문제의 내용만으로 모든 것을 판단할 수는 없지만, 물류비를 25억 원 절감하지 않으면 달성할 수 없다.
>
> **정답** ④

5 활동기준원가계산(Activity Based Costing)

(1) 정의 및 개념

① 활동 기반 원가 : 기업이 수행하고 있는 활동을 기준으로 자원, 활동, 재화와 서비스 간의 관계를 자원과 활동, 활동과 재화와 서비스 간의 인과 관계로 분석하여 원가를 배부하는 방법이다.

② 탄생 배경

  ㉠ 직접비용과 간접비용 : 재화와 서비스를 생산하기 위해서는 여러 가지 비용이 투입된다. 노무비 등 특정 재화나 서비스에 직접 투입된 비용, 즉 직접비용도 있지만, 물류센터 임대료 등

여러 재화나 서비스가 사용해서 원가에 곧바로 반영할 수 없는 비용, 즉 간접비용도 있다.

ⓛ 간접비용 배부 : 간접비용은 일정 기준에 따라 사용한 재화와 서비스에 나누어야 하는데, 이를 '배부'라고 부른다. 전통적인 방식에서는 매출액이나 영업이익, 물류 처리량 등으로 배부한다.

ⓒ 간접비용 왜곡 : 전통적인 방식으로 배부하다 보면, 실제 재화와 서비스에 투입된 비용을 정확하게 배부할 수 없다. 예를 들어 물류센터를 A 품목과 B 품목이 사용했다고 하자. A 품목이 평균 3개월, B 품목이 평균 1개월의 재고를 보관했다면 전체 물류센터 임대료를 3 : 1로 나누어 내는 게 맞아 보인다. 하지만 B 품목의 volume이 A 품목의 3배였다면 임대료를 비슷하게 내야 할 수도 있다. 운송비 또한 혼적이 증가하면서 품목마다 배부해야 하는 사례가 증가했다. 배부해야 할 간접비용의 비중이 높아지면서 왜곡 가능성도 커졌다.

ⓔ 원가동인(Cost Driver) 기반 배부 : 원가를 발생시키는 요소, 즉 원가동인에 따라 비용을 배부해야 하는 시대가 도래하였다.

(2) 목적

① 비용 절감 : 전체 비용만 가지고는 비용을 어떻게 줄여야 할지 알 수 없다. 그 비용이 어디에 얼마나 쓰이는지 알 수 없기 때문이다. ABC 회계를 적용하면 어느 제품에 어느 비용이 얼마나 투입되는지 알 수 있으므로 비용을 파악하고, 불필요한 비용과 절감 가능성을 찾기가 유리하다.

② 정확한 비용 산정 : 실제 재화와 서비스 생산에 투입된 활동 기준으로 원가를 산정하므로, 정확한 원가를 제공하고, 정확한 원가를 바탕으로 수익성 분석을 하도록 지원한다.

(3) 장점

① 현실적 원가계산 : 전통적 원가계산 방법보다 제품이나 서비스의 실제 비용을 현실적으로 계산할 수 있다.

② 낭비 요인 파악 용이 : 활동별로 원가를 분석하므로 낭비 요인이 있는 업무 영역을 파악할 수 있다.

③ 원가 유발요인 분석 용이 : 산정 원가를 바탕으로 원가 유발요인 분석과 성과 측정을 할 수 있다.

④ 다품종 소량생산에 적합 : 소품종 대량생산 체제에서는 활동 기준 원가계산을 해야 할 만큼 배부 필요성이 크지 않다. 배부 대상이 많아지는 다품종 소량생산 방식에서 유용성이 더욱 크다.

⑤ 수익성 상세 분석 : 물류서비스별, 활동별, 고객별, 유통경로별, 프로세스별 수익성 분석을 할 수 있다.

6 채산성 분석

(1) 정의

현재 수행 중인 물류업무 또는 신규 물류 투자에 대한 경제성을 분석하는 의사결정 기법이다.

(2) 분석 방법

비용 트레이드 오프 분석 : 한 가지 목적을 달성하다 보면 다른 한 가지 목적이 희생되는 관계에서 원가를 비교하여 채산성을 분석하는 방법이다. 소비지와 가까운 곳에 물류센터를 두고 높은 임대료를 지급하는 대신 운송비를 줄일 것이냐, 소비지와 멀리 두고 낮은 임대료를 지급하는 대신 운송비를 늘릴 것이냐를 보는 사례가 대표적이다.

7 총비용 분석

(1) 개념

① **전체 비용 최소화 고려** : 총비용 분석은 특정 비용항목이 아니라 전체 비용의 최소화를 고려한 의사결정 방식이다.

② **전체 물류비용 최소화 고려** : 총비용 분석을 물류에 적용하면 운송비, 창고비, 재고관리비, 고객서비스비 등의 개별 항목이 아닌 전체 물류비용 최소화를 고려해야 한다.

③ **서비스 품질은 유지, 비용은 최소화** : 서비스 품질을 유지하면서 비용을 최소화하기 위해서는 아래와 같은 순서로 접근해야 한다.

ㄱ 물류시스템 안에서 발생할 수 있는 모든 변수와 결과의 조합을 정의한다. 예를 들어 운송수단과 결품률의 조합을 정의한다.

ㄴ 각기 다른 상황을 가정한 비용을 분석한다. 이 과정에서 운송비 절감과 재고비용, 운송비 절감과 서비스 비용 등 다양한 Trade-Off가 발생할 수 있다.

ㄷ 경제적 발주량이나 현재가치 등의 기준을 만족시키는 조합을 선택한다.

ㄹ 선택한 조합을 실행한다.

④ **여러 이해관계자의 참여 필요** : 물류관리자, 공급업체, 거래처, 규제당국 등 여러 이해관계자의 참여와 다양한 데이터가 있어야 가능한 접근방식이다. 필요하면 이해관계자를 효과적으로 설득하고 의사소통해야 하기 때문이다. 예를 들어 서비스 수준을 높이는 것이 목표라면 재고일수를 늘려야 하는데, 이를 위해서는 물류관리자의 이해를 구해야 하기 때문이다.

(2) 목적

서비스 품질은 유지, 비용은 최소화 : 물류관리 전체 자원 배분을 최적화해서 전체 비용을 최소화면서도, 고객의 기대치를 충족하거나 넘어서는 서비스 품질을 유지하기 위해 필요하다.

(3) 장단점

① 복잡한 변수를 고려하는 데 맞는 접근방식이다.

② 구매·생산 의사결정이나 활동기준원가계산 등 특정 프로세스나 단계에 한정되지 않으며, End-to-End 전체 물류 흐름을 다룬다.

③ Trade-Off를 보기 때문에 직접비용뿐만 아니라 기회비용 등 모든 관련 비용을 포함하므로 더 포괄적인 비용 개념이다.

④ 다만, 분석을 위해서는 많은 데이터가 필요하며, 실행하기에는 시간이 많이 소요된다. 특히 물류 프로세스의 규모가 크고 복잡할 때는 더욱 심해진다.

⑤ 정확하게 수치 결과가 나오는 게 아니라 어느 정도 사람의 판단이 개입된다. Trade-Off를 다루기 때문에 그 Trade-Off를 크게 보느냐 작게 보느냐에 따라 분석 결과가 크게 달라질 수 있다.

⑥ 데이터의 정확성, 이해관계자의 선호, 자원 가용성 등에 의존한다.

01 다음의 총비용 분석에 관한 설명으로 옳은 것만을 고른 것은?

> ㄱ. 값싼 운송수단일 경우, 마케팅부문에는 영향이 없지만 생산부문에는 원자재 부족에 의한 생산 중단이 발생한다.
> ㄴ. 창고에서 사용하는 파렛트가 고객이 요구하는 규격과 상이할 경우, 고객에게 인도할 때 추가 비용이 발생할 수 있다.
> ㄷ. 기업은 낮은 비용을 지불하는 운송수단을 사용할 경우, 운송비는 절약할 수 있지만 서비스 수준이 낮아질 수 있다.
> ㄹ. 물류서비스 수준을 높여서 물류 각 기능의 총비용을 최소화할 수 있다.

① ㄱ, ㄴ   ② ㄱ, ㄹ
③ ㄴ, ㄷ   ④ ㄴ, ㄹ
⑤ ㄷ, ㄹ

[해설] ㄱ. 값싼 운송수단을 사용하면 배송 빈도가 낮아져서 유연한 대응이 어려워질 뿐만 아니라, 마케팅도 생산도 원하는 물품을 원하는 시기에 원하는 양만큼 받기 어려워질 수 있다.
ㄴ. 고객이 요구하는 파렛트 규격으로 배송하지 않으면 고객에게 인도할 때 옮겨 실어야 하므로 추가 비용이 발생한다.
ㄷ. 값싼 운송수단을 사용하면 운송비는 절약할 수 있지만, 서비스 수준은 낮아진다.
ㄹ. 물류서비스 수준이 높아지는데 총비용이 적어질 리 없다.

02 일반기순에 의한 물류비 계산 방식에 관한 설명으로 옳지 않은 것은?

① 물류비의 인식기준은 원가계산 준칙에서 일반적으로 채택하고 있는 발생기준을 준거로 한다.
② 시설부담이자와 재고부담이자에 대해서는 기회원가의 개념을 적용한다.
③ 물류비의 계산은 먼저 관리항목별 계산을 수행한 후 비목별 계산을 수행한다.
④ 자가물류비는 자사 설비나 인력을 사용하여 물류 활동을 수행함으로써 소비되는 비용으로 재료비, 노무비, 경비 등이 포함된다.
⑤ 관리항목별 계산은 조직별, 지역별, 고객별, 활동별로 물류비를 집계하는 것이다.

[해설] ③ 관리항목별 계산은 물류비를 더 상세하게 파악하기 위한 사업별, 조직별, 고객별 계산을 의미하므로 비목보다 나중에 계산된다. 예를 들어 같은 운송비라도 고객별 운송비는 먼저 운송비가 집계되어야 나올 수 있다.

정답 **01** ③ **02** ③

① 발생기준은 물류비용뿐만 아니라 다른 비용에도 적용되는 일반적 원칙이다.

② 시설부담이자와 재고부담이자는 시설이나 재고가 없다면 부담하지 않아도 되는 비용이며, 따라서 기회비용 개념이다.

④ 자가물류비는 CBM당, kg당 등으로 계산할 수 없고 지출항목에 따라 나오므로 재료비, 노무비, 경비 등으로 나올 수 있다.

⑤ 관리항목별 구분에 대한 설명이다.

03 물류 분야의 활동기준원가계산(ABC : Activity Based Costing)에 관한 설명으로 옳지 않은 것은?

① 재료비, 노무비 및 경비로 구분하여 계산한다.

② 업무를 활동 단위로 세분하여 원가를 산출하는 방식이다.

③ 활동별로 원가를 분석하므로 낭비 요인이 있는 물류업무 영역을 파악할 수 있다.

④ 산정 원가를 바탕으로 원가 유발요인 분석과 성과 측정을 할 수 있다.

⑤ 물류서비스별, 활동별, 고객별, 유통경로별, 프로세스별 수익성 분석이 가능하다.

[해설] ① 재료비, 노무비, 경비 구분은 세목별 구분으로 전통적 원가계산 방식에 해당한다.
활동기준원가계산은 전통적인 재료비, 노무비, 경비 구분을 안 보는 것은 아니지만, 정확한 원가계산을 위해 해당 재료비나 노무비를 구성하는 구체적 활동을 세부적으로 나누어서 원가를 산출한다. 예를 들어 해당 업무를 하는 인원수와 급여, 작업시간, 전력 소비량 등이다.

04 간이기준에 의한 물류비 산정 방식에 관한 설명으로 옳은 것은?

① 영역별, 관리항목별, 조업도별로만 간단하게 구분하고 있다.

② 원가회계 방식에 의한 원가 자료로부터 실적물류비를 발생 요인별로 계산한다.

③ 실적물류비는 현재까지 물류 활동에 투입된 비용을 말한다.

④ 기업물류비 산정 지침(국토교통부 고시, 2009년)에 의해 리버스물류비가 관리항목별 분류에 포함되었다.

⑤ 제조원가명세서 및 손익계산서의 계정항목별로 물류비를 추계하여 계산한다.

[해설] ① 영역별, 관리항목별, 조업도별 구분은 '간이'라는 말을 붙일 수 없다.

② 원가회계는 재무회계보다 더 어렵다. 원가회계 방식에 의한 원가 자료를 근거로 한 계산은 '간이'라고 할 수 없다.

③ 물류 활동에 투입된 비용을 보는 기준은 일반기준이다.

④ 리버스물류비는 조달물류비, 생산물류비, 판매물류비에 이어 영역별 물류비에 해당한다.

⑤ 제조원가명세서 또는 손익계산서 등 재무제표에나 나올 만한 항목으로 물류비를 계산하는 것이 '간이' 기준이라고 할 수 있다.

05 일반기준과 간이기준 물류비 산정 방식의 차이를 간이기준과 일반기준 순서로 옳게 나열한 것은?

① 별도의 정보시스템으로 세부 파악 필요 – 전문지식 없이 빠르게 계산 가능
② 물류비 집계 목적 – 물류비 집계는 물론 관리와 통제 목적
③ 영역별, 기능별, 지급 형태별, 관리항목별 집계 – 기능별, 지급 형태별 집계
④ 원가회계 자료 필요 – 재무회계 자료 필요
⑤ 운송비는 수송비와 배송비로 구분 – 수송비와 배송비 구분 의무 없음

[해설] ②를 제외한 나머지는 일반기준 – 간이기준 순서로 기술되어 있다.

06 물류비 산정의 일반기준에 해당하지 않는 것은?

① 인력, 자금, 시설 등의 회계정보 작성
② 영역별, 기능별, 관리 목적별 구분 집계
③ 손익계산서와 대차대조표 활용
④ 운영을 위한 정보시스템 구축 필요
⑤ 물류 활동의 개선방안 도출 용이

[해설] 물류비 산정의 일반기준과 간이기준의 차이점을 묻는 문제는 자주 출제된다. 아래 원칙을 기억하자.
1) 단순하게 보면 일반기준이 간이기준보다 복잡하다.
2) 간이기준은 영역별 집계를 정의하지 않으며, 관리 목적별 집계가 의무가 아니다. 그러나 일반기준은 영역별 집계와 관리 목적별 집계 모두 의무사항이다.
3) 간이기준은 재무회계 기반이다. 재무제표인 대차대조표와 손익계산서를 활용할 수 있다. 그러나 일반기준은 원가회계와 관리회계 기반이다.

07 물류비를 계산하고 관리하는 목적으로 옳지 않은 것은?

① 물류 예산을 편성하고 통제한다.
② 물류 활동의 문제점을 파악한다.
③ 물류 활동의 규모를 파악하고 중요성을 인식시킨다.
④ 주주들에게 공정한 회계자료 제공을 위한 재무제표를 작성한다.
⑤ 관리자 또는 의사결정자에게 유용한 물류비 정보를 제공한다.

[해설] 물류비에 관심 있는 주체를 생각해 보자. 물류관리자는 물론 주주, 의사결정자 모두 관심사항이지만, 회계자료 작성 자체가 목적은 아니다.

정답 **05** ② **06** ③ **07** ④

08 다음은 2024년도 K기업이 지출한 물류비 내역이다. 이 중에서 자가물류비와 위탁물류비는 각각 얼마인가?

> • 노무비 : 13,000만 원
> • 지급운임 : 400만 원
> • 재료비 : 3,700만 원
> • 수수료 : 90만 원
> • 세금 : 90만 원
> • 전기료 : 300만 원
> • 이자 : 250만 원
> • 지불포장비 : 80만 원
> • 가스수도료 : 300만 원
> • 상·하차 용역비 : 550만 원

① 자가물류비 : 17,000만 원, 위탁물류비 : 1,760만 원
② 자가물류비 : 17,300만 원, 위탁물류비 : 1,460만 원
③ 자가물류비 : 17,640만 원, 위탁물류비 : 1,120만 원
④ 자가물류비 : 17,730만 원, 위탁물류비 : 1,030만 원
⑤ 자가물류비 : 17,550만 원, 위탁물류비 : 1,210만 원

> **해설** 자가물류비는 일반기준과 간이기준 모두 재료비, 노무비, 경비로 나뉜다.
> 노무비 13,000만 원 + 재료비 3,700만 원 + 상기 사례에서 경비는 전기료, 수도료, 세금, 이자, 즉 940만 원 = 17,640만 원
> 위탁물류비는 남에게 지급한 것이다.
> 지급운임 400만 원 + 지불포장비 80만 원 + 상·하차 용역비 550만 원 + 수수료 90만 원 = 1,120만 원

09 물류센터를 운영하고 있는 A사는 2024년 다음과 같은 자산을 구입하였다. 이 회사는 감가상각방법으로 정액법을 채택하고 있다. A사가 3년 동안 매년 기록할 감가상각비는 얼마인가?

자산	취득원가	잔존가치	내용연수
건물	320백만 원	20백만 원	40년
기계장치	110백만 원	10백만 원	10년

① 17.5백만 원/년
② 18.5백만 원/년
③ 19.5백만 원/년
④ 20.5백만 원/년
⑤ 21.5백만 원/년

> **해설** 감가상각법 중 정액법은 취득원가 − 잔존가치를 내용연수로 나눈 값을 매년 상각할 감가상각비로 간주한다.
> 320백만 원 − 20백만 원 = 300백만 원. 내용연수 40년으로 나누면 매년 750만 원 상각.
> 110백만 원 − 10백만 원 = 100백만 원. 내용연수 10년으로 나누면 매년 10백만 원 상각.

10 (주)한국기업은 가전제품 유통을 위하여 전국적인 운송망을 갖추고 있으나, 본사의 운송 영업팀에서 전국의 배송차량을 통합 배차하고 있으며 운송차량은 지역 구분 없이 운행하고 있다. 아래의 표를 이용하여 운송비 100,000천 원 중에서 제품 A와 B의 운송비는 각각 얼마인가? (단, 운송비 배부는 총 운송거리를 기준으로 한다.)

지역	제품	운송거리(km)	운송횟수
가	A	100	50
나	B	200	20
다	A	400	20
라	B	300	10

① A : 30,000천 원, B : 70,000천 원

② A : 45,000천 원, B : 55,000천 원

③ A : 50,000천 원, B : 50,000천 원

④ A : 65,000천 원, B : 35,000천 원

⑤ A : 70,000천 원, B : 30,000천 원

[해설] 배부에 관한 문제이다. 운송거리 기준이라고 했으므로
제품 A : 100km×50회 + 400km×20회 = 13,000km
제품 B : 200km×20회 + 300km×10회 = 7,000km
제품 A의 운송비 : 100,000천 원×13,000/(13,000 + 7,000) = 65,000천 원
제품 B의 운송비 : 100,000천 원×7,000/(13,000 + 7,000) = 35,000천 원

11 2008년에 개정된 정부의 '기업물류비 산정 지침'에 따라 물류비를 구분할 때 다음 자료를 활용하여 기업물류비와 하역비를 구하시오. (단, 제시된 항목 외에 다른 물류비는 발생하지 않으며, 이자 비용은 고려하지 않는다.)

(단위 : 천 원)

- 자가운송비 : 10,000
- 포장비 : 500
- 유통가공비 : 800
- 보관비 : 1,000
- 물류정보·관리비 : 200
- 재고자산 : 25,000

① 기업물류비 : 12,500천 원, 하역비 : 800천 원

② 기업물류비 : 12,500천 원, 하역비 : 1,300천 원

③ 기업물류비 : 37,500천 원, 하역비 : 0원

④ 기업물류비 : 37,500천 원, 하역비 : 800천 원

⑤ 기업물류비 : 37,500천 원, 하역비 : 1,300천 원

정답 **10** ④ **11** ①

> **해설** 기업물류비는 자가운송비 + 보관비 + 포장비 + 유통가공비 + 물류정보·관리비 = 12,500천 원. 재고자산이 있는데, 이자 비용을 고려하지 않는다고 했으므로 자가물류비 중 재고자산 보유에 따른 재고부담이자는 없다. 하역비는 운송과 보관, 포장을 연결해 주는 비용이므로 유통가공비 = 800천 원이다.

12 A기업의 실적은 다음과 같다.

- 매출액 : 1,000억 원
- 물류비 : 140억 원
- 경상이익 : 20억 원

A기업이 물류비 10% 절감으로 얻을 수 있는 경상이익과 동일한 효과를 얻기 위해 필요한 추가 매출액은 얼마인가?

① 100억 원
② 300억 원
③ 500억 원
④ 700억 원
⑤ 1,000억 원

> **해설** 다른 조건이 동일하다면, 물류비 10% 절감 시 경상이익은 14억이 증가하는 효과가 있다.
> 경상이익률이 20억 원 ÷ 1,000억 원 = 2%인데 경상이익이 14억 원이 나오려면
> 매출액×0.02 = 14억 원
> 14억 원 ÷ 0.02 = 700억 원

13 세목별 물류비 분류 항목으로 옳지 않은 것은?

① 재료비
② 노무비
③ 경비
④ 이자
⑤ 유통가공비

> **해설** 세목별 물류비는 일반기준에서 고려하는 항목으로 재료비, 노무비, 경비, 이자가 있으며, 유통가공비는 기능별 분류에서 하역비에 해당한다.

정답 **12** ④ **13** ⑤

14 제품 A, B, C를 취급하는 어느 물류업체에 지불한 6월 물류비가 항목별로 다음과 같다. A, B 제품별 물류비는 각각 얼마인가?

구분	하역비	운송비	보관비	기타물류비
금액(만 원)	2,000	5,000	1,500	1,500
배부기준	하역건수(건)	톤·km	부피(m^3)	입·출고수(회)

제품	하역건수(건)	무게(톤)	거리(km)	부피(m^3)	입·출고수(회)
A	200	100	350	2,000	100
B	300	150	200	2,000	150
C	500	350	100	1,000	250

① A : 3,050만 원, B : 3,150만 원
② A : 3,050만 원, B : 3,800만 원
③ A : 3,150만 원, B : 3,050만 원
④ A : 3,150만 원, B : 3,800만 원
⑤ A : 3,800만 원, B : 3,150만 원

> **해설** 물류비 항목별로 제품별 활동 비중을 곱해서 더해보자.
> 예를 들어 전체 하역건수 1,000건 중 제품 A는 200건이었고, 전체 하역비는 2,000만 원이었으며, 전체 톤·km 100,000(100×350 + 150×200 + 350×100) 중 제품 A는 35,000이었고, 전체 운송비는 5,000만 원이었으므로
> 제품 A : 2,000만 원×(200 ÷ 1,000) + 5,000만 원×(35,000 ÷ 100,000) + 1,500만 원×(2,000 ÷ 5,000) + 1,500만 원×(100 ÷ 500) = 400만 원 + 1,750만 원 + 600만 원 + 300만 원 = 3,050만 원
> 제품 B : 2,000만 원×(300 ÷ 1,000) + 5,000만 원×(30,000 ÷ 100,000) + 1,500만 원×(2,000 ÷ 5,000) + 1,500만 원×(150 ÷ 500) = 600만 원 + 1,500만 원 + 600만 원 + 450만 원 = 3,150만 원
> 제품 C : 2,000만 원×(500 ÷ 1,000) + 5,000만 원×(35,000 ÷ 100,000) + 1,500만 원×(1,000 ÷ 5,000) + 1,500만 원×(250 ÷ 500) = 1,000만 원 + 1,750만 원 + 300만 원 + 750만 원 = 3,800만 원

15 2008년에 개정된 정부의 기업물류비 산정 지침상의 물류비 과목분류 중 지급 형태별 구분에 해당하는 비용항목으로 옳은 것은?

① 위탁물류비 : 물류 활동의 일부 또는 전부를 타사에 위탁하여 수행함으로써 소비된 비용
② 조달물류비 : 물자의 조달처로부터 운송되어 매입자의 보관창고에 입고, 관리되어 생산공정에 투입되기 직전까지의 물류 활동에 따른 비용
③ 사내물류비 : 매입물자의 보관창고에서 완제품 등의 판매를 위한 장소까지의 물류 활동에 따른 비용
④ 판매물류비 : 생산된 완제품 또는 매입한 상품을 판매창고에서 보관하는 활동부터 고객에게 인도될 때까지의 비용
⑤ 역(reverse)물류비 : 회수물류비, 폐기물류비, 반품물류비로 세분화하며, 판매된 상품의 반품 과정에서 발생하는 운송, 검수, 분류, 보관, 하역 등의 비용

정답 **14** ① **15** ①

해설 조달물류비, 사내물류비, 판매물류비, 역물류비는 모두 영역별 구분이다. 물류관리 이론에서 물류의 영역별 구분과 일치한다. 위탁물류비와 자가물류비가 지급 형태별 분류에 해당한다.

16 물류비를 관리하는 목적으로 옳지 않은 것은?

① 물류관리의 기본 척도로 활용된다.
② 물류 활동의 계획, 관리, 실적 평가에 활용된다.
③ 물류비 관리시스템 구축 자체가 물류비를 절감한다.
④ 물류 활동의 문제점을 도출하고 개선하여 기업의 물류비 절감 및 생산성 향상을 도모한다.
⑤ 물류 활동에 대한 비용정보를 파악하여 기업 내부의 합리적인 의사결정을 위한 정보를 제공한다.

해설 물류비 관리시스템을 구축한다고 물류비가 절감되지는 않는다.

17 과목, 비목, 세목의 차이에 대하여 잘못 기술한 것은?

① 비목은 영역별, 기능별, 지급 형태별, 세목별, 관리항목별, 조업도별 물류비 분류를 말한다.
② 과목은 일반기준 물류비 계산 시 최상단 분류에 해당한다.
③ 비목은 과목별 분류에 따른 비용항목으로, 조달물류비, 사내물류비 등의 항목을 말한다.
④ 운송비, 보관비, 하역비, 포장비, 물류정보·관리비가 비목에 해당한다.
⑤ 재료비, 노무비, 경비, 이자 등이 세목에 해당한다.

해설 ① 물류비 계산 시 최상단 분류인 과목에 관한 설명이다.

18 물류비 절감 효과에 관한 것이다. ( )에 들어갈 값은?

A기업은 매출액이 200억 원이고 매출액 대비 이익률은 2%, 물류비는 매출액의 9%이다. A기업이 물류비를 10% 절감한다고 가정할 때, 이 물류비 절감 효과와 동일한 이익을 내기 위해서는 매출액을 ( )억 원 증가시켜야 한다.

① 30   ② 45
③ 60   ④ 75
⑤ 90

해설 매출액이 200억 원, 이익은 4억 원, 물류비는 18억 원이다. 물류비 절감액 1억 8천만 원만큼 이익을 내려면 1억 8천만 원 ÷ 이익률 0.02 = 90억 원의 매출을 올려야 한다.

정답 16 ③ 17 ① 18 ⑤

19 C 물류기업의 물류비 계산을 위한 자료이다. 제품 A와 제품 B의 운송비 비율은? (단, 운송비 배부기준은 거리×중량을 사용함.)

지역	제품	거리	중량
가	A	100km	200톤
	B		300톤
나	A	300km	200톤
	B		100톤

① 3 : 2   ② 2 : 3
③ 4 : 3   ④ 3 : 4
⑤ 1 : 1

해설) 비용정보 없이 비율만 구하는 것이다. 거리×중량을 모두 더해서 각 제품의 비중을 구하면 된다.
제품 A : 100km×200톤 + 300km×200톤 = 80,000
제품 B : 100km×300톤 + 300km×100톤 = 60,000

20 물류비의 비목별 계산 과정으로 옳은 것은?

ㄱ. 물류비 자료의 식별과 입수   ㄴ. 물류비 배부기준의 선정
ㄷ. 물류비 계산의 보고   ㄹ. 물류비 배부와 집계
ㅁ. 물류비 계산 욕구의 명확화

① ㄱ - ㄴ - ㄷ - ㄹ - ㅁ   ② ㄱ - ㅁ - ㄴ - ㄹ - ㄷ
③ ㄱ - ㅁ - ㄷ - ㄹ - ㄴ   ④ ㅁ - ㄱ - ㄴ - ㄷ - ㄹ
⑤ ㅁ - ㄱ - ㄴ - ㄹ - ㄷ

해설) 물류비 계산 욕구 명확화 – 물류비 자료 입수 – 물류비 배부기준 선정 – 물류비 배부와 집계 – 물류비 계산 결과 보고

21 기업물류비의 분류체계 중 기능별 물류비가 아닌 것은?

① 운송비   ② 보관비
③ 포장비   ④ 노무비
⑤ 물류정보 · 관리비

해설) 기능별 물류비 구분은 운송비, 보관비, 포장비, 하역비, 물류정보 · 관리비이다. 노무비는 재료비, 경비, 이자와 함께 지급 형태별 물류비 중 자가물류비 항목에 해당한다.

정답 **19** ③ **20** ⑤ **21** ④

22 물류비 계산 순서에 관한 설명으로 옳은 것은?

① 물류비 자료 입수 – 계산 욕구 정의 – 배부기준 선정 – 배부와 집계 – 보고 순서로 진행한다.
② 일반기준 물류비 계산 시 입수할 자료는 회계자료와 기회원가 자료이며, 물류 현황자료는 해당되지 않는다.
③ 물류비 배부기준은 집계의 복잡성을 최소화하기 위해 항목별로 Volume, 입출고 건수 등 한 가지 배부기준만 적용한다.
④ 일반기준 물류비 계산 시 물류비 보고서는 반기와 연간 기준으로 작성한다.
⑤ 일반기준 물류비 계산 시에는 의사결정과 개선 활동에 활용하기 위해 관리항목별, 조업도별 작성이 권장된다.

> **해설** ① 물류비 계산 욕구 정의 – 자료 입수 – 배부기준 선정 – 배부와 집계 – 보고 순서로 진행한다.
> ② 일반기준 물류비 계산 시 입수할 자료로 회계자료와 기회원가 자료, 물류 현황자료가 있다. 물류 현황자료가 있어야 관리항목별 자료 등 상세 집계를 할 수 있다.
> ③ 물류비 배부기준은 필요하다면 여러 가지 배부기준을 적용하여 배부한다.
> ④ 일반기준 물류비 계산 시 물류비 보고서는 월별 등 되도록 짧은 주기로 작성한다.

23 물류비에 관한 설명으로 옳지 않은 것은?

① 물류비 산정을 통해 물류의 중요성을 인식한다.
② 물류 활동의 계획, 관리 및 실적 평가에 활용된다.
③ 재무회계 방식은 관리회계 방식보다 상세하고 정확하게 물류비를 산정할 수 있다.
④ 경영관리자에게 필요한 원가 자료를 제공한다.
⑤ 물류비 분석을 통하여 물류 활동의 문제점을 파악할 수 있다.

> **해설** 일반기준은 관리회계, 간이기준은 재무회계 기반이다. 따라서 재무회계 방식보다 관리회계 방식이 더 상세하다.

24 물류비의 정의와 분류에 관한 설명으로 옳지 않은 것은?

① 원재료 조달, 완제품 생산, 거래처 납품 그리고 반품, 회수, 폐기 등의 제반 물류 활동에 소요되는 모든 경비이다.
② 세목별로 재료비, 노무비, 경비, 이자 등으로 구분된다.
③ 판매물류비는 생산된 완제품 또는 매입상품을 판매창고에 보관하는 활동부터 고객에게 인도할 때까지의 비용을 의미한다.
④ 조달물류비는 자재 창고에서 원재료 등을 생산에 투입하는 시점부터 완제품을 창고에 보관하기까지의 물류 활동에 따른 비용을 의미한다.
⑤ 물류비를 상세하게 파악하기 위해 개별 기업의 특성에 적합하도록 제품, 지역, 고객, 운송수단 등과 같은 관리항목을 정의하여 구분한다.

정답 22 ⑤ 23 ③ 24 ④

조달물류비는 원재료를 생산에 투입하기 전까지의 물류비이고, 원재료를 생산에 투입한 시점부터 판매창고에 입고하기까지는 사내물류비에 해당한다.

25 다음은 제품 A와 B를 취급하는 물류업체의 연간 물류비의 비목별 자료이다. 이에 관한 설명으로 옳은 것은?

구분	운송비	보관비	포장비	하역비	합계
금액(만 원)	6,000	1,000	1,000	2,000	10,000
배부기준	물동량	보관면적	출고물량	입출고물량	–

제품	물동량(km · ton)	보관면적(m^2)	입고물량(개)	출고물량(개)
A	6,000	3,000	400	600
B	4,000	2,000	900	600
합계	10,000	5,000	1,300	1,200

① 제품 A의 물류비는 5,000만 원이다.
② 제품 B의 물류비는 4,500만 원이다.
③ 제품 A의 운송비로 6,000만 원이 배부된다.
④ 제품 B의 보관비로 600만 원이 배부된다.
⑤ 제품 A와 B의 하역비는 동일하게 배부된다.

제품 A : 운송비 6,000만 원×(6,000 ÷ 10,000) + 보관비 1,000만 원×(3,000 ÷ 5,000)
　　　　　 + 포장비 1,000만 원×(600 ÷ 1,200) + 하역비 2,000만 원×(1,000 ÷ 2,500)
　　　　　 = 운송비 3,600만 원 + 보관비 600만 원 + 포장비 500만 원 + 하역비 800만 원 = 5,500만 원
　　　 제품 B : 운송비 6,000만 원×(4,000 ÷ 10,000) + 보관비 1,000만 원×(2,000 ÷ 5,000)
　　　　　 + 포장비 1,000만 원×(600 ÷ 1,200) + 하역비 2,000만 원×(1,500 ÷ 2,500)
　　　　　 = 운송비 2,400만 원 + 보관비 400만 원 + 포장비 500민 원 + 히역비 1,200만 원 = 4,500만 원

26 물류비에 관한 설명으로 옳지 않은 것은?

① 물류 활동을 실행하기 위해 발생하는 직접 및 간접 비용을 모두 포함한다.
② 영역별로 조달, 생산, 포장, 판매, 회수, 폐기 활동으로 구분된 비용이 포함된다.
③ 현금의 유출입보다 기업회계기준 및 원가계산 준칙을 적용해야 한다.
④ 물류 활동이 발생한 기간에 물류비를 배정하도록 한다.
⑤ 물류비의 정확한 파악을 위해서는 재무회계 방식보다 관리회계 방식을 사용하는 것이 좋다.

영역별 구분은 조달, 생산, 판매, 역물류이다. 포장은 기능별 구분에 해당한다.

27 역물류비에 관한 설명으로 옳은 것은?

① 반품물류비는 판매된 상품에 대한 환불과 위약금을 포함한 모든 직접 및 간접 비용이다.

② 반품물류비에는 운송, 검수, 분류, 보관, 폐기 비용이 포함된다.

③ 회수물류비는 판매된 제품과 물류용기의 회수 및 재사용에 들어가는 비용이다.

④ 회수물류비에는 파렛트, 컨테이너, 포장용기의 회수비용이 포함된다.

⑤ 제품이 정상적으로 사용된 후 소멸 처리하는 것은 폐기비용으로 간주하지 않는다.

> **해설** ① 환불과 위약금은 상류에 해당한다.
> ② 반품물류비 중 폐기비용은 폐기물류비에 해당한다.
> ③ 판매된 제품의 회수는 반품물류이다.
> ④ 용기의 회수와 재사용이 회수물류에 해당한다.
> ⑤ 정상적으로 사용된 제품을 없애는 것 또한 폐기비용에 들어간다.

28 A기업은 공급업체로부터 부품을 운송해서 하역하는 데 40만 원, 창고 입고를 위한 검수에 10만 원, 생산공정에 투입하여 제조 및 가공하는 데 60만 원, 출고 검사 및 포장에 20만 원, 트럭에 상차하여 고객에게 배송하는 데 30만 원, 제품 홍보와 광고에 50만 원을 지출하였다. A기업의 조달물류비는?

① 50만 원　　　　　　　　　② 110만 원
③ 130만 원　　　　　　　　　④ 160만 원
⑤ 210만 원

> **해설** 하역비 40만 원 + 입고 검수 10만 원까지가 조달물류비이다.

29 물류비의 분류체계에서 기능별 비목에 해당하지 않는 것은?

① 운송비　　　　　　　　　② 재료비
③ 유통가공비　　　　　　　④ 물류정보·관리비
⑤ 보관 및 재고관리비

> **해설** 물류의 기능을 떠올려 보자. 운송비, 보관비, 유통가공비, 물류정보·관리비는 기능별 비목이다. 재료비는 지급 형태별 기준 자가물류비의 항목이자, 세목별 분류에 해당한다.

30 유통가공을 수행하는 A 물류기업의 당기 고정비는 1억 원, 개당 판매가격은 10만 원, 변동비는 가격의 60%이며 목표 이익은 1억 원이다. 당기의 손익분기점 판매량(ㄱ)과 목표 이익을 달성하기 위한 판매량(ㄴ)은 몇 개인가?

① ㄱ : 1,000개, ㄴ : 3,500개 ② ㄱ : 1,500개, ㄴ : 4,000개

③ ㄱ : 2,000개, ㄴ : 5,000개 ④ ㄱ : 2,500개, ㄴ : 5,000개

⑤ ㄱ : 2,500개, ㄴ : 6,000개

> **해설** 손익분기점은 매출액에서 변동비를 차감한 공헌이익이 고정비 1억 원에 해당하는 판매량이다.
> 판매량×(10만 원 − 변동비 6만 원) = 고정비 1억 원
> 판매량 = 고정비 1억 원 ÷ 4만 원 = 2,500개
> 목표 이익 1억 원을 달성하려면 판매량이 고정비 1억 원뿐만 아니라, 목표 이익 1억 원도 달성해야 하므로
> 판매량 = (고정비 1억 원 + 목표 이익 1억 원) ÷ 4만 원 = 5,000개

31 국토교통부 기업물류비 산정 지침에 관한 설명으로 옳지 않은 것은?

① 영역별 물류비는 조달물류비·사내물류비·판매물류비·역물류비로 구분된다.

② 일반기준에 의한 물류비 산정 방법은 관리회계 방식에 의해 물류비를 계산한다.

③ 간이기준에 의한 물류비 산정 방법은 기업의 재무제표를 중심으로 한 재무회계 방식에 의해 물류비를 계산한다.

④ 간이기준에 의한 물류비 산정 방법은 정확한 물류비의 파악을 어렵게 한다.

⑤ 물류기업의 물류비 산정 정확성을 높이기 위해 개발되었으므로 화주기업은 적용 대상이 될 수 없다.

> **해설** 기업물류비 산정 지침이 화주기업에 적용 대상이 될 수 없다면 제대로 된 지침이라고 말할 수 없다.

32 활동기준원가계산(ABC)에 관한 설명으로 옳지 않은 것은?

① 기업이 수행하고 있는 활동을 기준으로 자원, 활동, 원가 대상의 원가와 성과를 측정하는 원가계산 방법을 말한다.

② 전통적 원가계산 방법보다 제품이나 서비스의 실제 비용을 현실적으로 계산할 수 있다.

③ 활동별로 원가를 분석하므로 낭비 요인이 있는 업무 영역을 파악할 수 있다.

④ 임의적인 직접원가 배부기준에 의해 발생하는 전통적 원가계산 방법의 문제점을 극복하기 위해 활용된다.

⑤ 소품종 대량생산보다 다품종 소량생산 방식에서 유용성이 더욱 높다.

> **해설** 직접원가는 처음부터 배부 대상이 아니다.

33 다음은 A 상사의 입출고 자료이다. 6월 9일에 제품 25개를 출고할 때 선입선출법(FIFO : First In, First Out)으로 계산한 출고 금액과 후입선출법(LIFO : Last In, First Out)으로 계산한 출고 금액의 차이는? (단, 6월 2일 이전의 재고는 없음.)

일자	적요	단가(원)	수량(개)	금액(원)
6월 2일	입고	1,000	10	10,000
6월 5일	입고	1,500	20	30,000
6월 9일	출고	–	25	–

① 1,500원   ② 2,000원

③ 2,500원   ④ 3,000원

⑤ 3,500원

[해설] 선입선출법 : 문제에서 제시한 입고 이력 중 앞에서부터 출고되었다고 본다.
즉 1,000원×10개 + 1,500원×15개 = 32,500원
후입선출법 : 문제에서 제시한 입고 이력 중 뒤에서부터 출고되었다고 본다.
즉 1,500원×20개 + 1,000원×5개 = 35,000원

CHAPTER 04

고객서비스와 품질관리

01 배경 이해

	1960~1970년대	1980~1990년대	1990년대 말~
제조기술	• 제조기술 부족, 공급 부족 • 제품 차별화의 시대	• 제조기술 발전, 경쟁 심화 • 제품 다양화의 시대	• 제조기술 평준화, 무한 경쟁 • 시장이 원하는 제품의 시대
생산전략	• 소품종 대량생산의 시대 • 국내생산의 시대	• 다품종 소량생산의 시대 • 생산지와 소비지의 분리	• 고객 맞춤형 대량생산의 시대 • 글로벌 소싱의 시대
시장	• 소비자가 기다리는 시대 • 판매자 시장(Seller's Market) • 긴 제품수명주기	• 소비자의 기호 다양화 • 구매자 시장으로 전환 진행 • 짧아지는 제품수명주기	• 소비자의 기호 극단적 다양화 • 구매자 시장으로 전환 • 짧아진 제품수명주기
	▼	▼	▼
물류의 역할과 지향	• 판매자 시장에서 고객서비스보 다 비용 절감 우선	• 구매자 시장으로 변화 진행 • 고객서비스 강화 움직임	• 구매자 시장으로 완전 전환 • 고객서비스 고도화
	▼	▼	▼
	고객서비스는 '혁신적 이론' 취급 (E. W. Smykay의 7R 이론)	적시 공급 = 고객서비스로 보는 경영혁신 활동 활성화	물류가 고객만족에 미치는 영향 확대

◀ [그림 4-1] 자본주의 발전과 물류서비스 ▶

(1) 물적 유통의 시대

① 소비자가 제품 출시를 기다리는 판매자 시장 : 고객서비스를 중시하는 일부 혁신적 이론이 나오고 있었으나, 판매자 시장이어서 고객서비스보다는 원가절감에 초점이 맞춰져 있었다.

② 고객서비스를 중시하는 이론적 토대 : 에드워드 스마이키(Edward W. Smykay) 교수 등에 의해 물류와 고객서비스를 중시하는 시각이 등장하고 있었다.

(2) 로지스틱스의 시대

① 구매자 시장으로의 전환 진행 : 소비자의 기호가 다양해지고 제품수명주기가 짧아지면서 판매자 중심의 시장은 점차 구매자 시장으로 전환되었다.

② 고객서비스의 중요성 인식 : 다양한 상품이 시장에서 경쟁하면서, 우수한 고객서비스가 매출을 확대하고 재구매를 유도할 수 있다는 사실을 기업들이 인지하였다.

127

③ **적시 공급 = 고객서비스** : 물류가 마케팅의 하부 기능이 아니라 상품의 모든 이동을 총괄하는 로지스틱스로 역할이 바뀌면서, 물류의 적시 공급도 고객서비스 수준을 높일 수 있음이 확인되었고, 물류를 포함한 기업의 각 부문에서 고객서비스 수준을 높이기 위한 여러 경영기법이 등장하였다.

④ **품질경영 기법의 황금기** : 특히 이 시기는 일본 등 아시아 기업이 미국 시장에 진출하여 활발하게 활동하던 시기로, 미국을 중심으로 아시아 기업을 연구하고 아시아 기업을 이길 수 있는 전략을 다양하게 연구하던 시기였다. 실제 이 장에서 다루는 품질경영 기법 대부분이 이 시기에 만들어진 이론들이다.

(3) 공급망 관리의 시대

① **구매자 시장으로 완전히 전환** : 제조기술 평준화, 글로벌 소싱과 글로벌 분업으로 제품 차별화는 더 어려워졌고 생산의 불확실성이 더 높아짐에 따라, 시장에서 제품으로 차별화하기보다는 소비자가 원하는 물건을, 원하는 시기에, 원하는 만큼, 원하는 장소에 공급하는 적시 공급으로 자사의 제품을 차별화해야 하는 시대가 되었다.

② **고객서비스 고도화** : 제품 차별화가 어려워진 상황에서 고객서비스는 선택이 아닌 필수가 되었다. 경쟁의 범위가 기업 간 경쟁이 아닌 공급망 간 경쟁이 되면서 고객서비스 또한 특정 기업이 아닌 전체 공급망의 고객서비스 수준 개선을 목표로 해야 하는 시대가 되었다.

③ **물류가 고객서비스에 주는 영향 증대** : 기업 간 경쟁은 물론, 전자상거래의 발달에 따라 소비자가 물류서비스를 통해 기업에 대한 인상을 결정하고 재구매와 입소문을 결정하는 시대가 되면서, 물류는 적시 공급 역할뿐만 아니라 소비자와의 접점에서 기업에 대한 소비자의 인상을 관리하는 역할도 맡게 되었으며, 물류가 고객만족도에 주는 영향은 점점 더 커지고 있다.

---

02 정의와 개념

1 고객서비스

(1) 고객서비스의 정의와 개념

① **기업의 지원 활동** : 재화나 서비스를 구매한 고객에게 판매자인 기업이 제공하는 지원 활동 일체를 말한다.

② **매출 증가 수단** : 우수한 고객서비스는 재구매와 긍정적 입소문으로 이어져 매출 증가에 도움을 준다.

③ **기업의 전략과 가치** : 고객서비스는 제공하는 기업의 고객서비스 전략과 가치를 담고 있다. 기업에 따라서는 무형자산이자 경쟁기업과의 차별점 역할도 한다.

④ 무인화 경향 : 사람이 직접 응대하는 고객서비스도 있지만, 웹사이트, 키오스크, 스마트폰 앱을 통한 무인 고객서비스도 생기고 있다. 무인화의 특성은 아래와 같다.

 ㉠ 24시간 응대 가능 : 근무 시간의 한계가 있는 유인 서비스를 보완할 수 있으며, 초과근무수 당이 없으므로 인건비 절감 효과가 있다.

 ㉡ 인공지능화에 유리 : 자주 응대하는 사례에 관한 기계 학습을 통해 챗봇 등으로 구현할 수 있다.

 ㉢ 디바이스 기술 활용 : 사물인터넷을 통해 고객의 제품 이용 성향을 수집하고 활용하는 등 디바이스 기술을 응용하여 구현할 수 있다.

(2) 고객지원

① 정의 : 고객을 지원하는 고객서비스의 집합체이다.
② 범위 : 제품 설치, 교육 훈련, 문제 해결, 유지보수, 업그레이드, 제품 수거 및 폐기 등이 있다.
③ 효과 : 고객의 충성도를 높이고, 경쟁사 대비 경쟁우위를 창출할 수 있다.

2 물류서비스

(1) 정의

① 생산자와 소비자 연결 : 공장부터 소비자까지, 생산자를 소비자와 연결해 주는 공급망의 모든 요소를 말한다.

② 주문과 배송 관련 모든 활동 : 배송, 보관, 풀필먼트 등 물류 활동뿐만 아니라 주문 처리, 송장이나 전표 발행, 각종 고객의 문의에 대한 응대 등을 포함한다.

③ 적시성과 신뢰성 : 고객이 주문한 정확한 수량과 정확한 품목을 정확한 납기에 파손 없이 배송해야 한다.

④ 물류정책기본법 시행령(제3조, 별표 1)의 물류사업 분류 : 시행령에서 언급하는 물류서비스업은 물 류산업을 지원하는 지원산업 개념으로 봐야 하며, 이 장에서 배우는 물류서비스는 시행령 기준으로 화물운송업, 물류시설운영업 등 고객에게 물류를 서비스하는 업종을 포함한다.

 ㉠ 화물운송업 : 육상화물운송업, 해상화물운송업, 항공화물운송업, 파이프라인운송업
 ㉡ 물류시설운영업 : 창고업(공동집배송센터운영업 포함), 물류터미널운영업
 ㉢ 물류서비스업 : 화물취급업(하역업 포함), 화물주선업, 물류장비임대업, 물류정보처리업, 물류컨설팅업, 해운부대사업, 항만운송관련업, 항만운송사업

> ⏱ **핵심포인트**
>
> ☑️ **물류서비스의 개념**
>
> 물류서비스라는 용어에는 두 가지 관점이 혼재되어 있다. 하나는 큰 범위에서 물류를 기업의 고객서비스로 보는 관점이고, 다른 하나는 물류산업을 지원하는 서비스산업, 즉 물류컨설팅이나 화물주선업, 해운부대사업으로 보는 관점이다. 다만, 기출문제를 분석해 보면, 물류를 기업의 고객서비스로 보고 물류서비스에는 어떤 특징이 있는지, 어떻게 평가할 것인지, 어떤 경영기법과 경영이론을 거쳐 물류가 고객서비스가 되었는지에 무게를 두고 있다.
>
> 실제로 많은 기업에서 물류관리자나 공급망 관리자가 구매와 조달, 고객지원, 주문 처리, 품질관리 등 물류 앞뒤 업무까지 관리한다. 모두 조달물류, 생산물류, 사내물류, 판매물류, 리버스물류와 관련이 있는 업무들이며, 고객과의 접점에서 고객서비스를 위해 필요한 업무들이다. 물류가 고객서비스라는 개념은 앞에서 배운 물류의 영역과 기능의 테두리 안에 있지 벗어나지는 않는다.

(2) 물류서비스의 특성

① **무형성** : 물류서비스를 위한 장비는 눈에 보이지만 서비스 자체는 눈에 보이지 않는다.

② **동시성** : 물리적 보관과 이동이기 때문에 생산되자마자 소비된다.

③ **모방성** : 경쟁사가 모방하기 쉽다.

④ **소멸성** : 무형의 서비스이며, 생산하고 소비되면 바로 소멸한다.

⑤ **결과보다는 과정 중심** : 서비스 결과가 좋더라도 고객과 의사소통하고 행동한 과정에 따라 서비스 품질이 결정된다. 소비자들은 배송이 빨리 되더라도 고객센터에 연락했을 때 연락이 닿지 않았거나 응대가 미숙했다는 사실에 실망한다.

⑥ **효과 확인 시점 차이** : 택배와 같이 전달 과정에서 효과가 바로 확인되는 서비스가 있는 반면에, 설치와 같이 전달 후 시간이 지나야 효과가 확인되는 서비스도 있다.

⑦ **다양한 고객 상대** : 최종소비자부터 유통업체까지, 국내부터 국외까지 다양한 고객을 상대한다.

(3) 물류서비스 도입 순서

① **목표시장 선정** : 앞서 배운 전략 수립 순서를 생각해 보자. 물류서비스 도입은 기능전략에 속한다. 기능전략은 기업 전략과 사업부 전략의 하위 전략이다. 목표시장은 기업 전략의 의사결정 사항이다. 따라서 기업 전략에서 목표시장이 나와야 물류서비스를 도입할 수 있다.

② **물류서비스 개발** : 기업 전략에서 목표시장이 정해지면, 그 목표시장에 맞는 물류서비스를 개발한다.

③ **기능전략 수립** : 물류서비스를 개발하면 실행을 위한 기능전략을 수립한다.

④ **물류시스템 구축** : 기능전략이 나오면 물류서비스 제공 시스템, 즉 물류 체계를 구축한다.

TIP 플랫폼 기업들이 수행하는 새벽배송을 생각해 보자.

① 목표시장 선정 : 기업 전략으로 새벽에 음식을 준비하는 맞벌이 부부를 목표시장으로 삼는다.
② 물류서비스 개발 : 새벽에 음식을 준비하는 맞벌이 부부가 목표시장이므로, 새벽에 신선한 식재료를 배송하는 서비스를 구상한다.
③ 기능전략 수립 : 새벽배송 서비스에 대한 구상이 나오면, 그 서비스를 실행하기 위해 몇 시까지 주문을 마감하고, 몇 시부터 배송을 시작하며, 상품은 언제까지 어떻게 확보한다는 기능전략이 나온다.
④ 물류시스템 구축 : 기능전략에 따라 언제 발주하고, 언제 입고하여 배송할 것인지 물류 체계를 구축할 수 있다.

03 물류와 고객서비스

1 의의와 개념

(1) 물류 고객서비스의 의의

① 공급망 전체가 하나의 서비스 : 물류 고객서비스는 모든 물류 활동과 공급망 프로세스의 결과물이다.
  ㉠ 공급망의 역할 : 기업의 재화와 서비스를 고객에게 인도한다.
  ㉡ 공급망 참여자의 역할 : 재화와 서비스를 고객에게 인도하는 과정에서 각각의 공급망 참여자는 고객 방향을 기준으로 하여 후방 프로세스의 고객이자 전방 프로세스의 서비스 제공자가 된다. 예를 들어 제조업체의 고객은 도매상이고, 제조업체는 도매상의 서비스 제공자이다.
  ㉢ 공급망의 복잡성 증대 : 전자상거래의 발달과 플랫폼 기업의 등장으로 공급망은 더 복잡해졌으며, 제조자나 판매자가 재화와 서비스를 고객에게 직접 인도해야 하는 사례가 증가하면서, 모든 공급망 참여자는 최종 고객의 만족도를 고려하여 서비스를 제공해야 하다.
② 공급망은 고객과의 접점 : 재화의 소유권을 고객에게 넘기는 주체는 영업이지만, 실물 재화를 고객에게 넘기기 위해 고객과 직접 접촉하는 주체는 공급망이다.
③ 공급망이 기업의 인상을 좌우 : 공급망은 고객과의 접점이며, 기업의 공급망과 고객과의 접점에서 발생하는 이벤트에 따라 고객은 그 기업에 대한 인상을 형성하며, 재구매 여부 및 주변 추천 여부를 판단한다.
  ㉠ 고객의 기대치와 고객 경험 반영 : 제품 품질이 평준화된 현대 사회에서는 고객의 기대치가 배송 리드타임, 고객 응대, 설치 품질, 제품 파손, 품질 결함 대응 등 공급망의 품질로 나타난다. 고객서비스 기대치 충족과 고객 경험 개선에서 물류가 차지하는 역할이 점점 중요해지고 있다.
  ㉡ 기업의 수익성 좌우 : 물류 고객서비스에 들어가는 비용과 물류서비스가 창출하는 매출의 규모에 따라 기업의 이익이 결정된다.

(2) 물류 고객서비스의 요소

① 재고 가용성(Stock Availability)

  ㉠ 물류의 기본 역할 : 물류 고객서비스에서 물류(공급망)가 차지하는 가장 기본적인 역할이다. 고객의 수요를 충족시킬 수 있는 재고를 보유하고 있거나, 재고가 없다면 발주, 생산, 운송 진행 상황을 즉시 파악할 수 있는지를 말한다.

  ㉡ 측정 방법 : 결품률, 판매량 또는 판매예측 대비 재고 확보율 등으로 측정할 수 있다.

  ㉢ 재고 가시성 : 재고비용과 주문비용을 최소화하면서, 고객수요를 충족하고, 보유재고, 생산계획, 발주, 운송 중 재고 등 재고 가시성을 제공할 수 있어야 한다.

  ㉣ 전자상거래와 재고 가용성 : 전자상거래의 확산으로, 재고가 없으면 판매 대상으로 올릴 수 없고 곧바로 고객을 잃는 전자상거래 특성상 재고 가용성 관리는 더욱 중요하다.

  ㉤ 유통에 미치는 영향 : 재고 가용성이 떨어지면 유통채널에도 매출 하락, 브랜드 인지도 하락, 결품 경험에 근거한 과다 발주에 따른 채찍효과 유발, 공급망 혼란 가중 등의 부정적인 영향을 준다.

② 판매 후 서비스(After Sales Service 또는 Warranty Service)

  ㉠ 제품의 성능과 수명 보장 : 제조자 또는 판매자가 고객에게 일정 기간 일정 수준의 제품의 성능과 수명을 보증하는 정책을 말한다. 한국에서는 무상 수리와 교환을 After Service라고 부르는 경향이 있지만, After Service는 무상 수리나 교환보다 폭이 넓은 After Sales Service를 말하며, 해외에서는 무상 수리나 교환을 Warranty Service라고 부른다.

  ㉡ 측정 방법 : 처리 리드타임 등으로 측정할 수 있다.

  ㉢ 범위 : 제품 회수, 제품 교환, 수리 중 대여, 수리 후 반환 등

③ 정보 제공

  ㉠ 문의 응대 : 주문 진행 현황, 배송 관련 정보, 주문 시 요청사항 조치 등

  ㉡ 측정 방법 : 응답속도, 고객만족도 평가점수 등

④ 주문 편의성(Order Convenience)

  ㉠ 정의 : 고객이 기업의 재화와 서비스를 구매하는 절차의 단순성과 정확성, 신속성과 효율성 정도를 말한다.

  ㉡ 측정 방법 : 종이 문서를 사용하지 않는 온라인 주문 비중, 주문 리드타임, 데이터 정확도 등이 있다.

⑤ 긴급 주문 대응

  ㉠ 정의 : 예상치 못한 긴급 주문이나 긴급 변경에 대처하는 능력을 말한다.

  ㉡ 측정 방법 : 대응 리드타임으로 측정할 수 있다.

    ⓐ 합의된 납기보다 빠른 납기를 요구하는 주문에 대한 대응 여부 또는 대응 리드타임

    ⓑ 주문 변경 기간 경과 후 변경 요청된 주문에 대한 대응 여부 또는 대응 리드타임

⑥ 오류 처리

  ㉠ 정의 : 재배송, 교환, 환급 등 잘못 처리된 주문과 배송을 정상화하기 위한 활동이다.

ⓒ 측정 방법 : 대응 리드타임으로 측정할 수 있다.
⑦ 주문 리드타임 : 제품 주문일과 도착일 사이의 시간을 말한다. 업종과 제품의 성격에 따라 달라질 수 있다.
　㉠ 리드타임에 영향을 미치는 요인
　　ⓐ 계절성 : 주문이 증가하는 계절에는 리드타임이 늘어날 수 있다. 사전 발주 또는 안전재고 증량을 통해 해결할 수 있다.
　　ⓑ 실수 : 주문 과정에서 종이 서류 작업이나 사람에 의한 직접 계산이 들어가면 실수가 발생할 수 있다. 주문 절차를 자동화하고, 종이 서류를 온라인으로 대체하여 해결할 수 있다.
　　ⓒ 공급망 위험 : 천재지변, 전염병, 폭동 등 무질서 상황이 발생하면, 공급망 참여기업들은 공급 부족, 노동력 부족, 운송 능력 부족 등 공급망 위험을 겪을 수 있다. 공급업체에 여유 리드타임을 부여하고 안전재고를 증량함으로써 어느 정도 대응할 수 있다.
　㉡ 리드타임 계산식
　　ⓐ 실질 리드타임(Actual Order Lead Time) : **배송완료일 – 주문입수일**. 주문을 충족하는 능력을 측정하는 의미가 있다.
　　ⓑ 요청 리드타임(Requested Order Lead Time) : **배송요청일 – 주문입수일**. 고객이 주문 후 기다려줄 수 있는 시간 내 주문충족 여부를 알려준다.
　　ⓒ 견적 리드타임(Quoted Order Lead Time) : **견적서 납기일 – 주문입수일**. 견적서 납기일 충족 여부를 알려주는 의미가 있다.
　　ⓓ 확정 리드타임(Confirmed Order Lead Time) : **주문 확정일 – 주문입수일**. 공급업체와 고객이 합의한 납기일 충족 여부를 알려준다.
⑧ 신뢰성(Reliability)
　㉠ 정의 : 고객의 주문을 결품 없이, 주문한 품목을 주문한 수량과 주문한 납기 그대로 배송할 수 있는 능력을 말한다.
　㉡ 측정 방법 : 리드타임, Perfect Order 등의 지표를 사용한다.

TIP Perfect Order
완전한 상태의 재화를 정해진 시간에 고객에게 배송한 완전하고 정확한 주문, 또는 전체 주문 중 그렇게 배송한 주문의 비중을 말한다.

⑨ 의사소통(Communication) : 고객서비스 수준을 높이기 위해서는 고객과의 소통 창구를 다양화하고 언제든 이용할 수 있게 해야 한다.
⑩ 융통성(Convenience) : 표준화된 서비스를 제공하는 것도 중요하지만, 고객의 다양한 욕구에 대응하고 고객과 장기거래 관계를 구축하기 위해 어느 정도는 표준화 수준을 넘어 고객에게 서비스를 제공할 수도 있어야 한다.

2 물류 고객서비스의 유형

(1) 마케팅 서비스

① **가격 책정** : 고객이 받아들일 수 있는 적절한 가격을 제공한다. 빠른 배송을 고객에게 적당한 가격의 유료 서비스로 제공하고, 그 유료 서비스로 매출을 높이는 플랫폼 기업의 사례를 생각해 보자.

② **상품 구색** : 정기 배송, 익일배송, 시간대 배송 등 고객의 욕구에 맞는 다양한 서비스를 제공한다.

③ **거래 후 서비스** : 반품 회수, 재배송 등 거래 후 서비스를 제공한다.

④ **고객클레임 처리** : 고객불만 접수, 처리 및 보완 체계를 구축한다.

(2) 물류서비스

① **배송 품질관리** : 피킹 오류, 오배송, 불량 발생, 사고 빈도는 줄이고, 납기충족 수준과 정시 도착 수준은 높인다.

② **재고관리** : 판매 대비 재고 확보 수준을 유지하고, 결품 빈도를 줄인다.

③ **고객 응대** : 재고 확보, 배송추적, 배송지 변경, 배송일 변경 등 고객의 물류 관련 애로사항을 해결한다.

④ **정보시스템** : 재고 가시성 확보, 배송추적, 반품 간소화가 가능한 정보시스템을 구축한다.

(3) 경영·기술 서비스

① **경영지원** : 물류와 공급망 컨설팅 등 경영지원 서비스를 제공한다.

② **정보서비스** : 재고, 화물추적, 국제 운송 등 종합적인 정보제공 서비스. 최근에는 물류 플랫폼을 통해 제공하는 사례도 나타나고 있다.

③ **정보화** : 기업의 물류정보화를 지원한다.

3 물류 고객서비스의 요소

(1) 거래 전 요소, 거래 시 요소, 거래 후 요소

미국물류관리협의회(National Council of Physical Distribution Management)에서 1976년 발간한 버나드 라론드(Bernard LaLonde)와 폴 진저(Paul Zinszer)의 저서 'Customer Service : Meaning and Measurement'에서는 물류서비스 품질을 결정하는 요소를 거래 전 요소, 거래 시 요소, 거래 후 요소로 구분했다.

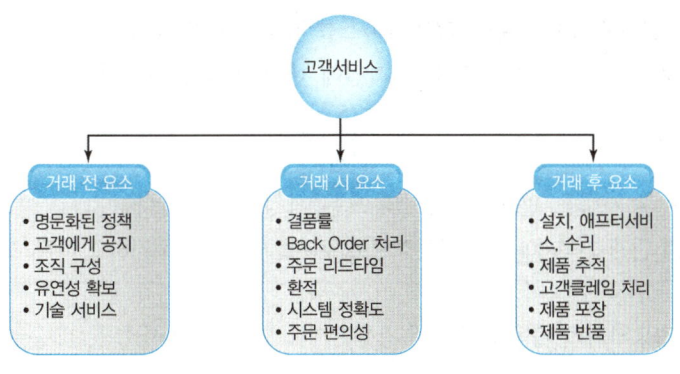

◀ [그림 4-2] 고객서비스 요소 ▶

(2) 거래 전 요소

고객서비스 활동 전에 정해지는 요소를 말한다.

① 서비스 수준 설정 : 양적, 질적 측면의 서비스 수준을 설정하는 단계이다.

② 기대치 형성 단계 : 거래 전 단계에서 서비스에 대한 고객의 기대치가 형성된다. 특정 금액 이상을 구매하면 무료배송이라고 기업이 선언하는 순간, 고객은 무엇을 구매할지 고민한다.

③ 명문화된 정책 : 서비스에 대한 고객의 기대치를 반영하기 위해 명문화된 고객서비스 정책을 수립하고 거래 시 활동과 거래 후 활동의 기준으로 삼아야 한다. 주요 요소는 아래와 같다.

  ㉠ 반품 정책 : 무상 반품 기간 등

  ㉡ 배송 시간 : 일정 시간 내 신속한 배달(목표 배송일) 정책 등

  ㉢ 비상사태 대응계획(Contingency Plan) : 천재지변, 파업, 원재료 부족 등의 상황에 대처하는 비상계획

  ㉣ 재고 가용성 : 고객 주문 대응을 위해 일정 수준의 재고를 확보하겠다는 재고 가용성은 거래 전 요소에 해당한다.

④ 고객에게 공지 : 명문화된 고객서비스 정책은 고객에게 알려서 서비스에 관한 기대치를 형성한다.

⑤ 조직 구성 : 명문화된 정책대로 고객서비스를 제공할 수 있는 조직을 구성해야 한다.

  ㉠ 시설과 장비 : 배송차량, 물류센터, 매장, 편의시설 등은 거래 전 요소에 속한다.

  ㉡ 직원 교육 : 직원 친절도, 제품 지식, 응대 능력은 거래 전 요소에 속한다.

  ㉢ 총괄 조직 : 고객서비스 정책에 맞게 조직도에 고객서비스 조직을 둔다. 임원급 조직으로 할지, 실장급 조직으로 할지, 전체 고객서비스를 통제할 관리조직을 둘지를 정한다.

⑥ 유연성 확보 : 천재지변이나 파업, 국가적 소요 사태 등의 사건에 대응할 수 있도록 재고와 운송 능력 면에서 유연성을 확보하고 Contingency Plan을 관리해야 한다.

  ㉠ 조직의 융통성 : 서비스 담당 직원을 통해 불만을 해결할 수 없을 때, 상위 관리자를 부르면 해결되거나 납득할 만한 설명을 들을 수 있는 상황이 있다. 명문화된 서비스 정책도 중요하지만, 정책을 저해하지 않는 선에서 소비자의 개별 욕구를 어느 정도는 충족할 수 있어야 하며, 그러한 행동이 좋은 인상으로 이어진다.

⑦ **전반적인 고객만족에 영향** : 고객서비스를 제공할 준비가 되었는지, 고객의 니즈에 유연하게 대응할 준비가 되었는지가 고객의 기업에 대한 인식과 전반적인 고객만족에 영향을 미친다.

(3) 거래 시 요소

고객이 발주 후 제품을 인도받기까지의 모든 과정을 포함한다.

① **물류 운영 단계** : 적시에 비용 효율적으로 주문을 입수하여 처리하고 피킹, 포장, 배송하는 데 집중해야 한다.

② **물류 운영의 부가적 활동** : 물류 운영을 위한 고객과의 의사소통, 배송추적, 배송정보 제공, 문제 해결에 적극 대응해야 한다.

③ **결품(재고 가용성)관리** : 고객이 주문을 원하는 시점에 재고가 있어야 가장 이상적이지만, 재고가 없을 때는 대체품을 제안하거나, 다른 고객의 주문과 우선순위를 조정하고, 가능한 생산 일정과 입고 일정으로 납기를 제안하는 등 결품관리와 해결을 위해 노력해야 한다.

④ **Back Order 처리** : 결품관리도 중요하지만, 재고가 없어서 처리하지 못하는 주문을 언제 배송할 수 있는지 납기 정보를 제공하고, 제공한 납기를 충족할 수 있도록 관리해야 한다.

⑤ **주문 리드타임** : 고객이 주문한 시점부터 배송이 완료되는 시점까지의 주문 리드타임을 관리해야 한다.

　　㉠ **리드타임 일관성** : 리드타임을 짧게 관리하기도 중요하지만, 리드타임의 편차가 심해지지 않도록 일관성 있게 리드타임을 관리해야 한다.

　　㉡ **리드타임 신뢰성** : 고객의 주문 후 일정 기간 안에 배송함으로써 고객에게 확신을 줘야 한다. 일정 기간 안에 배송하는 능력을 확보하려면 결품과 Back Order 처리 능력을 관리해야 한다.

⑥ **교환이나 환불** : 필요하다면 고객의 요구에 따라 교환이나 환불을 지원해야 한다.

⑦ **시스템 정확도** : 고객의 주문과 배송을 처리하는 시스템은 주문 진척도와 재고 현황, 출하 현황 정보를 정확하게 제공해야 한다.

⑧ **주문 편의성** : 종이 서류 없이 전자적 수단으로 고객의 주문을 입수하거나 주문 절차 간소화, 주문 조건 표준화 등을 통해 고객이 쉽게 주문을 낼 수 있어야 한다. 전자상거래 플랫폼이 기존 온라인 쇼핑몰보다 경쟁력을 갖게 된 배경에는 정기 발주, 저장된 신용카드 정보를 이용한 자동 결제 등 주문 편의성도 있다.

⑨ **적시 배송** : 고객이 주문한 정확한 품목을 정확한 시간에 파손 없이 정확한 장소로 배송해야 한다.

(4) 거래 후 요소

고객의 재구매에 영향을 미치는 요소

① **고객지원** : 고객이 구매한 제품의 불량 대응, 반품 회수, 클레임 처리 등 고객이 제품을 불편 없이 사용할 수 있도록 응대한다.

② **교육 훈련** : 고객이 제품을 제대로 사용할 수 있도록 매뉴얼, 온라인 교육 또는 대면 교육, 시연 등을 통해 고객에게 충분한 교육 훈련 기회를 제공해야 한다.

③ **설치, 애프터서비스, 수리** : 설치가 필요한 설비 등을 판매할 때는 고장 신고 후 엔지니어의 도

착 소요시간, 최초 방문 시 수리 성공률, 서비스 부품 보유율 등을 관리함으로써 고객이 고가의 설비를 중단 없이 사용할 수 있도록 해야 한다.

④ 제품 추적 : 제품의 위치, 현황, 수리 이력을 파악하고, 고장 위험이 있는 제품의 경우 예방정비 또는 소모품 교체 등을 지원해야 한다.

⑤ 고객클레임 처리 : 고객불만 발생 시 신속하게 처리해야 한다. 반품, 교환, 수리 등을 조치하고 고객불만의 내용 및 처리 결과를 모니터링할 수 있어야 한다.

⑥ 제품 포장 : 제품의 품질과 상태를 유지할 수 있도록 제품의 포장 상태를 관리할 수 있어야 한다.

⑦ 제품 반품 : 수리 불가능하거나, 교환이 수리보다 효율적이라고 판단되면 반품 정책에 따라 반품 처리한다.

⑧ 수리 중 대여 : 수리 중 고객이 제품을 계속 사용할 수 있도록 여분의 제품을 보유하고 있다가 일시적으로 대여할 수 있어야 한다.

⑨ 신속한 배송 : 전자상거래에서는 고객 구매 후 교환, 수리 중 대여 등이 배송을 통해 이루어지므로 판매할 때만큼 신속한 배송을 지원해야 한다.

핵심포인트

☑ 물류 고객서비스의 요소

특정 활동이 거래 전 정책이나 기준에 해당하는지, 거래 중 서비스 운영에 해당하는지, 거래 후 지원에 해당하는지 구분하는 문제가 출제되는 경향이 있는데, 항목들 대부분은 명확하게 구분되나, 재고 가용성과 결품률은 혼란스러울 수 있다. 정책이나 목표 관점의 배송 리드타임이나 재고 가용성은 거래 전 요소에 해당하지만, 실제 배송이 목표 리드타임 안에 되는지, 실제 재고가 결품 없이 운영되는지는 거래 발생 시 요소에 해당한다.

기출 1 기업의 고객서비스 측정 요소 중 거래 전(pre-transaction) 요소에 해당하는 것을 모두 고른 것은?

> ㄱ. 고객불만(customer complaints) ㄴ. 주문이행 비율(order fill rate)
> ㄷ. 정시 배달(on-time delivery) ㄹ. 목표 배송일(target delivery dates)
> ㅁ. 회수 및 클레임(returns and claims) ㅂ. 재고 가용성(stock availability)

① ㄱ, ㄷ   ② ㄹ, ㅂ   ③ ㄴ, ㄷ, ㄹ
④ ㄷ, ㄹ, ㅁ   ⑤ ㄴ, ㄹ, ㅁ, ㅂ

해설 고객불만, 회수 및 클레임은 거래 후 요소이다.
주문이행 비율과 정시 배달은 거래 시 요소이다.
목표 배송일과 재고 가용성은 거래 전 요소에 해당한다.

이 문제에서는 재고 가용성을 거래 전 요소로 봐야 답을 낼 수 있다. 재고 가용성은 고객서비스 정책 차원에서 일정 수준의 재고를 확보하겠다는 다짐이므로 거래 전 요소, 결품은 실제 운영 과정에서 재고가 없는 상황이므로 거래 시 요소로 해석하면 된다. **정답** ②

4 물류 고객서비스 표준

(1) 물류서비스 수준 결정

① 표준 결정 전 단계 : 고객이 원하는 서비스 수준을 알아야 표준을 결정할 수 있다.

② Trade-Off : 물류서비스와 물류비용 사이에는 기본적으로 상충관계가 존재한다. 서비스 수준을 높이면 물류비용이 증가하고, 물류비용을 낮추면 서비스 수준이 떨어진다.

③ 비용은 낮추고, 서비스 수준은 향상 : 물류서비스의 목표는 물류비용은 절감하면서도 서비스 수준은 개선하는 데 있다. 물류비용 절감 또는 서비스 수준 개선 어느 한쪽으로 치우쳐서는 안 된다.

④ 최적의 서비스 수준 : 물류 활동에 의한 공헌이익이 최대화될 수 있는 서비스 수준이 최적의 서비스 수준이다. 공헌이익은 매출액에서 변동비를 차감한 값이다. 공헌이익 최대화는 두 가지 관점으로 해석할 수 있다.

　㉠ 물류서비스 수준 향상 : 우수한 물류서비스로 기업의 평판이 좋아지면 추가 매출로 이어진다.

　㉡ 물류비용 절감 : 물류비용을 절감함으로써 변동비가 낮아지면, 직접적으로 공헌이익이 높아진다.

⑤ 물류시스템 구축 : 물류비용을 절감하면서도 물류서비스 수준을 높이려면 그에 맞는 물류시스템을 구축해야 한다.

핵심포인트

☑ **물류서비스와 물류비용의 상충관계**

　물류서비스와 물류비용의 상충관계는 시험에 자주 출제될 뿐 아니라, 물류서비스와 물류비용의 최적 수준을 관리해야 한다는 사실에 혼란을 주기 위해 의도적으로 문맥을 뒤틀어 놓은 문제가 출제되므로 주의해야 한다. 영업이익을 극대화하기 위해서는 물류서비스 수준을 높여야 한다는 명제와 물류서비스의 향상과 물류비용 절감에 주력해야 한다는 명제가 있다고 하자. 둘 다 맞는 말 같지만, 물류서비스 수준을 높이면 물류비용은 증가하는데 영업이익을 극대화할 수 있다는 가정 자체가 틀렸다. 그러나 물류서비스의 향상과 물류비용 절감을 동시에 추구해야 한다는 가정은 맞다. 상충관계가 있음에도 불구하고 동시에 추구해야 한다는 설명, 최적의 수준을 추구해야 한다는 설명, 여기서 최적의 수준은 기업의 이익을 극대화하는 수준이 되어야 한다는 설명이 나온다면 맞는 설명이다.

기출 2 **물류서비스에 관한 설명으로 옳지 않은 것은?**

　① 물류서비스와 물류비용 사이에는 상충관계(Trade-Off)가 존재한다.

　② 서비스 수준의 향상에 따라 총매출이 증가하므로 이익을 최대화하기 위해서 서비스 수준을 높이는 것이 중요하다.

　③ 전자상거래의 확산으로 유통배송단계가 점점 줄어들고, 고객 맞춤형 물류서비스가 강조되고 있다.

　④ 물류관리자는 이익 창출을 위해 비용 절감과 물류서비스의 향상에 주력한다.

　⑤ 물류서비스 향상을 효율적으로 실행하기 위해서는 3S1L 원칙과 7R 원칙을 고려해야 한다.

해설 물류서비스와 물류비용 사이에는 상충관계가 있어서, 서비스 수준을 높이면 물류비용은 늘어난다. 따라서 이익을 최대화하기 위해 서비스 수준을 높이는 것은 앞뒤가 맞지 않는다.

정답 ②

(2) 물류서비스 표준 결정

① 구체적이고 측정할 수 있는 표준 : 측정할 수 있는 항목과 달성하려는 목표를 구체적으로 정해야 한다.

② 표준 설정 시 고려사항

　㉠ 주문 주기 시간(Order Cycle Time) : 고객 주문부터 고객 인도까지 소요된 시간이다.

　㉡ 재고 가용률(Stock Availability) : 품목별로 보유재고를 미래 수요로 나눈 값이다.

　㉢ 최소 주문 수량(Minimum Order) : 주문 Lot Size라고도 하며, 주문할 수 있는 최소 수량이다.

　㉣ 주문 편의성(Order Convenience) : EDI나 웹사이트를 활용한 온라인 주문 비중 등 고객이 편리하게 주문할 수 있는 수준을 말한다.

　㉤ 배송 빈도(Delivery Frequency) : 고객에게 배송할 수 있는 빈도를 말하며, 빈도가 높을수록 유연성이 높다고 할 수 있다.

　㉥ 주문의 완전성(Perfect Order) : 전체 배송 건수 중 정시에(On-Time Delivery) 정확한 주문 수량과 품목을(Order Fill Rate), 완전한 상태로(Product Condition) 정확한 서류(Accurate Documentation)와 함께 배송한 건수를 말한다.

　㉦ 클레임 처리절차(Claim)

　㉧ 기술지원(Technical Support) : 판매 후 고객서비스와 관련되어 있으며, 고장 신고 접수 후 현장 도착시간이나 최초 방문 시 수리 성공률 등을 말한다.

　㉨ 주문 가시성(Order Visibility) : 고객에게 제공하는 재고정보, 주문상태정보, 배송추적정보를 말한다.

(3) Order Cycle Time

① 정의 : 기업이 주문을 생성한 시점부터 고객에게 배송을 완료할 때까지 걸린 전체 시간을 말한다.

② 의의 : 효율적인 기업일수록 결품 없이 고객의 니즈에 대응할 수 있도록 재고를 관리하고 주문을 처리하는 각 단계에서 걸리는 시간을 관리하기 때문에, 기업의 효율성을 측정하는 대표적인 지표로 사용된다.

③ 구성 : 주문 전달, 주문 처리, 주문 조합, 재고 준비, 배송의 순서로 이루어진다.

　㉠ 주문 전달 리드타임(Order Transmittal Time) : 주문을 내는 주체가 주문을 처리하는 주체에게 주문을 전달하는 데 걸리는 시간. 수기로 진행할 수도 있고, 온라인 또는 전자적 수단으로 진행할 수도 있다. 수기로 진행할 때는 이메일, 팩스, 영업사원 직접 수주 등의 방법을 사용하며, 온라인 또는 전자적 수단으로 진행할 때는 주문자의 구매 포털 사이트, EDI 등의 방법을 사용한다. 전달되는 정보의 신뢰성과 정확도가 전체 주문 주기 시간과 비용 면에서 매우 중요한 역할을 한다.

　㉡ 주문 처리 리드타임(Order Processing Time) : 주문 접수 후 서류 작업, 고객 신용도 확인, 주문 조합 등의 작업에 필요한 시간이다.

　　ⓐ 서류 작업 : 원활한 대금 청구와 지급을 위해서는 세무와 법무 관련 문제가 발생하지 않

도록 각종 서류를 준비해야 한다.

    ⓑ 고객 신용도 확인 : 고객이 대금을 지급할 능력이 있는지, 과거에 처리한 주문에 대한 대금 지급을 연체하지 않았는지를 확인한다.

    ⓒ 주문 조합(Order Filling, Order Assembly) : 고객이 여러 건의 주문을 했을 때는 재고 가용성, 납기, 고객의 우선순위 등을 고려하여 여러 주문을 모아서 한 번에 배송해야 한다.

    ⓓ 그 외 활동 : 고객과 공급업체 통보, 재고 점검, 출하 일정 수립, 고객과 협의

  ⓒ 재고 준비 리드타임(Stock Availability) : 주문정보 점검 결과 이상 없고, 거래처의 대금 지불 가능 여부도 확인되었다면, 재고를 확보하여 출하할 준비를 한다. 이때 창고에 보유하고 있는 재고가 없을 때는 생산자나 공급업체에 발주하여 재고를 공급받은 다음, 이미 보유한 재고와 함께 피킹과 혼적, 포장 과정을 거쳐 출고한다.

  ⓔ 배송 리드타임(Delivery Lead Time) : 고객이 주문한 제품을 고객에게 전달하는 데 걸리는 시간이다. 주문 프로세스 중 물류가 직접적으로 통제할 수 있는 영역이다.

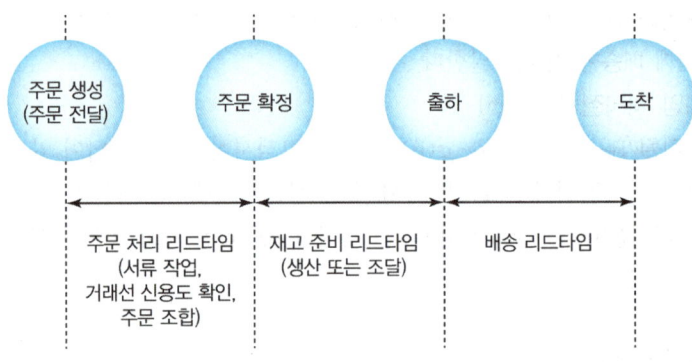

◀ [그림 4-3] Order Cycle Time 상세 ▶

TIP 주문 리드타임의 단계별 순서

주문 리드타임의 단계별 순서를 묻는 문제가 출제되면 주문 전달(Order Transmittal)과 주문 조립(Order Assembly) 리드타임의 순서를 묻는 문제가 출제될 수 있다. 주문 전달은 주문 처리 전 단계이고, 주문 조립은 주문 처리와 재고 준비 사이의 단계로 보면 된다.

④ **결품** : 타 고객 주문과 우선순위 조정을 통한 재고 확보, 고객과 대체품 협의, 주문 조합 지연 때문에 Order Cycle Time 증가에 영향을 준다.

⑤ Order Cycle Time 변동 사유

  ㉠ 고객 니즈 변경

  ㉡ 주문 우선순위 변경

  ㉢ 주문량 또는 출고량 변경

  ㉣ 판촉 행사

  ㉤ 천재지변

    ⓗ 오배송이나 파손

    ⓘ 순차 처리 vs 병렬 처리 : 순차 처리 방식은 병렬 처리 방식에 비해 주문 처리 시간이 더 든다.

    ⓙ 일괄 처리 : 주문을 모아서 일괄 처리하면 먼저 입수된 주문의 주문 처리 시간이 늘어난다.

⑥ Order Cycle Time 단축 방법

    ㉠ 결품이 일어나지 않도록 적정 재고 유지

    ㉡ 최소 주문 수량 설정과 표준 출고 수량 운영(Lot Size 관리)

    ㉢ 반품 및 교환 프로세스 명확화

    ㉣ 주문 입수 절차 표준화

    ㉤ 주문 처리 오류 감소 : 주문 처리 과정에서 오류가 발생하면 확인 및 재처리로 인해 주문 처리 시간이 증가하므로 오류 발생을 줄이기 위해 노력해야 한다.

    ㉥ 물류정보시스템 투자 : 주문관리시스템에 투자하여 주문 처리 시간을 줄일 수는 있으나, 초기 투자 비용이 많이 든다.

> **💡TIP** 잘 정한 물류서비스 표준으로 매출 성장을 달성한 사례, 아마존
>
> 아마존은 사업 초기 무료배송을 유지할 것인지를 놓고 고민한 끝에 당일, 다음 날, 2일 내 배송을 보장하는 유료 서비스 아마존 프라임을 도입하고 무료 서비스는 미국 국내 기준 5일 내 배송을 보장하는 물류서비스 표준을 수립함으로써, 고객의 아마존 프라임 가입을 유도하고 아마존 프라임 가입 고객에게 미가입 고객과 다른 쇼핑 혜택을 제공하여 급격한 매출 성장을 달성할 수 있었다.

04 서비스 품질 측정

(1) 서비스의 품질 측정 요소

① **원활한 서비스** : 차량, 장비 등 물류서비스를 원활히 제공해 줄 수 있는 능력이다. 기업의 물류 소요는 성수기와 비수기에 따라 변동이 생길 수 있는데, 성수기나 처리량 급증 시 원활한 서비스를 제공할 수 있어야 한다.

② **업무 수행에 대한 확신** : 전반적인 업무 수행에 대해 확신을 주는 능력이다. 기업은 물류서비스를 받는 과정에서 여러 가지 측정지표를 통하여 물류가 어떤 상황에서도 업무를 원활하게 수행할 수 있는지를 판단한다.

③ **정확하고 신속한 서비스** : 물류서비스는 기본적으로 정확하고 신속해야 한다.

④ **의사소통 능력** : 기업은 물류업무에 여러 가지 우려나 의문을 가질 수 있는데, 이때 명확하게 의사소통하면 업무 수준이 낮아도 미래에 개선될 것이라는 확신을 가질 수 있지만, 의사소통이 명확하지 않으면 뭔가를 숨기고 있다고 의심하게 되며, 미래에도 개선되지 않을 거로 판단해 버린다.

(2) 품질경영 국제표준

① ISO 9000 : 품질경영시스템. 기업 또는 조직의 품질관리 체계가 국제표준기구(ISO)에서 요구하는 규격에 적합하게 구축되어 있음을 객관적으로 증명한다.

② ISO 14000 : 환경경영시스템. 기업 또는 조직의 환경경영 체계가 계획(Plan), 실행(Do), 점검(Check), 개선(Action) 단계로 구성되어 환경 개선에 적합하게 구축되어 있음을 인증한다.

③ ISO 22000 : 식품안전경영시스템. 기업 또는 조직의 식품 안전관리 능력을 객관적으로 증명하기 위한 식품안전경영시스템 요구사항을 말한다. HACCP(Hazard Analysis and Critical Control Point, 식품안전관리인증)의 원칙도 ISO 22000에 정의되어 있다.

④ ISO 26000 : 기업의 사회적 책임 표준. 2010년 국제표준기구에서 발표한 기업의 사회적 책임 이행과 사회와의 상호작용 관련 지침을 담고 있다.

⑤ ISO 28000 : 공급사슬보안경영시스템. 2007년 국제표준기구에서 발표한 공급망 안전관리 체계 구축과 실행, 개선 관련 지침을 담고 있다.

⑥ 국제표준이 필요한 이유 : 글로벌 경제활동 과정에서 기업들이 여러 분야를 체계적으로 관리하고 있음을 객관적으로 증명하고 고객에게 신뢰를 주려면 국제표준이 필요하다.

(3) 서비스 품질 Gap 모형

① 정의 : 서비스에서 개선해야 할 영역을 파악하기 위해 고객의 서비스 기대 수준과 실제 제공받은 서비스 수준의 차이를 5가지 유형으로 구분하여 분석하는 기법이다.

② 서비스 품질 Gap 5가지 유형

  ㉠ 고객 기대치와 관리자의 인식 : 고객 기대치와 관리자가 고객이 바란다고 여기는 생각과의 차이를 말한다. 관리자에게 고객에 관한 정보가 부족하면 발생한다. 과거 우리나라에 처음 진출한 하이퍼마켓이 고객은 제품을 소개해 주는 점원과 시식을 원한다는 사실을 인지하지 못하고 반대로 고객은 점원 없이 방해받지 않고 쇼핑하기를 원한다고 접근했던 사례가 대표적이다.

  ㉡ 관리자의 인식과 서비스 품질 표준 : 관리자가 고객이 바란다고 여기는 생각과 기업의 서비스 품질 표준과의 차이를 말한다. 소비자는 무엇이든 빨리 응대해 주기를 원하는데, 기업의 서비스 품질 표준은 고객의 문의에 24시간 내 응답을 규정했다고 생각해 보자. 고객이 원하는 서비스 수준을 정의하고 그에 맞는 표준 절차를 도입해야 한다.

  ㉢ 서비스 품질 표준과 실제 서비스 : 기업의 서비스 품질 표준과 기업이 실제 제공한 서비스의 차이를 말한다. 기업이 제공하는 서비스의 표준화가 부족해서 발생하는 GAP이다. 기업은 고객 경험을 분석하고 개선 영역을 도출하며, 직원에게 적절한 교육 훈련을 제공해야 한다. 패스트푸드점에서 햄버거 하나를 만들기 위한 규정 시간이 너무 짧아 부상 우려가 있다고 논란이 된 사례가 대표적이다.

  ㉣ 실제 서비스와 홍보 내용 : 기업이 실제 제공한 서비스와 기업이 고객에게 홍보한 서비스 내용과의 차이를 말한다. 서비스 홍보 내용이 과장될 때 발생하는 GAP이며, 기업은 홍보 내용을 모니터링하고 서비스 내용을 명확하게 표시해야 한다. 불꽃놀이를 볼 수 있는 객실을 제공

하겠다고 했다가 건물에 가려진 객실에서는 불꽃놀이를 제대로 볼 수 없음이 확인된 서울의 한 호텔 사례가 대표적이다.

　　ⓜ 고객 기대치와 실제 서비스 : ㉠부터 ㉣까지 중 한 가지라도 있으면 발생할 수 있다. 정기적으로 고객 피드백을 수집하여 분석함으로써 고객의 기대치와 실제 서비스의 차이를 파악할 수 있다.

③ 고객 기대치와 실제 서비스의 차이 감소 방안 : ㉠부터 ⓜ까지를 잘 보면 ㉠부터 ㉣까지는 연쇄적으로 연결되어 있다. 고객 기대치와 실제 서비스의 차이를 줄이기 위해서는 ㉠부터 ㉣까지를 줄여야 한다.

(4) 서비스 품질 측정 모형 – SERVQUAL

① 정의 : 서비스 품질을 나타내는 5가지 관점에 따라 고객 기대치와 실제 서비스를 분석하여 고객만족도를 평가하는 분석 도구를 말한다.

② 서비스 품질 인식 방법 : 서비스 품질은 고객의 구매 전 기대와 실제 서비스와의 차이에 따라 인식될 수 있다고 보는 이론이다.

③ 창시자 : 1985년 마이애미대 파라수라만(A. Parasuraman) 교수, 노스캐롤라이나대 자이사믈(Valarie Zeithaml) 교수, 텍사스 A&M대 베리(Leonard L. Berry) 교수가 발표하였다.

④ 주요 항목 : 5개 항목으로 정의되어 있다.

◀ [표 4-1] SERVQUAL 항목 ▶

관점	내용
신뢰성(Reliability)	약속한 서비스를 신뢰성 있고 정확하게 수행하는 능력
확신성(Assurance)	서비스 담당 직원의 지식 수준과 태도 및 믿음과 확신을 주는 능력
유형성(Tangibles)	서비스를 제공하는 시설, 장비, 인력, 의사소통 도구 등 하드웨어
공감성(Empathy)	고객에게 개별적인 배려와 관심을 기울이고 있음을 의미
반응성(Responsiveness)	고객을 도와 즉각 서비스를 제공하겠다는 의지

⑤ 항목별 예시

◀ [표 4-2] SERVQUAL 예시 ▶

관점	평가항목	설문내용
신뢰성(Reliability)	약속시간 준수 여부	요청한 시간 내 배송을 완료하는가
확신성(Assurance)	고객에게 확신을 주는지 여부	정시에 정해진 배송을 완료하리라고 믿는가
유형성(Tangibles)	용모 단정한지 여부	배송기사의 복장 상태는 양호한가
공감성(Empathy)	고객 사정을 배려하는지 여부	고객이 시간 변경을 원하면 응해 주는가
반응성(Responsiveness)	바빠도 고객 요청에 응하는지 여부	고객의 부가 요청에 신속하게 대응하는가

⑥ 서비스 품질 모형으로서의 가치

　㉠ 가장 일반적인 도구 : 처음 만들어진 이후 다른 연구자들에 의해 여러 차례 수정되었지만, 가장 널리 쓰이고 있다.

　㉡ SQ = P - E : 서비스 품질(Service Quality)은 P(Perception, 서비스 인지)에서 E(Expectation, 서비스 기대치)를 뺀 것으로 본다. 즉 인지 수준이 높으면 서비스 품질이 높아지고, 기대치가 높아지면 서비스 품질이 낮아진다. 여기서 도출되는 서비스 품질은 서비스 품질 Gap 모형에서 맨 마지막 Gap 5로 설명된다.

(5) 서비스 품질 측정 모형 - SERVPERF

① 정의 : 고객의 기대치와 인지가 아닌 서비스의 성과, 즉 고객의 인지만으로도 품질 수준을 측정할 수 있다는 이론이다.

② 창시자 : 플로리다 주립대 조지프 크로닌 주니어(Joseph Cronin Junior) 교수와 일리노이 주립대 스티븐 테일러(Steven A. Taylor) 교수가 1992년 발표한 이론으로, SERVQUAL로 서비스 품질을 측정하려면 고객의 기대치와 인지가 모두 필요한데, 고객의 경험이 부족할 때는 기대치가 명확할 수 없다는 점을 들어, 성과만을 가지고 측정한 서비스 품질 모형을 주장했다.

③ 서비스 성과만으로 평가 : SERVPERF 모형은 SERVQUAL 모형만큼 널리 사용되지는 않지만, 대표적인 서비스 품질 측정 모형이다.

> **TIP** 서비스 품질 측정 모형
> 물류관리사 시험에서 서비스 품질 측정 모형을 상세하게 출제하지는 않지만, 성과와 기대치를 모두 반영하는 모형인지 성과만 반영하는 모형인지는 명확히 구분해 둬야 한다.

(6) 서비스 프로세스 매트릭스 모형

① 서비스 프로세스 매트릭스 : 1986년 인디애나대 로저 슈메너(Roger W. Schmenner) 교수는 기업마다 다른 서비스 프로세스의 특성을 분류한 서비스 프로세스 매트릭스를 제창하였다.

② 의의 : 노동 집약도와 고객과의 상호작용 및 고객 맞춤 서비스 강도로 사분면을 만들고, 기업의 서비스를 표시함으로써 기업이 전략적으로 서비스 수준을 높이기 위해 어떤 노력을 기울여야 하는지에 대한 방향을 제시하였다.

　㉠ **노동 집약도** : 노동 집약도는 서비스 시설이나 장비 비용 대비 노무비 비중을 말한다. 서비스 시설이나 장비 비용은 낮은데 서비스 제공에 많은 시간과 노동력이 필요하다면 노동 집약도가 높다고 정의할 수 있다.

　㉡ **고객 상호작용** : 고객이 서비스 과정에 개입하는 정도가 높으면 상호작용이 높다고 정의할 수 있다. 고객이 더 많은 요구를 하지 않는다면 서비스 과정에 개입할 이유가 없기 때문이다.

　㉢ **고객 맞춤 서비스** : 고객의 특정 선호를 고려해서 다른 서비스를 제공해야 할 필요가 있다면 고객 맞춤 서비스 수준이 높다고 정의할 수 있다.

③ 사분면 설명

ㄱ 서비스 공장 : 낮은 노동 집약도, 낮은 상호작용. 공장에서 물건을 대량생산하듯 연속해서 정해진 서비스를 제공하는 형태이다. 숙련도 낮은 인력으로도 규모의 경제를 추구할 수 있다. 숙박업소나 항공사가 대표적이다.

ㄴ 서비스 샵 : 낮은 노동 집약도, 높은 상호작용. 병원이나 식당이 대표적이다.

ㄷ 대량 서비스 : 높은 노동 집약도, 낮은 상호작용. 소매점이 대표적이다.

ㄹ 전문 서비스 : 높은 노동 집약도, 높은 상호작용. 공장에서 각각의 옵션에 따라 제품을 생산하는 체제를 생각하면 된다. 의사나 변호사, 약사 등 전문가 서비스가 대표적이다.

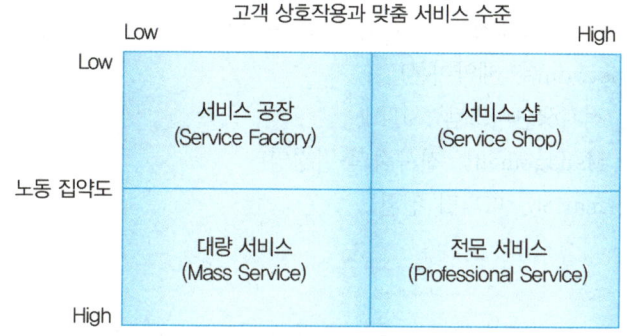

[그림 4-4] 서비스 프로세스 매트릭스

④ 경영 시사점

ㄱ 노동 집약도가 낮을 때

ⓐ 설비와 장비 투자에 관한 의사결정이 중요하다.

ⓑ 기술 발전을 예의주시해야 한다.

ⓒ 서비스 유입을 관리해야 한다.

ㄴ 노동 집약도가 높을 때 : 인력 고용, 교육 훈련, 인력 통제, 스케줄링, 복리후생이 중요하다.

ㄷ 고객 상호작용이나 맞춤 서비스 수준이 낮을 때 : 마케팅과 서비스 표준화가 중요하다.

ㄹ 고객 상호작용이나 맞춤 서비스 수준이 높을 때

ⓐ 규모의 경제를 달성할 수 없으므로 노무비를 관리해야 한다.

ⓑ 직원의 충성도를 관리해야 한다.

05 물류서비스 품질 시스템

아래와 같은 시스템이 물류서비스 수준을 높이고 물류비용을 절감하는 데 활용되고 있다.

① BPR(Business Process Reengineering, 업무 재설계)

② MRP(Material Requirement Planning, 자재소요계획)

③ MRPⅡ(Manufacturing Resource Planning, 생산자원계획)

④ DRP(Distribution Resource Planning, 유통자원계획)

⑤ ERP(Enterprise Resource Planning, 전사적자원관리)

⑥ CALS(Computer Aided Logistics Support, 통합 판매・물류・생산시스템)

⑦ TOC(Theory of Constraints, 제약이론)

⑧ JIT(Just-In-Time, 적시생산시스템), JITⅡ

⑨ TQM(Total Quality Management, 전사적 품질경영)

⑩ DT(Digital Transformation, 디지털 전환)

⑪ 6시그마

1 BPR(Business Process Reengineering, 업무 재설계)

(1) 정의

획기적이고 근본적인 프로세스 재설계 : 비용, 품질, 서비스, 속도 측면에서 획기적인 개선을 달성하기 위해 조직의 프로세스와 업무 흐름을 분석하고 근본적으로 재설계하는 경영기법을 말한다.

(2) 역사

① **창시자** : MIT 마이클 해머(Michael M. Hammer) 교수가 1990년 하버드 비즈니스 리뷰를 통해 부가가치를 창출하지 않는 지금의 업무 대부분을 없애버리고, 고객을 만족시키고 비용을 절감할 수 있는 새로운 프로세스를 만들어야 한다고 주장하였다.

② **탄생 배경**

㉠ **대외적** : 소비자의 요구가 다양해지고, 국제경영 확대로 경쟁이 치열해졌으며, 정보기술이 급격하게 발전하였다. 특히 일본을 중심으로 한 아시아 기업이 미국 시장에 진출하여 가격 대비 우수한 품질의 제품으로 시장을 잠식해 가고 있었다.

㉡ **대내적** : 부서 간 장벽으로 의사소통 비효율이 발생하고, 업무의 질과 속도가 저하되었다.

(3) 구성요소

① **프로세스** : 개별 업무가 아닌 프로세스 전체의 효율성을 높이기 위해서는 전체 프로세스를 대상으로 BPR을 추진해야 한다.

② 사람 : BPR을 추진하는 인력과 BPR의 적용을 받는 조직이 있어야 한다.

③ 정보기술 : BPR은 근본적인 업무 프로세스 재설계 작업이므로 정보기술 발전에 의한 자동화 확산의 영향을 크게 받아서 발전하였다. BPR과 정보기술의 관계는 어느 한쪽을 선행으로 파악하기 어려우며, 정보기술은 BPR을 촉진하는 도구이자 BPR을 구현하는 도구이다.

(4) 기본 원칙

① 업무 통합 : 과거 분업화, 전문화되어 있던 업무를 기능 중심이 아닌 업무 프로세스 중심으로 통합한다.

② 분산된 자원의 중앙집중 관리 : 자원의 효율적 이용과 비용 절감이 가능하다. 정보기술의 발전으로 ERP(전사적자원관리)와 같은 솔루션을 도입함으로써 자원의 통합 관리가 가능해졌다.

③ 병렬 처리 : 업무를 병렬 처리함으로써 처리 시간을 단축한다. 대표적인 기법이 동시공학이다. 동시공학(Concurrent Engineering)은 제품 기획부터 생산까지 순차적으로 이루어지는 제품 개발 프로세스의 모든 과정을 병행 처리하여 제품 개발 기간을 단축하고 개발 비용을 줄이는 기법으로, 동시공학을 통해 개발 분야의 BPR을 달성할 수 있다.

(5) 성공의 전제조건

① 최고경영진의 적극적 지원 : 구성원이 공감대를 형성하기 위해서는 최고경영진이 BPR 추진에 관심을 보이고 힘을 실어줘야 한다. 또한 조직의 비전과 명확한 BPR 목표를 설정하고 구성원을 독려해야 한다.

② 전사적 공감대 형성 : 지금까지의 프로세스를 완전히 다시 설계하여 세계를 상대로 경쟁할 수 있는 글로벌 스탠다드 프로세스를 만들기 위해 조직구성원의 사고를 바꾸어야 한다. 이 과정에서 교육 훈련 및 보상뿐만 아니라 최고경영진의 적극적 관심과 지원이 큰 역할을 한다.

③ 추진 전담 조직 구성 : BPR 대상 프로세스를 잘 아는 부서가 주도하여 BPR을 추진하되, 정보기술 담당 부서가 지원하도록 한다.

④ 성과 측정 : BPR의 성과를 명확히 측정할 수 있는 정성적 기준과 정량적 기준을 설정하고 목표 달성 여부와 실제 적용 여부를 점검해야 한다.

2 MRP(Material Requirement Planning, 자재소요계획)

(1) 정의

자재 소요와 조달을 계획 : 제품의 생산계획, 재고 현황, 자재명세서, 자재별 조달 리드타임에 근거하여 필요한 자재를 필요한 시점에 필요한 만큼 조달할 수 있도록 계획하는 프로세스를 말한다.

(2) 역사

① 1950년대 최초 사용 : 항공기 엔진 제조회사 롤스 로이스와 제너럴 일렉트릭에서 내부적으로 활용했다.

② **1960년대 상용화** : 1964년 공구회사 블랙 앤드 데커에서 처음으로 상용화되었다.

(3) 목적

① **생산계획 달성 지원** : 제품의 자재명세서를 근거로 생산에 필요한 자재의 발주 시점과 조달 시점을 정의함으로써 생산계획 수립과 달성을 지원한다.

② **자재 재고 합리화와 결품 방지** : 자재명세서를 근거로 생산에 필요한 만큼만 자재를 발주하고 조달하도록 함으로써 재고를 줄이고, 리드타임을 단축하며, 고객만족을 높인다.

(4) 구성요소

① **자재명세서(Bill of Material)** : 완제품을 생산하는 데 필요한 부품과 모듈의 개수를 정의하고 있다.

② **생산계획(MPS, Master Production Schedule)** : 고객의 수요를 맞추기 위해서는 언제, 얼마나 완제품을 공급해야 하는지를 나타낸 계획이다.

③ **재고 현황 정보(ISF, Inventory Status File)** : 현재 보유재고와 발주 재고 정보를 제공한다. 교재나 문제에 따라서는 재고 기록철이라는 표현을 쓰기도 한다.

④ **기타 기준정보** : 선행공정 여부, 품질 문제에 따른 여유 발주량, 발주 단위(Lot Size), 발주 리드타임 등이 있다.

(5) 작동 원리

① **생산계획 적용** : 생산계획을 통해 미래 생산 수량과 생산 시점을 확인한다. 4주 뒤에 100대를 생산해야 한다고 가정하자.

② **자재명세서 적용** : 완제품 자재명세서를 적용하여 4주 뒤 완제품 100대를 생산하기 위해 어떤 부품을 조달해야 하는지 확인한다. 4주 뒤에 100대를 생산하기 위해서는 대당 부품 A 1개, 부품 B 2개가 필요하다고 가정하자.

③ **자재 소요량 적용** : 4주 뒤에 100대를 생산하기 위해 미리 작업해야 하는 선행공정이 없다고 가정하면, 4주 뒤 필요한 자재 소요량은 부품 A 100개, 부품 B 200개이다. 부품이 없다면 부품 A는 2주 전, 부품 B는 3주 전에 발주해야 한다고 가정하자.

④ **재고 상태 정보 적용** : 부품 A는 현재 50개를 보유하고 있고, 부품 B는 재고가 없다고 가정하자.

⑤ **입고 예정 정보 적용** : 부품 A는 50개가 이미 발주되어 1주 뒤 입고되며, 부품 B는 발주 이력이 없다고 가정하자.

⑥ **신규 발주** : 부품 A는 재고 50개 + 1주 뒤 입고 50개 = 100개이면 4주 뒤 100대를 생산할 수 있으므로 더 발주하지 않는다. 반면 부품 B는 발주 이력이 없고 재고도 없으므로 이번 주 200개를 발주해서 3주 뒤 200개를 입고해야 한다.

생산계획	이번 주	1주 뒤	2주 뒤	3주 뒤	4주 뒤
완제품 X					100

자재명세서	
부품 A	1
부품 B	2

자재 소요량	이번 주	1주 뒤	2주 뒤	3주 뒤	4주 뒤
부품 A					100
부품 B					200

재고 현황	이번 주	1주 뒤	2주 뒤	3주 뒤	4주 뒤
부품 A	50				
부품 B					

입고 예정	이번 주	1주 뒤	2주 뒤	3주 뒤	4주 뒤
부품 A		50			
부품 B				200	

신규 발주	이번 주	1주 뒤	2주 뒤	3주 뒤	4주 뒤
부품 A					
부품 B	200				

◀ [그림 4-5] MRP 작동 원리 ▶

🔵**TIP** MRP와 수요예측

MRP의 input은 MPS, 즉 생산계획이지만, 그 생산계획의 원천은 고객 수요이기 때문에, 기출문제에 따라서는 MRP가 완제품 수요예측부터 시작된다고 기술한 문제도 있다. 완제품 수요예측으로 MPS도 변경하므로 맞는 설명이다.

(6) 장점

① 재고 감소 : 생산계획에 따라 필요한 시점에 맞게 필요한 만큼만 자재와 부품을 확보함으로써, 재고를 미리 확보할 필요성을 줄이고 재고 감소에 도움을 준다.

② 효율성 증대 : 생산 일정에 맞춰 재고를 확보함으로써 작업이 원활해지고, 노동생산성을 높일 수 있다.

③ 종속수요 : 수요예측과 생산계획 변동에 따른 모듈이나 부품의 수요를 신속하게 확인할 수 있다.

④ 조립생산에 적합 : 자재명세서와 생산계획으로 자재 소요를 풀기 때문에 조립품 생산에 적합한 자재관리 기법이다.

(7) 단점

① 데이터 정확성에 의존 : 수요예측이나 자재명세서, 발주 리드타임 등이 부정확하면 계획 전체가 부정확해진다.

② 유연성 부족 : 생산계획에 따른 종속수요이기 때문에 유연성이 떨어진다.

③ 필요 이상 재고 확보 : 부정확한 계획에 따른 생산 차질을 경험하다 보면, 안전재고나 예비 리드타임 등의 방법으로 필요 이상으로 재고를 확보하려는 유인이 생긴다.

3 MRPⅡ(Manufacturing Resource Planning, 생산자원계획)

(1) 정의

MRP + 생산자원 : 생산계획과 자재 소요 중심의 MRP가 인적자원 관리와 재무관리를 포함한 기업의 자원 전체에 관한 계획으로 확장된 형태를 말한다.

(2) 역사

1983년 미국의 올리버 와이트(Oliver Wight)가 제창하였다.

(3) 구성요소

① 생산계획(MPS, Master Production Schedule)

② 자재명세서(BOM, Bill of Material)

③ 재고 데이터

④ 자재소요계획(MRP, Material Requirement Planning). 여기까지는 MRP의 영역이다.

⑤ 생산자원 데이터(작업자 등)

⑥ 생산능력 데이터(생산라인 수, 설비 생산 가능 시간이나 생산 가능 대수 등)

⑦ 수요예측(생산계획의 원천 데이터)

⑧ 회계 데이터

⑨ 품질 보증(Quality Assurance)

(4) MRP와의 차이

① 자재 소요 중심의 MRP : MRP는 생산계획과 자재소요계획을 바탕으로 수학적으로 자재 소요를 산출하는 시스템이다.

② 기업 전체의 생산자원 계획 중심의 MRPⅡ : MRPⅡ는 MRP는 물론 생산 Capacity, 인적자원, 수요예측 등을 고려하여 전체 생산을 조절하고 여기서 도출된 생산원가는 회계 시스템으로 연결해 주는 시스템이다.

(5) 의의

① S&OP 발전의 계기 : 수요예측과 생산 Capacity를 고려한 생산 조정 프로세스이기 때문에, MRP II 는 생산-판매 회의, 즉 S&OP(Sales and Operations Planning)가 발전하는 계기를 제공하였으며, S&OP 는 공급망 관리를 실행하기 위한 기본 프로세스로 발전하였다.

② ERP 탄생의 계기 : MRP II 는 정보기술의 발전으로 MRP가 1990년대 전사적자원관리(ERP)로 발전하는 계기가 되었다.

4 DRP(Distribution Resource Planning, 유통자원계획)

(1) 정의와 목적

① 수요관리의 MRP : 고객의 수요를 신속하게 생산계획에 반영하고, 제품을 고객이 필요한 양만큼 필요한 장소에 빠르게 전달하기 위한 프로세스이다.

② 목적 : 주문, 배송 관련 비용은 물론 재고 감소를 목적으로 한다.

(2) 역사

1970년대 안드레 마틴(Andre J. Martin)이 고안하였다.

(3) MRP와의 차이

① MRP : 생산계획을 근거로 자재소요계획을 수립하고 실행하는 개념이다.

② DRP : 고객의 수요를 근거로 소요계획을 수립하고 실행하는 개념이다.

(4) 구성요소

① 수요예측

② 현재고 수준

③ 안전재고 목표 수준

④ 보충 계획수량

⑤ 보충 리드타임

(5) Push 방식과 Pull 방식

① Push 방식 : 얼마나 보충할지 중앙집중 방식으로 통제하고 보충해 주는 방식. 관리 비용은 적게 들지만, 실제 수요를 적시에 반영하지 못할 위험이 크다.

② Pull 방식 : 필요로 하는 곳에서 요청한 만큼 공급하는 방식. 관리가 어렵고, 공급 부족이나 예측 실패 경험이 있으면 채찍효과가 발생할 가능성이 높다.

5 ERP(Enterprise Resource Planning, 전사적자원관리)

(1) 정의와 의의

① 기업의 모든 부문을 연결하는 시스템 : 영업과 생산뿐만 아니라 회계, 물류, 구매, 인사, 서비스 등 기업의 모든 주요 부문을 연결하고 통합 관리하며, 정보를 공유하는 시스템이다.

② 시스템 통합의 중요성 : 기업의 주요 부문이 저마다의 시스템을 운용하고 있다면 부문마다 미세한 데이터 형태 차이와 시스템끼리의 연결 부족으로 정보가 제때 공유될 수 없으며, 각 부문은 저마다 독자적인 의사결정을 하게 된다. 예를 들어 생산부문은 비용 절감을 위해 생산을 줄이는데, 구매부문은 박리다매를 위해 원자재 구매량을 늘릴 수 있다.

③ MRP · DRP와의 차이

    ㉠ MRP : 생산계획을 근거로 자재소요계획을 생성하고 실행하는 개념이다.

    ㉡ DRP : 고객의 수요를 근거로 고객이 원하는 물자를 신속하게 생산계획에 반영하고 보충하는 개념이다.

    ㉢ ERP : 기업 내 모든 부문을 통합적으로 연결하여 정보를 공유하고 효율을 높이는 시스템을 말한다.

> **TIP** ERP의 연결성
>
> ERP가 기업의 모든 주요 부문을 연결한다는 의미는 거꾸로 생각하면 기업의 모든 주요 부문이 선행 또는 후행 프로세스가 완료되지 않으면 업무를 진행할 수 없다는 뜻이다. 예를 들어 부문 간 분리된 시스템이라면, 회계부문에서 고객과의 거래조건을 설정하지 않아도 주문을 임의로 처리할 수도 있다. 그러나 부문 간 연결된 시스템이라면 선행 프로세스인 고객과의 거래조건 설정이 완료되지 않으면 후행 프로세스인 주문 처리는 절대 불가능하다. ERP의 연결성을 이해하는 데 도움이 되기를 바란다.

(2) 역사

① MRP의 등장 : 1960년대 MRP가 처음 등장하였다.

② MRP의 확산 : 1970년대 MRP가 큰 기업 중심으로 제한적으로 확산하였다.

③ MRPⅡ의 등장 : 1980년대 MRPⅡ의 등장으로 재고와 원자재 조달 영역을 넘어 생산 외 여러 부서가 참여하는 생산 프로세스를 시스템 솔루션으로 지원하기 시작했다.

④ ERP의 등장 : 1990년 가트너가 MRPⅡ를 기업의 지원영역 전체로 확대하고 ERP라는 용어를 처음으로 정의하였다. 이를 계기로 기존 MRPⅡ에 회계, 영업, 연구개발, 인사 등이 포함된 기업의 통합 시스템 ERP가 만들어졌다.

⑤ 클라우드 ERP의 확산 : 2000년 가트너는 MRPⅡ에 이어 CRM, SCM 등 다른 고객 접점 시스템과 연결된 웹 기반 시스템 ERPⅡ를 정의하였다. 또한 1990년대 말에 처음 출시된 클라우드 ERP가 2000년대 들어 본격 확산하기 시작하였다.

(3) ERP 도입 효과

① 영업 : 고객의 주문을 통일된 데이터 포맷으로 취급할 수 있으며, 생산계획과 재고를 모니터링하며 납기를 관리할 수 있다.

② 생산 : 통일된 데이터 포맷으로 정리된 고객의 주문을 생산계획에 반영할 수 있으며, 생산계획에 근거하여 신속하게 자재소요계획을 수립하여 원자재 구매에 반영할 수 있다.

③ 회계 : 매출과 매입을 적시에 분개 처리하고, 현금흐름을 신속하게 확인할 수 있으며, 정형화된 방식으로 마감을 진행하므로 회계 마감 결과를 경영진에게 신속하게 보고할 수 있다.

④ 물류 : ERP의 주문 데이터를 직접 연결하여 적시 배송을 수행할 수 있으며, 파렛트 개수, 제번, 로트번호 등 생산과 물류 과정에서 나오는 부가 정보를 배송 과정에서 신속하게 집계하고 전달할 수 있다.

⑤ 구매 : 생산계획과 회계의 공급업체 정보를 직접 참조하여 구매 수량을 정하고, 적시 발주 및 매입 전표 생성과 대금 지급을 수행할 수 있다.

⑥ 인사 : 생산계획과 고객의 주문, 물류 처리량을 근거로 인력 소요를 왜곡 없이 파악하고 선제적으로 대응할 수 있다.

⑦ 서비스 : 고객의 수리 요청을 직접 참조하여 수리용 부품 발주, 수리 및 수리비 청구를 수행할 수 있으며, 회계 처리와 연계하여 신속하게 무상 수리나 환불을 진행할 수 있다.

⑧ 생산성 향상 : 기업의 상기 주요 부문이 데이터 왜곡 없이 상대방의 정보를 가감 없이 직접 활용함으로써 전체적인 생산성을 높일 수 있다.

⑨ 기업경영의 가시성 제공 : 기업의 상황을 왜곡 없이 파악할 수 있으며, 위험을 사전에 감지하고 신속하게 행동을 취할 수 있다.

⑩ 시스템 구조 개선 : 생산 및 재고계획, 구매, 창고, 재무, 회계, 인적자원, 고객관계관리 등과 같은 다양한 업무의 통합 시스템화를 추구하므로, 각 부문이 통일된 데이터 포맷으로 정보를 공유할 수 있으며, 신속하고 용이하게 타 기업 시스템과 연결할 수 있다.

⑪ 공급망 운영 개선 : 전체 공급망의 가시성을 높이고, 재고를 줄이며, 효율적으로 물류 활동을 전개하기 위한 시스템 체계 구축의 기반이 된다.

(4) ERP 이용 방식

① 라이선스 : 도입 기업이 ERP 프로그램을 구입하고 도입에 필요한 서버와 네트워크 인프라를 직접 확보해서(On-Premise) 구축하고 운영하며, 프로그램 제작사에 라이선스료를 지불하는 형태를 말한다.

② SaaS(Software as a Service) : ERP 서비스 업체는 클라우드에 ERP 솔루션을 갖추고, 도입 기업은 서비스 업체에 구독료를 내고 이용하는 형태를 말한다.

(5) ERP 인프라 형태

① On-Premise : 도입 기업이 서버와 네트워크 등 인프라를 직접 구축하고 ERP 프로그램을 구매하여 서버에 구축하면, 사용자들이 네트워크로 접속하여 운영하는 형태를 말한다. 서버와 네트워크, ERP 프로그램 모두 도입 기업이 유지보수한다. 초기 투자 비용이 발생하고, 도입이 늦다는 단점이 있지만, 도입 기업의 요구에 유연하게 대응할 수 있다는 장점이 있다.

② Cloud : ERP 프로그램은 클라우드에 두고 도입 기업은 구독료를 내고 이용하는 형태를 말한다. 소프트웨어 제공자가 유지보수, 업데이트, 패치, 보안 등을 담당한다. 초기 도입비용이 저렴하고, 빨리 도입할 수 있으며, 이용자 증가에 유연하게 대응할 수 있다는 장점이 있지만, 개별 기업의 변경 요구에 유연하게 대응하기 어렵다.

③ 하이브리드 : 두 가지 형태를 동시 운영하는 형태를 말한다. 전체 ERP 기능 중 일부 기능 또는 일부 데이터는 클라우드에 두고, 일부는 On-Premise로 자가 서버에 두는 형태이다.

6 CALS(Computer Aided Logistics Support, 통합 판매·물류·생산시스템)

(1) 정의

디지털 기술을 이용한 효율화 : 기업의 프로세스를 혁신하고 표준화하기 위해 제품개발, 생산, 영업, 물류에 이르는 영역을 디지털 정보기술로 효율화하는 전략이다.

(2) 역사

① 1982년 종이 서류 없애기 운동에서 시작 : 1982년 국방예산과 운영유지비 절감을 위해 미국 국방부에서 시작한 Paperless 운동이 시초이다.

② 1985년 Computer-Aided Logistics Support 지침 : 미국 국방차관 윌리엄 태프트(William H. Taft IV)가 설계도, 매뉴얼 등 군수 관련 정보를 전산화하도록 지침을 제시하고 추진조직을 구성하였다.

③ 1988년 Computer-Aided Acquisition and Logistics Support로 영역 확장 : CALS를 국방부 내부뿐만 아니라 방산업체의 구매와 조달 영역까지 확장하여 군수 전체를 지원하는 체계로 전환하였다.

④ 1993년 Continuous Acquisition and Life Cycle Support로 발전 : 클린턴 대통령 취임 후, CALS는 상무부 주도로 제품수명주기 전반에 관한 지원 체계로 발전함으로써 군사 분야뿐만 아니라 민간 분야로 확산하였다. 1994년 민간 분야 통합 지원의 개념은 Commerce At Light Speed로 분리되었으며, 군사 분야 CALS는 이 개념을 그대로 사용하고 있다.

⑤ 1994년 Commerce At Light Speed가 기존 CALS에서 분리 : CALS Expo 94에서 상무부가 기업 간 정보공유를 생각하고 제안한 개념이다. 부품의 보급 및 교환, 조달, 설계 및 제조, 상거래, 물류, 대금결제 등 광범위한 영역을 다루고 있다.

☑ **CALS의 개념 확장**

시대가 변하면서 자본주의와 물류의 발전에 따라 CALS의 지향점도 바뀌어 왔음을 알 수 있다. 처음 국방부 내의 정보 전산화와 공유에서 시작한 것은 로지스틱스의 시대와 개념이 일치하고, 이후 방산업체까지 확대 적용하고 제품수명주기 전체 관리까지 포함한 것은 공급망 관리의 시대와 개념이 일치한다. 연구와 개발부터 조달, 생산, 판매까지를 모두 포괄하는 Commerce At Light Speed의 개념은 지금의 End-to-End 공급망 관리의 개념과 비슷하다. CALS는 가끔 출제되는데 CALS가 기업의 전산화와 기업 간 정보공유를 지향한 개념이었으며, 시대의 변화에 따라 개념이 확장되었음을 알아두자.

(3) 목적

① **전산화와 정보공유** : 시스템 기반으로 설계도, 장비명세서, 매뉴얼, 교육자료, 작동 순서 등의 데이터를 자동으로 수집하고 전달함으로써 수작업과 종이 문서 제거를 목적으로 하였다. 이후 방산업체와의 정보공유, 민간기업의 정보공유로 개념이 확장되었다.

② **데이터 효율화** : 데이터 저장공간과 중량 축소

③ **자동화 확대** : 자동화 분야를 확대한다.

④ **인프라 현대화**

⑤ **정보 품질 개선** : 수작업으로 정보를 공유할 때 발생할 수 있는 정보의 부정확성 문제를 개선한다.

7 TOC(Theory of Constraints, 제약이론)

(1) 정의와 목적

① **제약요인에 관리를 집중** : 조직의 전체적인 성과를 좌우하는 것은 제약요인이므로, 더 높은 이익을 얻기 위해서는 제약요인을 중심으로 관리를 집중해야 한다는 이론이나. 생산 프로세스에시는 제약을 병목(Bottleneck)이라고도 부르며, 여러 개의 활동으로 연결된 전체 프로세스 중 가장 약점에 해당한다.

② **목적** : 이익 극대화가 목적이다.

(2) 역사

소설로 발표된 이론 : 이스라엘의 물리학자 엘리야후 골드랫(Eliyahu Moshe Goldratt) 박사가 제약이론을 소개하기 위해 1984년 발표한 소설 'The Goal'을 통해 제창하였다.

(3) 주요 도구

① **집중개선 5단계**(The Five Focusing Steps) : 제약을 식별하고 제거하는 단계적 기법을 말한다.

② **사고 프로세스**(The Thinking Processes) : 문제를 분석하고 해결하는 기법이다.

③ 쓰루풋 회계(Throughput Accounting) : 성과를 측정하고 경영 의사결정 방향을 제시하는 기법이다.

(4) 기대 효과

① 이익 증가 : 제약이론의 가장 큰 목표는 이익 극대화이다.
② 빠른 개선 : 하나의 제약요인 개선에 모든 역량을 집중함으로써 개선의 효과가 빠르게 나타날 수 있다.
③ 생산능력 증대 : 제약요인을 개선함으로써 생산량 증가와 생산능력 증대 효과가 있다.
④ 리드타임 감소 : 제약요인을 개선함으로써 생산이 원활해지고 빨라져서 리드타임 감소 효과를 가져온다.
⑤ 재고 감소 : 제약요인을 제거함으로써 제약공정을 기다리는 재공품 재고가 줄어들고, 전체적으로 재고를 줄일 수 있다.

(5) 핵심 개념

모든 프로세스에는 제약요인이 있으며, 제약요인을 개선해야 프로세스 전체의 쓰루풋(Throughput, 자료에 따라 처리량이라고도 하고, 공헌이익이라고도 하지만, 최근에는 현금 창출이라고 보거나, 영문 그대로 쓰루풋이라고 부른다)이 높아진다. 제약이 아닌 요인을 개선해서는 눈에 띄는 개선을 기대할 수 없다.

(6) 집중개선 5단계(The Five Focusing Steps)

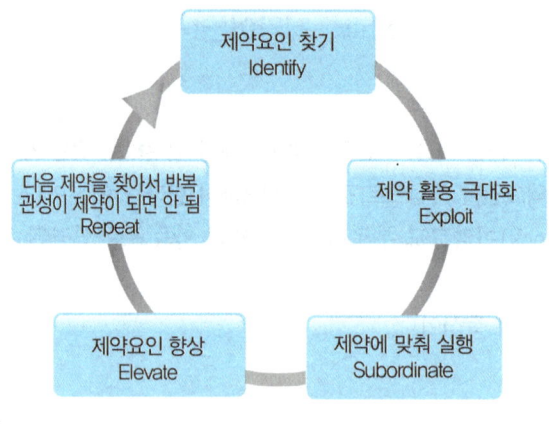

◀ [그림 4-6] 집중개선 5단계 ▶

① 제약요인 찾기(Identify) : 목표 달성을 제한하는 현재의 제약요인을 찾는다.
② 제약 활용 극대화(Exploit) : 기존 자원을 활용해서 제약의 쓰루풋을 개선할 방안을 찾는다.
③ 제약에 맞춰 실행(Subordinate) : 제약이 아닌 요인은 제약에 종속시킨다. 어떤 공정이 느리면 그 공정에 다른 공정의 속도를 맞추라는 뜻이다.

④ 제약요인 향상(Elevate) : 제약요인을 제거하여 더 이상 제약요인이 되지 않도록 개선한다. 제약요인은 제거될 수도 있고 다른 프로세스로 이동할 수도 있는데, 그렇게 될 때까지 계속 수행해야 하는 단계이다. ②의 단계처럼 현장에서 이용할 수 있는 자원으로 개선할 수 없다면, 투자가 필요할 수도 있다.

⑤ 반복(Repeat) : 하나의 제약요인이 해결되거나 제거되면, 다른 제약요인이 발생한다. 다른 제약요인을 찾는 ①의 단계부터 다시 반복한다.

(7) 사고 프로세스(The Thinking Processes)

① 정의 : 상호 의존성이 강하고 복잡하게 얽힌 문제를 개선하기 위하여, 바람직하지 않은 영향을 주는 근본 원인을 찾고 혁신적인 해결방안을 도출하는 문제 해결 프로세스이다.

② 사고 프로세스의 3대 핵심 질문사항

　㉠ 변경 대상(What needs to be changed?) : 문제의 근본 원인을 찾는다.

　㉡ 변경할 대상(What should it be changed to?) : 문제 해결 목표를 수립한다.

　㉢ 변경 방안(What actions will cause the change?) : 문제의 해결방안을 찾는다.

③ 논리나무(Logical Tree) 활용 : 인과 관계를 다이어그램으로 연쇄적으로 표시하면 나무 모양의 도표가 만들어진다. 사고 프로세스에서는 5가지 논리나무를 이용한다.

　㉠ 현재상황나무(Current Reality Tree) : 문제와 근본 원인을 찾는다. 사고 프로세스의 3대 핵심 질문사항 중 변경 대상을 찾는 데 사용한다.

　㉡ 증발구름(Evaporating Cloud) : 문제 해결방안 사이의 충돌을 해소한다. 변경할 대상을 찾는 데 사용한다.

　㉢ 미래상황나무(Future Reality Tree) : 문제 해결방안의 결과를 예측한다. 변경할 대상을 찾는 데 사용한다.

　㉣ 선행조건나무(Prerequisite Tree) : 문제 해결방안 추진계획을 수립한다. 변경 방안을 찾는 데 사용한다.

　㉤ 실행계획나무(Transition Tree) : 구체적인 실행계획을 작성한다. 변경 방안을 찾는 데 사용한다.

(8) 쓰루풋 회계(Throughput Accounting)

① 정의 : 현금 창출, 재고, 운영비 관점에서 이익 극대화를 추구하는 TOC 실천 기법이다. 전통적 회계처리와 아래와 같은 차이가 있다.

　㉠ 재고는 부채 : 전통적 회계처리는 재고를 자산으로 보지만, 쓰루풋 회계는 재고를 부채로 본다.

　㉡ 비용보다 쓰루풋 : 전통적 회계처리는 비용 절감에 중점을 두지만, 쓰루풋 회계는 비용을 뛰어넘을 정도로 높은 쓰루풋, 즉 현금 창출에 중점을 둔다.

② 3대 핵심 관점

　㉠ 쓰루풋(Throughput) : 매출에서 변동비를 차감한 공헌이익, 현금 창출 능력을 말한다.

ⓛ 운영비(Operating Expense) : 현금 창출을 위해 현재의 생산능력을 유지하기 위해 사용된 비용을 말한다. 전통적인 경비나 판매비, 관리비와 달리 급여, 노무비, 공과금 등을 말한다.

ⓒ 재고・투자(Inventory・Investment) : 판매 목적으로 구매하는 데 투자한 비용을 말한다.

③ 주요 지표

㉠ 순이익(Net Profit) : 쓰루풋 - 운영비, 즉 공헌이익 - 운영비

ⓛ 투자수익률(Return on Investment) : 순이익 ÷ 투자

ⓒ 생산성 = 쓰루풋 ÷ 운영비

㉣ 투자 회전율(Investment Turns) : 쓰루풋 ÷ 투자

(9) Drum-Buffer-Rope(DBR)

① 정의 : 제약요인에 생산을 맞추는 생산경영 기법이다.

② 유래 : 소설 '더 골'에서 주인공 알렉스가 아들의 하이킹에 따라갔다가 걸음이 느린 아이 때문에 정해진 시간 안에 완주할 수 없는 상황에 이르자, 걸음이 느린 아이를 선두에 세우고 아이들을 로프(Rope)로 묶어 간격을 유지한 다음(Buffer), 선두 아이가 북을 치며 전체 대열의 속도를 조절하는 방법으로(Drum) 정해진 시간 안에 완주하는 데 성공한 데서 유래했다.

㉠ Drum : 제약요인 그 자체이다. 전체 프로세스의 속도를 결정한다.

ⓛ Buffer : 생산과 판매를 중단 없이 지속하기 위한 재고수준이다. 제약공정 전에 두는 안전재고 등의 Buffer를 Constraint Buffer라고 하며, 고객 배송일을 위해 판매에 두는 Buffer를 Customer Buffer라고 한다.

ⓒ Rope : 생산과 판매에서 재고가 소진되는 속도를 나타낸다.

> **🌐TIP** TOC의 물류 연관성
>
> TOC는 지금도 생산 현장에서 품질 개선을 위해 많이 사용되고 있고, 관련된 컨설팅 사례도 많다. 게다가 공급망 관리가 공식적으로 등장하기 10여 년 전에 이미 재고를 최적화하고 정보공유를 통해 프로세스를 연결하는 공급망 관리의 기본 개념을 어느 정도 반영했기 때문에 물류와의 연관성 또한 크다. 마지막으로 TOC는 주요 개념이 명확하게 항목으로 정의되어 있으므로 출제하기가 쉽다.

8 JIT(Just-In-Time, 적시생산시스템)

(1) 정의

재고를 최소화하여 낭비 제거 : 땅이 좁아 재고를 둘 땅도 부족한 일본의 기업 환경에서 탄생한 것으로 알려진 이론으로, 필요한 때, 필요한 물건을, 필요한 만큼 생산함으로써 재고를 최소화하여 낭비를 없애는 시스템이다.

(2) 역사

도요타 생산방식의 핵심 : 1950년대 도요타 자동차에서 간판 시스템을 활용한 생산이 시작되고 도요타 생산방식의 한 축이 되면서 세계적으로 유명해졌다.

(3) 주요 개념

① Pull 방식 : JIT는 예측수요를 바탕으로 재고를 밀어내는 Push 시스템이 아니라 후행공정이 필요로 하는 만큼 재고를 가져가는 Pull 시스템을 기반으로 한다. 재고 최소화를 위해서는 후행공정이 재고를 가져가는 시스템이 되어야 한다는 논리이다.

② 품질관리 : 부품에 불량이 발생하면 불량이 발생할 가능성을 고려해서 재고를 늘려야 생산 중단을 막을 수 있다. JIT는 재고를 최소로 유지하기 위해서는 불량이 없도록 품질을 관리해야 하며, 그래야 품질검사, 여유 생산으로 인한 재고, 재작업 등 낭비를 제거할 수 있다고 본다.

③ 공급업체와의 협업 : 부품의 품질 불량을 막으려면 부품 공급업체에 어느 정도는 장기간 납품 기회를 보장해 주고 그 대가로 양질의 부품을 생산 시작에 맞춰 적시에 받아야 한다. JIT는 부품의 품질, 수량, 납품 시기 측면에서 공급업체와의 신뢰성 구축과 긴밀한 협조체제가 필요하다고 본다.

④ 소로트 생산 : 대량생산 방식에서는 생산원가를 줄이려면 한 번 라인을 셋업하고 한 가지 제품을 되도록 많이 대로트로 생산해야 한다고 알려졌지만, 이렇게 생산하면 한 번 생산할 때 드는 생산소요시간이 길어져 생산계획을 유연하게 변경하기 어렵고, 기간별로 생산량 불균형이 발생하기 쉬우며, 생산량 불균형은 불량으로 이어지기 쉽다. JIT는 생산량을 급격하게 늘리거나 줄이지 않고 작업부하를 균일하게 유지하여 불량을 최소화하기 위해 라인 셋업에 드는 시간과 노력을 최소화하면서 생산계획을 유연하게 운영할 수 있는 소로트 생산을 지향한다.

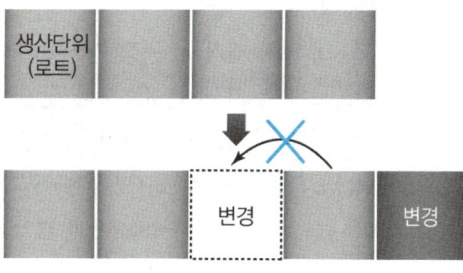

[그림 4-7] 소로트 생산과 대로트 생산의 차이

⑤ 간판 시스템 : 부품 생산과 보충 신호를 간판으로 주고받는 JIT 생산방식의 업무 프로세스이다.

⑥ Lean 생산방식 : JIT 생산방식은 미국으로 건너가 낭비가 없거나 적다는 의미로 린(Lean) 생산방식으로 발전했다.

(4) JIT와 MRP의 비교

◀ [표 4-3] JIT와 MRP의 차이 ▶

구분	JIT	MRP
재고를 보는 관점	부채	자산
로트 사이즈	소로트	경제적 로트 사이즈
품질관리	불량 제로	불량률만큼 여유발주 인정
리드타임	무조건 짧게 설정	필요한 만큼 설정
작동 원리	Pull 방식	Push 방식
소요의 원천	후행공정의 주문과 요청	생산계획
거래	장기 거래	경제적 거래
목표	낭비 제거	필요량 확보

(5) JITⅡ

① **공급업체가 발주업체의 구매 역할** : 공급업체의 영업과 발주업체의 구매를 묶어서 하나의 가상 기업으로 간주하고, 공급업체 인력이 공급업체와 발주업체 간의 구매와 납품업무를 대행한다.

② **역사** : 1991년 미국 보스사의 구매·물류 총괄 랜스 딕슨(Lance Dixon)이 시작한 기법이다.

③ **JIT와의 차이**

㉠ **부품 공급 vs 모든 구매** : JIT는 완제품 제조를 위한 부품 공급에 초점을 둔다. JITⅡ는 모든 구매에 초점을 둔다.

㉡ **공장 내 낭비 제거 vs 공장 간 낭비 제거** : JIT도 공급업체와의 장기 계약과 파트너십을 중요하게 보지만, JITⅡ는 JIT보다 훨씬 더 공급업체와의 협력을 중요하게 본다. JIT가 공장 내부의 낭비 제거를 중요하게 본다면, JITⅡ는 공장 간 낭비 제거를 중요하게 본다.

㉢ **Pull vs Push·Pull** : JIT가 후행공정이 선행공정으로부터 필요한 만큼 재고를 가져가는 구조라면, JITⅡ는 필요에 따라 Push·Pull 방식을 채택한다.

9 TQM(Total Quality Management, 전사적 품질경영)

(1) 정의와 개념

① **모든 구성원이 품질경영에 동참** : 현장 작업자부터 경영진까지 기업의 모든 구성원이 품질 개선을 위해 노력하고 고객만족을 실현하자는 경영기법이다.

② **점진적이고 장기적 개선** : 연구개발, 생산, 영업 등 전 부서가 점진적 개선을 통해 장기적으로 프로세스를 개선하고 품질 개선을 일회성 캠페인이 아닌 기업의 문화로 만드는 데 초점을 둔다. 이때 경영진은 인원 지원, 교육 지원 등을 통해 목표 달성을 유도한다.

(2) 역사

① 1920년대 : 통계적 품질관리 기법 도입
② 월터 슈하트(Walter A. Shewhart) : 웨스턴 일렉트릭 앤드 벨 연구소의 월터 슈하트가 1931년 경제적 품질관리 개념을 제창하였다.
③ 에드워드 데밍(Edwards Deming) : 지속적 개선을 위한 Plan-Do-Check-Action, 즉 데밍 사이클을 만들었다.
④ 일본 전후 복구에 공헌 : 1950~1960년대 일본이 우수한 품질의 제품으로 전후 복구에 성공하는데 공헌했다.
⑤ 미국으로 확산 : 일본의 TQM 성공 사례는 1970~1980년대 미국으로 건너가 미국 기업의 품질과 생산성 개선에 영향을 주었다.

(3) 실행 원칙

① 고객이 만족해야 품질이다 : 재화와 서비스의 품질 수준을 결정하는 주체는 고객이다. 자사가 정한 기준대로 만들어지는 것이 품질이 아니라, 고객이 만족해야 품질이다. 고객의 범위 또한 외부고객뿐만 아니라 내부고객을 포함한다. 내부고객이 만족해야 우수한 품질을 유지·관리할 수 있다는 논리이다.
② 전 구성원 참여 : Total Quality라는 말에서 알 수 있듯이 TQM은 품질관리가 품질관리 부서만의 업무가 아니라는 발상에서 출발한다. 모든 구성원이 업무 분야의 프로세스와 시스템 개선에 참여하는 것이 곧 품질 개선이다.
③ 프로세스 중심 : 프로세스를 지속 분석하고, 약점을 찾아 개선해야 한다. 기업의 모든 프로세스가 품질 개선에 초점을 두고 있어야, 기업이 생산하는 재화와 서비스의 품질도 우수하다는 논리이다.
④ 프로세스 통합 : 모든 TQM 프로세스는 비즈니스 프로세스와 통합되어야 한다.
⑤ 체계적, 전략적 접근 : 품질도 전략적으로 계획하고 관리해야 한다.
⑥ 지속적 개선 : 모든 구성원이 지속적 품질 개선에 공헌함으로써, 시장의 변화에 적응하고 경쟁우위를 확보할 수 있다는 주장이다.
⑦ 데이터 중심 : 정확한 의사결정과 미래 예측을 위해 데이터를 취합하고 정리하여 분석해야 한다. TQM은 데이터 중심의 실행 활동이다.
⑧ 의사소통 : 기업 내 조직 간 전략, 방법, 적시성 관련해서 의사소통이 필요하다.

(4) 기대 효과

① 불량률 감소 : 처음부터 재화와 서비스를 불량 없이 만들어, 불량을 줄이고, 반품과 리콜을 줄이며, 고객서비스에 들어가는 부담을 줄인다.
② 고객만족 : 높은 품질의 재화와 서비스가 높은 고객만족을 부르고, 높은 고객만족은 재구매와 입소문을 통해 시장점유율과 매출 증대에 공헌한다.

③ 비용 절감 : 불량률이 낮아짐에 따라 고객서비스와 교환 및 환불, 수리에 드는 비용을 절감할 수 있다. 비용 절감은 이윤 증가로 이어진다.

④ 기업문화 개선 : 전사적 품질 개선 활동을 실행해 봄으로써, 품질관리와 지속적 개선을 당연하게 받아들이는 문화를 만들 수 있다.

(5) 단점

① 자원 소모 : 장기간 자원 투입과 개선 노력이 필요하다.

② 전사적 참여의 어려움 : 기업 자체가 프로세스 개선에 강한 의지를 보이고 전 구성원이 참여 의지를 보여야 성공할 수 있다.

③ 비용 증가 : 교육 훈련, 조직 구성, 인프라 구축 등에 비용이 들 뿐만 아니라, 점진적 개선 때문에 결과를 보는 데 오래 걸린다.

> **TIP** TQM과 전사 참여
>
> 2000년대 인기를 끌었던 패밀리레스토랑 브랜드들이 2010년대 이후 고전하면서, 한 스테이크 브랜드는 식재료의 질을 낮추고 주방에서 사용하는 칼의 질도 낮추는 등 여러 가지로 비용을 줄였다. 그 결과 음식의 질에 불만을 느낀 소비자의 이탈이 오히려 가속화되었다. 주방에서 사용하는 칼의 질이 낮아 업무 생산성에 지장이 있다는 직원들의 목소리를 들은 경영진이 주방에 좋은 칼을 지급하고, 식재료의 질을 높여주자 레스토랑의 매출이 다시 늘기 시작했다. TQM은 현대 기업경영에서 품질 문제는 생산만의 업무가 아니며, 경영진의 관심과 전사 참여를 필수로 본다.

10　DT(Digital Transformation, 디지털 전환)

(1) 정의

디지털 기술을 이용한 근본적 전환 : 새로운 재화와 서비스를 만들거나, 기존 재화와 서비스를 개선하기 위해 디지털 기술을 도입하고 적용하여 프로세스, 조직, 문화를 근본적으로 바꾸는 과정을 말한다.

(2) 목적

재화와 서비스, 고객 경험, 프로세스 효율성의 가치를 높이는 데 목적이 있다.

11　6시그마

(1) 정의

품질의 편차를 아주 작게 관리 : 통계학에서 표준편차를 의미하는 '시그마'라는 용어에서 알 수 있듯이 수치데이터로 접근해서 품질관리 수준이 큰 변동 없이 안정적인 수준, 즉 편차가 적은 수준으로 관리되는 것을 지향한다. 100만 개 중 3.4개의 불량만을 인정한다는 통계적 품질관리 기법이다.

(2) 역사

① **모토로라에서 시작** : 모토로라의 엔지니어 빌 스미스(Bill Smith)가 1985년 제창한 기법이다.
② 마이클 해리(Michael Harry)가 창안했다고도 하나, 최초의 개념은 빌 스미스가 창안했고 체계화는 마이클 해리가 하였다.

(3) 개념

① **상의하달** : 하의상달 방식의 자율적 실행보다는 상의하달 방식의 강력한 추진이 더 높은 효과를 낸다. 구성원의 자발적 참여를 유도하는 방식이 아니다.
② **프로세스 중심** : 프로세스 중심의 접근방식이며, 제품 또는 서비스의 리드타임을 단축하고 재고를 감축하는 효과가 있다.
③ **DMAIC** : 6시그마의 실행 순서이다. 정의(Define), 측정(Measure), 분석(Analyze), 개선(Improve), 관리(Control)의 순서로 이루어진다.
　㉠ **정의** : 무엇을 개선해야 하는지 확인하고 개선할 프로세스를 선정한다. 이때 개선해야 할 대상을 품질에 영향을 미치는 요인이라고 하여 CTQ(Critical to Quality)라고 부른다.
　㉡ **측정** : 현재의 프로세스에서 CTQ를 측정하고 평가한다.
　㉢ **분석** : 현재의 프로세스 수준과 목표 수준의 차이를 분석하고, CTQ에 영향을 줄 수 있는 모든 원인 중에서 핵심 원인을 파악한다. 여기서 핵심 원인을 Vital Few라 부른다.
　㉣ **개선** : 프로세스를 개선한다.
　㉤ **관리** : 프로세스 개선 효과를 분석하고 표준으로 반영하고 정착시킨다.
④ **물류 등 비제조 분야 적용** : 제조뿐만 아니라 서비스, 연구개발, 물류 등 다른 부문에도 적용할 수 있다. 예를 들어 고객에 대한 적시 배송률이 80%와 100% 사이를 오르내리는 경우보다는 항상 90%를 유지할 수 있도록 관리하는 것이 6시그마 물류관리의 본질이다.

01 다음 중 SERVQUAL과 SERVPERF의 차이를 올바르게 설명한 것은?

① SERVPERF는 고객의 서비스 인지－고객의 기대치가 서비스 품질이라고 보는 이론이다.

② SERVQUAL은 고객의 기대치는 명확하지 않다고 본다.

③ SERVPERF는 몇 차례 수정은 되었으나, 가장 널리 쓰이는 품질 측정 모형이다.

④ SERVQUAL은 신뢰성, 확신성, 유형성, 공감성, 반응성으로 고객 기대치와 실제 서비스를 분석한다.

⑤ SERVPERF는 고객의 기대치와 실제 서비스를 사분면으로 표시하여 개선점을 제시하는 이론이다.

> 해설 ①, ③ SERVQUAL에 관련된 설명이다.
> ② SERVPERF에 관련된 설명이다.
> ⑤ SERVPERF는 고객의 기대치 없이 실제 서비스만으로 서비스 품질을 측정할 수 있다고 보는 이론으로, 보기는 SERVQUAL과 서비스 프로세스 매트릭스에 관한 설명을 뒤섞어 놓았다.

02 슈메네(Schmenner)는 고객과의 상호작용(개별화 정도)과 노동 집중도(노동 집약 형태)에 따라 서비스 프로세스를 분류하였다. 다음 중 상대적으로 노동 집중도가 높은 조직에서 인적 자원 관리를 위한 의사결정 시 고려사항으로 옳지 않은 것은?

① 직무수행의 방법과 통제

② 고용 및 훈련 계획

③ 인력자원 운용에 대한 스케줄링

④ 토지, 시설 및 설비에 대한 투자 결정

⑤ 복리후생

> 해설 노동 집중도가 높은 고객서비스라면 직무수행 방법을 통제해야 하고, 입·퇴사가 많을 수 있으므로 직원 고용과 훈련에 노력해야 하며, 교대근무나 휴가를 대비하여 스케줄링해야 한다. 또한 직원이 고객서비스로 인해 피로가 누적되지 않도록 적절한 복리후생도 필요하다. 노동 집약적인 서비스를 운영하는데 토지, 시설과 설비에 대한 투자 결정이 크게 중요하지는 않다.

03 물류서비스 도입 순서에 관한 설명 중 잘못된 것은?

① 목표시장은 기업 전략의 의사결정 사항이므로, 물류서비스를 도입하려면 우선 목표시장이 정해져야 한다.

② 물류서비스는 목표시장에 맞게 개발해야 한다.

③ 물류서비스를 개발하면 실행을 위한 기능전략을 수립해야 한다.

④ 기능전략을 수립하면 물류서비스를 제공하기 위한 체계, 즉 물류시스템을 구축한다.

⑤ 물류시스템을 구축하면 고객서비스 수준 목표를 수립한다.

[해설] ① → ② → ③ → ④ 순서로 물류서비스를 도입하는데, 물류시스템은 고객서비스 수준 목표에 맞춰 구축하는 것이지, 물류시스템 구축이 고객서비스 수준 목표보다 선행할 수는 없다.

04 고객서비스의 구성요소는 거래 전 요소, 거래 발생 시 요소, 거래 후 요소로 구분할 수 있다. 이 가운데 거래 전 요소에 해당하는 것은?

① 재고 품절 수준

② 제품 주문정보 입수 가능성

③ 제품 대체성

④ 주문의 간편성

⑤ 명문화된 고객서비스 정책

[해설] 명문화된 고객서비스 정책은 거래 전 고객이 기업의 서비스 수준을 평가하는 기준으로 거래 전 요소에 해당한다. 나머지는 재고와 주문 관련된 부분으로 거래 발생 시 요소에 해당한다.

05 물류서비스의 품질 측정 구성요소로 옳지 않은 것은?

① 화주기업에게 차량, 장비 등 물류서비스를 원활히 제공해 줄 수 있는 능력

② 화주기업에게 전반적인 업무 수행에 대해 확신을 주는 능력

③ 화주기업에게 정확하고 신속하게 물류서비스를 제공할 수 있는 능력

④ 화주기업과의 원활한 의사소통 능력

⑤ 화주기업의 영업이익률을 높여줄 수 있는 능력

[해설] 보기 모두가 화주기업에 이익이 되는 내용이어서 답이 없는 것 같지만, 화주기업의 영업이익률은 물류비용 말고도 영향을 미치는 요인이 많으므로, 물류서비스의 품질 측정 요소라고 보기 어렵다.

정답 **03** ⑤ **04** ⑤ **05** ⑤

06 물류서비스 수준에 관련된 설명으로 옳지 않은 것은?

① 물류서비스 표준을 정해야 물류서비스 수준을 정할 수 있다.

② 서비스 수준을 높이면 물류비용이 증가하고, 물류비용을 낮추면 서비스 수준이 떨어진다.

③ 물류서비스의 목표는 물류비용은 절감하면서도 서비스 수준은 높이는 데 있다.

④ 물류 활동에 의한 공헌이익이 최대화될 수 있는 서비스 수준이 최적의 서비스 수준이다.

⑤ 물류비용을 절감하면서도 물류서비스 수준을 높이려면 그에 맞는 물류시스템을 구축해야 한다.

> **해설** ① 물류서비스 수준을 정해야 물류서비스 표준을 정할 수 있다.

07 물류서비스 수준을 결정하는 요인에 관한 설명으로 옳지 않은 것은?

① 주요 기능별 물류비가 각각 최소화되는 점에서 서비스 수준을 결정하는 것이 필요하다.

② 일반적으로 물류비용의 책정은 공헌이익이 최대가 되는 시점에서 결정되어야 한다.

③ 물류서비스 수준과 물류비용 사이에는 상충관계가 있다.

④ 물류서비스 수준의 향상은 고객과의 장기적인 관계 형성에 도움이 된다.

⑤ 물류서비스 수준을 결정하기 위해서는 시장환경이나 경쟁환경 등을 고려해야 한다.

> **해설** 물류서비스 수준을 말할 때 최소화가 반드시 바람직하지는 않다는 사실을 알아둬야 한다. 물류비가 최소화되는 것이 아니라, 서비스 수준을 저해하지 않는 선에서 최소화되는 것이 중요하다. 영업이익을 높여주는 물류비용 책정은 올바르지 않다고 앞에서 언급했지만, 공헌이익이 최대화되는 물류비용 책정은 중요하다. 공헌이익은 매출액에서 변동비를 차감한 것이고, 화주기업은 물류비를 변동비로 관리하기를 원하기 때문에 변동비를 차감한 공헌이익이 최대가 될 정도의 물류비 관리는 필요하다.

08 물류서비스에 관한 설명으로 옳지 않은 것은?

① 물류서비스는 경쟁사가 쉽게 모방할 수 있다.

② 물류서비스의 거래 전 구성요소는 고객서비스에 관한 기업의 정책과 연관되어 있으며, 기업에 대한 고객인식과 고객의 전반적인 만족에 영향을 미칠 수 있다.

③ 운송서비스는 서비스 프로세스 매트릭스에서 서비스 공장(service factory)으로 분류된다.

④ 고객서비스 수준이 결정되어 있지 않다면 수익과 비용을 동시에 고려하여 최적의 서비스 수준을 결정하는 과정이 선행되어야 한다.

⑤ 기업들이 최대의 부가가치를 창출하려면 비용을 최소화할 수 있는 물류시스템 구축이 필요하다.

③ 운송서비스는 노동 집약도가 낮고 고객과의 상호작용은 적은 서비스이다.
④ 고객서비스 수준은 최적의 수준이 되어야 한다.
⑤ 서비스 수준은 유지하면서 비용은 줄일 수 있는 시스템 구축이 필요하다.

09 물류 고객서비스 요소에 관한 내용이 옳게 짝지어진 것은?

> ㄱ. 고객에게 인도하는 데 직접 관련된 서비스 요소로 제품 및 배달의 신뢰도 등을 말한다.
> ㄴ. 고객서비스에 관한 기업의 정책과 연관되어 있으며, 기업에 대한 고객인식과 고객의 총체적인 만족에 상당한 영향을 미칠 수 있다.
> ㄷ. 일반적으로 제품보증, 부품 및 수리서비스, 고객의 불만에 대한 처리절차 및 제품의 교환 등을 말한다.

① ㄱ : 거래 전 요소   ㄴ : 거래 시 요소   ㄷ : 거래 후 요소
② ㄱ : 거래 전 요소   ㄴ : 거래 후 요소   ㄷ : 거래 시 요소
③ ㄱ : 거래 시 요소   ㄴ : 거래 후 요소   ㄷ : 거래 전 요소
④ ㄱ : 거래 시 요소   ㄴ : 거래 전 요소   ㄷ : 거래 후 요소
⑤ ㄱ : 거래 후 요소   ㄴ : 거래 전 요소   ㄷ : 거래 시 요소

ㄱ. 제품이나 배달의 신뢰도는 물건을 고를 때에 판단하는 요소이다.
ㄴ. 고객서비스에 대한 정책은 거래 전에 확인할 수 있다.
ㄷ. 제품보증, 수리, 고객불만 처리절차 등은 거래 후에 고려하는 요소이다.

10 물류서비스 품질을 결정하는 요인을 서비스 시행 전·중·후로 나눌 때, 서비스 시행 중의 요인에 해당하는 것을 모두 고른 것은?

> ㄱ. 재고수준   ㄴ. 주문의 편리성
> ㄷ. 주기적 제품 점검   ㄹ. 고객서비스 명문화
> ㅁ. 시스템의 정확성   ㅂ. 조직의 융통성

① ㄱ, ㅂ   ② ㄱ, ㄴ, ㄷ
③ ㄱ, ㄴ, ㅁ   ④ ㄴ, ㄷ, ㄹ
⑤ ㄷ, ㄹ, ㅁ, ㅂ

주문의 편리성, 시스템의 정확성은 거래 발생 시 요소에 해당한다. 주기적 제품 점검은 거래 후의 요소이다. 고객서비스 명문화와 조직의 융통성은 거래 전 요소에 해당한다. ㄴ과 ㅁ이 모두 있는 보기는 하나뿐이다.

11 기업의 경쟁력을 높이기 위해서 신규 물류서비스를 도입하고자 할 때의 추진 순서로 옳은 것은?

> ㄱ. 물류서비스 실행을 위한 운영전략 수립
> ㄴ. 고객 니즈(Needs)에 부합하는 물류서비스 개발
> ㄷ. 물류서비스 제공 시스템 구축
> ㄹ. 고객 목표시장(Target Market) 선정

① ㄱ - ㄴ - ㄹ - ㄷ   ② ㄱ - ㄹ - ㄴ - ㄷ
③ ㄹ - ㄱ - ㄷ - ㄴ   ④ ㄹ - ㄴ - ㄱ - ㄷ
⑤ ㄹ - ㄴ - ㄷ - ㄱ

> **해설** 신규 물류서비스 도입은 운영전략이다. 운영전략에 앞서 기업 전략과 사업부 전략이 선행된다. 고객 목표시장 선정은 큰 틀의 전략, 즉 기업 전략이다. 기업 전략이 나오면 물류서비스를 개발할 수 있다. 물류서비스가 나와야 운영전략을 수립할 수 있고, 운영전략이 나와야 물류서비스 제공 시스템, 즉 체계를 구축할 수 있다.

12 물류서비스의 신뢰성(Reliability)을 높이기 위한 방안에 해당하지 않는 것은?
① 신속 정확한 수주정보 처리
② 생산 및 운송 로트(Lot) 대량화
③ 조달 리드타임(Lead time) 단축
④ 제품 가용성(Availability) 정보 제공
⑤ 재고관리의 정확도 향상

> **해설** 물류서비스의 신뢰성을 높이려면 생산 및 운송 로트 단위가 적어도 생산하고 배송할 수 있어야 한다. 공급망 관리의 시대에 대량화는 바람직하지 않다.

13 기업의 고객서비스 측정 요소 중 거래 시(transaction) 서비스 요소에 해당하지 않는 것은?
① 주문의 편리성   ② 주문 주기 요소
③ 제품 추적   ④ 백 오더(Back Order) 이용 가능성
⑤ 재고 품절 수준

> **해설** 거래 시 서비스 요소는 재고 가용성, 즉 재고 품절 수준과 주문의 편리성, 주문 주기, 재고가 없는 Back Order의 처리 등이다. 제품 추적은 거래 후 서비스에 해당한다.

정답 **11** ④   **12** ②   **13** ③

14 물류서비스업의 세분류와 세세분류의 연결이 옳지 않은 것은?

세분류	세세분류
ㄱ. 화물주선업	화물의 하역, 포장, 가공, 조립, 상표부착, 프로그램 설치, 품질검사업
ㄴ. 해운부대사업	해운대리점업, 해운중개업, 선박관리업
ㄷ. 항만운송관련업	항만용역업, 선용품공급업, 선박수리업, 예선업, 컨테이너 수리업, 선박연료공급업
ㄹ. 항만운송사업	항만하역사업, 검수사업, 감정사업, 검량사업
ㅁ. 물류정보처리업	물류정보 데이터베이스 구축, 물류지원 소프트웨어 개발·운영, 물류 관련 전자문서 처리업

① ㄱ   ② ㄴ
③ ㄷ   ④ ㄹ
⑤ ㅁ

> **해설** 화물주선업은 화물 중개가 주업이다. 화물의 하역, 포장, 가공, 조립, 상표부착 등은 화물취급업(하역업 포함)에 해당한다(물류정책기본법 시행령 제3조, 별표 1).

15 고객서비스와 물류서비스에 관한 설명으로 옳지 않은 것은?

① 고객서비스의 목표는 고객만족을 통한 고객 감동을 실현하는 것이다.
② 물류서비스의 목표는 서비스 향상과 물류비 절감을 통한 경영혁신이다.
③ 경제적 관점에서의 최적 물류서비스 수준은 물류 활동에 의한 이익을 최대화하는 것이다.
④ 고객서비스 수준은 기업의 시장점유율과 수익성에 영향을 미친다.
⑤ 일반적으로 고객서비스 수준이 높아지면 물류비가 절감되고 매출액은 증가한다.

> **해설** 물류서비스의 목표가 서비스 향상과 물류비 절감이고, 물류 활동에 의한 이익을 최대화할 수 있는 서비스 수순이 최적의 물류서비스 수준이라고 하지만, 고객서비스 수준이 높아지면 일반저으로 물류비는 증가한다.

16 LaLonde & Zinszer가 제시한 물류서비스 요소 중 거래 시 요소(Transaction Element)에 해당하는 것을 모두 고른 것은?

ㄱ. 보증수리	ㄴ. 재고 품절 수준
ㄷ. 명시화된 회사 정책	ㄹ. 주문 편리성

① ㄱ, ㄴ   ② ㄱ, ㄷ
③ ㄴ, ㄷ   ④ ㄴ, ㄹ
⑤ ㄷ, ㄹ

정답 14 ① 15 ⑤ 16 ④

> **해설** 보증수리는 거래 후 요소이며, 재고 품절 수준과 주문 편리성은 거래 시 요소이다. 명시화된 회사 정책은 거래 전 요소이다.

17 6시그마 기법에 관한 설명으로 옳지 않은 것은?

① 6시그마 기법은 수치데이터를 통하여 분석적인 접근방식과 오픈마인드 수행을 요구한다.
② 6시그마 기법은 상의하달 방식으로 강력하게 추진하는 것이 보다 효과적이다.
③ 6시그마 기법은 프로세스 중시형 접근방법이다.
④ 6시그마 기법을 도입하여 고품질을 추구하는 기업은 지속적으로 비용이 더 많이 소요된다.
⑤ 6시그마 기법을 활용하면 제품 또는 서비스의 리드타임이 단축되고 재고감축 효과가 있다.

> **해설** 6시그마 기법은 0이 6개, 즉 100만 개 중 3.4개의 불량만 인정한다는 품질관리 기법이다. 수치데이터를 통한 분석적 접근방식이며, 프로세스 중심의 접근방법이다. 제품 또는 서비스 리드타임이 단축되고 재고감축 효과가 있다. 그러나 6시그마를 한다고 비용이 더 소요되지는 않는다.

18 CALS에 관한 설명으로 옳지 않은 것은?

① 기업의 프로세스를 혁신하고 표준화하기 위해 제품개발, 생산, 영업, 물류에 이르는 영역을 디지털 정보기술로 효율화하는 전략이다.
② 1985년 Computer-Aided Acquisition and Logistics Support, 즉 구매와 로지스틱스를 포함하는 개념으로 처음 출발하였다.
③ 1988년 CALS를 국방부 내부뿐만 아니라 방산업체 영역까지 확장하여 군수 전체를 지원하는 체계로 전환하였다.
④ 1993년 CALS는 민간 분야로 확장되어 Continuous Acquisition and Life Cycle Support의 개념으로 발전하였다.
⑤ 1994년 기업 간 정보공유, 재고 공급 및 교환, 조달, 설계 및 제조, 상거래, 물류, 대금결제 등을 광범위하게 다룬 Commerce At Light Speed의 개념으로 확장되었다.

> **해설** 1985년 처음 시작된 CALS는 Computer-Aided Logistics Support, 즉 미국 국방부 내 각종 매뉴얼이나 자료의 전산화와 종이 없는 환경을 지향하며 시작되었다.

정답 17 ④ 18 ②

19 TQM(Total Quality Management)에 관한 설명으로 옳지 않은 것은?

① 품질관리 활동이 전사적으로 이루어져야 한다.

② 고객 중심의 품질 개념을 도입한 것이다.

③ 품질에 대해 지속적인 개선이 이루어진다.

④ 관리 대상은 최종제품뿐만 아니라 조직 내의 모든 활동과 서비스가 포함된다.

⑤ 고객의 범위는 외부고객으로 한정한다.

> **해설** TQM은 Total Quality라는 말에서 알 수 있듯이 품질관리가 품질관리 부서만의 업무가 아니라는 발상에서 출발한다. 따라서 TQM 관점에서 품질관리 활동은 전사적이어야 하며, 지속적인 개선을 추구하며, 품질관리 대상이 최종제품에 한정되지 않고 조직 내 모든 활동과 서비스로 확대된다. 따라서 고객의 범위는 외부고객뿐만 아니라 내부고객으로도 확대된다.

20 경제활동이 글로벌화되면서 각 기업들은 세계경영을 시도하고 이에 따라 국제표준을 따르는 추세에 있다. 국제표준의 명칭으로 옳지 않은 것은?

① ISO 10000 – 품질경영시스템

② ISO 14000 – 환경경영시스템

③ ISO 22000 – 식품안전경영시스템

④ ISO 26000 – 기업의 사회적 책임 표준

⑤ ISO 28000 – 공급사슬보안경영시스템

> **해설** 품질경영시스템은 ISO 9000이다.

21 6시그마(6σ)에 관한 설명으로 옳지 않은 것은?

① 시그마는 통계학에서 표준편차를 의미한다.

② 6시그마 수준은 같은 실험을 100만 회 시행했을 때 6회 정도 오류가 나는 수준이다.

③ 6시그마는 모토로라의 해리(M. Harry)가 창안하였다.

④ DMAIC란 정의(Define), 측정(Measure), 분석(Analyze), 개선(Improve), 관리(Control)를 의미한다.

⑤ 6시그마는 제조부문뿐만 아니라 서비스부문에도 적용할 수 있다.

> **해설** 시그마는 통계학에서 표준편차를 의미하며, 품질관리는 같은 실험을 100만 회 시행했을 때 3.4회 정도 오류가 나는 수준으로 관리해야 한다는 뜻으로, 엄격한 불량 수준보다는 항상 일정한 수준의 불량 수준이 더 낫다는 품질관리 기법이다. DMAIC, 즉 정의, 측정, 분석, 개선, 관리의 순서로 이루어지며, 제조뿐 아니라 서비스, 물류, R&D에서도 활용할 수 있다.

정답 19 ⑤ 20 ① 21 ②

22 6시그마 물류 혁신 프로젝트에서 다음 설명에 해당하는 추진 단계는?

> • 프로세스의 현재 수준과 목표 수준 간에 차이가 발생하는 원인을 규명한다.
> • 파레토도, 특성요인도 등의 도구를 활용한다.

① 정의(Define)
② 측정(Measure)
③ 분석(Analyze)
④ 개선(Improve)
⑤ 관리(Control)

해설 원인을 규명하는 단계이므로 분석에 해당한다. 6시그마의 DMAIC 단계별 특징과 의미는 시험에 자주 출제된다.

23 다음 (   )에 들어갈 용어를 바르게 나열한 것은?

> • (ㄱ)는 생산, 판매, 구매, 인사, 재무, 물류 등 기업업무 전반을 통합 관리하는 경영관리 시스템의 일종이다. 이는 기업이 보유하고 있는 모든 자원에 대해서 효과적인 사용계획과 관리를 위한 시스템이다.
> • (ㄴ)은(는) 고객과 가장 가까운 곳에서 수요데이터를 얻고, 수요를 예측하여 이를 생산계획 수립에 빠르게 반영하며, 완제품 출고 이후 소매점 또는 도매점에 이르는 유통망상의 재고를 줄이는 데 근본적인 목적이 있다.

① ㄱ : MRP ㄴ : DRP
② ㄱ : ERP ㄴ : DRP
③ ㄱ : ERP ㄴ : MRP
④ ㄱ : ERP ㄴ : MRP Ⅱ
⑤ ㄱ : MRP ㄴ : BPR

해설 기업업무 전반을 통합 관리하는 시스템은 전사적자원관리, ERP이다. 고객과 가장 가까운 곳에서 수요 데이터를 얻어 빠르게 반영하고 재고를 줄이는 기법은 DRP이다.

24 MRP에 관한 설명으로 옳지 않은 것은?

① 배치(batch) 제품, 조립품 생산 등에 적합한 자재관리 기법이다.
② 주 구성요소는 MPS(Master Production Schedule), BOM(Bill of Materials), 재고기록철 등이다.
③ MRP Ⅱ로 확장되었다.
④ MPS의 변경을 수용할 수 없다.
⑤ 완제품의 수요예측으로부터 시작된다.

정답 **22** ③ **23** ② **24** ④

MRP는 수요예측을 토대로 생산계획, 즉 MPS를 생성하고, 그 MPS와 자재명세서, 자재 재고를 비교하여 자재 소요 시점과 자재 발주 시점을 계획하는 것이다. 따라서 조립생산에 적합한 기법이고, MPS, BOM, 재고 기록철이 필요하며, MRP Ⅱ로 확장되었고, 완제품 수요예측부터 시작해야 MPS가 나올 수 있다. MPS 기반 이므로 MPS가 변경되면 MRP도 변경된다.

25 전사적자원관리(ERP : Enterprise Resource Planning) 시스템에 관한 설명으로 옳지 않은 것은?

① ERP 시스템은 기업의 모든 활동에 소요되는 인적, 물적 자원을 효율적으로 관리하는 역할 을 한다.

② ERP 시스템 운영은 전체 공급사슬의 가시성을 증가시키며 재고를 줄이는 데 기여한다.

③ ERP 시스템을 활용하여 회계, 생산, 공급, 고객 주문 등과 관련된 정보를 통합할 수 있다.

④ ERP 시스템은 생산 및 재고계획, 구매, 창고, 재무, 회계, 인적자원, 고객관계관리 등과 같은 다양한 업무의 개별 시스템화를 추구한다.

⑤ ERP 시스템은 채찍효과(bullwhip effect)를 줄이고 공급사슬 참여자들의 효율적 물류 활 동 실행에 기여한다.

해설 ERP 시스템은 기업의 생산, 재고계획, 구매, 창고, 재무, 회계, 인적자원, 고객관계관리 등의 다양한 기능을 통합한다.

26 다음 설명에 해당하는 물류관리 기법은?

- Bose사가 개발한 물류관리 기법
- 공급회사의 영업과 발주회사의 구매를 묶어 하나의 가상기업으로 간주
- 공급회사의 전문요원이 공급회사와 발주회사 간의 구매 및 납품업무 대행

① JIT
② JIT Ⅱ
③ MRP
④ ERP
⑤ ECR

해설 JIT Ⅱ에 대한 설명이다. 공급회사가 발주회사의 구매를 대행한다.

정답 **25** ④ **26** ②

27 주문 주기 시간(order cycle time)의 구성요소들을 시간 순서대로 옳게 나열한 것은?

① order transmittal time → order processing time → order assembly time → stock availability → delivery time

② order assembly time → order processing time → order transmittal time → order picking time → delivery time

③ order assembly time → order transmittal time → order picking time → order processing time → delivery time

④ order processing time → order picking time → order transmittal time → delivery time → order assembly time

⑤ order transmittal time → order assembly time → order processing time → delivery time → stock availability time

> **해설** 주문 주기 시간은 기업이 주문을 생성한 시점부터 고객에게 배송을 완료할 때까지 걸린 전체 시간을 말한다. 효율적인 기업일수록 결품 없이 고객의 요구에 대응할 수 있도록 재고를 관리하고 주문을 처리하는 각 단계에서 걸리는 시간을 관리하기 때문에 기업의 효율성을 측정하는 대표적인 지표로 사용된다.
> 주문 처리 단계를 생각해 보면, 주문 전달, 주문 처리, 주문 조합, 재고 확보, 배송의 순서로 이루어진다.

28 주문 주기 시간(Order Cycle Time) 구성요소 중 다음 설명에 해당하는 것은?

> 적재서류의 준비, 재고기록의 갱신, 신용장의 처리작업, 주문 확인, 주문정보를 생산, 판매, 회계 부서 등에 전달하는 활동이 포함된다.

① 주문 전달 시간(Order Transmittal Time)

② 주문 처리 시간(Order Processing Time)

③ 오더 어셈블리 시간(Order Assembly Time)

④ 재고 가용성(Stock Availability)

⑤ 인도 시간(Delivery Time)

> **해설** ① 주문 전달 시간 : 주문을 내는 주체가 주문을 처리하는 주체에게 주문을 전달하는 데 걸리는 시간. 수기로 진행할 수도 있고, 온라인 또는 전자적 수단으로 진행할 수도 있다.
> ② 주문 처리 시간 : 주문을 처리하는 주체가 주문을 점검하고, 관련 서류를 준비하며, 거래처의 대금 지급 가능 여부 확인 및 재고 확인 등 관련 부서에 주문을 전달하는 활동이다.
> ③ 오더 어셈블리 시간 : 주문을 내는 주체로부터 받은 여러 개의 주문을 조합하는 활동이다.
> ④ 재고 가용성 : 주문정보 점검 결과 이상 없고, 거래처의 대금 지급 가능 여부 또한 확인되었다면, 재고를 확보하여 출하할 준비를 한다.
> ⑤ 인도 시간 : 재고를 피킹하고, 포장하고, 차량을 확보하여 적재하고 배송하는 시간이다.

정답 **27** ① **28** ②

29 주문 주기 시간(order cycle time)에 관한 설명으로 옳지 않은 것은?

① 주문 주기 시간은 재고 정책의 개선 활동을 통하여 단축될 수 있다.

② 주문 전달(order transmittal)은 적재 서류 준비, 재고기록 갱신, 신용장 처리작업, 주문 확인 등의 활동이다.

③ 재고 가용성(stock availability) 확보 시간은 창고에 보유하고 있는 재고가 없을 때 생산지의 재고로부터 보충하는 데 소요되는 시간이다.

④ 주문 인도(order delivery)는 주문품을 재고지점에서 고객에게 전달하는 활동이다.

⑤ 오더 피킹(order picking)은 재고로부터 주문품 인출·포장·혼재 작업과 관련된 활동이다.

> **해설** 주문 전달은 주문을 내는 주체가 주문을 처리하는 주체에게 주문을 전달하는 활동이다. 적재 서류 준비, 재고기록 갱신, 신용장 처리, 주문 확인은 주문 전달 다음 단계인 주문 처리 활동이다. 주문 주기 시간을 단축하려면 결품이 적어야 하고, 결품이 적으려면 판매 실적에 따라 재고일수를 늘리거나, 전략적으로 집중하는 고객을 위해 별도 재고를 확보하는 등 재고 정책을 개선해야 한다.

30 주문 처리 시간에 영향을 미치는 요소에 관한 설명으로 옳은 것은?

① 주문 처리 우선순위는 주문 처리 시간에 영향을 미치지 않는다.

② 순차 처리(sequential processing) 방식은 병렬 처리(parallel processing) 방식에 비해 총 주문 처리 시간이 단축될 수 있다.

③ 주문을 모아서 일괄 처리하면 주문 처리 비용 및 주문 처리 시간을 단축시킬 수 있다.

④ 주문 처리에서 오류가 발생하면 확인 및 재처리로 인해 주문 처리 시간이 증가하므로 오더 필링(order filling)의 오류 발생을 줄이기 위해 노력해야 한다.

⑤ 물류정보시스템을 활용하여 주문 처리 시간을 줄이면 초기 투자 비용이 적게 든다.

> **해설** ① 주문 처리 우선순위가 주문 처리 시간에 많은 영향을 미친다. 일찍 들어온 우선순위가 낮은 주문이 늦게 들어온 우선순위가 높은 주문보다 늦게 처리될 수 있다.
> ② 순차 처리는 모든 주문을 순서대로 처리하는 것이다. 병렬 처리는 전체 주문 처리를 일정 단위로 끊어서 동시에 처리하므로 총 주문 처리 시간을 단축할 수 있다. 한 사람이 100건의 주문을 처리하는 속도와 열 사람이 10건의 주문을 동시에 처리하는 속도를 생각하면 된다.
> ③ 주문을 함께 처리하면 먼저 입수한 주문도 기다렸다가 처리해야 하므로 주문 처리 시간이 오래 걸린다.
> ④ 주문 처리에서 오류가 발생하면 다시 작업해야 하므로 전체 주문 주기 시간에 부정적인 영향을 미친다.
> ⑤ 물류정보시스템을 통해서 주문 처리 시간을 줄일 수는 있으나, 초기 투자 비용이 들어간다.

정답 **29** ② **30** ④

31 다음 설명에 해당하는 주문 주기 시간 구성요소는?

> • 주문품을 재고지점에서 고객에게 전달하는 데 걸리는 시간을 말한다.
> • 창고에 재고가 있는 경우에는 공장을 거치지 않고 곧바로 고객에게 전달하는 데 걸리는 시간을 말한다.

① 주문 전달 시간(Order Transmittal Time)
② 주문 처리 시간(Order Processing Time)
③ 오더 어셈블리 시간(Order Assembly Time)
④ 재고 가용성(Stock Availability)
⑤ 인도 시간(Delivery Time)

[해설] 재고지점에서 고객에게 전달하는 것은 배송이다. 인도 시간에 대한 설명이다.

32 제약이론(TOC)에 관한 설명으로 옳지 않은 것은?

① 이스라엘의 골드랫이 제안
② SCM에 응용 가능
③ 납기 준수율 향상
④ 병목 공정을 집중관리
⑤ 성과보다는 프로세스 개선이 목표

[해설] 제약이론에서 요구하는 개선은 병목 공정에 집중되어 있다. 경영 성과를 극대화하는 이론이다.

33 제약이론(Theory of Constraints : TOC)에 관한 설명으로 옳지 않은 것은?

① 산출 회계(throughput accounting)는 재고를 자산으로 평가한다.
② 골드랫(E. M. Goldratt)이 TOC이론을 제안하였다.
③ TOC는 SCM에 응용할 수 있다.
④ TOC는 제약을 찾아 집중적으로 개선하는 경영이론이다.
⑤ DBR은 Drum, Buffer, Rope를 의미한다.

[해설] ① 산출 회계, 즉 쓰루풋 회계는 판매를 위해 재화에 투자한 자금을 재고로 본다.

[정답] 31 ⑤ 32 ⑤ 33 ①

34 다음 (   )에 들어갈 용어를 바르게 나열한 것은?

> TOC(Theory of Constraints)는 기업의 재무적인 성과를 나타내기 위하여 3가지 요소개념을 사용한다. 첫째, (ㄱ)은(는) 판매에 의한 기업의 현금 창출 정도를 나타내며 둘째, (ㄴ)은(는) 판매를 위하여 재화에 투자된 자금으로 정의되고, 셋째, (ㄷ)은 기업이 (ㄴ)을(를) (ㄱ)(으)로 전환하기 위하여 지출한 비용을 말한다.

① ㄱ : 재고,   ㄴ : 스루풋,   ㄷ : 운영비용
② ㄱ : 스루풋,   ㄴ : 재고,   ㄷ : 운영비용
③ ㄱ : 영업이익,   ㄴ : 재고,   ㄷ : 조달비용
④ ㄱ : 영업이익,   ㄴ : 제조원가, ㄷ : 운영비용
⑤ ㄱ : 스루풋,   ㄴ : 제조원가, ㄷ : 조달비용

해설 제약이론의 3요소, 스루풋(쓰루풋), 재고, 운영비용의 개념을 명확히 알고 있어야 풀 수 있는 문제이다. 판매에 의한 기업의 현금 창출 정도는 스루풋이다. 판매를 위하여 재화에 투자된 자금은 재고이다. 재고를 스루풋으로 전환하기 위한 비용이 운영비용이다.

35 TOC(Theory of Constraints)에 관한 설명으로 옳은 것은?

① Drum, Buffer, Rope는 공정 간 자재의 흐름 관리를 통해 재고를 최소화하고 제조 기간을 단축하는 기법으로서 비제약공정을 중점적으로 관리한다.
② Thinking Process는 제약요인을 개선하여 목표를 달성하는 구체적 해결방안을 도출하는 기법으로서 부분 최적화를 추구한다.
③ Critical Chain Project Management는 프로젝트의 단계별 작업을 효과적으로 관리하여 기간을 단축하고 돌발 상황에서도 납기수준을 높일 수 있는 기법이다.
④ Throughput Account는 통계적 기법을 활용한 품질 개선 도구이다.
⑤ Optimized Production Technology는 정의, 측정, 분석, 개선, 관리의 DMAIC 프로세스를 활용한다.

해설 ① 산행하는 아이들의 허리를 Rope로 묶고 맨 앞줄에 가장 느린 아이를 배치한 다음 Drum을 치며 박자를 맞춰 걸으면 모두가 일정한 Buffer를 유지한 채 뒤처지지 않고 산행을 마칠 수 있다는 데서 아이디어를 얻었다. Drum, Buffer, Rope는 제약공정을 중점적으로 관리한다.
② 부분 최적화가 아닌 전체 최적화를 추구한다.
③ Critical Chain은 프로젝트 일정에서 가장 긴 경로를 말한다. Critical Chain이 있어도 프로젝트 납기를 단축하기 위해 프로젝트 단계별 여유시간을 pooling하는 프로젝트 관리 기법이 Critical Chain Project Management이다.
④ 통계적 기법을 활용한 품질 개선 도구는 6시그마이다.
⑤ 정의, 측정, 분석, 개선, 관리의 DMAIC 프로세스는 6시그마에 해당하는 설명이다.

정답 34 ② 35 ③

36 JIT(Just-In-Time) 시스템의 운영 특성에 관한 설명으로 옳지 않은 것은?

① 생산소요시간 감소 및 각 공정 간 작업부하의 균일화를 위해 소로트(lot)가 요구된다.

② 재고를 최소로 유지하기 위해서는 불량 없는 품질관리가 중요하다.

③ 공급되는 부품의 품질, 수량, 납품 시기 측면에서 공급업체와의 신뢰성 구축과 긴밀한 협조 체제가 요구된다.

④ 원활한 활동을 위해 노동력의 유연성과 팀워크가 요구된다.

⑤ 재고수준이 일정할 필요가 없으며 상황에 따라 변하는 예측수요 등에 바탕을 둔 재고관리 가 요구된다.

> **해설** ⑤ JIT는 재고 최소화를 위해 예측수요를 바탕으로 재고를 밀어내는 Push 시스템이 아니라 후행공정이 필요 로 하는 만큼 재고를 가져가는 Pull 시스템을 기반으로 한다.

37 JITⅡ 시스템에 관한 설명으로 옳은 것은?

① 도요타(Toyota)식 생산방식이라고도 한다.

② 칸반(Kanban) 시스템이라고도 한다.

③ 미국에서는 낭비가 없거나 적다는 의미로 린(Lean) 생산방식으로도 부른다.

④ 미국의 보스(Bose)사에서 처음 도입한 시스템이다.

⑤ push 전략에 기반한 생산방식으로 IT 활용을 중심으로 개발된 공급망 관리 기법이다.

> **해설** ①, ②, ③ 도요타식 생산방식, 칸반 시스템, 미국에 건너가 린 생산방식이 된 생산시스템이면 JIT에 관한 설명이다.
> ④ JITⅡ는 미국 Bose사에서 처음 도입한 시스템으로, 납품회사와 발주회사를 하나의 가상기업으로 연결하 여 납품회사 직원이 발주회사에 상주하면서 발주회사 구매 및 자재 담당자와 협의를 바탕으로 발주와 공급 업무를 진행하는 체제이다.

38 JIT와 MRP의 비교 설명으로 옳은 것은? (순서대로 구분 – JIT – MRP)

① 관리 – 계획에 의한 소요 개념 – 주문이나 요구에 의한 소요 개념

② 거래 – 경제적 구매 위주의 거래 – 구성원 입장에서 장기거래

③ 목표 – 낭비 제거– 계획 수행 시 필요량 확보

④ 통제순위 – 작업배정 순서 – 간판의 도착 순서

⑤ 시스템 – Push 시스템 – Pull 시스템

정답 36 ⑤ 37 ④ 38 ③

해설 ① MRP － JIT
② MRP － JIT
③ JIT － MRP
④ MRP － JIT
⑤ MRP － JIT

39 **ERP 도입 효과에 관한 설명 중 분야와 잘못 연결된 것은?**

① 생산 : 통일된 데이터 포맷으로 정리된 고객의 주문을 생산계획에 반영할 수 있으며, 생산
계획에 근거하여 신속하게 자재소요계획을 수립하여 원자재 구매에 반영할 수 있다.

② 물류 : 생산계획과 회계의 공급업체 정보를 직접 참조하여 구매 수량을 정하고, 적시 발주
및 매입 전표 생성과 대금 지급을 수행할 수 있다.

③ 인사 : 생산계획과 고객의 주문, 물류 처리량을 근거로 인력 소요를 왜곡 없이 파악하고
선제적으로 대응할 수 있다.

④ 서비스 : 고객의 수리 요청을 직접 참조하여 수리용 부품 발주, 수리 및 수리비 청구를 수행
할 수 있으며, 회계 처리와 연계하여 신속하게 무상 수리나 환급을 진행할 수 있다.

⑤ 시스템 구조 개선 : 생산 및 재고계획, 구매, 창고, 재무, 회계, 인적자원, 고객관계관리
등과 같은 다양한 업무의 통합 시스템화를 추구하므로, 각 부문이 통일된 데이터 포맷으로
정보를 공유할 수 있으며, 신속하고 손쉽게 타 기업 시스템과 연결할 수 있다.

해설 ② 구매 분야 관련 도입 효과를 설명한 내용이다.

정답 **39** ②

CHAPTER 05

유통과 마케팅

01 마케팅의 정의와 개념

(1) 정의

미국 마케팅협회(AMA, American Marketing Association)의 정의 : 고객과 의뢰인, 파트너, 나아가 사회 전체에 가치를 주는 재화와 서비스를 만들고(Product), 알리고(Promote), 전달하고(Place), 교환하는(Price) 활동이고, 제도이며, 과정이다.

(2) 마케팅의 4P

① 마케팅의 4가지 고려사항 : 재화나 서비스를 마케팅하기 위해서 고려해야 할 4가지 사항으로, 알파벳 P로 시작해서 4P라고 부르며, 마케팅 믹스라고도 부른다. 마케팅 믹스의 개념은 1940년대 하버드대 제임스 콜리톤(James Colliton) 교수가 제창한 이후 1960년 미시간 주립대 제롬 매카시(Jerome McCarthy) 교수에 의해 4P로 정리되었다.

② Product(제품)

   ㉠ 마케팅의 출발점 : 모든 마케팅은 제품에 대한 이해에서 출발한다.

   ㉡ 유통의 사전 지식 : 제품의 수명주기에 따라 마케팅 전략이 달라지기 때문에 제품을 유통하려면 제품을 알아야 한다.

   ㉢ 나머지 3P의 전제조건 : 제품 자체가 그 제품이 받아야 할 가격, 유통할 시장, 판촉 방법을 어느 정도 판가름한다.

③ Price(가격)

   ㉠ 소비자의 지출 의사 : 가격을 결정할 때는 원가, 경쟁사 가격, 유통 수수료, 할인도 중요하지만, 소비자가 느끼는 가치, 즉 소비자의 지출 의사를 반영해야 한다.

   ㉡ 가격 할인 정책 : 가격 할인 정책은 매출 증대 효과도 있지만, 소비자가 인지하고 있던 제품의 가치를 떨어트릴 수 있다.

④ Promotion(촉진)

   ㉠ 소비자에게 알리는 행동 : 소비자에게 제품의 필요성과 가격의 적절성을 알리는 행동으로 광고, 홍보, 미디어 전략을 포함한다.

   ㉡ Place(장소)와 연계 : Promotion 전략과 Place 전략을 같이 고려해야 한다.

⑤ Place(장소)

   ㉠ 판매 장소 : 가장 구매 가능성 높은 소비자층을 공략하기 위해 어디서 판매해야 하는지를 정한다.

ⓛ Promotion과 연결 : 목표 소비자층을 공략하기 위해 어떤 미디어로 광고할 것인지를 같이 고려해야 한다.

(3) 마케팅과 물류의 관계

① **물류는 Place와 가장 깊은 연관** : 마케팅의 4P 중 물류와 가장 깊은 연관이 있는 요소는 Place, 즉 장소이다.

② **물류도 마케팅의 일부** : 구매 가능성 높은 소비자를 공략하기 위해 어떤 시장에서 유통할 것인지를 결정할 때, 그 시장으로 어떻게 제품을 공급할지도 결정해야 한다. 물류는 넓은 의미에서 마케팅의 일부분이다.

㉠ 물적 유통 : 제품의 소유권을 넘기는 상적 유통과 대비되는 개념으로, 제품 실물을 소비자에게 전달하는 물적 유통이 있다. 물적 유통이라는 용어 자체가 물류가 마케팅의 일부임을 의미한다.

㉡ 4P의 완성 : 마케팅 전략을 추진할 때 마케팅 4P를 유기적으로 결합하고 물류를 더하여 추진한다. 마케팅 전략은 소비자에게 제품이 전달되어야 완성된다는 사실을 생각하면, 물류는 마케팅 4P를 완성해 주는 역할을 담당한다고 볼 수 있다.

㉢ 고객서비스 : 최근 기술혁신으로 품질과 가격의 평준화가 이루어지고, 제품 차별화가 어려워진 상황에서는 고객서비스가 마케팅과 물류에서 중요한 역할을 한다. 특히 물류는 소비자에게 제품을 전달하기 때문에 고객과의 접점에 있다.

③ **물류 자체가 마케팅 활동의 대상** : 최근에는 물류가 고객서비스의 한 축이 되면서 물류 자체가 마케팅 활동의 대상이 되고 있다. 서로 가까이 위치한 대형마트들이 경쟁적으로 제공하는 배달 서비스, 플랫폼 기업들이 경쟁적으로 도입한 당일배송이나 새벽배송이 대표적이다.

02 유통과 유통경로

(1) 정의

① **유통** : 재화가 생산자에서 소비자에게 전달되기까지 거치는 과정을 말한다.

② **유통경로** : 재화가 생산자에서 소비자에게 전달되는 과정을 담당하는 다양한 참여자들의 조합이다. 한번 결정되면 전환이 어렵다는 특징이 있다.

(2) 유통경로의 역할

① **생산자와 소비자 연결** : 유통경로는 제조업체나 판매업체와 소비자를 연결해 줌으로써 생산자와 소비자 간의 시간과 장소 차이를 해소한다.

② **거래의 효율성 증대** : 유통경로가 없다면 제조업체나 판매업체는 소비자와 직접 거래해야 하며,

소비자 또한 제조업체와 판매업체를 직접 고르는 데 노력을 들여야 한다. **유통경로가 제조업체와 판매업체를 대신하여 소비자와의 직접 거래를 수행함으로써, 거래 참여자 모두 편리하게 거래할 수 있다.**

③ **제품 구색의 불일치 조정** : 유통경로가 없으면 제조업체와 판매업체는 소비자가 원하는 제품 구색을 제각각 갖춰야 하므로, 소비자의 요구에 일일이 맞추기 어렵다. **유통경로에서 중간 판매 상은 재고 부담을 지고 제품 구색을 소비자의 요구에 맞추는 역할을 담당한다.**

④ **정형화된 거래** : 유통경로가 없으면 소비자는 제조업체나 판매업체마다 신용거래, 현금거래, 직접 인수 등 제각각 다른 형태로 거래해야 할 수도 있다. **유통경로는 제조업체나 판매업체와 소비 자의 거래를 정형화하여 거래를 쉽게 한다.**

⑤ **정보 제공** : 유통경로는 제조업체나 판매업체를 대신해서 시장정보와 제품정보를 소비자에게 제공한다.

⑥ **고객서비스** : 유통경로는 제조업자나 판매업자를 대신해서 제품 설치, 사용법 교육, 수리 등을 수행 한다.

(3) 유통경로의 필요성

유통경로가 있다는 것은 제조업자나 판매업자와 소비자 사이에 중간상이 있다는 뜻이다. 중간상이 있으면 유통 수수료가 증가하여 판매가격이 높아지는 단점만 있다고 생각할 수 있지만, 업종에 따 라서는 유통경로가 필요할 수도 있다. 중간상이 필요한지는 다음부터 설명하는 4가지 관점으로 판 단할 수 있다.

① **총거래 건수 최소화** : 유통경로가 없다면 제조업체나 판매업체는 개별 소비자와 1 : 1로 거래해 야 한다. 개별 소비자 또한 필요한 품목마다 제조업체나 판매업체와 1 : 1로 거래해야 한다. **중간 판매상이 유통경로에 개입하면, 제조업체나 판매업체는 중간 판매상과 거래하므로 총거래 건수가 크게 줄어들어 거래의 효율성이 높아진다.**

[그림 5-1] 총거래 건수 최소화의 법칙

② **분업** : 제조업자는 제조, 중간상은 소비자와의 협상, 수주, 판촉, 금융서비스 제공, 시장정보 제공에 충실하면 전문화가 이루어지므로, 제조업자가 유통까지 맡을 때에 비해 전체적으로 유통의 효율성이 높아질 수 있다.

③ **변동비 우위** : 생산은 생산시설 투자 때문에 고정비 비중이 높으므로, 생산량이 증가할수록 고정비 비중이 하락하여 단위당 비용이 하락하는 규모의 경제를 누릴 수 있지만, 유통은 매출이 증가할수록 더 많은 직원을 판촉과 판매, 고객서비스에 투입하기 때문에 변동비 비중이 높으므로, 판매량이 증가할수록 비용도 따라서 증가한다는 특징이 있다. 생산자가 생산과 유통을 함께 하면, 단위당 고정비 하락이 단위당 변동비 증가로 희석될 수 있으므로 중간상에게 유통을 맡기는 편이 더 효율적일 수 있다.

> **TIP** 매출 증가와 변동비
>
> 전자상거래라면 매장과 직원이 없으므로 매출이 증가해도 변동비 비중이 높지 않다고 생각할 수 있으나, 전자상거래도 매출이 증가하면 플랫폼 관리, 제품 구매와 판촉, 배송, 고객 응대에 많은 직원이 필요하므로 변동비 비중이 높다. 2022년 기준 아마존 직원 수는 154만 명이었으며, 매출총이익률은 43.8%였으나 영업이익률은 2.38%였다.

④ **집중 준비 또는 집중 저장** : 중간상이 없으면 제조업자나 판매업자는 더 많은 제품과 재고를 저장해야 한다. 사회 전체적으로는 재고가 증가하기 때문에 현금흐름이 재고에 묶여버려 유통의 효율성이 떨어진다. 물론 유통경로가 있더라도 중간상이 과다 재고를 저장함으로써 전체적인 유통의 효율을 떨어트릴 수도 있으나, 유통경로 전체적으로는 중간상이 결품에 대비한 완충 역할을 한다고 볼 수 있다.

(4) 유통경로의 효용

유통경로는 제품을 소비자에게 전달하는 경로이므로 물류와 비슷하게 시간과 장소의 효용을 갖는다. 다만 유통경로는 물류와 상류를 모두 포괄하므로 소유와 형태 효용이 더해진다.

① **시간적 효용** : 소비자가 원하는 시간에 재화와 서비스를 제공한다.
② **장소적 효용** : 소비자가 원하는 장소에 재화와 서비스를 제공한다.
③ **소유적 효용** : 신용거래, 할부거래 등을 통해 재화와 서비스의 소유권 이전을 원활하게 수행하고 판매를 촉진할 수 있다.
④ **형태적 효용** : 대량으로 생산된 재화와 서비스를 소비자가 구매할 수 있는 양으로 나누거나, 구매를 자극하는 묶음이나 포장으로 변환하여 거래를 촉진한다.

03 유통경로 전략

1 유통범위 결정

전체 시장 중 얼마나 많은 영역에서 판매할 것인가를 정한다. 이때 핵심 유통경로만 둘 수도 있고, 되도록 넓은 경로에서 팔 수도 있으며, 그 중간을 선택할 수도 있다.

(1) 전속적 유통경로

① **핵심 유통경로만 둔다** : 어느 정도 자격을 갖춘 소수의 점포에서만 독점적으로 판매할 수 있도록 하는 전략이다.

② **가장 강력한 유통구조 계열화** : 유통경로를 쉽게 관리할 수 있다.

③ **고가품에 적합** : 도요타는 미국 시장에서 렉서스를 처음 출시할 당시 유럽의 명차들과 경쟁한다는 생각 때문에 소비자에게 고가품 이미지를 심어주기 위해 소수의 딜러망을 통해서만 렉서스를 판매하기 시작했다. 고급 시계의 경우 일부 백화점에만 입점하는 사례도 있다.

(2) 개방적 유통경로

① **가능한 한 모든 시장** : 가능한 한 많은 점포에서 판매하는 전략이다. 집중적 유통경로라고도 부른다.

> **⌚TIP 용어의 구별**
>
> '집중적'이라는 용어 때문에, 집중적 유통경로가 선택적 유통경로의 다른 이름이라고 착각하지 않도록 주의한다.

② **가장 통제가 약한 유통경로** : 불특정 다수의 점포에서 판매하기 때문에, 유통경로를 관리하기 어렵다.

③ **일용품에 적합** : 편의점에 신상품이 출시되면 점포당 아주 적은 수량밖에 판매할 수 없어서 판매하지 않는 매장이 있을 뿐이지 공식적으로 판매하지 않는 편의점은 없다. 편의점에서 빨리 동나는 일부 인기 상품을 생각해 보면 쉽다.

(3) 선택적 유통경로

① **전속적 유통경로와 개방적 유통경로의 중간** : 어느 정도 자격을 갖춘 점포에서 판매할 수 있도록 하는 전략이다. 그렇다고 모든 점포에 전부 다 판매 기회를 주지는 않는다.

② **전속적 유통경로와 개방적 유통경로의 장점 모두 보유** : 개방적 유통경로보다는 판매망이 좁아서, 전속적 유통경로처럼 어느 정도 유통경로를 관리할 수 있다.

③ **소비자가 고르고 구매하는 선매품** : 가전제품처럼 제조업체로부터 인증받은 일부 대리점만 취급할 수 있는 제품이 선택적 유통경로에 해당한다.

2 유통경로 길이 결정

(1) 제품의 유형별

① 긴 유통경로 : 표준화된 제품과 편의품, 상온 제품
② 짧은 유통경로 : 비표준화된 제품과 전문화된 제품, 신선 제품

(2) 수요 특성

① 긴 유통경로 : 구매 빈도는 높고 구매 단위는 작은 제품
② 짧은 유통경로 : 구매 빈도는 낮고 구매 단위는 큰 제품

(3) 공급 특성

① 긴 유통경로 : 생산자가 많고 진입장벽이 낮은 제품
② 짧은 유통경로 : 생산자가 적고 진입장벽이 높은 제품

3 유통경로 통제 수준 결정

유통경로의 구조에 따른 통제 수준 차이 : 유통경로가 수직적인지 수평적인지, 유통경로를 통제할 만한 주도권을 가진 기업이 있는지에 따라 통제 수준이 달라진다.

04 유통경로의 구조

1 유통경로의 구조 결정요인

(1) 연기(postponement)-투기(speculation)이론

재고 보유 주체에 따른 유통경로 결정 : 제조업자와 유통업자 중 누가 재고를 보유하는지에 따라 유통경로가 결정된다고 보는 이론이다.

① 연기 : 유통경로 구성원들이 서로 재고를 보유하려 하지 않고 후방, 즉 제조업자에게 부담시키고 팔릴 만한 제품만 유통한다. 이럴 때는 재고를 소비자에게 인도하는 가장 마지막 순간까지 제품 완성을 최대한 늦추고 재고를 늦게 확보한다.

② 투기 : 유통경로 구성원들이 서로 재고를 보유하려고 해서 팔릴 만한 제품이 아니더라도 전방, 즉 유통업자에게 과감하게 재고를 부담시키는 형태이다. 이럴 때는 주문 빈도를 줄여서 주문 비용과 운송비를 줄인다.

(2) 시장거래비용이론

거래비용 최소화에 따른 유통경로 결정 : 유통경로 안에서 거래비용을 최소화할 수 있는 방향으로 유통경로가 결정된다고 보는 이론이다.

(3) 기능위양이론

기능 위양에 따른 유통경로 결정 : 특정 기능을 가장 저렴한 비용으로 수행할 수 있는 구성원에게 기능을 위양함으로써 유통경로가 결정된다고 보는 이론이다.

(4) 체크리스트법

여러 가지 요인을 점검해 보고 결정 : 유통경로를 결정하는 여러 가지 요인을 체크리스트로 점검하여 중간상을 결정하는 이론이다.

① 시장 요인 : 시장 특성에 따라 유통경로를 결정한다. 외국계 기업이 처음에는 국내 합작사를 통해 국내 시장에 진출했다가, 시장 규모가 커지고 시장이 성숙했다고 판단되면 직접 판매로 전환하는 사례가 대표적이다.

② 기업 요인 : 기업의 규모나 재무 능력, 통제에 대한 욕구에 따라 유통경로를 결정한다. 국내 가전산업이 소수의 거대 유통업체가 지배하는 과점 산업임에도 불구하고 직접 판매하는 유통경로를 유지하고 있는 사례가 대표적이다.

③ 경로 구성원 요인 : 유통경로 구성원 후보자들이 마케팅에 의욕이 있는지, 수행할 수 있는 서비스가 몇 가지나 되는지에 따라 유통경로를 결정한다.

④ 제품 요인 : 시장, 기업, 경로 구성원 요인이 같을 때 유통경로 결정에 영향을 미치는 요인으로, 제품의 특성, 제품 구색의 전문성 등에 따라 유통경로를 결정한다.

(5) 게임이론

이익 극대화 과정에서 유통경로 결정 : 유통경로 구성원들이 서로 이익을 극대화하기 위해 노력하는 과정에서 유통경로가 결정된다는 이론이다.

(6) 대리인이론

대리인 의뢰로 유통경로 결정 : 의뢰인이 가장 큰 성과를 낼 수 있는 대리인에게 의뢰함으로써 유통경로가 결정된다고 보는 이론이다.

2 　전통적 유통경로

(1) 정의

경로 구성원들이 자기 이익만 추구하며 독립적으로 활동하는 유통경로

(2) 장단점

① 매우 약한 결속력 : 자기 이익만 추구하며 서로 지배 관계가 없으므로 결속력이 매우 약하다.

② 구성원 통제 어려움 : 구성원들이 독립적이므로 구성원 간 갈등을 조정하거나, 업무를 조정하거나 통제하기가 어렵다.

③ 높은 유연성 : 진입과 철수가 쉽고, 시장의 요구에 즉각 대응하기 쉽다.

(3) 전통적 유통경로 사례

과거 주류업계에서는 제조사 영업사원이 주류를 파는 음식점(소매점에 해당)을 직접 순회하며 진열, 제품 소개, 사은품 증정, 이벤트 등을 수행했다.

3 수직적 유통경로(VMS, Vertical Marketing System)

(1) 정의

경로 구성원 간의 이해관계를 본부나 중앙에서 정한 계획에 따라 전문적으로 관리하고 통제한다.

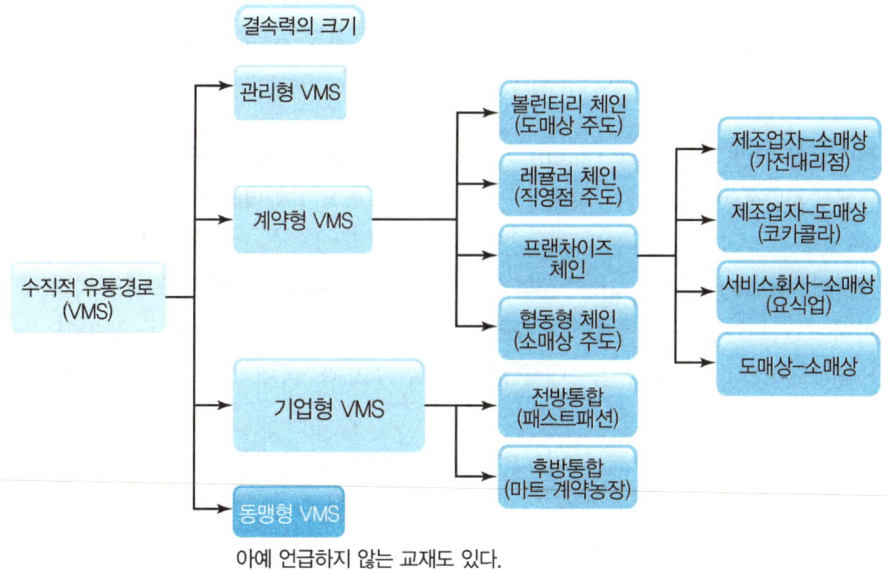

◀ [그림 5-2] 수직적 유통경로 시스템 요약 ▶

(2) 장단점

① 상대적으로 강력한 결속력 : 계약과 제휴, 위임, 지분 관계로 구성되므로 전통적 유통경로에 비해 결속력이 강하다.

② **구성원 통제 용이** : 계약과 제휴, 위임, 지분 관계 때문에 구성원을 상대적으로 쉽게 통제할 수 있다. 중앙에서 정한 대로 통제하기 때문에 통제력이 언제나 강력할 것 같지만, VMS의 형태에 따라 통제력의 크기에 차이가 있다.

③ **낮은 유연성** : 통제를 강화하기 위해 계약과 제휴를 맺다 보면 유연성이 떨어지며, 진입장벽도 생긴다.

(3) 관리형 VMS

수직적 유통구조 중 가장 약한 결속력 : 유통경로 구성원 중 가장 자본력이나 영향력 있는 구성원이 계약 관계가 없이 다른 구성원을 관리하는 형태로, 수직적 통합 구조 중 가장 결속력이 약하다.

(4) 계약형 VMS

대등한 계약 기반의 유통구조 : 유통경로 구성원들이 서로 대등한 계약 관계를 맺고, 독립적으로 활동하는 구조. 도매상 주도의 연쇄점, 소매상 협동조합, 프랜차이즈 조직이 대표적인 계약형 VMS에 해당한다.

> **TIP 연쇄점**
> 연쇄점은 Chain Store라는 영문 명칭을 우리말로 옮긴 것이다. 본부의 직영점과 프랜차이즈 가맹점 모두를 포괄한다.

① **볼런터리 체인(Voluntary Chain)** : 여러 독립된 점포가 각자의 독립성을 유지하면서 구매나 판촉 면에서 자발적으로 협력하는 형태를 말한다. 본부 조직이 있더라도 각 점포가 독자적 활동을 할 수 있다.

② **레귤러 체인(Regular Chain)** : 본부 직영 연쇄점이다. 특정 기업이 점포에 투자하고 직원을 고용하여 브랜드와 재화, 서비스의 품질을 유지하도록 관리하는 형태를 말한다. 패스트푸드나 H&B(Health & Beauty) 업종에서 많이 볼 수 있으며, 국내 가전회사들의 직영점에서도 볼 수 있다.

③ **프랜차이즈 체인(Franchise Chain)** : 본사와 가맹점 구조를 갖는 형태이다. 본사가 계약을 맺은 가맹점주에게 본사의 상호와 품질 기준, 영업 방식에 따라 영업활동을 할 수 있도록 지원한다. 대부분의 요식업종에서 많이 볼 수 있다.

　㉠ 제조업자 – 소매상 프랜차이즈 : 제조업자가 소매상과 가맹점 계약을 맺는 형태. 국내 가전회사들의 대리점에서 볼 수 있다.

　㉡ 제조업자 – 도매상 프랜차이즈 : 제조업자가 도매상과 가맹점 계약을 맺는 형태. 본사는 원액을 생산해서 공급하고, 해당 국가 판매는 보틀링 업체라 부르는 병입 업체에 맡기는 코카콜라의 사례가 대표적이다.

　㉢ 도매상 – 소매상 프랜차이즈 : 도매상이 소매상과 가맹점 계약을 맺는 형태

ⓔ 서비스회사 - 소매상 프랜차이즈 : 가맹본부가 소매상과 가맹점 계약을 맺고 가맹점에 재료 구매, 매장 인테리어, 경영 지원, 홍보 지원 등을 제공하는 형태. 대부분의 요식업종 프랜차이즈가 여기에 속한다.

④ **협동형 체인(Cooperative Chain)** : 협동조합 형태가 대표적이다. 소매점들이 협동조합을 결성하고 도매기능을 갖는 형태이다. 볼런터리 체인과 유사하지만, 볼런터리 체인은 도매상 중심, 협동형 체인은 소매상 중심이라는 차이가 있다.

(5) 기업형 VMS

지분 기반으로 가장 결속력이 강한 유통구조 : 경로 구성원 하나가 다른 경로 구성원을 법적으로 소유하거나 관리하는 형태로, 가장 결속력이 강하다.

① **전방통합** : 제조업체가 도·소매상을, 도매상이 소매상을 소유하거나 관리하는 형태를 말한다. 직접 매장을 운영하는 Zara, 유니클로 등의 패스트패션 업계가 대표적인 전방통합이다.

② **후방통합** : 소매상이나 도매상이 제조업체를 소유하거나 관리하고, 제조업체가 부품 공급업체를 소유하거나 관리하는 형태. 대형마트가 계약농장으로부터 농수산물을 공급받는 형태가 대표적인 후방통합이다.

> **TIP** 전방과 후방의 개념
> 전방과 후방의 개념을 명확하게 이해하지 못하면 풀 수 없는 문제가 간혹 출제된다. 유통경로는 소비자 방향이 순방향이므로 전방통합은 제조업체가 유통경로를 통합하는 형태이고, 후방통합은 유통경로가 제조업체를 통합하는 형태라 보면 된다.

(6) 동맹형 VMS(최근 유통관리에서는 잘 다루지 않는다)

① **제휴 기반의 유통구조** : 둘 이상의 유통경로 구성원들이 자발적으로 형성한 제휴에 근거한다. 구성원들은 서로 대등한 관계이며, 상호 의존성을 강하게 보인다.

② **상호 의존적 유통구조** : 구성원들이 서로 대등하다는 면에서는 계약형 중 볼런터리 체인과 유사해 보이지만, 동맹형은 상호 의존적, 볼런터리 체인은 상호 독립적이라는 차이가 있다.

4 수평적 유통경로

동일 단계에서 발생하는 기업 간 결합 : 유통경로 중 동일 단계에서 활동하는 복수의 기업이 결합한 형태를 말한다. 도매상과 도매상, 소매상과 소매상의 결합 형태이다. 개별 기업의 역량으로는 단독으로 마케팅하는 데 한계가 있을 때, 수평 통합을 통해 시너지효과를 얻을 수 있다.

5 유통경로의 유형

(1) 직접 유통

① 제조업 직판 : 제조업체가 소비자에게 직접 판매하는 형태를 말한다.
② 판매 형태 : 방문 판매, 우편 판매, 인터넷 판매, 제조사 직영 매장 등
③ Direct to Consumer(DTC) : 오프라인 유통이 주축일 때는 제조사가 오프라인 유통을 거치지 않고 직접 소비자에게 판매하기 어려웠으나, 최근 전자상거래의 발달로 제조사가 온라인 쇼핑몰을 통해 소비자에게 직접 판매할 수 있는 길이 열렸다.

(2) 간접 유통

① 유통업자가 개입 : 제조사가 소비자에게 판매하는 과정에서 다수의 유통업자가 중간에 개입하는 형태를 말한다.
② 1단계 유통경로 : 제조사와 최종소비자 사이에 중간 판매상이 하나만 있는 형태. 제조사가 중간 판매상과 직접 연결되어 있다.
③ 2단계 유통경로 : 제조사와 최종소비자 사이에 중간 판매상이 두 단계로 존재하는 형태. 제조사가 유통업자에게 판매하면 유통업자는 다시 하위 유통채널에 판매하고, 하위 유통채널이 최종소비자에게 판매한다. 소규모의 유통채널들이 거대 제조사와 직접 연결되기 어려운 상황에서 유용하다.

(3) 하이브리드

직접 유통과 간접 유통 공존 : 제조사가 소비자와 한편으로는 직접 연결되어 있고, 다른 한편으로는 간접적으로 연결되어 있다. 예를 들어 소비자에게 판매는 유통업체에서 수행하지만, 배송과 설치는 제조업체가 직접 하는 비즈니스 형태가 대표적이다.

05 유통경로의 힘과 갈등 관리

(1) 유통경로의 힘의 정의

유통과 마케팅 관련 영향력 : 유통경로의 한 구성원이 다른 구성원을 상대로 유통과 마케팅 관련 영향력을 행사할 수 있는 능력을 말한다.

(2) 필요성

유통경로의 질서 유지 : 유통경로 전체의 목적을 달성하고 갈등을 해결하기 위해 힘 행사가 필요하다.

(3) 힘의 유형

① **보상적 힘** : 보상을 제공할 수 있는 능력. 유통 수수료 증대, 진열 기회 제공, 무상판매 확대 등이 있다.

② **합법적 힘** : 경로 구성원 간 합법적으로 영향력을 행사하고 받아들인다는 전제에서 발생하는 영향력. 특허권이나 상표권, 프랜차이즈 가맹점주와 가맹본사와의 관계가 대표적이다.

③ **강압적 힘** : 영향력 행사에 따르지 않는 경로 구성원에게 제재를 가하고 페널티를 줄 수 있는 능력. 가맹본부의 방침을 따르지 않는 가맹점을 상대로 재료 공급을 지연하거나 영업권을 철회하는 행위를 들 수 있다.

④ **준거적 힘** : 사물의 판단 기준이라는 뜻의 '준거(準據)'라는 말에서 알 수 있듯이, 경로 구성원이 해당 유통경로에 소속되어 있다는 소속감과 일체감을 가지고자 할 때 미치는 영향을 말한다. 백화점들이 특정 명품 유치를 해당 백화점의 자부심으로 받아들이는 행위가 대표적이다.

⑤ **전문적 힘** : 특정 경로 구성원이 특별한 전문지식이나 기술을 보유하고 있음으로써 미치는 영향력. IT 솔루션 판매업체들이 고가의 교육 훈련 프로그램을 운영하는 사례가 있다.

⑥ **정보적 힘** : 특정 경로 구성원이 다른 구성원이 갖고 있지 않은 정보를 제공함으로써 미치는 영향력. 시장정보나 마케팅정보를 제공하는 경우를 들 수 있다.

(4) 힘의 효과별 분류

① **중재된 힘** : 보상적, 합법적, 강압적 힘을 말한다. 경로 구성원의 마케팅 활동을 직접 제약하거나 보상할 수 있으며, 효과가 빠르다.

② **중재되지 않은 힘** : 준거적, 전문적, 정보적 힘을 말한다. 경로 구성원의 마케팅 활동을 직접 제약하거나 보상하지 않는 힘이므로, 영향력 행사의 효과가 상대적으로 낮다.

(5) 유통경로의 갈등 관리

① **갈등 발생원인** : 갈등은 유통경로 구성원의 목표와 역할에 관한 구성원들의 의견 불일치에서 발생한다.

② **갈등의 유형**
   ㉠ **수평적 경로갈등** : 유통경로에서 동일 단계에 있는 구성원들 간의 갈등을 말한다.
   ㉡ **수직적 경로갈등** : 유통경로에서 서로 다른 단계에 있는 구성원들 간의 갈등이다.
   ㉢ **경로 형태 간 갈등** : 동일 단계의 서로 다른 중간상들 간의 갈등이다.

③ **갈등의 원인**
   ㉠ **목표 양립 불가능** : 경로 구성원 간 목표가 서로 양립하지 않아서 갈등이 생긴다. 예를 들어 시장점유율 증대와 수익성 증대라는 목표가 충돌하면 갈등이 발생한다.
   ㉡ **의견 불일치** : 경로 구성원 간 마케팅 목표와 수행 방법에 관한 의견이 맞지 않아서 갈등이 생긴다. 예를 들어 신상품 판매를 늘리기 위해 기존 상품 할당을 줄이면 경로 구성원의 거부 반응을 일으킬 수 있다.

ⓒ 현실 지각의 차이 : 유통에서는 현장 분위기를 보고 상품성을 판단하는 반면, 제조업체는 수치 데이터를 보고 상품성을 판단한다. 이렇게 경로 구성원 간 현실을 보는 태도가 다른 데서 오는 갈등이다.

④ 갈등 해결 방법

    ㉠ 인적 네트워킹

    ㉡ 경로 구성원 전체의 목표설정 및 환기

    ㉢ 협의회나 위원회 등 갈등 중재 기구 활용

06 유통업종 분류

1 도매상

(1) 정의

최종소비자와의 거래 외의 거래 : 제품을 구매하여 다른 도매상, 소매상, 생산자에게 재판매하는 개인이나 조직으로, 최종소비자와의 거래를 제외한 모든 거래를 취급한다.

(2) 기능

① 소매상을 위한 기능

    ㉠ 구색 편의 기능 : 도매상은 미리 제품 구색을 갖추고 소매상과 거래함으로써 거래를 단순화한다.

    ㉡ 소량 판매 기능 : 도매상은 대량으로 구매한 제품을 소량으로 나누어 소매상에게 공급한다.

    ㉢ 신용거래 기능 : 도매상은 소매상을 상대로 신용거래를 하여 소매상의 경영 부담을 덜어준다.

    ㉣ 고객서비스 기능 : 도매상은 제조업자를 대신하여 문의 응대, 배달, 수리서비스를 제공한다.

② 제조업자를 위한 기능

    ㉠ 판매 접촉 기능 : 도매상은 제조업자를 대신하여 판매를 담당함으로써, 제조업자가 광역 판매, 집약 판매에 대응할 수 있도록 지원한다.

    ㉡ 재고 유지 기능 : 도매상은 스스로 재고를 보유함으로써 제조업자의 재고관리 부담을 덜어준다.

    ㉢ 주문 처리 기능 : 도매상은 제조업자를 대신하여 다빈도 소량주문 등 복잡한 주문을 처리해 준다.

    ㉣ 시장정보 제공 기능 : 도매상은 시장 동향 정보를 파악하고 제조업자와 공유하여 제조업자의 생산 조절에 도움을 준다.

    ㉤ 고객서비스 대행 기능 : 도매상은 제조업자를 대신하여 기술정보 제공, 수리, 배달, 품질 보증 등 고객서비스를 제공한다.

(3) 도매상의 유형

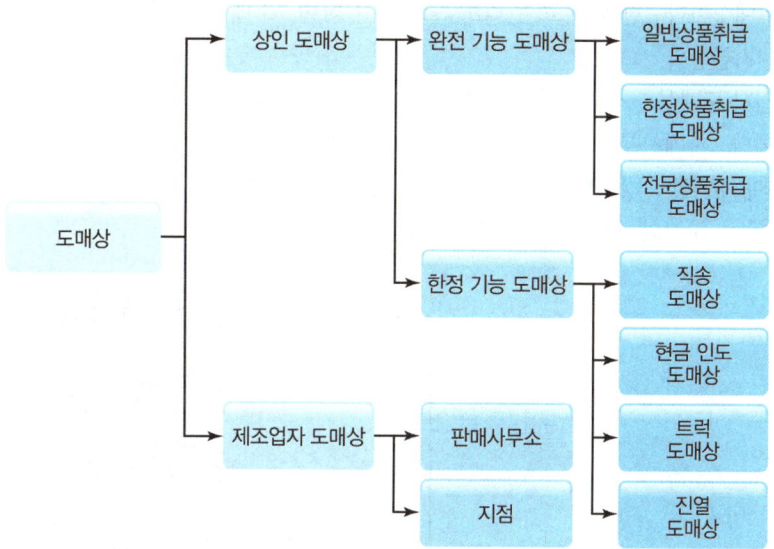

[그림 5-3] 도매상 구분 - 상인 도매상과 제조업자 도매상

① **상인 도매상** : 상인이 도매기능을 수행하는 형태를 말한다. 도매상의 관리 주체는 상인이다. 제조업자로부터 상품을 구매해서 판매하는데, 완전 기능 도매상과 한정 기능 도매상으로 나눌 수 있다.
  ㉠ **완전 기능 도매상** : 재고 보유, 신용제공, 촉진, 배달, 시장정보 제공 등 도매상이 소매상을 상대로 제공할 수 있는 모든 서비스를 제공하는 도매상을 말한다. 취급하는 상품 구색의 깊이에 따라 일반상품, 한정상품, 전문상품 도매상으로 나뉜다.
    ⓐ **일반상품 도매상** : 잡화 등 다양한 상품을 취급하는 도매상
    ⓑ **한정상품 도매상** : 포장재료, 제과·제빵 재료 등 한정된 영역의 상품을 취급하는 도매상
    ⓒ **전문상품 도매상** : 극단적으로 제한된 품목을 취급하는 도매상
  ㉡ **한정 기능 도매상** : 도매상이 제공할 수 있는 기능 중 일부 기능에 특화된 도매상을 말한다. 직송 도매상, 현금 인도 도매상, 트럭 도매상, 진열 도매상으로 나뉜다.
    ⓐ **직송 도매상** : 제조업자로부터 구매는 하지만 상품 인도는 거래가 성사되었을 때 제조업자가 직접 배달하는 형태의 도매상이다. 배달보다는 교환 기능에 특화된 도매상이라 할 수 있다.
    ⓑ **현금 인도 도매상** : 현금거래 조건에 배송서비스도 제공하지 않는 도매상이다. 대신 저렴하게 공급할 수 있다.
    ⓒ **트럭 도매상** : 상품을 트럭에 싣고 특정 지역을 순회하며 소매상과 거래하는 도매상이다. 과일, 채소 등 부패하기 쉬운 상품을 취급한다.

ⓓ 진열 도매상 : 매출 비중이 높지 않고 회전이 빠른 상품을 배송과 진열까지 담당하는 도
매상이다. 진열 재고 관리도 도매상이 하며, 소매상은 사용한 만큼 도매상에게 대금을
지급한다.

② **제조업자 도매상** : 제조업자가 도매기능을 수행하는 경우를 말한다. 도매상의 관리 주체는 제조
업자이다. 판매사무소와 지점으로 나눌 수 있다.

㉠ **판매사무소** : 창고와 재고 없이 직송 형태로 판매한다.

㉡ **지점** : 창고와 재고를 두고 판매한다.

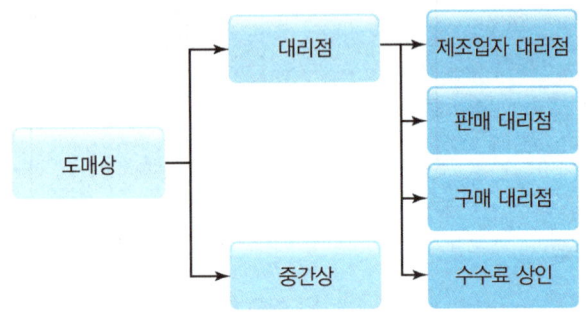

◀ [그림 5-4] 도매상 구분 – 대리점과 중간상 ▶

③ **대리점** : 상품에 대한 소유권 없이 거래만 성사하고 수수료를 받는 도매상을 말한다. 제조업자
대리점, 판매 대리점, 구매 대리점으로 나눌 수 있다.

㉠ **제조업자 대리점** : 장기계약을 맺고 제조업자의 상품을 특정 지역에서 판매 대행하는 도매
상이다.

㉡ **판매 대리점** : 계약을 통해 제조업자가 취급하는 상품을 판매할 권한을 부여받은 도매상을
말한다. 제조업자 대리점은 특정 지역에서 제한된 품목의 상품을 취급할 수 있지만, 판매
대리점은 지역 제한 없이 전 품목을 취급할 수 있어서 보다 넓은 범위의 업무를 수행한다.

㉢ **구매 대리점** : 구매자를 대신해서 상품을 수입하고 검사하여 구매자에게 전달하는 도매상이다.

㉣ **수수료 상인** : 직판 능력이 없는 제조업자를 대신하여 소매상과 협상하고 거래가 성사되면
수수료와 비용을 받는 도매상이다.

④ **중간상** : 상품에 대한 소유권 없이 거래만 성사하고 수수료를 받는다는 면에서는 대리점과 유사
하지만, 장기계약 관계가 아니라 단발성 거래를 한다.

2 소매상

(1) 정의

최종소비자에게 판매 : 최종소비자에게 재화나 서비스를 판매하는 개인이나 조직이다.

(2) 기능

① 소비자 대상 기능 : 기본적으로 도매상이 소매상을 위해 수행하는 모든 기능을 소비자에게 지원한다.
　㉠ 상품 구색 제공 : 최종소비자에게 상품 구색을 제공한다.
　㉡ 상품정보 제공 : 제조업자를 대신하여 최종소비자에게 상품 관련 정보를 제공한다.
　㉢ 신용거래 제공 : 최종소비자를 대상으로 신용거래를 함으로써 거래를 촉진하고 소비자의 부담을 덜어준다.
　㉣ 고객서비스 제공 : 제조업자를 대신하여 배달, 수리, 교환, 사용법 교육 등을 지원한다.

② 제조업자를 위한 기능 : 기본적으로 도매상이 제조업자를 위해 수행하는 모든 기능을 지원한다.
　㉠ 판매 확대 기능 : 소매상은 제조업자를 대신하여 판매를 담당함으로써, 제조업자가 광역 판매, 집약 판매에 대응할 수 있도록 지원한다.
　㉡ 재고 유지 기능 : 소매상은 스스로 재고를 보유함으로써 제조업자의 재고관리 부담을 덜어준다.
　㉢ 주문 처리 기능 : 소매상은 제조업자를 대신하여 다빈도 소량주문 등 복잡한 주문을 처리해준다.
　㉣ 시장정보 제공 기능 : 소매상은 시장 동향 정보를 파악하고 제조업자와 공유하여 제조업자의 생산 조절에 공헌한다.
　㉤ 고객서비스 대행 기능 : 소매상은 제조업자를 대신하여 기술정보 제공, 수리, 배달, 설치, 품질 보증 등 고객서비스를 제공한다.

3 소매 이론

(1) 소매 수레바퀴 이론(The Wheel of Retailing)

① 소매업 브랜드 발전 과정을 설명 : 소매업이 시장점유율과 브랜드 가치를 높이며 발선하는 과정을 설명하는 이론이다.
　㉠ 1단계(진입단계) : 대체로 낮은 가격, 낮은 유통 수수료, 낮은 명성에서 시작한다.
　㉡ 2단계(성장단계) : 점진적으로 높은 가격, 높은 유통 수수료, 높은 명성으로 마치 수레바퀴가 굴러가듯 전환한다.
　㉢ 3단계(성숙단계) : 더 높은 가격, 더 높은 유통 수수료, 더 높은 명성을 제공하는 고급 매장으로 전환한다.
　㉣ 4단계(쇠퇴단계) : 새로운 경쟁자가 나타나 1단계와 동일 특성으로 경쟁하기 시작하면서 기존 업체들을 밀어낸다.

② 역사 : 하버드 비즈니스 스쿨 맬컴 맥네어(Malcom P. McNair) 교수가 1958년 제창한 이론이다.

③ 가격 중심의 이론 : 모든 소매업의 발전 과정을 설명할 수 있는 이론은 아니지만, 대체로 소매업의 발전 과정을 설명해 주는 주요 이론이다. 단, 가격 중심의 이론이어서 고급 브랜드가 꾸준히 유지되

는 이유는 설명하지 못한다.

④ **의류 사례** : 의류도매시장에서 저가 의류 매장으로 시작 → 중저가 의류 매장으로 사업 확장 → 고급 브랜드 출시로 사업다각화 → 패스트패션의 등장과 저가 의류 인기로 사업 축소까지는 설명하지만, 명품이 꾸준한 인기를 얻는 이유는 설명하지 못한다.

(2) 소매 아코디언 이론(Retail Accordion Theory)

① **제품 구색의 변천 과정을 설명** : 소매업이 제품 구색을 마치 아코디언처럼 넓혔다가, 좁혔다가, 다시 넓히는 행동을 반복하며 제품 구색을 갖추는 과정을 설명하는 이론이다.

② **제품 구색에 중점** : 소매 수레바퀴 이론이 가격 중심의 이론이라면 소매 아코디언 이론은 제품 구색 중심의 이론이다. 패스트푸드를 보면, 제한된 가짓수의 메뉴를 팔던 패스트푸드 업계에서 아침 식사, 샐러드, 어린이 메뉴, 지역특화 메뉴 등 가짓수를 늘리다가 비용 절감을 위해 가짓수를 줄이다가 다시 소비자의 취향을 고려하여 계절 메뉴, 기간 한정 메뉴 등 가짓수를 늘리는 사례 가 나타나고 있다.

㉠ **넓은 제품 구색으로 시작** : 소매업의 초기에는 다양한 소비자의 니즈를 충족하기 위해 제품 구색 을 넓게 가져간다.

㉡ **좁은 제품 구색으로 전환** : 소매업이 성장하면, 소비자의 시선을 끌기 위해 좁고 전문적인 제품 구색으로 전환한다. 원가절감 목적도 있다.

㉢ **넓은 제품 구색으로 환원** : 소비자가 한 번의 쇼핑으로 다양한 제품을 선택하는 편의를 추구 하면서 소매업은 다시 넓은 제품 구색으로 돌아간다. 이 과정에서 전문점도 경쟁을 위해 더 넓 은 제품 구색을 취급하게 된다.

③ **역사** : 미시간 주립대 스탠리 홀랜더(Stanley Hollander) 교수가 1966년 제창한 이론이다.

④ **제품 구색 외에는 설명 불가** : 제품 구색 외의 현상은 설명하지 못한다.

(3) 소매 변증법 과정 이론(Dialectic Process)

① **상반된 업종이 만나 더 나은 업종으로 변화** : 유통업은 두 개의 상반된 업종이 합쳐져 더 나은 형태의 업종으로 전환한다는 이론이다.

② **정반합(正反合)** : 변증법을 응용한 이론답게 어떤 업종, 즉 정(正)과 또 다른 업종, 반(反)이 있으면 합(合)이 생긴다는 이론이다.

③ **생활용품점 사례** : 독특하고 품질이 좋지만, 비싼 백화점 생활용품점(正) + 저렴하지만 품질 수준이 낮고 특징 없는 대형마트 생활용품점(反) = 중간 가격에 비교적 품질이 우수하고 독특한 감성을 주는 생활용품점의 유행(合)

(4) 소매 자연도태 이론(Natural Selection)

① **변화에 살아남은 소매업이 성장한다** : 생물이 자연환경에 적응하듯이 소매업이 정치, 경제, 사회, 기 술, 인구학, 법적 변화에 적응하면 성공적으로 성장한다는 이론이다.

② **포괄적 이론** : 가격이나 구색 등에 집중하는 다른 이론보다 사회변화를 다룬다는 점에서 포괄적인 이론이다.

③ **소비자의 역할 강조** : 사회변화에 따라 소매업을 선택하는 주체는 소비자라는 측면에서 소비자의 역할을 강조하는 이론이다.

④ **완구전문점 사례** : 스마트폰 시대의 도래로 아동 완구 중심의 완구전문점이 도태되고, 키덜트족을 노린 고가의 완구나 피겨, 비디오 게임기 판매로 재빨리 전환한 완구전문점이 살아남았다.

(5) 소매 수명주기 이론(Retail Life Cycle Theory)

① **도입기, 성장기, 성숙기, 쇠퇴기** : 제품수명주기와 마찬가지로, 소매업도 혁신적인 업종으로 등장했다가(도입기), 성장하고(성장기), 매출 정체기를 겪다가(성숙기), 다른 업종에 자리를 내어주는(쇠퇴기) 과정을 거친다는 이론이다.

  ㉠ **도입기** : 새로운 소매업종이 시장에 등장한다. 매장 설계, 고객서비스, 물류서비스, 판촉 면에서 새로운 제품과 서비스 출시로 비용 지출이 커서 매출과 이익률은 낮지만, 성장 기회는 많다.

  ㉡ **성장기** : 소비자 인지도가 높아지고 매출과 시장점유율이 늘어난다. 충성도 높은 고객이 늘어나고 재구매가 증가하여 이익률이 높아진다. 경쟁사들은 고객을 빼앗기고 나서 고객서비스 확대, 제품 구색 증가 등 새로운 시도를 하려는 경향을 보인다.

  ㉢ **성숙기** : 어느 정도 성장률과 시장점유율을 달성하고 나서 매출과 성장이 정체하고 이익률이 낮아진다. 새로운 시도를 해도 경쟁사에 비해 결정적인 차별화를 둘 수 없어서 가격 할인 경쟁이 치열해진다.

  ㉣ **쇠퇴기** : 시장에 새로운 형태의 소매업이 등장하고 소비자의 쇼핑 패턴이 변하면서 매출, 성장, 이익률 모두 감소세를 보이기 시작한다. 시장에서 철수하려는 움직임도 보인다. 경쟁은 더욱 치열해진다. 시장이 위축되므로 더욱 치열하게 가격 경쟁을 벌인다.

② **대형 할인점 사례**

  ㉠ **도입기** : 1990년대 초반 슈퍼마켓보나 많은 가짓수와 저렴한 가격을 무기로 혁신적인 업종으로 등장했다.

  ㉡ **성장기** : 1990년대에서 2000년대 사이, 전국에 매장을 늘리며 매출과 영업이익을 늘렸으며, 순환버스까지 운영하면서 치열한 경쟁을 펼쳤다.

  ㉢ **성숙기** : 2000년대 중반 지방 소도시까지 진출을 마치자, 2000년대 후반부터 매출과 성장, 이익률 모두 정체하기 시작했다.

  ㉣ **쇠퇴기** : 온라인 플랫폼의 등장으로 쇼핑의 형태가 온라인 쇼핑으로 기울고 1인 가구의 증가로 편의점이 성장하자, 매출과 성장, 이익률 모두 감소하기 시작했다.

4 소매업종

(1) 편의점(CVS, Convenience Store)

① 접근성 : 소비자가 쉽게 접근할 수 있고, 빨리 발견할 수 있도록 매장 간 간격을 관리하며, 야간 직원 확보와 시장수요에 문제가 없다면 일반적으로 24시간 운영한다.

② 넓은 상품 구색 : 소비자가 자주 찾는 식음료와 잡화류 중심으로 판매한다.

(2) 슈퍼마켓(SM, Supermarket)

연쇄점 구조와 저렴한 가격 : 소비자가 자주 찾는 식음료와 잡화류를 저렴한 가격으로 취급하는 소매점으로 대체로 연쇄점 형태로 운영된다.

(3) 기업형 슈퍼마켓(SSM, Super Supermarket)

대형 할인점과 슈퍼마켓의 중간 : 대형 할인점보다는 작고 슈퍼마켓보다는 크다. 슈퍼마켓과 비슷한 상품을 취급한다. 대형 할인점보다 소비자와의 접근성이 좋아서 시간, 장소, 상품 구색 면에서 편의를 제공한다.

(4) 하이퍼마켓(Hypermarket)

① 대형마트 : 슈퍼마켓과 백화점이 합쳐진 형태의 업종이다. 흔히 말하는 대형마트는 판매하는 제품으로 보면 하이퍼마켓이지만 법적으로는 대형마트일 수도 있고, 하이퍼마켓일 수도 있다. 우리나라 유통산업발전법에서 분류하는 대규모점포 기준은 매장 면적의 합계 3천㎡ 이상이므로, 매장 면적이 3천㎡를 넘으면 대형마트, 넘지 않으면 하이퍼마켓이다.

② 생활에 필요한 거의 모든 품목 취급 : 부지가 넓고 식료품과 잡화, 의류, 생활용품, 신선식품 등 생활에 필요한 거의 모든 품목을 취급한다. 제품 구색으로만 보면 백화점과 슈퍼마켓을 합친 형태이다.

(5) 할인점

① 박리다매가 기본 : 부지가 넓고 잡화와 식품을 박리다매로 취급한다.

② 창고형 할인점 : 창고와 같은 거대한 공간을 이용하고, 매장 형태도 창고와 유사해서 창고형 할인점이라고도 부른다.

③ 회원제 할인점 : 일정한 회비를 내는 회원에게만 저렴하게 판매하는 할인점을 회원제 할인점이라고 별도로 분류한다. 우리나라에서는 대형마트를 할인점이라고 부르기도 하지만, 앞에서도 언급한 바와 같이 보통 대형마트는 유통 선진국의 분류를 따르면 하이퍼마켓이 많고, 할인점이라고 붙일 수 있는 업종은 회원제 할인점이다.

(6) 양판점

① 다품종 대량판매 : 의류 또는 생활용품을 다품종 대량판매하는 대형 매장이다.

② 백화점 상품 구색에 가격은 저렴 : 상품 구색은 백화점에 가깝지만, 가격은 백화점보다 저렴한 게 일반적이다. 우리나라에서 가장 대표적인 양판점은 가전 양판점 전자랜드이다.

(7) 전문점

상품 구색의 깊이 : 상품 구색의 폭은 좁지만, 구색의 깊이가 있다. 가전제품, 의류, 서적, 가구 등을 취급한다.

(8) 카테고리 킬러

전문점의 상품 구색과 저렴한 가격 : 상품 구색은 전문점에 가깝고, 가격은 저렴한 매장이다. 전문점과 유사하지만, 다점포화 전략을 구사하며, 대량판매한다는 면에서 전문점과 다르다. 완구의 토이저러스, 신발의 ABC 마트 등이 대표적이다.

(9) 아웃렛

① 비인기 상품과 이월 상품을 저렴하게 판매 : 정상 판매 후 남은 비인기 상품과 이월된 계절상품 등을 정상가보다 저렴하게 판매하는 매장이다.
② 아웃렛 매장의 쇼핑센터화 : 최근에는 아웃렛 매장을 모아 놓은 쇼핑센터가 생기고 있으며, 나이키 팩토리 아웃렛이나 우리나라 백화점 3사의 아웃렛 등 제조업체나 백화점 업계가 소유한 매장이 많아지고 있다.

(10) 백화점

① 다양한 상품 구색 : 상품 구색이 다양하며, 소비자가 여러 가지 상품을 비교해 보고 고를 수 있는 소매점이다.
② 우수한 접근성과 화려한 점포 : 교통이 편리한 도심에 위치하며, 점포가 화려하고 거대한 편이다.

핵심포인트

☑ 유통업종 분류

물류관리사 시험에서 유통과 마케팅 관련 문제 중 유통업종 분류는 자주 출제되는 편이다. 유통업종 분류에 따라 물류서비스의 형태가 달라지기 때문이다. 예를 들어 할인점은 풀 파렛트 형태로 대량 배송을 하지만, 기업형 슈퍼는 지게차가 들어가기 어려운 도심 환경을 고려하여 롤 파렛트 형태로 배송되는 경우가 많다.

그래서 시험에 대비하려면 유통업종 간 특성을 명확히 이해해야 한다. 하이퍼마켓과 할인점은 제품 구색과 박리다매 여부, 회원제 여부 등으로 구분하고, 전문점과 카테고리 킬러는 대량판매와 다점포 전략 여부로 구분한다.

소매업 분류가 외국에서 온 기준과 우리나라 현실에 맞는 기준이 충돌할 때가 있어서 특정 소매업 브랜드가 어떤 업종에 속하는지 판단하기는 쉽지 않다. 예를 들어 기업형 슈퍼마켓 SSM은 외국 기준이라면 슈퍼마켓 크기에 불과하지만, 우리나라 유통산업발전법에 따른 면적 구분으로는 하이퍼마켓이 될 수도 있다. 가전제품 양판점은 말 그대로 양판점이지만, 구색의 전문성과 가격 면에서는 카테고리 킬러로 볼 수도 있다. 당연히 특정 브랜드를 구분하는 문제는 출제되지 않지만, 소매업종별 차이만큼은 명확하게 이해해야 한다.

기출 1 특정 상품 계열에 대하여 전문점과 같이 다양하고 풍부한 구색을 갖추고 낮은 가격에 판매하는 소매 형태는?

① 카테고리 킬러   ② 할인점
③ 하이퍼마켓   ④ 기업형 슈퍼(SSM)
⑤ 아웃렛

해설 전문점과 같은 구색에 낮은 가격이므로 카테고리 킬러를 묻는 질문이다.   정답 ①

---

07 수요예측

1 정의와 개념

① 정의 : 기업의 제품과 서비스에 대한 시장의 수요를 예측하는 활동이다.
② 지속적 활동 : 미래 수요를 추정하는 활동이므로, 일회성으로 끝나는 활동이 아니라 실수요와 실판매 데이터가 확인되는 대로 계속 검토하고 보완해야 한다. 이 검토와 보완의 주기가 공급망 관리의 계획 주기와 일치한다.

③ 중요성

　　㉠ 수요예측에서 판매계획이 나온다.

　　㉡ 판매계획에서 생산계획, 마케팅계획이 나온다.

　　㉢ 생산계획에서 자재수급계획, 인력수급계획이 나온다.

　　㉣ 수요예측은 기업의 모든 계획의 시작이며, 공급망 관리의 시작이다.

2 정성적 수요예측 기법

개인의 통찰이나 경험으로 예측 : 과거의 이력 자료나 데이터가 충분하지 않을 때, 개인의 통찰이나 경험을 바탕으로 한 수요예측 기법이다.

(1) 시장조사법

① 소비자를 직접 조사 : 소비자가 제품이나 서비스에 기대하는 시장수요, 소비자의 심리, 선호도, 구매동기 등을 조사하는 기법이다.

② 조사 방법 : 설문지, 온라인 설문, 전화, 인터뷰, 시제품 평가 등이 있다.

③ 장점 : 시장에 대한 이해가 높아지며, 신제품 투입이나 시장 개척에 유용하다.

④ 단점 : 상대적으로 시간과 비용이 많이 든다.

(2) 전문가 의견법

① 전문가의 의견을 취합 : 전문가들을 모아서 청취한 의견을 바탕으로 예측하는 기법이다. 기업에서 수요예측은 매출을 대상으로 하기 마련이고, 매출에 대한 통찰은 경험 많은 경영진이나 중역이 많이 갖고 있으므로 중역 의견법이라고도 부른다.

② 장점

　　㉠ 신속하고 저렴하게 예측할 수 있다.

　　㉡ 전문가의 경험과 통찰을 이용할 수 있다.

③ 단점

　　㉠ 과소 예측 가능성 : 경영진이 직접 예측하므로 책임지고 달성하는 유인도 되지만, 동시에 과소 예측하고 쉽게 달성하는 유인도 된다.

　　㉡ 영향력이 큰 인물의 의견 반영 : 영향력이 큰 인물에 의해 예측이 치우칠 수 있다.

(3) 판매원 의견 통합법

① 판매원 의견을 취합 : 기업의 판매원의 의견을 청취하여 시장수요를 예측하는 기법이다.

② 장점 : 판매원은 현장 경험이 있으므로 단기 예측에 강하다.

③ 단점

　　㉠ 신제품에 부적합 : 신제품이나 새로운 판촉 행사는 판매원이라도 팔아보기 전까지는 예측하

기 어렵고, 보안을 위해 신제품을 공개하지 말아야 할 수도 있으므로 신제품 조사에는 적합하지 않다.

ⓒ 과다 예측 또는 과소 예측 가능성 : 판매원은 시장 전망을 밝게 보고 과다 예측하는 경향이 있는 반면에, 수당을 생각하고 과소 예측하고 달성하려는 유인도 있다.

(4) 자료 유추법

자료를 통한 유추 : 과거 자료를 통해 시장수요를 예측하는 기법이다.

(5) 델파이법

① 전문가 의견이 일치될 때까지 취합 : 전문가를 한 장소로 모으지 않고 개별적으로 의견을 취합하고, 정리된 결과를 제공한 다음, 의견이 일치될 때까지 개별적 의견을 청취하는 기법이다.
② 과거 자료나 경험이 없을 때 적합 : 전문가들의 주관적 의견을 취합하므로 과거 자료가 없을 때 예측하기 적합하다.
③ 중·장기 예측에 적합 : 전문가들의 직관력을 이용하므로 중·장기 예측에 적합하다.

(6) 수명주기 유추법

① 제품수명주기를 반영한 예측 : 예측하고자 하는 제품과 비슷한 제품의 제품수명주기에 따른 수요변화를 참조하여 예측하는 방법이다.
② 장점 : 중기와 장기 수요예측에 적합하며, 비용이 적게 든다.
③ 단점 : 비슷한 제품을 어떻게 선택하느냐에 따라 예측 결과가 크게 달라질 수 있다.

3 정량적 수요예측 개요

데이터와 예측 모델 : 충분한 데이터를 가지고 예측 모델을 만들어 수요를 예측하는 기법이다.

(1) 시계열 분석

① 미래 수요를 예측하기 위해 과거 흐름을 분석하는 기법이다.
② 미래는 과거의 반복임을 전제 : 미래는 과거의 흐름이 반복된다는 전제로 과거 흐름을 보고 미래를 예측한다.
③ 시장이 안정적일 때 적합 : 시장이 안정적일 때는 과거 흐름으로 미래를 예측할 수 있으나, 시장의 변동이 심하면 예측이 빗나가기 쉽다.
④ 변동의 종류 : 시계열 분석 기법에서는 다음과 같은 변동을 분석한다.
　ⓐ 추세변동 : 장기적으로 전반적인 변동을 말한다. 추세는 선형적일 수도, 비선형적일 수도 있다.
　ⓑ 순환변동 : 계절변동과 유사하지만, 계절이나 월이 아닌 일정 주기에 따라 상향과 하향을 반복한다.

© 계절변동 : 순환변동과 유사하지만, 상향과 하향이 일정 계절이나 특정 월마다 반복되며, 변화의 모양 또한 대체로 비슷하다.

② 불규칙변동 : 불분명한 원인 때문에 무작위적으로 발생하는 변동을 말한다.

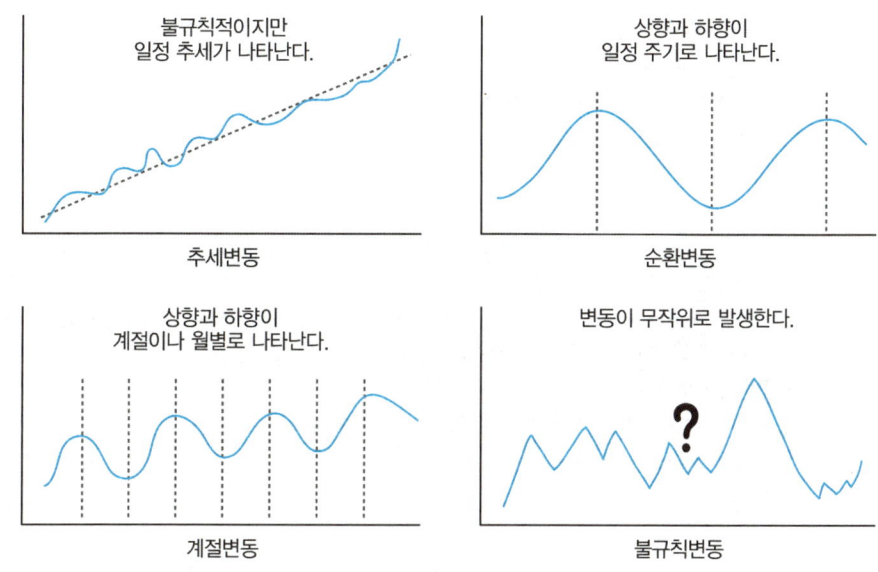

◀ [그림 5-5] 시계열 분석 기법에서 분석하는 변동의 종류 ▶

(2) 인과 분석

① 원인이 있어서 결과가 있다는 가정에 근거한 분석 기법이다.

② 독립변수와 종속변수 : 결과는 원인에 종속되기 때문에 원인을 독립변수, 결과를 종속변수라 부른다. 종속변수를 잘 설명할 수 있는 독립변수를 찾아서 관계식을 세우고, 그 관계식으로 예측치를 추정하는 기법이다.

4 정량적 수요예측 방법

(1) 이동평균법

① 과거 일정 구간 평균 = 미래 예측 : 과거는 현재에 영향을 미치고 현재는 미래에 영향을 미친다는 가정을 두고, 과거 일정 구간의 평균치를 미래의 예측치로 계산하는 수요예측 기법이다.

② 계절적 변동이나 급등락이 없을 때 유효 : 특정 시기에 우연히 수요가 변동하는 경우는 일정 구간 평균치를 계산함으로써 희석될 수 있으나, 계절적 변동 등 일정한 추세가 있을 때는 사용하기 어렵다.

③ 단순이동평균법 : 일정 구간의 산술평균치를 이동평균기간으로 나눈다.

단순이동평균법 산출식 : 수요예측치 = 이동평균기간별 실제 수요의 합 ÷ 이동평균기간

구간	1	2	3	4
수요	120	180	210	?

- 이동평균기간 : 3구간
- 4기 수요예측치
  (1기 실적 + 2기 실적 + 3기 실적) ÷ 이동평균기간
  = (120 + 180 + 210) ÷ 3
  = 170

구간	1	2	3	4	5
수요	120	180	210	180	?

- 4기 실적이 180이면 5기 수요예측치는?
- 5기 수요예측치
  (2기 실적 + 3기 실적 + 4기 실적) ÷ 이동평균기간
  = (180 + 210 + 180) ÷ 3
  = 190

◀ [그림 5-6] 단순이동평균법 ▶

④ **가중이동평균법** : 가까운 과거에 더 높은 가중치를 부여하는 등 구간별로 가중치를 부여해서 일정 구간의 가중평균치를 더한다. 이때 구간별 가중치는 모두 합쳐 1이 되어야 한다.
  ㉠ **구간과 가중치의 의미** : 가까운 과거에 더 높은 가중치를 부여하면 가까운 과거 이력을 수요 예측에 더 많이 반영하겠다는 뜻이다. 먼 과거에 더 높은 가중치를 부여한다면 먼 과거 이력 을 수요예측에 더 많이 반영하겠다는 뜻이다.
  ㉡ **가중이동평균법 산출식** : 수요예측치 = Σ(구간별 가중치×구간별 실적)

구간	1	2	3	4
수요	120	180	210	?
가중치	0.2	0.3	0.5	?

- 이동평균기간 : 3구간
- 4기 수요예측치
  1기 실적×1기 가중치 + 2기 실적×2기 가중치 + 3기 실적×3기 가중치
  = 120×0.2 + 180×0.3 + 210×0.5
  = 24 + 54 + 105
  = 183

◀ [그림 5-7] 가중이동평균법 ▶

(2) 지수평활법

① **과거의 예측치와 예측오차가 수요예측치를 결정** : 과거가 현재에, 현재는 미래에 영향을 미친다는 관점은 이동평균법과 유사하나, 과거 일정 구간의 평균치를 미래의 수요예측치로 보는 이동평균법과 달리, 과거의 예측치와 예측오차의 일정 비율을 더한 값을 미래의 수요예측치로 보는 기법이다.

② **지수평활법의 의미**

    ㉠ 과거의 예측치 + (과거의 실적치 − 과거의 예측치)×일정 비율

        = 과거의 예측치 + 과거의 실적치×일정 비율 − 과거의 예측치×일정 비율

        = 과거의 실적치×일정 비율 + 과거의 예측치×(1 − 일정 비율)

    ㉡ **과거의 예측치 + 예측오차의 일정 비율** : 이를 변환하면 과거 실적치의 일정 비율과 과거 예측치의 일정 비율이 된다. 단, 일정 비율을 합치면 1이 되어야 한다.

    ㉢ **평활상수** : 여기서 일정 비율을 평활상수라고 부른다. 평활상수는 0에서 1 사이의 값으로, 평활상수를 높게 주면 실적치에 무게를 두겠다는 뜻이고, 평활상수를 낮게 주면 예측치에 무게를 두겠다는 뜻이다.

> − 6월 실적치 100, 6월 예측치 90, 평활상수 = 0.6일 때 7월 예측치
> − 6월 실적치×평활상수 + 6월 예측치×(1 − 평활상수)
>   = 100×0.6 + 90×(1 − 0.6)
>   = 60 + 36
>   = 96

[그림 5-8] 단순지수평활법

    ㉣ **계절적 변동이나 급등락이 없을 때 유효** : 계절적 변동 등 일정한 추세가 있을 때는 그대로 사용하기 어렵다. 우상향, 우하향 흐름이나, 특정 월이나 특정 계절의 상승과 하락은 별도로 분리해야 한다. 이렇게 평활상수가 분리되는 지수평활법을 다중지수평활법이라 부른다.

(3) 회귀분석법

① **독립변수와 종속변수의 인과관계** : 가장 대표적인 인과 분석 기법이다. 독립변수와 종속변수 사이에 일차함수 관계가 있다고 보고, 일차함수로 그린 직선과 각 변수 사이 오차의 제곱을 합한 값이 최소가 될 수 있는 일차함수의 기울기와 y절편을 구한 것이 단순회귀분석이다.

연도	매출액	2010년 편의점 수를 1로 했을 때 연도별 편의점 수
2010년	830	1.00
2011년	1000	1.25
2012년	850	1.45
2013년	930	1.47
2014년	1050	1.57
2015년	1060	1.80
2016년	1040	2.03
2017년	950	2.33
2018년	950	2.46
2019년	1030	2.65
2020년	1257	2.79

엑셀에서 편의점 수를 독립변수, 매출액을 종속변수로 하는 분산 차트를 그린다.

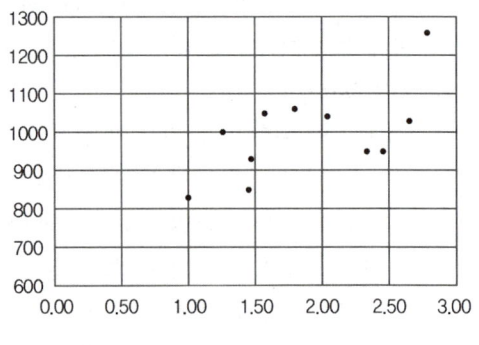

◀ [그림 5-9] 단순회귀분석의 원리 1 ▶

② 예시 설명

㉠ 편의점 수와 매출액의 관계 : 편의점 수가 많으면 매출액이 늘어나는 경향이 있다고 가정하고 편의점 수를 독립변수로, 매출액을 종속변수로 놓고 분석하였다. 단, 우리나라 편의점 수가 5만 개를 넘기 때문에 매출액과 숫자 차이가 너무 크지 않게 하려고 편의점 수는 2010년을 1로 놓고 지수로 변환하였다.

㉡ 분산 차트 : 엑셀에서 독립변수인 편의점 수를 x축으로 놓고, 종속변수인 매출액을 y축으로 놓은 다음 분산 차트를 그린다.

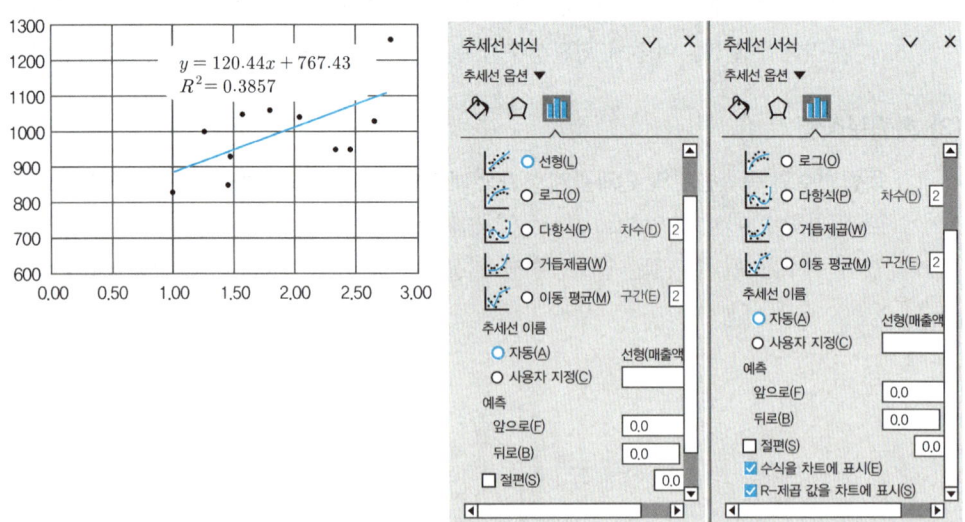

◀ [그림 5-10] 단순회귀분석의 원리 2 ▶

ⓒ 추세선 : 분산 차트의 점 하나를 마우스 우클릭하면 추세선을 자동으로 그릴 수 있다. 추세선은 선형으로 그리고, 수식 및 R^2 값도 차트에 표시한다.

ⓓ 추세선의 의미 : 여기서 그린 추세선이 앞에서 설명한 각 변수와의 차이의 제곱이 최소화될 수 있는 일차함수의 그래프이다.

ⓔ $y = 120.44x + 767.43$의 의미 : 편의점 수×120.44에 767.43을 더하면 예상 매출액을 계산할 수 있다는 뜻이다.

ⓕ R^2 값 0.3857의 의미 : 앞에서 계산한 일차함수가 편의점 수와 예상 매출액의 관계를 0.3857만큼 설명해 준다는 뜻이다.

📝 TIP 이동평균법과 지수평활법

이동평균법과 지수평활법은 어느 정도 조건을 제시하면 계산해서 답을 낼 수 있으나, 회귀분석법은 계산이 매우 복잡하고 최소한 엑셀이 있어야 쉽게 풀 수 있으므로, 물류관리사 시험에는 주로 이동평균법과 지수평활법이 출제되고 있다.

기출 2 다음은 월별 철강 수요 자료이다. 지수평활법에 따라 5월에 예측되는 철강 수요는? (단, 평활상수 α는 0.4로 한다.)

(단위 : 톤)

월	철강수요	지수평활법 수요예측
1	18,000	
2	17,000	
3	16,000	
4	14,000	16,700
5	12,000	?

① 13,880   ② 14,820

③ 15,080   ④ 15,620

⑤ 16,420

해설 지수평활법에서 수요예측치는 전기 실적치×평활상수 + 전기 수요예측치×(1 - 평활상수)로 계산한다. 14,000×0.4 + 16,700×0.6 = 15,620   **정답** ④

08 유통 관련 주요 이론

1 상물분리

(1) 상류와 물류의 개념

① 상류 : 상적 유통을 말하며 상품의 소유권 이전에 관련된 활동이다.

② 물류 : 물적 유통을 말하며 상품의 이동과 보관을 통해 시간과 공간 효용을 창출하는 활동이다.

③ 상물분리 : 상류와 물류를 분리하여 운영하는 비즈니스 형태를 말한다. 상류는 수주와 고객관리에 전념하고, 물류는 보관과 배송에 전념한다. 소비자가 대형마트에서 상품을 결제하고 상품을 직접 가지고 나오면 상물일치, 배달서비스를 이용하여 배달 받으면 상물분리라고 볼 수 있다.

(2) 특징

① 상류

㉠ 판매자에서 소비자에 이르는 경로이므로 다양한 경로와 배송처가 존재한다.

㉡ 상품 거래, 금융, 보험 등이 상적 유통의 영역이다.

② 물류

㉠ 되도록 많은 상품을 유닛로드 기반으로 적재하고 배송해야 한다.

㉡ 이동, 보관, 배송을 위한 포장, 화물정보의 전달 및 활용이 물적 유통에 해당한다.

(3) 필요성

① 비효율 제거 : 상류와 물류가 분리되지 않으면 상류는 상류대로 영업활동을 할 시간에 물류 활동을 해야 하고, 물류는 물류대로 적재효율과 관계없이 소유권이 이동될 때마다 배송해야 하므로, 효율적인 물류 활동을 할 수 없다.

② 재고관리 효율화 : 상류와 물류가 합쳐져 영업소마다 재고를 보유하고 있으면, 재고가 분산되어 효율적으로 재고를 관리할 수 없다.

③ 상권 확대 대응 : 상권이 확대될수록 영업소를 추가하거나 영업소마다 재고를 배치할 수는 없으므로 상류와 물류의 분리 필요성이 커진다.

④ 예시 : 농업을 예로 들면, 일부 대형마트는 산지와 직거래로 농산물을 물류센터에 입고시키고, 물류센터에서 각 매장으로 배송하고 있다. 산지와 직거래 계약은 대형마트 사무실에서 관리하고, 실제 입고와 배송은 물류가 담당하는 상물분리 형태이다. 그런데 일반적인 농산물은 반드시 도매시장에 입고되어 경매 과정을 거쳐야 최종소비자에게 배송된다. 도매상에 파는 상류와 도매상에 배송하는 물류가 일치하는 형태이다.

(4) 효과

① **운송비 감소** : 물류거점을 통한 수·배송으로 수송경로가 단축되고, 대형차량을 이용할 수 있으므로 운송비가 감소한다.

② **물류관리 효율화** : 지점과 영업소의 수주가 통합되면 물류센터의 처리량이 늘어난다. 물류센터의 처리량이 늘어나면 일괄 대량 처리, 창고 자동화, 하역 기계화를 추진할 수 있어 물류 효율성이 개선되고, 리드타임이 감소한다.

③ **재고관리 효율화** : 지점과 영업소가 각각 재고를 보유할 때보다 재고의 편재 또는 과부족이 해소되므로, 효율적 재고관리가 가능하다.

④ **전문 분야에 전념** : 영업부는 영업활동에만 전념할 수 있으므로 도소매업의 매출 증대 효과가 있다. 물류는 수·배송과 보관 등 물류 활동에만 전념할 수 있으므로 물류 효율이 증대된다.

2 제품수명주기

시장에 출시된 후 시장에서 철수할 때까지의 기간 : 마케팅에서는 가격 인하 또는 인상, 광고비 집행, 신시장 개척, 신제품 출시 등의 의사결정을 할 때 활용한다. 일반적으로 도입기, 성장기, 성숙기, 쇠퇴기로 구분한다.

(1) 도입기

① **요약** : 소비자에게 신제품을 처음 소개하는 단계를 말한다.

② **적자** : 생산량이 적고, 생산 설비가 아직 감가상각 중이어서 원가가 높지만, 신제품 홍보를 위해 광고와 마케팅 활동이 활발해지므로 적자이기 쉽다.

③ **저가** : 시장에 제품을 정착시키기 위해 어느 정도 경쟁력 있는 가격을 책정한다.

④ **낮은 경쟁** : 경쟁자들이 유사 제품을 출시하지 않았으므로 경쟁이 치열하지 않다.

⑤ **낮은 매출** : 생산량이 적고, 시장에서 관심을 보이기 시작하는 단계이므로 매출은 낮다.

⑥ **제한적 유통** : 소비자가 반응을 보일 때까지는 팔릴 만한 시장에서만 판매하므로, 물류 또한 일부 거점에서만 제한적으로 재고를 보유한다.

(2) 성장기

① **요약** : 신제품이 시장에 정착하면서 수요가 증가하는 단계를 말한다.

② **흑자** : 생산량이 증가하고 생산 설비 감가상각이 진행되면서 원가가 안정화되고, 판매가 증가하면서 흑자를 실현할 수 있는 단계이다. 광고와 마케팅 예산 집행은 제품의 경쟁 환경에 따라 유동적이다.

③ **고가** : 수요가 증가하므로 파격적 할인 없이도 어느 정도 가격 방어를 할 수 있다.

④ **높은 경쟁** : 경쟁자들이 유사 제품을 출시하기 시작하므로 경쟁이 점점 치열해진다.

⑤ **높은 매출** : 수요가 증가하고, 생산도 증가하므로 매출이 증가한다.

⑥ **유통경로 확대** : 수요가 증가하는 만큼 유통경로가 확대되므로, 규모의 경제를 고려한 물류 운영이 필요하다.

(3) 성숙기

① **요약** : 원가는 감소하고 판매는 정체되며, 수익성이 최고조에 이른 다음 감소하기 시작한다.

② **흑자 감소** : 원가 경쟁력은 가장 높지만, 소비자의 요구 다양화와 경쟁 환경으로 흑자 폭이 정점을 지나 감소하기 시작한다.

③ **저가** : 경쟁이 매우 치열해지면서 시장점유율을 방어하기 위해 가격 할인이 발생한다.

④ **극심한 경쟁** : 경쟁자들도 다양한 제품을 출시하고 시장에서 전방위 경쟁을 하므로 경쟁이 매우 치열해진다.

⑤ **매출 정체** : 경쟁이 치열해지면서 매출도 정점을 지나 정체 상태가 된다.

⑥ **물류서비스 차별화** : 경쟁이 치열해지므로 고객별로 물류서비스 차별화가 필요하다.

(4) 쇠퇴기

① **요약** : 시장점유율, 매출, 흑자 폭 모두 감소하기 시작한다.

② **흑자 감소** : 흑자 폭이 더 낮아진다.

③ **저가** : 시장점유율과 매출 모두 감소하므로 더 적극적인 저가 전략을 구사한다.

④ **경쟁 완화** : 시장 자체가 축소되면서 경쟁사 철수와 퇴출이 일어나므로, 성숙기에 비해 경쟁이 점차 완화된다.

⑤ **매출 감소** : 시장이 축소되므로, 매출도 감소한다.

⑥ **철수 대비** : 재고와 배송을 특정 거점에 집중하고 철수에 대비한다.

핵심포인트

✓ 제품수명주기 단계별 개념과 전략

제품수명주기 단계별 개념도 중요하지만, 단계별로 물류전략을 어떻게 가져갈 것인지도 시험에 출제된다.

기출 3 제품수명주기 중 도입기의 물류전략에 관한 설명으로 옳은 것은?

① 광범위한 유통지역을 관리하기 위해 다수의 물류센터를 구축한다.
② 경쟁이 심화하는 단계이므로 고객별로 차별화된 물류서비스를 제공한다.
③ 소수의 지점에 집중된 물류 네트워크를 구축한다.
④ 장기적인 시장점유율 확대를 위해 대규모 물류 네트워크를 구축한다.
⑤ 물류센터를 통폐합하여 소수의 재고 보유 거점을 확보한다.

해설 ① 유통지역이 광범위해지므로 다수의 물류거점이 필요한 시기는 성장기이다.
② 경쟁이 심화하고 차별화된 물류서비스가 필요한 시기는 성숙기이다.
③ 도입기에는 팔릴 만한 시장에서만 팔기 때문에 소수의 지점에 집중한 물류 네트워크가 필요하다.
④ 도입기에 나중에 얼마나 팔릴지 모르고 대규모의 물류 네트워크를 구축할 수는 없다. 성장기에 해당한다.
⑤ 물류센터 통폐합은 쇠퇴기에 해당한다.

정답 ③

3 전자상거래

(1) 정의 및 개념

① **주문부터 결제까지 온라인으로 처리** : 주문, 판매, 서비스, 대금결제 등이 인터넷 등 온라인으로 이루어지는 판매 형태를 말한다.

② **형태** : 고객이 누구냐에 따라 아래와 같이 구분한다.

  ㉠ B2B : Business to Business, 기업과 기업 간을 연결한다. 개인사업자의 식자재 대량구매 온라인 쇼핑몰이나, MRO(Maintenance, Repair and Operations, 소모성 자재) 구매 쇼핑몰을 들 수 있다. 구매과정은 B2C 쇼핑몰과 크게 다르지 않아 보이지만, 신용거래, 사업자 세금계산서 처리 등 B2C 쇼핑몰에서는 볼 수 없는 서비스를 제공한다.

  ㉡ B2C : Business to Consumer, 기업과 소비자를 연결한다. 일반적인 개인 소비자를 겨냥한 온라인 쇼핑몰 대부분이 여기에 속한다.

  ㉢ C2C : Consumer to Consumer, 소비자와 소비자를 연결한다. 중고 거래 또는 직거래 플랫폼을 들 수 있다.

  ㉣ C2B : Consumer to Business, 소비자와 기업을 연결한다. 소비자의 데이터와 아이디어를 수집해서 생산에 신속하게 반영하는 비즈니스 모델이다.

  ㉤ O2O : Online to Offline, 온라인과 오프라인을 연결하는 연계 서비스를 말한다. 온라인에서 주문하고 오프라인 매장에서 받는 음료 주문이 여기에 속한다.

(2) 특징

① **24시간 이용 가능** : 전자상거래는 기본적으로 24시간, 휴일 없이 구매할 수 있다.

② **접근성** : 국내외의 다양한 상품에 접근할 수 있으며, 상품을 직접 진열하지 않으므로 다양한 상품 구색을 갖출 수 있다. 동시접속을 잘 관리한다면 방문객 수에 크게 제한받지 않는다.

③ **개인화** : 고객의 쇼핑몰 내 방문 페이지와 구매 이력을 통해 개인화된 상품 추천을 제공한다.

④ **고객서비스의 한계** : 오프라인 상담원의 근무 시간 제약으로 고객의 문의와 문제에 즉시 응대하는 데 한계가 있다. 그래서 인공지능 챗봇 등을 활용한 온라인 상담 개발에 노력하고 있다.

⑤ **고객 체험 한계** : 고객이 직접 만져보거나 다뤄보지 않고 제품을 구매하기 때문에 반품 가능성이 높다. 반품 또한 비대면으로 이루어지므로 실물을 오프라인 매장에 직접 반납할 때보다 절차가 복잡하다. 최근에는 이를 보완하기 위해 오프라인 매장을 별도로 운영하거나 증강현실 등 다양한 체험 기회를 제공하려고 노력하고 있다.

⑥ **실물 인수 리드타임** : 온라인 주문 후 배송 완료까지 배송 리드타임이 걸린다. 실물을 즉시 받을 수 없다. 최근에는 이를 보완하기 위해 지정일 배송, 배송 시간 보장, 익일배송 등 다양한 물류 서비스가 등장하고 있다.

⑦ **개인정보 유출 위험** : 카드 번호, 주소 등 개인정보가 유출될 위험이 있다.

(3) 물류에 미치는 영향

① **배송비 증가** : 개별 소비자나 개별 기업에 소량주문을 배송할 때가 많아지므로 배송물류비가 증가한다.

② **시스템 인프라** : 물류가 전자상거래를 지원하려면 온라인 추적시스템, 글로벌 배송시스템, 주문시스템과의 연동 등이 필수적이다.

③ **다양한 배송서비스 지원** : 익일배송, 당일배송, 지정일 배송, 배송 시간 보장 등 소비자의 다양한 요구를 충족시킬 수 있는 신속하고 효율적인 물류시스템을 구축해야 한다.

④ **보안** : 소비자의 개인정보 유출 가능성이 커지고 있으므로, 물류시스템 구축 시 보안 기능 강화가 필요하다.

⑤ **고객 응대 강화** : 배송서비스가 온라인 판매 기업의 인상을 결정하므로 배송서비스 관련 고객 응대가 중요해졌다.

⑥ **역물류** : 직접 제품을 체험하기 어려운 환경 때문에 구매 후 반품이 오프라인 매장에 비해 높은 편이다. 효율적인 역물류 운영이 중요하다.

(4) 옴니채널

① **개념** : '모든 것'을 뜻하는 라틴어 '옴니(Omni)'와 유통경로를 의미하는 '채널(Channel)'이 합쳐진 말로, 소비자가 다양한 채널을 넘나들며 구매할 수 있도록 함으로써 마치 하나의 매장을 이용할 때와 동일한 고객 경험을 제공하는 서비스를 말한다.

② **예시** : 온라인에서 검색 후 오프라인 매장에서 찾거나, 오프라인 매장에서 택배로 받는 H&B(Health & Beauty) 매장의 사례가 대표적이다.

③ **멀티채널과의 차이** : 유통기업들은 환경변화에 대응하기 위하여 유통채널을 다채널에서 옴니채널(Omni Channel)로 전환하고 있다. 다채널, 즉 Multi Channel은 온라인 쇼핑몰, 오프라인 매장, 전화주문, 카탈로그 주문 등 여러 가지 채널로 판매하되 각 채널은 독립적으로 움직이는 형태이다. 그러나 Omni Channel은 그 각각의 채널이 O2O 거래로 융합되어 있다. 현재 유통은 다채널에서 옴니채널로 전환하고 있다.

01 물류와 생산 및 마케팅의 관계를 설명한 것으로 옳지 않은 것은?

① 물류는 마케팅의 4P 중 제품(Product)과 가장 밀접한 관련이 있다.

② 기술혁신으로 품질과 가격 면에서 평준화가 이루어진 상태에서는 고객서비스가 마케팅과 물류에서 중요한 비중을 차지한다.

③ 물류는 포괄적인 마케팅에 포함되면서 물류 자체의 마케팅 활동을 실천해야 한다.

④ 최근의 물류는 마케팅뿐만 아니라 산업공학적인 측면, 무역학적인 측면 등 보다 광범위한 개념으로 확대되고 있다.

⑤ 생산과 물류의 상호작용에 포함되는 요소로는 공장입지, 구매계획, 제품생산계획 등이 있다.

해설 물류는 마케팅의 4P 중 장소와 가장 밀접한 관련이 있으며, 최근의 마케팅 전략은 물류와 융합하여 추진되고 있다.

02 유통경로의 역할에 대한 설명으로 옳지 않은 것은?

① 거래의 효율성 증대   ② 제품 구색의 불일치 조정

③ 거래의 정형화   ④ 상품 및 시장 정보 제공

⑤ 중간상의 재고 부담 감소

해설 유통경로는 제조업체와 판매업체를 대신해서 소비자를 위해 상품정보와 시장정보를 제공하고, 정형화된 거래를 통해 거래를 쉽게 해주며, 소비자를 위한 제품 구색을 갖춘다. 그러다 보면 중간상의 재고 부담은 오히려 늘어난다.

03 유통범위에 관한 설명으로 옳지 않은 것은?

① 전속적 유통경로는 어느 정도 자격을 갖춘 소수의 점포에서만 독점적으로 판매할 수 있도록 하는 전략이다.

② 개방적 유통경로는 가능한 한 많은 점포에서 판매하는 전략이다.

③ 전속적 유통경로는 집중적 유통경로라고도 부른다.

④ 개방적 유통경로는 불특정 다수의 점포에서 판매하기 때문에, 유통경로를 관리하기 어렵다.

⑤ 선택적 유통경로는 전속적 유통경로와 개방적 유통경로의 장점을 모두 갖는다.

해설 ③ '집중적'이라는 용어가 혼란스러울 수 있지만, 말 그대로 넓게 가져가고 집중적으로 판다고 생각하면 집중적 유통경로는 개방적 유통경로의 또 다른 이름이다.
⑤ 선택적 유통경로는 전속적 유통경로와 개방적 유통경로의 절충점이다.

정답 **01** ① **02** ⑤ **03** ③

04 유통경로의 구조를 결정하는 이론이 아닌 것은?

① 연기-투기이론
② 게임이론
③ 체크리스트법
④ 대리인이론
⑤ 최단경로이론

> **해설** 유통경로를 결정하는 이론은 연기-투기이론, 게임이론, 체크리스트법, 대리인이론 등이 있다. 유통경로는 경로 참여자들이 어떤 생각을 가지느냐에 따라 최단경로를 선택할 수도 있고 재고를 더 많이 확보하기 위해 오히려 더 긴 유통경로를 의도적으로 선택할 수도 있으므로, 최단경로가 유통경로 구조를 결정하는 이론은 아니다.

05 수직적 유통경로 시스템(VMS : Vertical Marketing System)에 관한 설명으로 옳지 않은 것은?

① 동맹형 VMS는 둘 이상의 유통경로 구성원들이 대등한 관계에서 상호 의존성을 인식하고 자발적으로 형성한 통합 시스템 또는 제휴 시스템이다.
② 기업형 VMS는 한 경로 구성원이 다른 경로 구성원을 법적으로 소유 및 관리하는 결속력이 가장 강력한 유형이다.
③ 관리형 VMS의 대표적인 형태로는 프랜차이즈 시스템을 들 수 있다.
④ 수직적 유통경로 시스템은 전통적 유통경로 시스템의 단점인 경로 구성원 간의 업무조정 및 이해 상충의 조정을 전문적으로 관리 혹은 통제하는 경로 조직이다.
⑤ 도·소매상이 제조업체를 직접 통제하기 위하여 계열화하는 것을 후방통합이라고 한다.

> **해설** 수직적 유통경로 시스템에는 기업형, 관리형, 계약형 등이 있다. 관리형 VMS는 자본력이 있는 경로 구성원이 계약에 의존하지 않고 해당 유통경로를 통합 관리하는 형태이며, 프랜차이즈 시스템은 본점과 가맹점 간 계약을 근거로 하므로 계약형 VMS에 속한다. 전방통합과 후방통합 얘기가 나올 때는 프로세스 흐름으로 고객 방향 통합이 순방향 통합이자 전방통합, 역방향 통합은 후방통합이다. 도·소매상이 제조업체를 통합하는 것은 유통의 흐름으로는 역방향이므로 후방통합이다.

06 가격파괴형 소매 형태 중 직매입한 상품을 정상 판매한 이후 남은 비인기 상품과 이월 상품 등을 정상가보다 저렴하게 판매하는 곳은?

① 카테고리 킬러(Category Killer)
② 아웃렛(Outlet Store)
③ 하이퍼마켓(Hypermarket)
④ 편의점(Convenience Store)
⑤ 기업형 슈퍼마켓(Super Supermarket)

> **해설** 아웃렛 매장에 대한 설명이다.

정답 **04** ⑤ **05** ③ **06** ②

07 카테고리 킬러(Category Killer)에 관한 설명으로 옳은 것은?

① 통상 제조업자나 백화점이 소유한 오프 프라이스 스토어가 대부분이며 팩토리 아웃렛이라고도 한다.

② 한정된 제품계열에서 깊이 있는 상품 구색으로 전문점과 유사하나 저렴한 가격으로 판매하는 소매점으로 대량판매, 다점포화, 셀프서비스 방식을 채택하고 있다.

③ 주로 교통이 편리한 도심에 위치하여 화려하고 거대한 점포를 갖고 있으며, 각종 상품을 부문별로 구성하여 관리하고 주로 선매품(shopping goods)을 취급하고 있는 소매점이다.

④ 우리나라에서는 주로 주택가 주변에 다점포화 전략을 취하고 있으며, 시간, 장소, 상품 구색 등의 편의를 제공한다.

⑤ 회원제로 일정한 회비를 내는 회원에게만 구매할 수 있는 자격을 주고 거대한 창고형 점포에서 할인된 가격에 상품을 판매하는 소매업이다.

> **해설** ① 아웃렛에 대한 설명이다.
> ② 카테고리 킬러는 특정 제품계열의 제품 구색을 다양하게 가져가므로 전문점과 유사하지만 저렴하게 판매한다는 차이가 있다.
> ③ 백화점에 대한 설명이다.
> ④ 기업형 슈퍼마켓에 대한 설명이다.
> ⑤ 회원제 할인점에 대한 설명이다.

08 최근에 급속히 성장하고 있는 무점포 소매상(non-store retailer)에 관한 설명으로 옳지 않은 것은?

① 인터넷 사용의 증가와 정보기술의 발달로 무점포 소매상 간의 경쟁이 심화되고 있다.

② 시간과 장소의 제한을 받지 않고 이용할 수 있다.

③ 판매자와 소비자 간에 쌍방향 커뮤니케이션에 의한 1대1 마케팅도 가능하다.

④ 물리적 공간의 제약을 받지 않고 전 세계를 대상으로 다양한 상품의 매매가 가능하다.

⑤ 대표적인 형태는 카탈로그 쇼룸(Catalog Showrooms)이다.

> **해설** 홈쇼핑과 전자상거래 플랫폼 등의 무점포 소매상은 인터넷의 발달로 더욱 활성화되고 있는 유통업종이다. 오프라인 의사소통은 불가능해도 온라인을 통해 쌍방향 의사소통이 가능하다. 카탈로그 쇼룸은 상품 검색과 탐색은 카탈로그로 하고 실물 확인은 쇼룸에서 하는 형태의 유통업종이다.

09 다음 설명에 해당하는 이론은?

> - 소매상의 변천 과정을 가격이 아니라 상품 구색의 변화에 기초하여 설명한다.
> - 초기에는 다양한 상품을 취급하다가 일정 시간이 지나면 전문화된 한정 상품만을 취급하고, 좀 더 시간이 지나면 다양한 상품을 다시 취급하는 과정을 순환하며 조화를 이루면서 발전한다.
> - 상품 구색 이외에 변화요인을 설명하지 못하는 한계점을 가지고 있다.

① 소매 수레바퀴 이론   ② 소매 수명주기 이론
③ 소매 아코디언 이론   ④ 소매 변증법 과정 이론
⑤ 소매 자연도태 이론

> **해설** 상품 구색이 아코디언처럼 늘어났다가 줄어들었다가를 반복한다는 이론이다.

10 다음 설명에 해당하는 유통경로는?

> 유통경로 상의 한 업체가 다른 업체를 법적으로 소유 및 관리하는 유형으로, 세부적으로는 제조업체가 도·소매업체를 소유하거나 도매업체가 소매업체를 소유하는 '전방통합'과 도·소매업체가 제조업체를 소유하거나 제조업체가 부품 공급업체를 소유하는 '후방통합'이 있다.

① 수직적 유통경로   ② 매트릭스형 유통경로
③ 네트워크형 유통경로   ④ 수평적 유통경로
⑤ 전통적 유통경로

> **해설** 수직적 유통경로 중에서도 기업형 VMS에 해당하는 설명이다. 기업형 VMS가 보기에 없다고 해서 잘못된 문제는 아니다.

11 도매기관에 관한 설명으로 옳지 않은 것은?

① 제조업자 도매기관은 제조업자가 직접 도매기능을 수행한다.
② 제조업자 도매기관은 제조업자가 입지 선정부터 점포 내의 판매원 관리까지 모든 업무를 직접 관리한다.
③ 상인 도매기관은 상품을 직접 구매하여 판매한다.
④ 대리 도매기관은 제조업자의 상품을 대신 판매·유통시켜 준다.
⑤ 대리 도매기관은 상품의 소유권을 가진다.

정답 09 ③ 10 ① 11 ⑤

• 제조업자 도매기관 : 제조업자가 도매기능을 수행한다. 관리 주체는 제조업자이다.
- 상인 도매기관 : 상인이 도매기능을 수행한다. 상인이 관리 주체이며, 상인은 제조기능이 없으므로 상품을 구매해서 판매한다.
- 대리 도매기관 : 도매기관이 제조업자를 대신해서 업무를 수행하는 형태로, 제조업자의 상품을 대신 유통해 주며, 상품 소유권은 없다.

12 수직적 유통경로 시스템(VMS : Vertical Marketing System)에 관한 설명으로 옳지 않은 것은?

① 유통경로 상의 한 주체에서 계획된 프로그램에 의해 경로 구성원들을 전문적으로 관리·통제하는 시스템이다.

② 기업형 VMS는 한 경로 구성원이 다른 경로 구성원들을 법적으로 소유·관리하는 시스템이다.

③ 계약형 VMS는 경로 구성원들이 각자가 수행해야 할 유통기능들을 계약에 의해 합의함으로써 공식적 경로 관계를 형성하는 시스템이다.

④ 계약형 VMS에는 도매상 후원의 임의 연쇄점, 소매상 협동조합, 프랜차이즈 조직이 있다.

⑤ 관리형 VMS는 수직적 유통경로 시스템 중에서 통합 또는 통제 정도가 가장 강한 시스템이다.

① 계약 관계 없이 관리하고 통제하는 시스템으로 관리형 VMS에 대한 설명이다.
③, ④ 계약형 VMS에 대한 설명으로, 동맹형은 상호 의존성이 강하고, 계약형은 구성원 각자가 자기 이익을 추구하는 관계이다.
⑤ 수직적 유통경로 시스템 중 통합 또는 통제 수준이 가장 강한 시스템은 소유관계에 근거한 기업형 VMS이다.

13 계약형 VMS에 관한 설명으로 옳지 않은 것은?

① 유통경로 구성원들이 상위 또는 하위의 유통경로 또는 제조업체와 지분 관계에 근거한 계약 관계를 갖고 활동하는 구조를 말한다.

② 레귤러 체인(Regular Chain)은 특정 기업이 점포에 투자하고 직원을 고용하여 브랜드와 재화, 서비스의 품질을 유지하도록 관리하는 본부 직영 연쇄점 형태를 말한다.

③ 프랜차이즈 체인(Franchise Chain)은 본사가 계약을 맺은 가맹점주에게 본사의 상호와 품질 기준, 영업 방식에 따라 영업활동을 할 수 있도록 지원하는 형태이다.

④ 제조업자 – 도매상 프랜차이즈는 제조업자가 도매상과 가맹점 계약을 맺는 형태를 말한다.

⑤ 협동형 체인(Cooperative Chain)은 소매점들이 협동조합을 결성하고 도매기능을 갖는 형태를 말한다.

① 계약형 VMS에서 말하는 계약은 지분 관계 기반의 계약 관계가 아닌 동등한 계약 관계이다. 지분 관계 기반의 계약 관계는 기업형 VMS에 해당한다.

14 도매 물류 사업의 기대 효과 중 제조업자(생산자)를 위한 기능이 아닌 것은?

① 구색 편의 기능　　　　　　　　② 주문 처리 기능
③ 물류의 대형집약화 센터설립 기능　④ 판매의 집약 광역화 대응 기능
⑤ 시장 동향 정보의 파악(생산조절) 기능

> **해설** 제조업자는 도매 물류를 통해 주문을 처리하고, 물류센터도 대형화할 수 있고, 시장정보를 도매 물류를 통해 파악할 수 있다. 도매 물류가 있으면 판매가 광역화되어도 대응할 수 있다. 구색 편의는 도매 물류의 기대 효과는 맞지만, 소비자를 위한 기대 효과이지 제조업자를 위한 기대 효과는 아니다.

15 다음 설명에 해당하는 가맹점 사업의 종류는?

> • 임의연쇄점이라고 하며, 독립자본으로 운영되는 다수 소매점이 모여서 특정한 기능을 체인본부에 위탁하는 체인시스템이다.
> • 체인본부에 최소한의 기본적인 기능만 요구되기 때문에 재정적 부담이 적다.

① 볼런터리 체인(Voluntary Chain)　　② 레귤러 체인(Regular Chain)
③ 프랜차이즈 체인(Franchise Chain)　④ 협동형 체인(Cooperative Chain)
⑤ 스페셜 체인(Special Chain)

> **해설** 가맹점들이 자발적으로 가맹본부에 기능을 위탁하는 형태이므로 볼런터리 체인에 관련된 설명이다.

16 다음 설명에 해당하는 소매업태는?

> • 할인형 대규모 전문점을 의미한다.
> • 토이저러스(Toys 'R' Us), 오피스디포(Office Depot) 등이 대표적이다.
> • 기존 전문점과 상품 구색은 유사하나 대량구매, 대량판매 및 낮은 운영비용을 통해 저렴한 가격의 상품을 제공한다.

① 팩토리 아웃렛(Factory Outlet)　　② 백화점(Department Store)
③ 카테고리 킬러(Category Killer)　　④ 하이퍼마켓(Hypermarket)
⑤ 대중양판점(General Merchandising Store)

> **해설** 전문점과 유사한 상품 구색을 갖추고 있으면서 저렴한 가격에 제공하는 점포는 카테고리 킬러에 대한 설명이다.

17 도매상의 유형 중에서 한정 서비스 도매상(Limited Service Wholesaler)에 해당하지 않는 것은?

① 진열 도매상(Rack Jobber)
② 전문품 도매상(Specialty Wholesaler)
③ 트럭 도매상(Truck Jobber)
④ 직송 도매상(Drop Shipper)
⑤ 현금거래 도매상(Cash and Carry Wholesaler)

> **해설** 전문품 도매상은 일반상품 도매상, 한정상품 도매상, 전문상품 도매상과 함께 완전 기능 도매상의 하나이다.

18 유통경로 상에서는 경로파워가 발생할 수 있다. 다음 설명에 해당하는 경로파워는?

- 중간상이 제조업자를 존경하거나 동일시하려는 경우에 발생하는 힘이다.
- 상대방에 대하여 일체감을 갖기를 바라는 정도가 클수록 커진다.
- 유명상표의 제품일 경우 경로파워가 커진다.

① 보상적 파워
② 준거적 파워
③ 전문적 파워
④ 합법적 파워
⑤ 강압적 파워

> **해설** 중간상이 '내가 어느 브랜드 제품을 취급한다.'라는 자부심을 가질 수 있다. 중간상으로서는 자기가 그 브랜드와 동급이라는, 즉 자기의 행동 기준이 된다는 뜻이므로 준거적 힘에 대한 설명이다.

19 소매 이론에 관련된 설명 중 잘못된 것은?

① 소매 변증법 과정 이론은 상반된 업종이 만나 더 나은 업종으로 변화한다는 이론이다.
② 소매 자연도태 이론은 정치, 경제, 사회, 기술, 인구학, 법적 변화에 적응한 소매업이 살아남는다는 이론으로 소비자의 선택보다는 소매업의 경영 역량에 초점을 두는 이론이다.
③ 소매 아코디언 이론은 제품 구색이 넓어졌다가 좁아졌다가 다시 넓어지는 과정을 반복하는 과정을 설명하는 이론이다.
④ 소매 수레바퀴 이론은 소매업이 시장점유율과 브랜드의 가치를 높이며 발전하는 과정을 설명하는 이론이다.
⑤ 소매 수레바퀴 이론에 따르면 소매업은 진입, 성장, 성숙, 쇠퇴 단계를 거친다.

> **해설** ② 소매 자연도태 이론은 소매업이 소비자의 선택을 받아야 살아남는다는 점에서 소비자의 역할을 강조하는 이론이다.

정답 17 ② 18 ② 19 ②

20 수요의 정성적 예측기법으로 전문가들을 한자리에 모으지 않고 일련의 질의서를 통해 각자의 의견을 취합하여 중기 또는 장기 수요의 종합적인 예측 결과를 도출해 내는 기법은?

① 시장조사법
② 전문가 의견법
③ 판매원 의견 통합법
④ 자료 유추법
⑤ 델파이법

> **해설** 정성적 수요예측 기법 중 델파이법에 대한 설명이다. 의견을 취합한다는 면에서 판매원 의견 통합법과 혼동할 수 있으나, 전문가의 의견을 받는다는 사실을 유념하자. 전문가의 의견을 받으므로 전문가 의견법과 혼동할 수 있으나, 전문가들을 한자리에 모으지 않는다는 점에서 델파이법에 해당한다.

21 수요예측 방법 중 시계열 분석 방법에서의 시계열(Time series) 구성요소에 포함되지 않는 것은?

① 추세변동
② 순환변동
③ 계절변동
④ 불규칙변동
⑤ 시장변동

> **해설** 수요예측 방법은 정량적 분석 기법과 정성적 분석 기법이 있고, 정량적 분석 기법은 다시 시계열 분석 기법과 인과 분석 기법으로 나뉜다. 이 중 시계열 분석 기법은 원인과 결과는 고려하지 않고 오로지 아래와 같은 결과치의 변동만을 보고 분석하는 기법이다.
> • 추세변동 : 우상향, 우하향 등 일정한 흐름을 보인다.
> • 순환변동 : 상향과 하향을 반복하는 형태이다.
> • 계절변동 : 순환변동이 일정 계절이나 특정 월마다 반복되는 형태이다.
> • 불규칙변동 : 규칙성 없이 발생하는 변동을 말한다.
> 상기 네 가지 변동은 모두 시장의 변동이다. 즉 시장변동이라는 용어가 있는 것이 아니라, 시장의 변동이 상기 네 가지 형태로 나타나는 것이다.

22 수요예측 기법 가운데 정성적인 분석 방법은?

① 지수평활법
② 이동평균법
③ 회귀분석법
④ 델파이법
⑤ 시계열 분석법

> **해설** 정량적 분석 기법 중 시계열 분석 기법은 지수평활법과 이동평균법이 있다. 인과 분석 기법은 회귀분석법이 있다. 델파이법은 정성적 분석 기법이다.

정답 **20** ⑤ **21** ⑤ **22** ④

23 수요의 정성적 예측 방법 중 제품과 서비스에 대하여 고객의 심리, 선호도, 구매동기 등을 조사하는 기법은?

① 인과모형법　　　　　　　　② 시장조사법
③ 지수평활법　　　　　　　　④ 회귀분석법
⑤ 시계열 분석법

> **해설** 예측 방법인데 고객의 심리, 선호도, 구매동기 등을 조사하는 기법이면 시장조사법이다. 시장조사 기관에서 소비자에게 하는 설문의 내용은 모두 심리, 선호도, 구매동기 등을 측정하기 위한 설문이다.

24 다음 설명에 해당하는 수요예측 기법은?

> • 단기 수요예측에 유용한 기법으로 최근 수요에 많은 가중치를 부여한다.
> • 오랜 기간의 실적을 필요로 하지 않으며 데이터 처리에 소요되는 시간이 적게 드는 장점이 있다.

① 시장조사법　　　　　　　　② 회귀분석법
③ 역사적 유추법　　　　　　　④ 델파이법
⑤ 지수평활법

> **해설** 실적, 가중치, 데이터 처리 등의 언급이 나오므로 시장조사법이나 델파이법, 역사적 유추법과 같은 정성적 분석 방법에 대한 설명은 아니다. 결과치에 영향을 미치는 인자에 대한 언급이 아니라 최근의 결과치에 더욱 많은 가중치를 부여한다는 언급이 있으므로, 시계열 분석 기법에 대한 설명이다. 실제로 이동평균법은 과거 여러 구간의 평균값으로 미래를 예측하는 반면, 지수평활법은 전기 예측치와 실적치를 우선으로 보기 때문에 최근의 수요에 많은 가중치를 부여하는 기법이 맞다.

25 상물분리의 경제적 효과에 관한 설명으로 옳은 것은?

① 물류거점을 통한 수·배송으로 수송경로가 단축되고 대형차량의 이용이 가능하므로 수송비가 증가한다.
② 지점과 영업소의 수주 통합으로 효율적 물류관리가 이루어지고, 리드타임(lead time)이 증가한다.
③ 재고의 편재 또는 과부족을 해소하여 효율적 재고관리가 가능하다.
④ 물류거점(물류센터 등)에서 하역의 기계화, 창고 자동화 추진이 가능하므로 물류 효율성이 감소한다.
⑤ 영업부는 제조활동에만 전념하여 도소매업의 매출이 증대된다.

상물분리는 상품의 소유권을 이전하는 상류와 상품을 보관하고 배송하는 물류를 분리하여 영업과 물류 각각
의 효율화를 추구하는 것을 말한다.
① 대형차량을 이용할 수 있으므로 수송비가 감소한다.
② 수주가 통합 처리되므로 물류관리가 효율화되고 리드타임은 감소한다.
④ 하역 기계화, 창고 자동화가 가능해지면 물류 효율성이 증가한다.
⑤ 영업부는 수주, 고객관리 등 영업활동에 전념할 수 있어 도소매업 매출이 증가한다.

26 상적 유통(Commercial Distribution)과 물적 유통(Physical Distribution)에 관한 설명으로
옳은 것은?

① 화물정보의 전달 및 활용은 물적 유통에 해당한다.
② 상품의 거래활동은 물적 유통에 해당한다.
③ 금융, 보험 등의 보조 활동은 물적 유통에 해당한다.
④ 판매를 위한 상품의 포장은 상적 유통에 해당한다.
⑤ 효율 향상을 위해 상적 유통과 물적 유통을 통합한다.

② 상품 거래는 상적 유통에 해당한다.
③ 금융이나 보험은 상품의 소유권 이전을 지원하는 활동이므로 상적 유통에 해당한다.
④ 상품 포장은 실물 포장이므로 물적 유통에 해당한다.
⑤ 효율 향상을 위해서는 상물분리가 필요하다. 통합하면 효율화되지 않는다.

27 유통활동을 상적 유통과 물적 유통으로 구분할 때 물적 유통에 해당하는 것을 모두 고른 것은?

ㄱ. 거래활동	ㄴ. 보관활동
ㄷ. 표준화 활동	ㄹ. 정보관리 활동

① ㄱ, ㄴ　　　　② ㄱ, ㄹ
③ ㄴ, ㄷ　　　　④ ㄴ, ㄹ
⑤ ㄷ, ㄹ

보관활동과 정보관리 활동이 물류에 속한다.

26 ① **27** ④

28 상류(商流)와 물류(物流)에 관한 설명으로 옳은 것은?

① 상류는 물류경로 상에서 이동 또는 보관 중인 물품에 대한 관리 활동을 포함한다.

② 상류와 물류를 분리하면 재고가 분산되어 재고관리에 어려움이 발생할 수 있다.

③ 물류란 상품의 소유권 이전 활동을 말하며, 유통경로 내에서 판매자와 구매자의 관계에 초점이 있다.

④ 상권이 확대될수록, 무게나 부피가 큰 제품일수록 상류와 물류의 통합 필요성이 높아진다.

⑤ 상류와 물류를 분리하면 물류거점에서 여러 지점 및 영업소의 주문을 통합할 수 있어 배송차량의 적재율 향상과 효율적 이용이 가능하다.

> **해설** ① 물류경로에서 이동 또는 보관 중인 물품관리는 물류에 해당한다.
> ② 오히려 상류와 물류가 합쳐져 영업소마다 재고를 보유하고 있으면 재고가 분산되어 재고관리에 어려움이 발생한다.
> ③ 상품의 소유권 이전은 상류에 해당한다.
> ④ 상권이 확대될수록 영업소를 추가하거나 영업소마다 재고를 배치할 수는 없으므로 상류와 물류의 분리 필요성이 높아진다.

29 제품수명주기와 고객서비스 전략에 관한 설명으로 옳지 않은 것은?

① 도입기 단계에서는 판매망이 소수의 지점에 집중되고 제품의 가용성은 제한된다.

② 성장기 단계에서는 비용 절감을 위해 재고를 집중하여 통합 관리할 가능성이 크다.

③ 성장기 단계에서는 비용과 서비스 간의 상충관계를 고려한 물류서비스 전략이 필요하다.

④ 성숙기 단계에서는 물류서비스의 차별화 전략이 필요하다.

⑤ 쇠퇴기 단계에서는 비용 최소화보다는 위험 최소화 전략이 필요하다.

> **해설** 성장기 단계에서는 소비자와의 접점을 늘리기 위해 재고를 분산 전개한다.

30 다음은 제품수명주기의 어느 단계에 관한 설명인가?

> 매출액이 체감적으로 증가하거나 안정된 상태를 유지하고, 과잉생산능력에 의하여 경쟁이 심화되는 단계이므로 고객별로 차별화된 물류서비스가 필요하다.

① 도입기　　　　② 성장기
③ 성숙기　　　　④ 쇠퇴기
⑤ 소멸기

> **해설** 매출이 안정되고 경쟁이 심화하는 시기는 성숙기이다.

31 제품수명주기 단계 중 성장기 전략의 특성이 아닌 것은?

① 장기적인 수요에 대비하여 유통망의 확대가 필요하나 정보가 충분하지 않아 물류계획을 수립하는 데 어려움이 있다.

② 가격 인하 경쟁에 대응하고 수요를 자극하기 위한 촉진 비용이 많이 소요된다.

③ 대량생산을 통한 가격 인하로 시장의 규모가 확대된다.

④ 제품에 대한 고객들의 관심이 높아지면서 제품 가용성을 넓은 지역에 걸쳐 증가시키게 된다.

⑤ 제품의 유통지역이 가장 광범위하며 제품 가용성을 높이기 위하여 많은 수의 물류거점이 필요한 시기이다.

[해설] 제품의 유통지역이 가장 넓어지는 시기는 성숙기이다.

32 전자상거래 시대의 물류에 관한 설명으로 옳지 않은 것은?

① 전자상거래 확산으로 인해 온라인 구매 비중이 높아져 배송물류비가 증가하고 있다.

② 인터넷 마켓플레이스(market place)의 발달로 물류의 역할과 중요성이 줄어들고 있다.

③ 전자상거래를 지원하는 물류는 온라인 추적시스템 구축, 글로벌 배송시스템 구축, 주문시스템과의 연동 등이 중요하다.

④ 소비자의 다양한 니즈를 충족시킬 수 있는 신속하고 효율적인 물류시스템 구축이 필요하다.

⑤ 소비자의 개인정보 유출 가능성이 커지고 있으므로 물류시스템 구축 시 보안 기능 강화가 필요하다.

[해설] ② 인터넷 마켓플레이스는 매장 없이 제품정보와 배송만 있다. 제품정보가 매장 역할을 하고, 배송이 적시 배송과 역물류 등 고객서비스 역할까지 한다. 물류의 역할과 중요성이 더욱 커진다.

33 전자상거래를 이용한 기업소모성자재(MRO)에 관한 설명으로 옳은 것은?

① MRO의 주된 구매 품목은 생산활동과 직접 관련되는 원자재이다.

② MRO 사업자는 구매 대상 품목을 표준화할 필요가 없다.

③ MRO는 Maintenance, Resource & Operation의 약어이다.

④ MRO 사업자는 구매자에게 신뢰성 있는 제품정보를 제공하기 위하여 공급업체를 철저히 관리해야 한다.

⑤ MRO 사업자는 공급업체별로 각각 데이터베이스를 구축한다.

해설 ① 생산활동과 직접 관련 없는 품목이 MRO에 해당한다.
② 동일 품목이라도 표준화해야 구매 효율성이 좋아진다.
③ Maintenance, Repair & Operation의 약자이다.
⑤ MRO 사업자를 통하는 가장 큰 이유는 공급업체를 아우른 통합 데이터베이스를 이용하기 위해서이다.

34 택배 수요에 영향을 미치는 유통산업의 환경 및 유통채널 변화에 관한 설명으로 옳지 않은 것은?

① 온라인과 오프라인이 연결되어 거래가 이루어지는 O2O(Online to Offline) 상거래가 증가하고 있다.

② 오프라인 매장에서 제품을 살핀 후 실제 구매는 온라인에서 하는 쇼루밍(showrooming)이 증가하고 있다.

③ 온라인에서 제품을 먼저 살펴보고 실제 구매는 오프라인 매장에서 하는 역쇼루밍(reverse-showrooming)도 발생하고 있다.

④ O2O 상거래는 ICBM(IoT, Cloud, Big data, Mobile) 기반의 정보통신기술이 융합되어 발전하고 있다.

⑤ 유통기업들은 환경변화에 대응하기 위하여 유통채널을 옴니채널(omni channel)에서 다채널로 전환하고 있다.

해설 ①, ②, ③ 음료를 온라인으로 주문하고 오프라인 매장에서 찾는 프랜차이즈 카페, 오프라인 매장에서 책을 고른 다음 온라인으로 주문하는 대형서점처럼 온라인과 오프라인이 연결된 거래가 O2O 상거래이다. 실제 구매는 때에 따라 온라인에서, 또는 오프라인에서 일어날 수 있다.
④ O2O 상거래가 발전하려면 오프라인 매장과 동일한 구색과 재고, 제품 정보를 온라인에서도 갖춰야 한다. 정보통신기술이 필수적으로 필요하다.
⑤ 다채널, 즉 Multi Channel은 온라인 쇼핑몰, 오프라인 매장, 전화주문, 카탈로그 주문 등 여러 가지 채널로 판매하되 각 채널은 독립적으로 움직이는 형태이다. 그러나 Omni Channel은 그 각각의 채널이 O2O 거래로 융합되어 있다. 현재 유통은 다채널에서 옴니채널로 전환하고 있다

정답 **34** ⑤

PART 02

물류시스템 구축

CHAPTER 06

물류정보시스템

01 배경 이해

	1960~1970년대	1980~1990년대	1990년대 말~
제조기술	• 제조기술 부족, 공급 부족 • 제품 차별화의 시대	• 제조기술 발전, 경쟁 심화 • 제품 다양화의 시대	• 제조기술 평준화, 무한 경쟁 • 시장이 원하는 제품의 시대
생산전략	• 소품종 대량생산의 시대 • 국내생산의 시대	• 다품종 소량생산의 시대 • 생산지와 소비지의 분리	• 고객 맞춤형 대량생산의 시대 • 글로벌 소싱의 시대
시장	• 소비자가 기다리는 시대 • 판매자 시장(Seller's Market) • 긴 제품수명주기	• 소비자의 기호 다양화 • 구매자 시장으로 전환 진행 • 짧아지는 제품수명주기	• 소비자의 기호 극단적 다양화 • 구매자 시장으로 전환 • 짧아진 제품수명주기
	▼	▼	▼

물류의
역할과 지향
	• 개별 기능 단위 비용 절감
	• 개별 기능 단위 효율 향상
		• 기업 내 물류 통합과 물류정보
		  공유
			• 기업 간 물류 통합과 물류정보
			  공유

	▼	▼	▼
	정보화보다는 기계화 우선	정보기술을 적용한 기업 내 물류합리화와 정보공유	정보통신기술을 적용한 기업 간 물류합리화와 정보공유

◀ [그림 6-1] 자본주의의 발전과 물류정보시스템 ▶

(1) 물적 유통의 시대

① **차별화된 제품이 시장을 지배하는 판매자 시장** : 우수한 기술로 제품을 차별화할 수 있었으며, 소비자가 우수한 제품을 기다려주는 시대였으므로, 기업의 관심사는 기술과 제조, 판매에 있었다.

② **물류는 개별 기능 단위 비용과 효율에 초점** : 물류는 생산과 판매의 하위기능이었으므로 운송이나 보관 등 개별 기능 단위 비용 절감과 효율 개선에 초점을 맞추고 있었다.

③ **정보화보다는 기계화** : 컨테이너와 파렛트가 물류표준화 도구로 사용됨에 따라 지게차 등 하역장비를 물류 현장에 투입하여 비용을 절감하고 효율을 높이는 데 우선순위를 두었다. 정보화를 할 만한 정보기술은 초기 단계 수준이었다. 최초로 바코드가 유통 현장에 도입되었다.

ㄱ 전자문서교환(EDI, Electronic Data Interchange) 시험 단계 : 1948년 구소련이 봉쇄한 베를린에 물자를 공급한 베를린 공수작전을 수행하던 에드 길버트(Ed Guilbert) 상사가 화물 추적을 위해 화물 목록 양식을 표준화한 후, 듀폰으로 이직하여 1960년대 화물정보 송신에 EDI를 처음 적용하였다.

ㄴ AS/RS(Automated Storage and Retrieval Systems) 개발 : 1962년 미국의 물류설비업체 Dematic에서 화물을 층층이 자동 적재할 수 있는 최초의 AS/RS를 개발하였다.

(2) 로지스틱스의 시대

① 구매자 시장으로의 전환 진행 : 소비자의 기호가 다양해지고 제품수명주기가 짧아지면서 판매자 중심의 시장은 점차 구매자 시장으로 전환되었다.

② 물류는 물류 통합과 정보공유에 초점 : 일본을 비롯한 아시아 기업의 미국 시장 진출로 개별 기능이 아닌 프로세스 최적화를 주제로 한 경영혁신 기법이 다수 등장하였고, 이러한 경영혁신 기법을 실천할 수 있는 정보기술이 빠르게 발전하였다. 프로세스 최적화를 위해 정보기술을 활용하여 부문 간 정보를 공유하게 되면서, 물류 또한 전체 물류 기능 통합과 정보공유에 초점을 맞추게 되었다.

③ 정보기술을 활용한 기업 내 물류합리화 : 제품 다양화 움직임 속에서 고객서비스 수준을 유지하고 비용을 절감하기 위해 창고를 관리하는 시스템 WMS(Warehouse Management System) 도입이 늘었고, 운송비용과 이동 경로를 최소화하기 위해 TMS(Transportation Management System)를 도입하기 시작하였다.

(3) 공급망 관리의 시대

① 구매자 시장으로 완전히 전환 : 제조기술 평준화, 글로벌 소싱과 글로벌 분업으로 제품 차별화는 더 어려워졌고 생산의 불확실성이 더 높아짐에 따라, 시장에서 제품으로 차별화하기보다는 소비자가 원하는 물건을, 원하는 시기에, 원하는 만큼, 원하는 장소에 공급하는 적시 공급으로 자사의 제품을 차별화해야 하는 시대가 되었다.

② 기업 간 물류 통합과 물류정보 공유에 초점 : 경쟁의 범위가 기업 간 경쟁이 아닌 공급망 간 경쟁이 되면서 물류 또한 기업 간 물류를 통합 관리하고 물류정보를 상호 공유할 수 있는 체제를 구축하는 데 초점을 두기 시작하였다.

③ 정보통신기술을 활용한 기업 간 물류합리화 : 기업 간 정보공유와 물류 통합을 위해 기업 간 서로 다른 시스템을 연결할 수 있는 EDI나 API 활용이 증가하였다. 2차원 바코드와 RFID로 많은 양의 정보를 기업 간 공유할 수 있게 되었고, 사물인터넷 기술의 발전으로 사람이 중간에 개입하지 않아도 기업 간 화물을 추적하고 화물의 상태를 확인할 수 있는 길이 열렸다.

④ 데이터 분석의 발전 : 기업 간 정보공유와 사물인터넷 기술의 발전으로 데이터의 양이 폭증했다. 데이터의 폭증은 비용이나 속도 면에서 공급망을 최적화하기 위한 요구와 맞물려 데이터 분석 기법의 발전으로 이어졌다. 이른바 빅데이터의 시대가 열렸다.

02 물류정보

1 정의와 개념

(1) 정의

물류관리를 효율적으로 수행하기 위해 운송, 보관, 하역, 포장 등 물류 활동을 수행하는 과정에서 축적되고 조합되어 정리된 자료를 말한다.

(2) 물류정보의 특징

① **많은 정보량** : 주문정보를 분할하거나 합쳐서 입출고 처리하고, 제품의 경우 단품별 제조 일련번호, 생산 로트번호, 파렛트와 컨테이너의 유닛로드 단위 일련번호, 유통기간 등 부가적인 정보와 함께 관리되므로 정보의 절대량이 많고 복잡하다.

② **유동적 정보량** : 성수기와 비수기의 주문량과 입출고량 차이가 크기 때문에 정보량의 차이도 크다.

③ **분산된 정보** : 주문, 입고, 피킹, 파렛타이징, 출고, 운송, 물류비 관리 등 단계마다 정보 처리 장소와 관리 시스템이 다르며, 물류정보를 기반으로 수출입신고, 세무신고 등 대정부 신고와 정보공유가 이루어진다. 이렇게 정보의 원천, 물리적 처리 장소, 정보공유 대상이 분산되어 있다.

④ **업무와 정보의 동시성** : 물류정보는 실제 업무와 정보 처리가 동시에 이루어질 때가 많다. 특히 라벨 프린터나 중량 측정기 등 물류설비의 처리 정보를 가지고 다음 단계를 진행한다면 업무와 정보의 동시성은 더 두드러진다. 실제 입출고 시점에 입출고를 처리하지 않거나 실제 배송 완료 시점에 배송을 처리하지 않으면 시장은 그 기업의 회계 장부를 신뢰할 수 없게 된다.

⑤ **다른 부문과의 연관성** : 입고, 출고, 배송 등 물류 활동의 결과 구매, 영업, 생산 실적이 만들어 지며, 구매, 영업, 생산 실적이 회계 처리로 이어져 투자자와 경영진에게 제공된다. 물류정보는 다른 부문과의 연관성이 매우 높다.

(3) 물류정보의 종류

① **운송정보** : 운송실적정보, 차량정보
② **수출화물검사정보** : 검사정보, 검수정보
③ **수출입통관정보** : 수출입신고정보, 관세환급정보, 통관정보
④ **화주정보** : 화주명, 화주의 사업자정보, 화물의 종류
⑤ **항만정보** : 항만관리정보, 컨테이너추적정보, 항만작업정보

2 물류정보시스템

(1) 정의 및 개념

① 물류정보를 생성하고 다루는 정보시스템 : 원재료 구매부터 최종소비자 배송에 이르기까지 물류 전 과정을 효율적으로 관리할 수 있게 해주는 정보시스템을 말한다.

② 국가과학기술표준 중 하나 : 물류정보기술은 과학기술정보통신부가 고시하는 국가과학기술표준분류체계에도 등록되어 있다. 국가과학기술표준에서 물류기술(EI10)은 8가지의 소분류로 나누어지는데, 그중 물류정보화기술이 포함되어 있다(2023년 현재).

EI1001   물류운송기술

EI1002   보관기술

EI1003   하역기술

EI1004   물류정보화기술

EI1005   물류시스템 운용기술

EI1006   교통수단별 물류운용기술

EI1007   물류표준화기술

EI1099   달리 분류되지 않는 물류기술

(2) 구분(제조업체와 유통업체 기준)

① 공급망 계획 시스템(Supply Chain Planning) : 전사적자원관리(ERP) 등 운영 시스템에서 제공하는 생산, 구매, 판매, 재고 데이터를 바탕으로 수요를 예측하고, 자재 소요, 생산, 마케팅, 판매를 계획하는 시스템을 말한다.

② 공급망 실행 시스템(Supply Chain Execution) : 전사적자원관리(ERP) 등 운영 시스템에서 제공하는 생산, 구매, 판매, 재고 데이터를 바탕으로 주문 처리, 입고, 출고, 수송, 배송을 처리하는 시스템을 말한다.

　㉠ 주문관리시스템(Order Management System) : 다양한 경로로부터 입수한 주문을 통합하여, 주문의 진행 상황을 관리한다. 뒤에서 설명할 OMS, EOS(Electronic Ordering System, 전자발주시스템)가 여기에 속한다.

　㉡ 운송관리시스템(Transportation Management System) : 운송비용 또는 운송거리를 최적화할 수 있는 최적의 운송계획을 수립하고 고객의 주문에 대한 적기 배송을 관리한다.

　㉢ 창고관리시스템(Warehouse Management System) : 물류센터 입고, 보관, 피킹, 출고를 통합 관리한다.

③ 물류정보관리 시스템 : 물류비용, Risk, 입출고 실적, 관리지표 등 물류를 종합적으로 관리 통제하며, 상세 분석을 위한 데이터 테이블을 지원한다.

④ 프로토콜 : 공급망 참여기업 또는 참여기관이 운영하는 시스템을 연결하는 연결 규격을 말한다.

　㉠ 전자문서교환(EDI) : 각종 문서를 일정한 형식을 가진 전자문서로 변환하여 합의된 통신 방식에 맞춰 시스템 간 주고받는 전자문서교환 시스템이다.

　㉡ 애플리케이션 프로그래밍 인터페이스(API, Application Programming Interface) : 사전 정의와 프로토콜(규약)을 이용하여, 두 소프트웨어(애플리케이션)의 구성요소가 서로 통신할 수 있게 하는 기능이다. 최근에는 서버 또는 데이터베이스와 디바이스의 애플리케이션이 원활하게 정보를 주고받을 수 있도록 정의한 인터페이스 형식을 뜻하는 용어로 많이 사용된다.

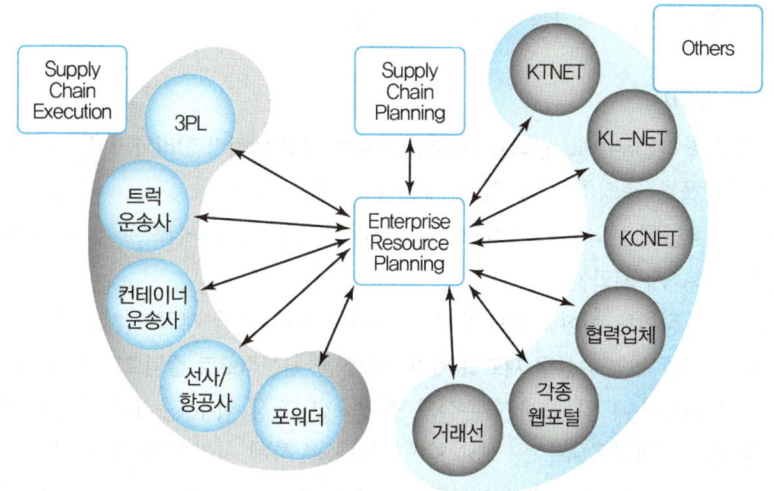

◀ [그림 6-2] ERP, SCP, SCE의 관계. 그림에는 언급되지 않았으나, 기업의 시스템 운영 상황에 따라서는 KL-NET, KTNET, KCNET 등 국내 물류 EDI 운영사와 운송사, 항공사, 포워더 등 물류기업이 연결될 수도 있다. ▶

(3) 목적

① 물류비용 절감 : 다량의 주문을 신속하게 실수 없이 처리하고, 혼적에 의한 대형차량 운송 기회를 확대함으로써 물류비용 절감에 공헌한다.

② 물류서비스 수준 향상 : 주문을 신속하게 처리하고, 납기에 맞춘 운송계획을 수립함으로써 물류서비스 수준을 높인다.

③ 경쟁우위 확보 : 물류서비스는 모방하기 쉽지만, 물류정보시스템에 반영된 업무 기법은 모방하기 쉽지 않다. 물류비용을 절감하고 물류서비스 수준을 높이도록 설계된 물류정보시스템은 그 자체가 경쟁우위가 된다.

④ 물류 의사결정 지원 : 물류 활동 현황과 물류비 현황을 쉽게 파악할 수 있어 효율적인 물류 의사결정을 지원한다.

⑤ 재고 최소화 : 수요예측과 생산계획에 따라 발주와 판매를 수행함으로써, 기업이 재고를 과다 확보하지 않고도 결품을 줄이는 데 도움을 준다. 또한 판매시점관리 시스템(POS, Point of Sale)을 통한 실판매 정보와 재고정보를 기업 간 공유함으로써, 유통재고 수준을 유지하며 판매를 조정하여 유통재고를 최소화하는 데 공헌한다.

⑥ Pull 방식 유통망 지원 : 물류관리 원론에서 배웠듯이 구매자 중심의 시장에서는 시장이 원하는 물건을 시장이 원하는 만큼 공급할 수 있어야 하므로, 구매자 중심의 시장은 판매자가 원하는 만큼 공급하는 Push 방식보다는, 구매자인 유통이 원하는 만큼 가져가는 Pull 방식이 바람직하다. 판매시점관리 시스템(POS)에서 획득한 실시간 판매정보에 기초하여 유통이 원하는 만큼 발주하고 재고를 확보할 수 있는 기반을 마련할 수 있다.

(4) 도입 효과(장점)

① 업무 표준화 : 업무 처리 방식을 표준화함으로써 사무 처리가 합리화되고, 고객에게 표준화된 물류 서비스를 물류 품질의 기복 없이 제공할 수 있다.

② 주문관리 효율화 : 업무 표준화로 주문 처리 방식도 표준화함으로써, 인력 투입을 줄이고 대량의 주문을 신속하게 처리할 수 있다.

③ 재고관리의 정확도 향상 : 대량의 주문 처리에 따라 실물 재고가 빠른 속도로 입출고되는 상황에서도 시스템 재고와 실물 재고의 차이 가능성을 원천적으로 줄임으로써 재고관리 정확도가 높아지며, 재고 과부족에 의한 재고 손실과 불필요한 조정 업무 증가를 방지할 수 있다.

④ 판매량 증가 : 대량의 주문을 재고 차이 없이 신속하게 처리할 수 있는 시스템 도입으로 주문량이 급증해도 주문 처리, 출고, 고객 대응을 신속하게 진행할 수 있게 되어 영업력 개선에 도움을 준다.

⑤ 물류비 절감 : 주문과 입출고를 대량으로 처리하고, Full Truck 배송과 최적경로 배송 가능성을 높임으로써 운송비 절감에 도움을 준다. 또한 주문과 입출고를 대량으로 처리하기 위해 정확한 판매정보에 근거하여 생산과 판매를 조정하고, 적기에 재고를 발주하며, 적정 재고를 유지할 수 있도록 함으로써 불필요한 운송비와 보관비 지출을 사전에 방지할 수 있다.

> **TIP** 고객 대응과 PSI 그리고 물류정보시스템
>
> 고객 대응을 잘하려면 PSI 관리를 잘해야 한다고 말한다. P는 Production 또는 Purchase, 즉 재고의 유입이다. S는 Sales, 즉 재고의 유출이다. I는 Inventory, 즉 기초재고 + 재고 유입 – 재고 유출이다. 다시 말해서, 고객 대응을 잘하려면 PSI를 적절히 통제하여 결품이 생기지 않도록 관리해야 한다. 이를 위해서는 유통업체와 자사 공장, 공급업체의 세 가지 정보를 제대로 파악하고 있어야 고객 대응을 잘할 수 있다. 그렇게 되려면 물류정보시스템이 필수적이다.

(5) 구축 요건

① 실시간 처리 : 실물 재고의 이동에 따라 대량의 정보를 즉시 입력하고 처리할 수 있어야 하며, 처리 결과 또한 실시간으로 제공할 수 있어야 한다. 한꺼번에 처리하기 때문에 완전한 실시간 처리를 할 수 없더라도 처리 간격이 너무 길어서는 안 된다.

② 처리작업 평준화 : 물류 활동의 성수기와 비수기에 따라 데이터의 용량이 증감하는 상황에서도 일관성 있는 처리 속도를 지원해야 한다. 최근 시스템 서버와 스토리지 인프라를 빌려 쓰는 클라우드 서비스가 발달하는 이유도 데이터 증감과 관계없이 원활한 인프라를 구축하기 위해서이다.

③ 유연성 : 비즈니스 형태가 변경되면 물류정보시스템도 바뀌어야 한다. 이때 쉽게 변경할 수 있는 유연성을 확보해야 한다. 거래처가 특별한 양식의 라벨 발행을 요청했을 때 유연한 시스템은 라벨 발행 프로그램과 라벨 정보 송수신 프로그램은 표준화시켜 놓고 라벨 양식만 새로 개발해서 추가할 수 있으나, 유연하지 못한 시스템은 세 가지 프로그램을 모두 새로 개발해야 한다.

④ 연동성 : 수요예측 시스템, 주문시스템, 생산시스템, 회계시스템 등 다른 시스템과 연동하는 프로세스를 갖추어야 한다. 물류비 처리를 위해서는 회계시스템과 연동해야 하고, 공장에서 생산된 완제품 재고를 제때 물류거점으로 수송하려면 생산시스템과 연동해야 한다.

⑤ 물류비용 모니터링 : 물류정보시스템은 재고관리 정확도 향상, 결품 감소, 배송 시간 정확도 보장 등과 같은 효과뿐만 아니라, 물류비용 모니터링을 통해 물류비용 절감 활동을 지원해야 한다.

⑥ 자체 개발 vs 외부 솔루션 : 물류정보시스템을 구축할 때 자체 개발하거나 외부 패키지 솔루션을 도입할 수 있는데, 이때 기업의 요구와 솔루션 보급 상황에 따라 선택해야 한다. 임대하는 방법도 있다. ASP(Application Service Provider)란 응용소프트웨어 공급 서비스임과 동시에 사용자가 응용소프트웨어를 임대해서 쓸 수 있도록 공급하는 공급자를 말하는데, 임대하면 자체 개발에 비해 초기 투자 비용은 적게 들지만, 사용량이 많아짐에 따라 비용이 증가하며, 비즈니스 요구사항 변동에 유연하게 대응하기 어렵다.

⑦ 통신 연결 : 물류정보를 효율적으로 입력하고 관리하기 위해서는 공급망 참여기업 간 EDI 또는 API로 연결하여 주문과 주문 처리 실적을 송수신해야 하며, 물류기기와 통신망으로 연결하여 바코드나 RFID 정보 등을 활용해야 한다.

03 주요 물류정보시스템

1 운송 관련 물류정보통신기술

(1) GPS(Global Positioning System)

① 정의 : 미국 공군이 24개 위성으로 운영하는 위성항법 시스템으로, 지상의 GPS 수신기에 지리적 위치와 시간을 송신하면 GPS 수신기가 위치와 시간을 수신하여 활용한다. 미국 공군이 군용으로 운영해 왔으나, 1983년 대한항공 KAL 007편 여객기 격추 사건을 계기로 민간에 개방되었고, 2000년 이후 본격 사용되기 시작했다.

② 방식 : 3개의 위성이 위치를 삼각 측량하고 1개 위성이 시간 오차를 줄인다. 총 4개 위성이 송신

하는 위도와 경도, 시간, 고도 정보를 지상의 GPS 수신기가 수신한다. GPS 수신기는 송신 기능은 없고 수신만 한다.

③ 물류 분야 사용

    ㉠ 배차관리 효율화 : 출발시간과 도착시간을 정확하게 파악할 수 있어 효율적인 배차와 경로 지정에 도움을 준다.

    ㉡ 교통혼잡 완화 : 교통혼잡 상황을 우회하고 대체 경로를 찾는 데 도움을 준다.

    ㉢ 차량과 기사 위치추적 : 다수의 차량과 기사의 경로와 위치를 관제소에서 실시간으로 파악하고 업무 지시를 할 수 있다.

    ㉣ 운행기록 관리 : 운행기록계를 통해 차량의 속도, 가속도, 엔진 회전수, 제동 여부, 차량 위치, 주행거리 등을 파악하고 운전자의 운전 습관을 개선하는 데 사용할 수 있다.

    ㉤ 사고 대응 : 재난, 교통사고 등 사고 상황을 신속하게 파악하고 조치하는 데 도움을 준다.

    ㉥ 자율주행 : 차량이나 로봇이 스스로 위치와 경로를 파악할 수 있도록 지원한다.

(2) TRS(Trunked Radio System, 주파수공용무선통신)

① 정의 : 동일 주파수대역을 일정한 채널로 분할하고, 여러 사용자가 채널별로 접속하여 공동으로 사용하는 무선통신 시스템이다.

② 특징 : 제한된 지역에서 같은 업무를 하는 사용자들 사이의 통신에 유리하다.

    ㉠ 보안과 안정성 : 휴대전화를 이용한 이동통신은 다수의 사용자가 제한된 지역에서 동시 접속하면 느리거나 장애가 발생하기 쉽고, 보안성이 낮다.

    ㉡ 1 대 다수 간 의사소통 : 보통의 이동통신은 한 사람이 여러 사람에게 동시에 지시를 내리는 형태의 의사소통이 어렵지만, TRS는 가능하다.

    ㉢ 저렴한 비용 : 다수의 사용자가 빈 채널을 찾아서 이용하므로 저렴하게 이용할 수 있다.

    ㉣ 적용 분야 : 경찰, 소방, 군, 운송, 항만, 항공 등 상용 이동통신과 별도로 고품질의 통신을 유지해야 하는 분야에서 사용한다.

(3) 유비쿼터스(Ubiquitous)

① 유비쿼터스의 정의 : '언제, 어디든 존재한다'라는 뜻의 라틴어 'Ubique'에서 유래하였으며, 사용자가 때와 장소를 가리지 않고 네트워크에 접속할 수 있는 환경을 의미한다. 1974년 미국 MIT 니컬러스 네그로폰테(Nicholas Negroponte) 교수가 유비쿼터스와 유사한 개념을 제안하였으며, 1988년 미국 제록스 팰로앨토 연구소의 마크 와이저(Mark Weiser) 박사가 처음 유비쿼터스 컴퓨팅이라는 용어를 제창하였다.

② 유비쿼터스 컴퓨팅의 정의 : 인간이 언제, 어디서나 네트워크로 컴퓨터 또는 컴퓨터에 버금가는 컴퓨팅 능력을 갖춘 디바이스에 연결하여, 효과적으로 작업할 수 있도록 하는 기술을 말한다. 영국 케임브리지의 올리베티 연구소에서 오늘날의 사원증 크기의 clip-on computer를 만들어 해당 디바이스를 착용하고 태그한 지점으로 사용자의 동선을 추적한 것이 시초이다.

　　ⓐ 유비쿼터스 성격 유지 필요 : 하나의 작업을 언제, 어디서나 데이터 포맷에 상관없이 네트워크를 통해 디바이스를 넘나들며 수행한다.

　　ⓑ 대표적 사례 : OTT(Over The Top) 서비스가 대표적인 유비쿼터스 컴퓨팅이다. OTT 서비스는 보통 스마트폰, 태블릿, PC, TV 등 다양한 디바이스와 연결할 수 있으며, 하나의 디바이스에서 감상하다 멈춘 영상을 다른 디바이스에서 이어 볼 수 있다.

　　ⓒ USN(Ubiquitous Sensor Network) : 센서 네트워크를 이용하여 유비쿼터스 환경을 구현하는 기술이다.

③ 전제조건

　　ⓐ 메모리와 저장공간 : 디바이스를 넘나들어야 하므로 디바이스의 메모리와 저장공간 비용이 저렴해야 한다.

　　ⓑ 인간의 참여 전제 : 인간이 프로세스의 어느 과정에 개입해야 하는지를 고려해야 한다.

　　ⓒ 실시간 : 디바이스 간 데이터 이동과 처리 모두 실시간으로 일어나야 한다. 최근 유비쿼터스 컴퓨팅을 지원하는 각종 업무공유 시스템을 보면 문서를 작성하자마자 저장되는 것을 알 수 있다.

　　ⓓ 네트워킹 : 디바이스 모두가 항상 완전히 연결되어 있어야 한다.

　　ⓔ 다대다 통신 : 다수의 디바이스 간 동시에 통신할 수 있어야 한다.

④ 구성요소

　　ⓐ 디바이스 : 스마트폰, PC, 노트북, 태블릿, 웨어러블 디바이스 등을 말한다.

　　ⓑ 무선통신 : 디바이스 간을 무선으로 연결한다.

　　ⓒ 센서와 RFID 태그

　　ⓓ 미들웨어와 소프트웨어 기술 : 미들웨어는 운영체제가 서로 다른 디바이스에서 애플리케이션을 구동하기 위해 운영체제와 애플리케이션 사이를 연결하고 매개 역할을 하는 소프트웨어를 말한다. 소프트웨어를 개발할 때 서로 다른 소프트웨어의 구성요소를 다른 애플리케이션에 통합하기 위해 미들웨어를 사용하여 애플리케이션 프로그래밍 인터페이스(API)로 연결하면 해당 소프트웨어 구성요소의 데이터 입력과 출력을 미들웨어로 제어할 수 있다.

TIP 미들웨어

쉽게 말하면, 미들웨어가 있음으로써 다양한 운영체제를 가진 디바이스가 서로 통신할 수 있다.

　　ⓔ 음성인식과 인공지능 기술 : 센서와 디바이스가 사용자의 음성을 인공지능으로 학습하고 디바이스를 제어하는 기술이 사용될 수 있다.

⑤ 물류 응용 사례

　　ⓐ 실물 이동과 정보 처리의 동기화 : 운송수단을 교체해야 하는 복합운송서비스를 할 때, 운송수단 교체와 함께 적재된 화물 명세를 업데이트하여 화물추적이 가능하게 만드는 과정에서 인간의 직접 입력 작업이 필요할 때가 많다. 이때 유비쿼터스 컴퓨팅과 센서 기술을 활용하면

인간의 직접 입력 없이 운송수단 교체 정보와 적재 화물 정보를 동시에 업데이트할 수 있다.

ⓒ 적재 화물 품질 관리 : 초저온 운송 등 콜드체인 물류를 이용할 때 온도 변화에 의한 적재 화물 변질을 관리하기 위해 컨테이너 안에 센서를 설치하고 모니터링할 수 있다.

ⓒ 전자 통행요금 징수 : 센서가 차량의 번호판, 위치와 속도를 측정하고 자동으로 요금을 징수한다.

ⓒ 차량 자동화 : 운전자의 목소리로 각종 기능을 통제할 수 있으며, 스마트폰으로 운전자의 접근을 감지하여 자동으로 문을 열어준다.

(4) 사물인터넷(Internet of Things)

① 정의 : 복수의 디바이스가 네트워크와 연결되어 사람과 사람, 또는 사람과 디바이스의 상호작용 없이 데이터를 주고받을 수 있는 시스템 구조를 말한다. 1980년대 초 카네기 멜런 대학교에서 코카콜라 자판기를 인터넷으로 연결하여 지금 가면 차가운 콜라가 자판기에서 나올지를 확인할 수 있도록 실증한 사례가 있으며, MIT Auto-ID 센터의 설립자였던 케빈 애슈턴(Kevin Ashton)이 1999년 P&G에서 한 강의에서 사물인터넷이라는 용어를 처음 언급하였다.

② 필요성

㉠ 자동화와 인건비 절감 : 낭비를 제거하고, 서비스 수준을 높임으로써 사람이 관리하는 프로세스보다 투명성이 높아질 뿐만 아니라 원가절감에도 도움을 준다.

㉡ 프로세스 모니터링 : 디바이스 간 교환된 데이터를 통해 비즈니스 프로세스 전체를 모니터링할 수 있다. 인간이 관리하는 데이터를 통해 비즈니스 프로세스를 모니터링할 때는 인간이 데이터를 누락하거나 적시에 업데이트하지 않으면 정상적인 모니터링을 할 수 없지만, 디바이스 간은 누락 위험이 상대적으로 낮다.

㉢ 고객 경험 향상 : 기업의 지나친 개입 없이도 고객이 구매를 완료할 수 있도록 지원할 수 있으며, 사전 데이터 수집을 통해 고객서비스 발생 가능성을 사전에 파악하고 대응할 수 있어 고객 경험이 향상된다.

㉣ 노동생산성 개선 : 담당자는 예외 상황 해결, 시스템과 센서 기술로 해결할 수 없는 고객불만 응대 등 단순 반복 업무가 아닌 부가가치를 창출할 수 있는 업무에 집중할 수 있어 노동생산성을 높일 수 있다.

㉤ 비즈니스 모델 통합 : 비즈니스 프로세스 전체를 모니터링할 수 있게 됨으로써 비즈니스 모델을 통합할 수 있다.

㉥ 합리적 의사결정 : 사람이 개입하여 가공한 데이터가 아닌 디바이스가 수집한 데이터를 통해 현실을 반영한 의사결정을 내릴 수 있다.

③ 물류 응용 사례

㉠ 배송추적 : RFID와 GPS 기능을 겸한 무선 디바이스를 통해 화물의 위치, 컨테이너 내부 온도, 습기 등을 실시간으로 파악하고, 파악된 데이터를 인공지능으로 연결하여 경로 관리에 반영하고 문제 발생을 사전에 예측할 수 있게 되었다.

ⓒ 재고관리 : 물류센터 재고마다 RFID 태그를 부착하여 재고의 위치를 정확히 관리하고, 실시간
으로 재고 현황을 파악하여 수요예측 정확도를 높이고 최적의 재고수준을 관리할 수 있게 되었다.

ⓒ 운송차량 관리 : 실시간으로 차량의 위치, 적재 중량, 차량의 현재 상태와 속도 등을 파악함으로
써, 공회전을 줄임은 물론 적재효율을 높일 수 있는 최적의 운송경로와 스케줄을 관리할 수
있게 되었다.

ⓔ 예방정비 : 센서 등 사물인터넷 디바이스에서 수집한 정보를 통해 장비의 고장 가능성을 모니
터링하고 사전에 정비할 수 있다.

> **TIP** ☑ **사물인터넷과 유비쿼터스 컴퓨팅과의 차이**
> ① 인간과의 상호작용 : 유비쿼터스 컴퓨팅은 인간과 디바이스의 상호작용을 전제로 한다. 사물인터넷은
> 디바이스와 디바이스의 상호작용을 전제로 한다.
> ② 컴퓨팅 능력 vs 인터넷 연결 : 유비쿼터스 컴퓨팅은 컴퓨팅이라는 용어 그대로 디바이스에 컴퓨팅 능
> 력을 부여하는 개념이다. 사물인터넷은 디바이스를 인터넷으로 연결하는 개념이다.
> ③ 중첩되는 개념 : 어떤 디바이스가 스스로 센서로 감지하고 행동할 수 있을 정도의 컴퓨팅 능력을 갖췄
> 다면 유비쿼터스 컴퓨팅의 개념으로 설명할 수 있다. 이때 이 디바이스가 인터넷으로 다른 디바이스와
> 연결되었다면, 유비쿼터스 컴퓨팅과 동시에 사물인터넷의 개념으로 설명할 수 있다. 따라서 유비쿼터
> 스 컴퓨팅과 사물인터넷은 서로 완전히 분리된 개념은 아니다.
>
> ☑ **유비쿼터스 컴퓨팅과 사물인터넷의 전제조건**
> ① 분석 인프라 : 데이터를 보관할 디스크 공간이 부족하거나, 대량의 데이터를 분석할 분석 도구가 없으
> 면 데이터를 제대로 분석할 수 없다. 데이터의 폭증, 시스템 변경에 유연하게 대응할 수 있는 서버와
> 디스크 공간, 분석 도구 등 분석 인프라가 필요하다.
> ② 보안 : 인터넷과 네트워크는 해킹 공격에 취약하다. 데이터 손실은 물론 고객 데이터 유출을 막기 위해
> 강력한 보안 조치를 통해 허가되지 않은 접근을 통제하고 데이터를 보호해야 한다.
> ③ 통합 : 충분한 계획과 통합 테스트를 거쳐 기존 물류시스템과 통합해야 한다.
> ④ 교육 훈련 : 구성원 모두가 변화에 쉽게 적응할 수 없으므로, 소수의 인원이라도 변화를 능숙하게 받아
> 들일 수 있도록 구성원을 꾸준히 교육해야 한다.
> ⑤ 데이터의 질 : 수집된 데이터의 정확성과 유효성에 따라 의사결정과 미래 예측의 질이 달라질 수 있다.
> 데이터의 질과 유효성을 점검해야 한다.

(5) 블록체인(Block Chain)

① 정의 : 분산원장 또는 공공거래상부라고 불리며, 다수의 상대방과 거래할 때 발생하는 데이터를
중앙 서버가 아닌 각 사용자의 개인 장비에 분산 저장하고 공동으로 관리하다가, 검증이 필요할 때 모든
개인 장비에 분산 저장된 데이터를 검증하는 방식으로 신뢰성과 보안성을 강화한 분산형 정보기술
이다.

② 탄생 배경 : 신용거래가 많은 온라인 시장에서 해킹 피해를 막기 위해 개발되었다. 비트코인도
블록체인 기술을 이용한 암호화폐이다.

③ 구분

㉠ 퍼블릭 블록체인(Public Block Chain) : 누구나 접근할 수 있다.

㉡ 프라이빗 블록체인(Private Block Chain) : 허가받은 사용자만 접근할 수 있다.

ⓒ 컨소시엄 블록체인(Consortium Block Chain) : 프라이빗 블록체인과 마찬가지로 허가받은 사용자만 접근할 수 있는데, 개인 사용자가 아닌 기업이나 단체 사용자에 해당한다.

④ 물류 적용

㉠ 투명성 개선 : 사물인터넷과 연결하여 데이터를 좀 더 투명하게 관리할 수 있다.

㉡ 화물추적 : 화주들이 실시간으로 화물의 위치와 상태를 점검할 수 있으며, 운송 중 관리 부실로 발생할 수 있는 과실에 실시간으로 대처할 수 있다.

㉢ 활용 추진 : 항만운송, 항공운송, 관세청, 수출통관 등의 분야에서 활용을 추진하고 있다.

(6) EDI(Electronic Data Interchange)

① 정의 : 기업과 기업 간, 또는 기업과 행정기관 간의 거래 문서를 서로 합의된 전달 양식에 근거하여 전자적 수단으로 교환하는 전자문서교환 방식이다.

```
ST*850*0001~                              ST : Transaction Set Header를 뜻하는 고정값, 850 :
BEG*00*NE*T82Z63Y5**20221110~             구매발주 표시, 0001 : 코드
REF*CR*AMZN_VENDORCODE~                    BEG : Beginning Segment를 뜻하는 고정값, 00 : 사유
REF*AN*AMZN_CCID~                          코드,  NE : 신규주문 표시, T82Z63Y5 : 발주번호,
CSH*N~                                     20221110 : 발주일자
DTM*064*20221203~
DTM*063*20221209~
N1*ST**92*RNO1~
PO1*1*8*EA*39*PE*UP*028877454078~
PO1*2*6*EA*40*PE*UP*028877454077~
CTT*2*14~
SE*12*0001~
```

◀ [그림 6-3] EDI 문서 예시(ANSI 포맷) ▶

② EDI 문서 예시 : EDI 문서에는 고정값과 변동값, 그리고 값들 사이를 구분하는 구분자가 있다.

㉠ 고정값 : 상기 예시에서 ST, BEG 등 행의 맨 앞자리는 행의 성격을 규정하는 고정값이다. 기업의 EDI 지침서에는 저 고정값별로 어떤 형식으로 전자문서를 생성해야 하는지 나와 있다.

㉡ 구분자 : 고정값 뒤의 * 표시는 그 뒤로 다른 값을 정의했다는 구분자이다. 예를 들어 첫 번째 행에서 * 다음에 나타나는 850은 이 EDI 문서가 구매발주임을 의미하는 변동값이다. 850 뒤에 *을 표시했다는 것은 그 뒤로는 구매발주라는 의미가 아닌 다른 의미의 값이 나올 것이므로 미리 구분하겠다는 뜻이다.

㉢ 변동값 : 상기 예시에서 'T82Z63Y5'는 발주번호로 변동할 수 있는 값이다. 또한 그 뒤 구분자 *에 이어 나오는 20221110의 의미는 2022년 11월 10일이라는 발주일자로 역시 변동할 수 있는 값이다.

| ST | Transaction Set Header | Pos : 010 | Max : 1 |

Transaction Set Header에 대한 가이드임을 표시

| | | Heading · Mandatory |

필수값임을 표시

| | | Loop:N/A | Elements:2 |

2개 값을 정의했음을 표시

| Usage Option: | Must use | |

필수값임을 표시

To indicate the start of a transaction set and to assign a control number

Element Summary:

Ref	Id	Element Name	Reg	Type	Min/Max
ST01	143	Transaction Set Identifier Code	M	ID	3/3
Code	Name				
850	Purchase Order				
Ref	Id	Element Name	Reg	Type	Min/Max
ST02	329	Transaction Set Control Number	M	AN	4/9

850이라고 표시하라는 지침

850은 EDI 문서의 약속이고 최소 4자리에서 최대 9자리까지 850을 의미하는 또 다른 번호를 관리하고 표시하라는 지침

◀ [그림 6-4] 특정 기업의 EDI 지침서 예시(ANSI 포맷) ▶

③ EDI 연결

㉠ Direct : 송신 측과 수신 측이 독자적으로 서버와 통신선을 구축하고 서버와 서버끼리 문서를 주고받는 방식이다. 싸고 정확하고 안전하게 송수신할 수 있는 장점이 있지만, 인프라 투자가 필요하다. AS2(Applicability Statement 2) 방식이 대표적이다.

㉡ VAN(Value Added Network) : 1960년대 미국에서 시작된 서비스로, EDI를 운영하지만 서버와 네트워크 등 송수신 인프라를 확보하기 어려운 중소 사업자들이 통신사업자로부터 회선을 임대하여 송수신할 수 있게 해주는 서비스를 말한다. 컴퓨터 성능이 발달했다 해도 중소기업은 전자상거래와 온라인 거래를 위해 계속 활용하고 있으며, 문서뿐만 아니라 각종 형태의 데이터 또한 VAN을 통해 교환된다.

㉢ Web EDI : 웹브라우저를 통해 EDI 문서에서 정의하는 정보를 입력함으로써 EDI 송신 효과를 낼 수 있는 방식이다. 사용하기 단순하다는 장점이 있다.

④ EDI 문서 포맷

㉠ ANSI X12 : American National Standards Institute에서 개발해서 ANSI라고 부른다. 주로 미국에서 사용하는 EDI 용어 규격이다.

㉡ UN-EDIFACT : UN에서 정한 EDI 표준 규격으로, United Nations rules for Electronic Data Interchange for Administration, Commerce and Transport의 약자이다. 주로 유럽과 아시아에서 사용하는 EDI 용어 규격이다.

💬 TIP UN-EDIFACT 예시

UNH+ORDERS' BGM+220+5428+9' DTM+137:20220930:102' NAD+BY+7659949594::9++OOO' Co. Ltd+123 Street+AAA Avenue 　　+NJ+54108+US' LIN+1+1+87565747:KR' QTY+1:10:EA' PRI+AAA:49.99' UNS+S' CNT+2:1' UNT+10+SSDD1'	UNH : Message Header를 말하며, ORDERS는 구매발주임을 표시 BGM : Beginning of Message를 뜻하는 고정값, 5428 : 발주번호 DTM : Date/Time/Period를 뜻하는 고정값, 20220930 : 발주일자 NAD : Name and Address를 뜻하는 고정값, OOO Co. Ltd로 배 　　　송하라는 뜻

◀ [그림 6-5] EDI 문서 예시(UN-EDIFACT 포맷) ▶

① ANSI와의 공통점

양쪽 모두 Functional Group, Transaction Set 개념을 사용한다. 예를 들어 메시지 헤더의 시작을 ANSI 는 ST라고 정의하며, UN-EDIFACT는 UNH라고 정의한다.

② ANSI와의 차이점

- 사용 국가 : ANSI는 주로 북미에서 사용하며, UN-EDIFACT는 주로 유럽과 아시아에서 사용한다.
- 용어의 차이 : 위에서 언급한 대로 문서 양식에 동일 개념을 사용하지만, 적용하는 용어는 다르다. 용어 차이는 참고하면 된다.

용어	ANSI	UN-EDIFACT
발주, 인보이스(대금 청구) 등 문서 종류	Transaction Set	Message
동일 성격의 데이터 여러 개를 묶은 단위	Loops	Groups
각 데이터(공식 용어로는 세그먼트라고 부른다)를 가르는 기호	Terminator	Separators
Interchange Control. Header/Trailer	ISA/IEA	UNB/UNZ
Functional Group. Header/Trailer	GS/GE	UNG/UNE
Transaction Set, (Message). Header/Trailer	ST/SE	UNH/UNT

- 데이터 구분 방법 차이 : 예를 들어 ANSI는 세그먼트 구분에 물결 표시(~), 데이터 각 요소의 정의를 종료할 때 별 표시(*)를 한다. UN-EDIFACT는 세그먼트 구분에 아포스트로피('), 데이터 각 요소의 정 의를 종료할 때 플러스 표시(+)를 한다.

(7) 부가가치통신망(VAN, Value Added Network)

① 정의 : 기업 간 데이터 교환을 안전하게 처리해 주는 개별 기업용 통신 서비스를 말한다. 데이터 교환 을 처리할 때 암호화, ERP와의 직접 연동 등 부가가치 서비스를 제공할 수 있어 부가가치통신 망이라 부른다.

② EDI 구축에 필요 : EDI는 전자문서교환 규격일 뿐이고, 전자문서를 실제로 교환하려면 기업 간 보안 네트워크가 필요하다. 인프라 투자가 가능하거나 일대일 EDI를 구축하는 기업은 직접 네트워크에 투자할 수 있겠지만, 그렇지 못한 기업 또는 일대다 EDI 구축이 필요한 기업은 VAN 운영사를 통해 EDI를 구축한다.

   ㉠ VAN을 이용한 EDI : 자체 네트워크 없이 EDI를 구축하는 기업은 정해진 규격으로 전자문서를 외부와 연결해도 되는 서버에 보관해 두면(이 과정에서 보안을 위해 SFTP 서버를 많이 이용한다), VAN 운영사가 서버의 문서를 상대방에게 안전하게 송신할 수 있다. 상대방 또한 전자문서를 SFTP, AS2 등 여러 가지 방법으로 VAN 통신망을 통해 수신할 수 있다.

   ㉡ 일대다 EDI 구축 : 카드사와 가맹점 등 일대다 형식의 EDI 구축이 필요할 때 VAN 운영사가 일대다 송수신 처리를 대신함으로써 업무 효율을 높여준다.

(8) 애플리케이션 프로그래밍 인터페이스(Application Programming Interface)

① 정의 : 사전 정의와 프로토콜(규약)을 이용하여, 두 소프트웨어(애플리케이션)의 구성요소가 서로 통신할 수 있게 하는 기능이다. 최근에는 서버 또는 데이터베이스와 디바이스의 애플리케이션이 원활하게 정보를 주고받을 수 있도록 정의한 인터페이스 형식을 뜻하는 용어로 많이 사용된다.

② 예시 : 사용자가 웹페이지에서 조회 한도를 넘는 특정 기간의 자료를 다운로드하려면 다운로드할 수 없거나, 할 수 있어도 계속 기간을 바꿔 넣으면서 다운로드해야 한다. 그렇게 하고도 다운로드한 자료를 모두 열어서 합쳐야 한다. 그런데 그 웹페이지가 웹브라우저에서는 실행할 수 없고 데이터 분석 툴로 접속할 수 있는 URL 주소를 제공한다면, 사용자는 그 URL 주소로 접속한 다음, URL 주소에서 정의하고 있는 기간과 카테고리로 자료를 한 번에 다운로드할 수 있다. 이때 그 특수한 URL 주소가 API이며, 많은 웹사이트에서 Open API라는 이름으로 사용자에게 API를 통해 자료를 열람할 수 있도록 지원하고 있다.

③ EDI와 API의 차이 : 둘 다 사전에 합의한 형식으로 데이터를 주고받는다는 공통점이 있지만, 몇 가지 차이가 있다.

   ㉠ 전용 회선 vs 웹 URL : EDI는 사전에 정의된 전자문서를 전용 회선을 통해 주고받으며, API는 웹 URL 주소를 통해 데이터를 주고받는다.

   ㉡ 일괄 처리 vs 실시간 처리 : EDI는 다량의 데이터를 한꺼번에 처리하는 대신 실시간 인터페이스는 어렵다. API는 실시간 인터페이스는 가능하지만, 다량의 데이터를 한꺼번에 처리하기는 어렵다.

   ㉢ 초기 투자 vs 빠른 시작 : EDI는 전자문서 형식을 개발하고 서버/네트워크 연결을 해야 하므로 초기 투자 비용이 들고 시간이 걸린다. 반면에 API는 정보를 원하는 쪽(Consumer라고 부른다)이 정보를 제공하는 쪽(Provider라고 부른다)에서 정한 형식으로 호출하므로 빠르게 구현할 수 있다.

   ㉣ 강력한 보안 vs 느슨한 보안 : EDI는 SFTP나 AS2 등 보안을 고려한 연결을 지원하지만, API는 URL 주소에 ID/PW로 접속하는 형식이어서 보안 관련 별도의 조치가 필요하다.

💡**TIP** API 예시

```
curl --request GET \                    request GET : api가 구현된 URL 주소로부터 값을 가
                                        저오겠다는 뜻
    --url '요청하는 URL 주소' \           GET을 request하는 URL 주소
    --header 'Accept: application/json' \ 응답을 줄 때 json 형식으로 응답을 달라는 뜻
    --header '개인에게 부여된 key'         GET을 request하는 요청자를 특정하는 key 값

{
    "resultCode": "200",                resultCode 200은 일반적으로 요청 성공했음을 의미
    "resultMessage": "success",         요청 성공했음을 표시
    "mappingKey": "요청되었음을 확인해 주는  상대방 서버가 정상적으로 요청되었음을 확인해 주는
    key"                                key 값이며 향후 요청 결과를 확인할 때 인증값으로
}                                       활용됨
```

◀ [그림 6-6] 국내 모 대기업의 Open API 요청 방법 및 요청 결과 예시 ▶

API가 구현된 URL 주소로 데이터를 요청할 때는 GET을 사용하고, 데이터를 입력할 때는 POST를 사용한다. 최적의 배송경로를 요청할 때는 GET, 구매발주를 할 때는 POST라고 이해하면 쉽다. 상기 요청과 요청 성공은 EDI처럼 문서 양식 개발과 네트워크 연결 절차를 거치지 않고, 프로그래밍 도구를 이용해서 인터넷을 통해 할 수 있다. 그래서 EDI에 비해 빨리 착수할 수 있다.

2 국가 주도 물류정보시스템

(1) 지능형교통체계(ITS, Intelligent Transport Systems)

① 정의 : 교통수단과 교통시설에 정보통신기술 기반으로 교통정보와 서비스를 제공하고 활용하도록 함으로써, 교통체계 운영과 관리를 과학화하고 교통의 효율성과 안정성을 높이는 교통체계를 말한다.

② 목적

   ㉠ 안전, 편의, 효율 : 교통혼잡이 증가하는 상황에서 이용자의 안전과 편의를 개선하고, 운영 및 이용 효율을 극대화한다.

   ㉡ 녹색물류 : 교통혼잡을 줄일 수 있는 각종 서비스 제공을 통해 도로에서의 이산화탄소 발생량을 줄이고 녹색물류 실천에 공헌한다.

③ 구성요소

   ㉠ 대중교통요금 전자지불(AFC, Automatic Fare Collection) : 하나의 교통카드로 여러 가지 교통수단 이용요금을 결제할 수 있는 시스템

   ㉡ 버스정보관리시스템(BIMS, Bus Information Management System) : 버스의 현재위치, 도착예정시간 등을 실시간으로 제공하는 시스템

ⓒ 고속도로교통관리시스템(FTMS, Freeway/Expressway Traffic Management System) : 고속도로 통행 상황, 속도, 사고정보 등을 수집하여 구간속도, 실시간 교통상황 등으로 가공하여 이용자에게 공유하는 시스템

ⓔ 전자통행료지불시스템(ETCS, Electronic Toll Collection System) : 도로를 이용하는 차량이 무정차 상태로 통행료를 결제할 수 있는 시스템

ⓜ 화물차진입관리시스템(WIM, Weigh In Motion) : 고속도로 통행 제한 중량과 높이를 초과한 화물차량의 진입을 제한하는 시스템

ⓗ 자동단속시스템(ATES, Automatic Traffic Enforcement System) : 신호위반, 과속, 불법주정차 등을 감시하고 단속하는 시스템

ⓢ 신호제어시스템(ATSCS, Advanced Traffic Signal Control Systems) : 실시간 감응식 신호체계 운영 시스템

ⓞ 주차안내정보시스템(PIS, Parking Information System) : 주차장 주차면 상황을 파악하고 활용하는 시스템

(2) 첨단화물운송시스템(CVO, Commercial Vehicle Operation)

① 정의 : 화물차 운행을 최적화하고 관리를 효율화하는 시스템이다.

ⓐ ITS의 한 축 : 지능형교통체계가 교통 관리, 대중교통, 전자지불, 교통정보 유통, 지능형 차량·도로 분야로 추진되고 있는데, 그중 지능형 차량·도로 분야에서 화물운송에 해당하는 분야이다. 화물운송 중 화물 및 화물차량 관리와 위험물 운반 차량 관리가 CVO 분야에 속한다.

ⓑ 종합 화물정보 시스템 : 화물차량의 위치, 적재 화물의 종류, 운행 상태, 경로 상황, 화물주선 정보 등을 파악하여 안전 운행, 공차(空車) 운행 최소화를 지원하고 화물차량 운행을 최적화한다.

ⓒ 위험 관리 : 위험화물 적재 차량을 추적하고 감시하며, 과속 운행 등 사고 위험을 사전에 경고한다.

② 주요 기능

ⓐ 차량 관리
ⓑ 화물 관리
ⓒ 전자 통행료 징수
ⓔ 국경 통과 수속(해외 사례)
ⓜ 운행 중 화물 중량 측정
ⓗ 화물 안전 모니터링
ⓢ 위험물 적재 계획 및 사고 통보
ⓞ 운송중 화물추적
ⓩ 화물터미널 관리(국내에도 화물트럭 기사의 쉼터를 관리한 사례가 있다.)
ⓩ 화물 알선

(3) 철도운영정보시스템(KROIS, Korean Railroad Operating Information System)

① 철도운영시스템 : 열차 편성, 화물운송, 승무원 관리, 운송정보 등 모든 철도 운영 상황을 볼 수 있게 만든 철도청 내부 시스템이다.

② 역사 : 1996년 처음 오픈하여 2011년까지 사용되었으며, 2011년 차세대 철도운영정보시스템 XROIS(eXtended Railroad Operating Information System)로 대체되었다. 2022년 코레일은 XROIS와 고속철도통합정보시스템 IRIS(Integration Railroad Information System)를 클라우드 기반으로 통합하겠다고 발표하였다.

(4) 해운항만물류정보시스템(Port-MIS, Port Management Information System)

① 항만운영시스템 : 전국 28개 무역항을 대상으로 선박 입출항 신고, 입출항 허가, 항만시설 사용, 화물 반·출입, 관세 납부 등을 처리하는 항만운영정보시스템이다.

② 법적 근거에 따른 운영 : Port-MIS는 항만법 제26조, 항만법 시행령 제33조를 기반으로 구축되고 운영되는 시스템이다.

　㉠ 항만법 제26조(항만물류통합정보체계의 구축·운영) 제1항 : 해양수산부장관은 항만이용 및 항만물류와 관련된 정보관리와 민원사무 처리 등을 위하여 필요한 경우에는 항만물류통합정보체계를 구축·운영할 수 있다.

　㉡ 항만법 시행령 제33조(항만물류통합정보체계의 구축·운영 및 이용) 제1항 : 항만물류통합정보체계를 항만별로 구축한다.

(5) 항공물류정보시스템(AIRCIS, Air Cargo Information System)

항공물류포털 : 항공화물 추적, 항공기 운항 스케줄 및 출·도착 정보, 해외 세관 대상 적하목록 사전 신고, 터미널 조업 정보, 각종 통계자료 제공 등을 위해 국토교통부에서 2007년 구축한 시스템으로, 인천국제공항공사에서 위탁운영하고 있다.

(6) 케이엘넷(KL-NET, Korea Logistics Network)

① 물류 EDI 전문기업 : 1994년 물류정보화를 통한 국가경쟁력 강화를 목적으로 물류 관련 기관과 기업들이 공동 출자하여 설립한 물류 IT 전문기업 한국물류정보통신에서 시작하였으며, 2006년 사명을 현재의 케이엘넷으로 변경하였다.

② 사업 분야 : 물류 IT 종합 서비스를 제공한다.
  ㉠ EDI : 선박 입출항 신고, 해상적하목록 제출, 항만시설 사용료 납부 등 다양한 수출입 인허가 업무를 EDI로 처리할 수 있도록 지원한다.
  ㉡ IT 컨설팅과 정보시스템 구축 : Port-MIS, 국가물류통합정보센터, 컨테이너터미널출입관리시스템, RFID 기반 물류거점정보시스템 등 물류 관련 국가 프로젝트를 수행하고 IT 컨설팅 서비스를 제공한다.
  ㉢ IT 아웃소싱 : 기업의 IT 업무를 위임받아 운영한다.
③ 주요 인허가 EDI 서비스
  ㉠ 선박 입출항 신고
  ㉡ 적하목록 취합 및 관세청 제출
  ㉢ 위험화물 신고
  ㉣ 코레일 XROIS 연계 철도운송 신청
  ㉤ 항만시설 사용료 자동 납부
  ㉥ 해외 화물 신고
④ 기업 간 EDI 서비스 : 화주, 선사, 포워더, 운송사, 터미널 간 선박 Booking부터 선적 처리, 세금계산서 발행까지 EDI로 처리할 수 있도록 지원한다.

(7) 한국무역정보통신(KTNET, Korea Trade Network)

① 무역 EDI 전문기업 : 1989년 정부의 종합무역자동화 기본계획 수립에 따라 1991년 한국무역협회가 100% 출자하여 설립한 무역정보화 서비스 기업이자 무역정보화 시스템이다.
② 사업 분야
  ㉠ 무역 EDI : 내국신용장, 원산지증명, 수출보험, 부대비용 전자 납부 등
  ㉡ 물류 EDI : 수출입통관, 적하목록 제출, 선하증권, 항공화물 Air Waybill, 화물인도지시 등
  ㉢ 플랫폼 사업 : 무역 물류, 문서 유통, 전자상거래 플랫폼 서비스 제공
  ㉣ 인증서 발행 및 보안

(8) 케이씨넷(KCNET, Korea Customs Network)

① 관세 EDI 전문기업 : 2010년 설립되었으며, 관세청 지정 전자문서중계사업자이자 관세청 전자통관시스템 UNI-PASS 구축 및 유지보수를 담당한다.
② 사업 분야
  ㉠ 관세 EDI : 항공 적하목록 제출, 적하목록 정정 및 다운로드, 화물인도지시, 수출입 통관, 항공화물 Air Waybill 등
  ㉡ IT 아웃소싱 : 관세청 UNI-PASS 시스템 유지보수를 맡고 있으며, 해당 역량을 바탕으로 IT 시스템 유지보수 사업을 한다.
  ㉢ IT 컨설팅과 정보시스템 구축
  ㉣ 빅데이터·블록체인 서비스

> ⊘ EDI 업무 처리
>
> 무역과 물류에서는 화주의 선적서류는 물론 신용장, 선하증권, Air Waybill, 적하목록, 원산지증명, 선박 Booking, 선적 처리, 수출입신고 등 EDI로 처리하는 업무가 많은데, 이들 업무를 KL-NET, KTNET, KCNET 등이 처리하고 수수료를 받는다. 어떤 기업이 어떤 업무를 처리하는지는 기업의 사업 분야이므로 출제될 가능성은 매우 낮으나, KL-NET은 종합물류, KTNET은 무역, KCNET은 관세청 수출입신고 분야에 강점이 있다는 정도만 이해하면 된다.

3 기업 물류정보시스템

(1) 판매시점관리 시스템(POS, Point of Sale)

① 정의 : 판매 시점에 실시간으로 수집한 판매 상품 정보, 구매 고객 정보, 대금 지급 정보를 발주, 생산, 재고 등에 활용하는 시스템이다.

② 구성

   ㉠ 바코드 스캐너 : 판매 시점에 실시간으로 판매정보를 수집하려면 상품 바코드를 스캔하여 상품 관련 정보를 파악해야 한다.

   ㉡ 신용카드 리더 : 고객 결제정보를 파악한다.

   ㉢ POS 단말기 : 상품정보와 결제정보를 합쳐 매출 이력을 관리한다.

③ 도입 효과

   ㉠ 계산원의 생산성 향상 : 바코드 스캔으로 상품정보를 즉시 수집하므로 생산성이 높아진다.

   ㉡ 입력 오류 방지 : 상품정보를 직접 입력할 필요가 없으므로 입력 오류를 줄일 수 있다.

   ㉢ 점포 사무 간소화 : 바코드 스캔과 판매를 연결함으로써 품목별 판매실적, 제조사별 판매실적, 판매실적 구성비, 단품별 판매 동향 등 판매실적과 관련된 모든 정보를 쉽게 수집할 수 있다. POS가 수집한 판매정보를 통해 판매관리, 재고관리, 고객관리 효율성이 높아진다.

   ㉣ 가격표 부착작업의 감소 : 상품 바코드 기준으로 가격을 관리하면 상품 바코드만 스캔해도 가격정보를 자동으로 불러올 수 있어 가격표를 따로 부착할 필요가 없다.

   ㉤ 판매정보의 파악 용이 : 실시간 수집된 판매정보를 통해 생산 현장이나 공급업체도 실판매 상황을 쉽게 파악하고 생산계획 또는 판매계획에 유연하게 대응할 수 있다. 실제 모 대기업에서는 POS 정보를 활용하여 안정적인 공급 체계를 구축한 SCM 전문가를 임원으로 승진시킨 사례가 있다.

④ 유통업체 활용도

   ㉠ 판매 동향 파악 : 신속하게 판매 동향을 파악하여 인기 품목과 비인기 품목을 신속하게 파악할 수 있다.

   ㉡ 가격전략 활용 : 판매 동향에 따라 가격전략 수립에 활용할 수 있다.

ⓒ 진열 관리 : 상품 구색과 진열을 효율적으로 관리할 수 있다.

ⓔ 매장 간 비교 : 타 매장과의 판매 동향 비교 및 분석을 수행할 수 있다.

⑤ 제조업체 활용도

㉠ 생산계획 수립 : 판매 동향을 분석하고 생산계획에 반영할 수 있다.

㉡ 마케팅 전략 수립 : 판매 촉진 계획 수립에 활용할 수 있다.

㉢ 신제품 동향 파악 : 신제품 판매 동향을 정확하게 파악할 수 있다.

㉣ 경쟁사 동향 파악 : 경쟁사 판매 동향과 비교하고 분석할 수 있다.

(2) OMS(Order Management System)

① 정의 : 주문 입수, 처리, 관리, 배송, 대금 청구, 반품 등 주문부터 매출까지의 모든 주문 흐름을 관리하는 시스템을 말한다.

② 목적 : 주문 건수가 증가함에 따라 주문입력 시간 소모와 입력 과정의 오류를 해결하고, 주문의 진행 상태를 통합 관리하기 위해 사용된다. 최근 전자상거래의 발달로 다수의 플랫폼에 입점한 판매자들이 플랫폼별로 제각각 다른 주문을 처리할 때가 많은데, 이때 플랫폼마다 로그인해서 주문을 처리할 필요 없이 통합 관리할 수 있게 해준다.

(3) 자동발주시스템(EOS, Electronic Ordering System)

① 정의 : 유통에서 판매 현황에 따라 재고가 일정 수준에 도달하면 자동으로 필요한 만큼 발주하는 시스템을 말한다.

② 기대 효과

㉠ 효율성 : 입찰, 낙찰, 협상, 계약서 작성 등의 절차가 없고 사람의 개입 없이 시스템으로 계산된 품목과 수량만 발주할 수 있으므로, 발주 시간 단축, 발주오류 감소에 도움을 준다.

㉡ 오납과 결품 방지 : 유통의 상품코드 또는 GTIN 바코드를 이용하므로 오납이나 결품이 발생할 기능성이 작다.

㉢ 진열 효율 극대화 : 잘 팔리는 물건을 발주해서 보충하는 체제이므로, 한정된 매장 공간에서 진열 효율을 높일 수 있다.

㉣ 신속성 : EOS 도입을 위해 발주작업을 표준화하는 과정에서 신속한 발주체계를 확립할 수 있다.

㉤ 정확성 : 오납이나 결품이 없다는 것은 그만큼 정확한 발주가 이루어진다는 뜻이다.

(4) TMS(Transportation Management System)

① 정의 : 운송계획, 운송 실행 및 운송 최적화에 특화된 시스템이다.

② 주요 기능

㉠ 운임 및 운송사 비교 : 운송사별 운임 정보를 바탕으로 최적의 운임과 운송사를 찾는다.

㉡ 운송계획 및 차량 수배 : 운송에 필요한 차량을 확보한다.

㉢ 운송 실행 : 고객 납기에 맞춰 상차 및 운송 처리한다.

          ② 운송정보 및 물류비 관리 : 운송 완료 여부를 모니터링하고 물류비를 관리한다.

   ③ 도입 목적

          ㉠ 운송효율 개선 : Full Truck 운송 기회를 확대함으로써 운송효율을 높일 수 있다.

          ㉡ 운송비 절감 : 운송비를 최소화면서도 납기도 충족할 수 있는 최적의 운송사와 경로를 지정함으로써 운송비 절감에 공헌한다.

          ㉢ 공급망 가시성 개선 : GPS 등 운송 상황을 모니터링할 수 있는 도구를 사용하여 공급망 가시성을 개선할 수 있다.

          ㉣ 다양한 운송 니즈 대응 : 전통적인 Full Truck 운송뿐만 아니라, 전자상거래의 발달에 따른 소비자 직접 배송 등 다양한 운송 니즈에 대응한다.

   ④ ERP/WMS와의 관계

          ㉠ ERP와 TMS : ERP는 주문 입수와 재고관리를 담당하므로 TMS에 주문정보와 고객정보를 송신하고, TMS는 배송 확정, 운송사, 운송장 번호, 운송비 정보를 ERP에 송신한다

          ㉡ TMS와 WMS : TMS는 ERP로부터 받은 주문으로 상차, 파렛타이징, 운송 스케줄링을 관리하여 WMS와 공유한다.

(5) 창고관리시스템(Warehouse Management System)

① 정의 : 물자의 창고 입고부터 출고에 이르기까지 창고 운영을 관리하는 시스템이다.

② 로케이션 관리 : 창고를 효율적으로 운영하려면 표준화와 유닛로드를 고려하여 여러 층으로 랙을 세우거나, 랙이 없더라도 평면을 일정한 구획으로 나누어서 작업자나 하역장비가 움직이는 통로와 적치 구역을 구분해야 한다. 이렇게 물자 적치를 위해 나누어진 구역을 로케이션이라고 부르며, WMS는 이 로케이션 관리를 통해 물자의 보관과 이동을 효율화하는 시스템이다.

③ 주요 기능

          ㉠ 물자의 이동 처리 : 입고, 입고장에서 적치 구역으로의 이동(Put Away), 적치 구역에서의 피킹, 피킹 후 출고장으로 이동, 파렛타이징, 차량 적재와 같은 이동을 비용과 시간 효율을 고려하여 처리한다.

          ㉡ 물자의 위치 관리 : 상기 입고와 피킹, 출고 과정에서 물자가 어디에 있는지를 추적하고 모니터링한다.

          ㉢ 재고 현황 관리 : WMS는 공급망 안에서 창고 내 재고와 이동 중 재고 등 재고 현황을 관리하는 원천 시스템 역할을 한다. 기업의 공식 재고 현황 데이터는 ERP가 가지고 있으나, ERP가 WMS와 연결되어 있을 때는 ERP가 WMS에 주문 출하와 재고 이동을 요청하고 WMS가 ERP의 재고 현황을 업데이트한다. 사실상의 입출고가 ERP보다 WMS에서 먼저 일어난다.

          ㉣ 작업자 관리 : 작업자 단위로 피킹을 지시하고, 피킹 결과를 관리하며, 작업자의 생산성을 모니터링한다.

          ㉤ 제품 특성별 특화 기능 : 제약이나 식품은 로트번호나 유통기한 단위로 재고를 관리할 수 있으며, 고객이 요구하는 라벨을 출력하여 부착할 수 있다.

④ ERP/TMS와의 관계

　㉠ ERP와 WMS : ERP는 주문 입수와 재고관리를 담당하므로 WMS에 입고 예정 정보와 주문정보를 송신하고, WMS는 입고, 적치, 피킹, 포장, 차량 적재에 따른 재고 증량 또는 감량 정보, 피킹 정보, 포장 정보를 ERP에 송신한다.

　㉡ TMS와 WMS : TMS는 ERP로부터 받은 주문으로 상차, 파렛타이징, 운송 스케줄링을 관리하여 WMS와 공유한다.

⑤ **구축 형태**

　㉠ Standalone : ERP 등 다른 시스템과 별개로 구축하고 EDI나 인터페이스 등으로 연결하는 형태를 말한다. 도입 기업이 직접 프로그래밍해서 개발할 수도 있고, 이미 시장에 출시된 솔루션을 도입하여 약간의 수정만 하고 구축할 수도 있다.

　㉡ ERP의 모듈 : ERP의 주문과 입고 예정 정보를 처리하는 모듈 형태로 구축하는 형태를 말한다.

　㉢ **클라우드** : 서버와 데이터베이스를 도입 기업에 구축하는 On-Premise 방식과 달리 WMS 솔루션과 인프라를 클라우드에 두고 도입 기업이 구독하여 이용하는 형태가 증가하고 있다. 클라우드는 신속하고 저렴하게 구축할 수 있고, 업그레이드 등 유지보수가 편리한 대신, 도입 기업의 개별 요구를 구현하기는 어렵다.

> **TIP** 클라우드의 장단점
>
> 최근 정보시스템의 인프라는 도입 기업이 직접 갖추는 On-Premise 형태를 벗어나 클라우드 형태로 전환하는 추세이다. 시스템 종류와 관계없이 클라우드의 장단점은 아래와 같다.
> ① 장점
> 　㉠ 신속 저렴 : 클라우드 서버와 데이터베이스에 이미 설치된 솔루션을 구독하므로 구축은 신속하고, 비용은 사용한 만큼만 낼 수 있으므로 직접 구축에 비해 상대적으로 저렴하다.
> 　㉡ 유지보수 : 클라우드 솔루션 제공 회사가 유지보수를 하므로 도입 기업은 구독료 말고는 큰 부담이 없으며, 업그레이드나 패치 작업 부담도 상대적으로 적다.
> ② 단점
> 　㉠ 장기적 비용 부담 : 직접 구축했다면 추가 투자 없이 계속 운영할 수도 있지만, 클라우드 구독 형태는 사용한 만큼 계속 비용을 지불하는 데다, 입출고 증가, 추가 기능 사용 등에 따라 비용 부담이 증가할 수 있다.
> 　㉡ Customization : 도입 기업의 개별 요구를 클라우드 솔루션이 모두 수용하기는 일반적으로 어렵다.
> 　㉢ 업데이트에 따른 변화관리 : 업그레이드나 패치 작업을 도입 기업이 직접 하지는 않지만, 그러한 작업에 따른 프로세스 변동사항은 도입 기업이 직접 관리하고 적응해야 한다.

물류정보시스템의 영역 확대

- 부문 간 연결을 위해 ERP를 도입했다면 늘어나는 주문을 원활하게 처리하고 물류비를 관리하기 위해 WMS나 TMS를 이용하게 된다.
- 공급망 관리의 확산과 Supply Chain Logistics의 대두로, 물류정보시스템의 영역은 단순한 물적 유통에서 물적 유통 전후 프로세스로 확대되었다.

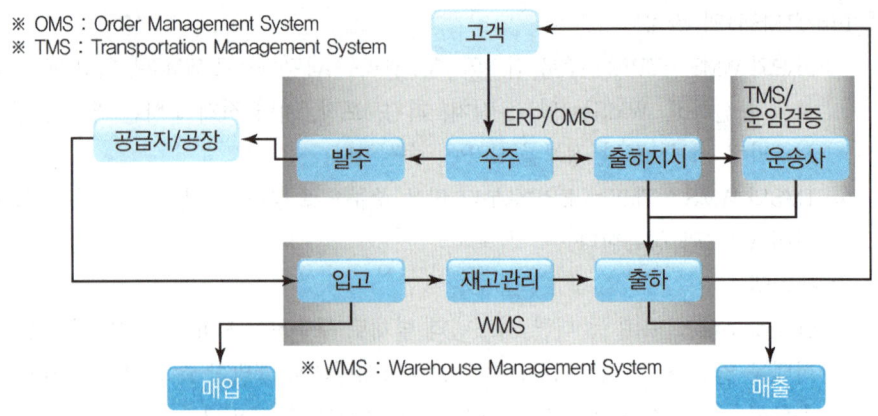

[그림 6-7] ERP, WMS, TMS의 관계 예시 ▶

(6) DPS(Digital Picking System)

① 정의 : 물류센터의 랙이나 보관 구역에 점등 장치를 달아서 피킹할 화물이 보관된 지역과 피킹할 수량을 알려주는 시스템이다.

② 작동 원리 : 작업자가 지정된 구역에서 지정된 피킹을 완료하면 점등 장치를 꺼서 피킹 완료 여부를 알려줄 수 있다.

③ 기대 효과 : 피킹의 정확도를 높일 수 있다. 피킹 실수는 작업자의 숙련도가 높지 않을 때 물류센터에서 자주 발생하는 오류임을 고려하면, 직관적으로 점등 신호로 피킹 대상을 알려주는 DPS는 피킹 정확도 개선에 도움이 된다.

(7) DAS(Digital Assortment System)

① 정의 : 피킹한 상품을 포장할 장소에 두고 출고지별 상자에 다수의 상품을 투입할 때 투입할 상품의 품목과 수량을 지시해 줌으로써 정확한 수량을 상자에 담을 수 있도록 지원하는 시스템이다.

② 작동 원리 : 품목 하나씩 상자에 담을 수도 있고, 여러 명의 작업자가 여러 개의 품목을 각각 다른 상자에 담을 수도 있다.

(8) PAS(Piece Assorting System)

부피가 작은 제품을 점포나 카테고리별로 분류하는 시스템이다.

(9) Big Data

① 정의 : 기존의 정형화된 데이터뿐만 아니라 비정형 데이터 또는 반정형 데이터 등 수치화할 수 없는 데이터 자체를 의미하기도 하고, 그 데이터로부터 의미 있는 통찰을 찾아내는 기술을 의미하기도 한다.

  ㉠ 정형 데이터 : 데이터베이스에 칼럼을 정의하고 칼럼값으로 완벽하게 정의할 수 있는 데이터를 말한다. 주소나 우편번호 데이터가 대표적이다.

ⓛ 비정형 데이터 : 영상, 음성, 이미지, 메일 본문 등 형식이 지정되지 않은 문서를 말한다.

ⓒ 반정형 데이터 : 어느 정도 정형화된 형태는 가지고 있으나, 그렇다고 정형 데이터처럼 데이터베이스로 완벽하게 정의할 수는 없는 데이터를 말한다. 웹페이지를 구성하는 html 문서가 대표적이다.

② 분석 순서

ⓐ 비즈니스 이해 : 비즈니스 분야를 이해하고 문제를 정의한다.

ⓑ 데이터 수집 : 분석에 필요한 데이터를 확보한다.

ⓒ 데이터 전처리 : 데이터 누락 보정, 분석을 왜곡할 만한 극단적인 값(Outlier라고 부른다) 제거, 데이터 구조 변경 등을 수행한다. 예를 들어 연월일 데이터 형태가 MM-DD-YYYY와 YYYY-MM-DD가 모두 있다면, 이를 YYYY-MM-DD로 통일하는 작업을 들 수 있다.

ⓓ 데이터 모델링 : 전처리된 데이터를 가지고 모델링한다. 예를 들어 출하 수량을 예측하기 위해 몇 년 치 데이터를 이용할 것이며, 몇 개월 치 데이터의 이동평균을 낼지, 기계학습을 적용할지 등을 검토한다.

ⓔ 시각화 : 빅데이터 분석 결과를 시각화하여 구성원의 이해를 높이고 경영진의 의사결정을 지원한다. 빅데이터 분석은 활용된 데이터가 많아 별도의 시각화 도구가 필요할 수 있다.

③ 물류 분야 활용 사례

ⓐ 수요예측 : 소비자의 과거 구매 이력을 보고 앞으로의 구매량을 예측하는 등 예측에 활용한다.

ⓑ 물류 운영 효율화 : 장기간의 피킹 조합을 분석하여 같이 피킹된 품목을 서로 가까운 로케이션에 둠으로써 작업자의 동선을 줄이거나, 장기간의 입차 대수를 분석하여 입고 품목과 수량으로 입차 대수를 예측할 수 있다.

ⓒ 운송경로 최적화 : 전통적인 TMS가 제공하는 운송경로보다 더 최적화된 운송경로를 제공할 수 있다.

TIP 물류 분야의 빅데이터 활용 사례

✓ **빅데이터와 수요예측**

새벽배송으로 유명해진 한 전자상거래 플랫폼 업체는 설립 초기부터 입소문이 난 제품을 미리 매입해서 소비자에게 새벽에 배송하는 비즈니스 모델을 운영해 왔다. 이를 위해 기존 구매 데이터와 날씨 데이터 등을 활용한 수요예측 모델을 창업 초창기부터 운영했으나, 초기에는 데이터가 부족하여 수요예측 정확도가 높지 않았기 때문에, 공급처에 직원을 보내놓고 사무실에서는 주문 현황에 따라 공급처에 나간 직원들과 실시간 전화하며 수요와 공급을 맞췄다. 그러나 시간이 흘러 구매 데이터가 축적되면서 수요예측 정확도는 올라갔다.

✓ **빅데이터와 물류 운영**

수많은 판매자를 확보하고 풀필먼트 서비스를 제공하는 한 전자상거래 플랫폼 업체는 취급하는 품목 수가 매우 많아서 판매자가 물류센터에 입고하는 시간과 방문하는 트럭 대수를 직접 등록하게 되어 있었다. 판매자가 물류에 대한 감각이 부족하다 보니 방문하는 트럭 대수를 잘못 등록하는 사례가 많았고, 트럭이 대기하거나 입고 공간이 남아도는 사례가 발생하였다. 판매자별 입고 상품 volume과 방문하는 트럭 대수 데이터를 바탕으로 판매자가 입고할 상품 volume에 따라 방문하는 트럭 대수를 예측하는 시스템을 구현한 결과 트럭이 대기하거나 입고 공간이 남아도는 사례를 줄일 수 있었다.

✔ **TMS와 빅데이터**

전통적인 TMS는 권역, 권역별 차량 대수, 차량의 적재량, 차량별 운행 시간 등의 마스터 값을 가지고 경로를 최적화할 수 있지만, 도로 사정이나 고객 위치에 따른 차량별 실제 운행 시간을 고려하지 않으며, 해당 권역에 그만큼의 차량을 배정하는 것이 최선인지도 고려하지 않는다. 그저 마스터 설정에 근거한 최적화만 고려한다.

그러나 빅데이터 분석은 장기간의 배송 실적을 바탕으로 도로 사정이나 고객 위치에 따른 차량별 실제 운행 시간을 반영하고, 어떻게 권역을 나눌 것인지 판단하며, 해당 권역에 그만큼의 차량을 배정하는 것이 최선인지 판단하여 더 최적화된 운송경로를 제공할 수 있다. 즉 마스터 설정을 주어진 제약으로 보지 않고 마스터 설정 자체가 최적화에 적합한지도 판단할 수 있다.

④ 인공지능 반영 : AI(Artificial Intelligence)는 인간의 학습 능력과 지각 능력, 추론 능력, 자연 언어의 이해 능력 등을 컴퓨터 프로그램으로 실현한 기술을 의미한다. AI를 활용한 빅데이터 분석 기법으로는 기계학습(Machine Learning)이 대표적이다. 기계학습은 과거 이벤트를 재현할 수 있는 함수를 스스로 만들고 검증하고 다시 만들고 검증하는 과정을 반복함으로써, 이론상 기존의 통계학이나 선형계획법에 의한 최적화 기법에 비해 더 정확한 예측을 할 수 있다.

(10) Process Mining

정보시스템의 로그로 프로세스를 분석 : 정보시스템의 이벤트 로그를 통해 실제 현장에서 실행하는 운영 프로세스를 분석하고 개선을 지원하는 프로세스 관리 기술이다. 프로세스 정의서로는 알 수 없는 프로세스의 병목지점을 찾아낼 수 있다.

(11) CIM(Computer Integrated Manufacturing)

① 정의 : 컴퓨터가 제어하는 생산 설비와 자동화시스템을 활용하여 제조, 개발, 판매, 물류 등 일련의 과정을 통합하여 관리하는 생산관리시스템을 말한다. 설계, 분석, 계획, 구매, 원가 회계, 재고관리 및 유통과 같은 기능 영역이 컴퓨터를 통해 자재 취급 및 관리와 같은 공장 현장 기능과 연결되어 있다.

② Computer-Aided Design(CAD) / Computer-Aided Manufacturing(CAM) : 작업자의 수작업을 줄이고 반복 작업을 자동화한다.

04 바코드

1 정의와 개념

(1) 정의

① 선과 공간의 조합 : 컴퓨터가 판독할 수 있도록 굵기가 다른 흑색의 선과 선들 사이의 공간으로 정보를 표시한 코드이다.

② 광학 스캐너 사용 : 광학 스캐너를 사용하여 스캔하는 순간 바코드가 저장하고 있던 정보를 즉시 처리할 수 있다.

(2) 역사

① 1952년 미국 특허 US2612994A : 발명가 노먼 우드랜드(Norman Joseph Woodland)와 버나드 실버(Bernard Silver)가 'Classifying apparatus and method(분류 장치 및 방법)'라는 제목으로 미국 특허를 취득하였다. 두껍고 얇은 선의 조합을 판독하여 사물을 구분하는 개념을 구체화하였다.

② 1973년 미국 표준 바코드 UPC 채택 : 미국 유통 분야를 중심으로 한 Uniform Product Code Council에서 IBM의 바코드 포맷 제안을 채택함으로써 현재 사용되는 UPC(Universal Product Code) 표준이 만들어졌다.

③ 1974년 미국 표준 바코드 관리조직 UCC 설립 : 1973년 채택된 UPC 표준을 관리하기 위해 1974년 UCC(Uniform Code Council)가 설립되었다. 이 UCC가 현재 세계 바코드 표준을 관리하는 GS1의 전신이다. 같은 해 6월 26일, 오하이오주 Marsh 슈퍼마켓에서 Wrigley 껌을 최초로 바코드 스캔하였다.

④ 1977년 유럽 바코드 표준기구 EAN 설립 : European Article Numbering Association(EAN)이 벨기에 브뤼셀에서 설립되었으며, EAN이 EAN-13 바코드 규격을 제정하였다.

⑤ 1988년 우리나라 EAN 가입 : EAN에 가입하고 국가코드 880을 취득하였다. KAN Code라고 부르는 바코드를 사용하기 시작하였다.

⑥ 2005년 UCC – EAN 통합 : 북미 중심의 UPC를 관리하는 UCC와 유럽 중심의 EAN을 관리하는 EAN이 GS1(Global Standard 1)으로 통합되었다.

2 장단점

(1) 장점

① 제작 용이 : 단색의 선과 굵기, 선 사이의 공간으로 표시하므로 일정 규정만 지키면 쉽게 제작할 수 있다. 사무용 프린터로 출력해도 스캐너로 판독할 수 있다.

② 저렴한 비용 : PC에 장착할 스캐너와 바코드 프린터만 있으면 운영할 수 있어 도입비용이 저렴하다.

③ 신속 정확 : 스캐너로 스캔하는 순간 정보를 확인할 수 있어 신속하고 정확하다.

④ 데이터 입력 간소화 : 스캐너로 스캔하는 순간 관련 정보를 한꺼번에 읽을 수 있어 데이터 직접 입력 작업이 줄어든다. 대형마트에서 결제 시 바코드 스캔이 되지 않으면 계산원이 결제 단말기에 직접 바코드 번호를 일일이 입력하는 모습을 생각해 보자.

⑤ 비용 절감 : 데이터 입력 작업이 줄어들고 저렴하게 운영할 수 있으므로 인건비와 유지비 모두를 절감할 수 있다.

(2) 단점

① 적은 정보량 : 표준 바코드는 12자리에서 13자리 숫자의 조합으로 구성되어 있어 담을 수 있는 정보량이 제품명, 판매 기업, 판매 국가 등으로 한정된다.

② 정보 추가, 변경 불가 : 바코드가 한번 만들어지면 그때 등록한 정보는 추가하거나 변경할 수 없다. 추가하거나 변경하려면 새로운 바코드를 발행해야 한다.

③ 읽기만 가능 : 쓰기는 안 된다.

④ 일괄 인식 불가 : 복수의 바코드를 한꺼번에 스캔할 수 없다.

⑤ 파손에 취약 : 인쇄가 번졌을 때, 또는 바코드 라벨을 평평하게 펴서 스캔하지 않았을 때는 판독하기 어렵다. 다만 일반적인 바코드 표준은 바코드와 함께 숫자 코드를 제공하기 때문에 수기로 숫자 코드를 직접 입력해서 판독할 방법은 있다.

3 바코드의 종류

◀ [표 6-1] 표준 바코드의 종류 ▶

코드 종류	활용 분야	예시	코드 자릿수
GTIN (Global Trade Item Number)	상품	공산품과 잡화류	8 · 12 · 13 · 14자리
GLN (Global Location Number)	위치	장소	13자리
SSCC (Serial Shipping Container Code)	물류 단위	컨테이너, 상자, 파렛트	18자리
GINC (Global Identification Number for Consignment)	컨테이너 화물	컨테이너	최대 30자리
GRAI (Global Returnable Asset Identifier)	재활용 자산	파렛트	최대 16자리

TIP 바코드의 종류

상기 5가지 바코드는 물류 관련성이 높은 바코드만 선별하여 예로 든 것이며, 우리나라 GS1 대표기관인 대한상공회의소 유통물류진흥원에서는 상기 바코드 종류 외에 더 많은 표준을 관리하고 있다. 다만 물류 현장에서 가장 많이 사용되는 코드는 GTIN이므로, 최소한 GTIN의 자릿수와 용도는 물론 형식에 대해서도 숙지하고 있어야 한다. 나머지 코드는 용도와 자릿수 정도만 알고 있어도 된다.

(1) 바코드 표준과 식별 표준

① **바코드 표준** : 바코드 자릿수별로 출력해야 할 바코드의 크기를 정의하고 있다.

② **식별 표준** : 바코드 자릿수별로 담아야 할 숫자 코드의 의미를 정의하고 있다.

③ **적용 사례** : 예를 들어 식별 표준 GTIN-13으로 만든 숫자 코드를 바코드 표준 EAN-13에 입력하는 개념이다.

(2) GTIN 바코드의 기본 형식

① **물류식별코드** : GTIN 중에서는 GTIN-14에만 있다. 물류 포장단위를 구분하기 위해 1부터 8까지 부여한다. 예를 들어 골판지 상자를 1로 부여했다면 파렛트에는 2를 부여하는 방식이다.

② **국가코드** : GS1 회원국에 부여하는 국가코드이다. 우리나라는 1988년 EAN 가입과 함께 880을 부여받았다. 북미 표준이었던 UPC를 대체하는 GTIN-12는 국가코드를 표시하지 않지만, 나머지 GTIN 규격은 국가코드를 표시한다.

③ **업체코드** : 각국 GS1에서 부여하는 업체식별코드이다. 우리나라는 대한상공회의소 유통물류진흥원에서 부여한다.

④ **상품코드** : 업체코드를 부여받은 기업이 자체적으로 부여하는 상품식별코드이다.

⑤ **체크 디지트** : 표준코드 숫자 구성이 올바른지 검증하는 코드이다. GTIN 코드의 맨 끝에 있다. 유통물류진흥원 홈페이지에서는 계산기 기능을 지원하지만, 규칙을 알면 직접 계산할 수 있다.

ㄱ **3 또는 1을 곱한다** : GTIN에서 체크 디지트를 제외한 나머지 코드의 숫자 중 맨 오른쪽 숫자부터 3과 1을 번갈아 곱한다.

ⓐ **GTIN-8** : 8번째 자리가 체크 디지트이므로 곱해야 할 숫자는 7개이며, 맨 왼쪽 숫자에는 3이 곱해진다.

ⓑ **GTIN-13** : 13번째 자리가 체크 디지트이므로 곱해야 할 숫자는 12개이며, 맨 왼쪽 숫자에는 1이 곱해진다.

ㄴ **곱한 숫자를 합친다** : 모든 숫자마다 3 또는 1을 곱한 값을 모두 합친다.

ㄷ **합계와 합계보다 큰 10의 배수와의 차이를 구한다** : 합계가 98이 나왔다면 그보다 큰 10의 배수, 즉 100과의 차이를 구하면 2가 된다. 그 숫자가 체크 디지트이다.

자릿수	1	2	3	4	5	6	7	8	9	10	11	12	13
코드	8	8	0	3	1	4	3	1	1	6	4	5	2
3 또는 1을 곱한다	×1	×3	×1	×3	×1	×3	×1	×3	×1	×3	×1	×3	
	8	24	0	9	1	12	3	3	1	18	4	15	
합계를 구한다	98												
98보다 큰 10의 배수	100												
100과 98의 차이	2												

◀ [그림 6-8] GTIN-13의 체크 디지트 계산 예시 ▶

TIP GTIN의 체크 디지트

지금까지 GTIN의 마지막 자리가 체크 디지트임을 묻는 문제는 출제된 바 있으나, 체크 디지트를 계산하는 문제는 출제되지 않았다. 무작정 암기하기보다는 이해를 돕기 위해 기록해 둔다. 출제되더라도 자릿수마다 3을 곱해야 하는지, 1을 곱해야 하는지 정도는 가르쳐 주고 출제할 것으로 예상된다.

4 GTIN

(1) GTIN-8

① 작은 상품용 : 바코드 표준 EAN-8로 표현한다. 아주 작은 상품의 식별에 사용한다.

② 자릿수 구성 : 국가코드 3자리 + 업체코드 3자리 + 상품코드 1자리 + 체크 디지트

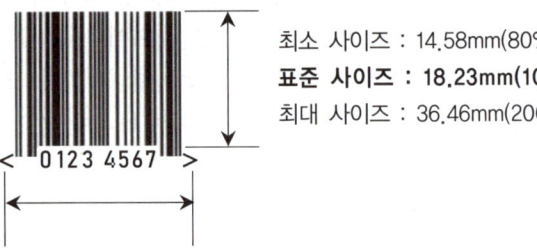

최소 사이즈 : 14.58mm(80%)
표준 사이즈 : 18.23mm(100%)
최대 사이즈 : 36.46mm(200%)

최소 사이즈 : 21.38mm(80%)
표준 사이즈 : 26.73mm(100%)
최대 사이즈 : 53.46mm(200%)

◀ [그림 6-9] GTIN-8과 EAN-8 ▶

(2) GTIN-12

① 북미 사용 : 바코드 표준 UPC-A로 표현하며, 북미에서 주로 사용하지만, 북미도 2005년 UCC와 EAN의 통합 이후에는 EAN을 사용할 수 있다. 우리나라에서는 사용할 일이 많지 않아 보이지

만, 북미 전자상거래 플랫폼 판매자로 활동할 때는 필요할 수 있다.

② 자릿수 구성 : 업체코드 6자리 + 상품코드 5자리 + 체크 디지트

최소 사이즈 : 18.28mm(80%)
표준 사이즈 : 22.85mm(100%)
최대 사이즈 : 45.70mm(200%)

최소 사이즈 : 29.83mm(80%)
표준 사이즈 : 37.29mm(100%)
최대 사이즈 : 74.58mm(200%)

◀ [그림 6-10] GTIN-12와 UPC-A ▶

(3) GTIN-13

① 일반 사용 : 바코드 표준 EAN-13으로 표현한다. 유럽과 한국에서 상품 식별에 가장 일반적으로 사용하는 바코드이다.

② 자릿수 구성 : 국가코드 3자리 + 업체코드 6자리 + 상품코드 3자리 + 체크 디지트

최소 사이즈 : 18.28mm(80%)
표준 사이즈 : 22.85mm(100%)
최대 사이즈 : 45.70mm(200%)

최소 사이즈 : 29.83mm(80%)
표준 사이즈 : 37.29mm(100%)
최대 사이즈 : 74.58mm(200%)

◀ [그림 6-11] GTIN-13과 EAN-13 ▶

TIP EAN-13 표준형 A와 EAN-13 표준형 B

1988년 7월 업체코드 등록이 우리나라에서 처음 시작될 때는 업체코드 4자리 + 상품코드 5자리로 정의되어 있었으며, 이후 등록업체가 증가함에 따라 현재와 같은 업체코드 6자리 + 상품코드 3자리의 조합이 생겼다.

업체코드 4자리 + 상품코드 5자리를 EAN-13 표준형 A, 업체코드 6자리 + 상품코드 3자리를 EAN-13 표준형 B로 구분하는 문제가 출제된 바 있는데, 어느 경우든 업체코드 + 상품코드는 9자리이다. 일본에는 업체코드 7자리 + 상품코드 2자리의 조합도 있다.

기출 EAN-13(표준형 A) 바코드에 관한 설명으로 옳지 않은 것은?

① 국가식별코드는 3자리로 구성되는데, 1982년 이전 EAN International에 가입한 국가의 식별코드는 2자리 숫자로 부여받았다.

② 제조업체코드는 상품의 제조업체를 나타내는 코드로서 4자리로 구성된다.

③ 체크 디지트는 판독오류 방지를 위한 코드로서 1자리로 구성된다.

④ 상품품목코드는 3자리로 구성된다.

⑤ 취급하는 품목 수가 많은 기업들에게 활용된다.

해설 EAN-13에서 표준형 A는 업체코드 4자리 + 상품코드 5자리의 조합이며, 업체코드 + 상품코드의 조합은 9자리로 유지된다. **정답** ④

(4) GTIN-14

① 물류 단위 식별 : 바코드 표준 ITF-14로 표현한다. 기업 간 거래단위인 물류 단위, 주로 골판지 상자에 사용되는 국제표준 물류 바코드이다.

② 자릿수 구성 : 물류식별코드 1자리 + 국가코드 3자리 + 업체코드 6자리 + 제품코드 3자리 + 체크 디지트 1자리

최소 사이즈 : 20.80mm(50%)
표준 사이즈 : 41.40mm(100%)
최대 사이즈 : 41.40mm(100%)

09312345678907

최소 사이즈 : 76.00mm(50%)
표준 사이즈 : 152.40mm(100%)
최대 사이즈 : 152.40mm(100%)

◀ [그림 6-12] GTIN-14와 ITF-14(표준 사이즈 이상 확대할 수 없다) ▶

5 SSCC(Serial Shipping Container Code)

(1) 정의 및 개념

① 정의 : 골판지 상자나 파렛트 같은 물류 단위를 식별하는 바코드이다.

② GTIN-14와의 차이 : GTIN-14는 상품코드 3자리를 포함하고 있어 기본적으로 개별 상품을 구분하는 바코드이다. 여기에 물류 단위를 식별하는 구분자를 하나 더했을 뿐이다. SSCC는 상품코드가 없다. 상품이 아닌 개별 물류 포장단위를 구분하는 바코드이다.

㉠ GTIN-14는 물류 단위가 여러 개여도 동일 : GTIN-14는 동일 상자가 100상자 있어도 모두 똑같다.

ⓛ SSCC는 물류 단위마다 하나씩 채번 : SSCC는 물류 단위 자체를 구분하므로 동일 상자가 100상자 있으면 SSCC 번호는 100개가 채번된다.

(2) 자릿수 구성

① 확장자 : 일련번호 용량을 늘리기 위해 사용한다. 0에서 9까지를 부여하며, 부여하는 숫자는 업체코드를 부여받은 기업이 임의로 부여할 수 있다.

② 업체코드 : 각국 GS1에서 부여하는 업체식별코드이다. 우리나라는 대한상공회의소 유통물류진흥원에서 부여한다. 업체코드 길이는 국가별 GS1 회원의 코드 부여 정책에 따라 정해지는데, 우리나라는 7자리에서 9자리 사이이다.

③ 일련번호 : 업체코드를 부여받은 기업이 자체적으로 부여하는 물류 단위 식별코드이다. 일련번호 길이는 국가코드를 포함한 업체코드 길이에 따라 달라진다. 업체코드가 7자리면 일련번호는 9자리까지 채번할 수 있으며, 업체코드가 9자리면 일련번호는 7자리까지 채번할 수 있다.

④ 체크 디지트 : 표준코드 숫자 구성이 올바른지 검증하는 코드이다. SSCC 코드의 맨 끝에 있다. 계산 방법은 GTIN과 똑같다.

⑤ 최종 자릿수 정리 : 확장자 1자리 + 업체코드 7~9자리 + 일련번호 9~7자리, 체크 디지트 1자리, 총 18자리이다.

6 GLN(Global Location Number)

① 정의 : 법적 실체, 물리적 위치, 디지털 위치 등을 식별할 때 사용하는 국제표준 법인 코드이다.
② 자릿수 정의 : 국가코드 3자리 + 업체코드 6자리 + 위치코드 3자리 + 체크 디지트이다.

7 국제표준도서번호(ISBN, International Standard Book Number)

(1) 정의 및 개념

① 정의 : 도서마다 부여하는 고유 코드이며, 숫자로 구성되어 있다.
② 동일 작품도 포맷별로 부여 : 동일 출판물이라도 e-Book, 일반 본, 양장본이 있다면 각각의 포맷마다 다른 ISBN 번호를 부여한다.
③ 자릿수 : 2007년 이전 부여된 ISBN은 10자리, 2007년 이후 부여된 ISBN은 13자리이다.
④ 파생 코드
  ㉠ ISSN(International Standard Serial Number) : 신문, 잡지 등 정기간행물
  ㉡ ISMN(International Standard Music Number) : ISO 10957에 따라 음반에 부여

(2) 역사

① 1966년 SBN : 영국 유통업체 WHSmith에 의해 9자리 SBN(Standard Book Numbering) 개념이 1966년 만들어졌다.

② 1970년 ISO 표준화 : 국제표준기구(ISO)가 10자리 ISBN 포맷을 ISO 2108로 표준화하였으며, 기존 9자리 SBN은 맨 앞에 0을 붙여서 10자리로 변환하도록 규칙을 제정하였다.

③ 2007년 자릿수 연장 : 10자리 ISBN 번호가 거의 다 배정되자 2007년 1월 1일부터 13자리로 변경되어 EAN 포맷과 호환성을 갖게 되었다.

(3) 자릿수 기준

① Prefix 3자리 : GS1에서 978 또는 979를 할당한다. 모든 13자리 ISBN 코드는 둘 중 하나로 시작한다.

② 국별번호 2자리 : 한국은 Prefix 978일 때 89, 979일 때 11을 부여받았다.

③ 발행자번호 2~6자리 : 한국문헌번호센터에 신청하여 발급받는다. 2자리에서 6자리로 구성된다.

④ 서명식별번호 1~5자리 : 고정된 규칙이 있는 게 아니라 출판사에서 부여한다. 처음으로 책을 내면 0이고, 이후 하나씩 채번함에 따라 자릿수가 늘어난다. 서명식별번호의 자릿수가 늘어나면 발행자번호는 따라서 줄어든다.

⑤ 체크 디지트

⑥ 부가기호 5자리

　㉠ 독자대상기호 1자리 : 교양 0, 실용 1, 청소년 4, 학습서 5/6, 아동 7, 전문 학술서 9

　㉡ 발행형태기호 1자리 : 문고본 0, 사전 1, 신서판 2, 단행본 3, 전집이나 총서 4, 전자책 5, 도감 6, 그림책·만화 7, 혼합자료·점자자료·마이크로자료 8

　㉢ 내용분류기호 3자리 : 총류 0, 철학·심리학·윤리학 1, 종교 2, 사회과학 3, 자연과학 4, 기술과학 5, 예술 6, 언어 7, 문학 8, 역사·지리·관광 9

05 2차원 바코드

(1) 정의 및 개념

① 수평·수직으로 정보 저장 : 1차원 바코드처럼 수평으로 정보를 저장할 뿐만 아니라 수직으로도 정보를 저장할 수 있는 바코드를 말한다.

② 많은 정보 저장량 : 1차원 바코드보다 정보 저장량이 더 많다. 숫자만 저장되는 1차원 바코드와는 달리, 일반적으로 문자, 숫자, 이미지 등 다양한 정보를 담을 수 있다.

③ 점 패턴 : 1차원 바코드는 검은 선과 흰 공간으로 구성되어 있으나, 2차원 바코드는 검은 점과 흰 점이 특정 패턴을 갖추고 있다.

④ 이미지 스캐너 사용 : 1차원 바코드는 레이저 또는 CCD 스캐너로 판독할 수 있지만, 2차원 바코드는 이미지 스캐너가 있어야 판독할 수 있다.

(2) 바코드의 종류

① QR Code : 1994년 일본 덴소에서 개발한 바코드이다. 국제표준기구에서 ISO/IEC 18004로 표준화한 바코드로, 가장 일반적으로 알려진 2차원 바코드이다. 알파벳이나 2진법 데이터 등 다양한 데이터를 저장한다. 중국어 1,817자, 아스키 문자(알파벳 등) 4,296자, 숫자 7,089자를 저장할 수 있다. 오류복원 레벨 4개를 지원하므로 손상이 되더라도 판독할 수 있다.

② Aztec Code : 국제표준기구에서 ISO/IEC 24778로 표준화한 바코드이다. 가운데 파인더 아이콘이 있는 형태로 QR Code에 비해 코드가 촘촘하다. 해상도가 낮아도 판독할 수 있으므로, 스캐너에 문제가 있거나 작은 품목, 모서리 등에도 부착할 수 있다. 항공사 탑승권이나 철도 승차권에 사용된다.

③ Data Matrix : 국제표준기구에서 ISO/IEC 16022로 표준화한 바코드이다. 정사각형의 점으로 구성된 패턴을 보이는 2차원 바코드이다. 숫자 기준 3,116자의 정보를 담을 수 있으며, 알파벳이나 숫자, GS1 표준 데이터나 2진법 데이터도 저장한다. 60% 정도 손상되어도 판독할 수 있으며, 소형화할 수 있으므로 전자, 자동차, 헬스케어 업종에서 사용한다.

④ PDF-417 : ISO/IEC 15438로 국제표준기구에서 표준화한 2차원 바코드이다. 알파벳, 2진법 데이터, 특수문자, 이미지, 서명, 지문 등 다양한 데이터를 저장할 수 있다. 재고관리, 운송서비스 등에서 사용된다. PDF는 'Portable Document File'의 약자이며, '417'은 17개의 문자로 구성된 각각의 패턴 안에 4개의 선과 공간이 있다고 해서 붙은 명칭이다.

⑤ Maxi Code : 미국 UPS에서 개발하고 사용하는 바코드로 국제표준기구에서 ISO/IEC 16023으로 표준화한 바코드이다. 중앙에 동심원이 있고 패턴이 육각형으로 표현되어 있다. 화물추적과 배송관리에 사용한다. 송장 번호, 고객 관련 사항, 배송추적 번호, 구매주문, 운송차량 정보 등을 저장한다.

⑥ GS1 Composite Code : 상단과 하단에 두 가지 형태의 코드 조합을 가지고 있다. 하단은 품목 식별번호 등 핵심 정보를 담고 있고, 상단은 유효기간 등 부차적 정보를 담고 있다. 유통업체의 신선식품 등이 사용한다.

QR Code   Aztec Code   Data Matrix   PDF-417

Maxi Code   GS1 Composite Code

◀ [그림 6-13] 2차원 바코드 예시 ▶

(3) 장점

① 대량의 정보 저장 : 1차원 바코드는 상품정보밖에 저장할 수 없지만, 2차원 바코드는 상품정보뿐만 아니라 제조 로트번호, 유통기한, GTIN 코드 등 더 많은 정보를 저장할 수 있다.

② 데이터 복원 : 오류를 검출하여 복원함으로써 손상되더라도 판독할 수 있다.

③ 위·변조 방지 : 구조가 복잡하여 위조나 변조를 방지할 수 있다.

④ 공급망 가시성 증대 : 제품 분류, 제조 일자와 시간, 배송추적 번호 등 다양한 정보를 제공할 수 있으므로, 물류를 효율화하고 공급망 가시성을 높일 수 있다.

⑤ 마케팅 활용 : 제품정보 제공과 판촉활동에 활용할 수 있다.

(4) 단점

① 손상 시 대체 수단 없음 : 어느 정도 손상된 2차원 바코드는 손상되어도 판독할 수 있지만, 정보 저장량이 많으므로 손상 정도가 크면 직접 입력해서 인식할 방법이 없다. 반면 1차원 바코드는 바코드와 함께 숫자 코드를 제공하기 때문에 숫자를 입력해서 인식할 수 있다.

② 높은 단가 : 1차원 바코드에 비해 상대적으로 발행단가가 높다.

06 RFID

(1) 정의 및 개념

① 정의 : 전자태그라고도 부른다. 판독기를 이용하여 태그(Tag)에 직접 접촉하지 않고도 태그에 기록된 정보를 판독하는 무선주파수인식기술이다.

② 구성 : RFID 시스템은 태그, 안테나, 리더기, 호스트 컴퓨터로 구성된다.

   ㉠ 태그 : 리더기와 데이터를 주고받기 위한 안테나와 IC칩이 들어 있다.

   ㉡ 안테나 : 태그와 리더기 사이에 무선통신으로 데이터를 중계한다.

   ㉢ 리더기 : 안테나를 통해 태그와 데이터를 주고받는다.

   ㉣ 서버(호스트 컴퓨터) : 리더기가 태그로부터 받은 데이터를 받아 데이터를 처리한다.

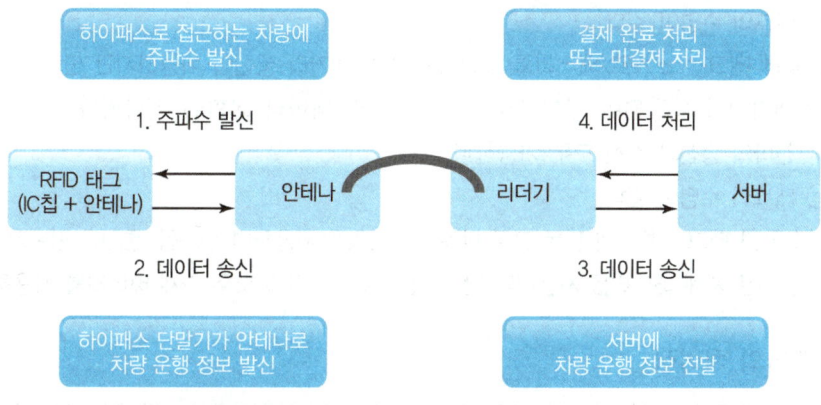

◀ [그림 6-14] RFID 개념도(하이패스 사례) ▶

③ RFID 주파수대역 : RFID는 주파수대역에 따라 다양한 분야에 응용될 수 있다.

◀ [표 6-2] RFID 주파수대역 요약 ▶

구분	저주파	고주파	극초단파		마이크로파
	LF	HF	UHF		MW
주파수 대역	30~500kHz	13.56MHz	433MHz	860~960MHz	2.45GHz
인식거리	60cm 미만	60cm	50~100m	3.5~10m	1m
가격	저가	저가	고가	저가	고가
수동/자동	수동형	수동형	능동형	능동/수동	능동/수동
인식 속도	느림 ·· 빠름

태그 소형화	어려움 ⋯⋯⋯⋯⋯⋯⋯⋯⋯⋯⋯⋯⋯⋯⋯⋯⋯⋯⋯⋯⋯⋯⋯⋯⋯⋯⋯⋯ 쉬움				
장애물 영향	낮다 ⋯⋯⋯⋯⋯⋯⋯⋯⋯⋯⋯⋯⋯⋯⋯⋯⋯⋯⋯⋯⋯⋯⋯⋯⋯⋯⋯ 높다				
용도	출입증, 방문증, 자동차 열쇠	교통카드	컨테이너 봉인, 자동차 원격시동	상품 유통, 물류	통행료 징수 (한국은 5.8GHz), 여권
표준	ISO 18000-2	ISO 18000-3	ISO 18000-7	ISO 18000-6	ISO 18000-4

④ 수동형 태그 : 소형에 경량이고 단가가 싼 대신 전원 공급 장치가 없으므로 근거리 통신만 가능하다.

　　㉠ 저렴하고 배터리가 내장되어 있지 않아 근거리 데이터 교환에 적합하다.

　　㉡ 전파의 수신만 가능하고 구조가 간단하며 저렴하다.

　　㉢ 태그의 수명이 길다.

⑤ 능동형 태그 : 스스로 배터리를 내장하고 있어 원거리 통신이 가능하지만 단가가 높다.

　　㉠ 배터리가 내장되어 있어 고가이며, 원거리 데이터 교환에 적합하다.

　　㉡ 전파의 송신과 수신 모두 가능하다.

　　㉢ 태그의 수명이 짧다.

⑥ 반수동형 태그 : 통신과 판독 모두 판독기의 동력을 사용하면 수동형, 통신은 판독기의 동력을 사용하고 판독은 자체 배터리를 사용하면 반수동형, 통신과 판독 모두 자체 배터리를 사용하면 능동형이다.

(2) 바코드와의 차이점

① 다량의 데이터 저장 : RFID는 제품의 원산지 및 중간 이동 과정 등 다량의 데이터를 저장할 수 있다.

② 원거리 인식 : 바코드는 근거리에서 판독할 수 있으나, RFID는 주파수에 따라 원거리에서도 판독할 수 있고, 여러 정보를 동시에 판독하거나 수정할 수 있다.

③ 다중 인식 : 바코드는 한 번 판독할 때 한 개의 바코드만 판독할 수 있으나, RFID는 여러 개의 태그를 동시에 판독할 수 있다.

④ 장애물 투과 : RFID는 주파수에 따라 장애물 투과가 가능해서 교통 분야에 적용할 수 있으며, 반영구적으로 사용할 수 있다.

⑤ 반복 저장 : RFID 태그에는 대용량의 데이터를 반복 저장할 수 있으며, 데이터 인식 속도도 타 매체에 비해 빠르다.

⑥ 비접촉 인식 : RFID는 접촉하지 않아도 판독할 수 있다.

⑦ 다양한 정보 : 기존 바코드에 기록할 수 있었던 가격, 제조일 등 정보 외에 RFID 태그에는 다양한 정보를 저장할 수 있다.

⑧ Read & Write : 읽기(Read)만 가능한 바코드와 달리 RFID는 읽고 쓰기(Read and Write)가 가능하다.

(3) 장단점

① 장점

   ⊙ 장애물 통과 : RFID는 주파수에 따라 장애물을 통과하여 판독할 수 있다.

   ⓒ 정보 변경 : RFID 태그에 저장된 정보는 변경 또는 추가할 수 있다.

   ⓒ 다양한 태그 크기 : RFID 태그는 다양한 형태와 크기로 제조할 수 있다.

   ⓔ 동시 판독 : 다량의 정보를 한 번에 빠르게 판독할 수 있다.

   ⓜ 센서를 이용한 용도 확장 : RFID 태그에는 온도계, 고도계, 습도계 등 다양한 센서 기능을 붙여서 다양한 용도로 활용할 수 있다.

   ⓗ 원거리 인식 : RFID는 주파수에 따라 원거리에서도 인식할 수 있다.

   ⓢ 고속 이동 시 인식 : RFID는 주파수에 따라 고속으로 이동하고 있을 때도 인식할 수 있다.

   ⓞ 비접촉 인식 : RFID는 태그에 직접 접촉하지 않아도 인식할 수 있다.

   ⓩ 반영구적 수명 : 비교적 손상에 약한 바코드와는 달리, RFID 태그는 반영구적으로 사용할 수 있다.

② 단점

   ⊙ 액체나 금속 투과 불가능 : RFID는 고주파를 이용한 무선통신 기술을 이용하는데, 고주파는 액체나 금속, 인체를 통과할 수 없다.

   ⓒ 가격 : 바코드에 비해 태그와 장비 등이 바코드에 비해 비싸다.

   ⓒ 개인정보 노출 위험 : RFID 태그에는 상품과 관련한 다양한 기록이 저장될 수 있으므로, 개인정보의 노출 또는 사생활 침해 위험이 발생할 수 있다.

(4) 용도

① 도난 방지 : 유통에서 물품 도난 방지를 위해 부착한다. 대형마트에서 의류나 소형 전자기기를 계산할 때 자석으로 떼는 부착물이 RFID 태그이다.

② 품질 유지 : 센서와 연동하여 온도, 습도 등을 유지하는지 모니터링할 수 있다.

③ 회수 관리 : 유통이나 생산 현장의 파렛트, 회수 용기에 부착하여 용기 회수 여부를 관리할 수 있으며, 해당 용기에 담긴 재고의 상태를 추적할 수도 있다.

④ 동시 계산 : 유통에서 RFID 태그가 부착된 물품은 동시에 계산할 수 있다.

◀ [그림 6-15] 동일 제품의 RFID 태그 부착과 미부착 사례. 왼쪽 제품은 가운데 RFID Tag가 붙어 있어 동시 계산이 가능하나, 오른쪽 제품은 RFID 태그가 없어 옆면의 바코드를 스캔해야 계산할 수 있다. ▶

07 물류보안

1 정의와 개념

(1) 정의

물류정책기본법(제2조 제1항 제13호)의 정의 : '물류보안은 공항·항만과 물류시설에 폭발물, 무기류 등 위해물품을 은닉·반입하는 행위와 물류에 필요한 시설·장비·인력·조직·정보망 및 화물 등에 위해를 가할 목적으로 행하여지는 불법행위를 사전에 방지하기 위한 조치'라고 규정되어 있다.

(2) 목적

불법행위 사전 차단 : 물류보안의 목표는 공급사슬 전반에 시도되는 '의도적인' '불법행위'를 '사전에' 차단하는 것이다.

(3) 역사

① 2001년 9·11테러 : 9·11테러를 계기로 미국은 신속하게 C-TPAT, 24-Hour Rule, CSI 등 다양한 물류보안 조치를 시행하였다.

② 국제 사회의 동참 : 미국의 보안 조치는 IMO(International Maritime Organization, 국제해사기구), WCO(World Customs Organization, 세계관세기구) 등 유관 국제기구에도 영향을 미쳐서, IMO의 ISPS, WCO의 SAFE Framework 등이 제정되어 전 세계에 전파되었고, AEO나 ISO 28000과 같은 물류보안 인증제도 탄생으로 이어졌다.

③ **적용범위에 따른 분류** : 물류보안제도는 적용범위에 따라 공급망의 특정 구간을 대상으로 한 제도와, 공급망의 전 구간을 대상으로 한 제도로 나눌 수 있다.

  ⊙ **특정 구간에서 공급망 전반으로 확대** : 초기에 도입된 24-Hour Rule, CSI, ISPS 등의 물류 보안제도는 국경, 특히 항만을 중심으로 한 통관 및 적하목록 신고ㆍ검색 등에 초점을 두었으나, 오늘날 물류보안제도는 수출국 공장에서 수입국 최종 목적지에 이르는 공급망 전반으로 적용범위가 확대되고 있다.

  ⓛ **공급망 관리 역량이 있어야 대응 가능** : 오늘날 물류보안제도는 공급망 전반으로 적용범위가 확대된 만큼, 공급망 전반의 프로세스 관리 역량이 있어야 대응할 수 있다.

2 주요 물류보안제도

(1) C-TPAT(Customs-Trade Partnership Against Terrorism)

① **민관협력 프로그램** : USCBP(US Customs and Border Protection, 미국 관세국경보호청)와 DHS(Department of Homeland Security, 국토안보부)가 주도하는 정부와 기업 간 대테러민관 협력 프로그램이다.

② **미국을 대상으로 한 수출업체 대상 안전한 업체임을 인증** : 미국으로 화물을 수출하는 국제무역 공급망의 주체들, 즉 수입업자, 운송업자, 3자 물류업자, 통관업자, 제조업체 등 참여자들 모두 가 대상이다. C-TPAT 참여업체는 통관절차 간소화, 검사 비율 축소 등의 혜택을 받는다.

(2) CSI(Container Security Initiative, 컨테이너안전협정)

① **각국 세관 간 협력 프로그램** : 2002년 1월 미국 관세국경보호청이 테러 조직에 의한 대량살상무 기의 밀반입이나 무역 공급망 파괴를 노린 컨테이너 폭발 등의 시나리오에 대비하여 적용한 각 국 세관 간 협력 프로그램이다.

② **미국 수입에 앞서 수출국 항만에서 보안 검색 진행** : 미국으로 수출되는 컨테이너 화물에 위험성 이 있는지 주요 수출 항만에서 보안 검색을 진행하는 제도로, CSI 시행 항만을 이용하는 화물은 미국 항만에서 통관절차 간소화 등 각종 편의를 제공받을 수 있다.

(3) 24-Hour Rule(US Customs 24-Hour Advance Manifest Rule, 선적 24시간 전 적하목록 제출 규칙)

① **CSI 실행을 위한 적하목록 사전 제출 규정** : 미국 관세국경보호청이 2002년 10월 제정한 규정으 로, 모든 운송인(Carrier 또는 NVOCC)은 미국으로 수출하는 화물에 대해 선적 24시간 전에 해당 화물의 적하목록을 미국 관세국경보호청에 신고해야 한다. 이때 신고한 적하목록을 근거로 미국이 지정한 컨테이너는 수출 항만에서 보안 검색을 받아야 한다. 따라서 이 규정은 CSI의 보완 규정에 해당한다.

② 위험 의심 화물 사전 차단 : 위험도가 높은 화물을 사전에 선별하여 선적을 제한하거나, 미국 도착 화물의 재검사를 통해 위험 요소를 차단한다.

(4) ISPS Code(International Ship & Port Facility Security Code, 국제 선박 및 항만시설 보안에 관한 규칙)

① 선박과 항만시설 대상 보안 인증 : 해상화물 운송 선박과 항만시설에 대한 테러 가능성에 대비하기 위해, 2001년 11월 IMO 22차 총회에서 제정하고 2004년 7월 1일부로 발효하였다.

② 보안 증서 발급 또는 보안 계획 승인 : 국제항해에 종사하는 선박(여객선 및 500톤 이상의 화물선) 및 선박이 이용하는 항만시설이 적용 대상이다. 국제항해선박은 정부로부터 보안 계획 승인 및 선박 보안 심사 후 보안 증서를 받아야 하고, 국제항만시설은 정부로부터 보안 계획 승인을 받아야 한다.

(5) ISF(Importer Security Filing)

운송사의 신고 의무 : 미국 관세국경보호청에서 보안과 수입자 책임 강화를 위해 AMS(Automated Manifest System) 기반으로 2010년 1월부터 시행한 제도로, 해상운송 Non-Bulk 화물을 대상으로 수출자, 수입자 혹은 미국의 통관 주관사가 신고할 사항 10가지에 운송사가 신고할 사항 2가지를 추가하여 AMS에 전송해야 한다. 10+2(Ten plus two) rule이라고도 한다.

(6) SFI(Secure Freight Initiative)

① 미국향 해상 컨테이너 전수 검사 : 2006년 9월 30일 미국 의회를 통과하여 2006년 10월 13일 발효된 Safe Port Act(항만보안법)에 기초한 제도로, 미국에 반입되는 모든 컨테이너를 대상으로 검사를 의무화하는 제도이다.

② 부산항에서 1단계 조치 시행 : 부산항 감만부두, 싱가포르, 오만 살라라, 영국 사우샘프턴, 파키스탄 카심, 온두라스 푸에르토 코르테스 등 6개 항구에서 1단계 조치를 시행하였다.

3 주요 물류보안 인증제도

(1) ISO 28000(공급망 보안관리시스템)

공급망 보안 인증제도 : 민간기구인 ISO(국제표준화기구) 주도의 물류 인증제도로, 공급망의 보안에 관한 신뢰성을 확보할 수 있는 공인된 제도 도입의 필요성에 따라 2007년 제정되었으며, 우리나라는 한국기술표준원을 통해 2008년 도입되었다.

(2) AEO(Authorized Economic Operator, 수출입안전관리우수업체)

① 민관협력 안전관리 인증제도 : 2005년 세계관세기구(WCO)에서 채택된 민관협력제도로, 화물 이동과 관련된 업체 중 세관 당국이 신뢰성과 안정성을 공인한 업체를 말한다. 제조업자, 수입업자,

통관중개인, 운송업자, 운송주선업자, 중계무역업자, 항만·공항·터미널 운영인, 복합운송업자, 창고업자, 배송업자 등이 포함된다.

② 각국이 공인하고 상호인증 국가에서도 적용 : AEO 인증업체는 각국 세관에서 공인받고, 각국 세관당국 간 MRA(Mutual Recognition Arrangement, 상호인증)를 체결함으로써, 자국은 물론 MRA 체결 상대국에서도 그 자격을 인정받으며, 통관 시 검사 비율 축소 등 신속 통관 편의를 제공받는다.

③ 우리나라도 2009년 4월부터 시행하고 있다.

4 컨테이너 보안기술

(1) e-Seal/Container Security Device

① RFID 기술 활용 : RFID 기술을 활용하여 컨테이너 정보를 전송하는 방식의 컨테이너 보안장치는 2000년대 중반 e-Seal과 Container Security Device로 발전하였다.

② e-Seal : 컨테이너 외부에 부착하고, 기계적 봉인과 마찬가지로 일회용이며, 433MHz 또는 2.4GHz 주파수를 활용한다.

③ CSD : 컨테이너 내부에 장착하고, 재사용이 가능하며, 2.4GHz 주파수를 활용한다.

④ 컨테이너 개폐 식별 및 화물추적 : RFID 기술을 이용하여 컨테이너의 무단개폐 여부를 식별하고 화물추적정보를 제공할 수 있어, 운송하는 과정에서 테러 물질 및 밀수품의 불법 유입 방지에 활용할 수 있다.

(2) 블록체인

컨테이너 실시간 추적 활용 시도 : 블록체인 기술은 비트코인 등 암호화폐와 금융거래로 이름을 알렸지만, 숫자로 표시된 모든 데이터에 활용할 수 있으므로, 컨테이너가 이동하는 과정에 존재하는 모든 주체에 분산형 거래 원장을 설치하고 컨테이너의 이동 경로를 실시간 추적하는 데 활용하려는 연구가 지속되고 있다.

01 다음 중 물류정보의 특징으로 올바르지 않은 설명은?

① 성수기와 비수기의 정보량 차이가 크다.

② 정보의 절대량이 많고 복잡하다.

③ 실제 업무 처리와 정보 처리가 동시에 발생한다.

④ 정보의 출처와 처리가 하나의 시스템에 집중되어 있다.

⑤ 구매, 영업, 생산 등 타 분야와 연관성이 높다.

> **해설** 정보의 출처가 물류센터, 항만, 공항, 세관, 고객 등으로 흩어져 있고, 정보의 처리 또한 창고관리, 운송관리 등 프로세스별로 다른 시스템에서 이루어진다.

02 물류센터의 랙(Rack)이나 보관 장소에 점등 장치를 설치하여 출고할 물품의 보관 구역과 출고 수량을 알려주고, 출고가 완료되면 신호가 꺼져 작업이 완료되었음을 자동으로 알려주는 시스템은?

① DPS(Digital Picking System) ② DAS(Digital Assort System)

③ PAS(Picking and Assorting System) ④ ULS(Unit Load System)

⑤ PPS(Pallet Pool System)

> **해설** 출고할 물품의 보관 구역과 출고 수량을 알려주고, 작업자가 피킹을 마친 다음 피킹 완료 처리를 하면 신호가 꺼져 작업 완료를 자동으로 알려주는 시스템은 DPS이다.

03 물류정보시스템의 도입 효과로 옳지 않은 것은?

① 재고관리의 정확도 향상

② 영업 부서 요청에 따른 초과 재고 보유로 판매량 증가

③ 신속하고 정확한 재고정보 파악으로 생산 · 판매 활동 조율

④ 효율적 수 · 배송 관리를 통한 운송비 절감

⑤ 수작업 최소화로 사무 처리 합리화 가능

> **해설** 물류정보시스템을 도입하면 구매, 판매, 재고 현황을 한눈에 파악할 수 있으므로 영업 부서의 초과 재고 보유 요청을 합리적 설득으로 피할 기회가 생기면 생겼지, 초과 재고를 보유할 수 있는 것은 아니다. 물론 영업 부서의 강요에 따라 초과 재고를 보유할 수는 있지만, 그것이 물류정보시스템의 도입 효과는 아니다.

정답 01 ④ 02 ① 03 ②

04 물류정보시스템의 목표에 해당하지 않는 것은?

① 기업 간 정보공유로 유통재고 최소화

② 효율적인 물류 의사결정을 위한 지원

③ POS를 통해 획득한 실시간 정보에 기초하여 PUSH 방식의 유통망 지원

④ 조달, 생산, 판매 등을 포괄적으로 연결하여 전체 물류 흐름을 효율적으로 관리

⑤ 환경변화에 신속히 대응하여 기업 경쟁력 향상

> **해설** 재고와 입출고 현황을 한눈에 파악할 수 있도록 물류정보시스템을 구축해야 할 정도의 시장 상황이면, 시장은 판매자 중심이 아니라 구매자 중심의 시장이라는 뜻이다. 구매자 중심의 시장은 본질적으로 구매자가 원하는 물건을 원하는 시기에 공급해야 하는 Pull 방식이지, 판매자가 원하는 물건을 원하는 시기에 공급하는 Push 방식은 아니다.

05 물류정보시스템에서 활용하는 기술에 관한 설명으로 옳지 않은 것은?

① EDI(Electronic Data Interchange)는 전자문서교환 방식이다.

② GPS(Global Positioning System)는 화물 또는 차량의 자동식별과 위치추적을 위해 사용하는 방식이다.

③ 우리나라의 바코드(Bar Code) 표준은 KAN-14이다.

④ 단축형 KAN-8은 국가코드 3자리, 업체코드 3자리, 상품코드 1자리이다.

⑤ POS(Point of Sale)는 단품별 판매정보를 자동으로 수집한다.

> **해설** 우리나라 바코드 표준은 과거 유럽에서 만들어진 EAN-13 코드와 동일한 포맷의 KAN-13이다. 유통업체에서 가장 보편적으로 사용한다.

06 다음 중 사물인터넷과 유비쿼터스 관련 설명으로 옳지 않은 것은?

① 유비쿼터스는 인간과 디바이스의 상호작용을 전제로 한다.

② 사물인터넷은 디바이스와 디바이스의 연결과 상호작용을 전제로 한다.

③ 유비쿼터스 컴퓨팅은 디바이스를 인터넷으로 연결하는 개념이고, 사물인터넷은 디바이스에 컴퓨팅 능력을 부여하는 개념이다.

④ 네트워크와의 연결을 전제로 하므로, 센서 기술과 연동한 화물추적이나 재고의 상태 관리 등에 활용할 수 있다.

⑤ 데이터를 분석할 수 있는 인프라와 보안을 전제로 추진해야 한다.

> **해설** ③ 유비쿼터스 컴퓨팅은 디바이스에 컴퓨팅 능력을 부여하는 개념이고, 사물인터넷은 디바이스를 인터넷으로 연결하는 개념이다.

정답 04 ③ 05 ③ 06 ③

07 다음에서 설명하고 있는 향후 활용이 예상되는 차세대 물류 기술은?

> 인간과 사물, 서비스의 세 가지로 분산된 환경요소에 대해 인간의 명시적 개입 없이 상호 협력적으로 센싱(sensing), 네트워킹, 정보 처리 등 지능적 단계를 형성하는 사물 공간 연결망이다.

① IoT(Internet of Things) ② Ubiquitous
③ Process Mining ④ Big Data
⑤ Cloud Computing

해설 ① IoT(Internet of Things) : 다른 기기나 시스템에 무선통신 기능과 센서 기능을 내장해서 각종 사물을 연결하는 기술이다. 인간의 개입 없이 사물과 사물 사이에 네트워킹과 정보 처리를 할 수 있다.
② Ubiquitous : 일상생활 어디서나 컴퓨터와 연결할 수 있는 네트워킹 환경. IoT와의 차이는 IoT는 사람의 개입이 없는 사물 간의 네트워킹이지만, 유비쿼터스는 사람이 어디서나 쓸 수 있는 디바이스의 네트워킹이라는 차이가 있다.
③ Process Mining : 정보시스템의 이벤트 로그를 통해 실제 현장에서 실행하는 운영 프로세스를 분석하고 개선을 지원하는 프로세스 관리 기술이다.
④ Big Data : 기존의 정형화된 데이터뿐만 아니라 비정형 데이터 또는 반정형 데이터 등 수치화할 수 없는 데이터이자, 그 데이터로부터 의미 있는 통찰을 찾아내는 기술이다.
⑤ Cloud Computing : 데이터를 보관할 수 있는 서버와 인프라를 직접 확보하지 않고도 필요할 때 사용한 만큼만 비용을 지불하고 쓸 수 있는 컴퓨터 시스템 리소스를 제공하는 서비스이다.

08 물류정보시스템의 구축 요건에 관한 설명으로 옳은 것은?

① 대량 정보를 즉시 입력하는 실시간 입력 시스템이 필요하지만, 그 처리 결과에 대한 정보를 실시간으로 제공할 필요는 없다.
② 물류계획과 실행을 위한 시스템이므로 다른 시스템의 간섭 없는 독자적인 처리 프로세스를 갖추어야 한다.
③ 물류정보시스템은 재고관리 정확도 향상, 결품률 감소, 배송 시간 정확도 보장 등과 같은 효과를 기대하지만, 비용 절감을 목표로 하지는 않는다.
④ 물류정보시스템 구축은 패키지 솔루션(package solution)을 도입하는 방법과 자체적으로 개발하는 방법이 있지만 자체적으로 개발하는 것보다는 표준화된 패키지 솔루션을 도입해야 한다.
⑤ 물류정보를 효율적으로 입력하고 관리하기 위해서는 바코드나 RFID 정보 등을 활용하는 물류기기와 연동되게 할 필요가 있다.

해설 ⑤ 물류시스템은 바코드나 RFID와 연동해야만 제품번호 인식을 신속하게 할 수 있어 효율성이 높아진다.
① 실시간으로 입력했으면 처리 결과 또한 실시간으로 나와야 한다.
② 물류계획과 실행을 위해서는 주문시스템이나 생산시스템 등 다른 시스템과 연결되어야 한다.

정답 **07** ① **08** ⑤

③ 물류정보시스템은 비용 절감도 목표로 해야 한다. 예를 들어 유통기한 관리기능이 탑재되면 폐기 재고를 줄일 수 있다.

④ 패키지 솔루션이 만능은 아니다. 기업의 요구에 따라 직접 개발해야 할 수도 있다.

09 물류정보시스템의 종류로 옳지 않은 것은?

① WMS(Warehouse Management System)

② TMS(Transportation Management System)

③ ASP(Application Service Provider)

④ CVO(Commercial Vehicle Operation)

⑤ OMS(Order Management System)

> **해설** ASP는 말 그대로 네트워크를 이용하여 다양한 애플리케이션 프로그램을 임대해서 사용할 수 있게 해주는 서비스를 말한다.

10 EDI와 API에 관련된 설명 중 옳은 것은?

① EDI를 구축할 때는 보안을 위해 자체 네트워크가 아닌 VAN 운영사를 통한다.

② 카드사와 가맹점 등 일대다 형식의 EDI를 구축할 때 AS2 방식으로 구축함으로써 업무 효율을 높일 수 있다.

③ API는 사전 정의와 프로토콜(규약)을 이용하여, 두 소프트웨어(애플리케이션)의 구성요소가 서로 통신할 수 있게 하는 기능을 말한다.

④ Open API는 사용자가 특정 IP Address와 방화벽을 거쳐 상대방 서버와 연결하여 상대방 시스템과 전자문서를 교환하는 방법이다.

⑤ API는 전자문서 형식을 개발하고 서버/네트워크 연결을 해야 하므로 초기 투자 비용이 들고 시간이 걸린다.

> **해설** ① 자체 네트워크를 통할 수도 있고 VAN 운영사를 통할 수도 있다.
> ② 카드사와 가맹점과 같은 일대다 형식의 EDI는 VAN 운영사를 통해 효율적으로 구축할 수 있다. VAN 운영사가 다수의 가맹점과 연결하여 카드사와의 통신을 중개한다.
> ④ EDI 연결 방법 중 AS2 연결 방법을 설명한 내용이다.
> ⑤ EDI에 관련된 설명이다.

정답 09 ③ 10 ③

11 첨단화물운송시스템(CVO : Commercial Vehicle Operation)의 하부시스템에 해당하는 것을 모두 고른 것은?

> ㄱ. 첨단차량 및 도로시스템(AVHS : Advanced Vehicle & Highway System)
> ㄴ. 화물 및 화물차량관리(FFMS : Freight and Fleet Management System)
> ㄷ. 첨단교통정보시스템(ATIS : Advanced Traveler Information System)
> ㄹ. 위험물차량관리(HMMS : Hazardous Material Monitoring System)
> ㅁ. 첨단교통관리시스템(ATMS : Advanced Traffic Management System)

① ㄱ, ㄴ ② ㄱ, ㄹ
③ ㄴ, ㄷ ④ ㄴ, ㄹ
⑤ ㄹ, ㅁ

해설 Commercial Vehicle Operation(CVO)은 화물차량의 위치, 화물의 종류, 운행 상태, 노선 상황, 화물 중개정보 등을 자동으로 파악하여 통행료 자동 징수, 공차운행 최소화를 통해 화물차 운행을 최적화하고 관리를 효율화하기 위한 시스템이다. 지능형교통체계라 불리는 ITS(Intelligence Transport System)가 교통 관리, 대중교통, 전자지불, 교통정보 유통, 지능형 차량·도로 분야로 추진되고 있는데, 그중 지능형 차량·도로 분야에서 화물운송에 해당하는 분야이다.
첨단차량 및 도로시스템, 첨단교통정보시스템, 첨단교통관리시스템은 대중교통, 전자지불, 지능형 차량·도로 분야와 함께 ITS의 한 축이며, CVO와는 독립된 분야이다. 화물 및 화물차량 관리와 위험물 차량 관리는 CVO의 하부 분야에 속한다.

12 다음은 무엇에 관한 설명인가?

> • 1996년부터 운영되어 온 철도운영정보시스템으로 2011년 말 차세대 철도운영정보시스템으로 발전되었다.
> • KL-Net과 연계되어 EDI로 운용되고 철도공사, 화주, 운송업체, 터미널 등이 서비스 대상이 된다.
> • 차량열차운용시스템, 화물운송시스템, 고객지원시스템, 운송정보시스템 등의 하부시스템으로 구성된다.

① CIM ② CORTIS
③ KROIS ④ CAMIS
⑤ Port-MIS

정답 11 ④ 12 ③

해설
① CIM : Computer Integrated Manufacturing. 컴퓨터가 제어하는 생산 설비와 자동화시스템을 활용하여
제조, 개발, 판매, 물류 등 일련의 과정을 통합하여 관리하는 생산관리시스템
② CORTIS : Computerized Railroad Ticketing System. 철도청 당시 사용된 승차권 발급 시스템. 이후 철
도청 통합정보시스템 IRIS의 발권부문으로 통합되었다.
③ KROIS : Korean Railroad Operating Information System. 철도운영정보시스템으로 열차 편성, 화물운송,
승무원 관리, 운송정보 등 모든 철도 상황을 한눈에 볼 수 있게 만든 철도청 내부 시스템. 1996년 오픈하
여 2011년까지 사용되었으며, 2011년 차세대 철도운영정보시스템 XROIS(eXtended Railroad Operating
Information System)로 대체되었다.
④ CAMIS : 유니패스 전에 있었던 관세청의 통관 전산망
⑤ Port-MIS : Port Management Information System. 선박 입출항 신고, 허가, 항만시설 사용, 화물 반·출
입, 관세 납부 등을 처리하는 항만운영정보시스템

13 물류정보의 특징으로 옳지 않은 것은?

① 정보의 절대량이 많고 단순하다.
② 성수기와 평상시의 정보량 차이가 크다.
③ 정보의 발생원, 처리 장소, 전달 대상 등이 넓게 분산되어 있다.
④ 상품의 흐름과 정보의 흐름에 동시성이 요구된다.
⑤ 기업 내 영업, 생산 등 다른 부문과의 관련성이 크다.

해설 물류정보는 정보의 절대량이 많을 뿐만 아니라 수량, 가격, 중량, 부피 등 복잡한 정보를 가지고 있다.

14 빅데이터(Big data), 인공지능(AI : Artificial Intelligence), 사물인터넷(IoT : Internet of
Things), 클라우드컴퓨팅(Cloud Computing) 등 다양한 핵심 기술의 융합을 기반으로 모든
것이 상호 연결되고, 더욱 지능화된 사회로 변화할 것이라는 개념인 4차 산업혁명은 최근
물류 분야에서도 큰 쟁점이 되고 있다. 이러한 4차 산업혁명 시대의 주요 특징으로 옳지 않은
것은?

① 초연결성(Hyper-connected)의 사회
② 초지능화(Hyper-intelligent)된 시스템
③ 자율화(Autonomous)된 장비
④ 예측 가능성 증가
⑤ 공급자 중심 경제

해설 빅데이터가 많이 쓰이는 분야 중 하나가 예측이다. 이미 제조기술의 평준화로 공급자 중심의 시장은 구매자
중심의 시장으로 변화했다고 지적한 바 있다.

정답 **13** ① **14** ⑤

15 다음 중 빅데이터와 거리가 먼 내용은?

① 어느 정도 정형화된 형태는 가지고 있으나, 그렇다고 정형 데이터처럼 데이터베이스로 완벽하게 정의할 수는 없는 데이터를 반정형 데이터라고 한다.

② 물류 분야에서는 운송경로 최적화나 수요예측 등 다량의 데이터를 이용한 분석에 활용된다.

③ 데이터 모델링 결과를 검증하고 데이터 누락을 보정하거나 분석을 왜곡할 만한 값을 제거하는 등 전처리를 수행한다.

④ 빅데이터 분석을 위해서는 비즈니스 이해와 문제 정의부터 시작한다.

⑤ 빅데이터 분석 결과는 시각화하여 경영진의 의사결정을 돕는 데 활용한다.

> **해설** ③ 빅데이터 분석 순서는 교재마다 차이는 있으나 일반적으로 비즈니스 이해 – 데이터 수집 – 데이터 전처리 – 데이터 모델링 – 시각화의 순서로 이루어진다. 데이터 모델링 결과 검증은 데이터 전처리 다음 단계이다.

16 대전 지역에 위치한 K 물류기업에서 물류업무의 효율을 높이기 위해 신규로 아래의 기능을 수행할 수 있는 물류정보시스템을 도입하기로 결정하였다. 다음은 무엇에 관한 설명인가?

> 출하되는 화물의 양과 목적지(수·배송처)의 수 및 배차 가능한 차량을 이용하여 가장 효율적인 배차 방법, 운송차량의 선정, 운송비의 계산, 차량별 운송실적 관리 등 화물자동차의 운영 및 관리를 위해 활용되는 물류정보시스템

① TMS(Transportation Management System)
② TRS(Trunked Radio System)
③ EDI(Electronic Data Interchange)
④ Procurement System
⑤ GIS-T(Geographical Information System for Transportation)

> **해설** 배차와 차량 선정, 운송비 계산은 전형적인 TMS의 역할이다.

17 물류정보시스템의 구성요소가 아닌 것은?

① 수·배송 관리 모듈   ② 창고관리 모듈
③ 생산관리 모듈   ④ 물류정보관리 모듈
⑤ 주문 처리 모듈

> **해설** 생산관리는 사내 제조활동에 해당한다. 물류의 영역에서 사내 물류는 자재의 생산라인 투입 후 자재의 이동을 관리하지만, 생산을 관리하지는 않는다. 생산관리 이전 자재 발주와 자재 입고는 물류정보시스템의 구성요소라 할 수 있지만, 생산관리는 아니다.

정답 15 ③ 16 ① 17 ③

18 물류정보시스템에 관한 설명으로 옳은 것은?

① ISBN(International Standard Book Number)은 출판물의 효율화를 위한 표시 제도로 음성, 영상 등 무형의 자료를 제외한 종이에 인쇄된 대부분의 출판물에 고유 번호를 부여하는 것이다.

② GPS(Global Positioning System)는 인공위성으로 신호를 보낼 수는 없고 인공위성에서 보내는 신호를 받을 수만 있다.

③ POS(Point of Sale) 시스템의 단점은 바코드를 사용하여 상품의 정보를 읽어야 하므로 인건비가 상승한다.

④ ASP(Application Service Provider)는 지능형교통시스템(ITS)의 일종으로 교통 여건, 도로 상황 등 각종 교통정보를 운전자에게 신속하고 정확하게 제공한다.

⑤ 전자문서교환(Electronic Data Interchange)은 인쇄된 문서를 자동화된 시스템을 통해 서로 교환하는 시스템으로 사무 처리 비용 및 인건비 감소 등의 효과가 있다.

> 해설 ① ISBN 번호는 전자책이나 오디오북에도 부여된다.
> ② GPS는 세 개 이상의 인공위성에서 위치 신호를 보내주면 인공위성과 GPS 수신 장비와의 송수신 시간 차이를 삼각 측량해서 위치를 계산한다. 따라서 GPS 장비는 신호를 받기만 하지 주지는 않는다.
> ③ 바코드를 이용하여 상품정보를 읽기 때문에 계산할 때 계산원이 직접 가격표를 확인하고 가격을 입력할 필요가 없다는 장점이 있다.
> ④ ITS는 교통 관리, 대중교통, 전자 결제, 교통정보 유통, 지능형 차량·도로 분야로 추진되고 있는데, 그중 교통정보 유통 영역에 해당하는 설명이다.
> ⑤ Electronic Data Interchange라는 이름 그대로 인쇄된 문서가 아닌 전자문서를 교환한다. 주로 txt 파일이나 XML 파일로 교환된다.

19 물류정보시스템에 관한 설명으로 옳지 않은 것은?

① 물류정보시스템은 운송, 보관, 하역, 포장 등의 전체 물류 기능을 효율적으로 관리할 수 있도록 해주는 정보시스템이다.

② 물류정보시스템의 정보는 발생원, 처리 장소, 전달 대상 등이 넓게 분산되어 있다.

③ 물류정보시스템의 수·배송 관리 기능은 고객의 주문에 대하여 적기 배송 체계의 확립과 최적 운송계획을 수립한다.

④ 물류정보시스템의 재고관리 기능은 최소의 비용으로 창고의 면적, 작업자, 하역설비 등의 경영자원을 배치한다.

⑤ 물류정보시스템의 주문 처리 기능은 주문의 진행 상황을 통합·관리한다.

> 해설 ④ 물류정보시스템의 물류센터 관리 기능에 관한 설명이다. 재고관리 기능은 적정 재고를 유지하고 재고유지비용을 절감하는 것이다.

정답 **18** ② **19** ④

20 물류정보의 종류에 관한 설명으로 옳지 않은 것은?

① 화물운송정보에는 화물보험정보, 컨테이너보험정보, 자동차운송보험정보 등이 포함된다.

② 수출화물검사정보에는 검량정보, 검수정보, 선적검량정보 등이 포함된다.

③ 화물통관정보에는 수출입신고정보, 관세환급정보, 항공화물통관정보 등이 포함된다.

④ 화주정보에는 화주성명, 전화번호, 화물의 종류 등이 포함된다.

⑤ 항만정보에는 항만관리정보, 컨테이너추적정보, 항만작업정보 등이 포함된다.

[해설] 화물운송정보에는 화물의 명세, 출발지와 목적지, 운송차량 등의 정보가 있다.

21 POS 시스템으로부터 얻을 수 있는 정보를 모두 고른 것은?

ㄱ. 품목별 판매실적	ㄴ. 제조사별 판매실적
ㄷ. 판매실적 구성비	ㄹ. 품목별 부적합품률
ㅁ. 단품별 판매 동향	ㅂ. 기간별 매출액

① ㄱ, ㄴ, ㅂ

② ㄱ, ㅁ, ㅂ

③ ㄴ, ㄷ, ㄹ, ㅁ

④ ㄱ, ㄴ, ㄷ, ㄹ, ㅁ

⑤ ㄱ, ㄴ, ㄷ, ㅁ, ㅂ

[해설] 대형마트에서 계산할 때 계산원이 바코드 스캔을 하고 소비자가 신용카드 결제를 하는 모습을 생각해 보자. 판매실적과 판매 동향, 매출액 정보 모두 수집할 수 있으나 부적합품을 판매 현장에서 가릴 수는 없다.

22 다음 설명에 해당하는 기술은?

- 분산원장 또는 공공거래장부라고도 불리며, 다수의 상대방과 거래를 할 때 데이터를 중앙 서버가 아닌 사용자들의 개인 디지털 장비에 분산·저장하여 공동으로 관리하는 분산형 정보기술이다.
- 이 기술을 물류산업에 적용 시, 화주들이 자신의 화물을 추적, 관리 상황을 실시간으로 점검하며 운송 중 관리 부실로 발생할 수 있는 과실에 대한 실시간 파악과 대처를 지원할 수 있다.
- 최근 항만운송, 항공운송, 관세청 수출통관 등의 분야에서 활용이 추진되고 있다.

① 빅데이터

② 사물인터넷

③ 인공지능

④ 블록체인

⑤ 클라우드 서비스

[정답] **20** ① **21** ⑤ **22** ④

> **해설** 블록체인 기술은 중앙집중형 시스템을 이용하는 대신, 거래에 참여하는 모든 컴퓨터에 원장(Ledger)이라고 부르는 동일한 거래정보를 복제해 놓고, 거래가 발생할 때마다 거래 명세를 장부에 추가하고 연쇄적으로 추적할 수 있도록 하는 기술이다. 따라서 특정 거래를 조작하려면 네트워크에 분산된 모든 컴퓨터의 거래 명세를 조작해야 하므로 조작이 불가능에 가까워서 보안에 활용하려는 관심도가 증가하고 있다.

23 물류정보기술에 관한 설명으로 옳은 것은?

① RFID(Radio Frequency Identification)는 태그 데이터의 변경 및 추가는 불가능하나, 능동형 및 수동형 여부에 따라 메모리의 양을 다르게 정의할 수 있다.

② USN(Ubiquitous Sensor Network)은 센서 네트워크를 이용하여 유비쿼터스 환경을 구현하는 기술이며, 사물에 QR코드를 부착하여 정보를 인식하고 관리하는 정보기술을 말한다.

③ CALS의 개념은 Commerce At Light Speed로부터 Computer Aided Logistics Support로 발전되었다.

④ ASP(Application Service Provider)란 응용소프트웨어 공급 서비스를 뜻하며 사용자 입장에서는 시스템의 자체 개발에 비하여 초기 투자 비용이 더 많이 발생하는 단점이 있다.

⑤ IoT(Internet of Things)란 사람, 사물, 공간, 데이터 등이 인터넷으로 서로 연결되어 정보가 생성·수집·활용되게 하는 사물인터넷 기술이다.

> **해설** ① RFID 태그는 읽고 쓸 수 있다. 능동형과 수동형 여부에 따라 메모리의 양이 달라진다.
> ② 유비쿼터스 환경은 사용자가 사용하는 디바이스가 무선으로 어디에서나 이용할 수 있도록 연결되어 있음을 의미한다. QR코드와는 직접 연관이 없다.
> ③ CALS는 원래 미국 국방부에서 첨단 무기체계 유지와 예산 절감을 위해 군수 조달체계 전산화를 목표로 시작한 Computer Aided Logistics Support에서 발전하여, 정부와 기업, 또는 기업과 기업 간 빛의 속도로 이루어지는 상거래를 지원한다는 의미로 Commerce At Light Speed의 개념으로 진화했다.
> ④ ASP는 사용자가 응용소프트웨어를 임대해서 쓸 수 있도록 공급하는 공급자를 말한다. 임대하면 자체 개발에 비해 초기 투자 비용은 적게 들지만, 사용량이 많아짐에 따라 비용이 증가한다.

24 물류정보망에 관한 설명으로 옳은 것은?

① CVO는 Carrier Vehicle Operations의 약어로서, 화물차량에 부착된 단말기를 이용하여 실시간으로 차량 및 화물을 추적·관리하는 방식이다.

② KL-NET는 무역정보망으로서, 무역정보화를 통한 국가경쟁력 강화를 목적으로 개발되었다.

③ KT-NET는 물류정보망으로서, 물류업무의 온라인화를 위해 개발된 정보망이다.

④ PORT-MIS는 항만운영관리시스템으로서, 한국물류협회가 개발 및 운영하는 시스템이다.

⑤ VAN은 Value Added Network의 약어로서, 제3자(데이터 통신업자)를 매개로 하여 기업 간 자료를 교환하는 부가가치통신망이다.

정답 **23** ⑤ **24** ⑤

해설 ① CVO : Commercial Vehicle Operation(CVO)은 화물차량의 위치, 화물의 종류, 운행 상태, 노선 상황, 화물 중개 정보 등을 자동으로 파악하여 통행료 자동 징수, 공차운행 최소화를 통해 화물차 운행을 최적화하고 관리를 효율화하기 위한 시스템이다. 약자를 잘못 표기하였다.

② KT-NET : Korea Trade Network. 한국무역정보통신이다. 1989년 정부의 종합무역자동화 기본계획 수립에 따라 1991년 한국무역협회가 100% 출자하여 설립한 무역정보화 서비스 기업이자 무역정보화 시스템이다. 1992년 정부로부터 무역자동화 지정사업자(현, 전자무역기반사업자)로 지정되었으며, 무역업체, 은행, 관세사, 선사, 보험사, 포워더, 보세장치장 등의 고객과 무역 관계기관을 연결하고 있으며, 수출입 문서를 전자화하여 연평균 5억 건의 전자무역 문서를 처리하고 있다.

③ KL-NET : 1994년 물류정보화를 통한 국가경쟁력 강화를 목적으로 물류 관련 기관과 기업들이 공동 출자하여 설립한 물류 IT 전문기업 한국물류정보통신이 전신이다. EDI, 정보시스템 구축, IT 컨설팅, Port-MIS, RFID 등 물류정보화에 필요한 다양한 솔루션을 제공하는 물류정보화 서비스 기업이자 물류정보화 시스템이다.

④ Port-MIS : Port Management Information System. 선박 입출항 신고, 허가, 항만시설 사용, 화물 반·출입, 관세 납부 등을 처리하는 항만운영정보시스템으로, 해양수산부가 개발하고 운영하고 있다.

25 블록체인(Block Chain)에 관한 설명으로 옳지 않은 것은?

① 분산원장 또는 공공거래장부라고 불리며, 암호화폐로 거래할 때 발생할 수 있는 해킹을 막는 기술에서 출발했다.

② 다수의 상대방과 거래를 할 때 데이터를 개인 사용자들의 디지털 장비에 저장하여 공동으로 관리하는 분산형 정보기술이다.

③ 비트코인은 블록체인 기술을 이용한 전자화폐이다.

④ 퍼블릭 블록체인(Public Block Chain)과 프라이빗 블록체인(Private Block Chain)은 누구나 접근이 가능하다.

⑤ 컨소시엄 블록체인(Consortium Block Chain)은 허가받은 사용자만 접근이 가능하다.

해설 프라이빗 블록체인 또한 허가받은 사용자만 접근이 가능하다.

26 물류정보의 특징으로 옳지 않은 것은?

① 관리 대상 정보의 종류가 많고, 내용이 다양하다.

② 성수기와 비수기의 정보량 차이가 크다.

③ 정보의 발생원, 처리 장소, 전달 대상 등이 한곳에 집중되어 있다.

④ 상품과 정보의 흐름에 동시성이 요구된다.

⑤ 구매, 생산, 영업활동과의 관련성이 크다.

해설 정보가 발생하는 장소가 각 물류센터이고, 전달 대상 또한 각 고객이다. 정보의 발생원, 처리 장소, 전달 대상이 흩어져 있다.

정답 25 ④ 26 ③

27 VAN(Value Added Network)에 관한 설명으로 옳은 것은?

① 한정된 지역의 분산된 장치들을 연결하여 정보를 공유하거나 교환하는 것이다.

② 컴퓨터 성능의 발달로 정보수집 능력이 우수한 대기업에 정보가 집중되므로 중소기업의 활용 가능성은 낮아지고 있다.

③ 1990년대 미국의 AT&T가 전화회선을 임대하여 특정인에게 통신 서비스를 제공한 것이 효시이다.

④ 부가가치를 부여한 음성 또는 데이터를 정보로 제공하는 광범위하고 복합적인 서비스의 집합이다.

⑤ VAN 서비스는 컴퓨터 성능 향상으로 인해 이용이 감소되고 있다.

> **해설** ① 근거리통신망(LAN)에 관한 설명이다.
> ②, ③, ⑤ VAN은 1960년대 미국에서 시작된 서비스로, 서버와 네트워크 등 송수신 인프라를 확보하기 어려운 중소 사업자들이 통신사업자로부터 회선을 임대하여 EDI를 송수신할 수 있도록 한 서비스를 말한다. 컴퓨터 성능이 발달했다 해도 중소기업은 전자상거래와 온라인 거래를 위해 계속 활용하고 있다.

28 물류정보시스템에 관한 설명으로 옳지 않은 것은?

① EDI(Electronic Data Interchange)는 표준화된 상거래 서식으로 작성된 기업 간 전자문서 교환 시스템이다.

② POS(Point of Sale)는 소비 동향이 반영된 판매정보를 실시간으로 파악하여 판매, 재고, 고객관리의 효율성을 향상시킨다.

③ 물류정보시스템의 목적은 물류비가 증가하더라도 고객서비스를 향상시키는 것이다.

④ 물류정보의 시스템화는 상류 정보의 시스템화가 선행되어야만 가능하며, 서로 밀접한 관계가 있다.

⑤ 수주처리시스템은 최소의 주문입력(order entry) 비용을 목표로 고객서비스를 달성하는 것이 목적이다.

> **해설** ② POS가 수집하는 것은 판매정보지만, 이 판매정보를 기반으로 판매, 재고, 고객관리 효율성이 높아진다.
> ④ 물류정보는 상류 정보부터 시스템화되어야 의미가 있다.
> ③, ⑤ 물류비 관련한 보기가 나오면, 물류비 최소화 또는 최적화 둘 중 하나가 올바른 보기라고 생각해야 한다. 그렇다고 '물류비가 증가하더라도'라는 전제는 옳지 않다. 최적의 고객서비스가 가능한 수준까지는 증가할 수 있지만, 그 이상은 곤란하다. 그런데 주문입력 비용은 다르다. 주문입력 비용은 최소화되는 것이 맞다.

정답 **27** ④ **28** ③

29 국가과학기술표준은 물류기술(EI10)을 8가지의 소분류로 나눈다. 다음 중 국가과학기술표준 소분류에 포함되지 않는 것은?

① EI1001 - 물류운송기술
② EI1003 - 하역기술
③ EI1004 - 물류정보화기술
④ EI1007 - 물류안전기술
⑤ EI1099 - 달리 분류되지 않는 물류기술

> **해설** 국가에서 정한 표준에 해당하는 내용이므로 숙지하는 것이 좋다.
>
> | | |
> |---|---|
> | EI1001 물류운송기술 | EI1002 보관기술 |
> | EI1003 하역기술 | EI1004 물류정보화기술 |
> | EI1005 물류시스템 운용기술 | EI1006 교통수단별 물류운용기술 |
> | EI1007 물류표준화기술 | EI1099 달리 분류되지 않는 물류기술 |

30 다음 ( )에 들어갈 물류정보시스템 용어를 바르게 나열한 것은?

> • 주파수공용통신 : (ㄱ)   • 지능형교통정보시스템 : (ㄴ)
> • 첨단화물운송시스템 : (ㄷ)   • 철도화물정보망 : (ㄹ)
> • 판매시점관리 : (ㅁ)

① ㄱ : CVO, ㄴ : ITS, ㄷ : POS, ㄹ : KROIS, ㅁ : TRS
② ㄱ : CVO, ㄴ : KROIS, ㄷ : TRS, ㄹ : ITS, ㅁ : POS
③ ㄱ : ITS, ㄴ : POS, ㄷ : CVO, ㄹ : TRS, ㅁ : KROIS
④ ㄱ : ITS, ㄴ : TRS, ㄷ : KROIS, ㄹ : CVO, ㅁ : POS
⑤ ㄱ : TRS, ㄴ : ITS, ㄷ : CVO, ㄹ : KROIS, ㅁ : POS

> **해설** ㄱ. TRS(Trunked Radio System, 주파수공용무선통신) : 기존의 이동통신 서비스가 각 사용자가 하나의 주파수만 사용하도록 했던 데 반하여, 무선중계국의 많은 주파수를 다수의 가입자가 공동으로 사용하도록 하는 무선 이동통신이다. 가입자가 중계국의 어떤 주파수든 사용할 수 있으므로 접속 속도가 빠르고, 보안성이 좋다.
> ㄴ. ITS(Intelligent Transport Systems, 지능형교통체계) : 정보통신기술 기반으로 교통수단과 교통시설에 교통 정보와 서비스를 제공하고 활용하도록 함으로써, 교통체계 운영과 관리를 과학화하고 교통의 효율성과 안정성을 높이는 교통체계를 말한다.
> ㄷ. CVO(Commercial Vehicle Operation, 첨단화물운송시스템) : 지능형교통체계의 한 축으로 교통 관리, 대중교통, 전자지불, 교통정보 유통, 지능형 차량·도로 분야 중 지능형 차량·도로 분야에 해당하며, 화물운송 중 화물 및 화물차량 관리와 위험물 운반 차량 관리를 담당한다.
> ㄹ. KROIS(Korean Railroad Operating Information System, 철도운영정보시스템) : 1996년 처음 오픈하여 2011년 차세대 철도운영정보시스템 XROIS로 대체되기 전까지 철도청(코레일)에서 사용된 철도운영시스템이다.
> ㅁ. POS(Point of Sale, 판매시점관리 시스템) : 판매 시점에 실시간으로 수집한 판매 상품 정보, 구매 고객 정보, 대금 지급 정보를 발주, 생산, 재고관리 등에 활용하는 시스템이다.

정답 29 ④ 30 ⑤

31 물류정보기술에 관한 설명으로 옳은 것은?

① ASP(Application Service Provider)는 정보시스템을 자체 개발하는 것에 비해 구축 기간이 오래 걸린다.

② CALS 개념은 Commerce At Light Speed로부터 Computer Aided Acquisition & Logistics Support로 발전되었다.

③ IoT(Internet of Things)는 인간의 학습 능력과 지각 능력, 추론 능력, 자연언어의 이해 능력 등을 컴퓨터 프로그램으로 실현한 기술을 의미한다.

④ CIM(Computer Integrated Manufacturing)은 정보시스템을 활용하여 제조, 개발, 판매, 물류 등 일련의 과정을 통합하여 관리하는 생산관리시스템을 말한다.

⑤ QR코드는 컬러 격자무늬 패턴으로 정보를 나타내는 3차원 바코드로서 기존의 바코드보다 용량이 크기 때문에 숫자 외에 문자 등의 데이터를 저장할 수 있다.

[해설] ① ASP는 임대 서비스이기 때문에 정보시스템을 자체 구축하는 것에 비해 구축 기간이 적게 든다.
② CALS 개념은 군에서 사용하던 Computer Aided Logistics Support에서 정부와 기업의 Commerce At Light Speed로 발전했다.
③ 인공지능에 관한 설명이다.
⑤ QR코드는 대표적인 2차원 바코드이다.

32 블록체인(Block Chain)에 관한 설명으로 옳은 것을 모두 고른 것은?

ㄱ. 신용거래가 필요한 온라인 시장에서 해킹을 막기 위해 개발되었다.
ㄴ. 퍼블릭(Public) 블록체인, 프라이빗(Private) 블록체인, 컨소시엄(Consortium) 블록체인으로 나눌 수 있다.
ㄷ. 화물의 추적·관리 상황을 점검하여 운송 중 발생할 수 있는 문제에 실시간으로 대처할 수 있다.
ㄹ. 네트워크상의 참여자가 거래기록을 분산 보관하여 거래의 투명성과 신뢰성을 확보하는 기술이다.

① ㄱ, ㄴ
② ㄷ, ㄹ
③ ㄱ, ㄴ, ㄷ
④ ㄱ, ㄷ, ㄹ
⑤ ㄱ, ㄴ, ㄷ, ㄹ

[해설] 네 가지 모두 블록체인을 설명한 내용이다.

31 ④ **32** ⑤

33 바코드의 장단점을 잘못 기술한 것은?

① 장점 : 저렴한 가격으로 쉽게 제작할 수 있다.

② 장점 : 데이터 입력 작업을 줄이고 비용 절감에 공헌한다.

③ 장점 : 여러 개의 바코드를 일괄 인식할 수 있다.

④ 단점 : 담을 수 있는 정보의 양이 한정되어 있다.

⑤ 단점 : 바코드는 한번 만들어지면 정보를 추가하거나 변경할 수 없다.

> [해설] ③ 바코드는 여러 개를 한꺼번에 인식할 수 없는 게 단점이다.

34 RFID의 물류부문 도입에 관한 설명으로 옳지 않은 것은?

① 자동차 제조공정에 응용 가능하다.

② 창고관리에 적용할 경우 유용하게 활용될 수 있다.

③ 개별 상품에 부착해서 관리하기 위해서는 상품의 가치와 태그의 가격을 살펴봐야 한다.

④ 개별 상자나 파렛트(pallet)에는 부착해서 사용할 수 있으나 컨테이너에는 사용할 수 없다.

⑤ 장기적 관점에서 채찍효과(bullwhip effect)를 줄이는 데 기여할 수 있다.

> [해설] RFID는 태그 단가 때문에 어느 정도 가치가 있는 개별 상품에 부착해야 한다. 개별 상자나 파렛트에 부착해서 한꺼번에 적재물 정보를 인식하는 사례는 이미 있으며, 컨테이너에서도 똑같이 사용된다. 재고에 대한 가시성 정보를 담고 있으므로 실제 존재하는 재고를 파악할 수 있게 되어 장기적으로는 채찍효과를 감소시켜 실제 필요한 만큼의 재고만 관리할 수 있게도 할 수 있다.

35 RFID 시스템의 장점으로 옳지 않은 것은?

① 금속 및 액체 등에 의한 전파장애가 발생하지 않는다.

② 태그 정보의 변경 및 추가가 용이하다.

③ 태그를 다양한 형태와 크기로 제조할 수 있다.

④ 일시에 다량의 정보를 빠르게 판독할 수 있다.

⑤ 태그에는 온도계, 고도계, 습도계 등 다양한 센서 기능을 부가할 수 있다.

> [해설] RFID는 고주파를 이용한 무선통신 기술을 이용하는데, 고주파는 인체, 금속, 액체를 통과할 수 없다.

[정답] **33** ③ **34** ④ **35** ①

36 바코드에 관한 설명으로 옳지 않은 것은?

① 인쇄된 바코드는 정보의 변경이나 추가가 안 되는 단점이 있다.

② 바코드는 제작이 용이하고 비용이 저렴하다.

③ EAN-13(표준형 A)은 다품목을 취급하는 업체를 위한 코드로 우리나라의 국가식별코드는 880이다.

④ ISBN은 물류단위(logistics unit) 중 주로 상자에 사용되는 국제표준 물류 바코드로 생산공장, 물류센터 등에서 입・출하 시 판독되는 표준 바코드이다.

⑤ 일차원 바코드는 서로 굵기가 다른 흑색의 바와 공간으로 상품의 정보를 표시하고 광학적으로 판독할 수 있도록 부호화한 것이다.

> **해설** ① 바코드는 선의 굵기와 선 사이의 공간으로 정보가 표현되기 때문에 한번 인쇄하면 더 이상 정보를 변경하거나 추가할 수 없다.
> ② 저렴하게 제작할 수 있으며, 제작하기 쉽다.
> ③ EAN-13(표준형 A)은 상품코드 5자리를 포함하고 있어 업체코드별로 10만 가지 품목의 코드 생성을 지원한다.
> ④ ISBN은 주로 도서류에 사용되는 물류 바코드이다.
> ⑤ 일차원 바코드는 굵기가 다른 흑색의 바와 공간으로 구성된다.

37 RFID(Radio Frequency Identification) 태그의 사용주파수 대역별(bandwidth) 특징에 관한 설명으로 옳지 않은 것은?

① 용도 면에서는 고주파 대역보다 저주파 대역이 주로 근거리용으로 사용된다.

② 시스템 구축 비용 면에서는 저주파 대역보다 고주파 대역이 저렴하다.

③ 인식 속도 면에서는 저주파 대역보다 고주파 대역이 빠르다.

④ 환경영향 면, 특히 장애물에 대해서는 저주파 대역보다 고주파 대역이 많은 영향을 받는다.

⑤ 제작 크기 면에서는 저주파 대역보다 고주파 대역의 태그를 소형으로 만들 수 있다.

> **해설** 저주파 대역은 근거리에 적합하며, 태그의 소형화가 어렵고, 시스템 구축 비용이 저렴하지만, 인식 속도가 느리며, 장애물 투과가 쉽다.
> 고주파 대역은 원거리에 적합하며, 태그의 소형화가 쉽고, 시스템 구축 비용이 많이 드는 대신 인식 속도가 빠르며, 장애물 투과가 어렵다.

정답 36 ④ 37 ②

38 X, Y축의 양방향으로 데이터를 배열시켜 평면화한 점자식 또는 모자이크식 코드를 의미하는 2차원 코드에 관한 설명으로 옳지 않은 것은?

① 한국어뿐만 아니라 외국어도 코드화가 가능하다.

② 데이터 구성 방법에 따라 단층형과 다층형으로 나뉜다.

③ 1차원 바코드에 비해 좁은 영역에 많은 데이터를 표현할 수 있다.

④ 2차원 코드로 Maxi Code, QR Code, Data Code, Code 16K 등이 있다.

⑤ 문자, 숫자 등의 텍스트는 물론 그래픽, 사진 등 다양한 데이터를 담을 수 있다.

[해설] ① 2차원 바코드 중에는 중국어 문자도 담을 수 있는 바코드가 있다.
② 2차원 바코드는 기본적으로 다층형이다.

39 다음에서 설명하는 RFID(Radio Frequency Identification) 태그의 유형(type)은?

- 배터리를 내장하고 있지만, 판독기로부터 신호를 받을 때까지는 작동하지 않아 오랜 시간 동안 사용할 수 있다.
- 지속적인 식별이 필요하지 않는 상품에 사용된다.

① 수동형(Passive type)   ② 반수동형(Semi-passive type)

③ 능동형(Active type)   ④ 분리형(Detachable type)

⑤ 독립형(Independent type)

[해설] 통신과 판독 모두 판독기의 동력을 사용하면 수동형, 통신은 판독기의 동력을 사용하지만, 판독은 자체 배터리를 사용하면 반수동형, 통신과 판독 모두 자체 배터리를 사용하면 능동형이다.

40 바코드에 관한 설명으로 옳은 것은?

① POS 시스템의 효과적인 이용을 위한 중요한 구성요소이다.

② 13자리 바코드의 처음 세 자리는 물류식별코드를 의미한다.

③ 정보의 변경과 추가가 가능하다.

④ 응용범위가 다양하고 신속한 데이터 수집이 가능하나, 도입비용이 많이 든다.

⑤ 읽기와 쓰기가 가능하다.

[해설] ② 13자리 바코드면 구 EAN-13, GTIN-13을 말한다. GTIN-13은 국가코드 3자리 + 업체코드 6자리 + 제품코드 3자리 + 체크 디지트 1자리이다.
③ 정보 변경과 추가가 될 경우 새로운 바코드를 발행해야 한다.
④ 바코드의 목적은 비교적 적은 도입비용으로 신속하게 데이터를 수집하는 것이다.
⑤ 읽기만 가능하고, 쓰기는 불가능하다.

정답 38 ② 39 ② 40 ①

41 SSCC에 관련된 설명으로 옳지 않은 것은?

① SSCC는 기본적으로 개별 상품을 구분하는 바코드에 물류 단위를 더한 개념이며, GTIN-14는 처음부터 상품이 아닌 물류 단위를 식별하기 위한 바코드이다.

② Serial Shipping Container Code의 약자로 파렛트 등 물류 단위를 식별하는 코드이다.

③ 업체코드와 일련번호는 둘을 합쳐 16자리이므로, 업체코드가 7자리이면 일련번호는 9자리가 된다.

④ 확장자는 0에서 9까지이며 일련번호를 다 썼을 경우 용량을 늘리기 위해 사용한다.

⑤ 총 18자리로 구성된 코드이다.

> **해설** ① SSCC는 물류 단위를 식별하기 위한 코드로 파렛트가 100개이면 100개 번호를 채번한다. GTIN-14는 기본적으로 개별 상품을 분류하는 바코드에 물류 단위를 더한 개념으로 파렛트가 100개라도 동일 상품이면 코드는 하나이다.

42 RFID의 주파수대역별 특징에 관한 설명으로 옳지 않은 것은?

① 고주파수일수록 중장거리용으로 사용된다.

② 고주파수일수록 RFID 태그를 소형으로 만들 수 있다.

③ 저주파수일수록 시스템 구축 비용이 저렴하다.

④ 저주파수일수록 장애물의 영향을 덜 받는다.

⑤ 저주파수일수록 인식 속도가 빠르다.

> **해설** ③, ④, ⑤ 저주파는 근거리용으로 인식 속도가 느리고, 장애물의 영향을 덜 받으며, 시스템 구축 비용이 적게 든다.
> ①, ② 고주파는 중장거리용이며 장애물의 영향을 많이 받으며, 태그 소형화가 가능하고 시스템 구축 비용이 많이 든다.

43 EAN-13형 바코드에 포함되지 않는 코드는?

① 국가식별코드
② 제조업체코드
③ 공급업체코드
④ 상품품목코드
⑤ 체크 디지트

> **해설** EAN-13은 현재 GTIN-13으로 불리는 바코드 규격으로, 국가식별코드 3자리 + 제조업체코드 6자리 + 상품품목코드 3자리 + 체크 디지트로 구성된다. 공급업체코드는 없다.

정답 **41** ① **42** ⑤ **43** ③

44 QR코드에 관한 설명으로 옳지 않은 것은?

① 코드 모양이 정사각형이다.
② 1차원 바코드에 비하여 오류복원 기능이 낮아 데이터 복원이 어렵다.
③ 1차원 바코드에 비하여 많은 양의 정보를 수용할 수 있다.
④ 흑백 격자무늬 패턴으로 정보를 나타내는 2차원 형태의 바코드이다.
⑤ 1994년 일본의 덴소웨이브사(社)가 개발하였다.

[해설] QR코드는 대표적인 2차원 바코드로 1차원 바코드보다 많은 정보를 수용할 수 있고, 흑백 격자무늬 패턴으로 정보를 표시한다. 코드 모양은 정사각형이며 1994년 일본 덴소에서 개발했다. 오류복원 기능이 있어서 손상되더라도 판독할 수 있다.

45 바코드와 비교한 RFID(Radio Frequency Identification)의 특징으로 옳지 않은 것은?

① 원거리 및 고속 이동 시에도 인식이 가능하다.
② 반영구적인 사용이 가능하다.
③ 국가별로 사용하는 주파수가 동일하다.
④ 데이터의 신뢰도가 높다.
⑤ 태그의 데이터 변경 및 추가가 가능하다.

[해설] RFID는 다양한 주파수를 사용하며 국가별로도 사용하는 주파수가 다를 수 있다.

46 주파수대역과 RFID의 설명이 맞지 않는 것은?

① 2.45GHz - 태그 가격은 고가이며, 인식 속도는 빠르다.
② 30~500kHz - 태그 가격은 저가이며, 컨테이너 봉인 등에 활용한다.
③ 13.56MHz - 인식거리가 짧으며, 교통카드 등에 활용한다.
④ 860~960MHz - 상품 유통과 물류에 사용된다.
⑤ 433MHz - 인식거리가 길어서 자동차 원격시동 등에 활용한다.

[해설] ② 30~500kHz 주파수대역은 주파수가 약하기 때문에 짧은 거리에만 활용할 수 있다. 사원카드 등에 활용되는 주파수대역이다. 컨테이너 봉인은 컨테이너 야드의 면적을 생각해 보면 긴 인식거리가 필요하다.

정답 **44** ② **45** ③ **46** ②

47 다음의 (   )에 들어갈 용어는?

> 국제표준 바코드는 개별 품목에 고유한 식별코드를 부착해 정보를 공유하는 국제표준체계이다.
> 현재 세계적으로 사용되는 GS1 표준코드는 미국에서 제정한 코드 (ㄱ)와(과) 유럽에서 제정
> 한 코드 (ㄴ) 등을 표준화한 것이다.

① ㄱ : UPC, ㄴ : EAN   ② ㄱ : UPC, ㄴ : GTIN

③ ㄱ : EAN, ㄴ : UPC   ④ ㄱ : EAN, ㄴ : GTIN

⑤ ㄱ : GTIN, ㄴ : EAN

> **해설** 미국에서 제정한 코드는 Universal Product Code, UPC이고, 유럽에서 제정한 코드는 European Article
> Number, EAN이다. GTIN은 UPC와 EAN이 하나의 규격으로 합쳐진 후 생긴 코드 규격이므로 여기서는 답이
> 아니다.

48 EAN-13(표준형 B) 바코드에 관한 설명으로 옳지 않은 것은?

① 국가식별코드는 3자리로 구성된다.

② 체크 디지트는 1자리이며, 판독오류를 방지하기 위한 코드이다.

③ 상품코드는 3자리로 구성된다.

④ 국가코드는 제품의 원산지와 일치한다.

⑤ 제조업체코드와 상품코드 자릿수의 합은 9자리이다.

> **해설** ①, ③ EAN-13(표준형 A)의 국가코드는 3자리, 제조업체코드는 4자리, 상품코드는 5자리이다. EAN-13(표
> 준형 B)의 국가코드는 3자리, 제조업체코드는 6자리, 상품코드는 3자리이다.
> ④ 국가코드는 해당 바코드를 부여한 국가를 말하며, 반드시 제품의 원산지와 일치하지는 않는다.
> ⑤ 표준형 A와 표준형 B 모두 제조업체코드와 상품코드 자릿수의 합은 9자리이다.

49 물류보안 관련 제도에 관한 실명으로 옳지 않은 것은?

① CSI(Container Security Initiative) : 외국 항만에 미국 세관원을 파견하여 미국으로 수출
할 컨테이너 화물에 대한 위험도를 사전에 평가하는 컨테이너보안협정

② C-TPAT : 미국 세관(국경안전청)이 도입한 반테러민관 파트너십 제도

③ ISO 14001 : 여러 국가의 물류보안제도를 수용·준수하는 보안경영시스템이 갖추어 있음
을 인증하는 제도

④ ISPS Code : 각국 정부와 항만관리당국, 선사들이 갖춰야 할 보안 관련 조건들을 명시하
고, 보안사고 예방에 대한 가이드라인 제시

⑤ ISF(Importer Security Filing) : 선적지에서 출항 24시간 전, 미국 세관에 온라인으로 신
고를 하도록 한 제도

정답 47 ① 48 ④ 49 ③

> [해설] ③ 보안경영시스템 인증은 ISO 28000이다.

50 컨테이너의 보안기술에 관한 설명으로 옳은 것은?

① 차량이나 선박 추적에 활용되는 물류정보기술이 컨테이너 추적에는 적용 불가능하다.

② 복층으로 적재된 컨테이너 내부의 화물정보를 모니터링하는 목적으로 사용되며, 인공위성을 이용한 방법이 보편화되어 있다.

③ RFID 기술은 나무, 직물, 플라스틱 등을 투과하지 못하므로 컨테이너 보안에 적용할 수 없다.

④ 전자봉인(e-Seal)은 컨테이너의 개봉 흔적이나 내부 침입의 여부를 전자적으로 감지하는 읽기 및 쓰기 겸용 장치이며, 재활용이 가능하다.

⑤ CSD(Container Security Device)는 컨테이너 내부 침입 유무와 화물 파손 여부, 이동 상황 등을 실시간으로 파악하는 물류보안 시스템이다.

> [해설] ① 적용할 수 있다.
> ② 복층으로 적재하지 않아도 모니터링할 수 있다.
> ③ 고주파를 사용하는 태그는 컨테이너 보안에 사용된다.
> ④ CSD는 재사용이 가능하지만, e-Seal은 1회용이다.

51 AEO(Authorized Economic Operator)에 관한 설명으로 옳은 것은?

① AEO는 미국 국방부가 관리·운영하는 제도이다.

② AEO는 미국 국방부가 기업에 강제적으로 요구하는 제도이다.

③ AEO로 인증받을 수 있는 범위는 보안 및 안전에 국한된다.

④ AEO 인증을 받은 기업은 상호인증협정(MRA)을 맺은 국가에 수출할 때 인증을 받지 않은 기업에 비해 신속한 통관절차를 받을 수 있다.

⑤ 아직까지 AEO 인증제도가 국내에 도입되지 않아 인증을 받은 국내 기업이 없는 실정이다.

> [해설] ①, ② 2005년 세계관세기구에서 채택된 민관협력제도이다.
> ③ 내부통제 및 재무건전성도 평가한다.
> ⑤ 국내에서도 많은 기업이 인증을 받았다.

정답 **50** ⑤ **51** ④

52 다음에서 설명하는 것은?

> • 국제적인 비정부기구에서 기업 보안관리 표준의 필요성에 부응하여 도입한 물류보안경영의
>   표준 및 인증제도로 생산자, 운송·보관업자 등을 포함하는 공급사슬 내의 모든 기업을 적용
>   대상으로 한다.
> • 수출입 안전관리 역량을 강화시키기 위해서 기업이 비용을 부담하고 도입하는 민간프로그램
>   으로, 보안관리시스템을 구축하고 인증을 받으면 일정한 보안자격을 갖춘 것으로 인정한다.

① AEO   ② C-TPAT
③ ISO 28000   ④ ISPS Code
⑤ STP

해설 공급사슬보안경영시스템 ISO 28000에 관한 설명이다.

53 물류보안에 관한 설명으로 옳지 않은 것은?

① 물류보안제도는 적용범위에 따라 공급사슬의 특정 구간을 적용 대상으로 하고 있는 제도와
   공급사슬의 전 구간을 적용 대상으로 하고 있는 제도로 나눌 수 있다.
② 최초의 물류보안제도는 2005년 11월 국제표준화기구(ISO)에서 발표한 ISO/PAS 28000
   이다.
③ 미국 관세국경보호청(Customs and Border Protection : CBP)은 9·11테러 이후 반테러프
   로그램의 일환으로 CSI(Container Security Initiative)를 도입하였다.
④ 24시간 전 석하목록 세출제도는 운송인이 선적항에서 선적 24시간 전에 화물적하목록을
   제출하도록 규정한 미국 관세국경보호청(CBP)의 규칙이다.
⑤ 세계관세기구(WCO)는 무역의 안전 및 원활화를 조화시키는 표준협력으로 AEO(Authorize
   d Economic Operator)를 도입하였다.

해설 ② 2002년 미국에서 도입된 대테러민관협력 프로그램 C-TPAT가 더 앞선다.
    ③ 미국으로 수출할 컨테이너 화물을 대상으로 위험도를 미리 평가하는 컨테이너 보안협정이다.
    ④ ISF(Importer Security Filing)라고 부르며, 미국향 화물을 대상으로 선적지 출항 24시간 전에 미국 세관에
      온라인으로 적하목록을 제출하는 제도이다.
    ⑤ AEO 인증을 받은 업체를 대상으로 통관 시 혜택을 주는 제도이다.

정답 **52** ③ **53** ②

54 다음 설명에 해당하는 물류보안제도는?

> • 2002년 미국 세관이 도입한 민관협력 프로그램이다.
> • 수입업자와 선사, 운송회사, 관세사 등 공급사슬의 당사자들이 적용 대상이다.
> • 미국 세관이 제시하는 보안기준 충족 시 통관절차 간소화 등의 혜택이 주어진다.

① C-TPAT(Customs-Trade Partnership Against Terrorism)
② ISO 28000(International Standard Organization 28000)
③ ISPS Code(International Ship and Port Facility Security Code)
④ CSI(Container Security Initiative)
⑤ SPA(Safe Port Act)

> 해설 C-TPAT에 관한 설명이다.
> ② ISO 28000은 공급사슬보안경영시스템 인증이다.
> ③ ISPS Code는 국제항해선박은 정부로부터 보안 증서를 받아야 하고, 국제항만시설은 정부로부터 보안
>   계획 승인을 받아야 하는 제도이다.
> ④ CSI는 미국향 컨테이너 화물을 대상으로 선적항에서 보안 검사를 하는 제도이다.
> ⑤ SPA는 미국향 컨테이너 화물을 대상으로 선적항에서 100% 사전 검색하는 제도이다.

55 다음 설명에 해당하는 물류 관련 보안제도를 바르게 연결한 것은?

> ㄱ. 국제표준화기구에 의해 국제적으로 보안상태가 유지되는 기업임을 인증하는 보안경영 인증
>   제도
> ㄴ. 세계관세기구의 기준에 따라 물류기업이 일정 수준 이상의 기준을 충족하면 세관 통관절차
>   등을 간소화시켜 주는 제도
> ㄷ. 미국 세관이 제시하는 보안기준 충족 시 통관절차 간소화 등의 혜택이 주어지는 민관협력
>   프로그램

① ㄱ : ISO 6780, ㄴ : AEO,   ㄷ : C-TPAT
② ㄱ : ISO 6780, ㄴ : C-TPAT, ㄷ : AEO
③ ㄱ : ISO 6780, ㄴ : AEO,   ㄷ : ISO 28000
④ ㄱ : ISO 28000, ㄴ : AEO,   ㄷ : C-TPAT
⑤ ㄱ : ISO 28000, ㄴ : C-TPAT, ㄷ : AEO

> 해설 ㄱ. 보안경영 인증이면 ISO 28000이다.
> ㄴ. 세계관세기구가 정한 통관절차 간소화 제도는 AEO이다.
> ㄷ. 민관협력 프로그램이면 C-TPAT이다.

정답 **54** ① **55** ④

CHAPTER 07

물류 조직과 아웃소싱

01 배경 이해

	1960~1970년대	1980~1990년대	1990년대 말~
제조기술	• 제조기술 부족, 공급 부족 • 제품 차별화의 시대	• 제조기술 발전, 경쟁 심화 • 제품 다양화의 시대	• 제조기술 평준화, 무한 경쟁 • 시장이 원하는 제품의 시대
생산전략	• 소품종 대량생산의 시대 • 국내생산의 시대	• 다품종 소량생산의 시대 • 생산지와 소비지의 분리	• 고객 맞춤형 대량생산의 시대 • 글로벌 소싱의 시대
시장	• 소비자가 기다리는 시대 • 판매자 시장(Seller's Market) • 긴 제품수명주기	• 소비자의 기호 다양화 • 구매자 시장으로 전환 진행 • 짧아지는 제품수명주기	• 소비자의 기호 극단적 다양화 • 구매자 시장으로 전환 • 짧아진 제품수명주기
	▼	▼	▼
물류의 역할과 지향	• 생산과 판매를 지원하는 기능	• 고객서비스를 위해 물류업무를 통합 관리하는 기능	• 외부와 협업하여 성과 극대화 • 글로벌 경영 대응
	▼	▼	▼
	생산과 판매의 하위기능	물류 운영, 물류관리를 총괄하는 전담 조직	공급망 참여자와 외주물류업체의 물류 조직과 협업하는 조직

◀ [그림 7-1] 자본주의 발전과 물류 조직의 변화 ▶

(1) 물적 유통의 시대

① **생산 또는 영업의 하위기능** : 물적 유통의 시대에 물류는 지원 업무였다. 공장의 물류 운영은 생산의 하위기능, 판매물류 운영은 영업 또는 마케팅의 하위기능이었으며, 물류관리 전담 부서는 없었다.

② **개별 기능 간 충돌** : 물류가 타 부서의 하위기능이므로 기능 간 충돌이 발생할 수 있었다. 예를 들어 생산을 효율화하고 원가를 절감하기 위해 한꺼번에 대량생산하면 운송비를 추가 지출할 뿐 아니라, 제한된 시간에 하역하는 과정에서 실수나 사고가 발생할 수 있었다.

③ **자가물류** : 물류가 기업의 주요 기능 아래 위치한 하위기능이므로, 기업이 자체적으로 수행하였으며, 일본에서는 종합상사나 대규모 제조업체의 물류가 자회사로 분리되어 2자물류기업으로 발전하였다.

(2) 로지스틱스의 시대

① **고객서비스로서의 물류** : 시장이 구매자 시장으로 전환하고 경쟁이 치열해지면서, 기업들은 전체적인 프로세스 개선에 초점을 맞추기 시작했다. 이 과정에서 기업들은 물류가 고객서비스 개선에서 차지하는 중요성을 인식하기 시작했으며, 낭비를 제거하기 위해 물류 기능을 통합 관리할 필요성을 체감했다.

② **물류 기능 통합** : 고객서비스 개선과 통합적 물류관리를 위해 기업들은 물류 운영과 물류관리 업무를 총괄하는 물류 부서를 두기 시작했다.

③ **물류 아웃소싱** : 자가물류나 자회사물류 중심이었던 물적 유통의 시대와 달리, 치열한 경쟁 속에서 핵심역량에 집중하고 고객서비스 역량을 높이기 위해 물류에 전문화된 3자물류기업에 물류를 위탁하는 물류 아웃소싱이 활발해졌다. 물류 부서의 역할은 물류를 직접 수행하고 개선하는 역할에서, 3자물류기업의 성과를 평가하고 물류 개선을 위해 협력하는 역할로 바뀌었다.

(3) 공급망 관리의 시대

① **통합 물류 부서의 한계 노출** : 자가물류 운영이 물류자회사와 외주물류업체 운영으로 전환되고, 기업의 물류 부서가 공급망 참여자인 공급업체나 고객의 물류 부서와 협업해야 하는 사례가 증가하면서, 통합된 물류 부서로 대응하는 데 한계가 나타나기 시작했다.

② **글로벌 경영 대응 필요성 증가** : 글로벌 소싱과 글로벌 분업이 확산하고, 기업이 인수합병을 반복하여 거대화되고 다국적 기업이 되면서, 글로벌 경영에 대응할 수 있는 물류 조직이 필요하게 되었다.

③ **외부와 협업하는 조직** : 공급망 참여자의 물류 조직과 협업하고, 다국적 기업의 국가별 지사의 물류 조직과 협업할 수 있는 물류 조직 구조가 사업부 조직, 네트워크 조직 등으로 구체화하였다.

④ **분산된 조직, 행동은 통일** : 물류 기능을 통합하기 위해 물리적으로 부서를 통합하지 않는 대신, 정보기술을 활용하여 부서 간 정보를 공유하고 공통의 목표를 공유함으로써 물류 기능 통합 효과를 달성할 수 있게 되었다.

02 물류 조직

1 정의 및 개념

(1) 정의
물류 조직은 물류 운영과 물류관리에 특화된 조직을 말한다.

(2) 개념
① 의미
  ㉠ 정보, 보고, 권한과 책임의 흐름 : 기업의 조직 구조는 그 기업의 정보 흐름, 보고의 흐름, 권한과 책임의 흐름을 보여주며, 목표 달성을 위한 규칙과 관계, 권한과 책임을 규정한다.
  ㉡ 물류를 위한 정보, 보고, 권한과 책임의 흐름 : 물류 조직 구조는 물류관리의 목표인 물류비 절감과 고객서비스 향상을 위한 규칙과 관계, 권한과 책임을 규정한다고 볼 수 있다.
② 발전 과정 : 물류의 역할이 물적 유통에서 로지스틱스로, 로지스틱스에서 공급망 관리로 변하고 기업의 규모가 성장함에 따라, 기능조직 → 라인·스태프조직 → 사업부 조직 → 그리드 조직으로 발전해 왔다.
③ 수평적 조직으로 변화 : 생산과 판매의 하위기능이자 수직적 조직이었던 물류 조직은 공급망 관리의 시대를 맞아 더 유연한 관리를 위해 수평적 조직으로 변해 왔다.

(3) 분류
① 형태 기준 : 사내 조직과 자회사로 분류할 수 있다.
  ㉠ 사내 조직 : 물류 활동을 수행하는 기업에 물류 조직을 두는 형태이다.
  ㉡ 자회사 : 물류 활동을 수행하는 기업의 물류 조직이 자회사에 있거나, 자회사의 물류 조직과 긴밀하게 협력하는 형태를 말한다.
② 관리 기준 : 분산형, 집중형, 집중 분산형으로 분류할 수 있다.
  ㉠ 분산형 : 권한이 하위 실무 부서에 위임되어 있다. 물류 기능이 전담 부서에 집중된 형태가 아니라 다른 부서의 하위기능으로 들어간 형태를 말한다. 예를 들어 공장의 물류 운영은 생산의 하위기능, 판매물류 운영은 영업 또는 마케팅의 하위기능으로 두는 형태이다.
  ㉡ 집중형 : 권한이 상위 관리 부서와 경영진에 위임되어 있다. 집중형 조직에서는 물류 부서 아래 되도록 많은 물류 기능, 예를 들어 계획과 운영을 모두 한 부서의 통제 아래 둔다.
  ㉢ 집중 분산형 조직 : 정보기술의 발전에 따라 물리적으로 부서를 통합하지 않아도 정보시스템 기반으로 사업계획 관리, 성과지표 관리, 의사소통 등을 통해 물류를 통합 관리할 기회가 열렸다. 물류가 조직적으로는 분산되어 있어도, 실제 업무는 같은 목표와 성과를 지향하는

형태로 운영되다가, 필요시 프로젝트 조직 등 다른 방법으로 모여서 문제를 해결할 수 있는 구조이다.

ⓐ 글로벌 경영 : 본사와 국가별 지사가 독립적으로 물류업무를 수행하게 되면서, 본사의 물류 부서는 전사 물류관리와 운영 성과를 감독하고, 지사의 물류 부서는 물류 운영과 함께 성과를 관리한다.

ⓑ 사업부별 물류 조직 : 기업의 총괄 물류 조직은 전체적인 계획을 관리하고, 사업부 물류 조직은 성과 관리와 실제 운영을 담당한다.

ⓒ 정보공유 : 분산되어 있지만 하나의 기능처럼 움직이는 물류 조직을 운영하려면 성과 극대화, 생산성 개선, 정보공유가 필요하다.

ⓓ 프로세스 중심의 조직 : 부서 중심의 업무가 아닌 프로세스 중심의 업무가 되어야 집중 분산형 조직 운영이 가능하다.

③ 기능 기준 : 프로젝트형, 매트릭스형, 팀제, 네트워크형으로 분류할 수 있다.

(4) 효율적 물류 조직의 기대 효과

① 물류비 절감 : 물류비 절감에 대한 동기부여는 물론, 권한과 책임을 통해 물류비를 절감하고 기업의 이익 증대에 공헌한다.

② 고객서비스 개선 : 물류 활동을 효율화함으로써 물류 품질을 높이고, 높은 물류 품질로 고객서비스 수준을 높이며, 결과적으로 기업의 매출과 경쟁력을 높이는 데 공헌한다.

③ 물류관리 역량 제고 : 물류관리 프로세스를 표준화하고 개선 활동을 활발하게 추진한다.

④ 전문화 : 물류관리의 전문성을 높임으로써 모기업이 전문 분야에 계속 집중할 수 있도록 지원한다.

(5) 물류관리자의 역할

① 물류 조직의 전략과 방향 제시 : 물류전략은 기업 전략 중 일부분이다.

② 물류비 절감과 영업이익 증대 : 물류비용을 절감하고 물류 고객서비스 수준을 높임으로써 매출과 영업이익 증대에 공헌한다.

③ 문제점 개선 : 현재 문제가 되는 부분을 개선하고 재발하지 않도록 관리한다.

④ 전문성 유지 : 물류 전문인력을 양성하고 구성원의 경력을 관리하여 전문가로 성장할 수 있도록 지원한다.

⑤ 관련 업무 이해 : 생산, 영업, 회계, 인사 등 관련 업무를 이해하고 조정한다.

⑥ 의사소통 : 성과 극대화와 변화관리를 위해 물류 조직 안팎으로 원활하게 의사소통한다.

2 물류 조직의 일반적 형태

(1) 기능조직

① 업무의 유사성으로 조직 분리 : 구성원을 업무, 분야, 활동의 유사성에 따라 묶어서 별도 조직으로

분리한 형태를 말한다.

② 물류는 다른 조직의 하위기능 : 물류를 생산이나 영업의 하위기능으로 둔다.

③ 장점

  ㉠ 업무 효율 : 업무 분야로 조직을 분리하였으므로 해당 업무만의 업무 효율은 높아진다.

  ㉡ 자기만족과 혁신 유인 : 익숙한 업무를 하므로 구성원의 자기만족도가 높고, 업무를 혁신하고자 하는 유인을 준다. 제조업체에서 오래 근무한 근무자들이 업무 개선 아이디어를 많이 제안하는 경향이 있다.

④ 단점

  ㉠ 전사 차원의 활동 불가 : 전사 차원의 물류전략이나 물류계획을 수립할 수는 없다.

  ㉡ 정보공유 한계 : 다른 부서와의 의사소통이나 상호작용에는 한계가 있으며, 타 부서 인원에게 정보를 공유하면 자기 일자리가 없어진다는 생각 때문에 정보공유를 꺼린다.

  ㉢ 물류 전문가 양성 한계 : 개별 기능 전문화는 가능하나, 전체적인 물류를 총괄할 수 있는 전문가를 양성하기 어렵다.

  ㉣ 물류비용 최적화 한계 : 개별 기능으로 조직을 분리하였으므로, 어느 한 부서가 비용을 절감하면 다른 부서의 비용이 증가한다. 운송 부서가 운송 빈도를 줄여서 운송비용을 절감하면 창고 부서는 안전재고를 더 많이 보관해야 하므로 보관비용이 늘어난다.

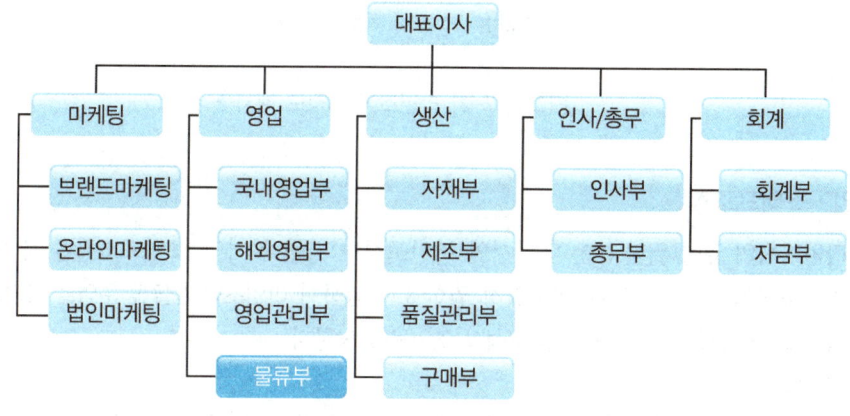

◀ [그림 7-2] 기능조직 조직도 예시 ▶

(2) 라인조직

① 물류 운영조직 : 한 명의 최고 경영자 아래 수직적 조직 구조를 구성하고, 그 안에 물류 운영조직을 두는 형태이다. 권한은 위에서 아래로 흐르고, 보고는 아래에서 위로 이루어진다.

② 소규모 기업에 적합 : 한 명의 최고 경영자 아래 소수의 인원으로 수직적으로 조직을 구성할 때 적합하다. 그러나 구성원이 증가하면 최고 경영자가 모든 상황을 판단하고 의사 결정할 수 없으므로, 라인·스태프조직 등 다른 형태의 조직이 필요하다.

③ 장점

    ㉠ 보고체계 : 보고체계가 명확하다.

    ㉡ 진급과 승진 유인 : 조직의 사다리 구조가 명확하므로, 구성원이 진급과 승진을 바라보고 열심히 일할 유인을 준다.

④ 단점

    ㉠ 관료제 : 업무 지연이나 위험 회피 경향이 있다.

    ㉡ 부서 이기주의 : 소속 부서 업무에 최우선 순위를 두는 부서 이기주의가 생기기 쉽다.

    ㉢ 의견 개진에 한계 : 구성원의 자유로운 의견 개진이 어렵다.

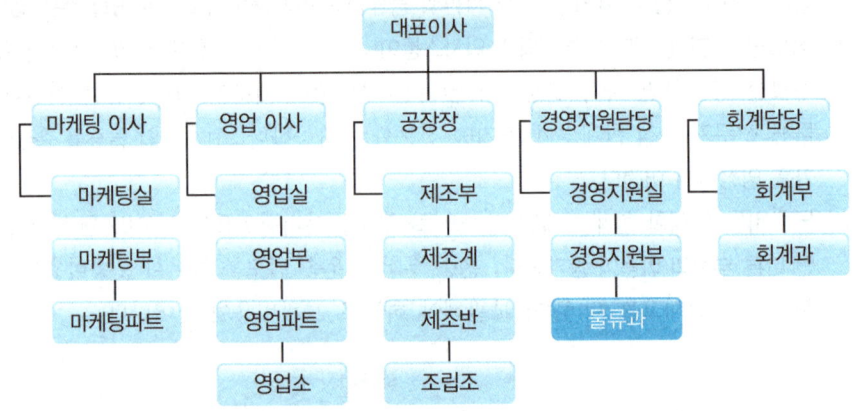

◀ [그림 7-3] 라인조직 조직도 예시 ▶

(3) 라인·스태프조직

① 라인조직의 권한 위임 : 운영 부서인 라인조직과 지원 부서인 스태프조직을 분리한 조직이다. 라인조직이 스태프조직에 의사결정 권한을 위임하여 라인조직은 물류 운영을 담당하고, 스태프조직은 의사결정을 지원하기 위한 분석과 조언을 담당한다.

② 물류업무 분화

    ㉠ 스태프조직 : 물류전략, 물류 사업계획, 물류비 관리, 물류 프로세스 개선을 담당하며, 실제 운영을 담당하지는 않는다.

    ㉡ 라인조직 : 입출고, 보관, 피킹, 포장, 유통가공, 출하, 수·배송 등 실제 운영을 담당한다.

③ 소규모 기업에 적합 : 물류관리는 하고 싶지만, 경험이나 역량이 부족한 기업이 선택할 수 있는 조직 구조이다.

④ 장점

    ㉠ 최고 경영자의 의사결정 부담 경감 : 최고 경영자가 모든 상황을 직접 판단하지 않고도 스태프조직의 조언을 듣고 의사 결정할 수 있다.

    ㉡ 조직관리 용이 : 스태프 부서의 지원 업무 전담으로 조직을 쉽게 관리하고 통제할 수 있다.

⑤ 단점

  ㉠ 라인과 스태프의 인식 차이 : 라인은 스태프의 조언을 듣지 않고 업무를 수행하고, 스태프는 라인의 상황을 고려하지 않고 계획을 수립할 위험이 있다.

  ㉡ 지시, 조언, 권고 혼동 : 스태프의 조언이 지시인지, 조언인지, 권고인지 혼동하기 쉽고 경영진의 의도, 정확한 의사소통 여부를 확인하는 데 노력이 들어간다.

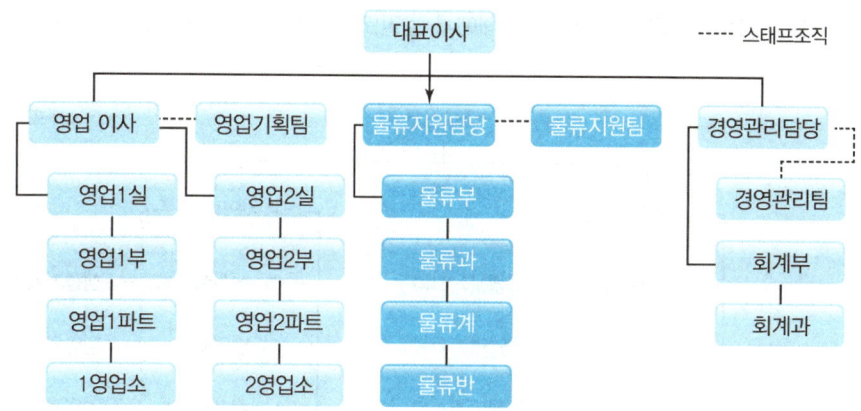

[그림 7-4] 라인·스태프조직 조직도 예시

(4) 사업부 조직

① 사업부별 라인·스태프조직 : 기업이 성장함에 따라 제품이나 서비스, 고객, 지역에 따라 사업부를 분리하고 사업부별로 라인·스태프조직을 두는 구조를 말한다. 담당 국가와 시장이 많은 기업에서 볼 수 있다.

② 규모가 큰 기업에 적합 : 기업의 규모가 커지면서 최고 경영자가 기업의 모든 업무를 관리하기 어려워짐에 따라, 각 사업 단위의 성과를 극대화하기 위해 만들어진 조직이다. 사업부마다 총괄 경영진과 물류 부서가 있어서 여러 가지 사업을 운영하는 큰 기업에 적합한 조직이다.

③ 사업부별 물류 조직 분리 : 오늘날 큰 기업들은 본사와 사업부에 물류를 총괄하는 조직이 있고, 본사는 전 지역 전 제품 물류를, 사업부는 담당 지역 또는 담당 제품 물류를 담당한다. 본사는 성과지표를 바탕으로 사업부 물류 조직을 관리·감독하고 필요하면 지원하지만, 기본적으로 제품 단위 물류관리와 물류 운영은 사업부 물류 조직이 담당한다.

④ 장점

  ㉠ 유연한 업무 수행 : 동일 업무라도 사업부마다 업무하는 방식이 다를 때, 사업부 단위로 유연하게 업무를 수행할 수 있다.

  ㉡ 고객요구 대응 : 조직이 분리되어 있으므로 고객의 요구에 신속하게 대응하기 유리하다.

  ㉢ 사업부별 독립성 : 사업부라는 말 자체가 사업부 스스로 매출을 일으키고 수익을 내는 독립채산제를 전제로 한다. 독립채산제에 따라 사업부별 조직마다 독립성과 자율성을 갖고 있으므

로, 혁신 활동도 자체적으로 수행하며, 결과에 대한 책임도 부담한다.

    ㉣ 전문인력 육성 : 사업부별로 모든 물류 활동을 책임지고 직접 관할하므로 물류관리의 효율화 및 물류 전문인력 육성이 가능하다.

⑤ 단점

    ㉠ 자원 중복 투입 : 사업부마다 동일 업무를 하는 조직이 있으므로 자원이 중복으로 투입된다.

    ㉡ 수평적 교류 미흡 : 타 사업부와 교류가 적어, 의사소통과 상호작용이 미약하다.

    ㉢ 내부 경쟁 : 경쟁사가 아닌 사내에서 불필요한 경쟁이 일어나기 쉬운 구조이다.

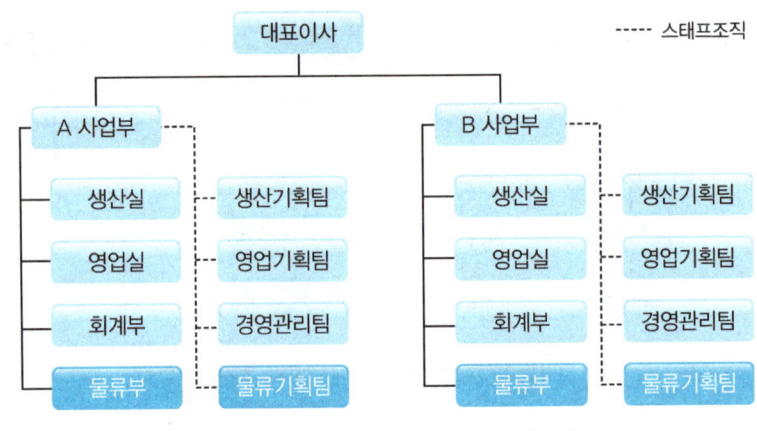

[그림 7-5] 사업부 조직 조직도 예시

(5) 그리드 조직

① 본사와 지사 간 조직 분리 : 기업이 성장함에 따라 제품이나 서비스, 고객, 국가에 따라 지사를 분리하고 지사별로 라인조직, 필요시 스태프조직을 두는 구조를 말한다.

② 다국적 기업에 적합 : 본사에는 전사 총괄 물류 부서가 있고, 각 지사에는 담당 국가를 총괄하는 물류 부서가 있어서 국가별로 사업을 운영하는 다국적 기업에 적합한 조직 구조이다.

③ 본사와 지사 간 관계 : 오늘날 다국적 기업들은 본사와 사업부에 전사는 물론 지사 물류를 총괄하는 조직이 있고, 지역본부에 담당 지역 물류를 총괄하는 조직이 있으며, 국가별 지사마다 해당 국가의 물류를 관리하고 운영하는 조직이 있다. 국가별 지사의 물류 조직은 본사, 사업부, 지역본부 물류 조직의 관리·감독을 받으며, 혁신 활동이나 대규모 투자가 필요할 때는 그에 맞는 인적 지원을 받는다.

④ 장점

    ㉠ 유연한 업무 수행 : 동일 업무라도 국가별로 미세하게 업무하는 방식이 다를 때, 국가 단위로 유연하게 업무를 수행할 수 있다.

    ㉡ 고객요구 대응 : 조직이 분리되어 있으므로 고객의 요구에 신속하게 대응하기 유리하다.

⑤ 단점

　㉠ 의사소통 미흡 : 타 지사와 교류가 적어, 의사소통과 상호작용이 미약하다.

　㉡ 내부 경쟁 : 경쟁사가 아닌 사내에서 경쟁이 일어나, 우수 인력의 이동이 어려운 구조이다.

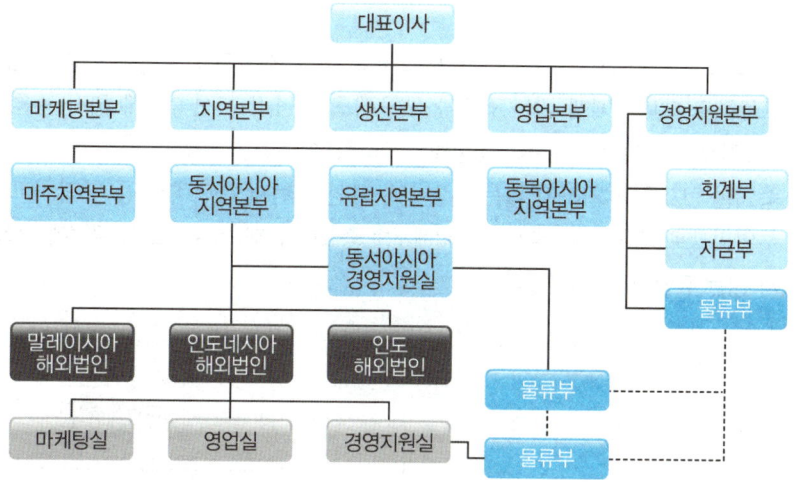

◀ [그림 7-6] 그리드 조직 조직도 예시 ▶

TIP 물류 조직의 발전 과정

일반적인 물류 조직의 발전 과정을 보면 모두 집중형 조직이다. 최상위 물류 총괄 조직과 하위 물류 조직이 있거나, 특정 업무를 하나의 조직이 수행한다.

3 물류 조직의 기능별 형태

(1) 프로젝트 조직

① 프로젝트 중심의 집중형 조직 : 특정 문제를 해결하기 위해 프로젝트 중심으로 만들어진 조직 구조이다.

② 임시 조직 : 프로젝트 조직은 프로젝트가 완료되면 팀과 투입된 자원의 해산을 원칙으로 하는 임시 조직이다.

③ 목표 지향적인 조직 : 프로젝트 조직 자체가 시장 환경변화에 따라 발생하는 문제를 해결하기 위해 만들어지므로, 프로젝트 조직을 구성하려면 프로젝트 배경, 투입 인원, 보고체계, 목적, 기대 효과를 명확하게 해야 한다. 프로젝트 조직은 처음부터 목표 지향적인 조직이다.

④ 프로젝트 매니저의 권한 : 프로젝트 매니저가 조직을 총괄하고, 자원을 배분하며, 의사결정을 내린다.

⑤ 장점

　㉠ 효율적 의사결정 : 프로젝트 매니저가 결정하므로 의사결정이 빠르고 효율적이며, 문제 해결을 위해 기존 조직에서 모은 구성원이므로 의사소통도 효율적이다.

ⓒ 목표 지향에 따른 경각심 : 프로젝트 완료라는 목표가 있으므로, 구성원이 경각심을 가지고 협업할 수 있다.

ⓒ 유연성과 융통성 : 구성원의 원소속 조직 이외의 조직을 이해할 수 있게 되므로, 구성원의 유연성과 융통성이 증가한다.

⑥ 단점

㉠ 스트레스 : 프로젝트 완료를 목표로 하므로, 구성원의 **스트레스** 수준이 높다.

ⓒ 프로젝트 매니저에게 권한 집중 : 프로젝트 매니저가 신속하게 의사 결정할 수 있는 만큼, 프로젝트 매니저에게 권한이 집중될 수도 있다.

ⓒ 중요한 인재를 투입하지 않는 유인 : 구성원이 현재 하던 업무를 중단하고 프로젝트 조직에 투입되므로, 구성원의 원소속 조직에서는 중요한 인재, 프로젝트의 목적에 부합하는 인재를 내놓지 않는 유인이 될 수 있다.

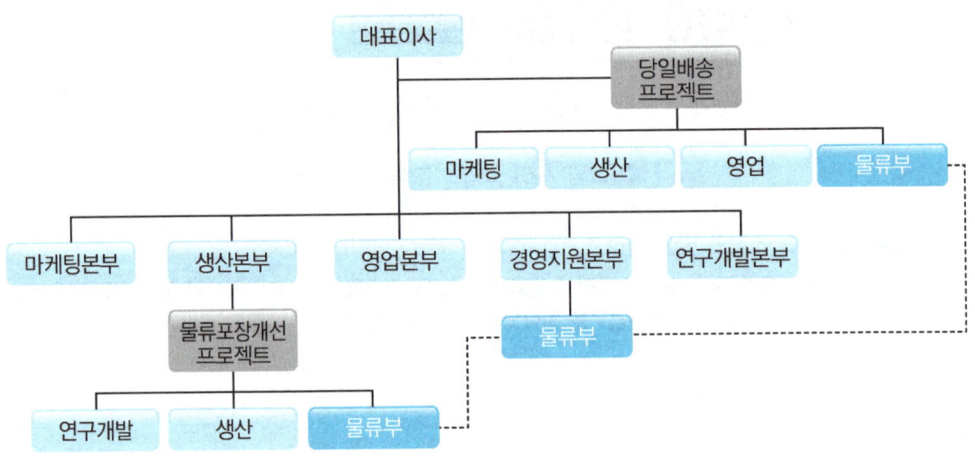

◀ [그림 7-7] 프로젝트 조직 조직도 예시 ▶

(2) 매트릭스 조직

① 기능조직과 프로젝트 조직을 절충한 집중형 조직 : 전통적 기능조직 구조에서는 조직 간 이동과 업무공유가 쉽지 않고, 프로젝트 조직 구조에서는 프로젝트 종료 후 아무도 결과에 책임지지 않는 단점을 고려하여, 물류 담당자들이 평상시에는 기능조직 부서에서 근무하다가 필요시 해당 부서의 인원들과 함께 문제를 해결하기 위해 구성하는 조직이다.

② 숙련된 전문가가 필요한 분야에서 활용 : 항공우주산업 등 첨단 산업이나, 물류정보시스템 구축 등 숙련된 인력이 많이 필요한 조직에서 활용한다. 시장보다는 사내에서 숙련된 전문가를 쉽게 찾을 수 있는 조직에서 많이 볼 수 있다.

③ 이중 명령계통 및 보고체계 : 구성원은 원소속 조직과 프로젝트 조직 양쪽에서 업무 지시를 받으며, 보고도 양쪽에 한다.

④ 장점

　㉠ 적합한 인재 선택 : 프로젝트를 수행하는 데 가장 적합한 인재를 유연하게 선택할 수 있다.

　㉡ 구성원에게 성장의 기회 부여 : 구성원이 자신의 역할을 벗어나 다른 능력을 익힐 기회가 생긴다.

⑤ 단점

　㉠ 이중 명령계통 및 보고체계에 따른 갈등 : 기능형과 프로젝트형의 중간 형태여서 권한과 책임의 한계가 분명하지 않아 프로젝트 조직과 원소속 조직 간 갈등이 생길 수 있다.

　㉡ 조직체계 혼란 : 구성원의 이동이 잦으면 조직도가 자주 바뀌기 때문에 혼란을 준다.

　㉢ 라인조직 흐름 정체 : 명령계통과 보고체계가 이중화되면서 명령, 지시계통인 라인의 흐름이 정체될 수 있다.

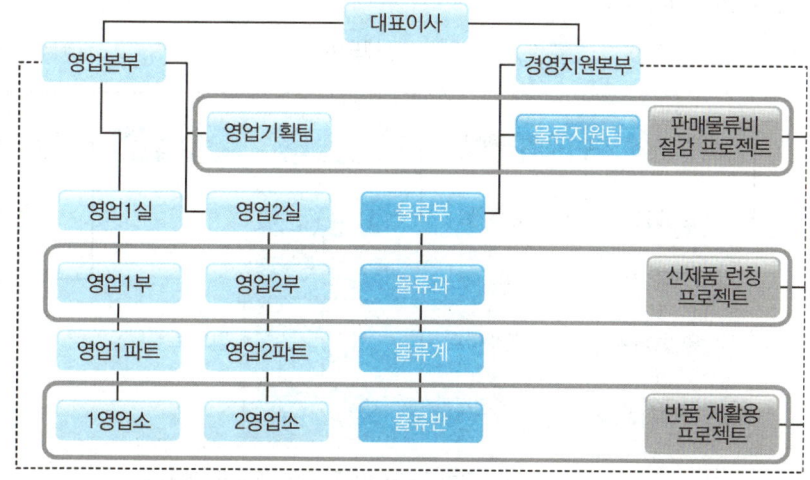

◀ [그림 7-8] 매트릭스 조직 조직도 예시 ▶

> **TIP** 프로젝트 조직과 매트릭스 조직의 차이
>
> 만약 물류비용 결산 시스템을 새로 구축하기 위해 프로젝트 조직을 구성하고, 프로젝트 매니저와 프로젝트 구성원을 따로 뽑고 발령을 냈다면 프로젝트 조직이다. 프로젝트 매니저를 포함하여 구성원의 원소속 조직을 그대로 두고 프로젝트 조직을 구성하고 보고 또한 원소속 조직과 프로젝트 조직 양쪽에 한다면 매트릭스 조직이다.

(3) 팀 조직

① 협업을 공식화한 분권형 조직 : 기업에 따라서는 라인조직이나 기능조직을 팀으로 이름만 바꿔서 크게 달라지는 점이 없기도 하지만, 팀 조직은 조직 내 전결을 간소화함으로써 다른 부서와의 협업을 공식화한다는 면에서 기존 조직과는 다르다.

② 관리·감독의 유연성 : 부서의 경계 없이 업무 중심으로 구성원을 조직화하기 때문에 매트릭스 조직과 비슷해 보이지만, 협업을 위한 관리·감독의 유연성 부여가 목적이지 구성원 이동의 유연성 부여가 목적이 아니다.

③ 장점

　　㉠ 생산성과 투명성 : 부서의 경계를 두지 않고 협업하므로 생산성, 투명성이 높아진다.

　　㉡ 인력 활용 효율성 증대 : 구성원의 역량에 따라 팀장과 팀원을 오갈 수 있으므로 근속햇수보다 구성원의 경험이 더 중요해지고, 인력 활용의 효율성도 높아진다.

　　㉢ 관리 최소화 : 관리계층이 줄어들어 관리가 최소화된다.

④ 단점

　　㉠ 감시 통제의 문제 : 전결과 관리가 최소화되기 때문에 감시와 통제가 느슨해진다.

　　㉡ 동기부여 미흡 : 기업의 조직체계가 모호해지므로, 구성원이 진급과 승진을 위해 열심히 일하는 유인이 적어진다.

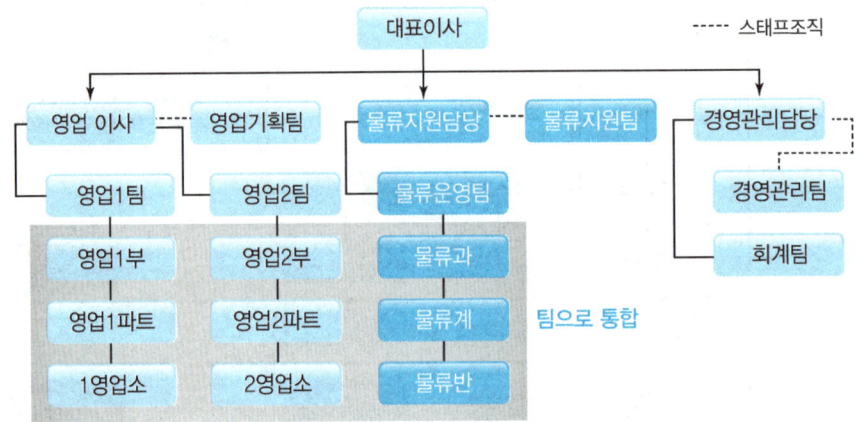

◀ [그림 7-9] 팀제 조직 조직도 예시 ▶

(4) 네트워크 조직

① 기업 내외부 모두와 협업하는 분권형 조직 : 하나의 로케이션, 하나의 기업에서 부서 간 관계를 관리할 뿐만 아니라, 각기 다른 로케이션은 물론 자유 계약직, 물류자회사, 외주물류업체 등 특정 과업을 수행하는 기업 외 다른 조직이나 인원과도 협업하는 조직이다.

② 물류기업이나 기술기업의 조직 : 분권형 조직으로 물류기업이나 기술기업에서 많이 볼 수 있다.

③ 장점

　　㉠ 경쟁력 강화 촉진 : 과업을 기업 외 다른 조직이나 다른 사람에게 위임하는 유연성이 있어서 경쟁력 강화를 촉진하는 유인이 된다.

　　㉡ 의사소통, 협업, 혁신 : 기업 외 다른 조직이나 다른 사람과도 의사소통해야 하는 조직이므로, 구성원 간 의사소통과 협업, 혁신의 유인이 다른 조직보다 높다.

④ 단점

　㉠ 복잡성 : 기업의 내외부 모두와 협업하는 조직이므로 조직 자체가 복잡하다.

　㉡ 잠재적 경쟁자 : 기업 외부와 협업하던 상대가 잠재적 경쟁자가 될 수 있다.

　㉢ 최종 의사결정자 불분명 : 외부와 협업하다 보면 누가 최종 의사결정을 내려야 하는지 모호해진다.

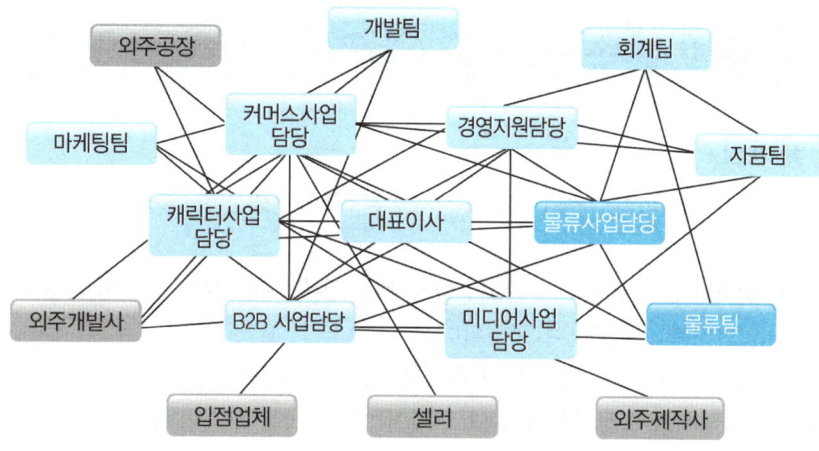

◀ [그림 7-10] 네트워크 조직 조직도 예시 ▶

4 물류 조직의 변천 과정

(1) 분산형

물류 전담 조직 없음 : 물류 조직이 별도로 있지 않고, 영업이나 생산 등 다른 부서의 하위기능으로 존재했다.

(2) 집중형

물류 전담 조직 탄생 : 물류 통합 관리를 위해 물류관리와 운영을 총괄하는 하나의 물류 조직을 두었다.

(3) 독립채산형

물류 전담 조직의 기능을 사업부별 분할 : 기업에서 통합된 물류 부서로 존재하던 물류관리와 운영 업무는 사업부별로 흩어지게 되었다. 특히 사업부는 독립적으로 연구개발, 생산, 판매를 수행하는 조직이므로, 사업부별 물류는 물류비용을 예산 삼아 지출하고 예산 절감을 위해 노력하는 독립채산형 조직이 되었다.

(4) 물류자회사

물류관리 전문화 지향 : 물류 아웃소싱 효과와 함께 전문화된 물류관리를 위해 모기업이 출자하고 모기업의 물류업무를 수행하는 물류자회사가 생겼다.

03 물류자회사

(1) 정의 및 개념

① 자가물류 조직의 독립 : 자가물류, 즉 1자물류 조직이 독립하면서 자회사물류, 즉 2자물류기업이 생겼다.

② 모기업 출자와 인력 이동 : 모기업이 물류 활동 전부 또는 일부를 위탁하기 위해 모기업이 출자하고 모기업의 인력이 이동하여 구성된다.

③ 인적 독립 : 물류자회사 설립 초기에는 모기업 인력 다수가 물류자회사로 넘어가기 때문에, 모기업 물류 부서와 물류자회사 운영 부서의 업무협의는 모기업 부서 간 업무협의와 큰 차이가 없다. 인적 독립만 되어 있는 수준이다.

④ 모기업 전속 물류기업 : 물류자회사 설립 초기에는 경영이 안정되지 않아 모기업 전속 물류기업 역할에 집중한다.

⑤ 그룹 물류기업 : 물류자회사가 역량을 키우고, 경영이 안정되고, 신규 채용으로 모기업 인력의 비중이 줄어들면 모기업과의 관계는 화주와 3자물류기업 간의 관계처럼 비용 중심적 관계로 바뀐다. 또한 모기업 전속 물류에서 벗어나 그룹 계열사 물류를 맡으면서 성장한다.

⑥ 종합물류회사로 성장 : 모기업과 그룹 계열사의 물류 경험을 토대로 다른 기업의 물류 아웃소싱을 확대하면서 종합물류회사로 성장한다.

(2) 설립목적

① 물류비 절감 : 2자물류기업은 모기업의 물류비를 매출액 삼고, 물류 활동에 투입되는 자원을 매출원가 삼아 운영되므로, 모기업보다 물류비 절감의 유인이 강하다.

② 고객서비스 수준 향상 : 2자물류기업은 대주주인 모기업의 평가를 받으므로, 모기업이 물류 활동을 수행할 때보다 고객서비스 수준을 높여야 하는 당위성이 강하다.

③ 물류관리 편의성 제고 : 모기업이 자회사에 지급하는 물류비가 모기업의 물류비가 되며, 자회사의 물류관리 수준 개선이 곧 모기업의 물류관리 수준 개선이므로, 물류관리 편의성이 높아진다.

④ 전문화 : 모기업은 전문 분야에 집중할 수 있으며, 물류자회사는 물류 분야를 전문 분야로 하여 역량 강화에 집중할 수 있다. 일반적으로 물류자회사는 처음에는 모기업의 물류 활동을 수행하다가 이를 통한 역량 강화 후 다른 회사 물류 아웃소싱 수주를 통해 성장하고 모기업 비중을 줄여 나간다.

⑤ **자산 유동화** : 2자물류기업은 모기업의 물류 자산을 인수하여 운영하고 필요시 3자물류에 이용하거나 재임대하여 유동화한다. 모기업은 2자물류기업에 매각한 물류 자산 사용의 대가로 임대료를 지급함으로써, 자산 보유에 따른 현금흐름 부담을 덜 수 있다.

(3) 모기업의 장점

① **핵심역량 집중** : 모기업은 핵심사업에 역량을 집중할 수 있다.
② **물류관리 일원화** : 물류시설, 인원, 장비 등을 물류자회사 소속으로 분리하여 운영하고, 기존 모기업과 계약하던 3자물류기업 또한 물류자회사와 계약하도록 만들면, 물류관리 및 물류비 관리의 책임이 물류자회사로 일원화되는 효과가 있다.
③ **물류 직군의 임금수준 조정** : 고임금의 물류 직군 인력이 물류자회사로 이동함으로써 물류자회사가 임금수준을 조절하는 완충지대 역할을 한다. 실제 많은 물류자회사가 설립 초기에 모기업보다 약간 낮은 수준의 임금수준을 지향하는 경향이 있다.
④ **모기업의 물류전략 이해** : 물류자회사는 모기업의 물류전략을 잘 이해하고 있으므로, 모기업의 비용을 전체적으로 낮추면서 효과적인 서비스를 제공할 수 있다.
⑤ **사외유출 최소화** : 외주물류업체에 물류를 아웃소싱하는 대신 물류자회사를 설립하여 운영하면 사외 현금유출을 줄일 수 있으며, 자가물류 때와 마찬가지로 물류정보를 신속하게 수집할 수 있다. 물류자회사 설립 초기에는 모기업의 물류시스템을 그대로 사용할 수밖에 없으며, 이후 새로운 시스템을 구축할 때도 모기업의 시스템과의 연결에 집중할 수 있으므로 물류정보 수집 면에서 외주물류업체보다 유리하다.

(4) 물류자회사의 장점

① **설비투자** : 물류자회사는 모기업의 물량을 바탕으로 설비투자와 투자금 회수에 유리하다.
② **전문인력 양성** : 물류자회사는 모기업 물류 인력을 물류 전문가로 양성하기 유리하다.
③ **책임경영** : 물류자회사에 모회사의 물류비는 매출액이며, 물류 자원 투입은 매출원가에 해당한다. 물류 자원을 적게 들이면서 목표 서비스 수준을 유지한 만큼 영업이익이 발생하므로, 독립채산제를 통해 물류비용을 더 철저히 관리할 수 있고, 책임경영이 가능하다.
④ **독자 경영** : 모기업의 물류부문일 때는 독자적인 물류정책을 수립하고 독자적인 물류시스템을 구축하기 어려웠으나, 물류자회사는 할 수 있다.
⑤ **규모의 경제** : 모기업에 이어 그룹 계열사와 타 기업의 물류까지 맡으면서 물류설비와 시설 면에서 규모의 경제를 실현하고 이익을 높일 수 있다.

(5) 단점

① **전략과 정책의 충돌** : 물류자회사의 모기업 비중이 줄어들면 물류전략과 정책 면에서 모기업과 충돌할 수 있다.

② 모기업의 인력 정리 : 모기업이 물류자회사를 인력 정리 수단으로 활용하면 물류자회사의 생산성과 수익성, 기업문화가 악화한다.

③ 모기업의 경영 간섭 : 모기업이 자회사의 급여 인상을 통제하거나, 영업이익 발생 시 물류비 삭감으로 영업이익을 환수하는 등 간섭하면 물류자회사는 서비스 수준 개선 의욕, 근로의욕, 물류 합리화 의욕이 저하될 수 있다.

④ 모기업의 스태프 증가 : 모기업은 물류자회사 설립 후에도 물류자회사 성과 관리와 모니터링을 이유로 스태프조직을 줄이기 어려울 수 있다.

04 물류 아웃소싱

1 정의 및 개념

(1) 정의

① 외주물류업체에 위탁 : 물류 활동을 효율화하기 위해 물류 기능을 외부의 전문 물류업체에 위탁하여 물류를 운영하는 형태를 말한다.

② 국가물류기본계획 명시 : 2021년 발표된 제5차 국가물류기본계획에서도 3자물류 이용률 목표를 2018년 52%에서 2025년 56%로 잡고 있다. 국가 정책도 화주기업이 중·장기적으로 1자물류를 거쳐 3자물류로 전환하도록 유도하고 있다고 볼 수 있다.

전략 5. 새로운 수요 대응 위한 물류산업 경쟁력 강화 체질 개선							
세부목표		성과지표	단위	기준 연도	현황	'25년 목표	'30년 목표
5.1	국가 물류비 절감	GDP 대비 국가 물류비 비중	%	'18	9.4	8.6	8.1
5.2	글로벌 물류기업 육성	매출 3조 원 이상 전문물류기업	사	'18	4	5	6
5.3	물류기업의 수익성 제고	물류기업 영업이익률	%	'19	8.7	9.6	10.4
5.4	물류시장의 확대	**3자물류 이용률**	%	'18	52.0	56.0	59.1
		물류산업 매출액	조 원	'19	91.9	115.6	140.7
5.5	물류 새싹기업 육성	물류 새싹기업 창업 수	개	'19	212	494	729
5.6	중소물류기업의 경쟁력 제고	300인 이하 업체당 매출액	억 원	'19	2.2	2.6	3.1
5.7	택배시장규모	택배시장 매출액	조 원	'19	7.5	9.9	13.1

◀ [그림 7-11] 제5차 국가물류기본계획 발췌 ▶

(2) 목적

① **네트워크 활용** : 외주물류업체의 글로벌 네트워크를 활용해야 할 때 유리하다. 우리나라에 진출한 외국계 기업들이 외국계 외주물류업체를 이용하는 이유 중 하나는 외주물류업체의 글로벌 네트워크가 본사나 공장을 연결하고 있기 때문이다. 우리나라 기업들이 특정 국가 시장에 진출할 때 특정 지역 물류에 특화된 전문 물류업체를 이용하는 이유도 글로벌 네트워크 때문이다.

② **물류 효율화** : 물류 활동을 전문가에게 위탁함으로써 물류 운영 효율을 높이고 물류비용을 절감한다. 아웃소싱을 추진하는 화주는 외주물류업체에 물류비용 절감과 원활한 성수기 대응 등을 기대한다.

③ **고객서비스 수준 향상** : 물류 활동을 전문가에게 위탁함으로써 재고정확도, 납기 준수율, 오배송률 등을 개선할 수 있다.

④ **물류 조직 재정비** : 물류 아웃소싱을 통해 기존 자가물류 조직을 재정비하여 관리조직으로 재편하고 운영조직은 외주물류업체로 대체한다. 이를 위해 외주물류업체가 기존 자가물류 조직의 운영 인력을 인수하기도 한다.

⑤ **변동비화와 직접물류비화** : 자가물류를 운영하면 물류센터 시설 등에 꾸준히 투자해야 하지만, 외주물류업체에 아웃소싱하면 운송, 보관 등을 이용한 만큼만 비용을 지급할 수 있으므로 물류비를 변동비화하고 직접물류비화하는 데 유리하다.

⑥ **핵심역량에 집중** : 물류가 핵심역량이 아니라면 전문가에게 위탁하고, 핵심역량에 기업의 자원을 집중할 수 있다. 전자상거래 플랫폼 기업이 기업의 자원을 물류 투자에 집중하는 이유는 물류가 플랫폼 기업의 핵심역량이기 때문이다. 그러나 일반적인 제조업체에게 물류는 핵심역량이 아니다. 그래서 제조업체가 물류 아웃소싱에 소극적일 때가 많다.

(3) 아웃소싱 사전 준비

① **자사의 물류비 파악** : 화주기업은 물류 아웃소싱 이전에 자사의 물류비 현황을 정확히 파악해야 한다. 물류기업이 제시한 요율을 이용할 때 물류비 절감 효과가 있는지 시뮬레이션해 보고 물류비용 절감 가능성을 판단하려면 꼭 필요하다.

② **전략의 일관성** : 물류 아웃소싱과 관련된 주된 목적과 전략의 일관성을 유지해야 한다. 물류비용 절감을 목적으로 아웃소싱을 추진하다가 뒤늦게 고객서비스 향상 또는 글로벌 경영 등을 전략으로 내세우면 물류기업도 제대로 제안할 수 없다.

③ **협력 관계 구축** : 화주기업과 물류기업 간 수직적인 갑을 관계가 아닌 서로 이익이 되는 장기적인 협력 관계를 구축해야 한다.

(4) 장점

① 화주기업

　㉠ 핵심역량 집중으로 기업경쟁력 제고

ⓛ 물류비용 절감과 물류 투자 감소 : 요율 재협상 주기를 둠으로써 물가 상승에 의한 물류비 상승을 방어할 수 있다.

ⓒ 물류 조직 간소화와 물류 인력 고용 유연화

ⓔ 단위당 요율에 따른 명확한 물류비용 집계와 성과지표에 의한 명확한 서비스 수준 평가

ⓜ 전문 물류기업의 인프라를 전략적으로 활용 가능

ⓐ 해외시장에 진출할 때 물류기업의 글로벌 네트워크를 활용할 수 있다.

ⓑ 물류기업의 네트워크를 활용하여 배송권역을 확대할 수 있다.

② 물류기업 : 규모의 경제에 의한 물류 효율 향상

(5) 단점

① 계약에 명시된 내용 말고는 통제력 상실

② 물류기업의 운영 안정화 지연으로 서비스 품질이 불확실해질 가능성

③ 아웃소싱 후 물류기업이 시장가격 등을 이유로 요율 변경을 요구할 가능성

④ 고객정보, 고객별 출하량, 단가 등 기업 핵심 정보의 유출 가능성

⑤ 사내에 물류 전문지식 축적 어려움

⑥ 새로운 협력 관계 구축에 시간 필요하며 문화 충돌 가능성

⑦ 자가물류 인력 실업으로 전문지식 사장

⑧ 물류 운영에 직접 대처할 수 없으므로 신속한 고객서비스 대응 어려움

TIP 물류 아웃소싱의 결정

화주기업이 물류 활동을 아웃소싱할 때는 입찰에 참여한 물류기업이 정말 물류비용을 절감할 수 있는지 시뮬레이션하는 절차를 둔다. 업체들이 제시한 요율과 과거 물류 실적으로 물류비를 예상해 보고 업체를 선정하기 때문에 물류 운영 안정화 지연, 유가 상승, 시장운임 상승, 부가 서비스 비용 증가 등 다른 요인에 의한 영향을 받지 않는다면 화주기업은 아웃소싱으로 물류비용 절감 효과를 거둘 수는 있다. 이외에도 화주는 아래와 같은 요인으로 아웃소싱을 결정한다.
① 전문성과 경험, 동종업계 물류 아웃소싱 수행사례
② 인프라, 맞춤 솔루션, 개발자 역량 등 정보기술 역량
③ 재무적 안정성
④ 서비스 분야 및 서비스 지역
⑤ 시설과 장비
⑥ 노무관리 안정성 및 평판

2 아웃소싱의 형태

(1) 1PL

자가물류 : 화주가 고객에게 직접 재화를 전달하는 형태를 말한다. 매출이 크지 않고 배송지역이 한정된 기업이 주로 이용한다. 실제 국내에서도 소수의 고객사를 상대하는 중소기업은 물류를 직접 운영한다.

(2) 2PL

자회사물류 : 모기업이 출자한 물류자회사가 모기업의 물류업무를 수행하다가 그룹 계열사의 물류 업무를 수행하게 되고, 이후 다른 기업의 물류업무를 수행하면서 종합물류기업으로 발전하는 형태가 많다.

(3) 3PL

① 3자물류 : 화주기업의 전체 또는 대부분의 물류 프로세스를 3자물류업체라 부르는 외부 물류서비스 제공업체에 위탁하는 형태를 말한다. 3자물류업체는 화주의 고객사와 화주 사이에서 운송과 보관을 수행할 뿐만 아니라 주문 처리, 직배송, 재고관리, 역물류 등 화주의 물류 프로세스 대부분을 수행한다.

② 단순 물류 아웃소싱과의 차별화 : 물류비용 절감을 넘어 전략적인 서비스 개선과 경쟁우위 확보를 위해 3PL을 이용한다.

③ 형태 구분

　㉠ 자산형 물류업체 : 운송수단, 물류센터 등 자산을 소유하고 물류서비스를 제공한다. 안정적인 수익을 보장하지만, 화주의 물류 규모가 커지면 그에 맞는 처리 능력을 확보해야 한다. 매출 기준 글로벌 상위 물류업체 대부분이 자산형 물류업체이다.

　㉡ 비사산형 물류입제 : 운송수단, 물류센터 등 자산을 소유하지 않고 다른 물류업체와 파트너십을 맺고 물류서비스를 제공하며, 컨설팅이나 물류정보서비스 등을 제공한다. 최근 물류서비스를 연결해 주는 플랫폼의 등장과 자사 네트워크 없이 IT 시스템으로 물류를 통합하는 비즈니스 모델의 등장으로 급성장하고 있다.

④ 수익모델

　㉠ 전통적인 운송과 보관 : 운송과 보관 효율화를 통한 수익을 창출한다.

　㉡ 물류서비스 건당 요금 : EDI 수수료가 대표적이다.

　㉢ 국제 운송과 복합운송 : 혼적을 많이 할수록 수익을 창출한다.

　㉣ 풀필먼트 : 화주의 재고 입고 이후부터 고객 배송까지를 전담하는 서비스로 최근 전자상거래의 발달로 새로운 비즈니스 기회가 되고 있다.

　㉤ IT 솔루션 : 운송관리시스템(TMS), 창고관리시스템(WMS), Supply Chain Planning(SCP) 등 물류와 SCM 솔루션을 구축해 주거나 구독하는 서비스 제공

⑤ 한계점

    ㉠ **비용 절감 중심의 아웃소싱** : 아웃소싱은 대부분 특정 기능의 비용 절감에 목적을 두고 있다.

    ㉡ **지속적인 화주 관리 한계** : 공급망 관리의 시대를 맞아 양질의 서비스를 계속해서 제공해야 기업 간 공급망이 유지될 수 있음에도 불구하고, 비용 절감 중심의 아웃소싱이 주류를 이루고 있다. 예를 들어 RFID 기술을 적용한 실시간 추적과 공급망 가시성을 연계해 볼 수 있음에도 물류비용 절감만이 화주의 목표일 때는 실행해 보기 어렵다.

    ㉢ **4자물류 등장의 배경** : 비용 절감 중심의 아웃소싱은 3PL 기능을 넘어 컨설팅과 공급망 최적화를 지원할 수 있는 4자물류 서비스가 등장하는 배경이 되었다.

(4) 4PL

① **4자물류** : 3자물류업체가 제공하는 서비스는 물론, 컨설팅, 물류계획, 공급망 통합 관리 및 공급망 설계와 최적화 제안 등 컨설팅을 수행하며 3자물류업체를 통솔한다. 엄밀한 의미에서는 3자물류업체가 제공하는 운송과 보관, 하역 서비스 등 물리적 업무를 수행하지는 않는다. 따라서 4자물류가 정착되면 화주기업은 4자물류업체에 더 많이 의존하는 구조가 된다.

② **3PL과 4PL의 차이** : 기본적으로 제공하는 서비스에서 차이가 있다. 3PL은 물류 활동에 관련된 서비스를 제공하고, 4PL은 3PL 네트워크 관리, 공급망 최적화 관리 등 컨설팅 차원의 관리를 지향한다.

◀ [표 7-1] 3PL과 4PL의 차이 ▶

구분	3PL	4PL
물리적인 물류 운영 능력	있다.	없다. 단 3PL 업체가 4PL을 할 수도 있으므로 원칙적으로 없다는 뜻으로 봐야 한다.
목표	운송과 보관 능력 최적화를 지향한다.	공급망 최적화 관리를 지향한다.
계약 기간	단기 또는 중기 계약 중심	장기 계약 중심
서비스	물류서비스 제공	3PL 네트워크 관리 제공
화주와의 관계	물류서비스 제공자	물류전략 파트너

③ **지식과 정보 중심** : 전문적 지식과 정보를 바탕으로 화주의 공급망 관리 컨설팅과 정보시스템 솔루션을 제공하고 물류서비스를 연결함으로써 물류 프로세스를 합리화한다.

④ **장기간의 제휴 또는 합작** : 장기간의 전략적 제휴 형태 또는 합작기업으로 설립한 별도의 조직을 통해 종합적 서비스를 제공한다. 기능별 물류기업과 파트너 관계를 갖는다.

⑤ **글로벌 3자물류기업의 트렌드** : 세계적인 3자물류업체 및 컨설팅 회사들은 다른 물류기업들과의 인수합병을 통해 글로벌 차원으로 4자물류 서비스를 제공하고 있다.

⑥ **필요성 증가** : 4자물류는 전자상거래의 확산과 SCM 체제 구축으로 그 필요성이 점점 커지고 있다.

⑦ 유형

    ㉠ **시너지플러스(Synergy Plus)** : 물류서비스 제공업체의 역량 강화를 지도함으로써 물류서비스 제공업체가 복수의 화주에게 서비스할 때 시너지를 높여주는 역할이다.

ⓒ 솔루션통합자(Solution Integrator) : 3PL, 정보기술업체 등 복수의 물류서비스 제공업체를 통합하여 화주에게 최적의 물류서비스를 제공하는 역할이다.

ⓒ 거래파트너(Trading Partner) : 화주와 물류서비스 제공업체 간 조정과 통제 역할을 한다. 공급망을 설계하고 계획하는 역할도 수행한다.

ⓔ 산업혁신자(Industry Innovator) : 복수의 물류서비스 제공업체를 통합하여 특정 산업군에 대한 통합서비스를 제공하여 시너지효과를 유발하는 역할을 한다.

⑧ 3PL과 4PL의 기대 효과

ⓒ 시간 절감 : 전체 공급망 물류관리를 아웃소싱함으로써 시간 절감 효과가 있다.

ⓒ 비용 절감 : 3PL의 운송 능력과 보관 능력을 활용할 수 있으므로 비용 절감 효과가 있다.

ⓒ 확장 가능성 : 3PL과 4PL의 글로벌 네트워크를 활용해서 신시장 진출 등을 쉽게 추진할 수 있다.

핵심포인트

✅ 4PL의 비즈니스 모델 이해

4PL은 1996년 앤더슨 컨설팅, 현재의 액센추어의 컨설턴트 밥 에번스(Bob Evans)가 최초로 소개한 개념이다.

4PL이 등장하게 된 배경에는 3PL을 중심으로 한 물류 아웃소싱의 증가와 함께 글로벌 경영, 공급망 관리, 전자상거래의 발달과도 관련이 있다. 하나의 3PL이 여러 화주를 동시에 서비스하는 과정에서 효율성 극대화에 한계가 나타나기 시작했고, 과거 내륙운송, 창고관리, 배송 등 3PL로 대응할 수 있었던 물류의 영역이 국제운송, 원재료와 반제품 조달, 라스트 마일 배송 등으로 확대되자, 그 확대된 영역을 일일이 자가물류와 외주업체, 3PL의 조합으로 대응하여 효율화하는 데 한계가 나타났기 때문에 4PL이 등장했다.

따라서 4PL의 등장은 이 책에서 강조한 자본주의의 발전과 물류의 변화와도 밀접한 관련이 있으며, 그 결과 3PL과 공급망 전체의 물류 영역을 묶어서 통합된 서비스를 제공할 수 있는 4PL이 등장했다고 이해하면 된다.

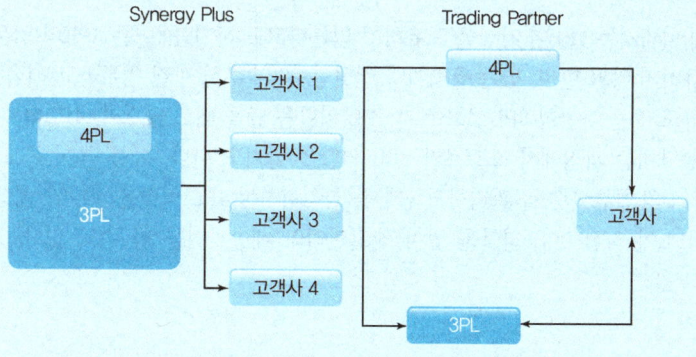

◀ [그림 7-12] Synergy Plus 모델과 Trading Partner 모델 ▶

Synergy Plus 모델은 그림과 같이 복수의 고객사를 상대하는 물류서비스 제공업체가 시너지효과를 누릴 수 있도록 4PL이 지도해 주는 비즈니스 모델이다. 4PL이 3PL의 조직처럼 운영되며, 4PL이 3PL의 사령탑 역할을 한다.

Trading Partner 모델은 4PL이 공급망 설계, IT 시스템 통합 등을 컨설팅하고 화주와 3PL 사이를 조정하고 통제하는 비즈니스 모델이다.

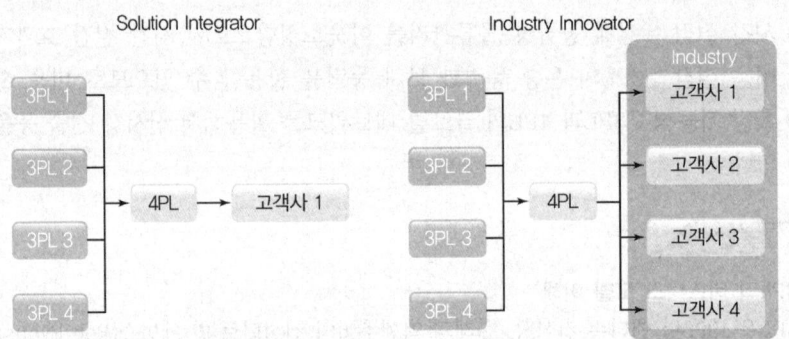

◀ [그림 7-13] Solution Integrator 모델과 Industry Innovator 모델 ▶

Solution Integrator 모델과 Industry Innovator 모델은 모두 4PL이 3PL을 IT 시스템, 공급망 설계, 업무상 제휴 등의 방법으로 통합하여 화주 전면에 나선다는 특징이 있다. 다만, Solution Integrator 모델은 하나의 화주를 대상으로 하며, Industry Innovator 모델은 특정 산업군 내 복수의 화주를 대상으로 한다는 차이가 있다.

Integrator 모델은 참여하는 3PL과 고객사가 많아서 제대로 운영되면 큰 효과를 누릴 수 있는 비즈니스 모델이다. 예를 들어 미국의 자동차회사 GM은 2000년대 초 물류기업 CNF와 합작하여 Vector SCM이라는 4PL을 세우고 Vector SCM에 GM의 모든 공급망 운영을 아웃소싱한 바 있다. 또한 에너지와 광물 산업에서는 산업 내 여러 고객사를 상대로 한 4PL 운영 사례가 있다.

자료에 따라서는 4PL이 자산을 보유하지 않는다고도 하지만, 이는 4PL의 업무가 기본적으로 자산을 보유하지 않고 할 수 있는 용역이나 컨설팅, IT 솔루션 관련 업무라고 해석하는 편이 맞다. 실제로는 규모가 큰 자산형 3PL 스스로가 4PL 역할을 맡을 때도 많으며, 4PL이 여러 다른 3PL을 관리하고 통제하는 과정에서 스스로가 3PL 역할을 맡기도 한다. 예를 들어 규모가 큰 자산형 3PL이 다른 3PL의 물류 성과를 관리하고 물류를 합리화하는 4PL 역할을 하다가 해당 3PL의 계약이 만료되면 4PL이 직접 3PL 역할을 맡아 창고관리와 배송관리를 할 수도 있다.

01 다음 중 물류 조직 관련 설명으로 잘못된 것은?

① 물류 조직 구조는 물류관리의 목표인 물류비 절감과 고객서비스 향상을 위한 규칙과 관계, 권한과 책임을 규정한다.

② 물류 조직은 기업의 성장에 따라 기능조직 → 라인·스태프조직 → 매트릭스 조직 → 사업부 조직으로 발전해 왔다.

③ 생산과 판매의 하위기능이었던 물류 조직은 공급망 관리의 시대를 맞아 더 유연한 관리를 위해 수평적 조직으로 변해 왔다.

④ 기능을 기준으로 프로젝트 조직, 매트릭스 조직, 팀제 조직, 네트워크형 조직이 있다.

⑤ 관리 기준으로는 분산형, 집중형, 집중 분산형으로 분류할 수 있다.

[해설] ② 기능조직 → 라인·스태프조직 → 사업부 조직 → 그리드 조직으로 발전해 왔다.

02 다음 설명에 해당하는 물류 조직은?

> 다국적 기업에서 많이 볼 수 있는 조직의 형태로 모회사의 권한을 자회사에 이양하는 형태를 지니며 모회사의 스태프부문이 자회사의 해당 물류부분을 관리하고 지원한다.

① 사업부제형 물류 조직　　② 프로젝트형 물류 조직
③ 그리드형 물류 조직　　④ 직능형 물류 조직
⑤ 라인·스태프형 물류 조직

[해설] 다국적 기업은 모기업과 모기업이 출자한 해외 지사로 구성된다. 모회사의 물류 조직은 전사 물류를 관리함과 동시에 해외 지사의 물류도 관리한다. 이러한 조직 구조를 그리드형 조직이라고 한다.

03 매트릭스형 조직의 특징에 관한 설명으로 옳지 않은 것은?

① 항공우주산업과 같은 첨단기술 분야에 효과적이다.
② 물류를 하나의 프로그램으로 보고 기업 전체가 물류관리에 참여하는 조직유형이다.
③ 명령, 지시계통인 라인의 흐름이 정체될 수 있다.
④ 물류 담당자들이 평상시에는 자기 부서에서 근무하다가 필요시 해당 부서의 인원들과 함께 문제를 해결하기 위해 구성된 조직이다.
⑤ 기능형과 프로그램형의 중간 형태이다.

정답　**01** ②　**02** ③　**03** ②

> **해설** 매트릭스형 조직은 하나의 조직이 여러 명의 관리자에게 보고하는 조직 구조라고 생각하면 된다. 평소대로라면 명령 계통상 상위 관리자에게만 보고하고 실행할 수 있으나, 매트릭스형 조직에서는 다른 스태프조직의 관리자에게도 보고하고 의사결정을 받아야 실행할 수 있다. 그렇다고 기업 전체가 하나의 업무에 참여하는 프로그램형 조직도 아니다.

04 사업부제 물류 조직에 관한 설명으로 옳지 않은 것은?

① 기업규모가 커지면서 각 사업 단위의 성과를 극대화하기 위해 생긴 조직이다.
② 상품별 사업부형과 지역별 사업부형 등이 있다.
③ 각 사업부 내에 라인과 스태프조직이 있다.
④ 각 사업부 간 수평적 교류가 용이하여 인력의 교차 활용이 가능하다.
⑤ 사업부별로 모든 물류 활동을 책임지고 직접 관할하므로 물류관리의 효율화 및 물류 전문 인력 육성이 가능하다.

> **해설** '사업부'라는 용어 자체가 해당 조직 스스로 매출을 일으키고 수익을 내는 독립채산제를 전제로 한다. 따라서 사업부마다 라인과 스태프조직이 있으며, 사업부 단위의 물류 부서가 해당 사업부의 물류 활동을 관장한다. 따라서 사업부 안에서 전문인력 육성이 가능하지만, 사업부 간 교류는 쉽지 않다.

05 다음 설명에 해당하는 물류 조직의 유형은?

- 물류 담당자들이 평상시에는 자기 부서에서 근무하다가 특정 물류문제를 해결하기 위하여 여러 다른 부서의 인원이 모여 구성된다.
- 기능별 권한과 프로젝트별 권한을 가지므로 권한과 책임의 한계가 불분명하여 갈등이 발생할 수 있다.
- 항공우주산업, 물류정보시스템 개발과 같은 첨단기술 분야에서 효과적이다.

① 직능형 물류 조직   ② 라인·스태프형 물류 조직
③ 사업부형 물류 조직   ④ 그리드형 물류 조직
⑤ 매트릭스형 물류 조직

> **해설** 첨단기술 분야는 라인조직들이 하나의 목표를 향해 하나의 조직처럼 움직여야 하는데, 수직적 조직 구조에서는 조직 간 정보공유가 잘되지 않아 쉽지 않다. 이럴 때 매트릭스 조직은 해당 조직 고유의 권한과 함께 프로젝트 단위 권한을 가지고 공통의 문제를 해결하는 데는 도움을 줄 수 있으나, 갈등이 발생할 수도 있다.

정답 **04** ④ **05** ⑤

06 다음 중 물류 조직 구조의 단점이 잘못 연결된 것은?

① 그리드형 조직 : 지사 간 의사소통이 미흡하다.

② 라인·스태프형 조직 : 라인조직과 스태프조직 간 인식의 차이가 크다.

③ 사업부형 조직 : 불필요한 사내 경쟁이 일어나기 쉽다.

④ 기능조직 : 관료제에 빠지기 쉽다.

⑤ 라인조직 : 위험을 회피하려는 경향이 강하다.

> **[해설]** ④ 기능조직은 특정 기능을 수행하는 인원으로 조직을 구성하므로, 구성원의 근무 만족도가 높고 의견 개진도 활발하지만, 물류 전문인력으로 성장하는 데는 한계가 있다. 관료제에 빠지기 쉬운 조직은 라인조직이다.

07 물류 조직의 형태에 관한 설명으로 옳지 않은 것은?

① 물류 조직은 발전 형태에 따라 직능형 조직, 라인과 스태프형 조직, 사업부형 조직, 그리드(Grid)형 조직 등으로 구분할 수 있다.

② 직능형 조직은 기업규모가 커지고 최고 경영자가 기업의 모든 업무를 관리하기 어려울 때 적합하다.

③ 라인과 스태프형 조직은 작업부문과 지원부문을 분리한 조직이다.

④ 사업부형 조직은 제품별 사업부와 지역별 사업부, 그리고 이 두 가지를 절충한 형태 등이 있다.

⑤ 그리드(Grid)형 조직은 다국적 기업에서 많이 볼 수 있으며 모회사의 스태프가 자회사의 물류부문을 관리하는 형태이다.

> **[해설]** ① 기업의 규모가 커질수록 라인과 스태프를 벗어나 사업부형, 그리드형으로 발전한다.
> ② 기업의 규모가 작고 최고 경영자가 모든 업무를 총괄할 수 있을 때는 직능형 조직이 적합하다.

08 사업부형 물류 조직에 관한 설명으로 옳지 않은 것은?

① 기업의 규모가 커지고 최고 경영자가 기업의 모든 업무를 관리하기가 어려워짐에 따라 등장했다.

② 상품 중심의 사업부제와 지역 중심의 사업부제, 그리고 두 형태를 절충한 형태가 있다.

③ 사업부 간 횡적 교류가 활발하여 전사적 물류 활동이 가능하다.

④ 각 사업부 내에는 라인조직과 스태프조직이 있다.

⑤ 각 사업부는 독립된 형태의 분권 조직이다.

> **[해설]** 사업부형 조직은 사업부마다 라인조직과 스태프조직이 있으며, 각 사업부는 독립채산제, 즉 독립된 조직이라고 봐야 한다. 사업부제에서는 각 사업부장이 그 사업의 대표나 다름없으므로, 최고 경영자가 모든 업무를 관리하기 어려울 때 나타나는 조직 형태이며, 사업부 간 횡적 교류는 잘 일어나지 않는다.

정답 06 ④ 07 ② 08 ③

09 다음 설명에 해당하는 물류 조직은?

> • 다국적 기업에서 많이 찾아볼 수 있는 물류 조직의 형태이다.
> • 모회사 물류본부의 스태프부문이 여러 자회사의 해당부문을 횡적으로 관리하고 지원하는 조직형태이다.

① 라인과 스태프형 물류 조직　　　② 직능형 물류 조직
③ 사업부형 물류 조직　　　　　　④ 기능 특성형 물류 조직
⑤ 그리드형 물류 조직

[해설] 모회사와 자회사로 분리된다면 그리드형 물류 조직이다.

10 물류 조직에 관한 설명으로 옳지 않은 것은?

① 예산관점에서 비공식적, 준공식적, 공식적 조직으로 분류할 수 있다.
② 형태관점에서 사내 조직, 독립자회사로 분류할 수 있다.
③ 관리관점에서 분산형, 집중형, 집중 분산형으로 분류할 수 있다.
④ 기능관점에서 라인 업무형, 스태프 업무형, 라인·스태프 겸무형, 매트릭스형으로 분류할 수 있다.
⑤ 영역관점에서 개별형, 조달형, 마케팅형, 종합형, 로지스틱스형으로 분류할 수 있다.

[해설] ① 조직의 공식화 정도와 조직의 예산과는 관련이 없다.
⑤ 영역 = 물류의 영역이라고 생각해 보자.

11 물류 아웃소싱(Outsourcing)에 관한 설명으로 옳지 않은 것은?

① 물류 활동을 효율화하기 위해 물류 기능을 외부의 전문업체에 위탁하는 것이다.
② 기업 핵심 정보의 유출 가능성이 있으며 사내에 물류 전문지식의 축적이 어려울 수 있다.
③ 유연성이 있는 고용 형태와 급여체계 실현이 가능하다.
④ 주요 대상 영역은 주문접수 및 처리, 고객서비스 관리, 재고관리 분야이다.
⑤ 고객불만에 대한 신속한 대처 능력이 저하될 수 있다.

[해설] ④ 수송과 배송, 보관, 하역, 포장 등 물류의 모든 기능이 물류 아웃소싱 대상이다.

12 3자물류(3PL) 활용을 위한 물류 아웃소싱에 관한 설명으로 옳지 않은 것은?

① 아웃소싱업체에 대하여 적극적이고 직접적인 지휘 통제 체계 구축이 필요하다.

② 화주기업은 물류 아웃소싱을 통하여 핵심역량에 집중할 수 있어서 기업경쟁력 제고에 유리하다.

③ 화주기업은 고객불만에 대한 신속한 대처가 곤란하고 사내에 물류 전문지식 축적의 어려움을 겪을 수 있다.

④ 화주기업은 물류 아웃소싱 이전에 자사의 물류비 현황을 정확히 파악하는 것이 중요하다.

⑤ 물류 아웃소싱의 주된 목적과 전략은 조직 전체의 전략과 일관성을 유지해야 한다.

> **해설** ① 아웃소싱하면 성과지표와 서비스 수준 달성 여부 등을 통한 간접적인 관리와 감독이 필요하다.

13 물류자회사를 만들었을 때 모회사에서 본 장점에 관한 설명으로 옳지 않은 것은?

① 모회사에서 추구하는 핵심사업에 역량을 집중할 수 있는 여건 확립

② 물류시설, 인원, 장비 등을 물류자회사 소속으로 분리하여 운영하면 물류관리 책임 및 물류비 관리의 다원화 실현

③ 고임금의 물류 관련 종업원을 자회사로 전환시켜 임금수준을 조절할 수 있는 완충지대 역할을 수행

④ 모회사의 물류전략을 잘 이해하고 실천할 수 있는 물류자회사를 설립하여 전체적인 비용을 낮추면서 효과적인 서비스를 제공

⑤ 외부 물류기업에 의뢰하기보다는 물류자회사를 설립하여 운영한다면 현금유출 축소 및 물류, 판매 관련 정보수집이 신속하고 용이

> **해설** ② 물류자회사가 모기업의 물류를 대행하게 되면, 모회사가 직접 할 때처럼 일원화된 물류관리를 그대로 할 수 있다. 오히려 3자물류업체로 아웃소싱할 때는 모기업의 물류 전체를 대행할 수 있는 제3의 업체를 구하기 쉽지 않아서 물류관리가 다원화될 수 있나.

14 3자물류 도입으로 인해 화주기업이 얻는 직접적인 기대 효과로 옳은 것은?

① 물가 상승 억제
② 배송구역의 밀도 증가
③ 핵심역량에 집중 가능
④ 교통체증 감소
⑤ 배송구역 축소

> **해설** ①, ②, ④ 다수의 화주기업이 각자 물류를 운영함에 따라 중복되어 있던 물류 자원을 3자물류업체 이용으로 Sharing 하는 효과가 간접적으로 발생한다.
> ③ 3자물류 도입 시 핵심역량에 집중할 수 있게 되는 것은 직접적인 기대 효과에 해당한다.
> ⑤ 3자물류 도입 후 배송구역이 축소되는 것은 역효과에 해당한다.

정답 **12** ① **13** ② **14** ③

15 다음 중 물류 아웃소싱의 목적이 아닌 것은?

① 재고정확도, 납기 준수율, 오배송률 등을 개선할 수 있다.

② 물류 아웃소싱을 통해 기존 자가물류 조직을 재정비할 수 있다.

③ 물류 운영 효율을 높이고 물류비용을 절감한다.

④ 물류센터 시설 등에 투자할 필요 없이 운송, 보관 등을 이용한 만큼만 비용을 지급할 수 있으므로 물류비를 변동비화하고 직접물류비화하는 데 유리하다.

⑤ 물류서비스 제공업체로부터 물류 운영 기법을 배워 자가물류로 전환할 수 있다.

> **해설** ⑤ 물류 아웃소싱을 통해 핵심역량에 집중하고 핵심역량이 아닌 부분은 전문업체의 관리를 받을 수 있다. 물류역량을 높여서 다시 자가물류로 전환하기 위해 아웃소싱하는 것은 아니다.

16 3자물류 활용에 관한 설명으로 옳은 것은?

① 국가물류기본계획에 따르면 화주기업이 중·장기적으로 3자물류를 거쳐 1자물류로 전환하도록 유도하고 있다.

② 화주기업과 물류기업 간 수직적인 갑을 관계를 형성하는 것이 필요하다.

③ 3자물류업체와 Win-Win 전략을 통해 장기적인 협력 관계를 구축하는 것이 바람직하다.

④ 화주기업의 물류비 및 초기자본투자가 증가한다.

⑤ 화주기업의 고객정보 유출에 대한 리스크가 감소한다.

> **해설** ① 화주기업은 처음에 직접 물류를 수행하다가 기업이 성장하고 관리의 폭이 늘어나면 중·장기적으로 3자물류로 전환할 필요성이 발생한다.
> ②, ③ 화주기업과 물류기업은 수직적인 갑을 관계가 아니라 장기적인 협력 관계를 구축해야 한다.
> ④ 3자물류를 활용하는 목적 중 하나는 물류비를 절감하고 초기자본투자의 부담을 덜기 위해서이다.
> ⑤ 3자물류를 활용하면 고객정보 유출의 위험은 증대된다.

17 4PL(Fourth Party Logistics)에 관한 설명으로 옳지 않은 것은?

① 3PL(Third Party Logistics), 물류컨설팅업체, IT업체 등이 결합한 형태이다.

② 솔루션 제공자, 공급체인의 통합자로 다양한 모델을 운용하여 수입을 창출하고 비용을 절감한다.

③ 합작투자 또는 장기간의 제휴 형태이다.

④ 공급체인의 효율화를 위한 발전적인 방안이다.

⑤ 대표적인 형태는 그리드형 물류 조직이다.

⑤ 그리드형 물류 조직은 다국적 기업의 물류 조직 형태로 본사의 물류 조직이 해외 현지법인이나 지사의 물류 조직을 관리·감독하는 이중 조직체제를 말한다.

18 물류자회사에 관한 설명으로 옳지 않은 것은?

① 모회사의 물류관리 업무의 전부 또는 일부를 수행하기 위해 설립된 회사이다.

② 독립채산제를 취함으로써 물류비용 관리를 철저히 할 수 없다.

③ 제3자물류회사와 같은 물류 전문기업으로 발전 가능하다.

④ 모회사의 물류관리 업무 외에도 외부로 물류업무를 확대하여 수익성을 추구하기도 한다.

⑤ 물류자회사를 위한 SBU(Strategy Business Unit), VBU(Venture Business Unit) 제도 등이 있다.

해설 ② 물류자회사에게 모회사의 물류비는 매출액이며, 그 매출을 내는 데 필요한 물류 자원을 적게 들이면서 목표 서비스 수준을 유지한 만큼 영업이익이 나온다. 독립채산제를 통해 물류비용을 더 철저히 관리할 수 있는 구조이다.

③ 물류자회사는 보유한 물류 자원의 가동률을 극대화하기 위해 모기업 물류 경험을 토대로 외부로 물류 업무를 확대할 수 있다.

19 제4자물류(4PL : Fourth Party Logistics) 기업의 유형에 관한 설명으로 옳은 것은?

① 시너지플러스(synergy plus) 유형은 복수의 서비스 제공업체를 통합하여 화주에게 물류서비스를 제공한다.

② 솔루션통합자(solution integrator) 유형은 복수의 화주에게 물류서비스를 제공하는 서비스 제공업체의 브레인 역할을 수행한다.

③ 거래파트너(trading partner) 유형은 사내 물류 조직을 별도로 분리하여 자회사로 독립시켜 파트너십을 맺는다.

④ 산업혁신자(industry innovator) 유형은 복수의 서비스 제공업체를 통합하고 산업군에 대한 통합서비스를 제공하여 시너지효과를 유발한다.

⑤ 관리 기반 물류서비스 유형은 운송수단이나 창고시설을 보유하지 않고 시스템 데이터베이스를 통해 물류서비스를 제공하거나 컨설팅 서비스를 제공한다.

해설 ① 복수의 서비스업체를 통합하는 역할이므로 솔루션통합자에 대한 설명이다.

② 서비스 제공업체의 브레인 역할은 시너지플러스에 대한 설명이다.

③ 거래파트너 유형은 화주와 물류서비스 제공업체 간 조정과 통제의 역할을 한다.

⑤ 제3자물류의 유형 중 비자산형 물류업체에 관한 설명이다.

20 3자물류와 4자물류에 관한 설명으로 옳지 않은 것은?

① 3자물류는 장기간의 전략적 제휴 형태 또는 합작기업으로 설립한 별도의 조직을 통해 종합적 서비스를 제공한다.

② 세계적인 3자물류업체 및 컨설팅 회사들은 다른 물류기업들과의 인수합병을 통해 글로벌 차원으로 확대하면서 4자물류 서비스를 제공하고 있다.

③ 기업들은 3자물류를 통해 핵심 부분에 집중하고 물류를 전문업체에게 아웃소싱하여 규모의 경제, 전문화 및 분업화 등의 효과를 거둘 수 있다.

④ 4자물류는 3자물류에서 확장된 개념으로 자체의 기술 및 컨설팅 능력을 갖추고 공급체인 전반을 통합·관리한다.

⑤ 4자물류는 전자상거래의 확대 및 SCM 체제의 보편화로 그 필요성이 강조되고 있다.

[해설] ① 4자물류에 대한 설명이다.

21 물류 아웃소싱의 장단점을 설명한 것으로 옳지 않은 것은?

① 제조업체는 물류거점에 대한 자본투입을 최소화하고 전문 물류업체의 인프라를 전략적으로 활용할 수 있다.

② 제조업체는 고객불만에 대한 신속한 대처가 어렵다.

③ 제조업체는 물류 전문지식의 사내 축적이 비교적 용이하다.

④ 제조업체는 기존 사내 물류 인력의 실업과 정보의 유출이 발생할 수 있다.

⑤ 물류업체는 규모의 경제를 통한 효율의 증대를 꾀할 수 있다.

[해설] ③ 물류 아웃소싱 후 제조업체는 물류 전문지식 축적이 어려워진다.

22 4PL(Fourth Party Logistics)에 관한 설명으로 옳은 것을 모두 고른 것은?

> ㄱ. 3PL(Third Party Logistics), 물류컨설팅업체, IT업체 등이 결합한 형태이다.
> ㄴ. 이익분배를 통해 공통의 목표를 관리한다.
> ㄷ. 공급사슬 전체의 관리와 운영을 실시한다.
> ㄹ. 대표적인 형태는 매트릭스형 물류 조직이다.

① ㄱ, ㄴ
② ㄷ, ㄹ
③ ㄱ, ㄴ, ㄷ
④ ㄱ, ㄷ, ㄹ
⑤ ㄴ, ㄷ, ㄹ

> **해설** 4자물류는 화주기업의 물류관리가 로지스틱스 관리에서 공급망 관리로 전환되면서 필요해진 물류관리 형태이다. End-to-End 물류관리 최적화를 위해 물류 아웃소싱 또한 통합적인 관리와 컨설팅을 통한 문제 해결이 필요하여 시작되었다. 매트릭스형 물류 조직은 화주기업의 라인 조직체제 속에서 문제 해결을 위해 타 조직과 협력하며 타 조직에도 보고 라인을 두는 구조를 말하며, 4자물류와는 연관이 없다.

23 4자물류(4PL : Fourth Party Logistics)의 특징으로 옳지 않은 것은?

① 합작투자 또는 장기간 제휴상태
② 기능별 서비스와 상하 계약 관계
③ 공통의 목표설정 및 이익분배
④ 공급사슬 상 전체의 관리와 운영
⑤ 다양한 기업이 파트너로 참여하는 혼합조직 형태

> **해설** ② 기능별 서비스와 상하 계약 관계가 아닌 파트너 관계를 갖는다.

24 4자물류에 관한 설명으로 옳은 것을 모두 고른 것은?

> ㄱ. 3자물류업체, 물류컨설팅업체, IT업체 등이 결합한 형태
> ㄴ. 공급사슬 전체의 효율적인 관리와 운영
> ㄷ. 참여업체 공통의 목표설정 및 이익분배
> ㄹ. 사이클타임과 운전자본의 증대

① ㄱ, ㄴ   ② ㄴ, ㄷ
③ ㄷ, ㄹ   ④ ㄱ, ㄴ, ㄷ
⑤ ㄴ, ㄷ, ㄹ

> **해설** 사이클타임은 한 단위의 제품을 생산하는 데 들어가는 총시간을 말한다. 사이클타임과 운전자본이 늘어나도록 방치하려고 4자물류를 도입하지는 않는다.

정답 23 ② 24 ④

SCM과 녹색물류

물류관리사

CHAPTER 08
공급망 관리

01 정의와 개념

(1) 정의

① **원재료부터 소비자까지 최적화** : 원자재를 조달해서 생산하여 고객에게 제품과 서비스를 제공하기까지 전체 프로세스를 최적화하는 경영기법이다.

② **기업 외부와의 정보공유** : 공급업체와 고객을 포함하여 원자재로부터 소비에 이르기까지의 구성원들을 하나의 집단으로 간주하여 물류와 정보 흐름의 체계적 관리를 추구한다.

③ **최적화 목표** : 비용과 시간은 최소화하고 이익은 최대화한다.

④ **부가가치 향상** : 정보통신기술을 활용하여 공급자, 제조업자, 소매업자, 소비자와 관련된 상품, 정보, 자금흐름을 신속하고 효율적으로 관리하여 부가가치를 높인다.

  ㉠ **적시 판매 지원** : 생산한 제품을 할인과 남는 재고 없이 모두 팔 수 있다면 공급망 전체적으로는 부가가치가 높아지는 셈이다. 공급망 관리는 공급망 참여자 간 신속하게 정보를 공유하여 팔리는 제품을 빨리 공급하고 팔리지 않는 제품을 빨리 정리하도록 지원함으로써 부가가치 향상에 공헌한다.

  ㉡ **판매 실기 방지** : 고객이 원하는 시점과 생산 시점이 일치하지 않아서 판매할 수 없게 되면 공급망 전체적으로는 부가가치가 떨어진다. 공급망 관리는 고객이 원하는 시점에 원하는 제품을 공급함으로써 부가가치 창출에 공헌한다.

⑤ **공급사슬과 공급망** : Supply Chain Management는 우리말로 공급사슬관리와 공급망 관리 모두 동용되있으나, 국립국어원은 산업통상자원부 주관 중앙행정기관 전문용어 개선안 검토회의 결과를 참조하여 공급망 관리로 순화하였다.

> **핵심포인트**
>
> ✔ **가치사슬과 공급망의 차이**
>   ① 가치사슬은 마이클 포터(Michael Porter) 하버드대 교수가 제창한 이론으로 기업이 원재료에 부가가치를 부여하고 고객에게 완제품을 판매하는 프로세스를 말한다. 공급망은 원재료부터 완제품 판매까지의 모든 과정을 말한다.
>   ② 가치사슬은 어떻게 하면 부가가치를 더 많이 부여해서 경쟁우위를 확보하는지에 초점을 두며, 공급망은 어떻게 하면 고객만족을 극대화하는지에 초점을 둔다.
>
> ✔ **로지스틱스와의 차이** : 로지스틱스는 과거에 통합되지 않았던 조달물류부터 판매물류까지를 통합 관리하는 개념이고, 공급망 관리는 통합 물류관리를 전제로 고객이 원하는 만큼 조달하고 생산하고 공급하여 공급업체부터 고객에 이르기까지 공급망 전체의 낭비를 줄이는 활동이다.

(2) 등장 배경

① **수요의 불확실성 증대** : 고객의 요구 다양화, 치열한 경쟁, 제품수명주기의 단축 등 다양한 요인으로 수요의 불확실성이 증대되고 있다. 수요의 불확실성을 줄이고 안전재고 증가를 억제하기 위해 공급망 관리가 필요하다.

② **아웃소싱 증가** : 핵심 기능을 제외하고 물류는 물론 제조와 서비스도 외주업체에 위탁하는 사례가 늘면서 기업 내부 업무뿐만 아니라 위탁한 업무도 개선하여 기업 전체의 경쟁력을 높여야 한다.

③ **정보통신기술 발전과 프로세스 통합** : 인터넷, EDI 및 ERP와 같은 정보통신기술의 발전으로 공급망 관리를 통한 기업 간 프로세스 통합이 가능해졌다.

④ **글로벌 소싱과 글로벌 분업** : 기업의 경영환경이 글로벌화되고 원거리에서 원재료와 재공품을 조달하는 글로벌 소싱과 글로벌 분업이 활발해지면서 공급망의 지리적 거리와 리드타임이 길어졌다. 공급망 전체를 통합 관리할 필요성이 높아졌다.

⑤ **기업 내부 최적화로는 부족** : 고객서비스 수준과 기업경쟁력을 높이기 위해서 기업 내부 최적화보다는 공급망 전체의 최적화를 통한 물류관리가 더 중요해졌다.

⑥ **정보공유의 필요성 증대** : 공급망 참여자가 많을수록 공급 실패 경험을 생각하여 과다 재고를 보유하려 하며, 이러한 경향이 누적되면 공급망 전체의 재고가 늘어난다. 기업 간 정보공유와 협업으로 과다 재고를 줄여야 한다.

⑦ **다품종 대량생산 대응** : 개별고객의 요구에 따른 맞춤형 제품의 대량생산과 노동생산성 향상을 동시에 달성해야 한다.

(3) 영역

① **SCP(Supply Chain Planning)** : 고객의 구매(기업의 판매), 판매, 재고정보와 고객의 수요예측 정보, 기업 내부의 구매, 판매, 재고정보와 수요예측 정보에 기반한 **판매계획, 공급계획, 생산계획, 조달계획**을 다룬다. 기업의 판매계획과 공급계획의 균형을 맞추고 사업계획과의 차이를 점검하는 S&OP(Sales and Operations Planning) 정보도 관리한다.

② **SCE(Supply Chain Execution)** : 주문 입수, 주문 처리, 출하, 배송 약속, 배송, 창고관리, 운송경로 관리, 물류비 관리, 재고관리 등 **주문과 물류관리를 담당**한다. 엄밀하게는 주문 입수와 주문 처리, 나아가 재고를 발주하거나 생산 지시하는 영역은 ERP의 영역이지만, SCM의 영역은 크게 SCP와 SCE로 보면 된다.

③ **SCEM(Supply Chain Event Management)** : SCM의 영역은 SCP와 SCE가 중심이지만, 공급망에서 발생하는 각종 이벤트를 관리하기 위해 계획 대비 실행 여부를 모니터링하고 성과지표로 관리할 수 있는 영역을 별도로 구분하기도 한다.

④ **SCM 시스템 영역도 동일** : SCM의 영역은 SCM 시스템 영역에도 똑같이 적용된다.

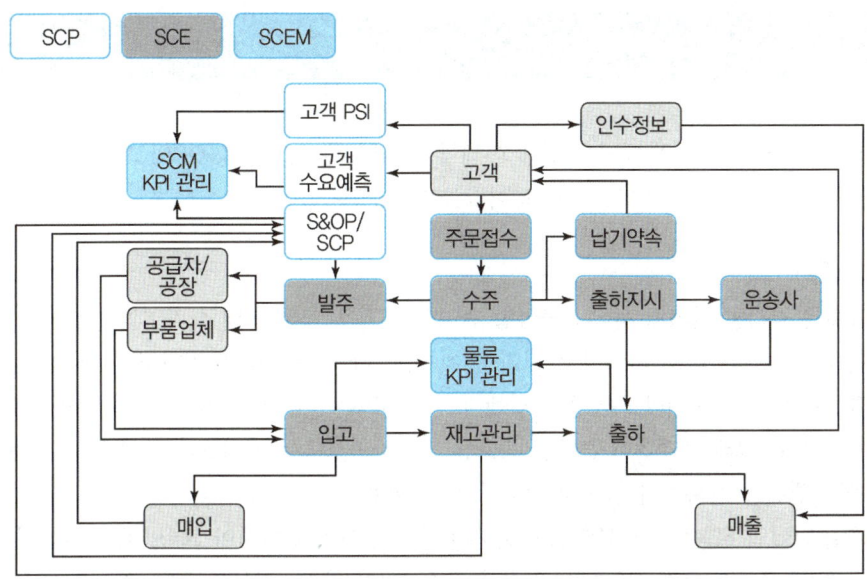

◀ [그림 8-1] SCP, SCE, SCEM 개념도 ▶

(4) 기대 효과

① **고객서비스 개선** : 공급망 참여기업 간 파트너십을 통하여 재고 품절 위험을 줄일 수 있으므로, 주문충족 수준은 높아지고, 납기충족 수준도 개선된다.

② **재고 감소** : 품절 위험이 줄어들면서도 과다 발주와 재고 축적 관행이 줄어든다. 수요예측대로 공급 하는 관행이 정착되므로 재고자산도 감소한다.

③ **주문 리드타임 감소** : 생산 리드타임 감소, 주문 처리 자동화

④ **업무 표준화** : 업무 표준화로 업무 오류 감소와 업무시간 단축

⑤ **계획 업무 정착** : 사업계획을 근간으로 매주 계획을 업데이트하고, 계획 대비 실적을 지속 관리 함으로써 사업계획은 형식이 아닌 수시로 달성 여부를 점검해야 하는 대상으로 정착

⑥ **이익 극대화** : 계획대로 실행하는 문화 정착으로 공급망 전체적으로 무리한 비용 투입을 최소화함 으로써 이익 극대화 효과 달성

⑦ **물류비 절감** : 필요한 만큼 생산해서 필요한 만큼 공급하는 과정에서 재고가 줄고 미판매로 인한 반품 회수도 줄며, 계획한 대로 혼적 운송할 수 있게 되므로, 물류비 절감 효과가 있다.

02   Supply Chain Planning과 S&OP

여기서는 공급망 관리의 개념을 쉽게 이해할 수 있도록 SCP와 S&OP의 개념을 풀어서 설명한다. 물류관리가 왜 공급망 관리를 이해해야 하는지 알 수 있다.

(1) 주요 개념

① **계획은 공급망 관리의 시작** : 공급망 관리의 본질은 계획한 대로 기업과 공급망이 움직이고 있는지 계속 점검하고 차이가 생기기 전에 미리 대응 방안을 마련하고 실행하는 데 있다.

② **계획은 반드시 틀린다** : 많은 기업에서 사업계획은 '어차피 틀리는 계획', '형식적인 계획'으로 간주한다. 그래서 계획대로 매출 목표를 달성하기보다는 계획보다 적게 팔거나 계획보다 많이 파는 행위를 반복해서 팔아서 목표를 달성한다.

③ **계획 미달의 위험성** : 계획대로 매출하지 못하면 기업에 타격이 크다. 계획보다 적게 팔면 재고가 쌓이고, 무리하게 할인해서 팔거나 판촉활동을 해야 하므로 영업이익이 낮아진다. 매입대금을 지불하고도 매출 수금을 할 수 없어 현금흐름이 나빠진다. 보관비용이 증가하고 자금 조달에 의한 이자 비용이 증가한다.

④ **계획 초과 달성의 위험성** : 계획 초과 달성도 기업에 타격을 주기는 마찬가지다. 계획보다 많이 팔면 판매 기회를 놓친다. 무리하게 생산하거나 조달해야 하므로 초과근무수당, 고가의 운송수단 사용, 구매대금 인상 요인이 발생한다. 또한 급하게 생산하고 조달하면 불량이 발생할 가능성이 높다.

⑤ **계획대로 매출을 관리** : 공급망 관리를 잘하는 기업은 사업계획을 수립해 놓고 사업계획대로 매출을 달성하는지를 관리한다. 계획보다 미달하면 원인을 분석해서 미래에 회복할 방안을 수립하고, 계획을 초과하면 비용이 증가하지 않는 선에서 매출을 늘릴 방안을 찾는다. 필요하다면 사업계획을 수정한다. 이런 행위를 매주, 매월, 매 분기 반복한다. 이러한 업무가 정착되면 계획과 매출을 최대한 일치시키려고 노력하게 된다.

올바른 사례

	전년 12월	올해 1월	2월	3월	4월	5월	6월	7월	8월	9월	10월	11월	12월	내년 1월	2월	3월	4월	5월
전년 12월 말	중기 계획	12월 실적 보고 당장 실행할 계획		12월 실적 보고 대략 실행할 계획		일단 사업계획대로 하되 이전 분기 계획 보고 일부 수정								중장기 계획은 있지만 구체적 계획 없음				
1월 말	지났음	중기 계획	1월 실적 보고 당장 실행할 계획		1월 실적 보고 대략 실행할 계획		일단 사업계획대로 하되 이전 분기 계획 보고 일부 수정							중장기 계획은 있지만 구체적 계획 없음				
2월 말	지났음		중기 계획	1/2월 실적 보고 당장 실행할 계획		1/2월 실적 보고 대략 실행할 계획		일단 사업계획대로 하되 이전 분기 계획 보고 일부 수정							중장기 계획은 있지만 구체적 계획 없음			
		다음 달 이후 계획 수립	1/2월 실적 보고 작년에 세운 올해 목표 대비 미달성 원인과 달성 계획 수립 계획에 따라 영업이익 예상, 현금흐름 예상, 전략자재 구매계획 점검 필요시 경영진이 목표 수정 또는 계획 수정 가이드라인 제시											달이 지날 때마다 구체화되는 구간			

틀린 사례

전년 12월 말	사업 계획	계획은 계획, 실행은 실행

◀ [그림 8-2] 공급망 관리에서 계획의 중요성 ▶

(2) 계획의 순서

수요예측 기반으로 판매계획, 공급계획, 생산계획 또는 조달계획 순서로 진행되며, 생산계획 또는 조달계획은 공급업체의 생산계획 또는 조달계획으로 이어진다.

(3) 판매계획

① **판매할 수 있는 수량 예측** : 수요예측을 바탕으로 재고와 공급 상황을 고려하여 판매할 수 있는 수량을 예측한다.

② **정보공유의 중요성** : 판매예측을 제대로 하려면 유통업체의 재고정보와 판매실적을 파악하는 것이 중요하다. 유통업체의 재고정보와 판매실적을 파악해야 정확한 판매예측이 가능하며, 이를 위해 많은 기업이 공급자 재고관리, 고객과의 협업, 직영 온라인 쇼핑몰 운영 등의 방법을 통해 이 정보를 파악하려고 노력한다. 유료로 해당 정보를 고객으로부터 받기도 한다.

  ㉠ 예를 들어 유통업체에 100개의 재고가 있었고, 지난주에 50개를 납품했는데 같은 기간에 20개가 팔렸다고 하자. 그러면 현재 유통업체에는 130개의 재고가 있어야 정상이다.

  ㉡ 만약 이번 주에도 20개가 팔릴 예정이라면 유통업체의 재고는 110개로 줄어든다. 만약 다음 주에 판촉 행사로 50개를 판매할 목표를 세우고 있다면 유통업체의 재고는 60개로 줄어든다. 만약 이 재고를 꾸준히 팔 예정이라면 다음 주에는 약간 더 채워 놓는 편이 안전하다.

  ㉢ 만약 유통업체가 비밀이 많고, 정보를 잘 공개하지 않으며, 공개한다 해도 틀리는 경우가 많고, 유통업체가 너무 영세하면 그만큼 판매예측을 정확히 할 수 없다. 그래서 소수의 대형 유통업체 판매가 아니라 다수의 대리점 또는 영세점포 판매가 중심인 제조업체가 판매예측을 힘들어하며, 통계적 수요예측을 하려고 노력한다.

(4) 공급계획

① **기간별 공급할 수량 계획** : 판매계획이 수립되는 시점을 기준으로 현재의 재고, 앞으로 입고될 재고, 앞으로 생산될 재고를 고려해서 그 차이를 어떻게 공급할지 계획한다.

② **공급할 수 없는 기간 존재** : 만약 해외에서 물건을 수입해서 파는 수입업자가 있다고 해보자. 해외 공장은 운송에 2주, 생산에 1주, 모두 합쳐 3주가 있어야 원활하게 공급할 수 있으며, 국내에서 하역과 통관, 물류센터 집화 및 출하에 1주가 걸린다고 해보자. 그러면 이번 주에 발주해도 4주 뒤에 판매할 수 있다. 거꾸로 말하면 이번 주로부터 앞으로 4주 동안 시장의 상황이 어떻게 변해도 발주해 봤자 못 받는다는 뜻이다.

③ **공급 방법 검토** : 이론상으로는 발주해도 받을 수 없는 기간이 있지만 실제로는 공급할 수 있는 방법을 찾기 위해 노력한다. 예를 들어 시장의 상황이 변해서 2주 뒤에 판매해야 할 상황이라고 해보자. 공급계획을 수립하는 담당자와 판매예측을 수립하는 담당자 사이에 가능한 모든 방법을 동원한다. 공장이 야간작업을 해서 생산할 수 있는지, 다행히 다른 판매계획이 취소되어서 공장에서 야간작업 없이 생산할 수 있는지, 빠른 운송수단을 써야 할지, 공장에서 거래처에 곧바로 배송할 수 있는지를 점검한다.

④ **공급할 수 없는 상황 최소화** : 공급할 수 없는 상황을 처음부터 만들지 않거나, 일정 수준 이내에서 관리하는 것도 공급망 관리의 영역이다.

(5) 생산계획 또는 조달계획

① **일별 세부 생산계획** : 공급계획을 수립한 결과 생산이 필요하다고 판단되면 일별 생산계획을 수립한다. 3주 뒤에 어떤 품목을 300개 공급하기로 했고, 생산 로트 사이즈는 100개라고 해보자. 3주 뒤에 100개씩 세 번 생산을 배정해야 한다. 이때 생산계획은 일에 시간 단위까지 내린다. 공장에서 선적할 배편이 있는 요일과 내륙운송 리드타임을 고려한다.

② **상품 조달계획** : 조달이 필요하다고 판단되면 공급업체와 합의된 총량 기준의 구매계획 안에서 기간별로 조달할 수량을 협의한다.

③ **소로트 생산의 중요성** : 공장이 한 번 생산할 때 생산 단위인 로트 사이즈(Lot Size)가 100개라고 해보자. 2주 뒤 거래처가 40개를 공급해 달라고 요구했다. 다행히 다른 거래처가 발주를 취소해서 공장은 야간작업 없이 공급할 수 있다. 100개를 생산하는 데 2시간이 걸리고 40개를 생산하는 데 40분이 걸린다면 거래처가 취소한 발주 때문에 공장은 1시간 20분 동안 멈춘다. 공장이 100개를 생산하고 영업이 필요 없는 재고 60개를 떠안거나, 공장이 40개를 생산하되 뒤에 배정된 생산계획을 모두 앞당겨야 한다. 공장의 생산 로트 사이즈가 20개라고 해보자. 다른 거래처가 100개분 발주를 취소했고, 또 다른 거래처가 40개 공급을 요청한다면, 우선 100개분 발주를 취소한 시간에 20개씩 두 번 생산한다. 나머지 60개 생산시간은 그날 저녁 늦게 잡힌 생산계획을 당겨버리거나 오늘 당장과 상관없는 미래의 생산계획을 당겨버리면 된다. 소로트로 생산하면 뒤에 잡힌 생산계획을 모두 미루거나 앞당길 필요가 없어진다.

(6) 공급업체의 생산계획

① **공급업체의 일별 세부 생산계획** : 글로벌 분업에 의한 생산 체제에서는 완성품의 일별 세부 생산계획에 따라 모듈과 구성품을 공급하는 공급업체도 일별 세부 생산계획을 수립해야 한다.

② **완성품 생산계획과 연동** : 예를 들어 완제품 공장이 다음 주 월요일 오후 1시부터 3시까지 100개, 화요일 오전 9시부터 11시까지 100개, 수요일 오전 8시부터 10시까지 100개를 생산하는 생산계획을 확정했다면 이 생산계획을 자재명세서(BOM, Bill of Material)와 대조하여 언제, 어떤 부품이 필요한지 파악한다. 예를 들어 생산에 사흘이 걸리는 부품이 있다고 해보자. 다음 주 월요일 오후 1시에 생산계획이 잡혔다면 공급업체는 이번 주 수요일에 생산을 시작해야 한다. 만약 목요일이나 금요일에 생산을 시작하면 직원들에게 주말 근무수당을 줘야 토요일과 일요일에 생산을 완료해서 월요일 오후 1시 생산계획을 맞출 수 있다.

③ **공급업체의 공급업체와 연동** : 공급업체가 완성품 공장의 발주를 확인하자마자 생산하려면 공급체 자신의 공급업체에도 부품을 발주해야 한다. 평소 공급업체 자신의 공급업체에 어느 정도의 재고를 확보해 놓거나, 재고 현황을 파악하고 있어야 생산이 가능해진다. 발주를 확인하자마자 공급업체에 전화해서 재고를 확인한다면 적시에 공급할 수 없다.

(7) 긴급 발주 대응

① 아무리 공급망을 잘 관리하더라도 시장의 변화에 따라 고객의 긴급 발주에 대응해야 할 때가 많다.

② 앞에서 언급한 대로 수요예측 기반으로 계획을 수립하는 기업은 긴급 발주를 수요예측으로 변환하기만 하면 하위 계획이 순서대로 바뀌므로 긴급 발주에 대응할 수 있는지 오히려 빠르게 확인할 수 있다.

③ **Plan - Do - Check - Action(PDCA) 정착** : 수요예측을 변경하면(Plan) 하위 판매계획, 생산계획 등이 모두 바뀌기 때문에(Do) 공급망 어느 지점에서 차질이 예상되는지 쉽게 파악할 수 있다(Check). 그리고 차질을 해결할 수 있는지 확인하고 조치한다(Action). 이렇게 계획 관리 업무를 PDCA의 과정으로 만들어 놓으면, 계획하느라 시간을 다 빼앗겨서 공급망의 민첩성이 떨어지는 것이 아니라 큰 충돌 없이 계획을 추진할 수 있어 민첩성이 개선된다.

◀ [그림 8-3] 계획부터 시작하는 공급망 관리 ▶

④ 그러나 많은 기업은 상위 계획을 기반으로 하위 계획을 관리하지 않고 상위 계획과 하위 계획을 부서마다 따로 관리한다. 예를 들어 수요예측이 틀리면 하위 부서가 따로 수요예측을 해서 공급계획을 관리한다.

⑤ 따로 관리하는 계획은 해당 부서만이 알고 있으므로 긴급 발주에 대응할 수 있는지 확인하는데 시간이 오래 걸릴 뿐만 아니라 부서 간 충돌이 발생하며 어느 단계의 계획이 문제인지 파악할 수 없다.

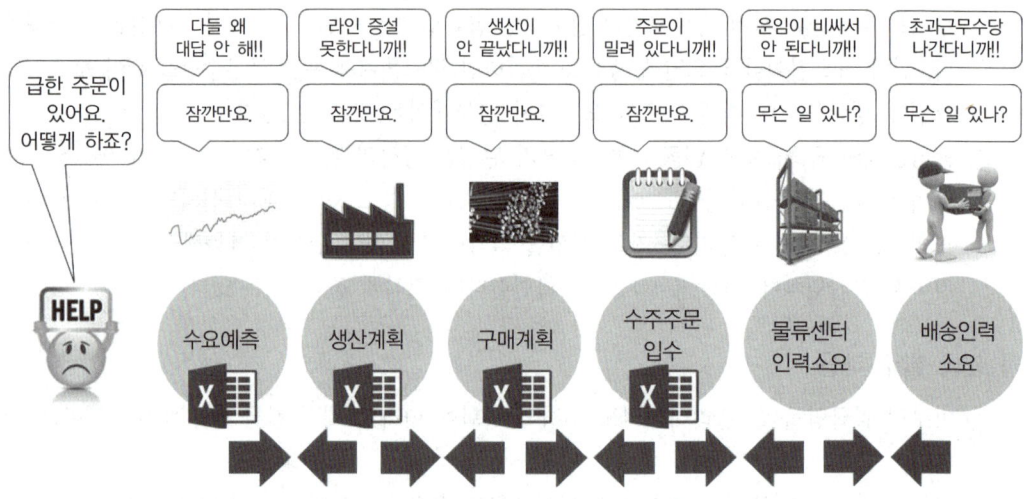

◀ [그림 8-4] 계획 업무가 없는 공급망 관리 ▶

(8) 계획 합의 프로세스, S&OP

① 개념 : 수요예측부터 순서대로 하위 계획을 수립하다 보면 공급이 수요를 따라갈 수 없거나, 반대로 수요가 공급을 따라갈 수 없는 상황이 발생한다. 이 차이를 방치하면 영업과 생산은 긴급 발주와 긴급 생산을 반복할 수밖에 없다. 따라서 공급망을 제대로 관리하려면 영업과 생산이 수요와 공급 상황을 고려한 공급계획에 합의하고, 기업의 공식적인 공급계획으로 활용해야 하는데, 이러한 합의 절차를 Sales and Operations Planning, S&OP라고 부른다.

② 특징

㉠ 기본적으로 회의 : 수요와 공급을 펼쳐 놓고 공급계획을 확정하는 자리이므로 기본적으로 회의의 형식을 갖추고 있다.

㉡ 문제를 해결하는 회의 : 수요와 공급의 문제점 중 전체 합의와 의사결정으로 해결할 수 있는 문제를 해결하는 회의이다.

㉢ 미래를 점검하는 회의 : 과거에 계획 대비 매출 점검도 중요하지만, 미래에 어떻게 매출을 증대하거나 계획대로 달성할 것인지 점검도 중요하다.

㉣ 경영진이 참석하는 회의 : 공급계획이 사업계획에 맞게 정해졌는지, 의사결정으로 해결할

문제가 없는지 점검하는 회의이므로 경영진이 참석해야 하는 회의이다. 경영진이 매번 참석하지 않더라도 참석해서 결정한 내용을 모든 구성원이 따르는 문화 정착이 중요하다.

ⓜ **공급망 관리를 개선하는 회의** : S&OP를 잘하는 기업은 사업계획대로 매출을 달성하는지 관리하는 과정에서 문제점을 도출하고, 그 문제점을 해결하기 위한 각종 기법을 도입하고 실행한다. S&OP는 공급망 관리 개선을 지향하는 회의라고 볼 수 있다.

③ **구성요소**

㉠ **사업계획** : 사업계획대로 실행하고 있는지를 확인하는 자리이다.

㉡ **실적 데이터** : 구매실적, 생산실적, 판매실적, 재고 현황 등의 데이터가 필요하다. 경영혁신 활동으로 MRP를 도입하고 ERP를 도입하면 S&OP에 필요한 데이터를 확보할 수 있다.

㉢ **계획** : 수요예측, 판매계획, 공급계획, 생산계획, 구매계획, 조달계획

㉣ **공급망 관리 기법** : S&OP를 하다 보면 더 이상 개선할 수 없는 한계가 생길 수 있다. 그 한계는 앞으로 소개할 공급자 재고관리, Point of Sale 등 각종 공급망 관리 기법으로 극복해야 한다. S&OP를 제대로 운영하면 공급망 관리 개선 활동으로 이어질 수 있다.

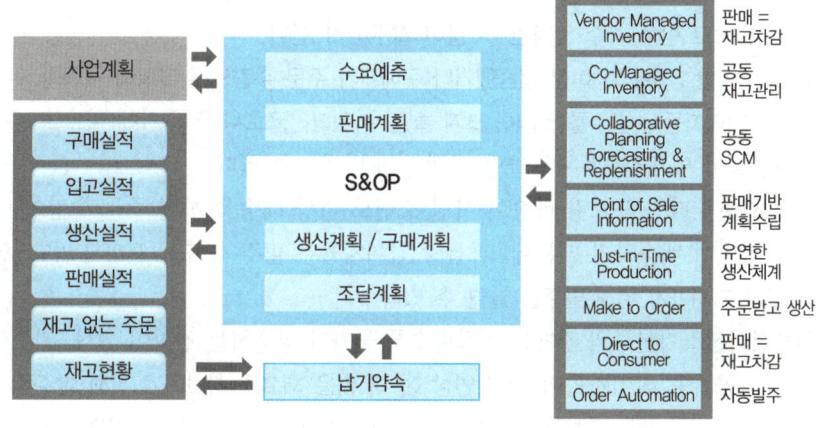

[그림 8-5] S&OP와 SCM 개선과의 연계

03 Bullwhip Effect(채찍효과)

(1) 정의

① **더 많은 재고를 확보하려 함으로써 공급망 변동성이 높아지는 현상** : 실제 수요가 소매상에서 도매상, 제조업체를 지나 공급업체까지 점점 상류로 이동함에 따라 공급망 참여자들이 실제 수요보다 더 많은 재고를 확보하려 함으로써, 공급업체에 대한 주문이 실제 판매량과 달라져 변동성이 더 높아지는 현상을 말한다.

② Beer Game : 1960년대 MIT Sloan 경영대학원에서 만든 Beer Game이라는 시뮬레이션을 통해 실습해 볼 수 있다.

(2) 원인

① 의사소통 부족(수요예측 실패) : 수요예측 실패를 겪은 공급망 참여자들은 공급망 하류, 즉 시장에서 수요가 증가하여 주문을 늘리면, 참여자마다 안전재고를 확보하기 위해 실제 수요보다 더 많은 재고를 발주하는 경향이 있다. 그 결과 공급망 상류, 즉 공급업체로 갈수록 주문량이 더 크게 변동한다. 수요예측이 소비자의 실제 수요에 기반하지 않고 고객의 주문에 근거하여 이루어지면 채찍효과가 나타나기 쉽다.

② 부족분 게임(Shortage Game) : 결품 위험이 감지되었을 때 필요보다 더 많은 수량을 발주하는 행위를 말한다. 공급망 참여자 간 정보가 투명하게 공유되지 않으면 공급망 상류로 갈수록 더 많은 수량을 발주하는 유인을 제공하여 채찍효과를 부채질한다. 충분한 재고가 있는 품목에 대한 사재기가 발생하는 원인을 생각해 보면, 대부분 잘못된 소문이나 정보 때문이다.

③ 무료 반품 : 반품받지 않는 조건으로 거래하면 더 많이 발주하고 싶어도 신중해질 수밖에 없으나, 무상으로 반품할 수 있다면 더 많이 발주하려 한다.

④ 구매량 제한 : 수요가 이상 급증했거나 구매자가 주문 수량의 일부밖에 구매할 수 없는 상황이 되면 공급망 참여자들이 발주를 일제히 크게 늘릴 수 있다. 코로나19 초기에 마스크 수요가 급증하면서 판매상들이 일제히 발주를 늘린 사례를 보면 알 수 있다.

⑤ 일괄 배송 : 다빈도 소량 배송이 아닌 소빈도 다량 배송을 하면 주문 수량이 어느 정도 모였을 때 한꺼번에 배송하기 때문에, 공급망 참여자들은 발주 후 도착 전까지 리드타임만큼 안전재고를 더 많이 가져가기 위해 발주를 늘릴 수 있다.

⑥ 인플레이션 : 자본주의 경제는 성장할수록 물가가 상승하는 경향이 있다. 가격이 인상되는 과정에서는 공급망 참여자들이 가격 인상 전 더 많은 재고를 확보하기 위해 발주를 늘릴 수 있다.

⑦ 수량 할인 : 더 많이 구매하고 구매 가격 할인을 받을 수 있다면, 공급망 참여자는 필요 이상으로 발주할 수 있다.

⑧ 선구매 할인 : 먼저 구매하고 구매 가격 할인을 받을 수 있다면, 공급망 참여자는 필요 없어도 발주할 수 있다.

⑨ 탐욕과 과장 : 실적을 달성하려는 개인이 과욕을 부리면 실제 수요보다 더 많이 발주할 유인이 생긴다. 특히 단종 대상이 아니라면 두고두고 팔 수 있으므로 더 많이 발주할 수 있다.

⑩ 리드타임 변동성 : 주문 후 도착까지 리드타임이 안정화되지 않으면, 공급망 참여자는 안전재고를 고려하여 발주를 늘려야 한다.

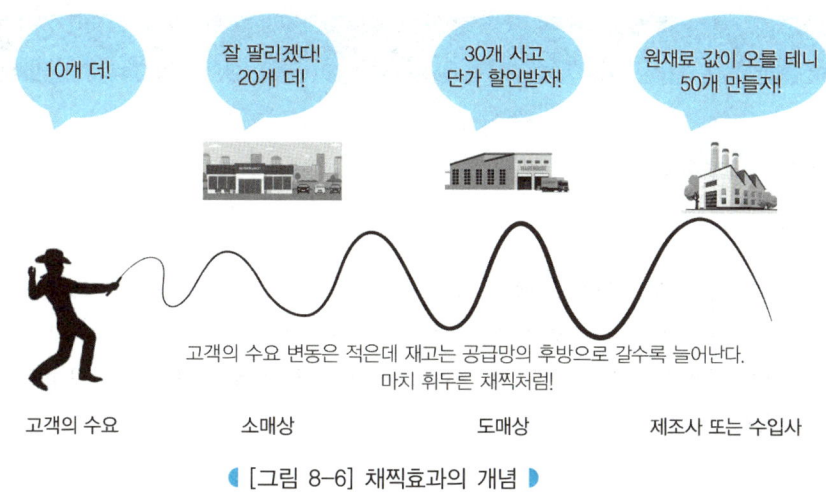

고객의 수요 변동은 적은데 재고는 공급망의 후방으로 갈수록 늘어난다.
마치 휘두른 채찍처럼!

[그림 8-6] 채찍효과의 개념

(3) 결과

① 과다 재고 : 비효율적인 생산과 발주가 과다 재고로 이어진다.

② 판매 기회 손실 : 과다 재고에 따른 현금흐름 제약으로 필요한 재고를 발주할 수 없게 되어 타 품목의 판매 기회 손실로 이어진다.

③ 경영 손실 : 과다 재고 할인판매나 폐기에 따른 경영 손실도 발생한다. 재고를 실물 처리하기 위해 일시적으로 직원을 채용하거나 해고해야 하는 부담도 발생할 수 있다.

(4) 대책

① 공급망 전반에 걸친 정보공유 : 실제 판매 시 POS(Point of Sale) 데이터를 기반으로 물류센터에 발주하고, 물류센터는 해당 정보를 기반으로 공급업체에 발주하며, 사전에 합의된 수요예측 정보를 고려하여 발주하는 방식으로 과다 발주를 예방할 수 있다.

② 불확실성, 변동성 감소 : 미래 판매예성 수량 및 발주예정 수량을 상호 합의함으로써 과다 발주를 예방할 수 있다.

③ 전략적 파트너십 : 고객과 공급업체 간 전략적 파트너십을 통해 고객의 재고 현황을 확인하고 공급 할당 우선순위를 부여함으로써 과다 발주를 줄일 수 있다.

④ 다빈도 소량 주문/배송/보충 : 채찍효과가 발생하는 이유 중 하나는 주문 수량이 모였을 때 일괄 배송하기 때문이다. 다빈도 소량 주문과 배송을 통해 꾸준히 재고를 보충함으로써 과다 발주를 줄일 수 있다.

⑤ Every Day Low Price 가격정책 : 고객이 할인을 위해 과다 발주하지 않도록 지속적으로 저가에 공급하는 정책으로 대응한다.

⑥ 반품 및 주문 취소 제한 : 반품과 주문 취소를 쉽게 할 수 있으면 과다 발주의 유인이 되므로 제한을 둬야 한다.

⑦ 재고 할당 : 수요 대비 재고가 부족하면 할당 우선순위를 정하고 할당을 실시한다.

04 SCM 도입전략

1 SCM 접근방법

(1) 정보공유

① PSI 정보 : 공급망 참여자의 생산 또는 구매(P, Production 또는 Purchase), 판매(S, Sales), 재고(I, Inventory), 즉 PSI 정보는 서로 공유되어야 한다.

② PSI 정보공유의 의미 : 모든 공급망 관리의 시작이며, 공급망 참여자가 서로 파트너십에 의해 움직이고 있음을 의미한다.

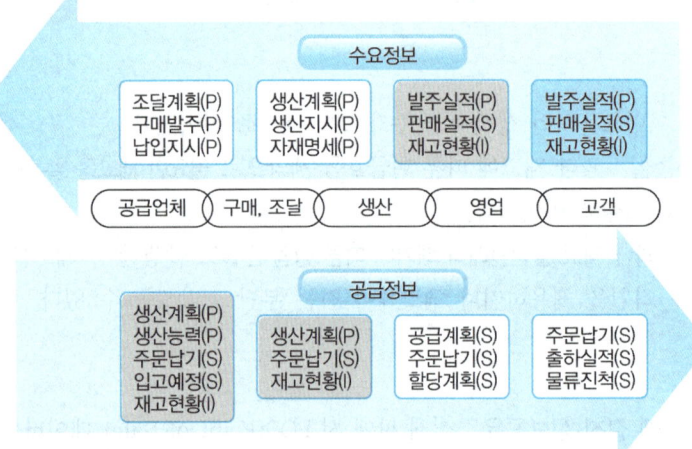

- 고객의 실판매정보 Purchase, Sales, Inventory를 기반으로 자사가 Production, Sales, Inventory를 관리
- 자사의 Production, Sales, Inventory를 기반으로 공급업체가 Production, Sales, Inventory를 관리

◀ [그림 8-7] 공급망 참여자 간 PSI 정보공유 ▶

(2) 정보시스템과 공급업체 통합

① **정보시스템 통합** : 공급망 참여자 간 생산 또는 구매, 판매, 재고 정보를 원활하게 공유하기 위해서는 정보시스템 통합이 필수적이다. 바코드, RFID, 스캐너가 필요한 이유는 필요하다면 실시간 또는 실시간에 가깝게 판매정보를 업데이트하고 공유하기 위해서이다.

② **공급업체 통합** : 정보시스템 통합을 통해 원활하게 정보를 공유하기 위해서는 그만한 능력이 있는 소수의 공급업체와 파트너십을 맺고 장기적인 관계를 구축하는 것이 중요하다. JIT(Just-In-Time, 적시생산)를 추진할 때 소수의 공급업체와 파트너십을 맺고 안정적 품질의 부품을 장기간 공급받는 것과 유사하게, 정보공유 역량을 가진 공급업체와 장기적으로 거래하는 것이 중요하다.

(3) 의사소통과 성과 관리

① 의사소통 : 공급업체와 파트너십을 구축하고 정보시스템을 통해 정보를 공유하는 이유는 원활한 의사소통을 지원하기 위해서이다. 공유된 정보를 바탕으로 공급 부족이나 판매 부진 등 당면한 문제를 협의하고 해결하기 위해서는 정보공유 기반의 의사소통이 필요하다.

② 성과 관리 : SCM을 성공적으로 정착하려면 사전에 성과지표를 정하고 상기와 같은 정보공유와 의사소통의 결과 성과지표가 달성되고 있는지 모니터링해야 한다.

2 SCM 도입전략

(1) 1단계 – 추진계획

① 현황 분석 : 공급망 현황을 분석하고, 핵심역량을 파악한 다음, 전체 과제와 목표를 도출한다.

② 명확한 목표 제시 : SCM 도입 목표와 방향을 수치로 제시해야 한다. 예를 들어 재고 감소를 한다면 몇 %를 줄일 것인지, 적시 배송을 한다면 몇 %를 달성할 것인지를 명확하게 제시해야 한다.

③ 경영진의 의지 : SCM을 도입할 때는 경영진의 의지가 매우 중요하다. 경영진이 SCM 추진 조직에 권한을 주고 관심을 보이지 않으면 구성원은 변화하지 않는다.

(2) 2단계 – 운영전략

① 혁신 방향 수립 : 목표가 수립되었으므로 업무와 정보시스템 양쪽으로 혁신 계획을 수립한다.

② 프로세스 분석 : 혁신 계획을 수립하기 위해서는 현재의 공급망 관리 업무와 관련 시스템을 분석하고, 분석 결과에 따른 혁신 계획을 수립한다. 예를 들어 적시 배송률 95%를 달성하는 목표를 수립했는데 프로세스 분석 결과 영업 부서에서 납기를 임의로 조정하고 있었다면, 영업 부서에서 납기를 조정하지 못하도록 주문을 자동으로 입수하는 방향으로 혁신 계획을 수립한다.

③ 시스템 요구사항 정의 : SCM의 시작은 정보공유이기 때문에 시스템 재정비가 필요하다. 업무전문가와 정보시스템 전문가를 두입하여 혁신 방향에 따른 시스템 요구사항을 정의한다.

④ 벤치마킹 : 필요하다면 선진 사례를 벤치마킹하여 적용할 만한 부분이 없는지 확인한다.

(3) 3단계 – SCM 모델 설계

① 업무와 시스템 혁신 실행 단계 : SCM 목표와 혁신 방향에 따라 업무와 시스템 혁신을 실제로 실행한다.

② 업무와 시스템 혁신 동시 추진 : 판매, 물류, 생산, 조달 등 공급망 전 과정에서 업무와 시스템 혁신을 추진한다.

(4) 4단계 – 실행 및 평가

① 운영 – 개선 – 정착 : 운영해 보고 개선점을 도출하여 개선하고 정착시킨다. 개선은 일회성 행사가 아니라 지속해서 이루어져야 하며, 개선에 따른 변화관리를 병행한다.

② 성과 측정 : 혁신 방향에 따라 성과지표를 설정하고 측정함으로써 SCM 모델이 제 역할을 하고 있는지 점검한다.

05 SCM 도입기법

1 추진 유형

① 신속대응(QR, Quick Response)

② 효율적 소비자 대응(ECR, Efficient Consumer Response)

③ 크로스 도킹(Cross Docking)

④ 지속적 재고 보충(CRP, Continuous Replenishment Program)

⑤ 공급자 재고관리(VMI, Vendor Managed Inventory)

⑥ 협력적 재고관리(CMI, Co-Managed Inventory)

⑦ 자동발주(CAO, Computer Assisted Ordering 또는 EOS, Electronic Ordering System)

⑧ 전자조달(e-Procurement)

⑨ CPFR(Collaborative Planning, Forecasting and Replenishment)

⑩ 카테고리 관리(Category Management)

⑪ 지연전략(Postponement Strategy)

⑫ 대량고객화(Mass Customization)

⑬ 공급업체 허브(Supplier Hub)

2 신속대응(QR, Quick Response)

(1) 정의 및 개념

① 정보공유를 통한 재고 감소 : 정보공유를 통해 정확한 수량의 다양한 상품을 적절한 시점에, 적절한 가격으로, 적절한 장소에 공급할 수 있는 상태를 말한다.

② 도입 효과

　㉠ 빠른 공급과 재고 회전

　㉡ 결품 방지 및 재고 감소

(2) 배경

① 예측 실패 : QR은 1980년대 미국 의류업계 주도로 도입되었다. 당시 의류업계는 시즌에 앞서 유행을 예측하고 원재료를 발주해서 의류를 생산했는데, 이렇게 하면 예측 실패 가능성이 높아

질 뿐만 아니라, 재고가 쌓이게 되어 가격 인하 유인이 생겼다.

② 긴 리드타임 : 시즌 1년 앞서 다음 시즌 제품을 준비하다 보니 예측 실패 가능성이 높았다.

③ 1984년~1985년 Kurt Salmon Associates 컨설팅 : 미국 의류업계는 상기와 같은 상황에서 경쟁력을 높이기 위해 Kurt Salmon Associates사에 컨설팅을 의뢰하였고, 그 결과 QR 프로세스가 탄생하였다.

(3) 주요 개념

① QR은 업무 속도를 높이는 전체 프로세스 : QR은 하나의 시스템이 아니라 바코드, EDI, POS, 유연한 생산시스템 등을 합친 프로세스이다.

② 바코드와 POS : 유통업체에서 판매 시점 바코드 스캔으로 판매실적 업데이트, 재고수준 업데이트, 제조업체와의 빠른 공유가 가능해졌다.

③ EDI : 빠른 재고정보공유를 바탕으로 EDI를 통해 구매발주와 판매정보를 공유할 수 있게 되었으며, 주문 처리 시간 단축은 물론, 오류 감소와 파트너십 강화 효과가 발생하였다.

④ 유연한 생산시스템 : 제조업체는 원재료부터 소비자에 이르는 전체 리드타임을 단축하기 위하여 연구개발과 생산을 동시에 검토하는 동시공학(Concurrent Engineering) 등 유연한 생산시스템을 적용하였다.

⑤ 유연한 공급 프로세스 : 공급자 재고관리(VMI) 등 더 빠르게 유통업체의 요구에 대응할 수 있는 공급 프로세스를 적용하였다.

(4) 장점

◀ [표 8-1] QR의 장점 ▶

유통업체	제조업체
• 구매 실수 방지	• 의사소통 개선
• 재고 보유 최소화	• 수요예측 프로세스 개선
• 상품 추적	• 신속한 판매정보 확보
• 재고회전율 증가	• 상품 추적
• 현금흐름 개선	• 안정적 주문 확보
• 고객서비스 수준 개선	• 재고 보유 최소화
• 영업이익 증대	• 판매 증대
• 경쟁우위 창출	• 영업이익 증대
	• 경쟁우위 창출

(5) 단점

① IT 투자 필요 : 리드타임 단축을 위해서는 IT 투자가 필요하므로, 비용 증가로 이어질 수 있다.

② 팔수록 이익 감소 : IT 투자로 인한 비용 증가 때문에 해당 고객의 발주가 증가하면 영업이익이 감소할 수 있다.

3 효율적 소비자 대응(ECR, Efficient Consumer Response)

(1) 정의 및 개념

① FMCG(Fast Moving Consumer Goods, 소비재) 분야의 QR : 유통업체와 제조업체가 고객이 원하는 제품을 적시에 공급하여 고객만족도를 높이기 위해 공급망을 Pull 방식으로 변화시키고 제품을 보충하는 기법으로, QR이 의류업계의 업무 속도 개선이었다면, ECR은 소비재 업계의 업무 속도 개선이다.

② 공급망 참여자 간 협업 강화 : 공급업체, 제조업체, 도매상, 소매상 등 공급망 참여자들의 협업을 강화하는 프로세스이다.

(2) 역사

1993년 Kurt Salmon Associates 컨설팅 : 미국 식품업계를 대표하는 GMA(Grocery Manufacturers of America)가 과거 QR 프로세스를 제안했던 Kurt Salmon Associates에 컨설팅을 의뢰하였고, 1993년 QR의 식품업계 버전이라고 할 수 있는 ECR이 탄생하였다.

(3) 주문 리드타임 단축에 따른 효과

① 매출 증가
② 재고회전율 상승
③ 결품 개선

주문서 작성	20일	EDI로 주문 송신	4일
수주, 주문 처리	15일	EDI로 주문 수신 및 처리	4일
혼적 출하	10일	직송 출하	3일
유통 입고 및 출하	14일	유통 입고 및 크로스 도킹	2일
점포 입고 및 진열	3일	점포 입고 및 진열	2일

◀ [그림 8-8] ECR 프로세스 도입 효과 사례(도입 초기) ▶

(4) 기대 효과

① 매출 증대
② 재고회전율 개선
③ 유통업체의 자동발주 비중 증가

④ 제조업체와 유통업체의 재고 감소

⑤ 물류관리 효율 개선

(5) EHCR(Efficient Healthcare Consumer Response)

ECR을 의약품 분야로 확대한 기법이다.

(6) EFR(Efficient Foodservice Response)

ECR을 신선식품 분야로 확대한 기법이다.

4 크로스 도킹(Cross Docking)

(1) 정의 및 개념

① 물류와 Just-In-Time 스케줄링의 만남 : 제조업체에서 고객에게 또는 하나의 운송수단에서 다른 운송수단으로 창고 보관 과정 없이 바로 실물을 인도하는 개념이다.

② 운송수단끼리의 환적 : 동일 목적지 또는 유사 목적지로 향하는 운송수단에 차량 대 차량으로 옮겨 싣는다.

③ 보관이 아닌 Docking 특화 터미널 : 보관공간보다는 동일 운송수단에 적재할 실물을 합쳐서 옮겨 실을 수 있을 정도의 작업공간이 있는 Docking 전용 시설이 필요하다.

④ 매우 짧은 보관기간 : 실제 유통에서는 입고 화물 중 출고 화물과 같이 적재할 대상을 분리해 둔 다음, 출고 화물과 차량이 준비되면 같이 적재한다. 따라서 Cross Docking은 입고와 출고 사이 보관기간이 길면 운영할 수 없다.

(2) 역사

① 1930년대 미국 운송업계에서 시작

② 1950년대 미군에서 운용 시작

③ 1980년대 후반 월마트에서 처음 유통 분야에 도입

(3) 장점

① 재고 취급 감소로 하역 위험 감소 및 하역 인건비 절감

② 재고 보관기간 단축으로 창고비용 및 재고유지비용 감소

③ 안전재고 필요성 감소

④ 보관기간을 단축하므로 빠른 배송 지원

⑤ 점포의 보관공간 감소로 매장 공간 극대화

(4) 단점

① 적시 공급 능력이 있는 소수의 공급업체만 대응 가능

② 공급망 혼란 발생 시 취약성 증대

③ 적정 수준의 차량 필요

④ 고도화된 창고관리 시스템 필요 : 실제 Cross Docking을 제대로 하려면 재고를 입고는 하되 다른 수주 주문에 할당하지 않고 출고 작업에 다시 할당하는 작업을 해야 한다. 또한 신속하게 차량 적재율을 극대화할 수 있도록 입고 재고와 출고 재고를 조합해야 하므로, 고도화된 창고관리 시스템이 있어야 한다.

⑤ 창고비용 및 재고유지비용과 차량 대 차량 이동 작업 인건비와의 상충관계

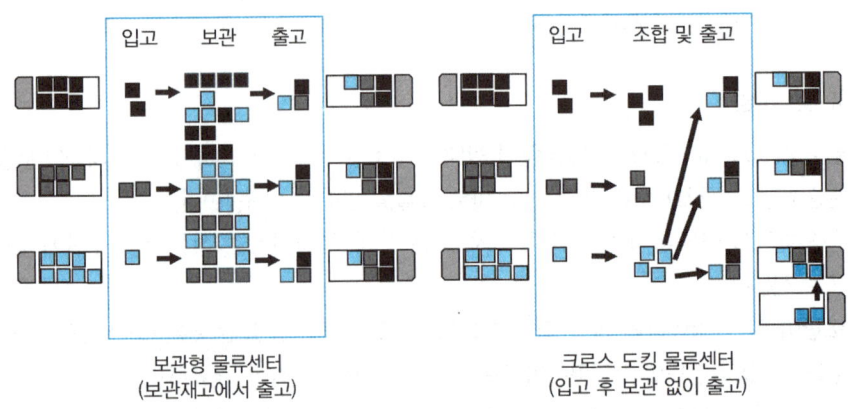

[그림 8-9] 보관형 물류센터와 크로스 도킹 물류센터의 차이

5 지속적 재고 보충(CRP, Continuous Replenishment Program)

(1) 정의 및 개념

① 팔린 만큼만 보충 : ECR을 지원하는 기법으로, 팔린 만큼만 실시간으로 재고를 보충하는 개념이다.

② 주문 크기나 재주문점 개념 없음 : 팔린 만큼 실시간으로 재고를 보충하는 개념이므로, 주문 크기를 정해 놓고 보충할 수량이 일정 주문 크기만큼 되었을 때 재주문하는 개념이 없다. 물을 내린 만큼만 보충하고 멈추는 물탱크와 같은 개념이다.

(2) 전제조건

① QR의 기본 요소 전제 : EDI, POS 등 QR의 기본 요소가 다 필요하다.

② 필요시 Cross Docking : 빠른 보충을 위해 창고 보관 후 출하보다는 Cross Docking으로 대응해야 할 수도 있다.

③ 소량 배송 대응 필요 : 물류 효율을 높일 수 있는 주문 크기 이하로 배송해야 할 수도 있다.

④ 정보공유 : 유통업체와 제조업체 간 POS를 통한 실시간 판매 상황과 재고 상황을 공유해야 한다.

(3) 장점

① **수요예측 실패 위험 분산** : 수요예측은 언제나 틀릴 수 있지만, 팔린 만큼 실시간 보충함으로써 수요예측 의존도 자체를 줄이는 효과가 있다.

② **고객요구에 신속하게 대응** : 수요예측에 반영해서 대응할 때보다 빠르게 재고를 보충함으로써 고객요구에 신속하게 대응할 수 있다.

③ **창고공간 효율화** : 소매업체의 과다 재고 축적을 방지하므로 창고공간의 효율적 이용에 공헌한다.

④ **관리비용 절감** : 소매업체가 온라인으로 공급업체가 보충할 수량과 보충 시기를 결정하도록 정보를 공유하므로 주문 처리에 드는 인력과 노력을 줄일 수 있다.

⑤ **채찍효과 감소** : CRP를 함으로써 공급업체는 소매업체의 판매정보를 보면서 보충 수량을 결정할 수 있으므로 채찍효과를 줄일 수 있다. 공급업체 또한 재고 과다 또는 과소 상황을 피할 수 있으며, 고객의 전반적인 경험을 개선할 수 있다.

(4) 단점

다빈도 소량 배송 : 소량의 재고를 소규모 창고에서 배송하는 소규모 공급업체의 경우 다빈도 소량 배송 부담이 발생한다.

6 공급자 재고관리(VMI, Vendor Managed Inventory)

(1) 정의 및 개념

① **공급자가 판매자의 재고를 관리** : 판매자의 재고 최적화를 공급자가 담당하는 재고관리 형태를 말한다. 판매자의 재고는 판매자의 구매 결정 시점 또는 최종 판매 시점까지 공급자가 관리하며, 판매자가 구매를 결정했거나 최종 판매한 시점에 공급자의 매출, 판매자의 매입, 판매자의 매출이 발생한다.

② **공급자와 판매자의 정보공유 중요** : 공급자가 재고를 관리하고 있지만 고객의 주문이 들어오고, 판매자가 재고를 가졌음에도 공급자가 재고를 관리하기 때문에 공급자는 재고 현황을 판매자와, 판매자는 주문 정보를 공급자와 공유해야 한다.

③ **재고관리와 주문충족에서 공동의 목표 달성** : 판매자의 재고를 공급자가 관리하므로 주문을 충족하지 못하면 판매자뿐만 아니라 공급자의 판매 기회 상실로 이어진다. 판매자와 공급자가 주문충족과 판매 극대화를 달성한다는 공동의 목표를 공유하는 방법이다.

(2) 공급자의 장점

① **공급망 계획 능력 개선과 파트너십 강화** : 판매자의 정보를 근거로 수요예측, 판매계획, 재고 보충 계획 등을 수립할 수 있어 계획 능력이 개선될 뿐만 아니라, 판매자와의 파트너십을 강화할 수 있다.

② **적량 적시 공급** : 판매자에게 재고를 판매하여 소유권을 넘길 때는 판매자와 협상하고 판매자를

설득해야 하지만, VMI는 판매자의 주문을 근거로 판매하는 방식이므로 판매자를 설득할 필요 없이 적량을 적시에 공급할 수 있다.

③ 매출 증대 효과 : 판매자의 결품을 줄임으로써 매출 증대 효과를 얻을 가능성이 높다.

④ 주문관리 개선 : 정보기술 기반으로 주문을 입수함으로써 주문 재작업과 오류를 줄이고 주문 정확도를 높일 수 있다.

⑤ 채찍효과 감소 : 판매자의 실제 주문 흐름을 볼 수 있으므로 재고관리 과정에서 채찍효과를 줄일 수 있으며, 재고 정확도 개선, 재고회전율 개선, 결품 감소 효과를 거둘 수 있다.

⑥ 수요 주도 공급망 : 판매자, 생산자, 유통업자의 정보공유를 촉진함으로써 수요예측과 결품관리, 주문관리를 촉진하여 수요 주도의 공급망 구축에 공헌한다.

(3) 판매자의 장점

① 주문 리드타임 감소 효과 : 판매자의 결품을 줄임으로써 주문 리드타임 감소 효과를 얻을 가능성이 높다.

② 안전재고와 결품 감소 : 판매 시점까지 공급자 재고로 남아 있으므로, 안전재고와 결품을 줄일 수 있다. 재고 보유비용을 줄이는 데 공헌한다.

(4) 단점

① 판매자의 중장기 정보 부족 : 공급자는 미래 생산이나 구매를 위해 중장기 수요예측 등 중장기 정보가 필요하나 판매자가 제대로 제공하지 못할 때가 많다.

② 판촉 행사 등 수요 변동성 : 판매자 재고를 공급자가 관리한다 해도 판매자가 급하게 판촉 행사를 계획하는 등의 수요 변동성 대응에는 한계가 있을 수 있다.

③ 공급자의 부담 과다 : 판매자 재고를 공급자가 온전히 관리하기 때문에 공급망의 성공이 공급자의 역량에 달려 있다.

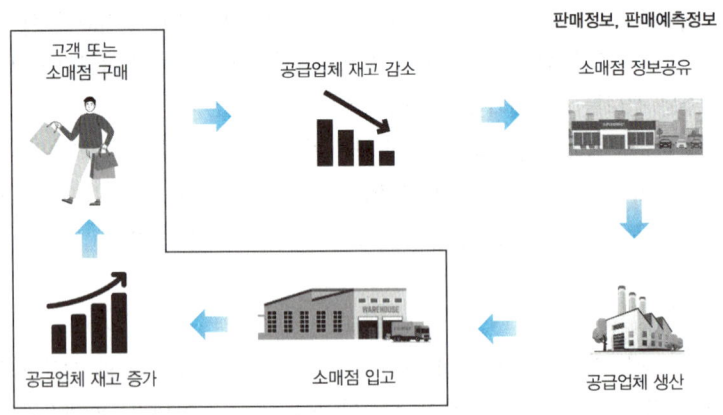

일반적인 상거래 : 소매점 입고 시점에 공급업체 매출, 소매점 재고
VMI : 소매점 입고 시점에 공급업체 재고, 소매점 또는 고객 구매 시점에 소매점 매입, 공급업체 매출

◀ [그림 8-10] 공급자 재고관리의 개념 ▶

7 협력적 재고관리(CMI, Co-Managed Inventory)

(1) 정의 및 개념

① 판매자와 공급자의 합의 기반으로 재고 보충 : 고객, 즉 판매자가 보유한 재고가 소진되는 시점에 공급자가 재고 소진 가능성을 사전에 파악하고 판매자와의 합의를 거쳐 재고를 보충해 주는 비즈니스 기법이다.

② 공급자가 판매자 시스템에서 재고 보충 : 공급자가 판매자 시스템에 접근하여 재고 보충 업무를 수행한다.

(2) VMI와의 차이

① VMI : 판매자가 공급자에게 재고관리에 필요한 정보를 제공하며, 공급자는 판매자의 재고를 관리할 책임을 갖는다.

② CMI : 재고 보충과 판매자 수요예측의 책임이 공급자에게 있지만, 판매자가 합의해야만 공급자가 재고를 공급할 수 있다. 공급자가 판매자의 재고를 관리하는 게 아니라 공급자와 판매자가 공동으로 재고를 관리하는 개념이다.

③ 단기 공급 집중 : VMI와 CMI 모두 판매자의 단기 결품 대응에는 효과가 있지만, 공급자에게 필요한 중장기 공급계획에 주는 영향은 제한적이다.

8 자동발주(CAO, Computer Assisted Ordering 또는 EOS, Electronic Ordering System)

(1) 정의 및 개념

① 유통업체의 자동 보충 주문 시스템 : 매장의 실시간 판매 및 현재고 상황과 수요예측 기반으로 자동으로 보충 주문을 발행하는 시스템이다.

② 구성요소 : 아래 데이터를 근거로 주문 수량을 제안하고, 보충 발주를 관리한다.
  ㉠ 과거 판매 흐름
  ㉡ 미래 수요예측
  ㉢ 현재고 수준
  ㉣ 안전재고 수준

③ 결품에 취약한 유통업계 : 유통에서는 주말, 오후, 판촉 행사 등 여러 가지 이유로 결품이 생긴다. 결품은 판매 실기로 이어진다.

④ 결품 발생의 원인 : 결품 발생의 원인을 추적하면 보충 주문관리 부족에서 발생한다.
  ㉠ 유통업체 담당자의 결품 예측 미흡
  ㉡ 판촉 행사 대비 수요예측과 주문관리 미흡
  ㉢ 적시 보충 주문 부재

(2) 기대 효과

① 주문 업무 단순화 : 현재와 미래의 재고수준, 판촉 행사, 계절 변동, 공급업체 변경, 제품 간 매출 잠식 등을 고려하여 주문 업무를 단순화함으로써 주문 업무에 드는 시간과 노력을 절감할 수 있다.

② 수요 가시성 개선 : 수요예측과 재고 기반으로 자동발주를 지원하므로 수요에 대한 가시성이 높아진다.

③ 단순 반복 업무 제거 : 재고 확인과 수작업 주문 등 단순 반복 업무를 제거하고, 유통업체 종사자들이 고객서비스 등 부가가치를 창출하는 업무에 집중할 수 있다.

④ 인력 확보 및 유지 : 숙련된 인력이 부가가치를 창출하는 업무를 하도록 지원함으로써 숙련된 인력을 유지하는 데 도움을 준다.

(3) EOS(Electronic Ordering System)

① 판매된 만큼 자동발주하는 개념 : 일본에서 발달한 자동발주시스템으로, 판매시점정보에 근거하여 판매된 만큼 자동으로 공급업체에 발주하는 개념이다.

② CAO와의 차이 : CAO는 수요예측이나 재고 등을 고려한 발주량을 제안하는 시스템 성격이 강하고, EOS는 전자적 수단으로 주문 정보를 자동으로 생성하고 공급업체에 전달하는 정보전달 시스템 성격이 강하다. 그래서 EOS는 공급업체 관점에서는 유통업체마다 다른 EOS로부터 오는 발주 정보를 처리해야 하는 어려움 때문에 EDI로 전환되었다.

> ### 핵심포인트
>
> ✔ CRP, VMI, CMI, CAO, EOS
>
> 모두 재고가 사용된 만큼 보충 발주하는 개념이라는 측면에서는 비슷해 보이지만,
> CRP는 그러한 보충 발주의 총칭이고,
> VMI는 판매자의 재고를 공급자가 관리하며,
> CMI는 공급자와 판매자가 합의하고 보충 발주를 관리하며,
> CAO는 수요예측과 재고에 근거한 발주 수량 제안을 관리하며,
> EOS는 판매된 만큼 자동으로 공급업체에 발주 정보를 전달한다.
>
> 보충 발주는 유통업체의 정보를 근거로 발주 정보를 생성함으로써 결품을 방지하고, 재고수준을 낮추며, 판매 실기를 줄여서 매출을 증대하고 고객서비스 수준을 높이는 공통된 긍정적 효과를 보여준다. 따라서 시험은 각 개념 간의 차이를 명확히 이해하는지를 묻는 문제가 주로 출제되며, 기대 효과를 묻는 문제는 정보공유에 의한 발주가 갖는 장점을 이해하면 풀 수 있는 정도 수준으로 출제된다.

9 전자조달(e-Procurement)

(1) 정의

① **온라인 기반 요청, 발주, 구매 프로세스** : 온라인으로 구매 대상을 게시하고 발주와 구매를 처리하는 기업 간 거래(B2B, Business to Business) 프로세스를 말한다.

② **전자상거래와의 차이** : 등록된 개인 또는 법인 사용자만 이용할 수 있으며, 입찰, 구매발주, 대금 청구 등 공급업체와 고객 간의 상호작용을 지원하는 프로세스이다.

(2) 역사

① 1980년대 EDI의 발전으로 등장

② 공급업체 평가, 입찰과 응찰, 낙찰관리, 계약관리, 발주, 대금 지급 등 구매와 조달 프로세스 전반을 다루는 프로세스로 발전하였다.

(3) 주요 기능

① **구매와 조달 관련 수기 업무 제거** : 응찰, 공급업체 질의서, 계약서 작성 업무에 들어가는 수기 업무를 제거한다.

② **공급업체 관리** : 공급업체와의 관계 및 공급업체 정보 관리

③ **온라인 조달** : 요구사항 정의 및 유망한 공급업체 발굴

④ **온라인 입찰** : 사전자료 요청(RFI, Request for Information), 제안 요청(RFP, Request for Proposal), 제안 견적 요청(RFQ, Request for Questionnaire)

⑤ **온라인 경매** : 공급업체 평가, 협상, 계약

⑥ **온라인 발주와 대금 지급** : 요청서와 발주서 작성, 대금 청구서 작성 및 지급

⑦ **온라인 통지**

⑧ **구매 및 조달 정책 실징과 예신 관리** : 구매 사례별로 응찰할 수 있는 공급업체를 제한하거나 구매 예산을 관리할 수 있다.

(4) 장점

① **원활한 조달 지원** : 온라인 기반으로 조달 절차를 진행할 수 있도록 함으로써 원활한 조달 프로세스 구축에 공헌한다.

② 서류 업무와 수기 업무 제거

③ 통합 조달 및 구매정보 관리

④ 조달과 구매 전 과정 추적 및 구매 이력 관리

⑤ 보고 간소화 및 계약 관련 규정 준수 지원

⑥ 수기 작업 부담을 덜고 협상 등 부가가치 있는 업무에 집중

10 CPFR(Collaborative Planning, Forecasting and Replenishment)

(1) 정의

① 제조업체와 유통업체 공동 계획, 예측, 보충 : 제조업체와 유통업체가 공동으로 판매계획, 수요예측, 재고 보충을 협의하고 실행함으로써 공급망 통합을 강화하는 기법이다.

② PSI 정보공유 : 제조업체와 유통업체 간 상호 협력을 기반으로 공동으로 재고를 관리하는 데 초점을 두며, 이를 위해 소비자에 대한 판매정보(S, Sales), 재고정보(I, Inventory), 생산계획 (P, Production) 등 PSI 정보를 공유한다.

③ 생산에서 유통까지 전 과정의 자원 활용 극대화 : 수요예측, 판매계획 정보를 유통업체와 제조업체 가 공유함으로써, 생산부터 유통에 이르는 공급망 전 과정의 자원 및 시간의 활용을 극대화하는 비즈니스 모델이다.

(2) 역사

① 1995년 제정 : 1995년 월마트와 전략컨설팅 회사 Benchmarking Partners가 처음 만들었으며, 1996년 월마트와 제약회사 Warner Lambert가 최초로 파일럿 프로젝트를 실행하였다.

② 1998년 지침서 발간 : 1996년 VICS(Voluntary Inter-industry Commerce Solutions)가 CPFR을 국제 표준으로 확산하기로 하고 1998년 첫 CPFR 지침서를 발간하였다.

③ 2004년 지침서 개정 : 2004년 기존 9가지 업무 단계를 4단계로 줄인 새로운 지침서가 제정되었다.

(3) 4단계 진행

① Strategy & Planning : 공급망 모든 참여자 간 업무와 협의할 사항 정의

ㄱ Collaboration Arrangement : CPFR의 추진 범위, 추진 목표, 업무 절차(협의 대상과 협의 주기를 정한다), 공유할 데이터, 인프라 준비 등

ㄴ Joint Business Plan : 주요 판매 일정 수립, 판매 일정별 투입 제품, 판촉 전략, 비용 부담 등

② Demand and Supply Management : 판매량 예측 및 목표를 달성하기 위한 발주량 예측

ㄱ Sales Forecasting : 유통업체의 POS(판매시점)정보, 제조업체와 유통업체 간 합의를 기반 으로 판매량을 예측하고, 발주와 공급으로 연결한다.

ㄴ Order Planning/Forecasting : 판매량 예측은 유통업체의 발주계획, 공급업체의 수주계획, 공급업체의 출고계획, 더 나아가 공급업체의 생산계획과 구매계획으로 연결된다.

③ Execution : 생산, 재고 축적, 배송 등 실제 업무

ㄱ Order Generation : 발주계획과 수주계획 기반으로 발주와 수주를 처리한다.

ㄴ Order Fulfillment : 계획에 따라 발주와 수주를 충족하는 활동을 실행한다.

④ Analysis : 비상 상황 대응 및 성과 측정

ㄱ Exception Management : 예측 대비 매출, 발주와 수주, 판매가격의 변동을 관리한다.

ⓛ Performance Assessment : 목표 대비 매출 증감, 판매와 주문예측 정확도, 재고회전율, 결품률, 충족률 등을 관리하고 평가한다.

◀ [그림 8-11] CPFR 프로세스 요약 (출처 : VICS 발간 CPFR 지침서) ▶

TIP CPFR의 순서

CPFR이 Planning, Forecasting, Replenishment의 순서인 이유는, 말 그대로 제조업체와 유통업체가 협력하여 계획하고 예측한 다음 이를 근거로 보충 발주를 하기 때문이다. 따라서 발주는 가장 마지막 Output이다. 상기 4단계에서는 성과 측정 단계인 마지막 단계를 제외하면 Execution 단계에 발주가 포함되어 있다.

따라서 CPFR을 실행하려면 협력 방법과 관계를 정의한 다음 공동 비즈니스 계획을 수립해야 하고, 비즈니스 계획이 수립되면 이를 근거로 판매예측을 하며, 판매예측 결과에 따라 주문예측을 수행한다. 그리고 판매예측대로 수주가 되는지를 평가한다.

이런 이유로 현대 공급망 관리에서는 기업 간 정보공유와 협업 면에서 가장 진보한 비즈니스 모델이라고 볼 수 있다.

(4) 장점

① 결품으로 인한 고객만족도 저하에 대응
② 협업에 의한 안정적인 재고관리
③ 유통비용 절감 및 고객서비스 향상
④ 제조업체와 유통업체의 공동 책임 기반 공급망 운영

11 카테고리 관리(Category Management)

(1) 정의

① 매출 증대를 위한 구매관리 협업 : 구매업체가 공급업체와 협업 관계를 유지하는 가운데, 매출은 늘리고 위험은 줄이는 방향으로 구매할 품목을 묶어 구매하는 기법을 말한다.

② 카테고리의 정의 : 다양한 재화와 서비스를 구매하는 과정에서, 수요, 공급업체, 구매 목적 등여러 가지 사유로 구분한 구매 품목의 묶음을 말한다. 카테고리는 구매기업의 사업구조, 구매정책, 시장을 반영한다.

(2) 기대 효과

① 중복 관리 제거

② 구매와 조달에 드는 노력 감소 : 카테고리 기반으로 구매정책을 표준화함으로써 구매를 최적화할 수 있다.

③ 복수의 공급업체와의 협상 간소화 : 하나의 카테고리로 묶인 공급업체와는 한꺼번에 구매와 계약을 추진할 수 있다.

④ 통찰을 얻을 수 있는 데이터 확보 : 카테고리 단위로 정보를 공유한다.

⑤ 구매가와 공급망 위험을 줄일 기회 창출 : 하나의 카테고리로 묶어 한꺼번에 구매함으로써 구매가를 낮출 수 있다.

⑥ 고객서비스 향상

12 지연전략(Postponement Strategy)

(1) 정의

① 시장의 변화에 유연하게 대응하는 공급망 전략 : 제품 생산 완료 직전, 고객과 최대한 가까이 접근한단계에서 시장 수요에 따라 생산을 완료하는 전략이다.

② Make-to-Order 성격 : 시장 수요를 예측하고 완제품을 미리 만드는 개념이 아니라, 시장 수요의변동에 따라 완성품을 빠르게 만드는 개념이다.

> **TIP** 지연전략의 실제
>
> 우리나라 대표 가전업체들의 냉장고에 지연전략이 적용되어 있다. 냉장고의 기본 틀은 만들어 놓고 고객이원하는 색깔의 패널을 빠르게 생산하여 부착함으로써, 고객마다 다른 냉장고를 구매하는 효과를 내면서도빨리 생산하고 배송할 수 있다.
>
> 이때 냉장고의 기본 틀은 수요예측에 따라 생산한다. 그러나 원하는 색깔의 패널을 부착하는 행위는 고객의주문에 따른다. 이렇게 모든 제조에는 예측과 주문이 만나는 지점이 있는데, 이 지점을 Decoupling Point라고 부른다. Decoupling Point가 완제품 생산에 있으면 Make-to-Stock, 즉 생산해서 재고로 쌓는 형태의생산이 이루어진다. Decoupling Point가 고객 주문에 있으면 Engineer-to-Order, 즉 제품설계부터 시작하는 생산이 이루어진다. 앞에서 예로 든 냉장고는 Make-to-Order, 즉 주문받고 나서 최종제품을 완성하여 출하하는 형태이다.

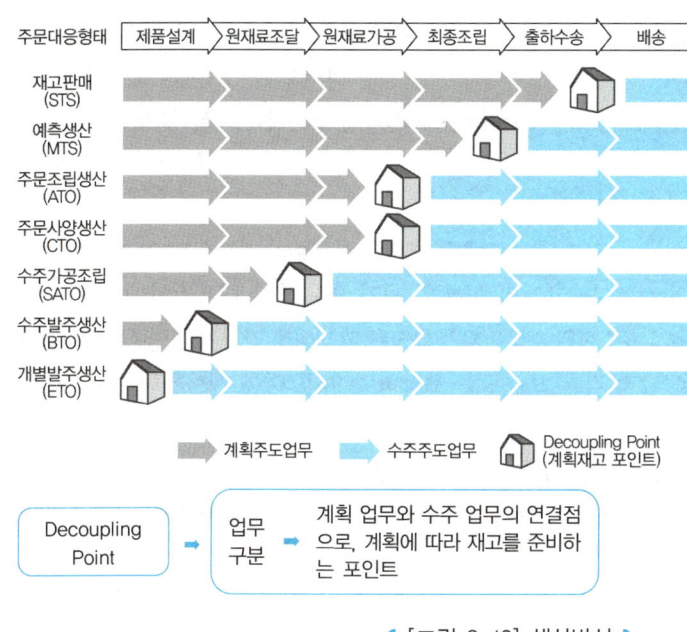

– 제조업에서는 사업 형태와 무관하게 계획과 주문이 충돌하는 지점이 있다.

– 이 충돌 지점을 Decoupling Point라고 한다.

– Decoupling Point에서는 계획에 따라 재고를 준비한다.

– 업종에 따라 완제품 판매 수량을 예측하고 완제품 재고를 확보할 수도 있고, 부품, 원재료 재고를 확보할 수도 있다.

■ [그림 8-12] 생산방식 ▶

(2) 기대 효과

① 리드타임 단축
② 과잉재고 감소 및 재고 낭비 제거
③ 유연한 생산과 신속한 고객요구 대응

13 대량고객화(Mass Customization)

(1) 정의

① 낮은 원가, 대량생산, 고객의 요구 반영 : 고객의 특별한 요구를 반영한 재화와 서비스를 낮은 원가에 대량으로 생산하여 고객에게 인도하는 프로세스이다.

② Make-to-Order / Build-to-Order : 고객의 주문을 받고 나서 완제품에 반영하는 공정이 있으므로 Make-to-Order, Build-to-Order라고도 부른다.

③ 쉽게 부품을 교체할 수 있는 프로세스 필요 : 고객의 특별한 요구를 반영하려면 간단하게 부품을 교체할 수 있는 공정과 제품의 부위가 있어야 한다. 모듈 형태로 조립해서 완제품을 만들 수도 있다.

(2) 역사 및 개념

① Joseph Pine Ⅱ : 1992년 Harvard Business School Press에서 발간한 미국 작가 겸 경영 분야 강사 조지프 파인의 저서 'Mass Customization : The New Frontier in Business Competition'에서 처음 언급되었다. 이 책에는 새로운 시대의 대량생산 방식을 네 가지로 표현하였다.

㉠ Collaborative Customization : 고객과 파트너 관계를 맺고 개별고객의 요구에 맞춘 유일무이한 제품과 서비스를 생산하는 방식이다. 소비자가 토핑을 선택할 수 있는 피자가 대표적이다.

㉡ Adaptive Customization : 표준화된 제품이지만 처음부터 소비자가 직접 원하는 대로 바꿀 수 있도록 설계하고 생산하는 방식이다. 방석 색깔, 의자 색깔, 의자 소재 등을 소비자가 선택하여 의자를 구매하는 사례가 대표적이다.

㉢ Transparent Customization : 고객에게 맞춤형 제품임을 명확하게 밝히지 않고 개별고객에게 맞춤형 제품을 제공하는 방식이다. 고객의 이름을 새긴 만년필이 대표적이다.

㉣ Cosmetic Customization : 표준화된 제품이지만 다양한 고객에게 각기 다른 방식으로 판매하는 방식이다. 같은 내용물을 각기 다른 브랜드로 포장하여 마치 다른 제품처럼 판매하는 화장품이 대표적이다.

② 제한된 영역에서 교체할 수 있는 부분 구현 : Pine은 재화나 서비스에서 고객의 취향에 따라 교체할 수 있는 부분을 제한된 영역에 구현함으로써 낮은 원가로 대량생산하면서도 고객의 취향을 반영할 수 있다고 보았다.

(3) 장점

① 경쟁우위 : 고객에게 맞춤형 제품을 제공하는 기업이 그렇지 못한 기업보다 경쟁우위를 확보할 수 있다. 냉장고를 구매하는 고객에게 색깔 선택의 자유를 준 가전제품 제조사는 출시 6개월 만에 전체 냉장고 매출 중 50% 이상을 색깔을 선택할 수 있는 냉장고로 달성했다.

② 업그레이드 기회 : 구매 고객에게 제품 업그레이드의 기회를 제공한다.

③ 브랜드 충성도 강화 : 맞춤형 제품에 대한 충성도가 높은 고객을 확보함으로써 브랜드 충성도를 높일 수 있다.

④ 재고 감소 : 다양한 사양의 완제품을 재고로 확보할 때보다 재고수준을 줄일 수 있다.

⑤ 유연성과 신속성 : 제품의 완성단계를 주문에 따라 처리함으로써 유연하게 생산하고 고객요구에 신속하게 대응할 수 있다.

14 공급업체 허브(Supplier Hub)

(1) 공급업체가 공동으로 이용하는 창고

제조업체 또는 유통업체의 거점에 공급업체가 입점하여 공동으로 이용하는 형태이다.

(2) 전자상거래 공급업체의 공동창고 개념

최근 전자상거래 플랫폼의 발달로 공급업체가 공동창고에 입점하면 공동창고에서 배송을 담당하는 비즈니스가 나오고 있다.

06 SCM 구축 및 평가

1 효율적 공급망(Efficient Supply Chain)과 대응적 공급망(Responsive Supply Chain)

(1) 정의

① 효율적 공급망 : 자원 활용을 극대화함으로써 낮은 비용으로 고객의 필요를 충족하고 이익을 극대화하는 공급망을 말한다.

② 대응적 공급망 : 급격한 환경변화, 빠른 고객의 기대치 변화에 신속하게 대응하는 능력에 초점을 맞춘다. 유연성이 필요하다.

(2) 차이

◀ [표 8-2] 효율적 공급망과 대응적 공급망 ▶

구분	효율적 공급망	대응적 공급망
목표	비용 최소화	즉시대응
제품설계	원가절감	지연전략에 대비한 모듈화
가격전략	낮은 이익률	높은 이익률
생산전략	가동률 개선	유연성 개선
재고관리전략	재고 최소화	여유재고 확보
리드타임 전략	감소 필요하지만 비용 지출은 회피	비용이 들어도 감소
공급업체 선정 전략	품질이 다소 낮더라도 원가 중심	신속성, 유연성, 품질
운송전략	저가 운송모드 사용	신속하게 대응할 수 있는 운송모드 사용

(3) 대응적 공급망의 목적

① 적시 배송으로 고객의 수요 충족 : 비싼 운송수단이라도 고객의 수요를 맞추기 위해 이용한다.

② 수요예측 변동에 따라 공급 규모 조절 : 수요예측이 변동하면 그에 맞춰 공급을 유연하게 조절한다. 제품 설계단계부터 모듈화 설계를 적용하고 지연전략을 구사하여 최종 고객 주문에 맞춰 조합한다.

③ 유연한 비용 관리 : 비용이 들더라도 유연성을 높일 수 있다면 투자한다.

④ 현재의 고객요구와 상황에 맞는 지속적 프로세스 개선 : 프로세스 개선을 통해 유연성을 강화하고 위험을 낮춘다.

⑤ 다각화, 계획대로 실행, 파트너십 강화를 통한 위험 감소 : 한 제품군에 대한 의존도를 낮춰 수요변동에 대응하고, 계획대로 실행하고 실행하지 못한 원인을 분석하여 개선하는 문화를 정착시키며, 고객과의 파트너십을 통해 고객이 수요를 크게 바꾸지 않도록 사전 관리한다.

(4) 효율적 공급망의 목적

① 비용 대비 효율적 공급 추구 : 최저가격으로 예측할 수 있는 수요에 효율적으로 공급한다.
② 비용 최소화 : 제품설계부터 고객 배송까지 비용 최소화를 달성할 수 있도록 노력한다.
③ 재고 최소화 : 재고회전율은 높이고, 재고수준은 낮춘다.
④ 가동률 극대화 : 생산효율을 높이기 위해 공장 가동률 극대화에 초점을 맞춘다.

> **TIP** 효율적 공급망과 대응적 공급망
>
> 공급망 자체가 고객의 요구에 따라 변동이 심하고 유동적이기 때문에, 효율적 공급망과 대응적 공급망은 동시에 작용하는 개념이지 어느 한쪽으로 집중해야 하는 개념은 아니다. 기업은 효율적 공급망과 대응적 공급망 둘 중 하나를 선택하는 것이 아니라, 유연하게 대응하면서도 비용 최적화된 공급망을 구축해야 한다. 두 개념은 지향점이 서로 달라서 물류비용과 물류서비스의 관계만큼 상충관계가 있다.

2 BSC(Balanced Score Card)

(1) 정의 및 개념

① 재무 성과를 연계한 평가 도구 : 재무 성과와 운영 성과의 균형을 위해 고객만족, 내부 프로세스, 조직 혁신 및 개선, 재무적 성과 등 4가지 성과 측정 관점을 연계한 프로세스 평가 도구이다.
② 핵심 관리지표를 제시 : 조직의 관리자가 여러 가지 관리지표를 동시에 보도록 해주면서도, 관리자가 봐야 하는 지표를 가장 결정적인 소수의 지표로 한정함으로써 관리자가 봐야 하는 정보 부담을 최소화한다.
③ 전사적 노력 필요 : BSC의 성공은 실무자의 노력은 물론 경영자와 관리자의 노력도 필요하다.

(2) 역사

로버트 캐플런(Robert Kaplan)과 데이비드 노턴(David Norton) : 1992년 로버트 캐플런 하버드대 교수와 IT 컨설팅 회사 대표 데이비드 노턴이 제안하였다.

(3) 4가지 성과 측정 관점

① 고객 : 고객은 우리를 어떻게 보는가?
② 내부 프로세스 : 우리는 무엇을 강화하고 있는가?
③ 혁신과 개선 : 우리는 가치를 개선하고 창출할 수 있는가?
④ 재무 : 주주들은 우리를 어떻게 볼 것인가?

(4) 장점

① 지표에 대한 가시성 증대 : 고객 중심으로의 전환, 시장 반응 속도 단축, 품질 개선, 팀워크 강화, 신제품 출시 리드타임 단축, 중장기 경영 등 서로 공통점을 찾기 어려운 지표를 동시에 볼

수 있게 한다. BSC는 아래와 같이 전략과 지표, 목표, 과제를 관리한다.

◀ [표 8-3] BSC 예시 ▶

구분	전략적 목표	지표	목표	추진과제
재무	매출 증대	판관비 지출	○○○○원 증액	판로 확대
고객	○○ 서비스 제공	○○ 서비스 제공 건수	전년 대비 10% 증가	직원 교육
내부 프로세스	신제품 출시 개선	신제품 출시 리드타임	6개월에서 5개월로 단축	설계와 개발 동시 수행
혁신과 개선	FTA 관세감면 확대	FTA 대상품목 개수	50개에서 100개로 증가	원산지 관리시스템 구축

② 부분 최적화 지양 : 모든 중요한 경영지표를 한눈에 볼 수 있게 함으로써, 분야별 상충관계가 있는지를 한 번에 보여준다. 하나의 목표를 달성하기 위한 접근법은 완전히 반대일 수 있다. 예를 들어 제품 출시 리드타임을 줄이기 위해서는 전체 신제품 출시 프로세스를 개선할 수도 있지만, 기존 제품을 아주 약간 수정해서 지속 출시해도 된다.

③ 전략의 실행을 지원 : 조직의 전략을 성과 측정이라는 틀로 바꾸어서 보여줌으로써, 전략을 원활하게 실행할 수 있도록 도와준다.

④ 목표 달성의 방향 제시 : 전략과 목표, 측정지표를 같이 보여줌으로써, 구성원들에게 목표 달성을 위한 올바른 방향을 제시해 준다.

⑤ 성과 측정, 전략적 경영관리, 의사소통의 도구로 사용된다.

3 SCOR(Supply Chain Operations Reference)

(1) 정의

① 공급망 수준 진단 도구 : 고객의 요구를 충족하기 위한 기업활동을 계획(Plan), 조달(Source), 생산(Make), 배송(Deliver), 반품(Return)으로 정의하고, 각 프로세스 분야별로 성과지표를 측정한 다음, 산업 분야별 벤치마킹 수치와 비교하여 공급망의 수준을 진단하는 도구이다. 2012년 SCOR 11.0이 발표되면서 능력(Enable) 활동이 추가되었다.

② SCOR 모델 이용 순서
㉠ 대상 기업의 프로세스와 목표 분석
㉡ 운영 성과를 수치화
㉢ 기업의 성과를 다른 기업들과 비교

(2) 역사

① **1996년 컨설팅 회사가 제안** : 컨설팅 회사 PRTM(Pitiglio, Rabin, Todd and McGrath, 2023년 현재 PWC의 자회사)과 AMR Research(2023년 현재 Gartner의 자회사)가 고안했으며, Supply Chain Council(ASCM, Association for Supply Chain Management에 통합)이 인증하였다.

② **업데이트 필요** : 기업의 성과를 다른 기업의 벤치마킹 결과와 대조하여 공급망 수준을 평가하기 때문에, 계속 업데이트된다. 2012년 SCOR 11.0에 이어 2017년 SCOR 12.0이 발표되었고, 2019년 SCOR DS(Digital Standard)가 발표되었다.

(3) 구성요소

① **계획(Plan)** : 자원 및 요구사항 파악과 경영 목표와의 연동이다. 규제 준수, 자산, 운송, 재고, 그 밖에 공급망 관리 요소

② **조달(Source)** : 계획 또는 실제 수요를 맞추기 위한 재화와 서비스 확보를 말한다. 구매, 입고, 검사, 공급계약

③ **제조(Make)** : 계획 또는 실제 수요를 맞추기 위한 완제품 제조와 시장 진입 준비를 말한다. 주문, 생산관리, BOM, 생산 장비와 시설

④ **배송(Deliver)** : 계획 또는 실제 수요를 전달하기 위한 모든 과정을 말한다. 주문, 수송 및 배송 관리

⑤ **반품(Return)** : 고객 또는 공급업체로부터의 반품과 입고 과정이다. 배송 후 고객 지원과 서비스

⑥ **능력(Enable)** : 공급망 관리 능력 관련 프로세스를 말한다. 비즈니스 규칙, 생산 및 배송 능력, 데이터, 계약, 규제 준수, 위험관리 등

4 기타 SCM 성과지표

(1) 주문충족률(Order Fill Rate)

① 전체 주문 건수 중 주문 접수 후 정해진 리드타임 내에 출하된 주문 건수
② 재고가 있을 때를 전제로 주문 접수 후 곧바로 출하하는지를 보는 지표이다.

(2) 주문충족 리드타임(Order Fulfillment Lead Time)

모든 출하 주문의 리드타임 합계를 출하 주문 건수로 나눈 평균 리드타임이다.

(3) 공급망 사이클타임(Supply Chain Cycle Time)

① 고객의 주문 시점에 재고가 없을 때 원재료 또는 상품 구매부터 고객 인도까지의 리드타임을 말한다.
② 공급망의 유연성을 보여주는 대표적인 지표이다.

(4) 재고일수

① 보유재고가 판매될 때까지의 기간을 말한다.

② 365 ÷ 재고회전율

   ㉠ 재고회전율은 매출원가 ÷ 연평균재고 금액

   ㉡ 365 ÷ (매출원가 ÷ 연평균재고 금액)

(5) 현금전환주기(Cash-to-Cash Cycle Time)

① 원자재 구매대금을 지급한 시점부터 원자재로 제품을 생산해서 매출하고 판매대금을 회수하는 시점까지의 기간을 말한다.

② 구매대금을 빨리 지급하고 판매대금을 늦게 회수하면 판매대금 회수에 의한 현금유입보다 구매대금 지급에 의한 현금유출이 더 빠르므로, 기업의 현금흐름이 나빠지고 흑자도산의 원인이 될 수 있다.

③ 재고일수 + 매출채권 회수기간 - 매입채무 변제기간

   ㉠ 재고일수는 단순히 매출을 평균재고 금액으로 나눈 것이다.

   ㉡ 그러나 실제 비즈니스에서는 매출 후 일정 기간 안에 판매대금을 받아야 하고, 매입 후 일정 기간 안에 구매대금을 갚아야 한다.

   ㉢ 매출 후 일정 기간을 매출채권 회수기간이라고 하고, 매입 후 일정 기간을 매입채무 변제기간이라고 한다.

   ㉣ 예를 들어 재고일수가 30일이었다고 해도, 매출채권 회수기간이 100일이면 이 기업은 재고가 만들어진 시점부터 판매대금을 회수할 때까지 130일이 걸리는 셈이다. 만약 이 기업이 구매 시점에 곧바로 구매대금을 갚았다면, 구매대금을 갚느라 현금유출이 발생한 후 130일이 지나서야 판매대금을 받는다. 구매 시점으로부터 60일 후 구매대금을 갚는다면 구매대금을 갚느라 현금유출이 발생한 후 70일 뒤에 판매대금을 받는 셈이다. 이때 130일 또는 70일이 현금전환주기이다.

(6) 완전주문충족률(Perfect Order Fulfillment)

① 고객에게 정시에, 완전한 수량으로, 손상 없이, 정확한 문서와 함께 인도되었는지를 평가하는 지표이다.

② 전체 주문 건수 중 완전하게 인도된 주문 건수이다.

(7) 총공급망관리비용(Total Supply Chain Management Cost)

전체 매출액 중 계획(Plan), 조달(Source), 제조(Make), 배송(Deliver), 반품(Return) 관련 전체 비용의 비중을 말한다.

5 구매

(1) 경제적 주문량

① 연간 재고유지비용 = (1회 주문량 ÷ 2)×단위당 재고유지비용

　㉠ (1회 주문량 ÷ 2)의 의미 : 재고가 0이 되기 전에 재주문을 하고 주문한 재고가 입고되기까지 리드타임 동안 재고가 일정 속도로 소비된다고 가정하면, 평균재고는 주문량의 절반 수준이 된다. 즉 연간 재고유지비용은 평균재고×단위당 재고유지비용이다.

　㉡ 재고유지비용은 1회 주문량에 비례한다.

② 연간 주문비용 = (연간 수요량 ÷ 1회 주문량)×1회당 주문비용

　주문비용은 주문량에 반비례한다.

③ 총 재고비용은 재고유지비용과 주문비용의 비례/반비례 관계 때문에, 1회 주문량이 늘어날수록 작아졌다가 다시 커진다.

④ 재고유지비용과 주문비용의 합이 최소가 되는 지점의 주문량이 경제적 주문량이다.

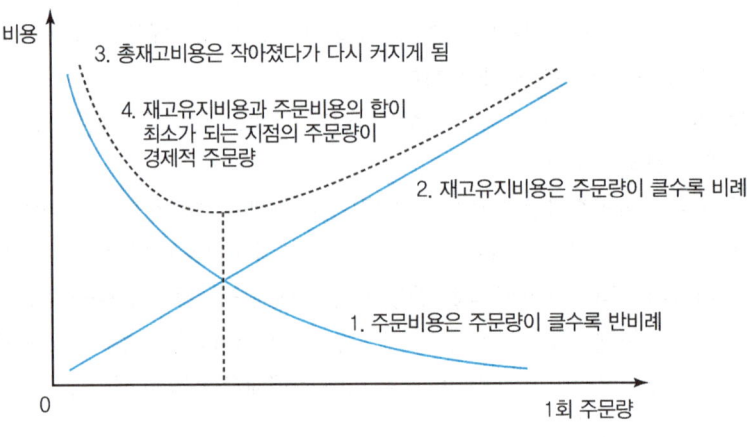

[그림 8-13] 경제적 주문량의 원리

> **기출** 다음은 경제적 주문량(Economic Order Quantity) 모형을 이용한 상품 A의 재고관리에 관한 내용이다. 상품 A의 연간 재고부담이자는? (단, $\sqrt{36} = 6$)

> - 매입가격 : 50,000원/개
> - 연간 수요 : 6,000개/년
> - 주문비용 : 75,000원/회
> - 창고보관비용 : 500원/개/년
> - 연간 재고유지비용 : 창고보관비용 + 재고의 매입가격에 대한 이자
> - 연간 이자율 : 4%

① 2,500원   ② 600,000원

③ 1,200,000원   ④ 12,000,000원

⑤ 15,000,000원

> **해설** 연간 재고부담이자는 연평균재고×매입가격×이자율인데 문제에는 연평균재고가 없다.
> 경제적 주문량 모형에서는 연평균재고가 1회 주문 수량 ÷ 2이므로,
> (연간 수요 6,000개 ÷ 1회 주문 수량)×75,000원 = (1회 주문 수량 ÷ 2)×연간 재고유지비용
> 연간 재고유지비용은 500원 + 매입가격 50,000원×0.04 = 500원 + 2,000원 = 2,500원
> (6,000개×75,000원) ÷ 2,500원 = 1회 주문 수량의 제곱 ÷ 2
> 18만 원 = 1회 주문 수량의 제곱 ÷ 2
> 1회 주문 수량 = $\sqrt{360,000}$
> 1회 주문 수량 = 600
> 따라서, 연간 재고부담이자는 연평균재고 300×매입가격 50,000원×0.04 = 60만 원
>
> **정답** ②

(2) 재주문점과 안전재고

① 재고수준 : X축은 시간, Y축은 재고 수량인 그래프를 그린다고 하자. 시간이 지남에 따라 일정 수준으로 재고가 소비되며, 결품이 발생하기 전에 발주해서 다시 재고를 늘린다고 가정하면, 재고수준은 우하향과 수직상승을 반복하는 직선이 된다.

② 재주문점(ROP, Reorder Point) : 발주 후 조달 리드타임 때문에 발주한다고 곧바로 재고가 증가하지는 않는다. 따라서 결품이 발생하지 않도록 하려면 재고수준이 0보다 큰 어떤 지점에서 재고를 발주해야 한다. 따라서 재주문점은 결품보다 위이고, 최대 재고수준보다는 아래라고 볼 수 있다.

③ 리드타임 : 재주문점은 시간 기준으로는 발주 후 입고까지 조달 리드타임만큼 앞이어야 한다.

④ 평균수요 : 재주문점은 재고 수량으로는 발주 후 입고까지 조달 리드타임 동안 소비가 예상되는 수요량, 즉 리드타임의 단위당 평균수요 × 리드타임만큼의 재고 수량이 있을 때이다. 예를 들어 리드타임이 5일이고 매일 평균 10개의 재고를 소비한다면 50개의 재고가 남았을 때 발주해야 한다. 즉, 재주문점은 50개이다.

⑤ 안전재고 : 지금까지 재주문점은 결품이 발생하기 전 리드타임의 단위당 평균수요 × 리드타임이
었다. 그러나 리드타임의 단위당 평균수요 변동이 크다면 일정 수준의 안전재고가 있어야 결품
을 피할 수 있다.

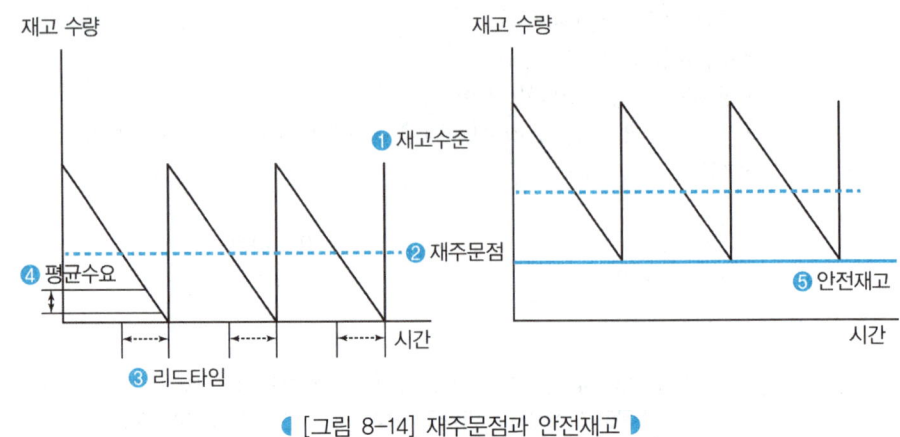

◀ [그림 8-14] 재주문점과 안전재고 ▶

⑥ 안전재고를 고려한 재주문점 : 리드타임의 단위당 평균수요 × 리드타임 + 안전재고
⑦ 안전재고 계산식 : 안전계수 × 수요의 표준편차 × 리드타임의 제곱근
  ㉠ 안전계수 : 서비스 레벨이라고도 부른다. 안전재고는 결품을 방지하므로 시장의 수요를 결품 없
  이 충족하는 확률에 해당하는 정규분포 Z 값이다. 예를 들어 충족률 95%는 정규분포 Z 값 1.65
  에 해당한다. 충족률 99%는 Z 값 2.33에 해당한다.
  ㉡ 수요의 표준편차 : 수요의 변동성을 나타내는 값이다. 표준편차는 분산(수요와 평균수요의 차
  이의 제곱을 수요데이터 개수로 나눈 평균값)의 제곱근이다.
  ㉢ 리드타임의 제곱근 : 리드타임의 변동성을 나타내는 값이다.

(3) 구매계약의 유형

① 일반경쟁방식 : 불특정 다수의 업체가 입찰에 참여하여 경쟁하도록 하고, 그중 단가나 조건 면에서
  가장 유리한 업체를 선정하는 방식이다.
  ㉠ 불성실한 업체가 경쟁에 참여한다고 배제할 방법은 없다.
  ㉡ 긴급한 경우 소요 시기에 맞춰서 구매하기 어렵다.
② 수의계약방식 : 임의로 업체를 선정하는 방식이다.
  ㉠ 신용이 확실한 업체를 선정할 수 있다.
  ㉡ 구매 담당자가 업체를 선정하므로 공정성이 떨어질 수 있다.
③ 지명제한경쟁방식 : 특정 업체를 지명하여 입찰에 참여하여 경쟁하도록 하고, 그중 단가나 조건 면
  에서 가장 유리한 업체를 선정하는 방식이다. 절차가 간소화되어 경비를 절감할 수 있다.

(4) 구매 방법의 유형

① **집중구매** : 본사에서 대량으로 통합 구매한다.
   ㉠ **비용 절감** : 구매를 한곳으로 집중함으로써, 수량 할인과 배송비용 절감을 달성할 수 있다.
   ㉡ **업무 중복 감소** : 구매기능이 하나의 부서에 집중되기 때문에, 업무 중복을 줄일 수 있고, 부서 내 구매 경쟁 문제를 방지할 수 있다.
   ㉢ **관료주의** : 긴급 구매나 신속한 대응이 어려워지고, 구매자와 사용자 간 원활한 의사소통에 방해가 된다.
   ㉣ **협상력 확보** : 다수의 공급업자를 일원화 관리할 수 있게 되어, 개별 공급업자에 대한 협상력이 높아진다.
② **분산구매** : 독립적으로 각자 필요에 따라 구매하는 방식이다.
   ㉠ **비용 증가** : 구매량이 적어서, 단가나 조건 협상력이 약해진다. 따라서 구매량이 많아도 가격 할인을 받을 수 없는 품목은 분산구매가 적합하다.
   ㉡ **유연한 조달** : 긴급조달 또는 신속한 구매가 가능해진다.
   ㉢ **간편한 절차** : 집중구매는 가능한 모든 구매 절차를 다 반영해야 하므로 구매 절차가 길고 복잡해질 수 있지만, 분산구매는 부서별로 필요한 품목만 구매하므로 상대적으로 구매 절차가 간편하다.

(5) 공급자관계관리(SRM, Supplier Relationship Management)

① 공급업체와의 관계를 관리하는 프로세스 또는 시스템을 말한다.
② **SRM 솔루션** : 공급업체와 구매기업의 비즈니스 프로세스 통합으로 장기적인 파트너십을 형성하기 위해 도입한다.
   ㉠ **거래 프로세스 자동화** : SRM 솔루션 도입으로 도입기업과 공급자 간 거래 프로세스를 자동화할 수 있다.
   ㉡ **프로세스 통합** : SRM 솔루션은 내부 사용자와 외부 파트너들 위해서 다수의 부서의 프로세스를 통합한다.
   ㉢ **가시성 확보** : SRM 솔루션 도입을 통하여 공급자와 사용기업의 정보 및 프로세스 흐름의 가시성을 높일 수 있다.
③ **시장변화에 대한 대응력 개선** : SRM 전략을 실행함으로써 고객 중심으로 신속하게 대안을 제공할 수 있게 되어 시장변화에 대한 대응력을 높일 수 있다.

01 공급사슬의 활동을 계획, 구매, 제조, 배송, 반품의 범주로 구분하여 활동 주체들의 업무 프로세스 연계 정도를 분석하는 것은?

① BSC(Balanced Score Card)
② SCOR(Supply Chain Operations Reference)
③ TQM(Total Quality Management)
④ EVA(Economic Value Added)
⑤ CMI(Co-Managed Inventory)

해설 ① BSC : 재무 성과와 운영 성과의 균형을 위해 고객만족, 내부 프로세스, 조직 혁신 및 개선과 재무적 성과를 연계한 프로세스 평가 도구. 조직의 관리자가 여러 가지 성과 분야를 동시에 보도록 해주는 도구이다.
② SCOR : 고객의 요구를 충족하기 위한 기업활동을 계획(Plan), 조달(Source), 생산(Make), 배송(Deliver), 반품(Return)으로 정의하고, 각 프로세스 분야별로 성과지표를 측정한 다음, 산업 분야별 벤치마킹 수치와 비교하여 공급망의 수준을 진단하는 도구이다. 2012년 SCOR 11.0이 발표되면서 능력(Enable) 활동이 추가되었다.
③ TQM : 진정한 품질은 고객만족에서 나온다는 전제로 경영진을 포함한 기업의 모든 구성원이 품질 개선에 참여하는 품질경영 기법을 말한다.
④ EVA : 영업이익 - 법인세 - 자본비용으로 기업의 진정한 수익성을 말해준다. 1983년 컨설팅 회사 Stern Value Management에서 고안했다.
⑤ CMI : 고객, 즉 판매자가 보유한 재고가 소진되는 시점에 공급자가 재고 소진 가능성을 사전에 파악하고 판매자와의 합의를 거쳐 재고를 보충해 주는 비즈니스 기법이다. 공급자와 판매자가 합의해야 재고를 보충할 수 있다는 측면에서 공급자 재고관리와 차이가 있다.

02 다음은 무엇에 대한 설명인가?

소비자의 요구가 개별화됨에 따라 종래의 표준화된 제품을 대량생산해서 판매하던 방식에서 개별 고객의 요구에 맞춰 제조, 납품하는 방식으로 변화하여 유통대상 품목이 많아지고 재고 및 물류관리가 복잡해지고 있다.

① 대량고객화(Mass Customization)
② 공급자 재고관리(Vendor Managed Inventory)
③ 시장실험(Test Marketing)
④ 판매시점관리(Point of Sale)
⑤ 신속대응(Quick Response)

해설 개별고객의 요구에 맞춰 제조, 납품하면서도 그것을 대량생산하여 비용을 낮춰야 한다. 대량고객화에 대한 설명이다.
③ 신제품의 출시 여부를 판단하기 위해 일정 지역에서 일정 기간 시험 판매하는 것을 말한다.

정답 01 ② 02 ①

03 최종 고객으로부터 공급망의 상류로 갈수록 판매예측정보가 왜곡되는 현상(Bullwhip Effect)이 심화되어 가고 있다. 이에 대한 대처방안으로 옳지 않은 것은?

① 불확실성 최소화
② 리드타임 단축
③ 전략적 파트너십
④ 규모의 경제 추구
⑤ 수요 변동 최소화

> **해설** ④ 규모의 경제를 추구하면 공급망 참여자들은 대량으로 발주하여 박리다매를 노리게 되므로, 공급망 상류로 갈수록 주문이 크게 늘 수 있다. 채찍효과를 줄이려면 반대로 다빈도 소량주문과 함께 다빈도 배송과 보충을 해야 한다.

04 SCM의 응용기법에 관한 설명으로 옳은 것은?

① CRP(Continuous Replenishment Program)는 물류센터에 재고를 보관하지 않고 바로 거래처로 배송하는 것이다.
② CAO(Computer Assisted Ordering)는 소비자의 구매 형태를 근거로 상품을 그룹화하여 관리하는 것이다.
③ ERP(Enterprise Resource Planning)는 제조-유통업체가 공동으로 생산계획, 수요예측, 재고 보충을 구현하는 것이다.
④ 크로스 도킹(Cross Docking)은 기업 내의 자원을 효율적으로 관리하기 위한 통합정보시스템이다.
⑤ VMI(Vendor Managed Inventory)는 공급자가 유통매장의 재고를 주도적으로 관리하는 것이다.

> **해설** ① Cross Docking에 대한 설명이다.
> ② Category Management에 대한 설명이다.
> ③ CPFR에 대한 설명이다.
> ④ ERP에 대한 설명이다.

05 기업물류 환경변화의 하나인 대량고객화(Mass Customization)에 관한 설명으로 옳은 것은?

① 다품종 대량생산
② 다품종 소량생산
③ 저원가 고비용 생산
④ 소품종 대량생산
⑤ 소품종 소량생산

> **해설** 고객 맞춤형 대량생산, 즉 다품종 대량생산이다. 다품종 소량생산과 혼동하지 말자.

정답 **03** ④ **04** ⑤ **05** ①

06 다음 SCM 전략에 관한 설명을 바르게 연결한 것은?

> ㄱ. Delay formation of the final product as long as possible.
> ㄴ. Smaller shipment sizes have disproportionately higher transportation cost.
> ㄷ. Avoid product variety since it adds to inventory.

① ㄱ : Postponement, ㄴ : Consolidation, ㄷ : Standardization
② ㄱ : Postponement, ㄴ : Standardization, ㄷ : Consolidation
③ ㄱ : Standardization, ㄴ : Postponement, ㄷ : Consolidation
④ ㄱ : Standardization, ㄴ : Consolidation, ㄷ : Postponement
⑤ ㄱ : Consolidation, ㄴ : Standardization, ㄷ : Postponement

해설 ㄱ. 완제품 생산을 최대한 늦추는 것. 지연전략에 관한 설명이다.
ㄴ. 배송 분량이 소량이면 운송비용은 반대로 높아진다. 혼적에 관한 설명이다.
ㄷ. 다양성이 높아지면 재고가 증가하므로 제품 다양성을 지양한다. 표준화에 관한 설명이다.

07 채찍효과(Bullwhip Effect)의 개선방안으로 옳은 것은?

① 기업 간의 협업을 강화시켜 부족분 게임(shortage game)을 야기시킨다.
② 정보의 비대칭성 확대를 통해 불확실성을 감소시킨다.
③ 공급사슬 참여자 간의 정보공유를 통해 사일로(silo) 효과를 증가시킨다.
④ 일괄 주문방식을 강화하여 비용 증가를 억제시킨다.
⑤ 전략적 파트너십을 통해 공급망 관점의 재고관리를 강화시킨다.

해설 ① 부족분 게임이란 결품 위험이 감지되었을 때 필요보다 더 많은 수량을 발주하는 행위를 말한다. 정보가 투명하게 공개되지 않을 때 공급망 상류로 갈수록 더 많은 수량을 발주하는 유인을 제공하여 채찍효과를 부채질한다. 기업 간의 협업이 약해지면 나타날 수 있다.
② 정보의 비대칭성이 높아지면 불확실성은 더 높아진다.
③ 사일로 효과란 기다란 사일로에 곡물이 들어가면 잘 섞이지 않듯이 부서나 조직 간 정보공유가 이루어지지 않는 모습을 말한다. 공급사슬 참여자 간의 정보공유를 통해 사일로 효과가 작아진다.
④ 일괄 주문방식은 다빈도 소량 배송이 아닌 소빈도 다량 배송을 기반으로 하므로, 누적된 주문을 한꺼번에 배송하게 되며, 발주 후 도착 전까지 리드타임만큼 안전재고를 더 많이 가져가야 하므로 필요한 수량보다 발주량을 늘리는 유인을 제공한다.

정답 **06** ① **07** ⑤

08 CPFR(Collaborative Planning, Forecasting & Replenishment)에 관한 설명으로 옳지 않은 것은?

① 결품으로 인한 고객만족도 저하 현상에 대응하기 위한 안정적인 재고관리의 수단이다.

② 수요예측이나 판매계획 정보를 유통업체와 제조업체가 공유하여, 생산-유통 전 과정의 자원 및 시간의 활용을 극대화하는 비즈니스 모델이다.

③ 유통업체인 Wal-Mart와 Warner-Lambert사 사이에 처음 시도되었다.

④ 유통비용 절감 및 고객서비스 향상을 위하여 출하 데이터를 근거로 재고를 즉시 보충하는 유통시스템이다.

⑤ 생산 및 수요예측에 대하여 제조업체와 유통업체가 공동으로 책임을 진다.

[해설] ④ 출하 데이터를 근거로 재고를 즉시 보충하는 유통시스템은 CRP에 관한 설명이다. CPFR도 재고를 보충하지만, 출하 데이터가 아닌 실판매, 생산계획 등을 근거로 공동으로 수요예측하고 공동으로 보충 전략을 협의한다는 내용이 언급되어야 CPFR에 관한 설명이라고 할 수 있다.

09 공급망 관리(SCM : Supply Chain Management)의 등장 배경으로 옳지 않은 것은?

① 제조업체의 경우 전체 부가가치의 약 60~70%가 제조 과정 내부에서 발생하고 있어 공장자동화를 통한 기업 내부 혁신의 필요성이 커졌기 때문이다.

② 수요정보의 왜곡 현상을 줄이고 그에 따른 안전재고의 증가를 예방하기 위해서이다.

③ 인터넷, EDI 및 ERP와 같은 정보통신기술의 발전으로 인해 공급망 관리를 통한 기업 간 프로세스 통합이 가능하게 되었다.

④ 기업의 경영환경이 글로벌화되고 물류관리의 복잡성이 증대되고 있기 때문에 통합적 물류관리의 필요성이 높아졌다.

⑤ 기업경쟁력을 높이기 위해서 기업 내부 최적화보다는 공급망 전체의 최적화를 통한 물류관리가 중요해졌다.

[해설] ① 공급망이라는 용어 자체가 기업이 가진 원재료부터 소비자에 이르는 재화의 흐름을 말한다. 기업이 공장자동화 등 내부 혁신을 해야 했다면 공급망 관리는 처음부터 필요 없는 기법이었다고 볼 수 있다. 오늘날 공급망 관리가 중요해진 이유는 기업 내부보다 공급망 전체를 최적화해야 하기 때문이다.

정답 **08** ④ **09** ①

10 SCM의 응용기법에 관한 설명으로 옳은 것은?

① ECR(Efficient Consumer Response) : 유통업체와 제조업체가 고객에게 저렴한 가격으로 상품을 제공하고 고객만족도를 높이기 위해 공급망을 push 방식으로 변화시키고 제품을 보충하는 기법이다.

② QR(Quick Response) : 미국 식료품업계에서 개발한 공급망 관리 기법으로서 유통업체의 물류센터에 있는 각종 데이터가 제조업체로 전달되면 제조업체가 주관하여 물류센터로 제품을 배송하고 관리하는 기법이다.

③ Mass Customization : 비용, 효율성 및 효과성을 희생하여 개별고객들의 욕구를 파악하고 충족시키는 전략이다.

④ Postponement : 공장에서 제품을 완성하는 대신 시장 가까이로 제품의 완성을 지연시켜 소비자가 원하는 다양한 수요를 만족시키는 전략적 지연을 의미한다.

⑤ VMI(Vendor Managed Inventory) : 수요자 주도형 재고관리로서 효율적 매장 구색, 효율적 재고 보충, 효율적 판매 촉진 및 효율적 신제품 개발 등이 핵심적 실행전략이다.

> [해설] ① ECR(Efficient Consumer Response) : 유통업체와 제조업체가 고객에게 저렴한 가격으로 상품을 제공하고 고객만족도를 높이기 위해 공급망을 Pull 방식으로 변화시키고 제품을 보충하는 기법이다.
> ② QR(Quick Response) : 미국 의류업계에서 개발한 공급망 관리 기법으로서 유통업체의 물류센터에 있는 각종 데이터가 제조업체로 전달되면 제조업체가 주관하여 물류센터로 제품을 배송하고 관리하는 기법이다.
> ③ Mass Customization : 비용, 효율성 및 효과성을 고려하여 개별고객들의 욕구를 파악하고 충족시키는 전략이다.
> ⑤ VMI(Vendor Managed Inventory) : 공급자 주도형 재고관리로서 효율적 매장 구색, 효율적 재고 보충, 효율적 판매 촉진 및 효율적 신제품 개발 등이 핵심적 실행전략이다.

11 채찍효과(Bullwhip Effect)에 관한 설명으로 옳지 않은 것은?

① 시장에서의 수요정보가 왜곡되는 현상을 말한다.

② 채찍효과가 발생하는 이유 중의 하나는 수요예측이 소비자의 실제 수요에 기반하지 않고 거래선의 주문량에 근거하여 이루어지기 때문이다.

③ 일괄 주문(batch order)은 수요의 왜곡 현상을 발생시키고 채찍효과를 유발할 수 있다.

④ 공급망 전반에 걸쳐 수요정보를 중앙집중화하고 상호 공유한다면 채찍효과를 줄일 수 있다.

⑤ 공급망 내 각 주체 간의 전략적 파트너십보다는 단순 계약 관계의 구축이 채찍효과 감소에 도움이 된다.

> [해설] ⑤ 공급망 참여자 간 계약 관계만 있으면 서로 각자의 이익이 되는 방향으로 판단한다. 재고 부족 신호가 감지되면 필요 이상으로 발주할 유인이 생긴다. 전략적 파트너십이 있으면 재고 부족 신호가 감지되어도 상호 합의를 통해 과다 발주를 회피할 수 있다.

12 e-SCM의 도입 효과가 아닌 것은?

① 공급자와 구매자 간 신속한 의사소통이 가능하여 중간 유통업체의 배제를 통해 제품의 리드타임을 단축할 수 있다.

② 전략적 제휴, 장기거래 등이 늘어나면서 거래비용이 증가한다.

③ 가상네트워크를 통해 수평적 사업 기회의 확대가 가능하다.

④ e-SCM의 효과적 운영을 위해서 ERP, CRM 등의 지원이 필요하다.

⑤ 원자재 공급업체, 생산업체, 물류업체 간에 핵심 정보의 피드백이 원활하게 된다.

> **해설** ② 전략적 제휴와 장기거래가 늘어나면 거래 편의가 많아지고 거래 프로세스 표준화가 가능해지므로 거래비용은 감소한다.

13 효율적 공급사슬(efficient supply chain)과 대응적 공급사슬(responsive supply chain)을 비교한 것으로 옳지 않은 것은?

구분	효율적 공급사슬	대응적 공급사슬
① 목표	예측 불가능한 수요에 신속하게 대응	최저가격으로 예측 가능한 수요에 효율적으로 공급
② 제품디자인	비용 최소화를 달성할 수 있는 제품디자인 성과 극대화	제품 차별화를 달성하기 위해 모듈디자인 활용
③ 재고전략	높은 재고회전율과 공급사슬 재고 최소화	부품 및 완제품 안전재고 유지
④ 리드타임초점	비용 증가 없이 리드타임 단축	비용이 증가되더라도 리드타임 단축
⑤ 공급자전략	비용과 품질에 근거한 공급자 선택	속도, 유연성, 신뢰성, 품질에 근거한 공급자 선택

> **해설** 효율적 공급사슬과 대응적 공급사슬의 차이는 '비용 효율적'인 공급사슬을 지향할 것인가, 아니면 '유연하게 대응하는' 공급사슬을 지향할 것인가 차이다. 보기가 여기에 맞춰져 있는지를 보면 된다.
> ① 예측 불가능한 수요에 신속하게 대응하는 것은 대응적 공급사슬이다. 최저가격으로 예측할 수 있는 수요에 효율적으로 대응하는 것은 효율적 공급사슬이다.

14 SCM 기법 중 하나인 CPFR(Collaborative Planning, Forecasting & Replenishment)을 도입하는 기업들이 가장 먼저 해야 할 일은?

① 주문발주   ② 협업 관계 개발
③ 판매예측 실시   ④ 공동 비즈니스 계획 수립
⑤ 주문예측 실시

해설 ① CPFR이 Planning, Forecasting, Replenishment의 순서인 이유는, 말 그대로 제조업체와 유통업체가 협력하여 계획하고 예측한 다음 이를 근거로 보충 발주를 하기 때문이다. 따라서 발주는 가장 마지막 Output이다.
③ 어떤 분야에서 협력할지 정하지도 않고 판매예측부터 하지는 않는다.
④ 공동 비즈니스 계획 수립 전에 협업 관계를 개발해야 한다.
⑤ 판매예측 결과에 따라 주문을 예측한다. CPFR을 실행하게 되면 판매예측대로 주문을 수주하는지를 평가하는 과정이 뒤따른다.

15 공급사슬관리(SCM : Supply Chain Management) 도입의 필요성에 관한 설명으로 옳지 않은 것은?

① 기업활동이 글로벌화되면서 공급사슬의 지리적 거리와 리드타임이 길어지고 있기 때문이다.
② 기업 간 정보의 공유와 협업으로 채찍효과(bullwhip effect)를 감소시킬 수 있기 때문이다.
③ 정보의 왜곡, 제품수명주기의 단축 등 다양한 요인으로 수요의 불확실성이 증대되기 때문이다.
④ 제조기업들은 노동생산성 향상을 위하여 단순 기능 제품의 대량생산 방식을 추구하고 있기 때문이다.
⑤ 기업 내부의 조직·기능별 관리만으로는 경쟁력 확보가 어렵기 때문이다.

해설 ④ 다품종 소량생산의 시대가 아니라 개별고객의 취향을 고려한 제품을 대량생산해야 하는 다품종 대량생산의 시대, Mass Customization의 시대가 도래했기 때문에 공급사슬관리가 필요해진다.

16 공급사슬의 수익관리전략이 유용한 경우가 아닌 것은?

① 고가의 상품으로 가격이 변하지 않을 경우
② 상품이 쉽게 변질되거나 상품의 가치가 하락될 경우
③ 수요가 계절적이거나 특정 시기에 피크(peak)가 발생될 경우
④ 상품을 대량단위와 소량단위로 계약할 수 있을 경우
⑤ 상품의 가치가 다양한 시장세분화에 따라 달라질 경우

해설 ① 가격이 변하지 않는 고가의 상품이라면 구태여 수익관리전략을 적용할 필요가 없다. 수익관리전략을 적용해야 하는 이유는 그만큼 수익관리가 어렵기 때문인데, 가격이 변하지 않는다면 필요 없다.

정답 **15** ④ **16** ①

17 공급사슬의 유연성이나 신속성을 달성하는 방법으로 옳지 않은 것은?

① 비용 절감　　　　　　　　　　② 직접주문 방식 도입

③ 전략적 지연　　　　　　　　　　④ 파트너십 구축

⑤ 모듈러 디자인

해설 ① 비용 절감을 하게 되면 유연성이나 신속성을 달성하기 위한 투자를 하기 힘들다.

18 효율적 공급사슬(efficient supply chain)의 특징을 모두 고른 것은?

> ㄱ. 속도, 유연성에 근거한 공급자 선정
> ㄴ. 저비용을 위한 재고 최소화
> ㄷ. 제품 분화를 지연시킬 수 있는 모듈화 확보
> ㄹ. 높은 가동률을 통한 낮은 비용
> ㅁ. 리드타임을 적극적으로 단축

① ㄱ, ㄴ　　　　　　　② ㄱ, ㅁ　　　　　　　③ ㄴ, ㄹ

④ ㄱ, ㄷ, ㄹ　　　　　⑤ ㄴ, ㄷ, ㅁ

해설 ㄱ. 효율적 공급사슬을 만들기 위해서는 비용 효율적인 선택을 해야 하는데, 속도와 유연성에 중점을 두면 비용 효율을 달성하기 어렵다.
ㄴ. 저비용을 목표로 한 재고 최소화는 효율적 공급사슬을 만들기 위해 필요하다.
ㄷ. 모듈화는 제품 분화를 지연시켜 유연성과 제품 다양성을 확보하기 위한 선택으로 비용 효율과는 거리가 있다.
ㄹ. 높은 가동률을 통한 낮은 비용 달성은 비용 효율적인 공급망을 만든다.
ㅁ. 리드타임 단축은 신속성을 강조하는 것으로 비용 효율과는 거리가 있다.

19 공급사슬관리(SCM)에 관한 설명으로 옳은 것은?

① 크로스 도킹(cross docking)은 미국의 Amazon.com에서 최초로 개발하고 실행하여 성공을 거둔 공급사슬관리 기법이다.

② 채찍효과(bullwhip effect)는 공급사슬 내 각 주체 간의 전략적 파트너십보다는 단순 계약 관계의 구축이 채찍효과 감소에 도움이 된다.

③ CRM(Customer Relationship Management)은 솔루션의 운영을 통하여 공급자와 구매기업의 비즈니스 프로세스가 통합되어 모든 공급자들과 장기적인 협업 관계 형성을 목표로 한다.

④ CPFR(Collaborative Planning, Forecasting and Replenishment)은 공장에서 제품을 완성하는 대신 시장 가까이로 제품의 완성을 지연시켜 소비자가 원하는 다양한 수요를 만족시키는 것이다.

⑤ 대량고객화(mass customization)는 비용, 효율성 및 효과성을 희생시키지 않고 개별고객들의 욕구를 파악하고 충족시키는 전략이다.

정답 **17** ①　**18** ③　**19** ⑤

해설 ① 미국의 월마트에서 유통 분야에 최초로 도입한 공급사슬관리 기법이다.
② 단순 계약 관계에서는 공급망 참여자들이 각자의 이익만 생각하기 때문에 재고 부족 상황에서 필요보다 더 많이 발주하여 수요를 왜곡하는 채찍효과를 부채질한다.
③ CRM의 C는 Customer이다. 모든 공급자(Supplier)가 아니라 모든 고객(Customer)과 장기적인 협력 관계를 구축한다.
④ 지연전략에 관한 설명이다.

20 공급사슬 취약성의 증가 요인을 모두 고른 것은?

ㄱ. 수요의 변동성 증가   ㄴ. 글로벌화 전략
ㄷ. 아웃소싱 전략   ㄹ. 협력체계 구축

① ㄱ, ㄴ   ② ㄴ, ㄹ
③ ㄷ, ㄹ   ④ ㄱ, ㄴ, ㄷ
⑤ ㄱ, ㄷ, ㄹ

해설 ㄹ. 협력체계 구축은 공급사슬 취약성을 줄이기 위해서이다.

21 다음 설명에 해당하는 공급사슬관리(SCM) 기법의 명칭을 바르게 연결한 것은?

ㄱ. 물류센터 도착 즉시 점포별로 구분하여 출하하는 시스템으로 적재시간과 비용을 절감할 수 있다.
ㄴ. 공급업자와 소매업자 간에 POS 정보를 공유하여 별도의 주문 없이 공급업자가 제품을 보충할 수 있다.
ㄷ. 수요예측이나 판매계획 정보를 유통업체와 제조업체가 공유하여, 생산-유통 전 과정의 자원 및 시간의 활용을 극대화하는 비즈니스 모델이다.

① ㄱ : QR,   ㄴ : CRP,   ㄷ : CPFR
② ㄱ : Cross Docking, ㄴ : BPR,   ㄷ : CPFR
③ ㄱ : Cross Docking, ㄴ : CRP,   ㄷ : CPFR
④ ㄱ : QR,   ㄴ : ECR,   ㄷ : VMI
⑤ ㄱ : QR,   ㄴ : Cross Docking, ㄷ : VMI

해설 ㄴ. 보충에 집중한 내용으로, CRP와 관련된 설명이다.
ㄷ. 판매계획(Planning), 수요예측(Forecasting)을 포함한다. CPFR에 관한 설명이다.

정답 **20** ④ **21** ③

22 공급사슬관리(SCM)의 필요성에 관한 설명으로 옳은 것을 모두 고른 것은?

> ㄱ. 글로벌화에 따른 물류의 복잡성과 리드타임(Lead Time) 증가에 대응해야 한다.
> ㄴ. 경쟁력 있는 가치를 제공하여 비용을 절감하고 고객 대응력을 확보해야 한다.
> ㄷ. 기업 간 정보를 공유하고 협력하여 채찍효과를 감소시켜야 한다.
> ㄹ. 제품개발·생산·유통·마케팅 등의 부문별 경쟁력을 외부에 의존하지 않고 내부 역량으로 확보해야 한다.

① ㄱ, ㄴ　　　　　　　② ㄱ, ㄷ
③ ㄴ, ㄹ　　　　　　　④ ㄱ, ㄴ, ㄷ
⑤ ㄴ, ㄷ, ㄹ

해설 ㄹ. 공급망 관리는 공급망 참여자를 아우르는 기업 외부 역량을 강화하는 것이다. 부문별 경쟁력을 내부 역량으로 확보할 수 있으면 공급망 관리를 할 필요가 없다.

23 다음 기업사례에서 설명하는 공급사슬관리(SCM) 기법은?

> 의류업체 A기업은 원사를 색상별로 염색한 후 직조하는 방식으로 의류를 생산하였으나 색상에 대한 소비자 기호의 변동성이 높아서 색상별 수요예측에 어려움을 겪었다. 이후 염색이 되지 않은 원사로 의류를 직조한 이후에 염색하는 방식으로 제조공정을 변경하여 예측의 정확성을 높이고 재고를 감소시켜 고객서비스를 향상시킬 수 있었다.

① Risk Pooling
② Exponential Smoothing
③ Postponement
④ Vendor Managed Inventory
⑤ Sales and Operation Planning

해설 소비자 요구에 맞춰 옷 색깔을 정하는 최종 공정을 지연시킨 것이나.
① Risk Pooling : 한 고객의 수요가 급증했을 때 다른 고객의 수요가 급락하면 상쇄되므로 수요가 취합되면 취합될수록 수요 변동성은 줄어든다는 논리. 수요 변동성이 줄어들면 안전재고 수준이 줄어들어 평균 재고 또한 줄어든다.
② Exponential Smoothing : 통계적 수요예측 기법의 하나이다. 시계열 분석의 대표적인 기법으로 미래 수요예측은 현재의 실적과 수요예측과의 차이의 일정 수준이라는 가정에 근거한다.
④ 공급자가 구매자의 재고를 관리해 주는 재고관리 기법을 말한다.
⑤ 공급망의 수급 문제와 그와 관련된 문제를 해결하기 위한 프로세스를 말한다.

정답 **22** ④ **23** ③

24 공급사슬 통합의 효과가 아닌 것은?

① 생산자와 공급자 간의 정보 교환이 원활해진다.

② 생산계획에 대한 조정과 협력이 용이해진다.

③ 공급사슬 전·후방에 걸쳐 수요 변동성이 줄어든다.

④ 물류센터 통합으로 인해 리스크 풀링(Risk Pooling)이 사라진다.

⑤ 공급사슬 전반에 걸쳐 재고 품절 가능성이 작아진다.

> **[해설]** ④ 물류센터 통합으로 재고가 중앙집중 방식으로 관리되면, 고객 수요가 합쳐져 Risk Pooling 가능성이 커진다.

25 공급자 재고관리(VMI : Vendor Managed Inventory)에 관한 설명으로 옳지 않은 것은?

① 유통업자가 생산자에게 판매정보를 제공한다.

② 구매자가 공급자에게 재고 주문권을 부여한다.

③ 공급자가 자율적으로 공급 스케줄을 관리한다.

④ 생산자와 부품공급자는 신제품을 공동 개발한다.

⑤ 생산자는 부품공급자와 생산계획을 공유한다.

> **[해설]** ④ ECR에 해당하는 설명이다.

26 공급사슬관리(SCM : Supply Chain Management)의 효과에 관한 설명으로 옳지 않은 것은?

① 생산자와 공급자 간의 협력을 통하여 경쟁우위를 확보할 수 있다.

② 생산자와 공급자 간의 협력을 통하여 이익 평준화를 실현할 수 있다.

③ 공급사슬 파트너십을 통하여 재고 품절 위험을 감소시킬 수 있다.

④ 공급사슬 파트너십을 통하여 물류비용을 절감할 수 있다.

⑤ 공급사슬 파트너십을 통하여 소비자 만족을 극대화할 수 있다.

> **[해설]** ② 생산자와 공급자 간 협력을 통해 결품을 방지하고 적시에 원하는 만큼 공급할 수 있게 되면, 이익이 평준화되는 것이 아니라 극대화된다.

정답 24 ④ 25 ④ 26 ②

27 공급사슬관리(SCM)에 관한 설명으로 옳지 않은 것은?

① 원자재를 조달해서 생산하여 고객에게 제품과 서비스를 제공하기 위한 프로세스 지향적이고 통합적인 접근방법이다.

② ABM(Activity Based Management)을 근간으로 하여 각 공급사슬과 접점을 이루는 부문에서 계획을 수립하는 시스템이다.

③ 가치사슬의 관점에서 원자재로부터 소비에 이르기까지의 구성원들을 하나의 집단으로 간주하여 물류와 정보 흐름의 체계적 관리를 추구한다.

④ 전체 공급사슬을 관리하여 비용과 시간을 최소화하고 이익을 최대화하도록 지원하는 방법이다.

⑤ 정보통신기술을 활용하여 공급자, 제조업자, 소매업자, 소비자와 관련된 상품, 정보, 자금 흐름을 신속하고 효율적으로 관리하여 부가가치를 향상시키는 것이다.

> 해설 ② ABM은 활동기준원가계산(ABC) 기반으로 기업의 효율성을 개선하는 기법으로, 공급사슬 접점의 계획 수립과는 직접적인 연관이 없다.

28 채찍효과(Bullwhip Effect)의 원인이 아닌 것은?

① 중복 또는 부정확한 수요예측
② 납품주기 단축과 납품 횟수 증대
③ 결품을 우려한 과다 주문
④ 로트(lot)단위 또는 대단위 일괄(batch) 주문
⑤ 가격변동에 의한 선행구입

> 해설 ② 채찍효과는 결품에 대한 두려움 때문에 수요를 왜곡하면서 필요보다 더 많이 발주하는 것이므로, 납품주기를 단축하고 납품 횟수를 늘리면 해소된다.

29 공급사슬 상에서 발생하는 경영환경변화에 관한 설명으로 옳지 않은 것은?

① 공급사슬 상에 위치한 조직 간의 상호 의존성이 증대되고 있다.
② 정보통신기술의 발전은 새로운 시장의 등장과 기업경영방식의 변화를 초래하고 있다.
③ 기업 간의 경쟁 심화에 따라 비용 절감과 납기 개선의 중요성이 증대되고 있다.
④ 물자의 이동이 주로 국내나 역내에서 이루어지고 있다.
⑤ 고객의 다양한 니즈에 맞추기 위해 생산, 납품 등의 활동을 해야 할 필요성이 증대되고 있다.

> 해설 공급망 관리 자체가 기업의 경영환경이 글로벌화되고 물류 리드타임이 길어졌기 때문에 생겼다.

정답 **27** ② **28** ② **29** ④

30 다음 재고 보충 기법 관련 설명 중 틀린 것은?

① CRP : 지속적 보충 발주

② VMI : 판매자 또는 구매자의 재고를 공급자가 관리하는 개념

③ CMI : 공급자와 판매자가 합의하고 보충 발주를 관리하는 개념

④ EOS : 판매된 만큼 공급업체에 발주 정보를 전달하는 시스템

⑤ CPFR : 고객의 재고정보와 판매정보를 바탕으로 공급자가 고객 대신 발주하는 개념

[해설] ⑤ CPFR은 고객과 판매계획, 수요예측, 보충 발주를 공동으로 수행한다는 설명을 포함해야 한다.

31 다음 설명에 해당하는 개념은?

- 거래파트너들이 특정 시장을 목표로 사업계획을 공동으로 수립하여 공유한다.
- 제조업체와 유통업체가 판매 및 재고 데이터를 이용, 협업을 통해서 수요를 예측하고 제조업체의 생산계획에 반영하며 유통업체의 상품을 자동 보충하는 프로세스이다.

① Postponement   ② Cross Docking

③ CPFR   ④ ECR

⑤ CRP

[해설] 사업계획, 즉 판매계획을 공동으로 수립하고(Planning), 협업을 통해서 수요를 예측하며(Forecasting), 유통업체의 상품을 자동 보충한다면(Replenishment) CPFR에 관한 설명이다.

32 효율적(Efficient) 공급사슬 및 대응적(Responsive) 공급사슬에 관한 설명으로 옳은 것을 모두 고른 것은?

ㄱ. 효율적 공급사슬은 모듈화를 통한 제품 유연성 확보에 초점을 둔다.

ㄴ. 대응적 공급사슬은 불확실한 수요에 대해 빠르고 유연하게 대응하는 것을 목표로 한다.

ㄷ. 효율적 공급사슬의 생산운영 전략은 가동률 최대화에 초점을 둔다.

ㄹ. 대응적 공급사슬은 리드타임 단축보다 비용 최소화에 초점을 둔다.

① ㄱ, ㄴ   ② ㄱ, ㄹ   ③ ㄴ, ㄷ

④ ㄷ, ㄹ   ⑤ ㄱ, ㄴ, ㄷ

[해설] ㄱ. 효율적 공급사슬은 제품 유연성 확보에 중점을 두지는 않는다.
ㄹ. 대응적 공급사슬은 어느 정도 비용을 희생해서라도 리드타임 단축 등 유연성에 중점을 둔다.

[정답] 30 ⑤ 31 ③ 32 ③

33 A사는 프린터를 생산·판매하는 업체이다. A사 제품은 전 세계 고객의 다양한 전압과 전원 플러그 형태에 맞게 생산된다. A사는 고객 수요에 유연하게 대응하면서 재고를 최소화하기 위한 전략으로 공통모듈을 우선 생산한 후, 고객의 주문이 접수되면 전력공급장치와 전원 케이블을 맨 마지막에 조립하기로 하였다. A사가 적용한 공급사슬관리전략은?

① Continuous Replenishment
② Postponement
③ Make-To-Stock
④ Outsourcing
⑤ Procurement

[해설] 고객 맞춤 공정을 최대한 늦게 완료하는 지연전략을 설명한 내용이다.

34 다음 중 SCOR의 구성요소를 잘못 설명한 것은?

① 계획(Plan) : 자원 및 요구사항 파악과 경영 목표와의 연동이다.
② 조달(Source) : 계획 또는 실제 수요를 맞추기 위한 재화와 서비스 확보를 말한다.
③ 공급(Supply) : 계획 또는 실제 수요를 맞추기 위한 완제품 제조와 시장 진입 준비를 말한다.
④ 배송(Deliver) : 계획 또는 실제 수요를 전달하기 위한 모든 과정을 말한다.
⑤ 반품(Return) : 고객 또는 공급업체로부터의 반품과 입고 과정이다.

[해설] ③ 생산 관련 구성요소는 Make이다.

35 QR(Quick Response)의 구현원칙에 관한 설명으로 옳지 않은 것은?

① 생산 및 포장에서부터 소비자에게 이르기까지 효율적인 제품의 흐름을 추구한다.
② 제조업체와 유통업체 간에 표준상품코드로 데이터베이스를 구축하고, 고객의 구매 성향을 파악 공유하여 적절히 대응하는 전략이다.
③ 조달, 생산, 판매 등 모든 단계에 걸쳐 시장정보를 공유하여 비용을 줄이고, 시장변화에 신속하게 대처하기 위한 시스템이다.
④ 저가격을 고수하는 할인점, 브랜드 상품을 판매하는 전문점, 통신판매 등을 연계하여 철저한 중앙 관리체제를 통해 소매점업계의 경영합리화를 추구하는 전략이다.
⑤ 고객정보의 신속한 파악을 통하여, 필요할 때에 소량을 즉시 보충할 수 있도록 개발된 식품 유통 분야의 대응 시스템이다.

[해설] ⑤ ECR에 관한 설명이다. QR은 의류산업에서 시작되었다.

정답 33 ② 34 ③ 35 ⑤

36 공급사슬 시스템 전략에 관한 설명으로 ( ) 안에 들어갈 내용으로 옳은 것은?

> • (ㄱ)은 과잉생산, 과잉재고, 보관기간, 운송시간 등 낭비적 요소를 제거해 종래의 공급사슬의 문제점을 해결하는 전략이다.
> • (ㄴ)은 고객들이 원하는 바를 파악해 이를 개발한 후 시장에 내놓고 반응을 살피는 것으로, 소규모 인원이 신속하게 제품을 개발하고 지속적으로 이를 업데이트하는 전략이다.

① ㄱ : 린(Lean) 생산방식,   ㄴ : 예측생산(MTS)방식
② ㄱ : 린(Lean) 생산방식,   ㄴ : 애자일(Agile) 생산방식
③ ㄱ : 지속보충(CRP)방식,   ㄴ : 신속대응(QR)방식
④ ㄱ : 지속보충(CRP)방식,   ㄴ : 예측생산(MTS)방식
⑤ ㄱ : 신속대응(QR)방식,   ㄴ : 애자일(Agile) 생산방식

해설 ㄱ. JIT와 비슷하지만, JIT가 미국에서 발전된 형태인 Lean 생산방식 관련 설명이다.
ㄴ. 신속하다는 개념으로는 QR과 Agile을 들 수 있는데, QR은 빠른 보충 개념이고 Agile은 빨리 출시하고 업데이트하는 전략이다.

37 경제적 주문량(Economic Order Quantity) 모형과 관련하여 빈칸에 적당한 항목은?

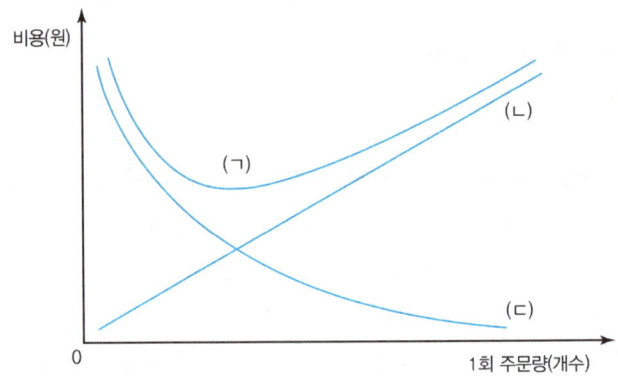

① ㄱ : 재고유지비용 ㄴ : 총비용   ㄷ : 주문비용
② ㄱ : 재고유지비용 ㄴ : 주문비용   ㄷ : 총비용
③ ㄱ : 총비용   ㄴ : 재고유지비용 ㄷ : 주문비용
④ ㄱ : 총비용   ㄴ : 주문비용   ㄷ : 재고유지비용
⑤ ㄱ : 주문비용   ㄴ : 총비용   ㄷ : 재고유지비용

해설 ㄱ. ㄴ과 ㄷ을 합친 그래프이다. 즉 총비용이다.
ㄴ. 1회 주문 수량이 늘어날수록 정비례하는 것은 재고유지비용이다.
ㄷ. 1회 주문 수량이 늘어날수록 감소하는 것은 주문비용이다.

정답 **36** ② **37** ③

38 어느 기업의 주차별 주말재고량을 조사해 보니 다음과 같았다. 제품의 단가는 개당 10,000원이고 이자율은 연 12%이다. 단위당 월간 재고유지비는 제품가격의 5%이다. 평균재고는 (월초재고 + 월말재고) ÷ 2로 산정한다. 이 경우 기업이 부담해야 할 8월의 재고부담이자와 재고부담이자를 제외한 재고유지비용은 각각 얼마인가? (단, 결과값의 소수점 이하는 절사함.)

주차	7월 3주	7월 4주	8월 1주	8월 2주	8월 3주	8월 4주	9월 1주	9월 2주
주말재고량(개)	330	300	200	350	220	250	340	270

① 재고부담이자 : 22,500원, 재고유지비용 : 112,500원
② 재고부담이자 : 25,500원, 재고유지비용 : 127,500원
③ 재고부담이자 : 27,500원, 재고유지비용 : 137,500원
④ 재고부담이자 : 27,666원, 재고유지비용 : 138,333원
⑤ 재고부담이자 : 36,666원, 재고유지비용 : 183,333원

해설 재고유지비용 = 평균재고×단위당 재고유지비용 500원
= (월초재고 300 + 월말재고 250) ÷ 2×단위당 재고유지비용 500원
= 275×500원 = 137,500원
∵ 단위당 재고유지비용 = 10,000원×5% = 500원
재고부담이자 = 평균재고×단가 10,000원×이자율 월 1% = 275×10,000원×0.01 = 27,500원

39 수송 리드타임이 3주이고 1회 발주량이 70개일 때, (　　　)에 들어갈 값은? (단, 안전재고는 55개이다.)

	수요예측량	예정입고량	재고량	발주량
현재	–	–	150개	70개
1주	40개			
2주	50개			
3주	50개			
4주	50개		(　　)개	

① 60 　　　　　　　② 70
③ 80 　　　　　　　④ 90
⑤ 100

정답　**38** ③　**39** ⑤

해설 기초재고가 150개이고 안전재고가 55라는 의미는 재고가 55가 되기 전에 입고를 받아야 한다는 뜻이다.
1주차 : 기초재고 150개 – 수요예측 40개 = 110개
2주차 : 기초재고 110개 – 수요예측 50개 = 60개
3주차 : 기초재고 60개 – 수요예측 50개 + 입고 70개 = 80개
4주차 : 기초재고 80개 – 수요예측 50개 + 입고 70개 = 100개
수송 리드타임 3주의 의미는 주차마다 재고가 55개 이하로 떨어질 것이 예상되면, 70개의 입고를 반영하라는 뜻이다. 이 문제에서는 3주차에 70개를 입고해도 4주차에 재고가 또 안전재고 이하로 떨어지므로 70개를 또 입고해야 한다는 사실을 이해해야 한다.

40 A기업은 4개의 지역에 제품 공급을 위해 지역별로 1개의 물류센터를 운영하고 있다. 물류센터에서 필요한 안전재고는 목표 서비스 수준과 수요 변동성을 반영한 확률 기반의 안전재고 계산 공식인 $Z \times \sigma$를 적용하여 계산하였으며, 현재 필요한 안전재고는 각 물류센터당 100개로 파악되고 있다. 물류센터를 중앙집중화하여 1개로 통합한다면 유지해야 할 안전재고는 몇 개인가? (단, 수요는 정규분포를 따르며, 4개 지역의 조건은 동일하다고 가정한다.)

① 100개   ② 200개
③ 300개   ④ 400개
⑤ 500개

해설 안전재고 = 안전계수 Z × 수요의 표준편차 σ × 리드타임의 제곱근
물류센터가 1개가 되면 총 리드타임이 4배가 되므로 안전재고는 4의 제곱근인 2배가 필요하다.

41 다음 공급사슬 성과지표 중 고객에게 정시에, 완전한 수량으로, 손상 없이, 정확한 문서와 함께 인도되었는지의 여부를 평가하는 성과지표는?

① 현금화 사이클타임(cash-to-cash cycle time)
② 주문충족 리드타임(order fulfillment lead time)
③ 총공급사슬관리비용(total supply chain management cost)
④ 완전주문충족(률)(perfect order fulfillment)
⑤ 공급사슬 대응시간(supply chain response time)

해설 Perfect Order라고도 부르는 완전주문충족률은 대표적인 물류 성과지표 중 하나이다. 말 그대로 전체 주문 중 납기, 수량, 재고 상태, 납품 조건 등을 모두 만족시킨 아무 흠결 없는 주문의 비중이다.

정답 **40** ② **41** ④

42 물류기업들이 성공을 위해 비전, 전략, 실행, 평가가 정렬되도록 균형성과표(BSC : Balanced Score card)를 도입한다. 이에 관한 설명으로 옳지 않은 것은?

① 균형성과표는 조직의 전략을 성과 측정이라는 틀로 바꾸어서 전략을 실행할 수 있도록 도 와준다.

② 균형성과표의 측정지표는 구성원들에게 목표 달성을 위한 올바른 방향을 제시해 준다.

③ 균형성과표는 재무 관점, 고객 관점, 내부 프로세스 관점, 학습과 성장 관점에서 성과지표 를 설정한다.

④ 균형성과표는 성과 측정, 전략적 경영관리, 의사소통의 도구로 사용된다.

⑤ 균형성과표의 성공은 실무자의 노력보다 전적으로 경영자 및 관리자의 노력에 달려 있다.

> **해설** ⑤ 균형성과표는 재무, 고객, 내부 프로세스, 학습과 성장 관점의 성과지표를 설정함으로써 기업경영이 어느 한쪽에 치우치지 않게 관리하도록 해주는 성과 측정 도구이다. 경영자와 관리자의 노력도 중요하지만, 실무자를 비롯한 전 구성원의 노력이 중요하다.

43 (주)한국물류의 배송부문 핵심성과지표(KPI)는 정시배송률이고, 배송완료 실적 중에서 지연 이 발생하지 않은 비율로 측정한다. 배송자료가 아래와 같을 때 7월 17일의 정시배송률은?

번호	01	02	03	04	05
배송예정 일시	7월 17일 14 : 00	7월 17일 15 : 00	7월 17일 17 : 00	7월 17일 16 : 00	7월 17일 17 : 30
배송완료 일시	7월 17일 13 : 30	7월 17일 14 : 00	7월 17일 16 : 45	7월 17일 17 : 00	7월 17일 17 : 45

① 25% ② 40%

③ 50% ④ 60%

⑤ 75%

> **해설** 문제에 주문 수량이나 금액이 제시되지 않았으므로 전체 배송 건수가 분모, 그중 배송 납기를 지킨 건수가 분자가 된다. 전체 5건 중 3건 성공했으므로 60%이다.

정답 **42** ⑤ **43** ④

44 카플런(R. Kaplan)과 노턴(D. Norton)의 균형성과표(BSC : Balanced Score Card)는 전 조직원이 전략을 공유하고 전략 방향에 따라 행동하도록 유도함으로써 회사의 가치 창출을 보다 효과적이고 지속적으로 이루기 위한 성과 측정 방법이다. BSC의 4가지 성과지표관리 관점에 해당하지 않는 것은?

① 고객 관점(Customer Perspective)
② 재무적 관점(Financial Perspective)
③ 전략적 관점(Strategic Perspective)
④ 학습과 성장의 관점(Learning & Growth Perspective)
⑤ 내부 경영프로세스 관점(Internal Business Process Perspective)

[해설] BSC가 보는 성과지표 관점 4개는 문제 내기 좋으므로 숙지하는 것이 좋다. 고객 관점, 재무 관점, 학습과 성장 관점, 내부 경영프로세스 관점이다. 전략적 관점은 그럴듯하지만, BSC의 관점은 아니다. BSC는 전략 달성을 한눈에 보여주는 성과 측정 방법임을 알아야 한다.

45 공급망 성과지표와 설명이 잘못 연결된 것은?

① 주문충족 리드타임 : 재고가 없을 때 원재료 또는 상품 구매부터 고객 인도까지의 리드타임
② 주문충족률 : 재고가 있을 때 전체 주문 건수 중 주문 접수 후 정해진 리드타임 내에 출하된 주문 건수
③ 재고일수 : 보유재고가 판매될 때까지의 기간
④ 현금전환주기 : 원자재 구매대금을 지급한 시점부터 원자재로 제품을 생산해서 매출하고 판매대금을 회수하는 시점까지의 기간
⑤ 완전주문충족률 : 고객에게 정시에, 완전한 수량으로, 손상 없이, 정확한 문서와 함께 인도된 주문 건수

[해설] ① 공급망 사이클타임 관련 설명이다.

46 구매계약의 유형에 관한 설명으로 옳지 않은 것은?

① 일반경쟁방식은 불성실한 업체의 경쟁 참가를 배제한다.
② 지명제한경쟁방식은 절차의 간소화로 경비 절감이 가능하다.
③ 수의계약방식은 신용이 확실한 거래처의 선정이 가능하다.
④ 일반경쟁방식은 긴급한 경우, 소요 시기에 맞추어 구매하기 어렵다.
⑤ 수의계약방식은 공정성이 결여될 수 있다.

[해설] ① 일반경쟁방식은 불성실한 업체의 참가를 막지 못한다.

[정답] **44** ③ **45** ① **46** ①

47 구매 방법의 유형에 관한 설명으로 옳지 않은 것은?

① 본사집중구매는 전문지식을 통한 구매가 가능하다.

② 현장분산구매는 구입단가가 저렴하다.

③ 일괄구매주문(Blanket Order)을 통해 조달비용을 절감할 수 있다.

④ 예측구매는 자금의 사장화 및 보관비용이 증가한다.

⑤ 상용기성품(COTS : Commercial Off the Shelf) 구매를 통해 개발비용을 절감할 수 있다.

> [해설] ② 현장분산구매를 하면 구매량으로 volume discount를 받기 어려워 구매단가가 저렴해지기 어렵다.

48 기업의 구매관리에 관한 설명으로 옳지 않은 것은?

① 구매의 아웃소싱이 증가하면서 내부고객만족에 대한 중요성이 증가하고 있다.

② 구매는 기업의 다른 기능인 마케팅, 생산, 엔지니어링, 재무와는 독립된 기능을 수행해야 한다.

③ 최적의 공급자를 선정, 개발 및 유지해야 한다.

④ 구매과정을 효율적이고 효과적으로 관리해야 한다.

⑤ 기업의 전략과 일치하는 구매전략을 개발해야 한다.

> [해설] ② 구매는 잘못될 경우 자금이 재고에 잠겨버리기 때문에 마케팅, 생산, 엔지니어링과 독립적으로 움직일 경우 기업경영에 큰 타격을 준다.

49 공급자관계관리(SRM : Supplier Relationship Management) 전략 실행에 관한 설명으로 옳지 않은 것은?

① SRM 솔루션은 도입기업과 공급자 간 거래 프로세스의 자동화에 기여한다.

② SRM 소프트웨어 도입을 통하여 공급자와 사용기업의 정보 및 프로세스 흐름의 가시화 수준을 높일 수 있다.

③ SRM 솔루션은 내부 사용자와 외부 파트너를 위해서 다수의 부서와 프로세스 등을 포괄할 수 있도록 설계된다.

④ SRM 솔루션의 운영을 통하여 공급자와 사용기업의 비즈니스 프로세스가 통합되어 모든 공급자들과 장기적인 협업 관계 형성을 가능하게 한다.

⑤ SRM 전략 실행을 통하여 고객 중심의 대안을 신속히 제공하게 되어 시장변화에 대한 대응력을 향상시킬 수 있다.

> [해설] ④ 구매 전략상 모든 공급자와 장기적인 협업 관계를 형성할 필요는 없으므로, SRM 솔루션이 그것을 지원할 필요도 없다.

정답 **47** ② **48** ② **49** ④

50 집중구매와 분산구매를 비교한 것으로 옳지 않은 것은?

① 집중구매는 수요량이 큰 품목에 적합하다.
② 집중구매는 자재의 긴급조달이 어렵다.
③ 분산구매는 구입 경비가 많이 든다.
④ 분산구매는 구매량에 따라 가격 할인이 가능한 품목에 적합하다.
⑤ 분산구매는 구매 절차가 간편하다.

> **해설** ④ 구매량이 많으면 가격 할인을 받기 위해 집중구매가 좋고, 구매량이 적으면 구매기능을 분산해서 구매하는 편이 좋다.

51 e-조달의 장점으로 옳지 않은 것은?

① 운영비용이 절감된다.
② 조달 효율성이 개선된다.
③ 조달가격이 절감된다.
④ 문서 처리 비용이 감소된다.
⑤ 구매자와 판매자 간에 밀접한 관계가 구축된다.

> **해설** ⑤ 온라인 웹사이트를 통한 구매가 구매자와 판매자 사이에 밀접한 관계를 구축해 줄지 의문이다.

52 다음 설명에 해당하는 공급업체 선정 방법은?

> 다수의 공급업체로부터 제안서를 제출받아 평가한 후 협상절차를 통하여 가장 유리하다고 인정되는 업체와 계약을 체결한다.

① 협의에 의한 방법
② 지명 경쟁에 의한 방법
③ 제한 경쟁에 의한 방법
④ 입찰에 의한 방법
⑤ 수의계약에 의한 방법

> **해설** 다수의 공급업체로부터 제안서를 받아 입찰이 아닌 협상을 통해 계약을 체결한다면 협의에 따른 구매에 해당한다.

정답 50 ④ 51 ⑤ 52 ①

01 물류포장

1 포장의 정의 및 개념

(1) 정의

① 한국산업표준 KST1001의 정의 : 물품의 수송, 보관, 취급, 사용 등에 있어서 그것의 가치 및 상태를 보호하기 위하여 적합한 재료 또는 용기 등으로 물품을 포장하는 방법 및 포장한 상태를 말한다.

② 물류의 시작 : 공장에서 완제품을 출고하여 고객에게 배송하기 직전의 과정이다. 조달물류가 영역별 물류의 시작이라면, 포장은 기능별 물류의 시작이다.

③ 물류비 절감 수단 : 포장 설계는 포장표준화와 물류모듈화를 위한 과정이며, 물류비 절감에 영향을 준다.

④ 다른 물류 활동과의 연결 : 포장에 따라 운송 시 적재효율이 달라지고, 보관 시 적재 단수가 달라지며, 하역 시 이동 편의성에서 차이가 발생한다. 또한 포장에 따라 품번 마스터 정보가 달라지고 정보시스템 흐름에 영향을 준다.

(2) 분류

① 한국산업표준 KST1001의 구분 : 낱포장, 속포장, 겉포장으로 구분하고 있다.

ㄱ **낱포장**(낱개 포장 또는 단위 포장, Individual Packaging / Unit Packaging) : 물품 하나하나를 보호하기 위하여 적절한 재료나 용기 등으로 물품을 포장하는 기술 또는 포장한 상태를 말한다.

ㄴ **속포장**(내부 포장, Inner Packaging) : 포장 화물 내부 포장을 말한다. 물품을 수분, 습기, 광열, 충격으로부터 보호하기 위해 적절한 재료나 용기 등으로 물품을 포장하는 기술 또는 포장한 상태를 말한다.

ㄷ **겉포장**(외부 포장, Outer Packaging) : 포장 화물 외부 포장을 말한다. 물품을 상자, 포대, 나무통, 금속 캔 등에 넣거나 용기가 없는 상태로 묶고 취급 주의 표시 등 각종 기호나 화물명 등을 표시하는 기술 또는 포장한 상태를 말한다.

② 공업포장

ㄱ 수송포장 또는 산업포장, Shipping Packaging / Industrial Packaging : 물품의 수송과 보관을 주요 목적으로 하는 모든 포장을 말한다.

ⓒ 파손 방지 : 유통의 시작점부터 끝점에 이르기까지 물품의 파손을 방지하고 안전을 확보할 수 있어야 한다. 물류에서 파손을 방지하면 재작업, 재포장, 폐기비용을 줄임으로써 물류비를 절감할 수 있다.

ⓒ 물류의 시작 : 공장에서 완제품을 출고한 이후 물류의 첫 단계에 해당한다. 공업포장의 강도와 상태가 운송과 보관과 하역의 효율성에 직접적으로 영향을 미친다. 예를 들어 파렛트에 8단 적재하라고 정의했으나 8단 적재하면 물품이 찌그러질 정도로 포장이 약하다고 가정해 보자. 운송 시 파렛트를 두 줄로 적재할 수 없게 되고, 파렛트 단위로 보관할 수 없게 되며, 하역 시 물품이 추락하여 파손될 우려가 커진다.

ⓒ 물류를 고려한 포장 : 공업포장의 강도와 상태는 물류비 절감에 영향을 주기 때문에, 공업포장은 물류포장으로도 부른다.

③ 상업포장(Commercial Packaging)

ⓒ 소비자 포장(Consumer Packaging) : 상거래에서 상품의 일부 역할을 하거나 상품을 정리하고 진열하고 취급하는 데 편의를 주기 위한 포장을 말한다. 예를 들어 종 모양 등 특이한 모양의 초콜릿 포장을 보면 소비자는 특정 초콜릿 브랜드를 떠올린다. 대형마트 매대에 진열된 제품의 포장이 대표적인 소비자 포장이다.

ⓒ 마케팅 도구의 역할 : 물류의 시작을 차지하는 공업포장과 달리 상업포장은 소매점에서 팔리는 유통의 마지막 단계를 담당한다. 상업포장은 마케팅 도구 역할을 한다.

(3) 포장의 기능

① 내용물 보호 : 물품이 생산자에서 소비자에 이르기까지 운송, 보관, 하역 등 모든 물류 단계에서 온전한 상태를 유지해야 한다. 포장은 어떤 상황에서도 물품을 보호할 수 있을 정도의 내구성을 확보해야 한다.

② 취급 편리성 : 물품이 생산자에서 소비자에 이르기까지 운송, 보관, 하역 등 모든 물류 단계에서 편리하게 취급될 수 있는지를 고려해야 한다. 무거운 유리병과 플라스틱 상자 중심의 배송과 보관 때문에 대용량 유통이 어려웠던 맥주가 페트병 포장의 등장으로 대용량 제품으로 출시될 수 있었던 사례가 대표적이다.

③ 정보 제공 : 소비자에게 품명, 제조사, 판매사, 원재료, 원산지, 용량, 주의사항 등 생산자와 내용물에 대한 정보를 전달할 수 있어야 한다.

④ 판매 촉진

ⓒ 구매 충동 : 포장을 통해 소비자의 구매 충동을 높일 수 있다.

ⓒ 주요 사례 : 기능성 샴푸에 '닥터'를 붙여서 의약품처럼 보이게 하거나, 서양인 얼굴을 붙여서 유럽산 제품처럼 보이게 하는 사례이다. 회원제 할인점이나 편의점에서 배송된 상자 그대로 진열할 수 있도록 고안된 RRP(Retail Ready Package)도 어느 정도의 판매 촉진 효과를 낼 수 있다.

⑤ 환경 친화성

　　㉠ 적정 포장(Reduce) : UN 환경계획(UNEP, UN Environment Programme)에 따르면 전 세계 플라스틱 사용량의 36%가 포장에 사용된다. 과대포장과 과잉포장을 지양해야 한다.

　　㉡ 폐기 용이성 : 폐기하기 쉽고, 폐기할 때 환경에 미치는 영향이 적어야 한다.

　　㉢ 재활용(Recycle) : 재활용이 어려운 소재를 지양하며, 재활용하기 쉬워야 한다.

　　㉣ 에너지 절약 : 포장 생산에 드는 에너지를 최소화해야 한다.

　　㉤ 재사용(Reuse) : 필요하다면 수거 후 재사용이 가능해야 한다.

⑥ 비용 절감

　　㉠ 물류 총비용 절감 : 파손과 재작업을 최소화하고, 적재와 보관 효율을 높일 수 있는 포장은 물류 총비용을 절감하는 데 공헌한다. 최근에는 친환경 포장을 위해서라도 포장재를 적게 사용하면서도 물류 취급과 내용물 보호에 충실한 포장을 적용하기 위해 많은 기업이 노력하고 있다.

　　㉡ 경제성 : 포장은 생산 자동화에 적합해야 하며, 포장합리화에 부합함과 동시에 물류시설에도 적합해야 한다.

(4) 화물 취급 주의 표시

① 한국산업표준 KST ISO 780은 일반화물 : 일반화물 유통과정에서 화물을 보호하고 취급자의 안전을 보장하기 위해 적절한 화물 취급 지시에 사용하는 표지를 규정하고 있다.

② 한국산업표준 KST0008은 위험물 : 위험물 운송 과정에서 취급자의 안전을 지향하고, 선박, 항공기, 차량, 기타 운송기기 및 다른 화물에 대한 손상을 방지하기 위해 포장에 표시해야 할 취급 주의 표지를 규정하고 있다.

③ 한국산업표준 KST1011은 표시 기준 : 물류합리화와 단위화물 체계를 합리적으로 추진하는 데 필요한 수송포장 표시 기준을 규정하고 있다. 주요 표시 사항은 아래와 같다.

　　㉠ 세조연월일, 유통기한

　　㉡ 상품 중량

　　㉢ 온도 관리 사항

　　㉣ 적재 단수

　　㉤ 화물 취급 지시

　　㉥ 파렛트 적재 패턴

(5) 일반화물 취급 주의 표시

번호	호칭	표시	표시내용 및 위치
1	무게 중심 위치	⊕	취급되는 최소 단위 유통용 포장의 무게 중심을 표시

번호	호칭	표시	표시내용 및 위치
2	거는 위치		유통용 포장 용기를 들어올리기 위한 슬링의 위치
3	깨지기 쉬움, 취급 주의		유통용 포장 용기의 내용물이 깨지기 쉬운 것이기에 취급에 주의해야 함.
4	갈고리 금지		유통용 포장 용기를 취급 시 갈고리 금지
5	손수레 사용 금지		유통용 포장 용기 처리 시 손수레를 끼워서는 안 된다.
6	지게차 취급 금지		지게 형의 리프팅 장치를 유통용 포장 용기에 사용 금지
7	조임쇠 취급 제한		조임쇠 형태의 리프팅 장치를 유통용 포장 용기에 사용 금지
8	조임쇠 취급 표시		조임쇠 형태의 리프팅 장치를 이용하여 유통용 포장 용기의 양쪽면에 조임쇠가 위치되도록 취급
9	굴림 방지		유통용 포장 용기를 굴리거나 유통용 포장 용기가 뒤집어지면 안 됨.
10	비 젖음 방지		유통용 포장 용기가 비에 젖지 않게 하며 건조한 환경을 유지
11	직사광선 금지		태양의 직사광선에 유통용 포장 용기가 노출되면 안 됨.
12	방사선 보호		전리방사선 투과에 의해 내용물이 변질되거나 사용이 불가능하게 됨.
13	위 쌓기		운반 및/또는 적재 시 유통용 포장 용기의 올바르게 세울 방향

번호	호칭	표시	표시내용 및 위치
14	온도 제한		유통용 포장 용기는 표시된 온도 범위에서 저장, 운송 또는 취급되어야 함.
15	적재 제한	 < XX kg	유통용 포장 용기를 적재 시 최대 적재 질량
16	적재 단수 제한	 n	하부 포장 용기를 적재할 시 운반 포장 용기/물품 중 동일한 것의 최대 수량("n"은 한계 수치)
17	적재 금지		유통용 포장 용기의 적재가 허용되지 않으며 유통용 포장 용기 위로 적재해서는 안 됨.

◀ [그림 9-1] 일반화물의 취급 주의 표시 ▶

(6) 위험물 취급 주의 표시

그림 번호	그림	위험물의 종류		
		분류번호	국문	영문
1-1		1	폭발물	EXPLOSIVE (Division 1.1, 1.2, 1.3)
1-2	 1.4	1	폭발물	EXPLOSIVE (Division 1.4)
1-2	 1.5	1	폭발물	EXPLOSIVE (Division 1.5)
1-2	 1.6	1	폭발물	EXPLOSIVE (Division 1.6)
2-1		2	인화성 가스	FLAMMABLE GAS

2-2		2	비인화성 가스	NON–FLAMMABLE GAS NON–TOXIC GAS
2-3		2	독성 가스	TOXIC GAS
3		3	인화성 액체	FLAMMABLE LIQUID
4-1		4	가연성 고체	FLAMMABLE SOLID
4-2		4	자연 발화성 물질	SPONTANEOUS COMBUSTIBLE
4-3		4	물과 접촉 시 인화성 가스를 방출하는 물질	DANGEROUS WHEN WET
5-1		5	산화성 물질	OXIDIZER
5-2		5	유기 과산화물	ORGANIC PEROXIDES
6-1		6	독물	TOXIC
6-2		6	전염성 물질	INFECTIOUS SUBSTANCES
7-1		7	방사성 물질	RADIOACTIVE

7-2		7	방사성 물질	RADIOACTIVE
7-3		7	방사성 물질	RADIOACTIVE
7-4		7	핵분열 물질	FISSILE
8		8	부식성 물질	CORROSIVE
9		9	기타 위험물질 및 제품	MISCELLANEOUS

◀ [그림 9-2] 위험화물의 취급 표시 ▶

① 분류번호 1 : 바탕색은 주황색이다.
② 분류번호 2 : 바탕색은 2-1은 빨강, 2-2는 초록, 2-3은 흰색이다.
③ 분류번호 3 : 바탕색은 빨강이다.
④ 분류번호 4 : 바탕색은 4-1과 4-2는 빨강, 4-3은 파랑이다.
⑤ 분류번호 5 : 바탕색은 노랑이다.
⑥ 분류번호 6 : 바탕색은 흰색이다.
⑦ 분류번호 7 : 바탕색은 7-1은 흰색, 7-2와 7-3은 위는 노랑, 아래는 흰색이다.
⑧ 분류번호 8 : 바탕색은 아래는 검정이다.
⑨ 분류번호 9 : 바탕색은 아래는 흰색이다.

(7) 화물 표시 방법

① 스탬핑 : 고무인이나 프레스로 찍는다.
② 카빙 : 금속제품에 사용한다. 금형에 주물을 주입할 때 금형에 모양을 새겨 놓는다.
③ 레이블링 : 내용을 종이나 특수 용지에 인쇄해 두었다가 부착한다. 문구점에서 파는 스티커 개념이다.
④ 태그 : 종이, 플라스틱판 등에 내용을 기재해서 화물에 묶는다.

⑤ 스텐실 : 화물 취급 방법을 새긴 두꺼운 종이나 플라스틱판을 화물에 대고 붓이나 스프레이로 칠하는 방법이다.

2 포장 기법

(1) 진공포장

① 포장 내 기압을 대기압보다 낮게 유지한다.
② 저장수명 연장 : 식품이나 무기류 등의 저장수명을 연장할 수 있다.

(2) 가스치환포장

① 공기를 가스로 대체 : 식품 등의 포장 내부 공기를 질소나 이산화탄소 등으로 교체 주입하는 포장을 말한다.
② 식품 저장기간 연장 : 식품의 신선도를 유지하고 유통 효율성을 높인다.

(3) 방수포장·방습포장

① 방수포장 : 제품을 해수, 담수, 강수로부터 보호하는 포장이다.
② 방습포장 : 제품이 습기로 변질하지 않도록 하는 포장이다.

(4) 완충포장

① 제품을 충격으로부터 보호 : 운송과 보관, 하역, 유통 과정에서 낙하, 진동, 하중, 온도와 습도 변화 등의 충격으로부터 제품을 보호하는 포장이다.
② 적용 대상 : 도자기, 유리, 전자제품 등에 활용한다.

(5) 방청포장

① 부식 방지 : 금속이 주변 환경과 반응하여 녹이 발생하지 않도록 하는 포장이다.
② 방수포장과 방습포장과의 차이 : 방수나 방습포장은 수분을 제거함으로써 녹이 발생하지 않도록 하는 포장이지만, 방청포장은 금속이 공기에 노출되었을 때 발생할 수 있는 부식을 방지하기 위해 방청제나 방청지를 사용하는 포장을 말한다.

(6) 중량물포장

① 중량물 보호 : 기계, 운송장비, 의료기기, 전자부품 등을 운송 또는 이동 시 외부 환경으로부터 보호하기 위한 포장이다.
② 나무상자나 골판지 상자 : 나무상자나 골판지 상자를 많이 이용한다.

(7) 위험물포장

① 운송 중 손상 방지 : 운송 중 온도나 기압, 진동 등 환경변화로 발생할 수 있는 화물 자체의 손상과 다른 화물의 피해를 방지하기 위한 포장이다.

② 위험물 표시의 중요성 : 위험물 포장의 내용물 정보를 명확하게 표시하며, 위험물의 취급에 관한 정보를 정확하게 제공해야 한다.

(8) 무균포장

① 무균 상태를 유지하는 포장 : 식품이나 의약품, 포장용기를 모두 무균 상태로 만든 다음 무균환경에서 포장한다.

② 상온 보관으로 유통환경 개선 : 콜드체인 없이 상온 보관을 할 수 있으므로 운송과 보관 효율을 높일 수 있으며, 유통기한을 크게 늘릴 수 있다.

(9) 집합포장

① 복수의 포장 화물을 단일 포장으로 변환 : 여러 개의 포장 화물을 파렛트 등에 적재하여 하나의 대형 화물로 묶은 포장이다.

② 단위화물 체계 : T11, T12 파렛트에 적재해서 하나의 대형 화물을 구성한 것이 우리나라의 표준 단위화물, 즉 유닛로드이다. 단위화물을 통해 물류 효율을 높일 수 있다.

(10) 스트레치포장

스트레치 필름 포장 : 보통 랩이라고 부르는 스트레치 필름으로 여러 개의 물품을 합하여 덮어 싸는 포장을 말한다. 물류 현장에서는 파렛트에 적재한 화물을 랩으로 감는 횟수에 따라 파손 확률이 달라진다.

3 물류와 포장

(1) 포장이 물류에 미치는 영향

① 일괄 취급 : 포장은 운송, 보관, 하역 등 물류 활동을 수행하는 과정에서 화물을 일정 단위로 한꺼번에 취급할 수 있게 해준다.

② 파손 방지 : 포장은 화물의 안전성을 확보하여 운송, 보관, 하역 과정에서 화물의 파손이나 변질을 최소화한다.

③ 유통기한 연장 : 온도와 습도, 해수와 담수로부터 내용물을 보호함으로써, 유통기한 연장에 도움을 준다.

④ 비용 절감 : 콜드체인을 사용하지 않고 상온에서 취급할 수 있도록 해주는 무균포장은 물류비용 절감에 도움을 준다. 그뿐만 아니라 포장 자체의 최적 강도 적용과 포장재료비 절감을 통해 비용 절감에 공헌한다. 포장의 최적 강도와 포장재료비는 포장합리화와도 연결된다.

⑤ 물류포장 설계 시 고려사항
　　㉠ 내용물의 특성 : 위험물, 신선물, 냉장 또는 냉동보관물 여부
　　㉡ 포장재료의 특성 : 필름, 골판지, 나무, 금속
　　㉢ 사용조건 : 온도와 습도, 강우, 비포장도로 등

(2) 포장합리화

① 물류합리화와 포장합리화
　㉠ **물류합리화를 위한 물류표준화** : 물류합리화를 통해 물류비를 절감하고 고객서비스 수준을 높이기 위해서는 물류장비와 설비 등 하드웨어와 물류정보와 용어 등 소프트웨어의 표준화, 즉 물류표준화가 선행되어야 한다.
　㉡ **물류표준화를 위한 단위화물 체계** : 물류표준화를 통해 물류합리화를 달성하기 위해서는 파렛트와 컨테이너를 통하여 재적재 없이 일관운송과 보관을 구현해야 한다. 물류표준화를 위해서는 단위화물 체계가 선행되어야 한다.
　㉢ **단위화물 체계를 위한 물류모듈화** : 파렛트를 기준으로 단위화물 체계를 구축하기 위해서는 파렛트 크기에 맞춘 포장 크기와 적재 단수를 정의해야 하며, 그렇게 정의한 파렛트의 개수 기준으로 컨테이너나 적재함에 적재할 수 있어야 한다. 단위화물 체계를 구축하려면 물류모듈화가 선행되어야 한다.
　㉣ **물류모듈화를 위한 포장합리화** : 파렛트 크기에 맞춘 포장 크기와 적재 단수를 정의하기 위해서는 적재 단수를 견딜 수 있는 포장 강도와 그에 맞는 포장재료의 정의, 운송 시 진동을 견딜 수 있고 유통기한을 확보할 수 있는 포장을 고려해야 한다. 그렇게 해서 물류장비와 설비에 의한 물류자동화도 지원할 수 있어야 한다. 물류모듈화를 위해서는 포장합리화가 선행되어야 한다.
　㉤ **포장합리화는 물류합리화의 출발점** : 결론적으로 포장합리화는 제품의 보호뿐만 아니라 포장 치수, 포장재료, 포장 강도 등을 고려하여 추진되어야 한다. 포장이 물류의 시작이듯 포장합리화는 물류합리화의 시작이다.
② 포장합리화의 원칙
　㉠ **대량화 및 대형화 원칙** : 한 번에 취급할 수 있는 화물의 개수를 늘리고 적재효율을 높이기 위해 포장은 대량화와 함께 대형화되어야 한다.
　㉡ **집중화 및 집약화 원칙** : 포장을 대량화하고 대형화하려면 집중화와 집약화가 선행되어야 한다. 피처폰 시절 휴대전화 포장 상자는 소비자의 시선을 끌고 많은 사은품을 제공하기 위해 크고 화려했다. 그러나 휴대전화 시장이 성숙기에 접어들자, 휴대전화 제조사들은 비용을 줄이기 위해 매뉴얼을 소형화하거나 아예 빼고 사은품도 줄이거나 없앰으로써 포장의 크기를 획기적으로 줄였고, 같은 파렛트에 더 많은 휴대전화를 적재할 수 있게 되었다.
　㉢ **규격화 및 표준화 원칙** : 포장은 물류의 시작이자 단위화물 체계를 구성하는 물류모듈화의 결과물이다. 포장의 치수와 소재, 강도를 규격화하고 표준화함으로써 물류모듈화를 촉진하고

운송, 보관, 적재와 하역을 표준화하여 물류 효율을 높일 수 있다.

② 사양 변경의 원칙 : 포장의 보호 성능을 해치지 않는 범위에서 포장의 사양을 변경하여 비용 절감을 추진해야 한다. 배달을 위해 과거 사각형 상자를 사용하던 피자 업계가 팔각형 상자로 전환함으로써 포장에 드는 골판지 사용량을 줄이고 포장 원가를 절감한 사례가 대표적이다.

⑩ 재질 변경의 원칙 : 포장의 보호 성능을 해치지 않는 범위에서 포장의 재질을 변경하여 비용 절감을 추진해야 한다. 컬러 인쇄 상자를 사용하다가 일반 골판지 상자로 전환하면 그만큼 비용 절감 효과를 거둘 수 있다. 플라스틱이나 비닐로 된 충전재 대신 종이를 구겨서 충전재를 대신함으로써 친환경 효과는 물론 비용 절감 효과를 거둔 사례도 있다.

⑭ 시스템 및 단위화의 원칙 : 포장합리화는 물류모듈화의 전제조건이다. 물류모듈화를 함으로써 하역의 기계화를 추진하여 시스템화가 가능해지고, 단위화물 체계를 구성하여 화물의 단위화가 가능해진다.

(3) 포장모듈화

① 포장표준화 지향 : 물류모듈화가 단위화물 체계를 구성하기 위해 포장의 치수를 단위화물의 배수 또는 분할로 관리하는 기법이라면, 포장모듈화는 포장 치수 표준화를 통해 화물, 파렛트, 컨테이너, 운송수단 등을 가장 효율적이고 경제적으로 설계하고 운영하는 활동을 말한다.

② 물류합리화의 시작

㉠ 물류의 시작이 포장이듯 물류합리화의 시작은 포장합리화이다.

㉡ 물류합리화를 하려면 물류모듈화를 해야 하고, 그중에서도 치수 모듈화가 필요하듯이, 포장합리화를 하려면 포장모듈화를 해야 하고, 그중에서도 치수 모듈화가 필요하다.

> **● TIP** 물류합리화와 포장합리화의 순서
>
> 물류합리화가 물류모듈화 – 단위화물 체계 – 물류표준화 – 물류합리화의 순서로 추진되듯, 포장합리화 또한 포장모듈화 – 포장표준화 – 포장합리화의 순서로 추진된다고 볼 수 있다.
> ① 포장모듈화 : 단위화물 체계를 구축하기 위한 포장 치수 모듈회 활동으로, 포장표준화이 한 축으로 추진된다.
> ② 포장표준화 : 포장의 치수, 강도, 재료, 기법 등 각종 포장의 규격을 제정하고 적용하는 활동이다. 포장의 치수를 모듈화하는 포장모듈화는 포장표준화 활동 중 하나이다.
> ③ 포장합리화 : 제품을 보호하면서도 비용을 절감하고 물류합리화를 지원할 수 있도록 포장의 치수, 강도, 재료 등을 전방위적으로 합리화하는 활동이다.

(4) 포장표준화

① 포장용기의 규격 표준화 : 포장용기의 규격을 표준화함으로써 유통과 물류의 합리화를 지향한다.

② 포장표준화의 요소

㉠ 강도 표준화

㉡ 치수 표준화

㉢ 재료 표준화

ㄹ 포장 기법 표준화

ㅁ 관리 표준화 : 상기 네 가지 표준화로 달성된다.

③ 포장표준화의 종류

ㄱ 사내 표준화 : 사내에서 통용되는 규격의 표준화. 새벽배송을 할 때 보랭 방법으로 기업마다 아이스팩, 얼린 생수병, 보랭 종이상자 등을 다양하게 사용한다.

ㄴ 업계 표준화 : 업계에서 통용되는 규격의 표준화. 식품업계나 유통업계가 대체로 표준 T11형 파렛트를 사용한다.

ㄷ 국가 표준화 : 국가에서 통용되는 규격의 표준화. 국가 차원에서 T11형 파렛트를 국가 표준으로 제정하였다.

ㄹ 국제 표준화 : 국제적으로 통용되는 규격의 표준화. T11형 파렛트가 국제표준화기구에 의해 국제표준 파렛트로 인정받았다.

④ 범국가적 추진 : 표준화는 국가 차원에서 강력하게 추진하면 처음에는 확산 속도가 늦어 보이지만, 속도가 붙으면 매우 빠르게 확산할 수 있다.

⑤ 포장표준화의 장점

ㄱ 포장비용 절감 : 과대포장을 줄이고 포장을 간소화하여 포장 자체의 비용을 절감할 뿐만 아니라, 포장재료를 보관하는 공간과 포장재료 재고를 줄이는 효과도 있다.

ㄴ 물류비용 절감 : 포장의 강도와 치수 표준화로 운송비용과 보관비용 절감은 물론, 하역 기계화를 촉진하여 하역비용도 절감할 수 있다.

ㄷ 판매 촉진 : 소매점 진열 시 보기가 좋아져 소비자의 시선을 끌고 판매를 촉진할 수 있다.

(5) 포장표준화 추진 방향

① 표준 파렛트 선정

ㄱ 물류합리화와 물류모듈화의 기준

ㄴ 단위화물 체계의 기준

② 포장 치수 표준화

ㄱ 5대 포장표준화 요소 중 최우선 순위 : 치수, 강도, 재료, 기법, 관리 중 치수부터 표준화해야 한다.

ㄴ 치수 표준화 방향 : 일관수송 체계와 물류합리화에 공헌해야 한다.

③ 포장 강도 표준화

ㄱ 빠른 원가절감 효과 : 제품을 적정하게 보호할 수 있는 포장 강도 지정과 파손 방지로 원가절감 효과가 빠르다.

ㄴ 치수 표준화 다음 순위 : 치수에 따라 적정한 포장 강도가 달라지므로 치수가 정해진 다음에 강도 표준화가 필요하다. 같은 라면 상자도 제품과 제조사는 물론 포장 크기에 따라 골판지 상자 강도가 다르다.

4 친환경 포장

① 환경부 정의 : 환경에 위해를 주는 요소를 최소화하여 환경영향이 저감되도록 개발한 포장을 말한다.

② 3R 지침 : Reduce(저감), Reuse(재사용), Recycle(재활용)

③ 포장의 환경보전 기능

　㉠ 포장재료 감량 : 포장재료 자체의 경량화를 지향함은 물론, 포장재료 과다 사용을 지양해야
　　한다. 포장재료비 절감에 의한 원가절감 효과는 물론 환경보전에도 공헌한다.

　㉡ 포장 크기 감소 : 포장의 크기를 줄여서 포장재료 과다 사용을 지양함은 물론, 적재와 보관 효율
　　을 높여 물류비용 감소에도 공헌한다.

④ 포장 설계 원칙

　㉠ 감량과 감용 : 포장에 투입되는 자원은 감량하고, 포장의 용적은 감용, 즉 줄여서 폐기물 발생을
　　원천적으로 줄여야 한다. 자원 절약은 물론 적재와 보관의 효율성이 높아지고, 포장재료 보관
　　공간과 재고가 줄어든다.

　㉡ 재사용 : 포장 재사용을 쉽게 할 수 있어야 한다. 생활용품 기업이 세제나 위생용품을 펌프식
　　용기와 파우치로 판매하는 이유는 펌프식 용기 재사용을 유도하기 위해서이다.

　㉢ 재활용 : 재활용이 가능한 소재, 단일소재를 사용함으로써 회수하여 재활용할 수 있어야 한다.
　　음료를 담은 페트병의 라벨을 뜯어야 하는 이유는, 일반적으로 페트병의 소재는 폴리에틸렌
　　테레프탈레이트인데 라벨의 소재는 폴리프로필렌이므로 같이 버리면 재활용이 어렵기 때문
　　이다.

　㉣ 소각 용이성 : 포장재료는 필요하다면 쉽게 소각 처리할 수 있어야 하며, 소각할 때 유독가스
　　를 발생시키지 않으며, 에너지를 쉽게 회수할 수 있어야 한다.

　㉤ 매립 용이성 : 포장재료는 필요하다면 매립할 수 있어야 한다. 매립한 포장재료는 생분해될
　　수 있어야 한다.

⑤ 기대 효과

　㉠ 폐기물 감축 : 분해되지 않는 플라스틱 등의 포장재료를 대체하거나 재활용함으로써 폐기물
　　발생량을 줄인다.

　㉡ 온실가스 감축 : 플라스틱 생산과정에서 나오는 이산화탄소를 감축할 수 있다.

　㉢ 자원 및 에너지 절약 : 플라스틱 사용량을 줄여서 자원과 에너지 절감 효과를 거둘 수 있다.

02 녹색물류

1 정의 및 개념

(1) 정의

환경친화적 물류 활동 : 운송, 보관, 포장 등에서 환경오염과 온실가스 발생 총량을 최소화하는 환경친화적 물류 활동을 말한다.

(2) 배경

① **지구온난화로 인한 재해 증가** : 지구온난화는 홍수와 폭우 등 이상기후를 낳고 이상기후가 식량 수급 불안을 낳는다. 플라스틱 쓰레기는 해양생물의 오염 또는 감소를 낳아 생태계를 위협한다. 온실가스를 줄이고 쓰레기를 줄이는 활동은 기업 이미지를 개선하기 위해서가 아니라 인류의 생존을 위해 필요하다.

② **2015년 파리 기후변화협약** : 2015년 파리 제21차 기후변화협약 당사국 총회는 산업화 이전과 비교하여 지구 평균온도가 2도 이상 상승하지 않도록 온실가스 배출량을 단계적으로 감축하는 내용을 담은 협정을 발표했다.

  ㉠ **교토의정서 대체** : 파리협약은 2005년 2월 16일 발효되어 2020년 만료된 교토의정서를 대체하는 국제협약이다. 2015년 12월 12일 채택되고 2016년 11월 4일 발효되었으며, 우리나라에는 2016년 12월 3일 발효되었다. 온실가스를 다량 배출하는 국가들이 제외되었던 교토의정서와 달리, 유엔기후변화협약 당사국 195개국의 합의로 채택되었다.

  ㉡ **온실가스 배출만큼 벌충이 아닌 저감이 중요** : 이제는 온실가스 배출량 저감목표가 생겼으므로, 나무를 심는 등 온실가스를 배출한 만큼 벌충하는 활동도 중요하지만, 온실가스 자체를 줄이는 활동이 중요하다.

2 대응 방향

(1) 녹색물류를 추진하는 이유

① **환경도 비용이 되는 시대** : 지금까지 기업은 어떻게 하면 '높은 서비스와 낮은 비용을 동시에 달성하느냐'를 중심으로 물류시스템을 구축해 왔다. 이 상태에서 녹색물류를 추진하면 비용을 절감할 수 없다. 앞으로는 '비용과 서비스'라는 관점에 '환경'을 더하여 3가지 관점을 조정하고 통합하여 물류서비스를 구축해야 한다. 즉 녹색물류를 추진함으로써 돌아오는 사회적 비용을 비용으로 생각해야 한다.

② **달성할 수 있는 목표** : 녹색물류가 단기적으로는 비용 부담이 될 수 있지만, 고객과 협력하여 과도한 서비스를 줄이고, 업무 효율화를 추진함으로써 비용 절감과 서비스 개선, 환경오염을 동시에 해결할 수 있다. 최근 새벽배송 업체들을 중심으로 재사용이 가능한 보랭 가방을 사용하거나 얼린

생수병을 보랭재 대신 사용하는 사례가 대표적이다.

③ **기업의 사회적 이미지 제고** : 녹색물류를 추진하는 목적과 이유가 될 수는 없지만, 녹색물류를 추진함으로써 기업의 사회적 이미지는 제고된다.

④ **기업의 이윤에 정당성 부여** : 녹색물류를 추진하는 기업이 이윤을 얻으면 사회는 지속 가능한 사회를 구축하기 위한 기업의 노력을 인정하고 이윤을 정당화한다. 라벨을 제거하기 힘든 페트병 제품을 생산하는 기업을 상대로 소비자가 불만을 품는 사례를 생각해 보자.

⑤ **새로운 매출 기회 탐색** : 녹색물류를 실천하는 기업의 제품과 서비스를 이용함으로써 친환경 활동에 동참하고 있다고 생각하는 사회의 심리를 이용하면 새로운 매출 기회를 얻을 수 있다. 새벽배송 업체들이 포장재를 줄이는 활동을 전개함으로써 매출을 늘려가는 사례를 생각해 보자.

(2) 물류 활동이 환경에 미치는 부정적 영향

① **다품종 소량, 다빈도 배송** : 다품종 소량, 다빈도 정시 배송 서비스 경쟁으로 트럭 운송 의존도가 심화하였으며, 환경오염이 심화하였다.

㉠ **도로이동 오염원 중 69.9%** : 2021년 발표된 제5차 국가물류기본계획에 따르면 국내 미세먼지 배출 오염원 중 도로이동 오염원이 17%로 가장 높은 비중을 차지하며, 전체 도로이동 오염원 중 69.9%가 화물차량이다.

㉡ **수송부문 온실가스 중 32.3%** : 2021년 발표된 제5차 국가물류기본계획에 따르면 전체 수송부문 온실가스 배출량 중 32.3%가 화물차량의 배출량으로 추정된다.

㉢ **적시 배송 요구 증가** : 생산과 소비 모든 면에서 적시 배송, 즉시 배송 요구가 증가함에 따라 다빈도 소량 배송이 증가했다. 한 집에만 배달하는 음식 배달서비스를 생각해 보자.

② **재고 감소 활동** : 재고를 줄이기 위한 JIT, 신속대응(QR), 효율적 소비자 대응(ECR), 공급자주도 재고관리(VMI)와 같은 혁신기법 때문에 다빈도 정시 배송이 증가했다. 또한 글로벌 소싱과 글로벌 분업이 확산하면서 하나의 제품을 완성하기 위한 전체 부품의 이동 거리도 증가했다.

③ **플라스틱 포장재 일반화** : 전체 플라스틱 생산 중 포장이 차지하는 비중은 3분의 1 정도이다. OECD에서 발간한 Global Plastics Outlook : Policy Scenarios to 2060 보고서에 따르면 전체 플라스틱 사용량 중 포장과 건설, 차량 분야가 60%를 차지한다고 보았다. 포장이 전 세계 플라스틱 쓰레기에서 차지하는 비중이 매우 큰 데다, 전자상거래가 발달하면서 플라스틱 쓰레기에서 차지하는 비중은 점점 늘고 있다.

(3) 직접적인 친환경 물류 활동

① **물류 활동의 결과물 감소** : 플라스틱 포장재나 온실가스 등 물류 활동을 통해 직접 배출되는 온실가스와 폐기물을 줄이는 활동을 말한다.

② **대체재 사용** : 재사용할 수 있거나 생분해될 수 있는 대체재를 사용함으로써 플라스틱을 줄일 수 있다. 예를 들어 대나무나 사탕수수 등이 활용되고 있다.

③ **적정 상자 사용** : 전자상거래의 성장에 따라 물품 크기에 비해 너무 큰 상자를 사용하여 운송과

보관 효율을 저해하고 자원을 낭비하는 사례가 나타나고 있다. 이러한 사례를 줄이기 위해 빅데이터 기술을 적용하여 적정 크기의 상자를 자동 선택하는 시스템이 활용되기도 한다. 더 많은 상자를 한 번에 배송할 수 있게 되어 적재효율을 높임과 동시에 배송 건수를 줄여서 운송이 환경에 미치는 영향을 직접적으로 줄일 수 있다. 파우치나 백 등 공간을 줄이면서 재사용할 수 있는 다른 포장을 사용하는 방법도 있다.

④ 재고 계획 : 공급망 관리의 시작은 수요예측이다. 수요예측에 따라 구매 또는 생산과 판매, 그리고 재고를 계획하고 그대로 실행되도록 노력함으로써 적정 재고를 유지할 수 있다. 적정 재고를 유지하면 불필요한 재고 구매나 생산을 줄임으로써 녹색물류에 직접적으로 공헌할 수 있다.

> **TIP** 수요예측과 환경오염
>
> QR, ECR 등 공급망 혁신기법이 환경오염을 오히려 촉진할 수 있다고 했는데 공급망 관리의 시작인 수요예측을 잘해서 적정 재고를 유지하면 환경오염을 줄일 수 있다고 주장하면 앞뒤가 안 맞아 보이지만, QR, ECR 등으로 다빈도 소량 배송이 증가한 사실과, 근본적으로 수요예측대로 생산하고, 재고를 쌓고 판매함으로써 과잉생산과 과잉재고를 지양하는 행위는 별개로 봐야 한다. 수요예측대로 생산하고 판매하는 행위가 언제나 다빈도 소량 배송을 유발하지는 않으며, 오히려 자원을 불필요하게 낭비하지 않아 환경오염을 줄일 수 있다.

⑤ 경로 최적화 : 경로 최적화는 운송비용 절감과 운송효율 개선을 위해서도 필요하지만, 동일 배송량을 위한 운행 횟수와 시간, 이동 거리를 줄임으로써 온실가스와 운송비용을 동시에 줄일 때 필요하다. 경로 최적화는 직접적으로 온실가스를 줄이기 위한 녹색물류 활동이다. 특히 고객 부재나 인수 거부로 재배송이 이루어지면 그만큼 온실가스 배출량이 증가하고 연료를 더 소모하기 때문에 되도록 재배송이 일어나지 않도록 관리하는 것도 녹색물류의 한 방법이다.

⑥ 친환경 운전(에코드라이빙) : 적정 속도 운행, 급출발과 급제동 자제, 우회전 활용 등의 운전 습관으로 온실가스를 줄이고 연료 소모를 줄일 수 있다. 전기차 등 친환경 차량을 배송에 활용하는 것도 좋은 대안이다.

⑦ 공동수・배송 : 공동수・배송을 통해 기업 전체의 화물차량 운행 빈도를 합리화함으로써 온실가스와 교통체증 감소에 공헌할 수 있다.

(4) 간접적인 친환경 물류 활동

① 물류 활동의 대상물 감소 : 역물류에 의한 반품, 회수, 폐기에서 발생하는 환경에 미치는 부정적 영향을 최소화한다.

② 최적 수거 프로세스 : 역물류는 순물류와 달리 경로를 최적화하기 어렵다. 경로 최적화가 운송비용 절감뿐만 아니라 온실가스를 줄이는 데 공헌하듯, 최적 수거 프로세스는 반품과 회수에 필요한 차량 운행 거리와 횟수를 줄임으로써 온실가스를 줄이고 운송비용을 절감하는 데 공헌한다.

③ 반품 수거 공동화 : 각 전자상거래 플랫폼이나 기업이 개별적으로 반품을 수거하지 않고 3PL 등이 공동으로 수거하고 편의점 등 반품 수거 거점을 운영하는 것도 방법이다.

④ 물류센터 에너지 절감 : 태양광 패널과 빗물 저수조 등으로 에너지를 절감할 수 있다. LED 조명 사용은 물론 공간 효율 극대화를 위한 레이아웃 설계도 물류센터의 에너지 절감에 도움을 준다. 고객과 인접한 물류센터 입지는 이동 거리를 줄임으로써 온실가스를 절감하는 효과를 낼 수 있다. 오프라인 매장이 있으면 오프라인 매장을 물류센터로 활용하기도 한다.

⑤ 물류 효율화가 곧 녹색물류 : 효율 높은 운송과 보관 활동 자체가 온실가스를 줄이고 폐기물을 줄인다.

(5) 환경친화적 녹색물류시스템

① 모든 물류 활동에서 환경오염 감소 전개 : 조달물류, 생산물류, 사내물류, 판매물류, 역물류에 이르기까지 모든 활동에서 환경오염을 줄이는 물류시스템을 말한다.

② 물류 활동 과정에서 온실가스 배출 억제

③ 포장재 감소 및 폐기물 최소화 활동 지속 전개

④ 공동물류 활용 및 과다 서비스 조정

⑤ 트럭 대신 철도와 선박을 이용하는 Modal Shift

⑥ 재활용, 재사용, 저감 실천

⑦ 트럭 공기저항 감소, 냉장·냉동 차량 친환경 냉매 사용

⑧ 고도화된 물류종합정보망으로 공차운행 감소와 교통체증 회피

(6) 친환경 역물류

① 역물류의 높은 온실가스 배출 수준

ㄱ 역물류 발생 자체가 온실가스를 배출 : 매출과 경제 순환을 위해 필요한 순물류에 반해, 역물류는 발생할 수도 있고 발생하지 않을 수도 있는 물류이다. 역물류 발생 자체가 온실가스 배출에 부정적 영향을 준다.

ㄴ 경로 계획의 어려움 : 순물류는 배송량이 크고, 배송 일정이 치밀하게 계획되기 때문에 배송 경로 최적화가 될 수 있지만, 역물류는 배송량이 적고, 배송 일정이 일정하지 않으며, 다수의 배송지를 순회해야 하므로 경로 계획을 수립하기 어려워서 온실가스 배출에 부정적 영향을 준다.

ㄷ 고객서비스를 위해 필수 : 경쟁이 치열한 구매자 시장과 전자상거래 발전에 따라 고객서비스 향상을 위해 역물류를 하지 않을 수는 없다. 따라서 온실가스 배출을 적게 하기 위한 역물류 프로세스 구축이 필요하다.

② 공동 역물류 활용 : 최근의 풀필먼트 서비스는 반품과 회수까지 풀필먼트 서비스 기업이 대행한다. 이렇게 함으로써 여러 기업이 동시에 역물류를 운영할 때보다 교통체증과 차량 운행 빈도를 줄일 수 있다.

3 친환경 포장

(1) 목적

포장의 역할은 유지, 친환경성 강화 : 포장재료에 요구되는 안전성, 위생성, 보호성, 경제성 등의 포장 고유의 기능은 유지하되, 포장재 저감, 재활용, 재사용을 통하여 환경문제를 극복하기 위해 노력한다.

(2) 자원 절약

① 포장재료 감량·적정화 : 과대포장 감소, 포장재료 경감
② 포장재료 용적 감소 : 용기의 표준화와 용적 축소

(3) 환경에 적합한 포장

① 폐기 또는 재활용하기 쉬운 포장재료 선택
② 재생지, 재생 플라스틱 등 재생된 포장재료의 용도 개발
③ 재사용(Returnable 또는 Reuse)이 가능한 포장용기 선택
④ 폐기해야 한다면 폐기비용이 적게 들고 환경에 영향을 덜 주는 포장재료의 선택
⑤ 유해 물질 함유된 포장재 사용 금지

(4) 용기의 제조, 회수, 재생 혹은 재사용 공정에서 환경오염 방지

① 오수, 폐유 등 처리대책 확보
② 폐기물 감소 및 재활용
③ 자원 절약, 에너지 절약, 온실가스 감소

(5) 포장의 개념 변화

① 20세기 플라스틱 사용 증가 : 대량생산, 대량소비 과정에서 편리성을 위해 플라스틱 사용이 증가했고, 편리하게 쓰고 버리는 일회용 포장이 일반화되었다.
② 지구온난화, 환경오염 문제 발생
③ 사회 전환 : 사회가 친환경 중심으로 전환되면서, 포장 또한 자원과 에너지를 절약할 수 있는 3R, 즉 Reduce(저감), Reuse(재사용), Recycle(재활용)을 중요시하게 되었다.

(6) 최근 포장과 물류 트렌드

① 자원 순환형 경제 : 대량생산 → 대량소비 → 대량폐기로 이어지는 경제사회 시스템을 개선하여 폐기물의 폐기 → 회수 → 재생 흐름을 개선하고 자연과의 공생을 지향한다.
② ISO 14000 : 기업이 환경보전 방침과 목표를 설정하고, 이 목표에 맞추어 환경보전을 실행하는 환경경영이 대두되었으며, 국제표준기구에서는 이에 맞춰 환경경영 시스템 국제표준을 도입하였다.

③ Life Cycle Assessment(LCA) : 제품의 원재료부터 제조, 사용, 폐기에 이르기까지 제품의 생애 전체에서 환경에 미치는 영향을 종합적으로 평가하는 기법이다.

4 온실가스 저감 정책

(1) 온실가스의 정의

지구온난화를 유발하는 물질 : 이산화탄소(CO_2), 메테인(CH_4), 아산화질소(N_2O), 육불화황(SF_6), 과불화탄소(PFCs), 수소불화탄소(HFCs)를 6대 온실가스라고 부른다.

(2) 물류부문 온실가스 배출량 계산

◀ [표 9-1] CO_2 배출량 계산식 ▶

항목	내용	계산식
연료법	트럭, 선박, 항공, 철도가 대상	CO_2 배출량 = 연료사용량×CO_2 배출계수
연비법	운행일지를 작성하지만 주행거리 표시를 명확하게 구분할 수 없을 때 공인연비를 사용하여 계산하는 방법으로 적재율을 높일 경우 이산화탄소 배출량이 높게 계산된다.	CO_2 배출량 = (운송거리 ÷ 연비)×CO_2 배출계수
요금법	화주가 직접 연료를 구입하지 않아서 연료사용량을 파악하기 어려울 때 운송요금을 기준으로 연료사용량을 추정하는 방법으로, 요금이 업체마다 일정하지 않아 정확하지 않다.	CO_2 배출량 = 운송요금×요금법 CO_2 배출 원단위
톤·킬로법	운송중량과 거리의 비율로 계산하는 방법으로, 동일 화물을 1대로 운반했을 때와 여러 대로 운반했을 때 CO_2 배출량이 농일하게 나타나며, 직재율을 높여 운송량이 증가하면 화주에게 불리해지는 문제가 있다.	CO_2 배출량 = 운송중량×운송거리×CO_2 배출 원단위
개량 톤·킬로법	현재 일본에서 사용 중인 방법으로, 기존 톤·킬로법에 없는 적재율별 이산화탄소 배출 원단위가 있으므로 실제적인 배출량 산정을 할 수 있다.	CO_2 배출량 = 운송중량×운송기리×개량 톤·킬로법 CO_2 배출 원단위(적재율마다 차등)

① 기능별 물류 활동으로 발생하는 이산화탄소 배출량 계산 : 운송, 보관, 포장, 하역, 유통가공 등의 활동으로 발생하는 CO_2 배출량을 대상으로 한다.

② 사용량과 CO_2 배출계수 활용 : 전기를 사용했을 때는 전기사용량, 연료를 사용했을 때는 연료사용량과 CO_2 배출계수를 활용하여 계산한다.

(3) 온실가스 배출량 현황

① **한국은 수송 분야 온실가스 비중 14.9%** : 환경부 소속 온실가스종합정보센터에 따르면 2022년 국가 온실가스 잠정배출량은 6억 5,450만 톤이었는데, 이 중 산업부문이 2억 4,580만 톤으로 37.6%, 발전부문이 2억 1,390만 톤(32.7%), 수송부문이 9,780만 톤(14.9%), 건물부문이 4,830만 톤(7.4%), 농·축·수산 부문이 2,550만 톤(3.9%), 폐기물부문이 160만 톤(2.4%), 기타 71만 톤(1.1%)의 순이었다.

② **미국은 수송 분야 온실가스 비중 28%** : 미국 환경보호청(EPA)에 따르면 2021년 기준 온실가스 배출 비중은 수송 28%, 발전 25%, 산업 23%, 주거와 상업 13%, 농업 10% 순서였다.

(4) 우리나라 온실가스 저감목표

① **2021년 온실가스 감축목표 대폭 상향** : 2021년 10월 8일, 2050 탄소중립위원회와 관계부처는 2030년 온실가스 감축목표(NDC, Nationally Determined Contribution)를 2018년 배출량 대비 26.3% 감축에서 40% 감축으로 대폭 상향 조정해 추진하기로 하였다.

② **수송부문 온실가스 감축목표 설정** : 수송부문은 2018년 온실가스 총배출량 98.1백만 톤에서 2030년 37.8% 감소한 61백만 톤으로 감축을 목표로 하고 있다.

③ **2023년 3월 21일 산업통상자원부 발표** : 산업통상자원부는 온실가스 배출량을 2018년 수준 대비 40% 감축하기 위해 연도별 목표를 설정하였다.

    ㉠ **전체 배출량 감축목표는 불변** : 2021년 세운 2018년 수준 대비 40% 감축을 목표로 2018년 727.6백만 톤을 2030년까지 436.6백만 톤으로 감축하는 목표는 유지된다.

    ㉡ **수송 분야 감축목표도 불변** : 2021년 세운 2018년 수준 대비 37.8% 감축을 목표로 2018년 98.1백만 톤을 2030년까지 61백만 톤으로 감축하는 목표는 유지된다.

④ **수송 분야 감축 방안**

    ㉠ **무공해 차량 보급** : 전기차와 수소차를 확대하고 충전기 인프라를 확충하여 22년 전체 차량 등록 대수의 1.7%, 43만 대 수준의 무공해 차량 비중을 30년 16.7%인 450만 대 수준으로 확대한다.

    ㉡ **철도, 해운, 항공 저탄소화** : 디젤 열차를 전기 열차로 전환하고, 무탄소 선박 핵심기술을 확보한다.

    ㉢ **내연기관 차량 환경기준 강화** : 내연기관 차량의 온실가스 배출량과 연비 기준을 강화한다.

    ㉣ **대중교통 활성화** : 수요응답형 대중교통을 확대한다.

03 우리나라의 녹색물류 정책

1 물류에너지 목표관리제

(1) 목적

① 기업의 자발적 참여와 인센티브 부여 : 녹색물류를 위해 물류기업과 화주기업이 자발적으로 온실가스 감축목표를 설정하고 이를 이행하면 인센티브를 부여하는 제도이다.

② 녹색물류 전환사업 신청자격 : 물류에너지 목표관리제는 물류정책기본법 제59조에 따라 친환경적인 물류 활동을 촉진하기 위하여 화주 또는 물류기업이 추진하는 녹색물류 전환사업에 드는 비용 중 일부를 지원할 때 신청자격으로 이용된다.

③ 대상 : 2011년 시행 초기에는 화물차 100대 이상, 연간 물동량 3,000만 톤·km 이상의 대형 화주기업의 참여를 유도하다가, 이후 화물차 50대 이상, 연간 에너지 사용량 1,200TOE 이상으로, 2023년 현재는 화물차 1대 이상, 연간 에너지 사용량 5TOE 이상으로 대상이 확대되었다.

공고 제2023-1207호
국토교통부 공고 제2023-1207호

2023년도 녹색물류전환사업 모집공고

1. 지원목적
   - 기업의 녹색물류 전환사업을 지원함으로써 물류분야 에너지효율화 및 온실가스 감축사업에 대한 기업의 자발적 참여를 유도
2. 신청기간
   - 2023년 9월 27일(수) - 2023년 10월 20일(금), 23일간
3. 신청자격
   - 정부지정핵심사업 : 물류에너지 목표관리제 참여기업(개인사업자, 기업 명의*의 영업용 등록번호를 관리하는 물류기업)
     * 기업명의란 자동차등록증, 자동차등록원부 상 기재된 소유주가 신청기업과 동일한 직영·지입 차량을 뜻함
   - 녹색물류공모사업 : 물류기업, 화주기업, 물류관련 단체 또는 녹색물류전환사업의 사업목적과 부합하는 장비를 개발한 제조사 또는 개인이 개별 또는 공동 신청
     * 물류기업, 화주기업은 물류에너지 목표관리제 참여기업만 가능

◀ [그림 9-3] 녹색물류 전환사업 모집공고 예시. 물류에너지 목표관리제 참여기업이 신청할 수 있음을 명시하고 있다. ▶

(2) 지원 내용

① 온실가스 감축목표 이행 지원 : 물류에너지 목표관리제 참여기업 대상 차량의 에너지 사용량과 수송실적을 비교 측정할 수 있도록 지원한다.

② 온실가스 감축 기술 및 교육 지원 : 온실가스 감축 기술 및 교육 등 컨설팅을 지원하고, 목표관리 자발적 참여기업을 대상으로 에코드라이브 체험 교육을 지원한다.

2 우수녹색물류실천기업

(1) 배경 및 목적

① 민간기업의 온실가스 감축 활동 미흡 : 물류 업계 특성상 지입 및 위·수탁 구조가 많아서 온실가스 감축에 소극적이다.

② 친환경 물류 활동 촉진 : 물류 분야에서 에너지 및 온실가스 감축 실적이 우수한 물류·화주기업을 우수녹색물류실천기업으로 지정하여 친환경 물류 활동 확산을 독려한다.

(2) 지원 내용

① 물류시설 우선 입주
  ㉠ 물류시설의 개발 및 운영에 관한 법률 : 복합·일반물류 터미널 또는 물류단지
  ㉡ 항만법 : 항만배후단지 중 물류시설
  ㉢ 산업입지 및 개발에 관한 법률 : 산업단지 중 물류시설
② 물류사업 소요자금 지원
  ㉠ 물류시설의 확충, 물류정보화·표준화 또는 공동화 자금 지원
  ㉡ 물류 기술 개발, 녹색물류 전환사업 보조금 우선 지원

3 녹색물류 전환사업

(1) 배경 및 목적

① 물류에너지 목표관리제 지원정책 : 물류에너지 목표관리제 참여기업 및 국내 물류·화주기업을 대상으로 물류 온실가스 감축, 에너지 효율화 등을 지원하는 정책이다.

② 물류에너지 목표관리제 참여와 친환경 물류 활동 촉진 : 온실가스를 감축하기 위한 시스템과 장비를 지원하여 물류에너지 목표관리제 참여를 유도한다.

(2) 사업내용

① 녹색물류 전환사업 선정 및 보조금 집행
② 기업별 전환사업의 온실가스 배출량 감축 등 효과분석 지원
③ 민간 제안사업 선정 및 지도·감독 등 관리
④ 온실가스·에너지 저감 기술 및 장비의 효과 검증·분석

에어스포일러, 무시동 히터, 무시동 에어컨, 통합단말기, 물류에너지 관리시스템 보급사업을 추진하며, 기업이 제안하는 아이디어 공모도 한다.

4 생산자책임재활용제도(EPR, Extended Producer Responsibility)

(1) 배경 및 목적

① **재활용 의무 위반 시 재활용 부과금 부과** : 자원의 절약과 재활용촉진에 관한 법률 제16조에 근거하여, 제품 생산자나 포장재를 이용한 제품의 생산자에게 그 제품이나 포장재의 폐기물에 대하여 일정량의 재활용 의무를 부여하여 재활용하게 하고, 이를 이행하지 않으면 재활용에 드는 비용 이상의 재활용 부과금을 생산자에게 부과하는 제도를 말한다.

② **환경 개선 의무의 범위를 역물류 단계까지 연장** : 환경 개선에 관한 생산자의 의무를 생산과 판매뿐만 아니라 소비, 폐기, 재활용까지 연장했다는 의미가 있다.

③ **시행일** : 2003년 1월 1일부터 시행되었다.

(2) 주요 내용

① **포장 재질과 방법 기준, 포장재 감축목표 규정** : 포장폐기물의 발생 억제 및 재활용 촉진을 위한 제품의 포장 재질, 포장 방법(포장공간비율, 포장 횟수)에 관한 기준 및 합성수지 재질로 된 포장재의 연도별 감축목표에 관한 구체적인 사항을 규정하였다.

② **재활용 의무 부여** : 대통령령이 정하는 재활용 가능 폐기물의 일정량 이상을 재활용하도록 하였으며, 제품·포장재의 생산자와 수입업자에게 매년 제품 생산 및 수입에 따른 폐기물 발생량을 근거로 재활용 의무 목표량을 부과하여 달성하도록 하고 있다.

③ **목표량 달성 실패 시 부과금** : 목표량을 달성하지 못하면 실제 재활용에 드는 비용의 일정 비율에 달하는 부과금을 부과하여 생산자와 수입업자가 적극적으로 의무를 이행하도록 촉진한다.

04 국제환경규제

1 국제환경협약 및 제품환경규제

① **환경규제의 무역장벽화** : 유럽 등 각국의 제품환경규제 강화가 무역장벽으로 작용하면서, 국내 산업 및 수출에 직접적인 영향을 가져올 수 있다.

② **비용 부담 증가** : 유해 물질 대체, 폐기물 처리, 수리용 부품 확보 및 수리 용이성 개선 등에 따른 추가 부담이 발생할 수 있다.

TIP RE100과 재생에너지

최근 RE100 준수 여부가 화두가 되고 있다. RE100은 Renewable Electricity 100의 약자로 기업에서 사용하는 전력을 2050년까지 100% 재생에너지로 대체하자는 기업 간 자율적인 협약이다. 이를 달성하기 위해서는 재생에너지로 생산된 전력만을 이용하거나, 사용한 전력만큼 REC(Renewable Energy Certificates, 신재생에너지공급인증서)를 구매해야 한다.

2 각종 국제환경협약

(1) EU의 REACH(신화학물질 관리 제도)

① REACH(Registration, Evaluation, Authorization and Restriction of Chemicals) : 기존 EU 내 화학물질 관련 법령을 통합한 제도이다.

② 공급망에서 상호 의존성 심화 : 공급업체의 데이터가 필요하기 때문에, 공급망 공급업체에 대한 의존성이 더욱 심화할 수 있다.

③ 화학물질과 완제품 위해성 정보 등록 : 국내 기업이 EU로 수출할 때 연간 1톤 이상 제조·수입되는 기존 화학물질과 완제품 내의 위해성 정보를 등록해야 한다. 국내법으로 '화학물질의 등록 및 평가 등에 관한 법률'로 제정되어 2015년 1월 1일부터 시행하고 있다.

(2) EU 에코디자인 규제

① 2022년 3월 31일 발표 : 2009년 EU가 공인한 친환경제품에 표시할 수 있는 에코라벨 제도 채택을 시작으로, 2022년 3월 31일 EU 집행위원회가 발표한 규정이다.

② 제품의 환경 및 에너지 효율 요구사항 명시 : 생산·유통·판매자가 제품의 설계단계부터 준수해야 하는 환경 및 에너지 효율에 관련된 요구사항을 명시한 규정으로, 수입품을 포함해 EU 역내에서 유통되는 가전, 변압기 등 에너지를 사용하는 제품의 에너지 효율성 관련 준수사항을 정의한 규정이다.

③ 내구성, 재활용 가능성 등 지속가능성에 초점 : 기존 지침이 품목의 에너지 효율성(efficiency)을 주된 요구 조건으로 명시했다면, 새로운 규정은 제품의 내구성(durability), 재활용 가능성(reusability) 등 총체적인 지속가능성의 관점에서 다양한 기준을 추가했다. 예를 들어 과거에는 특정 제품의 에너지 효율만을 평가했다면, 이제는 해당 제품이 오랫동안 수리해서 사용할 수 있도록 충분한 부품을 확보해야 한다. 제품의 전체 수명주기에 걸쳐서 지속가능성을 구현하라는 메시지를 담고 있다.

(3) 몬트리올의정서(Montreal Protocol)

① 오존층을 파괴하는 물질 규제 : 1989년 1월 발효된 국제협약으로 염화불화탄소(CFC) 등 오존층 파괴 물질의 생산과 사용을 규제하기 위해 제정되었다.

② 정식명칭 : 오존층 파괴 물질에 관한 몬트리올의정서(Montreal Protocol on Substances that Deplete the Ozone Layer)

CHAPTER 09 물류포장과 녹색물류

(4) 바젤협약(Basel Convention)

① 유해 폐기물의 국가 간 이동 제한 : 1989년 3월 22일 바젤에서 채택되었고, 1992년 5월 5일 정식 발표된 유해 폐기물의 국가 간 이동 및 교역을 제한하는 협약이다.
② 배경 : 선진국에서 유해 폐기물을 중남미 및 아프리카 등 후진국에 밀수출하거나 매각하는 등 부정한 처리에 의한 환경오염이 국제문제가 되면서, 후진국의 환경보호 및 지구 환경보호를 위해 제정되었다. 우리나라는 1994년 3월에 가입하였다.

(5) 교토의정서(Kyoto Protocol)

① 온실가스 배출 감축 : 이산화탄소를 포함한 6가지 온실가스의 배출을 감축해야 하며, 배출량을 줄이지 않는 국가에 대해서는 비관세 장벽을 적용하자는 협약이다.
② 1997년 12월 11일 일본 교토에서 개최된 지구온난화 방지 교토 회의(COP3) 제3차 당사국 총회에서 채택되었으며, 2005년 2월 16일 발효되었다.

(6) WEEE(Waste Electrical and Electronic Equipment, 폐기전기전자제품처리지침)

① 재활용과 재생에 관련된 의무 : 제품이 폐기되었을 때 환경에 영향을 주지 않도록 일정 수준의 재활용 및 재생 수준을 충족해야 한다.
② 2005년 8월 13일 발효되었다.

(7) RoHS(Restriction of Hazardous Substances, 유해물질제한지침)

① 특정 유해 물질[Pb(납), Cd(카드뮴), Cr6+(크롬), Hg(수은), PBB, PBDE] 사용 제한 지침이다.
② 6가지의 유해 물질을 기준치 이상 함유하지 않도록 하는 규제이다.
③ 2006년 7월 1일 발효되었다.

(8) EuP(에너지시용 제품 친환경설계 규정)

① 에너지를 사용하는 제품을 대상으로 에너지 사용을 규제하고 친환경설계를 유도하는 지침이다.
② CE 마크 인증을 통해 EU 시장 진입장벽을 만든다.
③ 2007년 8월 11일 발효되었다.

01 녹색물류와 관련된 설명으로 옳지 않은 것은?

① 온실가스 배출량을 감소시키는 방안이다.

② QR, ECR과 같은 혁신기법은 환경문제의 주요 해결방안이 된다.

③ 지구온난화 등 환경문제가 세계적으로 대두되면서 물류 분야도 대처방안 수립의 중요성이 높아지고 있다.

④ 포장상자, 배출가스 등 환경에 미치는 영향을 최소화시키는 방안이다.

⑤ 환경보전을 위한 포장에는 감량화(Reduce), 재사용(Reuse), 재활용(Recycle)이 중요시되고 있다.

> 해설 ② QR, ECR과 같은 혁신기법은 다빈도 소량 배송을 요구하므로 환경문제를 더 일으킬 수 있다.

02 지구온난화로 인하여 물류기업들은 녹색물류 활동을 강화하고 있다. 온실가스와 녹색물류에 관한 설명으로 옳지 않은 것은?

① 온실가스는 이산화탄소(CO_2), 메탄(CH_4), 아산화질소(N_2O), 수소불화탄소(HFCs), 과불화탄소(PFCs), 육불화황(SF_6) 6가지 가스로 구성된다.

② 국토교통부는 친환경 물류 활동을 하는 기업을 평가하여, 그중 물류기업에 한정하여 우수 녹색물류실천기업으로 인증하고 있다.

③ 차량 급출발, 공회전, 급브레이크 밟기 등을 줄이는 것도 녹색물류 활동의 하나이다.

④ 물류에너지 목표관리제 협약 대상은 화물차 50대 이상 운행하는 물류기업과 연간 에너지 사용량이 1,200 석유환산톤(TOE : Ton of Oil Equivalent) 이상인 화주기업이다.

⑤ 우리나라는 2020년 국가온실가스감축목표를 온실가스배출전망치(BAU : Business As Usual) 대비 30% 감축키로 하였고, 제1차 기후변화대응 기본계획 및 2030 국가온실가스감축 기본 로드맵에서는 2030년 목표로 BAU 대비 37% 감축키로 하였다.

> 해설 ② 화주기업도 우수녹색물류실천기업으로 인증받을 수 있다.
> ④ 물류에너지 목표관리제 대상은 국토교통부 녹색물류전환사업 선정 및 지원에 대한 지침에 명시되어 있으며, 본 문제가 출제된 2017년 당시는 화물차 50대 이상, 연간 에너지 사용량 1,200TOE 이상이었다.

03 친환경 녹색물류에 관한 설명으로 옳지 않은 것은?

① 녹색물류 활동을 통한 비용 절감이 가능하며, 기업의 사회적 이미지가 제고된다.

② 조달·생산 → 판매 → 반품·회수·폐기(reverse) 상의 과정에서 발생하는 환경오염을 감소시키기 위한 제반 물류 활동을 의미한다.

③ 우리나라에서는 폐기물을 다량 발생시키고 있는 생산자에게 폐기물을 감량 및 회수하고, 재활용할 의무를 부여하는 생산자책임재활용제도를 운영하고 있다.

④ 기업에서는 비용과 서비스에 상관없이 환경을 고려한 물류시스템을 도입해야 한다.

⑤ 물류 활동을 통하여 발생되는 제품 및 포장재의 감량과 폐기물의 발생을 최소화하는 방법 등을 말한다.

> **해설** ④ 전통적인 물류관리의 목적인 비용 절감과 물류서비스 수준 유지 또는 개선에 이어 환경을 추가로 고려해야지 비용과 서비스를 잊어서는 안 된다.

04 각종 국제환경협약에 관한 내용으로 옳지 않은 것은?

① 몬트리올의정서에서는 CFC(염화불화탄소) 등 오존층 파괴 물질의 생산 및 사용을 규제하고 있다.

② EuP(Energy-using Product)에서는 납, 크롬, 카드뮴, 수은 등 6개 물질에 대한 사용규제 조항을 담고 있다.

③ WEEE에서는 생산자의 전기·전자제품 폐기에 관한 처리 지침을 담고 있다.

④ 교토의정서는 에너지 사용과 관련된 협약으로 지구온난화 물질에 대한 규제를 담고 있다.

⑤ 바젤협약에서는 유해 폐기물의 국가 간 이동을 금지하고 있다.

> **해설** ② EuP는 친환경설계 규정이다. 해당 보기는 RoHS에 관한 설명이다.

05 우리 정부가 온실가스 감축 효과가 큰 사업들을 평가하여 수립한 2020 물류 분야 온실가스 감축 이행계획에서 제시된 온실가스 수정감축목표치의 상위 1, 2위에 해당되는 사업을 모두 고른 것은?

ㄱ. 3PL 및 공동물류 활성화	ㄴ. 철도, 연안해운 전환수송(modal shift)
ㄷ. LED등 교체	ㄹ. LNG 화물차량 개조
ㅁ. Green Port	ㅂ. 경제운전 활성화

① ㄱ, ㄴ   ② ㄴ, ㄷ   ③ ㄷ, ㄹ

④ ㄹ, ㅁ   ⑤ ㅁ, ㅂ

> 해설 정책적인 부분이라 시험 시점의 가장 최신 정책을 기준으로 출제될 수밖에 없는 한계를 가진 문제이다. 이
> 문제가 출제된 시기는 2017년이며, 당시 우선순위는 3PL 및 공동물류와 Modal Shift였다. 2023년 현재는
> 국가 온실가스 감축목표 기준으로 모빌리티 친환경화가 우선이다.

06 다음 화주기업의 수송부문 이산화탄소 추정 배출량(kg)은? [단, 이산화탄소 배출량(kg) = 연료사용량(L)×이산화탄소 배출계수(kg-CO_2/L)]

> - 총 주행거리 = 30,000(km)
> - 평균연비 = 5(km/L)
> - 이산화탄소 배출계수 = 0.002(kg-CO_2/L)

① 0.01   ② 12

③ 60   ④ 300

⑤ 6,000

> 해설 연비법에 따른 이산화탄소 배출량 계산은 2023년에도 출제되었다.
> (30,000 ÷ 5 = 6,000리터)×0.002 = 12

07 녹색물류 실행과 관련된 내용으로 옳은 것을 모두 고른 것은?

> ㄱ. 포장의 개선   ㄴ. 수·배송의 개선
> ㄷ. 하역의 개선   ㄹ. 보관의 개선
> ㅁ. 물류공동화 운영   ㅂ. 물류표준화 추진

① ㅁ   ② ㅁ, ㅂ

③ ㄱ, ㄴ, ㄷ, ㄹ   ④ ㄱ, ㄴ, ㄷ, ㄹ, ㅁ

⑤ ㄱ, ㄴ, ㄷ, ㄹ, ㅁ, ㅂ

> 해설 녹색물류는 물류 전 과정에서 실행되어야 한다는 취지를 담은 문제로 보인다. 실제 포장표준화가 물류모듈
> 화를 촉진하고 물류모듈화가 물류표준화를 촉진하며, 물류표준화가 물류공동화를 촉진하므로 보기 전부가
> 답이다.

정답 **06** ② **07** ⑤

08 녹색물류 추진 방향으로 옳지 않은 것은?

① 공동수・배송 추진　　　　　　② 소량 다빈도 수송 추진
③ 모달 쉬프트(modal shift) 추진　　④ 회수물류 활성화
⑤ 저공해 운송수단 도입

해설 ② 다빈도 소량 수송을 지양해야 하고, 회수물류도 자주 발생하면 환경오염이 커진다. 그러나 회수물류가 자주 발생해도 경로 관리와 표준화를 통해 환경오염을 최소화할 수 있고, 회수물류가 재사용이나 재활용을 촉진할 수도 있으므로 여기서는 다빈도 소량 수송이 답이다.

09 기후변화와 환경오염에 대응하는 녹색물류 체계와 관련 있는 제도에 해당하지 않는 것은?

① 저탄소녹색성장기본법　　　　② 온실가스・에너지목표관리제
③ 탄소배출권거래제도　　　　　④ 생산자책임재활용제도
⑤ 제조물책임법(PL)

해설 ⑤ 제조물책임법은 녹색물류보다는 제조물의 품질 관련 규제이다.

10 A기업은 최근 수송부문의 연비개선을 통해 이산화탄소 배출량(kg)을 감소시켰다. 총 주행거리는 같다고 가정할 때, 연비개선 전 대비 연비개선 후 이산화탄소 배출감소량(kg)은?
[단, 이산화탄소 배출량(kg) = 연료사용량(L)×이산화탄소 배출계수(kg/L)]

- 총 주행거리 = 100,000(km)
- 연비개선 전 평균연비 = 4(km/L)
- 연비개선 후 평균연비 = 5(km/L)
- 이산화탄소 배출계수 = 0.002(kg/L)

① 1　　　　　　　　　② 5
③ 10　　　　　　　　④ 40
⑤ 50

해설 연비법은 2023년을 포함하여 세 번 출제되었다.
(100,000 ÷ 5 = 20,000)×0.002 = 40
(100,000 ÷ 4 = 25,000)×0.002 = 50
50 − 40 = 10

11 EU의 REACH(Registration, Evaluation, Authorization and Restriction of Chemicals)에 관한 설명으로 옳지 않은 것은?

① 기존 EU 내 화학물질 관련 법령을 통합한 제도이다.

② 기한 내 사전등록을 하지 않는 기업은 대 EU 수출이 사실상 불가능하다.

③ REACH 등 국제환경규제의 도입으로 공급사슬 상의 협력업체 간 상호 의존성이 더욱 심화되고 있다.

④ 국내에서는 REACH에 대응하기 위한 법률이 제정되어 있지 않다.

⑤ 국내 기업이 EU로 수출할 경우에 연간 1톤 이상 제조·수입되는 기존 화학물질과 완제품 내의 위해성 정보를 등록해야 한다.

해설 ④ '화학물질의 등록 및 평가 등에 관한 법률'이 제정되어 있다.

12 다음 중 포장의 분류 관련 설명으로 옳은 것은?

① 낱포장은 물품을 수분, 습기, 광열, 충격으로부터 보호하기 위한 포장 화물의 내부 포장을 말한다.

② 공업포장은 물품의 수송과 보관을 주요 목적으로 하는 모든 포장을 말한다.

③ 수송포장은 상품을 정리하고 진열하고 취급하는 데 편의를 주기 위한 포장을 말한다.

④ 상업포장은 물류의 시작이다.

⑤ 공업포장은 소매점에서 팔리는 유통의 마지막 단계를 담당한다.

해설 ① 속포장에 관한 설명이다.
③, ⑤ 상업포장에 관한 설명이다.
④ 공업포장에 관한 설명이다.

13 수송포장 표시 기준에 명시된 주요 표시 사항이 아닌 것은?

① 제조연월일   ② 적재 단수
③ 파렛트 적재 패턴   ④ 온도 관리 사항
⑤ 생산자명

해설 ⑤ 생산자명은 포함되지 않는다.

14 포장의 기능 관련 설명으로 옳지 <u>않은</u> 것은?

① 포장을 통해 소비자의 구매 충동을 높일 수 있다.

② 운송, 보관, 하역 등 어떤 상황에서도 물품을 보호할 수 있을 정도의 내구성을 확보해야 한다.

③ 생산자에서 소비자에 이르기까지 운송, 보관, 하역 등 모든 물류 단계에서 편리하게 취급될 수 있고, 편리하게 개봉할 수 있는지를 고려해야 한다.

④ 최근 다빈도 소량 배송이 많아지면서 운송, 보관, 하역 과정에서 화물을 한꺼번에 취급하는 일괄 취급 기능의 중요성은 떨어졌다.

⑤ 과대포장과 과잉포장을 지양해야 하며, 포장 생산에 드는 에너지 사용도 최소화해야 한다.

> **해설** ④ 다빈도 소량 배송을 위해 배송단계에서 작은 포장으로 배송한다고 공장 출고, 거점 간 일관 파렛트화 수송 과정에서 적재효율을 높이기 위한 일괄 취급 기능의 중요성이 떨어지지는 않는다. 일괄 취급은 물류합리화를 위한 포장의 중요한 기능이다.

15 다음 화물 취급 주의 표시를 올바르게 해석하지 <u>않은</u> 것은?

① 깨지기 쉬운 물건이다.

② 화물의 측면에 조임쇠를 쓰지 말아야 한다.

③ 지금 화물이 위아래가 뒤집혀 있다.

④ 젖지 않도록 주의한다.

⑤ 손잡이를 잡고 위로 들어올려야 한다.

> **해설** ③ 화살표가 위로 솟은 표지를 보아 화물의 위아래는 제대로 놓여 있다.

정답 14 ④ 15 ③

16 위험물 취급 주의 표시와 내용이 잘못 연결된 것은?

①  전염성 물질

②  방사성 물질

③  인화성 물질

④  핵분열 물질

⑤ 기타 위험물질 및 제품

> 해설 ③ 부식성 물질이다.

17 다음 설명이 의미하는 포장의 종류는?

> 식품 등의 포장 내부 공기를 질소나 이산화탄소 등으로 교체 주입하는 포장

① 무균포장
② 진공포장
③ 멸균포장
④ 가스치환포장
⑤ 스트레치포장

> 해설 가스치환포장에 관한 설명이다.

18 포장표준화의 요소가 아닌 것은?

① 강도
② 치수
③ 재료
④ 관리
⑤ 색상

> 해설 색상은 거리가 멀다. ①, ②, ③, ④ 외에 포장 기법 표준화가 있다.

정답 **16** ③ **17** ④ **18** ⑤

19 포장 관련 설명으로 옳은 것은?

① 치수, 강도, 재료, 기법, 관리 중 재료부터 표준화해야 한다.

② 재료가 표준화되고 나면 치수를 표준화해야 한다.

③ 치수가 표준화되고 나면 강도를 표준화해야 한다.

④ 친환경 포장에서 3R 지침은 Reproduce(재생산), Reuse(재사용), Recycle(재활용)이다.

⑤ 친환경 포장 설계의 원칙은 포장에 투입되는 자원은 감량하되, 포장의 용적은 늘려서 적은 재료로 많이 포장하도록 설계하는 것이다.

> **해설** ①, ② 치수부터 표준화하고 다음으로 강도를 표준화해야 한다.
> ④ Reduce, Reuse, Recycle이다.
> ⑤ 포장에 투입되는 자원을 감량할 뿐만 아니라, 포장의 용적도 줄여야 한다.

20 2023년 3월 21일 발표된 우리나라 온실가스 저감목표 관련 설명으로 옳은 것은?

① 온실가스 배출량을 2018년 수준 대비 37% 감축하기 위해 연도별 목표를 설정하였다.

② 전체 배출량 감축목표는 2021년 당시 세운 2018년 수준 대비 37% 감축을 유지한다.

③ 수송 분야 감축목표는 2021년 세운 2018년 수준 대비 40% 감축목표를 유지한다.

④ 수송 분야 온실가스 감축을 위해 무공해 차량을 보급한다.

⑤ 수송 분야 온실가스 감축을 위해 Modal Shift를 적극 추진한다.

> **해설** ①, ② 2021년 당시 2018년 수준 대비 40% 감축을 목표로 하였으며, 이 목표를 그대로 유지하였다.
> ③ 수송 분야는 2021년 당시 2018년 수준 대비 37.8% 감축을 목표로 하였으며, 이 목표를 그대로 유지하였다.
> ⑤ 수송 분야 온실가스 감축을 위해 친환경 이동 수단을 추진하며, Modal Shift 관련 내용은 없다.

정답 **19** ③ **20** ④

저자 | **박태오**

[학력]
· 경제학사
· 물류경영학 석사

[경력]
· 물류관리사, CPL
· (현) 한국통합물류협회 강사
    물류산업진흥재단 강사
· (전) 물류 컬럼니스트
    한국생산성본부 강사

2026

물류관리사 물류관리론

인 쇄	2026년 1월 5일
발 행	2026년 1월 10일
편 저	박태오
발행인	최현동
발행처	신지원
주 소	07532 서울특별시 강서구 양천로 551-17, 813호(가양동, 한화비즈메트로 1차)
전 화	(02) 2013-8080
팩 스	(02) 2013-8090
등 록	제315-2014-000091호
교재구입문의	(02) 2013-8080~1

정가   27,000원
ISBN   979-11-6633-622-5 13320